UM ALLES IN DER WELT

CHRISTOPHER LLOYD

UM ALLES IN DER WELT

DIE GESCHICHTE DER ERDE, DES LEBENS UND DER MENSCHEN VOM URKNALL BIS ZUM 21. JAHRHUNDERT Aus dem Englischen von Sebastian Vogel

Berlin Verlag

Teil 1

Mutter Natur

13,7 Milliarden bis 7 Millionen v. Chr.

2. ERSTE ZUCKUNGEN 21 Wie Kollisionen, Gesteinshagel und Vulkane auf die heiße, leblose Kruste der jungen Erde eindroschen und wie chemische Substanzen auf geheimnisvolle Weise begannen, sich als mikroskopisch kleine Lebensformen zu vermehren **05:19:48**

3. TEKTONISCHE TEAMARBEIT 29 Wie die ersten Lebensformen mit der Erde eine Partnerschaft eingingen und damit Voraussetzungen für das Gedeihen neuer, komplexerer Lebensformen geschaffen wurden **13:19:48**

4. FOSSILKRAM 34 Wie das Lebendige eine Fülle neuer Organismen hervorbrachte, von denen manche harte Gehäuse, Knochen und Zähne besaßen, sodass Fossilien ein zeitloses Museum des Lebens auf der Erde bilden konnten **20:48:00**

6. FREUNDE DER ERDE 51 Wie sich aus den Landpflanzen hohe Bäume entwickelten, während der Boden von einer nährstoffreichen Schicht überzogen war, die von Insekten, Würmern und Pilzen gespeist wurde **21:51:36**

7. DER GROSSE EIERTANZ 62 Wie die unruhigen Platten der Erdkruste zusammenstießen und einen riesigen Superkontinent bildeten und wie sich dadurch neue Lebensformen entwickelten und unter den Landlebewesen das erste Massensterben ausgelöst wurde **22:24:00**

8. DINO-ZEIT 68 Wie eine Gruppe von Echsen die Herrschaft an Land übernahm und sich vom Nord- bis zum Südpol verbreitete, bis der Einschlag eines Himmelskörpers sie alle auslöschte **22:43:12**

9. BLUMEN, VÖGEL UND BIENEN 80 Wie die ersten Blumen der Erde blühten, Federn das Fliegen ermöglichten und neue Arten von Insekten die ersten Zivilisationen im Tierreich aufbauten **23:14:48**

Teil 2

Homo sapiens

7 Millionen bis 5000 v. Chr.

11. DER EISSCHRANK 106 Wie zyklische Schwankungen der Erddrehung für Klimaveränderungen sorgten und durch chaotische Bewegungen der tektonischen Platten weite Graslandschaften sowie bitterkalte polare Eiskappen entstanden
23:46:48

12. NERVENNAHRUNG 112 Wie Menschenaffen von den Bäumen stiegen, den aufrechten Gang erlernten, Jagdwerkzeuge herstellten und sich zu Arten mit überdurchschnittlich großem Gehirn entwickelten
23:58:43

13. MENSCHEN 117 Wie mehrere Frühmenschenarten sich an die eiszeitlichen Bedingungen anpassten, das Feuer beherrschen lernten, das Fleisch frisch gejagter Tiere kochten und sogar Musik machten, während sie sich über Afrika, Europa und Asien verbreiteten
23:59:21

14. DER GROSSE SPRUNG NACH VORN 123 Wie eine Menschenart namens »sapiens« als Einzige überlebte, zuvor unbesiedelte Gebiete eroberte, sprechen lernte und mit neuen Wurfwaffen auf die Jagd ging
23:59:57

15. JÄGER UND SAMMLER 129 Wie die Menschen zu 99 Prozent ihrer Zeit auf der Erde ohne festen Wohnsitz, ohne Vollzeitarbeit und ohne Privateigentum lebten
23:59:59

16. TÖDLICHES SPIEL 134 Wie das zufällige Zusammentreffen von Menschen und Klimaveränderungen das ökologische Gleichgewicht zuerst in Australien und später in Amerika durcheinanderbrachte und wie dieses zu einem dramatischen Massenaussterben vieler großer Säugetiere führte
23:59:59

17. DIE NAHRUNG WIRD ANGEBAUT 139 Wie Männer und Frauen nach der letzten Eiszeit mit neuen Überlebensstrategien experimentierten und erstmals zum eigenen Nutzen in die Evolution eingriffen
23:59:59

Teil 3

Sesshaft werden

5000 v. Chr. bis circa 570 n. Chr.

18. SCHRIFTLICHE BELEGE **150** Wie die Schreibkunst das Zeitalter der Geschichtsschreibung einleitete und wie Kaufleute, Herrscher, Handwerker, Bauern und Priester die ersten Hochkulturen aufbauten
23:59:59

19. GÖTTLICHE MENSCHHEIT **162** Wie der Reichtum der Natur manchen Herrschern die Möglichkeit schuf, sich zu Göttern auf Erden zu erklären, und wie diese bedingungslose Verehrung, unbedingten Gehorsam und uneingeschränkten Schutz verlangten – auch im Jenseits
23:59:59

20. MUTTERGÖTTINNEN **172** Wie die Verehrung der natürlichen Kreisläufe von Geburt, Leben und Tod zum Kennzeichen jener Kulturen wurde, in denen Fruchtbarkeit, Weiblichkeit und Gleichheit die höchsten Güter darstellten
23:59:59

21. DREIFACHER ÄRGER **183** Wie sich domestizierte Pferde, bronzezeitliche Wagen und Waffen über Asien, Europa und Nordafrika verbreiteten und Wellen der gewalttätigen Zerstörung, Eroberung und Ungerechtigkeit auslösten
23:59:59

22. DIE DRACHENHÖHLE **194** Wie sich im Fernen Osten eine mächtige, langlebige Hochkultur entwickelte, die ihre Existenz Reichtümern der Natur wie Reis, Seide und Eisen verdankte
23:59:59

23. SEELENFRIEDEN **209** Wie eine einzelne Hochkultur wiederentdeckte, dass Menschen im Einklang mit der Natur leben können, und wie sie sich bemühte, ihre Botschaft zu verbreiten **23:59:59**

24. OST UND WEST 220 Wie Konflikte zwischen wandernden Nomaden und rivalisierenden Kulturen den Samen für einige der ältesten, bösartigsten und langlebigsten Streitigkeiten zwischen den Menschen legten **23:59:59**

25. OLYMPIASIEGER 231 Wie sich in einer Ansammlung konkurrenzbewusster Stadtstaaten, die von den Früchten des Handels zu leben gelernt hatten, ein ganzes Spektrum neuer Lebensweisen entwickelte **23:59:59**

26. WELTEROBERER 241 Wie neue Erkenntnisse über die Natur ihren Ausdruck in philosophischen Gedanken und Gesetzen fanden, die durch Eroberungen nach Osten und Westen verbreitet wurden **23:59:59**

27. WIE EIN WIRBELSTURM 250 Wie sich ein Weltreich weit über seine natürlichen Grenzen hinaus in einer Zeit an die Macht klammerte, als ein Mann namens Jesus Christus geboren wurde, den man später den Messias nannte **23:59:59**

28. TRAUMZEIT 266 Wie Menschen außerhalb des Einflussbereichs der Zivilisation lebten und sich als wandernde Viehhirten ihre Verehrung für die Natur, ihre natürlichen Ressourcen und ihr spirituelles Wohlergehen bewahrten **23:59:59**

29. »MAIS«TERHAFTES AMERIKA 277 Wie die Menschen in der neuen Welt ihre eigenen Hochkulturen schufen, ohne etwas über die Kulturen Europas, Nordafrikas und Asiens zu wissen, und wie sich dabei der Mangel an großen Tieren als tödlicher Nachteil erwies **23:59:59**

Teil 4

Die Welt wird global

Circa 570 bis 2008 n. Chr.

30. WELCHE OFFENBARUNG! 294 Wie Mohammed, ein Mann aus Mekka, eine Reihe von Visionen hatte und den Islam als eine neue Lebensform begründete, die versprach, die Fehler der Menschheit zu korrigieren

23:59:59

31. PAPIER, PRESSE UND PULVERDAMPF 311 Wie sich wissenschaftliche Entdeckungen aus China mithilfe des Islam bis nach Europa verbreiteten, wobei ein Mongolenhäuptling Entwicklungshilfe leistete und dabei das größte Reich aller Zeiten schuf

23:59:59

32. MITTELALTERLICHE MISERE 327 Wie das christliche Europa, eingekreist von islamischen Kulturen, unüberwindlichen Wüsten und endlosen Ozeanen, durch Pest, Invasionen und Hungersnot im Elend versank

23:59:59

33. SCHATZSUCHE 344 Wie alle sesshaften Gesellschaften mit einer Mischung aus Handel, harter Arbeit und Diebstahl auf ihre eigene Weise das Glück suchten

23:59:59

34. »EINE SEEFAHRT, DIE IST ...« 358 Wie einige Seefahrer eine neue Welt entdeckten, wie sich ihre Ankunft für die dortigen alten Kulturen als tödlich erwies und wie es in Europa zu einem hitzigen Wettbewerb zwischen rivalisierenden Nationen kam

23:59:59

35. GIBT ES HIER EIN BIER? 378 Wie europäische Kaufleute und Religionsflüchtlinge in Übersee zu Pionieren einer neuen Lebensweise wurden und auf die Idee kamen, gewinnbringende Nutzpflanzen anzubauen, wobei wenige von ihnen sehr reich und viele andere sehr arm wurden

23:59:59

36. NEU-PANGÄA 394 Wie Nutzpflanzen abgeerntet und transportiert, Tiere gezüchtet und ausgebeutet wurden, alles um die Launen einer einzigen, weltweit verbreiteten und meistens zivilisierten Spezies zu befriedigen

23:59:59

37. GEMISCHTE GEFÜHLE 406 Wie verschiedene Kulturen auf die Ankunft europäischer Geschäftsleute und Soldaten reagierten, die unbedingt einträglichen Handel betreiben wollten **23:59:59**

38. ES LEBE DIE FREIHEIT! 418 Wie krasse Ungleichheit zwischen den Menschen zu Aufständen im Namen der Freiheit führten und wie wegen eines Gefühls, einer Fahne oder eines Liedes riesige Armeen aufgestellt wurden **23:59:59**

39. AFFENKRAM 435 Wie sich die Spezies Mensch von natürlichen Einschränkungen befreite, indem sie eine eigene, unabhängige, transportable Energiequelle zu beherrschen lernte, und wie die menschliche Bevölkerung über jedes Maß hinaus anwuchs **23:59:59**

40. DIE RASSE DES WEISSEN MANNES 450 Wie die Menschen aus dem Westen zu der Überzeugung gelangten, sie seien von Natur aus allen anderen Lebewesen überlegen, und wie sie daraus die Pflicht ableiteten, die ganze Welt ihrer Lebensweise unterzuordnen **23:59:59**

41. ZURÜCK IN DIE ZUKUNFT 468 Wie manche Menschen sich der Ausbreitung der westlichen Zivilisation widersetzten und stattdessen zu einer vermeintlich natürlichen, traditionellen Ordnung zurückkehren wollten, und wie solche Versuche in den meisten Fällen katastrophale Folgen hatten **23:59:59**

42. HEXENTANZ 483 Wie die ganze Welt, gestützt durch wissenschaftliche Anstrengungen, durch ein einziges, globales Finanz- und Handelssystem verbunden wurde. Können die Erde und ihre lebendigen Systeme den stetig wachsenden Anforderungen der Menschen noch gerecht werden? **24:00:00**

Prolog

Die Geschichtsschreibung steckt in Schwierigkeiten. Sie wurde von Experten in verschiedene Themen aufgesplittert, und regelmäßig bedienen sich Regierungen ihrer, um sie je nach bildungspolitischem Gusto zurechtzuschneiden. Wohl auch deshalb wird Geschichte selten in einem großen Bogen, in einer umfassenden Chronologie dargestellt. Wie alt ist das Universum? Wann nahm das Leben auf der Erde seinen Anfang? Wer war der älteste Vorfahre der Menschen? Wie hat die altchinesische Wissenschaft unsere moderne Welt geprägt? Wann begann die Demokratie im antiken Griechenland? Sind die Menschen tatsächlich allen anderen Lebewesen überlegen? Was die Antworten auf ein derart breites Spektrum grundlegender Fragen angeht, sind viele Menschen heute verständlicherweise verwirrt: Sie haben in der Schule vielleicht ein paar Geschichten über Könige und Königinnen gehört, besitzen ein paar Kenntnisse über die beiden Weltkriege und vielleicht auch noch einige über die Dinosaurier.

Unser Wissen über die Vergangenheit verteilt sich heute über viele verschiedene Fachgebiete und ist in zahllosen unterschiedlichen Büchern versteckt. Da ist es kein Wunder, dass die wenigsten Menschen Spaß an Geschichte haben, weil sie sich in der Beschäftigung mit ihr hoffnungslos verzetteln oder in eine Sackgasse geraten.

UM ALLES IN DER WELT ist der Bericht über eine Reise, die vor 13,7 Milliarden Jahren begann. In vier Teilen erzählt dieses Buch die Geschichte von allem: vom Ursprung des Universums und der Entwicklung des Lebens auf der Erde vor dem Zeitalter der Menschen (Teil 1 Mutter Natur); von der Evolution der Menschen in der Natur (Teil 2 Homo sapiens); von der Entwicklung verschiedener Hochkulturen (Teil 3 Sesshaft werden); und von der Verschmelzung dieser Kulturen und ihrer Vereinigung mit der Natur zu einem globalen Ganzen (Teil 4 Die ganze Welt).

Ich habe mich bemüht, dieses Buch auf ein möglichst breites Spektrum von Quellen zu stützen und die neuesten Erkenntnisse über das Universum, das Leben auf der Erde und die Menschheit einfließen zu lassen. Dabei war ich sehr darauf bedacht, Fehler zu vermeiden, aber angesichts einer so weit gespannten Geschichte weiß man nie, welche Irrtümer sich einschleichen. Ganz gleich, wie und wo sie ans Licht kommen: Ich habe sie natürlich allein zu verantworten.

Ich hoffe, dass sich hier eine auf einzigartige Weise verknüpfte, einheitliche Geschichte entfaltet, in der sich das Wachstum der Hochkulturen mit der Evolutionstheorie verbindet, die moderne Wissenschaft mit prähistorischer Kunst und der Aufstieg der Weltreligionen mit den unbezähmbaren Kräften von Mutter Natur.

Es war ein aufregendes Projekt, das mein Leben verändert hat – eine Reise, Milliarden von Jahren in die Vergangenheit und viele Male rund um die Welt. Es hat mich mehr als alles andere zu der Überzeugung gebracht, dass die Beschäftigung mit der Vergangenheit am besten mit einer chronologischen Darstellung beginnen sollte, die so geschrieben ist, dass jeder sie verstehen kann. Das war mein wichtigstes Anliegen. Ich hoffe, Ihnen werden beim Lesen immer wieder von neuem die Augen geöffnet, so wie sie auch mir immer wieder geöffnet wurden.

Christopher Lloyd
Juni 2008

Teil 1

Mutter Natur

13,7 Milliarden bis 7 Millionen v. Chr.

Der Widerhall der gewaltigen Explosion, die den Anbeginn unseres Universums bildete, ist noch heute, 13,7 Milliarden Jahre später, zu vernehmen. Wenige Mikrosekunden nach dem Urknall blähte sich das Universum auf einen Durchmesser von mehreren Milliarden Kilometern auf. Neue Sterne wurden geboren, alte brannten aus. Rund 9,2 Milliarden Jahre später begann unsere Sonne zu leuchten, hervorgegangen aus den Überresten eines früheren, ausgebrannten Sterns.

Angezogen von der Schwerkraft der Sonne, rangelten riesige heiße Staub- und Gaskugeln in dem neu gebildeten Sonnensystem um ihre Plätze. Bei einem gewaltigen Zusammenstoß zwischen der Erde und einem anderen Planeten namens Theia wurden so viele Trümmer losgeschlagen, dass daraus unser Mond entstehen konnte. Ein Hagel von Kometen, die von der gewaltigen Schwerkraft des Jupiter durch das Sonnensystem geschleudert wurden, prasselte auf die Erde, verdampfte und wurde zu Regen. Heiße, im Erdinneren eingeschlossene Gase brachen durch Vulkane an die Oberfläche und bildeten die erste Atmosphäre unseres Planeten.

Ein paar Hundert Millionen Jahre nach der feurigen Geburt der Erde begannen leblose chemische Substanzen, sich zu verdoppeln; so entstanden die ersten einzelligen Lebewesen, die wir heute als Bakterien bezeichnen. Bei ihren Kopiervorgängen schlichen sich manchmal Fehler ein – Varianten entstanden. Eine davon nutzte das Sonnenlicht zur Herstellung von Nährstoffen und gab dabei Sauerstoff ab. Im Laufe der nächsten 2,5 Milliarden Jahre erzeugten die einfachen Lebewesen immer mehr von dem Energie spendenden Gas, und eine neue Atmosphäre entstand. Erde, Umwelt und einfache Bakterien schufen durch ihr Zusammenwirken die Voraussetzungen für die Entstehung komplizierterer

Lebewesen. Bakterien verschmolzen zu komplexen Zellen, die sich dann zu den ersten Vielzellern zusammenlagerten.

Nachdem schließlich die sexuelle Fortpflanzung entstanden war, füllten sich die Meere mit exotischen Organismen, manche davon mit gestielten Augen, Fangarmen und anderen bizarren Körperanhängen. Zu einer Vielzahl von Schwämmen, Quallen und Korallen kamen Knochenfische, Skorpione und Trilobiten hinzu. An Land keimten Pflanzensporen, Moose entwickelten sich im Laufe von Jahrmillionen zu Krautpflanzen und Laubbäumen, die auch weit weg vom Ufer eines Gewässers gedeihen konnten. Als der Sauerstoffgehalt der Atmosphäre stieg, gingen Meereslebewesen an Land, um dort neue Nahrungsquellen und Behausungen zu erkunden. Rieseninsekten und Libellen dienten den Amphibien, die nun das Land beherrschten, als Nahrung. Durch die Tätigkeit der Lebewesen überzog schon bald eine Decke aus nährstoffreichen Böden die Landflächen der Erde. Als sich die Platten der Erdkruste zum Superkontinent Pangäa vereinigten, fanden Reptilien mit ihren hartschaligen Eiern ein Mittel, um sich auch im Landesinneren fortzupflanzen. Riesige Echsen, die Dinosaurier, wurden zu den Herrschern der Landflächen. Zusammen mit ihnen entwickelten sich die ersten Blütenpflanzen, Vögel und neue Insektenformen. Dann aber, vor 65,5 Millionen Jahren, erschütterte der Einschlag eines riesigen Meteoriten die ganze Erde. Die Folge war ein Massenaussterben. In das so entstandene Vakuum stieß eine Familie kleiner, nachtaktiver Tiere: Sie entwickelten sich zu einer Fülle großer und kleiner Arten, die nun die langsam auseinandertreibenden Kontinente besiedelten.

KAPITEL 1

DER URKNALL

WIE EIN UNSICHTBARER PUNKT AUS UNENDLICHER ENERGIE EXPLODIERTE UND UNSER UNIVERSUM MIT SEINEN GALAXIEN, STERNEN, PLANETEN UND EINZIGARTIGEN, UNVERÄNDERLICHEN PHYSIKALISCHEN GESETZEN ENTSTEHEN LIESS

Sehen wir uns einmal genau um. Anschließend stecken wir alles, was wir sehen, in eine imaginäre, aber ungeheuer starke Häckselmaschine. Pflanzen, Tiere, Bäume, Gebäude, unser ganzes Haus mit allem, was sich darin befindet, unsere Heimatstadt, das Land, in dem wir leben – alles wird pulverisiert und zu einer winzigen Kugel gepresst.

Nun kommt auch die ganze übrige Welt dazu. Dann die anderen Planeten unseres Sonnensystems und die Sonne, die ungefähr tausendmal größer ist als alle Planeten zusammen. Dann stecken wir unsere Galaxie hinein, die Milchstraße mit ungefähr 200 Milliarden weiteren Sonnen, und schließlich alle anderen Galaxien des Universums, von denen viele noch größer sind als unsere – von ihnen gibt es wiederum rund 125 Milliarden. Das alles pressen wir ungefähr auf die Größe eines Backsteins zusammen, dann machen wir daraus einen Tennisball, dann eine Erbse – und schließlich ist alles kleiner als der Punkt auf dem Buchstaben i.

Alles verschwindet. Alle Sterne, Mond und Planeten verflüchtigen sich in einem einzigen, unsichtbaren Krümel von nichts. Genauso war es: Das Universum nahm seinen Anfang als unsichtbarer Punkt, als »Singularität«, wie die Wissenschaftler es nennen.

Dieser unsichtbare, schwere und sehr dichte Punkt war so heiß und stand durch die enorme Energie, die darin eingeschlossen war, unter so gewaltigem Druck, dass vor rund 13,7 Milliarden Jahren etwas wahrhaft Gigantisches geschah.

Er platzte.

Es war die größte Explosion aller Zeiten – heute bezeichnen wir sie als **Urknall** oder Big Bang. Noch verblüffender ist, was als Nächstes geschah. Es entstand ein Riesendurcheinander, ein Chaos mit vielen Milliarden Kilometern Durchmesser. In Sekundenbruchteilen wuchs das **Universum** von einem unsichtbaren Stückchen Nichts zu etwas so Gewaltigem heran, dass es alles einschloss, was wir heute sehen können, unter anderem auch die gesamte Materie zum Aufbau von Erde, Sonne, Mond und Sternen.[1] Dazu noch eine ganze Menge, was wir nicht sehen können, weil unsere Teleskope nicht so weit reichen. Schließlich ist das Universum so groß, dass niemand genau weiß, welche Ausmaße es wirklich hat.

Warum sind die Experten überzeugt, dass ein solches unglaubliches Ereignis tatsächlich stattgefunden hat, insbesondere wo es doch vor so langer Zeit geschah, sodass niemand es beobachten konnte? Verständlicherweise sind viele Leute bis heute gegenüber der Idee vom Urknall misstrauisch. Unter Wissenschaftlern jedoch herrscht im Allgemeinen Einigkeit über die Vorgänge, denn die Belege dafür, so sagen sie, seien überall um uns herum zu sehen.

Der Franzose **George Lemaître** war so entsetzt über das Gemetzel, das er auf den Schlachtfeldern des Ersten Weltkrieges miterlebt hatte, dass er sein weiteres Leben zum größten Teil der Erforschung der Sterne widmete. Sein Interesse am Weltraum erwachte 1923 auf einer Reise, die ihn an die Universität Cambridge führte: Dort gab es eine Sternwarte, in der einige der größten Teleskope der Welt standen. Bereits 1927 hatte er sich dann als großer Mathematiker einen Namen gemacht; unter anderem entwickelte er eine neue Theorie von einem Universum, das sich ausdehnt und an dessen Anfang eine sehr große Explosion stand.

Die Milchstraße besteht aus etwa 200 Milliarden Sternen. Jüngere Sterne wie unsere Sonne befinden sich in den Spiralarmen.

Nur zwei Jahre nachdem Lemaître seine Gedanken veröffentlicht hatte, behauptete **Edwin Hubble**, ein anderer Wissenschaftler, er könne durch ein starkes Teleskop erkennen, wie andere Galaxien sich von der Erde weg bewegten, und je weiter entfernt sie seien, desto höher sei ihre Geschwindigkeit. Damit hatte er einen sichtbaren Beleg, dass das Universum sich auch heute noch ausdehnt. Vor langer Zeit, so Hubbles Überlegung, muss irgendetwas die Sterne und Galaxien in Bewegung gesetzt haben – und bei diesem Etwas könnte es sich durchaus um Lemaîtres Urknall handeln.

Bei einem Gewitter kann das Echo des Donners lange Zeit, manchmal über eine Minute lang, zwischen Bergen und Tälern widerhallen. Der Urknall war eine so gewaltige Explosion, dass die Wissenschaftler jahrzehntelang die Vermutung hegten, sein Echo müsse auch heute noch zu vernehmen sein.[2]

Die Ersten, die dieses Echo wirklich hörten, waren im Jahr 1964 zwei junge amerikanische Ingenieure in New Jersey. Die beiden – sie hießen **Arno Penzias**

Der weiteste Blick aller Zeiten ins Universum, aufgenommen 2004 vom Hubble-Weltraumteleskop. Jeder Lichtpunkt ist eine Galaxie. Manche von ihnen sind 13 Milliarden Jahre alt.

und **Robert Wilson** – wollten damals gerade die Konstruktion von Radioteleskopen verbessern. Aber ihr neues Gerät fing ständig ein rätselhaftes Rauschen auf. Ganz gleich, in welche Richtung sie es drehten, die seltsame Störung verschwand nicht. Zunächst hatten die beiden den Verdacht, ein Radiosender im nahe gelegenen New York könne das Problem verursachen. Dann stellten sie fest, dass viele Tauben auf der Antenne saßen, und sie mutmaßten, die Geräusche der Vögel könnten durch den Mast verstärkt werden. Die Tauben wurden verscheucht, die Antenne gereinigt, aber das rätselhafte Rauschen war immer noch da.

Nur 50 Kilometer von ihnen entfernt war ein anderes Wissenschaftlerteam unter der Leitung des Kosmologen Robert Dickie damit beschäftigt, ein hochempfindliches Weltraummikrofon zu entwickeln, um damit – so die Hoffnung – das Echo des Urknalls aufzufangen. Zufällig riefen Penzias und Wilson bei Dickie an und erkundigten sich, ob er oder einer seiner Mitarbeiter eine Ahnung hätten, wie man das Hintergrundgeräusch in ihrem neuen Teleskop beseitigen könne. Dickie kam fast augenblicklich der Gedanke, Penzias und Wilson könnten das Echo des Urknalls gehört haben. Heute brauchen wir uns nicht mehr nur auf ihre Aussagen zu verlassen. Denn wenn wir das schwarz-weiße »Schneegestöber« auf einem nicht richtig eingestellten Fernseher betrachten, sehen wir bereits ein wenig vom Urknall. Einer unter hundert derartigen Flecken wird durch das Hintergrundecho des Urknalls verursacht.[3]

Nehmen wir also einmal an, dass unser Universum tatsächlich durch die Explosion eines unsichtbaren kleinen Pünktchens entstand. Aber wie kommen die Wissenschaftler darauf, dass dies vor 13,7 Milliarden Jahren geschah? Mit modernen Teleskopen konnte man auf Hubbles Beobachtungen aufbauen und war in der Lage zu berechnen, mit welcher Geschwindigkeit sich die Galaxien voneinander entfernen. Anhand solcher Daten kann man dann in die Vergangenheit zurückrechnen und den Zeitpunkt bestimmen, an dem sich alle Himmelskörper an demselben Ort befanden.

Kurz nach dem Urknall geschahen noch mehr rätselhafte Dinge. Eine ungeheure Energiemenge wurde freigesetzt. Sie verwandelte sich zuerst in die Schwerkraft, eine Art unsichtbaren Klebstoff, der dafür sorgt, dass alle Dinge im Universum einander anziehen. Dann ließ der Energiestoß unzählige Milliarden von winzigen Bausteinen entstehen. Alles, was heute existiert, besteht aus diesen Milliarden Teilchen, die im ersten Sekundenbruchteil nach dem Urknall entstanden.

Ungefähr 300 000 Jahre später hatte sich alles so weit abgekühlt, dass die Teilchen – die häufigsten unter ihnen sind Elektronen, Protonen und Neutronen – sich zu winzigen Klümpchen zusammenlagern konnten, die wir als Atome bezeichnen. Mithilfe des allgemeinen Schwerkraftklebstoffs versammelten sich die Atome im weiteren Verlauf in riesigen Wolken aus sehr heißem Staub. Aus diesen Wolken entstanden die ersten Sterne, große Feuerkugeln, die mit der vom Urknall übrig gebliebenen Energie aufgeladen waren. Die Schwerkraft sorgte dafür, dass die feurigen Sterne sich in Gruppen von unterschiedlicher Form und Größe zusammenfanden – manche bildeten wirbelnde Spiralen, andere hatten die Form rotierender Platten. Solche Sternenhaufen nennen wir Galaxien. Unsere eigene Galaxie, die Milchstraße, entstand ungefähr 100 Millionen Jahre nach dem Urknall – also vor rund 13,6 Milliarden Jahren.[4] Sie hat die Form einer großen Scheibe und rotiert mit der atemberaubenden Geschwindigkeit von rund 800 000 Stundenkilometern.

Neue Erkenntnisse über die Ursprünge unseres Universums sammelte die amerikanische **Wilkinson-Raumsonde** (auch Explorer 80 genannt), die 2001 gestartet wurde. Mit ihrer Hilfe konnte man das Echo des Urknalls und andere Bestandteile des Universums exakter vermessen als je zuvor.[5] Die Raumsonde bestätigte auch, was Hubble bereits mit seinem Teleskop gesehen hatte: Das Universum dehnt sich immer noch aus. Aber es bleiben viele ungeklärte Fragen.

So weiß beispielsweise niemand, ob sich die Ausweitung des Universums verlangsamt. Wenn die Geschwindigkeit nachlässt, könnte die Schwerkraft vielleicht eines Tages alle Sterne und Galaxien wieder zusammenziehen, so, als würden sie an riesigen, unsichtbaren Gummibändern hängen. Demnach könnte das Universum eines Tages wieder zu einem winzigen, unsichtbaren Punkt zusammenschrumpfen. Und wenn sich in diesem Punkt ein immer höherer Druck aufbaut, hätte dies möglicherweise einen weiteren Urknall zur Folge. Manche Wissenschaftler glauben sogar, es habe schon früher viele – vielleicht Millionen – Urknall-Ereignisse gegeben, und unser derzeitiges Universum sei nur das bisher letzte in einer Folge. Es werde irgendwann wieder in sich zusammenfallen, sodass ein neuer Urknall stattfinden könne.

Ebenso wenig wissen wir, ob unser Universum das einzige Universum ist. In jüngerer Zeit vertritt eine wachsende Zahl von Physikern die Ansicht, es könne in Wirklichkeit eines von vielen sein – vielleicht ist ihre Zahl unendlich, und alle sind die Ergebnisse zahlreicher Urknall-Ereignisse. Der Unterschied zwischen den verschiedenen Universen läge demnach in ihren physikalischen Gesetzen, beispielsweise der Stärke der Schwerkraft oder den Kräften zwischen den Teilchen in einem Atom.

Eine solche **»Multiversumtheorie«** wäre eine Erklärung dafür, warum in unserem Universum offensichtlich genau die richtigen physikalischen Gesetze herrschen, die die Entstehung von Leben ermöglichen. Die Wahrscheinlichkeit, dass solche Gesetze sich durch Zufall ergeben, ist so unendlich klein, dass die Existenz anderer Universen mit abweichenden physikalischen Gesetzen so manchen Wissenschaftlern vernünftiger erscheint als die Vorstellung von einem intelligenten Schöpfer oder Gott.[6]

Galaxien sind riesengroß. Nehmen wir einmal ein Smartie-Bonbon und legen ihn mitten auf unseren Küchentisch.

Nun stellen wir uns vor, dies sei unsere Sonne. In welcher Entfernung müssten wir ein zweites Smartie ablegen, um die Entfernung zum nächsten Stern in unserer Galaxis richtig wiederzugeben? Einen Meter vielleicht? Oder zehn Meter? In Wirklichkeit wäre dieses Smartie, das im gleichen Maßstab den nächsten Stern repräsentiert, 145 Kilometer entfernt.[7]

Unsere **Sonne** ist ein recht junger Stern; nach heutiger Kenntnis wurde sie aus Gas und Staub geboren. Dies war von einem oder mehreren früheren Sternen übrig geblieben, nachdem diese ausgebrannt, unter ihrer eigenen Schwerkraft zusammengebrochen und dann explodiert waren. Solche riesigen Explosionen, Supernovae genannt, kommen im Weltraum recht häufig vor. Sie hinterlassen jene Materie – vorwiegend Gas und Sternenstaub –, aus der ständig neue Sterne geboren werden.

Vor ungefähr 4,6 Milliarden Jahren fielen übrig gebliebene Gas- und Staubwolken von früheren, ausgebrannten Sternen in sich zusammen und formten sich zu unserer Sonne. Demnach hat unser Zentralgestirn ungefähr ein Drittel des Alters unseres gesamten Universums. Für uns ist es ganz gut, dass sie noch relativ jung ist, denn die ersten Sterne hätten keine kreisenden Planeten wie die Erde hervorbringen können, auf denen Leben möglich ist. Die Sterne der ersten Generation bestanden ausschließlich aus einfachen Gasen wie Wasserstoff und Helium. Aber da Supernovae mit so gewaltiger Kraft explodieren, verbinden sich die von ihnen weggeschleuderten Atome zu schwereren, nützlichen Baumaterialien, die sich zu Gesteinsplaneten wie der Erde verbinden können. Solche Planeten enthalten Elemente wie Eisen, Sauerstoff und Kohlenstoff, die unentbehrliche Bausteine für das Leben darstellen.

Lange Zeit glaubte man, die Erde sei der Mittelpunkt des Universums. Heute dagegen wissen wir, dass sich unser **Sonnensystem** im sogenannten Orion-Arm befindet, einem der äußeren Spiralarme unserer Milchstraße. Derzeit wandert das Sonnensystem durch einen öden, relativ einsamen Teil der Galaxie, den man »lokale Blase« getauft hat. In unserer Nachbarschaft gibt es nur wenige andere Sterne, und deshalb bezeichnen Astronomen die Region auch liebevoll als Local Fluff (»lokales Stäubchen«).

Zum Sonnensystem gehören neben unserem Stern (der Sonne) alle Objekte, die sie umkreisen. Die wichtigsten unter ihnen sind die **Planeten**. Diese großen Kugeln aus Gestein und Gas entstanden ungefähr zur gleichen Zeit wie die Sonne und ebenso aus den gleichen Staub- und Gaswolken, die von früheren, ausgebrannten Sternen übrig geblieben waren. In seiner Anfangszeit dürfte unser Sonnensystem bis zu 25 Planeten umfasst haben. Die Gaskugeln entfernten sich allmählich immer weiter von der Sonne und bildeten die Riesenplaneten Jupiter, Saturn, Uranus und Neptun. Die anderen enthielten schwerere, nützlichere Baustoffe, die der Sonnenwärme widerstehen konnten. Sie bildeten die »Gesteinsplaneten« Merkur, Venus, Erde und Mars, die zum inneren Sonnensystem gehören. Mehrere Millionen Jahre lang kreisten diese riesigen, glühenden Gebilde auf wackeligen, unregelmäßigen Wegen um die Sonne, bis sie schließlich in dem neu entstandenen System eine stabile Bahn gefunden hatten.

In seiner Frühzeit war das Sonnensystem ein ausgesprochen unangenehmer Ort – für Leben war es völlig ungeeignet. Ein unsichtbarer Regen aus winzigen, elektrisch stark geladenen Teilchen strömte aus dem heißen, feurigen Brutofen der Sonne wie eine Flut rasiermesserscharfer Dolche. Diese Teilchen durchdrangen nahezu alles. Noch heute feuert die Sonne jeden Tag ungefähr 20 Milliarden Tonnen von ihnen ab. Man bezeichnet sie als »Sonnenwind«, und sie dringen sogar durch die widerstandsfähigsten Raumanzüge und Helme der Astronauten.[8] Selbst wenn irgendeine Lebensform zu jener Zeit die entsetzliche Hitze vertragen hätte, wäre sie vom »Sonnenwind« sofort abgetötet worden.

Auf der Erde war die Hölle los. Eine halb geschmolzene Kruste aus klebriger Vulkanlava blubberte auf der Oberfläche unseres Planeten wie glühend heißer Sirup. Es gab keinen festen Boden, kein Wasser und definitiv kein Leben. Die Erde war noch instabil und rotierte so schnell um ihre Achse, dass jeder Tag nur ungefähr vier Stunden dauerte.

Als Nächstes geschah etwas Verrücktes. Zwei junge Planeten wanderten auf der gleichen Umlaufbahn um die Sonne, aber mit unterschiedlicher Geschwindigkeit. Der eine war die Erde, der andere ein früher Planet namens **Theia**. Ungefähr 34 Millionen Jahre nachdem die Sonne zu glühen begonnen hatte, krachten diese beiden Planeten

Wiedergeburt im Weltall: Sternenstaub, der Überrest von Supernovae-Eplosionen ausgebrannter Sterne, ist der Stoff, aus dem ständig neue Sterne wie unsere Sonne geboren werden.

zusammen. Die Erde stürzte mit einem gewaltigen Ruck zur Seite, geriet außer Kontrolle und wurde zu einem verstümmelten, unberechenbaren, schwankenden Wrack.

Nach der Kollision brachen Tausende von Vulkanen aus. Gewaltige Gasmengen, die zuvor im Kern der Erde eingeschlossen waren, schossen durch die Oberfläche nach außen und bildeten die erste Atmosphäre unseres Planeten.

Die äußeren Schichten von Theia verdampften zu Milliarden von winzigen Teilchen. Überall flogen Trümmer herum und umgaben die Erde mit einer ungeheuer dicken Schicht aus heißem Staub, Granit und anderem Gestein. Von der Schwerkraft der Erde festgehalten, wirbelte dieser Nebel aus Gesteinsbrocken durch den Himmel, sodass es auf der Erdoberfläche dunkel wurde. Monatelang konnte nicht einmal das hellste Sonnenlicht die dicken Staubschichten durchdringen, die einst der Planet Theia gewesen waren. Sein schwerer Kern aus geschmolzenem Eisen drang bis zum Mittelpunkt der Erde vor und verursachte eine ungeheure Stoßwelle, durch die sich die beiden Planetenkerne zu einer einzigen, schweren, mehrere tausend Grad heißen Metallkugel verbanden.[9]

Auch diese ungeheure Kollision sollte sich für das Leben auf der Erde als etwas Gutes erweisen. Der Metallkern des Planeten ließ einen magnetischen Schutzschild entstehen, der die schädlichen Wirkungen des Sonnenwindes von seiner Oberfläche fernhält. Außerdem verhindert der Schild, dass der Sonnenwind das Wasser (H_2O) in Wasserstoff- und Sauerstoffatome zerlegt. Damit blieben der Erde lebenswichtige Substanzen erhalten, die sich ansonsten in den Weltraum verflüchtigen würden. Ohne diesen Schutzschild hätte sich das Leben auf der Erde niemals entwickeln können. Auf anderen Planeten wie Mars und Venus, die keinen Kern aus Eisen besitzen, ist offenbar nie etwas Lebendiges entstanden.

Einen greifbaren Beleg, etwa einen Krater, für die Kollision mit Theia gibt es auf der Erde nicht. Der Zusammenstoß muss so stark gewesen sein, dass die gesamten Außenschichten unseres Planeten verdampften und in den Weltraum entwichen. Aber es gibt einen sichtbaren Beleg. Dieser befindet sich zwar nicht auf der Erde, ist aber doch ganz in unserer Nähe. Der Staub und Granit, die sich um die Erde legten, hefteten sich mithilfe des Schwerkraftklebstoffs schon bald wieder zusammen und bildeten einen riesigen Staubball. Nur rund ein Jahr nach dem riesigen Zusammenstoß hatte die Erde einen neuen Begleiter: unseren großen, leuchtenden **Mond**. Schon wenig später entfaltete der Mond eine wichtige, stabilisierende Wirkung. Mit seiner Schwerkraft verhinderte er, dass die Erde nach der gewaltigen Kollision mit Theia unkontrolliert schwankte. Außerdem verlangsamte sich durch die Schwerkraft des Mondes die Rotation der Erde, sodass aus dem Vierstundentag im Laufe eines sehr langen Zeitraums ein Tag von 24 Stunden wurde. Seit Jahrmilliarden führen unsere Erde und ihr Mond ihren gemeinsamen Tanz um die Sonne auf wie zwei elegante Eiskunstläufer, die sich gegenseitig im Gleichgewicht halten, während sie in Kreisen über die Eisbahn wirbeln.

KAPITEL 2

ERSTE ZUCKUNGEN

WIE KOLLISIONEN, GESTEINSHAGEL UND VULKANE AUF DIE HEISSE, LEBLOSE KRUSTE DER JUNGEN ERDE EINDROSCHEN UND WIE CHEMISCHE SUBSTANZEN AUF GEHEIMNISVOLLE WEISE BEGANNEN, SICH ALS MIKROSKOPISCH KLEINE LEBENSFORMEN ZU VERMEHREN

Ein warmer, sonniger Nachmittag im Herbst 1951. Professor Harold Urey begibt sich gemütlich in seinen Hörsaal an der Universität Chicago. Der Raum ist voller Studenten, und alle wollen hören, wie der große Wissenschaftler über sein Lieblingsthema spricht: die Entstehung des Lebens auf der Erde.

Seit über 150 Jahren schlugen die Wissenschaftler sich schon damit herum, glaubhafte Theorien für den Anbeginn des Lebens zu formulieren. Urey wusste ganz genau, wo das Problem lag: Bisher hatte niemand wirklich beweisen können, wie das Leben aus einem Durcheinander primitiver »Ursubstanzen« entstehen konnte, die auf der unwirtlichen Erde in ihrer Frühzeit vorhanden waren.

Fast 100 Jahre waren vergangen, seit der französische Wissenschaftler Louis Pasteur nachgewiesen hatte, dass Substanzen, die keine Lebewesen enthalten, auch immer unbelebt bleiben, wenn man sie einfach liegen lässt. Demnach konnten offenbar auch die einfachsten Lebensformen auf einer öden, leblosen Erde nicht von selbst entstehen. Was war stattdessen geschehen? Wer oder was hatte den ersten magischen Funken überspringen lassen, der zum Beginn des Lebendigen führte?

Über diese Frage wurde hitzig diskutiert. Die einen glaubten, das Leben sei von einem überirdischen Architekten – Gott – erschaffen worden, vielleicht sogar genau so, wie es in der Bibel berichtet wird. Nach ihrer Ansicht konnte naturwissenschaftliche Forschung niemals die Frage nach dem Anbeginn des Lebens beantworten, weil Gottes Macht die Verständnisfähigkeit der Menschen übersteige. Andere glaubten, das Leben sei aus dem Weltraum gekommen. Immerhin sei das Universum so riesengroß, dass es dort zumindest mit einer gewissen Wahrscheinlichkeit irgendwo auch andere intelligente Lebensformen geben müsse. Vielleicht sei das Leben auf der Erde ja das Ergebnis eines biologischen Experiments, das außerirdische Wesen vor Milliarden Jahren in Gang gesetzt hätten.

Urey war überzeugt, dass man irgendwann mit naturwissenschaftlichen Methoden eine Antwort finden würde. Er wollte zeigen, wie die **Aminosäuren** – chemische Substanzen, die als Bausteine des Lebendigen unentbehrlich sind – in der Frühzeit der Erde entstanden waren. Nach seiner Überzeugung konnten sich über ausreichend lange Zeit hinweg einfache, einzellige Lebensformen von selbst zu der komplexen, wunderschönen Welt weiterentwickeln, die wir heute kennen – ja vielleicht war eine solche Entwicklung sogar unvermeidlich.

Deshalb träumte Urey davon, die Verhältnisse auf der frühen Erde in einem Laborexperiment nachzuvollziehen und damit zu zeigen, wie das Leben aus einem unbelebten Durcheinander entstehen konnte. Unter seinen Zuhörern befand sich ein Student, der von Ureys Worten völlig hingerissen war. **Stanley Miller** hatte auf seiner Reise quer durch Amerika gerade in Chicago haltgemacht. Er war auf der Suche nach einem Forschungsprojekt, mit dem er seine Ausbildung als Naturwissenschaftler abschließen konnte.

Je länger Urey sprach, desto stärker wuchs die Aufregung des 21-jährigen Miller. Nach dem Vortrag ging er zu dem Professor und durfte anschließend bei Urey an einem Projekt mitarbeiten: Die beiden wollten im Labor aus einem Gemisch chemischer Einzelbestandteile neues Leben erzeugen.

Heimlich gingen Urey und Miller an die Arbeit. Zunächst entwarfen sie eine raffinierte Glasapparatur mit einem großen Gefäß in der Mitte; dieses sollte alle Substanzen enthalten, die nach Ansicht der beiden Wissenschaftler in der Frühzeit der Erde vorhanden waren, darunter auch Gase wie Wasserstoff, Methan und Ammoniak, die vorwiegend aus Vulkanausbrüchen stammten. Durch ein Rohr, das mit einer Flasche voller kochendem Wasser verbunden war, wurde Dampf in das große Glasgefäß geleitet. Außerdem befanden sich in dem Gefäß zwei Metallstäbe als Elektroden. An diese wurde elektrische Hochspannung angelegt, sodass Funken entstanden – womit in verkleinerter Form die heftigen Gewitter nachgeahmt waren, die auf der frühen Erde fast ständig tobten. Die ganze Apparatur war darauf angelegt, die Verhältnisse in der Frühzeit der Atmosphäre nachzuvollziehen.

Zu Beginn des Experiments brachte Miller das Wasser in der Flasche zum Kochen. Dampf stieg auf und strömte durch das Verbindungsrohr in das große Glasgefäß, wo er sich mit den urtümlichen Gasen vermischte. Als Nächstes schaltete Miller den Strom ein. Eine Spannung von 60 000 Volt schoss in die Elektroden und sorgte für eine stetige Folge elektrischer Entladungen.

Zu seiner großen Enttäuschung geschah nichts. Abends verließ Miller niedergeschlagen das Labor – er war überzeugt, seine Bemühungen seien umsonst gewesen.

Als Miller aber am nächsten Morgen wieder ins Institut kam, war er verblüfft: Das Wasser in der Flasche hatte sich rosa gefärbt – dort musste also eine chemische Reaktion abgelaufen sein. Er ließ das Experiment eine Woche weiterlaufen, und nun stellten sich unverkennbar die Ergebnisse ein, auf die er gehofft hatte: Das anfangs klare Wasser hatte einen kräftigen Rotton angenommen. Es enthielt jetzt Aminosäuren, jene unentbehrlichen Bausteine des Lebendigen, die in allen Pflanzen und Tieren (auch bei uns Menschen) zum Aufbau lebender Zellen dienen. Das musste der Beweis sein, an den Urey so fest geglaubt hatte. Das Leben, so Ureys und Millers Schlussfolgerung, war unter den höllischen Bedingungen, die auf der Erde für 3,7 Milliarden Jahre herrschten, durch Zufall entstanden – damals waren schlicht die richtigen Ausgangsbedingungen gegeben.

Das Experiment von Miller und Urey stellte für die wissenschaftliche Erforschung der Frage nach dem Beginn des Lebens einen Wendepunkt dar. Es wurde seither viele Male wiederholt, wobei man das Substanzgemisch geringfügig abwandelte, weil man mittlerweile andere Theorien darüber hatte, welche chemischen Verbindungen in welchen Mengen auf der frühen Erde vorhanden waren. Aber Urey und Miller hatten eigentlich in ihrem Glasgefäß nichts Lebendiges hergestellt, sondern sie hatten nur die Zutaten geschaffen. Bis heute ist es niemandem gelungen, im Labor tatsächlich aus unbelebten Chemikalien eine lebende Zelle herzustellen. Die Debatte über die ersten Augenblicke des Lebendigen tobt deshalb immer noch.

Manche Wissenschaftler vermuten, das Leben könne in der Frühzeit unseres Planeten durch ein anderes dramatisches Ereignis entstanden sein. Demnach lag der Ausgangspunkt in dem **»großen Bombenhagel«** von Kometen, wie er genannt wird – eine Episode, die vor rund 3,7 Milliarden Jahren mit dem roten Riesenplaneten Jupiter begann.

Stanley Miller, ein Student des Nobelpreisträgers Harold Urey. Hier zusammen mit der Apparatur, mit der er zum ersten Mal im Experiment die chemischen Verhältnisse auf der frühen Erde nachahmte.

Im Jahr 1687 entdeckte der berühmte britische Wissenschaftler Isaac Newton, dass alle Gegenstände sich gegenseitig anziehen; je größer ein Gegenstand ist, desto größer ist auch diese Anziehungskraft. Jupiter, der größte Planet unseres Sonnensystems, hat gewaltige Ausmaße – unsere Erde würde ungefähr 1300-mal in ihn hineinpassen. Deshalb hat er auch eine sehr starke Schwerkraft. Normalerweise würde man annehmen, dass selbst eine derart große Kraft sich auf andere Planeten wie die Erde nicht auswirkt – immerhin ist Jupiter rund 630 Millionen Kilometer von uns entfernt. Aber nach astronomischen Maßstäben ist dies eine sehr geringe Entfernung. Zur richtigen Jahreszeit kann man in klaren Nächten den Jupiter tatsächlich hell am Nachthimmel scheinen sehen, und schon mit einem kleinen Teleskop erkennt man mindestens vier seiner mehr als sechzig Monde. Es mag sich verblüffend anhören, aber möglicherweise liegt dort oben der Ursprung des Lebens.

Nach der Entstehung der Planeten blieben Hunderttausende von kleinen Felsbrocken übrig. Ein besonders großer Schwarm von ihnen kreiste vor rund 3,7 Milliarden Jahren in der Nähe des Jupiter um die Sonne, wobei er von der

Die Schwerkraft des Gasriesen Jupiter trieb nach heutiger Kenntnis Kometenschwärme in Richtung der jungen Erde. Sie brachten Wasser und möglicherweise auch die ersten für das Leben erforderlichen Moleküle mit.

gewaltigen Schwerkraft des riesigen Planeten festgehalten wurde. Zu jener Zeit war das Sonnensystem noch so instabil, dass die Umlaufbahnen der großen Planeten – Jupiter, Saturn und Neptun – sich hin und wieder ein wenig verschoben. Während einer solchen Verschiebung, so die Vermutung, trieb ihre Schwerkraft die kleinen Kometen und Asteroiden wie Fußbälle quer durch das Sonnensystem. Ein Teil von ihnen flog in die Richtung der frühen Erde und prasselte wie eine gewaltige Salve aus seltsam geformten Kanonenkugeln auf sie herab.

Belege für diesen Bombenhagel sammelten Wissenschaftler am Space Flight Center der NASA in Houston (Texas). Sie untersuchten einen alten Kometen namens LINEAR, der kürzlich in die Nähe der Sonne geriet und durch ihre Hitze zu einer Wolke aus Staub und Gas verdampfte. Als er auseinanderfiel, beobachteten ihn die Wissenschaftler der NASA durch ihre hoch entwickelten Teleskope: Sie wollten wissen, was für Substanzen sich im Inneren des Kometen befanden. Die Ergebnisse ihrer Beobachtungen legen die Vermutung nahe, dass die Aminosäuren, die Bausteine des Lebendigen, aus ähnlichen Kometen stammen könnten. Das würde bedeuten, dass das Leben auf der Erde nicht ganz bei null anfangen musste. Vielleicht wurde eine Art Baukasten bereits aus dem Weltraum angeliefert?

Weitere Belege stammen vom Mond. Sein pockennarbiges Aussehen ist schon mit einem einfachen Fernglas zu erkennen. Die Mondoberfläche trägt Millionen Einschlagkrater. Da der Mond nicht durch eine Atmosphäre geschützt ist und da auch keine Lebewesen die Schäden verdecken können, stellt er heute den besten historischen Beleg für jenes brutale Zeitalter der riesigen Kometeneinschläge dar, die sich vor Jahrmilliarden ereigneten.

Solche Kometen könnten neben den Aminosäuren auch andere kostbare Geschenke mitgebracht haben. Wenige Sekunden bevor die Kometenschwärme auf die Oberfläche der frühen Erde krachten, begannen sie zu schmelzen: Ihr Eis wurde durch die Reibung der Erdatmosphäre aufgeheizt. Es wäre ein spektakulärer Anblick gewesen: Millionen Kometen zogen über den Himmel wie riesige Schneebälle, und während sie dann auf die Erde stürzten, zog jeder von ihnen einen langen, gebogenen Schweif aus glühend heißem Dampf hinter sich her. Der Dampf kondensierte zu **Wasser**, und dann geschah – vielleicht zum ersten Mal – etwas, das für uns heute völlig selbstverständlich ist: Es regnete. Und es regnete heftig. Nach Ansicht mancher Fachleute stammt das Wasser in unseren Seen, Flüssen und Ozeanen möglicherweise zum größten Teil von Kometen, die vor Milliarden Jahren auf der Erde einschlugen.

Aber letztlich fanden auch die klügsten Köpfe mit allen ihren wissenschaftlichen und technischen Mitteln bisher keine abschließende Antwort auf die eigentliche Frage: Wie verwandelten sich die chemischen Substanzen, die Stanley Miller und Harold Urey im Labor neu erschaffen hatten, in lebende Zellen, in die Bausteine, aus denen wir alle bestehen?

Die magische Eigenschaft der lebenden Zellen ist ihre Fähigkeit, sich fortzupflanzen. Sie können Knospen bilden, Babys zur Welt bringen, Nachkommen produzieren, Kopien von sich selbst herstellen. Einzelne Zellen bringen in der Regel genaue Kopien ihrer selbst hervor – das kann man an Viren und Bakterien beobachten. Manchmal schleicht sich dabei allerdings ein Kopierfehler ein, und dann entsteht eine mutierte Zelle. Die Vermehrungsfähigkeit ist das entscheidende Merkmal, durch das sich lebendige Gebilde so vollständig von allem anderen unterscheiden, was man im Universum kennt. Kein unbelebtes Objekt kann sich auf ähnliche Weise vervielfältigen.

Häufen wir einmal am Rand eines Esstellers einen Teelöffel Salz auf. Dann wenden wir den Blick für ein paar Sekunden ab. Wenn wir das nächste Mal hinsehen, stellen wir uns vor, das Salz hätte sich über den ganzen Teller und dann auch unkontrollierbar auf dem ganzen Tisch ausgebreitet. Das ist – ein wenig beschleunigt – der Vorgang, der das Lebendige kennzeichnet. Salz ist dazu nicht in der Lage, denn es lebt nicht. Auch die Aminosäuren, jene Bausteine, die Urey und Miller neu schufen, können es nicht. Hefe kann es, Schimmelpilze können es, Bakterien können es. Irgendetwas versetzt diese Objekte in einen Zustand, in dem sie sich plötzlich verdoppeln. Alles, was sich seither abgespielt hat, gehört zur Geschichte des Lebendigen auf der Erde.

Als das Kometenbombardement nachließ, kühlte sich die Erdoberfläche so weit ab, dass die geschmolzene Lava einen festen Untergrund bilden konnte. Wasser fiel vom Himmel und bildete die ersten Ozeane, die für eine weitere Abkühlung der Oberfläche sorgten. Geschmolzene Lava und Gase, die nun unter der Erdkruste eingeschlossen waren, mussten hin und wieder ganz buchstäblich Dampf ablassen. Überall brachen Vulkane aus. Gewaltige Feuerberge spuckten auf dem ganzen Planeten kochend heiße Lava und Gase aus, und die auf diese Weise freigesetzten Gase bildeten eine erste Atmosphäre aus Stickstoff, Methan, Ammoniak, Sauerstoff und Kohlendioxid – den Bestandteilen, die auch Miller und Urey in ihrem Labor gemischt hatten, um den Grundstoff des Lebendigen zu erzeugen. Der **Sauerstoff**, der nun in die Erdatmosphäre gelangte, verband sich mit einem anderen Gas, das von der Explosion bei der Entstehung von Sonne und Sonnensystem übrig geblieben war: dem **Wasserstoff**. Dabei entstand wiederum Wasser (H_2O), und die Überschwemmungen, die mit den Kometen begonnen hatten, wurden noch größer; am Ende waren fast 70 Prozent der Erdoberfläche von Wasser bedeckt.

Tief in diesen ersten Ozeanen vollzog sich nach Ansicht mancher Fachleute der magische Sprung von den Leben spendenden Aminosäuren zu den ersten lebenden, einzelligen Organismen. Die **Methanogenen** entwickelten sich in den Tiefen der Meere, wo sie vor den tödlichen Wirkungen des Sonnenwindes geschützt waren. Sie gediehen in der Nähe von Vulkanschloten, die als »Schwarze Raucher« bezeichnet werden, weil sie am Meeresboden dicken, schwarzen, ätzenden Dampf ausstoßen und damit sowohl Wärme als auch chemische Substanzen als Nährstoffe liefern.

Die zweite grundlegende einzellige Lebensform entwickelte sich vermutlich durch einen Kopierfehler, als Nahrung gerade einmal knapp war. Durch diesen Fehler passte sich das Lebendige an eine völlig neue Energiequelle an: das Sonnenlicht. Mit seiner Hilfe spaltete es Kohlendioxid (CO_2) und Wasser (H_2O), um daraus Nahrung herzustellen. Diese einfache, aber geniale Form der Ernährung bezeichnen wir heute als **Photosynthese**.

Im Gegensatz zu den Methanogenen mussten die so entstandenen **Cyanobakterien** so dicht unter der Meeresoberfläche leben, dass sie das ins Wasser fallende Sonnenlicht aufnehmen konnten. Durch die Photosynthese veränderte sich die Atmosphäre, denn ihr Abfallprodukt ist Sauerstoff.[1] Im Laufe mehrerer Milliarden Jahre sorgten die Cyanobakterien dafür, dass sich in der Luft immer mehr Sauerstoff anreicherte.[2]

In der Wildnis Westaustraliens, ungefähr 650 Kilometer von Perth entfernt, liegt eine Bucht namens **Shark Bay**. Hier sieht es wahrhaft urtümlich aus. Nicht weit von der Küste befinden sich einige der ältesten Felsen, die man auf der Erde kennt. Im Wasser neben ihnen liegen Tausende von seltsamen Hügeln, die ungefähr einen halben Meter hoch sind und an übermäßig stark ausgestopfte Kissen erinnern. Nach Lebewesen sehen sie eigentlich nicht aus, aber diese eigenartigen Gebilde – man nennt sie Stromatolithen – enthalten Milliarden Cyanobakterien. Heute ragen sie nur noch an wenigen Stellen in Westaustralien, Mexiko und Kanada aus flachen Lagunen, und es gibt sie auch noch in der Tiefe des Karibischen Meeres. In der Frühzeit der Erde jedoch waren Stromatolithen allgegenwärtig.

Anfangs verband sich der von den Stromatolithen produzierte Sauerstoff am Meeresboden mit dem Eisen, das nach der gewaltigen Kollision mit dem Planeten Theia übrig geblieben war. Das Eisen wurde zu Eisenoxid, einem rostroten Mineral.[3] Als alle Substanzen, mit denen sich der Sauerstoff verbinden konnte, aufgebraucht waren, entwich er einfach in die Luft – und dabei ist es bis heute geblieben. Derzeit macht Sauerstoff ungefähr 21 Prozent unserer Atemluft aus. Der Rest besteht vorwiegend aus Stickstoff (71 Prozent), und dazu kommen noch Wasserdampf sowie mehrere andere Gase, darunter auch das Kohlendioxid, mit Anteilen von jeweils weniger als einem Prozent hinzu.

Das Leben auf der Erde wäre auch ohne Sauerstoff weitergegangen, aber vermutlich hätte es sich nie über Ketten aus klebrigen, mikroskopisch kleinen Bakterien hinaus entwickelt. Menschen hätten nicht entstehen können, denn Sauerstoff ist ein energiereiches Gas und deshalb für alle höher entwickelten tierischen Lebensformen unentbehrlich. Außerdem bildet der Sauerstoff in Form des Ozons hoch oben in der Atmosphäre eine Schutzschicht, die das ultraviolette Licht der Sonne von den an Land lebenden Organismen fernhält.[4]

Da die Cyanobakterien das Kohlendioxid aus der Luft aufnahmen, trugen sie auch dazu bei, dass die Temperaturen in der Frühzeit der Erde sanken. Als die Atmosphäre immer weniger von dem Hitze speichernden »Treibhausgas« enthielt, wurde es kühler. Irgendwann verbanden sich die einzelligen Bakterien

Stromatolithen in der Shark Bay in Westaustralien. Solche Gebilde trugen früher überall auf der Erde zur Entstehung der sauerstoffreichen Atmosphäre bei.

(Prokayronten) und wuchsen zu komplizierteren, raffinierter gebauten Lebewesen heran.

Vor rund zwei Milliarden Jahren schlich sich in der Natur eine weitere Mutation ein, die es einzelligen Bakterien ermöglichte, die sauerstoffreiche Atmosphäre zu nutzen. Da Sauerstoff eine starke Energiegewinnung ermöglicht, konnten diese Bakterien durch den neuen Vorgang, die Atmung, mehr als zehnmal so viel Energie erzeugen wie andere Lebewesen. Schon bald waren die Ozeane angefüllt mit energiereichen, mikroskopisch kleinen Zellen, die den im Wasser gelösten Sauerstoff verbrauchten.

Diese Zellen waren so mit Energie aufgeladen, dass sich manche von ihnen in andere, größere Zellen hineinbohrten und mit diesen einen Handel auf Gegenseitigkeit abschlossen. Die größere Zelle ernährte sich von den Abfallprodukten der kleineren und nutzte die überschüssige Energie, die diese durch ihre Atmung erzeugte.[5] Mit einer solchen Zusammenarbeit, der Endosymbiose, waren die größeren Zellen viel besser in der Lage, in einer Umwelt mit ihrem weiter wachsenden Sauerstoffgehalt zu überleben.

Die durch diesen Zusammenschluss entstandenen, komplexeren Zellen (Eukaryonten) erwarben sich eine Reihe besonderer Fähigkeiten. Manche ihrer Teile spezialisierten sich darauf, Energie aus Nährstoffen zu gewinnen (Mitochondrien). Andere konnten Kohlendioxid und andere giftige Abfallprodukte besonders gut ausscheiden (Chloroplasten). Wieder andere entwickelten sich zu einer Art Bibliothekaren: Ihre Aufgabe war es, alle erforderlichen Informationen zu speichern, mit denen eine genau gleiche Zelle neu aufgebaut werden konnte. Solche Bibliothekare bezeichnen wir als Gene: Das Wort kommt vom griechischen »*genos*«, das »Geburt« bedeutet. Die Gene liegen in einem abgegrenzten Teil der Zelle, dem Zellkern, und bestehen aus einer chemischen Substanz namens Desoxyribonukleinsäure oder DNA.

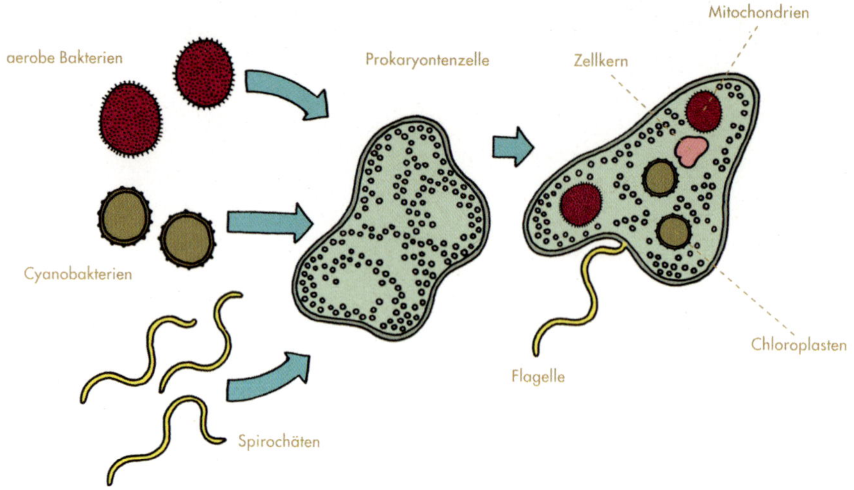

Was zunächst wie altruistische Teamarbeit aussieht, entwickelte sich aber jetzt zu einer grausameren Lebensweise: Manche dieser energiereichen, komplexen Zellen stellten fest, dass sie sich Zugang zu einer neuen, ergiebigen Nahrungsquelle verschaffen konnten, wenn sie andere lebende Bakterien im Ganzen in sich aufnahmen. Der erste Mund der Welt war schlicht ein zahnloses, mikroskopisch kleines Loch, aber er stand am Anfang einer neuen, wirkungsvollen Räuber-Beute-Beziehung zwischen den Lebewesen. Die Organismen entwickelten sich nun immer schneller weiter und traten in einen Rüstungswettlauf ein, um sich vor dem Gefressenwerden besser zu schützen oder selbst besser fressen zu können.

Als beste Strategie stellte sich in den meisten Fällen heraus, sich zusammenzutun. Zellen bildeten Gruppen und ließen die ersten **vielzelligen Lebewesen** der Welt entstehen. Manche dieser Organismen wurden zu den Vorfahren aller Tiere, andere stellten die Urahnen aller heutigen Pflanzen dar.

Damit haben wir seit der Entstehung der Erde bereits den atemberaubenden Zeitraum von drei Milliarden Jahren hinter uns gebracht. Wenn wir uns die Geschichte als Tag von 24 Stunden vorstellen, ist es nun bereits vier Uhr nachmittags. Uns bleiben nur noch acht Stunden für die gesamte weitere Entwicklung des Lebendigen und für die Menschheitsgeschichte bis zum heutigen Tag. Erstaunliche Spuren des Lebendigen sind in Form kompliziert gebauter, mikroskopisch kleiner Bakterien bereits auf der Bildfläche erschienen, aber noch müssen viele Hundert Millionen Jahre vergehen, bevor die ersten Fische, Landtiere, Kräuter und Bäume auftauchen.

Dass sie das überhaupt schafften, liegt an einem weiteren erstaunlichen Fall von Zusammenarbeit, der auf unserem Planeten die Voraussetzungen für einen noch dramatischeren Wandel des Lebendigen schuf.

Als die Menge des Energie liefernden Sauerstoffs zunahm, siedelten sich einige zuvor frei lebende Bakterien im Inneren anderer Zellen an und machten sie komplizierter – ein Vorgang, den man Endosymbiose nennt.

KAPITEL 3

TEKTONISCHE TEAM-ARBEIT

WIE DIE ERSTEN LEBENSFORMEN MIT DER ERDE EINE PARTNERSCHAFT EINGINGEN UND DAMIT VORAUSSETZUNGEN FÜR DAS GEDEIHEN NEUER, KOMPLEXERER LEBENSFORMEN GESCHAFFEN WURDEN

Wenn ein Mensch in Lebensgefahr schwebt, ist die Priorität für die Notärzte immer die gleiche: Die lebenswichtigen Organe des Körpers müssen geschützt werden. Befördert das innere Transportsystem eines Patienten – der Blutkreislauf – den Sauerstoff aus der Lunge und die Nährstoffe aus dem Magen nicht mehr zu den Körperzellen, stirbt die betroffene Person sehr schnell. Und wenn Abfallprodukte wie Kohlendioxid oder giftige Säuren nicht mehr beseitigt werden und im Körper verbleiben, folgt die Vergiftung fast ebenso schnell.

Auch in der Erdgeschichte entwickelte sich jetzt ein globales Lebenserhaltungssystem, das ganz ähnlich funktioniert wie die Atmungsorgane eines Menschen. Ohne diesen Mechanismus hätten sich die mikroskopisch kleinen Bakterien, die es vor zwei Milliarden Jahren bereits gab, niemals zu Pflanzen, Tieren und Menschen weiterentwickeln können.

Der erste, einfachste Teil dieses Systems ist allgemein bekannt. Es ist der Kreislauf des Wassers. Wenn Sonnenlicht auf die Erdoberfläche fällt, erwärmen sich die Meere, und ein Teil des Wassers verdunstet – es wird zu Wasserdampf. In der Luft kühlt sich der Dampf ab und bildet Wolken, die vom Wind um die ganze Erde geweht werden und irgendwann als Regen wieder zu Boden fallen. Ohne diesen ständigen Süßwassernachschub würden die meisten Lebewesen an Land und im Meer mit ziemlicher Sicherheit zugrunde gehen. Keine Rohrleitungen, keine Pumpen, kein Bedarf für Kraftwerke, keine Menschen zur Bedienung der Maschinen – das Wasser kreist ganz einfach jeden Tag und ist das wertvollste aller kostenlosen Geschenke der Natur.

Aber im Verlauf dieses scheinbar so einfachen Prozesses entwickelte sich irgendwann in der Zeit vor 3,7 bis zwei Milliarden Jahren eine wichtige Partnerschaft zwischen der Erde und ihren Lebewesen.

Damit es regnen kann, müssen sich **Wolken** bilden. Die Moleküle im Wasserdampf können nur dann wieder zu Wasser kondensieren, wenn eine Oberfläche vorhanden ist, ein »Kondensationskern«, an dem sie sich zusammenlagern können. Glücklicherweise boten einige Gase, die von den ersten Bakterien als Abfallstoffe freigesetzt wurden, genau die richtigen Oberflächen, an denen der Dampf sich wieder in Wasser verwandeln und zu Regen werden konnte.[1] Bakterien tragen also zu einem der wichtigsten Lebenserhaltungssysteme der Natur bei, indem sie gewissermaßen die Samen für Wolken bilden. Außerdem bildet die Wolkendecke eine reflektierende Schicht, die einen großen Teil der sengend heißen Sonnenstrahlen in den Weltraum zurückwirft. Sie helfen also mit, unseren Planeten abzukühlen – auch das eine gewaltige Verbesserung der Voraussetzungen für das Leben.

Diese Zusammenarbeit ist nur ein Beispiel für die vielen partnerschaftlichen Beziehungen zwischen der Erde und ihren Lebewesen. Sie alle tragen zur Steuerung des Klimas bei und verhindern, dass übermäßig hohe Temperaturen dem Lebendigen schaden. Wie die vielen Lebenserhaltungssysteme der Erde tatsächlich funktionieren, ist wissenschaftlich noch nicht vollständig geklärt, aber ein weiteres Beispiel dafür, wie sie das Lebendige mit großer Sicherheit vor einer Katastrophe bewahrt haben, kennen wir. Es hat mit dem Salzgehalt der Meere zu tun.

Das **Salz** im Meer stammt aus Regenwasser, das an Land auf die Felsen fällt. Es löst dort Mineralstoffe, die dann durch Bäche und Flüsse ins Meer gespült werden. Große Salzmengen, die unter der Erdoberfläche eingeschlossen sind, werden regelmäßig von Vulkanschloten am Meeresboden freigesetzt. Diese Vorgänge gehören zum sogenannten Kreislauf der Gesteine.

Schon vor sehr langer Zeit entwickelte sich zwischen Erde und Natur eine partnerschaftliche Zusammenarbeit, durch die gewährleistet war, dass die Salzkonzentration im Meer nie zu stark ansteigt. Ist sie zu hoch, besteht für die Lebewesen im Meer Vergiftungsgefahr. Würde diese Konzentration nicht durch irgendeinen Mechanismus reguliert, wären die Lebewesen wahrscheinlich sehr schnell ausgestorben.

Wenn mikroskopisch kleine Lebewesen aus dem Meer absterben, sinken ihre Körper wie ein Regen aus winzigen Schneckengehäusen zum Meeresboden.[2] Dort hat sich totes Material im Laufe der Jahrmillionen in dicken Schichten meterhoch angehäuft, sodass es heute gewaltige Sedimente bildet. Irgendwann wurden diese Ablagerungen durch ihr eigenes Gewicht zu einem Material zusammengepresst, das wir heute als Kalkstein bezeichnen. Der Kalkstein, der sich auf dem Meeresboden auftürmte, ließ in der Nähe der Küsten große Riffe entstehen. Diese Barrieren hielten das Meerwasser in Form stehender Gewässer oder Lagunen fest, sodass das Wasser in der Sonne verdunsten konnte. Übrig blieb eine feste, weiße Salzschicht. Damit war das Salz aus dem Meer entfernt.[3]

Es ist, als würde die Erde ganz ähnlich für ihre eigene Entgiftung sorgen wie wir mit unserem Blut, das die von lebenden Zellen produzierten Abfallstoffe abtransportiert. Je flacher die Riffe, Küsten und Strände sind, desto mehr Salz wird natürlich aus dem Meer genommen. Vielleicht war es nur ein glücklicher Zufall, aber vor etwa zwei Milliarden Jahren wuchs das Gewicht der Kalksteinriffe so stark an, dass die Erdkruste darunter absank, sich bog und schließlich brach. Anschließend verschwand sie in der tiefer liegenden flüssigen Lava, ein Phänomen, das man als Subduktion bezeichnet.

Damit begann der wohl bizarrste aller Lebenserhaltungsvorgänge auf der Erde, und der trug dazu bei, den Salzgehalt im Meer weiter zu vermindern. Man nennt ihn **»Plattentektonik«**. Während Sie diese Seite lesen, sitzen Sie auf einem Stück der **Erdkruste**, das wie ein gewaltiges Floß auf einem unterirdischen Meer aus kochend heißer Lava schwimmt. Die Erdkruste gliedert sich in eine ganze Reihe schwimmender Platten, die ständig in Bewegung sind. Jede Platte treibt entweder von einer anderen weg oder auf eine andere zu.

Wenn zwei solche Platten zusammenstoßen, schieben sich gewaltige **Gebirge** in den Himmel. Treiben sie auseinander, bilden sich zwischen ihnen weite **Ozeane**. Im Gestein der Erde kann sich dabei so viel Druck aufbauen, dass die Bewegung der Platten Erdbeben und Vulkane, heiße Geysire und Tsunamis entstehen lässt. Und da die Erdkruste in mehrere Platten zerbrach, nahm die Zahl der Küsten und Strände, an denen das Salzwasser verdunsten konnte, drastisch zu.

Der gleiche Vorgang sorgt auch dafür, dass das Meersalz nach der Verdunstung des Wassers tief unter Gebirgsketten begraben wurde – unter den

Sonnenwärme lässt Meerwasser verdunsten. Zurück bleibt weißes, pulverförmiges Salz wie hier in den Salzebenen des Iran. Wegen solcher Prozesse stieg der Salz-gehalt im Meer nie so stark an, dass Lebewesen nicht mehr gedeihen konnten.

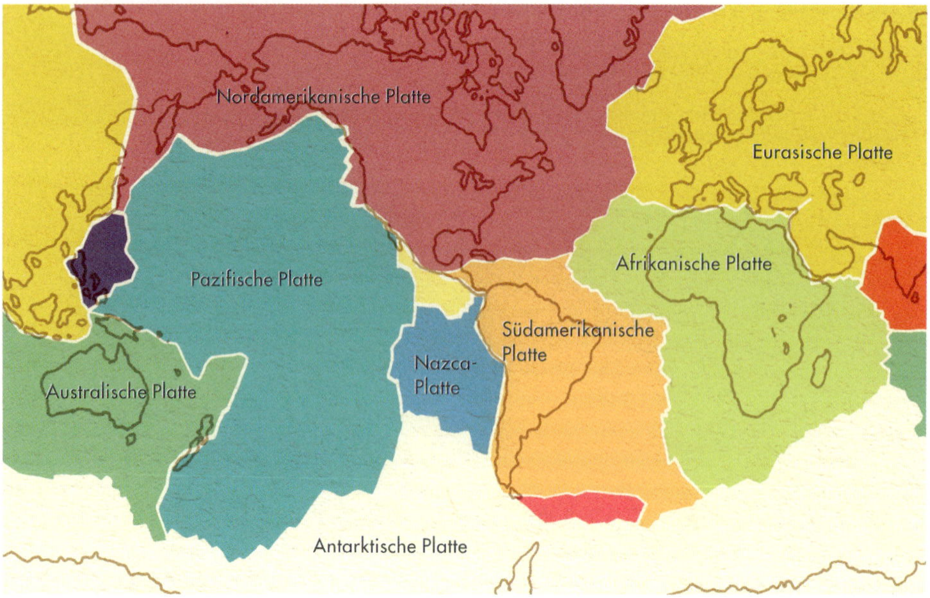

Die heutige Anordnung der tektonischen Platten. An ihren Grenzen kommt es zu Erdbeben, Vulkanausbrüchen und der Entstehung neuer Gebirge.

europäischen Alpen und dem Himalaja liegen heute Millionen Tonnen Salz. Solange die Platten sich bewegen, werden immer neue Salzberge unter dem Gestein verschwinden, sodass die Salzkonzentration im Meer niedrig bleibt und das Leben weiterhin gedeihen kann.

Angeregt wurde die Theorie der Plattentektonik von dem deutschen Wissenschaftler **Alfred Wegener**, der bereits 1912 über die Verschiebung der Kontinente geschrieben hatte. Er kam auf diese verblüffende Idee, nachdem er Fossilien der gleichen vorzeitlichen Tierarten auf unterschiedlichen Kontinenten gefunden hatte (siehe Seite 69). Zwischen diesen uralten Tieren lagen Tausende von Kilometern, und niemand konnte erklären, wie sie auf verschiedene Kontinente gekommen waren – insbesondere weil es sich um Tiere handelte, die nicht schwimmen konnten.

Wegener besaß genügend Fantasie und malte sich aus, die Kontinente seien irgendwann einmal verbunden gewesen wie ein großes Puzzlespiel. Aufmerksamkeit erregten seine Ideen seit den 1920er Jahren, als er eine überarbeitete Version seiner Theorie veröffentlichte, aber erst gegen Ende der 1960er Jahre setzte sich in der Wissenschaft die Erkenntnis durch, dass die großen Landmassen wie Amerika, Europa, Asien, Afrika und Australien im Laufe der Erdgeschichte mehrmals zusammengerückt sind und sich wieder getrennt haben. Auch heute bewegen sie sich noch. Europa und Amerika rücken beispielsweise jedes Jahr um ungefähr fünf Zentimeter weiter auseinander.

Die Platten sind schon seit Jahrmilliarden auf diese Weise unterwegs. Sie schwimmen auf der Oberfläche des geschmolzenen Gesteins, das man als Erdmantel bezeichnet und das seine gewaltige Wärme aus dem Erdkern bezieht – von dort stammen die ungeheuren Kräfte, die erforderlich sind, um Gebirge aufzutürmen und zu bewegen. Wie oft die Kontinente sich bereits zu einem **Superkontinent** vereinigt haben, um dann wieder getrennte Landmassen zu bilden, weiß niemand genau. Offensichtlich ist es aber in der Erdgeschichte mindestens dreimal geschehen.

Der erste Superkontinent, Columbia genannt, entstand nach heutiger Kenntnis vor rund 1,5 Milliarden Jahren (das heißt ungefähr um 16 Uhr an unserem 24-Stunden-Tag).

Zu einer späteren Zeit, vor 850 bis 630 Millionen Jahren in der Periode des Cryogenium, waren die Kontinente der Erde angeordnet wie auf einer Kette, die sich um den Äquator zog. Als diese riesige Landmasse in den wärmsten Regionen der Erde lag, war ein größerer Bereich als je zuvor dem tropischen Regen ausgesetzt. Das führte dazu, dass große Teile des Kohlendioxids aus der Atmosphäre sich im Regenwasser lösten, Kohlensäure bildeten und ins Meer gespült wurden. Als die Menge des Treibhausgases Kohlendioxid in der Atmosphäre abnahm, ging die Temperatur zurück und die Erde verfiel in einen tiefgefrorenen Zustand. Glaubt man den Vermutungen mancher Wissenschaftler, so bedeckte Eis damals nahezu die gesamte Erdoberfläche, sodass unser Planet einem gewaltigen **Schneeball** ähnelte. Erst als die Erdkruste sich wieder bewegte und Vulkane neue Treibhausgase in die Atmosphäre entließen, ging die Jahrmillionen andauernde Kälte zu Ende, die Erde erwärmte sich wieder und für das Leben begann eine neue Phase.[4]

Seit Jahrmilliarden sorgt der tektonische Kreislauf für einen Wandel der Erdoberfläche. Die Folgen sind vielfältig: Das Klima kann sich dramatisch ändern, gefährliche Salze und Mineralien werden in der Tiefe vergraben, Superkontinente entstehen und vergehen, und die Erdkruste schrumpft zusammen, als wäre sie eine dünne Folie. Das alles sind Lebenserhaltungsmechanismen, die auf der Erde dafür gesorgt haben, dass von der Zusammensetzung der Atmosphäre über die globalen Temperaturen bis zum Salzgehalt der Meere stets alle Voraussetzungen für weiteres Leben gegeben waren. Ohne diese Systeme wäre die Evolution komplexer Lebensformen, wie wir sie kennen, unmöglich gewesen.

KAPITEL 4

FOSSIL-KRAM

WIE DAS LEBENDIGE EINE FÜLLE NEUER ORGANISMEN HERVORBRACHTE, VON DENEN MANCHE HARTE GEHÄUSE, KNOCHEN UND ZÄHNE BESASSEN, SODASS FOSSILIEN EIN ZEITLOSES MUSEUM DES LEBENS AUF DER ERDE BILDEN KONNTEN

Bis vor rund einer Milliarde Jahren gab es auf der Erde nur zweierlei Lebewesen: zum einen die urtümlichen, einfachen Bakterien, die Sauerstoff und Methan als Abfallprodukte produzierten, und zum anderen die neueren, zusammengesetzten Organismen, die sich an den immer größeren Sauerstoffmengen bedienten. Im Inneren dieser komplexeren Lebensformen (der Eukaryonten), die ursprünglich durch Verschmelzung mehrerer einfacher Zellen entstanden waren, bahnte sich eine kleine, aber wichtige Revolution an. Sie sollte den Weg zu einer explosionsartig zunehmenden Vielfalt von Lebewesen ebnen.

Mehrere Milliarden Jahre lang – vermutlich bis vor rund einer Milliarde Jahren (oder bis 18.30 Uhr an unserem 24-Stunden-Tag) – waren diese winzigen Organismen mit ihren immer raffinierteren Zellen die einzigen Lebewesen. Dann löste irgendetwas eine spektakuläre, dramatische Beschleunigung des Evolutionstempos aus. Was genau geschah, ist schwer zu sagen: Wir haben heute keine Belege mehr dafür, wie das Leben aussah, bevor sich erstmals Gehäuse, Knochen und Zähne entwickelten, denn nur die werden zu Fossilien und hinterlassen Abdrücke im Gestein – ein Vorgang, der vor rund 545 Millionen Jahren begann.

Zu einer Zeit, als noch keine Fossilien entstehen konnten, entwickelte sich unter den Lebewesen eine radikal neue Form der Fortpflanzung.

Anfangs sahen Zellen, die auf dem Weg der ungeschlechtlichen Fortpflanzung als Kopien anderer Zellen entstanden waren, in der Regel genauso aus wie ihre Eltern: Sie waren »Klone«, und Abweichungen gab es nur, wenn sich einer der seltenen Kopierfehler ereignete.

Ein solcher Fehler konnte der neuen Zelle zum Vorteil gereichen (dann überlebte sie), oder er bedeutete einen Nachteil (dann starb sie). Dagegen waren Tochterzellen, die durch **geschlechtliche** oder **sexuelle Fortpflanzung** entstanden waren, stets anders als ihre Eltern. Normalerweise sind an dieser Form der Fortpflanzung zwei Eltern beteiligt, von denen einer männlich, der andere weiblich ist. Ihre Gene verschmelzen und schaffen ein neues Lebewesen, das Eigenschaften beider Eltern in sich vereinigt.[1]

Oder anders ausgedrückt: Die neue Zelle besitzt immer eine einzigartige genetische Information, und das führte für das Leben auf der Erde insgesamt zu einer gewaltigen Zunahme der Vielfalt. Da die Information der Tochterzelle im Wesentlichen eine Mischung der Gene beider Eltern darstellt, kann diese Zelle auf dem Weg der **Vererbung** immer noch Eigenschaften ihrer Vorfahren weitergeben. Nützliche Abweichungen bei einem oder beiden Eltern werden auf das Kind vererbt und helfen ihm, besser zu überleben. Ebenso kann es unvorteilhafte Eigenschaften erben, oder bei seiner eigenen Entstehung ergeben sich neue Varianten; in solchen Fällen sterben die Nachkommen in der Regel aus, sodass das übrige Leben auf der Erde insgesamt gestärkt wird.

Wahrscheinlich entstand die Sexualität, als die DNA eines Organismus der einer anderen Zelle zum Opfer fiel, die Verdauung jedoch überlebte und sich an den Vorgängen im Zellkern des Räubers beteiligte. Bei der Fortpflanzung vermischte sich die DNA beider Zellen und wurde auf besondere Zellen (die sich später zu Samen- und Eizelle weiterentwickelten) verteilt, sodass sie sich neu kombinieren konnten. Die so entstandene DNA enthielt die Information für das Überleben zweier ähnlicher, aber nicht genau gleicher Lebewesen.

Die geschlechtliche Fortpflanzung schuf die Voraussetzung, dass die Komplexität des Lebendigen rapide zunehmen konnte. Lebewesen kamen nun bereits nach wesentlich weniger Generationen gut mit schwierigen Lebensbedingungen zurecht. Bis sich einfache Typen mikroskopisch kleiner Lebewesen entwickelt hatten, mussten zweieinhalb Milliarden Jahre vergehen, aber es dauerte noch nicht einmal halb so lange, bis die ganze Vielfalt des Lebendigen entstanden war, wie wir sie heute kennen – von Fischen, Amphibien und Reptilien bis zu Bäumen, Vögeln, Säugetieren und Menschen.

Zu den Ersten, die solche Dinge erforschten, gehörte der Mönch **Gregor Mendel**. Er wurde 1822 geboren und lebte im österreichischen Teil von Schlesien. Nahezu während seines gesamten Lebens beschäftigte er sich mit der Natur – der Lieblingsort für seine Untersuchungen war der Gemüsegarten seines Klosters. Dort konnte er seinem Interesse nachgehen und Tausende von verschiedenen Erbsensorten heranzüchten. Bruder Mendel war von den Erbsen so fasziniert, dass er zwischen 1856 und 1863 mehr als 28 000 einzelne Erbsenpflanzen untersuchte. Dabei fiel ihm etwas Interessantes auf: Wenn die geringfügig unterschiedlichen Pflanzen neue Keimlinge hervorbrachten, gingen deren Unterschiede (oder Eigenschaften) nach ganz bestimmten Gesetzmäßigkeiten auf die nächste Generation über. Vererbung ist kein Zufallsprozess, sondern läuft nach genauen Regeln ab. Seine neuen Erkenntnisse über die Ver-

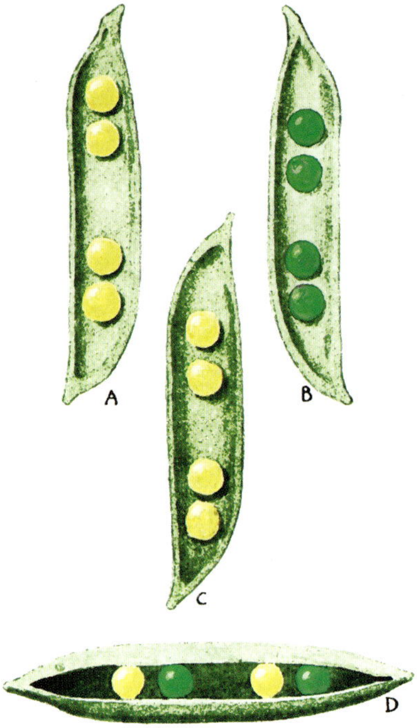

Durch Kreuzung von Erbsenpflanzen (A und B) fand Mendel heraus, wie manche Eigenschaften (zum Beispiel die Farbe der Erbsen) an spätere Generationen (C und D) weitergegeben werden. Die von ihm gefundenen Gesetze bilden die Grundlage der modernen Genetik.

erbung beschrieb Mendel erstmals 1865 in einem Vortrag mit dem Titel »Versuche über Pflanzenhybriden«, den er vor dem Naturforschenden Verein in Brünn hielt. Im weiteren Verlauf formulierte er Regeln, mit denen man voraussagen konnte, wie die Merkmale eines Lebewesens durch sexuelle Fortpflanzung von einer Generation zur nächsten weitergegeben werden. Mendel wurde zu Lebzeiten mit seinen Untersuchungen nie berühmt. Er starb 1884, nachdem er in seinen letzten Lebensjahren verbitterte Konflikte mit den lokalen Behörden ausgefochten hatte, die von den Mönchen höhere Steuerzahlungen verlangten.

Die sexuelle Fortpflanzung war für die Vielfalt der Lebewesen von großer Bedeutung. Da die Organismen bis vor etwa 545 Millionen Jahren jedoch weder Gehäuse noch Knochen besaßen, haben sie im Allgemeinen in altem Gestein keine Spuren hinterlassen. Dass dies allerdings nicht immer galt, entdeckte ein australischer Geologe im 20. Jahrhundert.

Wie viele Männer seiner Generation, so wurde auch der 21-jährige **Reg Sprigg** während des Zweiten Weltkriegs zur Armee eingezogen. Dort übertrug man ihm die Aufgabe, für die australische Commonwealth Scientific and Industrial Research Organisation (CSIRO) ein altes Uranbergwerk wieder in Betrieb zu nehmen. Uran ist ein Element, das im Gestein überall auf der Welt vorkommt. Zu jener Zeit hielt man es für äußerst selten, und überall wurde verzweifelt danach gesucht; es sollte als Ausgangsmaterial für eine verheerende neue Massenvernichtungswaffe dienen: die Atombombe.

Als Sprigg an einem Spätnachmittag im Jahr 1946 in alten Formationen nach Gestein suchte, das Uran enthalten könnte, blieb sein Blick an einem seltsam aussehenden Felsbrocken hängen, der an seiner Oberfläche flache Vertiefungen hatte. Er drehte ihn um.

Was er auf der Unterseite sah, ließ ihm den Atem stocken. Das hier war kein normaler Stein, sondern eine geologische Schatzkammer, eine exotische, natürliche Anhäufung sehr alter Fossilien. Die Kräfte der Natur hatten in langen Zeiträumen eine Fülle bizarrer, wunderschöner Formen in das australische Gestein geätzt. Heute werden Spriggs Fossilien nach ihrem Fundort in den südaustralischen Ediacara-Bergen als **Ediacara-Fauna** bezeichnet.

Es sind die ältesten Fossilien vielzelliger Lebewesen, die uns bekannt sind. Man erkennt vielgestaltige Meeresbewohner; manche dieser Formen erinnern an kleine Käfer, es gibt aber auch abgeflachte, in Abschnitte gegliederte, wurmähnliche Tiere, die bis zu einem Meter lang werden konnten.[2] Mittlerweile hat man mehr als hundert verschiedene derartige Tiere in verschiedenen Regionen der Erde entdeckt, unter anderem auch in Russland, Südwestafrika und Nordwestkanada. Sie alle stammen aus der gleichen Epoche der Erdgeschichte.

Spriggs Entdeckung zeigt, dass sich das Lebendige vor ungefähr 600 Millionen Jahren bereits weit über die Bakterien hinaus entwickelt hatte. Während diese so klein sind, dass man sie mit bloßem Auge nicht erkennen kann, gab es nun bereits eine Fülle neuer, unterschiedlich großer Lebewesen. Manche davon waren nicht mehr als lebende Klumpen aus durchsichtigem Gelee, die auf dem Meeresboden lagen und sich von Mikroorganismen ernährten, die zufällig vorüberkamen. Andere hatten bereits kleine Beine, die sie zum Schwimmen oder zur Jagd auf Beutetiere verwenden konnten.

Diese Funde sind so bedeutsam, dass man die zugehörige Phase der Erdgeschichte nach der Region ihrer Entdeckung benannt hat. In der Ediacara-Epoche hatte sich das Leben vom Unsichtbaren zu einem exotischen Formenreichtum weiterentwickelt. Diese Phase begann definitionsgemäß vor 635 Millionen Jahren und endete ungefähr 39 Millionen Jahre später.

Damit sind wir an der Schwelle zu einer gewaltigen Veränderung angelangt. Auf unserer 24-Stunden-Tour durch die Erdgeschichte ist es mittlerweile 21 Uhr geworden. Die ganze restliche Geschichte spielt sich in den letzten drei Stunden ab. Immer noch gibt es kein Leben an Land, es existieren keine Bäume, keine Blumen, keine Insekten, keine Vögel oder andere Tiere, von Menschen ganz zu schweigen. Die Erde ist sehr alt, die Menschheitsgeschichte ist es nicht. Im Vergleich zur alten Erde ist alles andere, was wir noch kennenlernen werden, entweder jung oder gerade erst entstanden. Und zu den jüngsten aller Phänomene gehört die Menschheit.

Spriggs Entdeckung erregte unter anderem deshalb so viel Aufsehen, weil die Fossilien so alt waren. Aber sie waren noch gar nichts im Vergleich zur Menge und Vielfalt der Lebensformen, die wenig später während der sogenannten Kambrischen Explosion entstanden. Die Epoche des Kambrium dauerte 54 Millionen Jahre – sie begann vor 542 und endete vor 488 Millionen Jahren. Für die Zeit vor rund 500 Millionen Jahren können wir erstmals ein vollständiges, deutliches Bild vom Leben auf der Erde zeichnen. Mit den ersten echten fossilen Funden hebt sich gewissermaßen der Theatervorhang und gibt eine Bühne frei, auf der sich eine große Zahl von Schauspielern bereits mitten im Drama befindet.

Fossilien sind für Wissenschaftler ein großartiges Hilfsmittel, wenn sie erfahren wollen, welche Lebewesen früher auf der Erde zu Hause waren. **Charles Doolittle Walcott** wurde 1850 in der Nähe von New York geboren. Als Junge fand er die Schule ziemlich langweilig. Es lag nicht daran, dass er sich für die Dinge nicht interessiert hätte, eher im Gegenteil. Er war so neugierig, dass er lieber hinausgehen und die Welt selbst erforschen wollte – insbesondere suchte er gern nach Mineralien, Steinen, Vogeleiern und Fossilien.

Bis 1909 hatte Walcott sich bereits als Fossiliensammler einen Namen gemacht. Eines Tages veränderte ein seltsamer Zufall sein ganzes weiteres Leben. Er war gerade in einem hoch gelegenen Gebiet der kanadischen Rocky Mountains unterwegs, als sein Maultier ausrutschte und ein Hufeisen verlor. Dabei hatte sich ein glänzendes schwarzes Schieferstück umgedreht, ein Gestein, das aus zusammengepresstem Schlamm und Ton besteht. In der Regel ist Schiefer so dunkel, dass man Einzelheiten auf seiner Oberfläche nicht ohne weiteres erkennen kann, aber hier stand die Sonne zufällig gerade im richtigen Winkel, sodass sich eine Reihe seltsamer Umrisse abzeichnete. Als Walcott stehen blieb und den Stein aufhob, erkannte er mehrere seltsame, abgeflachte, silbrige Fossilien. Es waren ausgezeichnet erhaltene Tiere aus dem Kambrium.

Wie sich herausstellte, war das Gebirge vor ungefähr 505 Millionen Jahren in sich zusammengebrochen und hatte dabei diese Tiere erschlagen. Sie wurden wie in einer Zeitkapsel begraben und blieben so der Nachwelt erhalten. Walcotts Entdeckung war einer der reichhaltigsten Fossilienfunde aller Zeiten. Die Fundstelle wird heute nach dem Mount Burgess, in dessen Nähe Walcott die Fossilien fand, als **Burgess-Schiefer** bezeichnet. Walcott selbst kehrte später noch häufig an die Stelle zurück, und seine Bücher über die Funde füllen ein ganzes Regalbrett. Insgesamt identifizierte er bis zu 140 verschiedene Arten früherer Lebewesen und vermittelte uns damit tiefe Einblicke in die Lebenswelt der Ozeane im Kambrium. Am Ende hatte er mehr als 60 000 Fossilien gesammelt. Es war ein wahrhaft bizarres Spektrum der unterschiedlichsten Lebewesen.

Eines davon ist der seltsam aussehende Anomalocaris. Er war im Meer einer der größten Jäger seiner Zeit und konnte bis zu zwei Meter lang werden. Mit zwei Greifarmen fing er die zappelnde Beute ein und hielt sie fest. Lange Zeit glaubte man, die Fossilien dieses ungewöhnlichen Lebewesens seien Teile dreier verschiedener Tiere. Der Körper wurde als Schwamm eingeordnet, die Greifarme als Krebse und der runde Mund als primitive Qualle.

Eine andere Art war die bemerkenswerte Hallucigenia. Dieses eigenartige, wurmähnliche Tier stellte Fossiliensammler und Wissenschaftler ebenfalls vor ein Rätsel. Zunächst waren alle überzeugt, es sei auf seinen stelzenartigen Beinen gegangen und habe auf dem Rücken eine Reihe weicher Fangarme getragen, mit denen es vorüberkommende Nahrungsbrocken festhielt. Nachdem man aber in anderen Regionen der Erde (insbesondere in China) ähnliche Fossilien entdeckt hatte, setzte sich bei den Fachleuten die Vermutung durch, dass man das Tier auf den Kopf gestellt hatte. In Wirklichkeit ging es vermutlich auf paarweise angeordneten, tentakelähnlichen Beinen, und die Stacheln auf dem Rücken dienten ihm als eine Art Rüstung, mit der es sich vor dem Gefressenwerden schützte.

Aber auch ein Science-Fiction-Autor hätte sich in seinen wildesten Fantasien nicht ein Tier wie Opabinia ausmalen können. Dieses schwimmende Juwel hatte fünf gestielte Augen, einen fächerartigen Schwanz zur Fortbewegung und einen langen Greifarm zum Fressen. Mit seiner Länge von ungefähr vier Zentimetern war es kleiner als andere Raubtiere, und unter allen heute lebenden Arten gibt es keine, die ihm auch nur entfernt ähneln würde.

Zu den häufigsten Tieren jener Zeit, die auch unter den Fossilien aus dem

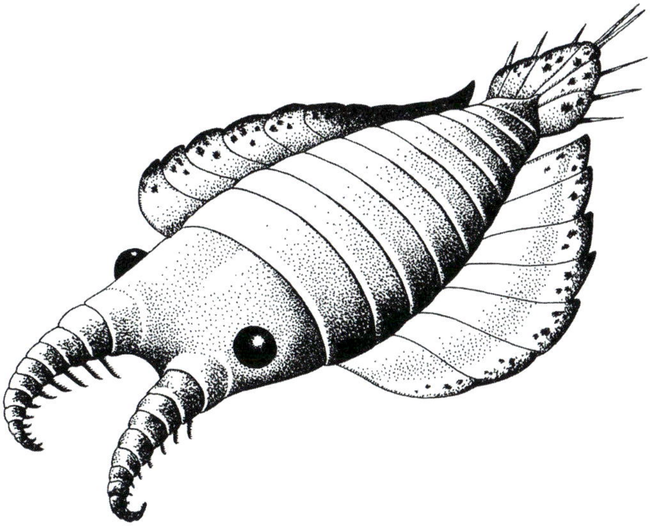

Fossilien des Anomalocaris wurden erstmals von Charles Walcott im Burgess-Schiefer entdeckt. Dieser ein Meter lange Meeresbewohner fing seine Beute mit zwei Greifarmen.

Burgess-Schiefer in der größten Zahl vertreten sind, gehörten die Trilobiten. Fossile Überreste dieser Gliederfüßer, die wie riesige Asseln aussehen, hat man auf der ganzen Welt gefunden. Sie hatten einen dicken, harten Außenpanzer, der sich ideal für die Fossilbildung eignete. Trilobiten waren vermutlich auch die ersten Lebewesen, die sehen konnten. Ihre Augen ähnelten denen der heutigen Fliegen: Sie bestanden aus Hunderten von Einzelelementen, die ihnen eine Art Mosaikbild von der Unterwasserwelt vermittelten.

Wenn man sich ein realistisches Bild davon machen will, wie die Entwicklung des Lebens auf der Erde verlaufen ist, muss man die Zeiträume kennen, in denen die einzelnen Arten lebten und ausstarben. Nur so lassen sie sich in einer chronologischen Reihe anordnen. Dass wir heute wissen, wie man das macht, ist vor allem der genialen Leistung eines Mannes zu verdanken. **Charles Darwin** (1809–1882) formulierte als Erster die Vorstellung, dass alle Lebewesen sich nach einer auch heute noch gültigen Gesetzmäßigkeit entwickelt haben.

In seinem 1859 erschienenen Werk DIE ENTSTEHUNG DER ARTEN erläuterte Darwin zum ersten Mal seine Theorie, wonach alle Lebewesen ursprünglich aus einem einzigen gemeinsamen Vorfahren hervorgegangen sind. Dieses Lebewesen, das in der heutigen Wissenschaft als LUCA (Last Common Ancestor, letzter gemeinsamer Vorfahre) bezeichnet wird, lebte nach heutiger Kenntnis vor rund 3,5 Milliarden Jahren. Seither hat sich das Lebendige zu einer riesigen Zahl und Vielfalt verschiedener Typen und Arten auseinanderentwickelt. Darwin konnte diesen Schluss ziehen, weil die Fossilienfunde zeigen, wie neue Lebewesen entstanden sind, während andere verschwanden. Demnach waren alle Lebewesen miteinander verwandt, aber nur diejenigen Arten, die am besten an die Umwelt ihrer Zeit angepasst waren, überlebten. Mit seiner Theorie versetzte Darwin die Wissenschaftler zum ersten Mal in die Lage, Fossilien in Gruppen einzuteilen und schließlich in einer ungefähren chronologischen Reihenfolge anzuordnen.

Insgesamt führte Darwins Theorie zu dem unvermeidlichen Schluss, dass auch der Mensch von einfacheren Lebensformen wie den Menschenaffen abstammen muss, und davor von Mäusen,

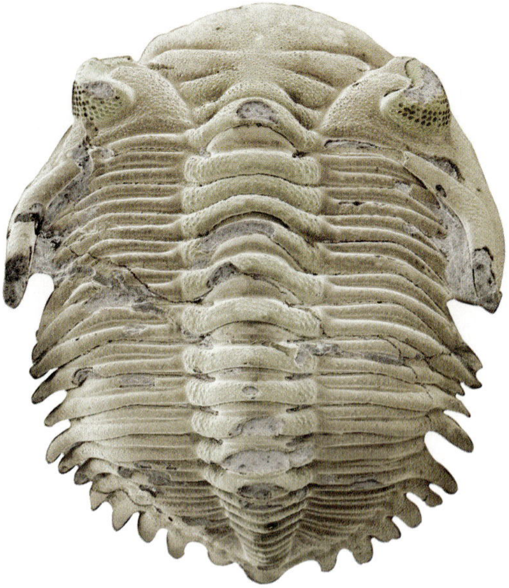

Reptilien, Fischen und letztlich von den Bakterien, mit denen das Leben auf der Erde begann. Und wie fand Darwin das heraus? Die Antwort: Er untersuchte Fossilien. Viele Fossilien.

Charles Darwin war ein wissenschaftliches Superhirn. Als junger Mann ging er auf eine abenteuerliche Weltreise, um nach den Ursprüngen des Lebens zu suchen. Im Jahr 1831 stach er mit der *HMS Beagle* in See, einem kleinen Vermessungsschiff der britischen Marine, dessen Kapitän Robert FitzRoy die ersten Landkarten der südamerikanischen Küste zeichnen sollte. Darwin fuhr als Gesellschafter des Kapitäns mit. Er sammelte auf der fünfjährigen Reise Tausende von Fossilien, litt entsetzlich unter der Seekrankheit und erlebte in Chile ein Erdbeben mit.

Zu seinen Beobachtungen machte sich Darwin stets umfangreiche, detaillierte Notizen. Als er an Land riesige, hoch über dem Meer gelegene, gestufte Ebenen voller Muschelschalen sah, wurde ihm klar, dass sich dieses Land in langen Zeiträumen auf irgendeine Weise aus dem Wasser erhoben haben musste. Auf den Galapagosinseln weit draußen vor der südamerikanischen Pazifikküste fiel ihm auf, dass es auf jeder Insel des Archipels eine eigene Finkenart gab. Außerdem fand er verschiedene Arten von Riesenschildkröten, an denen von einer Insel zur anderen ebenfalls geringfügige Unterschiede zu erkennen waren. So kam er zu dem Schluss, dass alle diese Tiere ganz offensichtlich von einem einzigen Vorfahren abstammten, sich aber jeweils an die unterschiedlichen Umweltverhältnisse der einzelnen Inseln angepasst hatten.

Trilobiten hatten ein hartes Gehäuse, das leicht zum Fossil werden konnte. Deshalb wissen wir genau über diese ausgestorbenen Tiere Bescheid, die einst die Vettern der heutigen Gliederfüßer (Krebse, Insekten und Spinnen) waren.

Den Schlüssel für Darwins Erkenntnis über die **Evolution** lieferten Fossilien von heute ausgestorbenen Arten. Als Darwin sie untersuchte und mit heutigen Lebewesen verglich, erkannte er, dass alle Arten sich nach einem Prinzip, das er als »natürliche Selektion« bezeichnete, an ihre Umwelt angepasst hatten. Im Laufe vieler Generationen hatten diejenigen Organismen überlebt, die sich am besten auf ihre Umwelt einstellen konnten, sie hatten die Vorherrschaft gewonnen; andere, die sich weniger gut für die jeweiligen Verhältnisse eigneten, waren ausgestorben.

Über die Folgerungen, die sich aus Darwins Theorie ergaben, waren viele Menschen empört. Die Vorstellung, dass die Menschen von Tieren – genauer: von Affen – abstammen, war eine Bedrohung für die allgemein verbreitete Ansicht, Menschen seien etwas Besonderes und allen anderen Lebewesen überlegen. Ebenso wenig nachvollziehbar erschien vielen der Gedanke, Menschen seien nur eine natürliche Spezies wie alle anderen und müssten wie diese eines Tages aussterben.

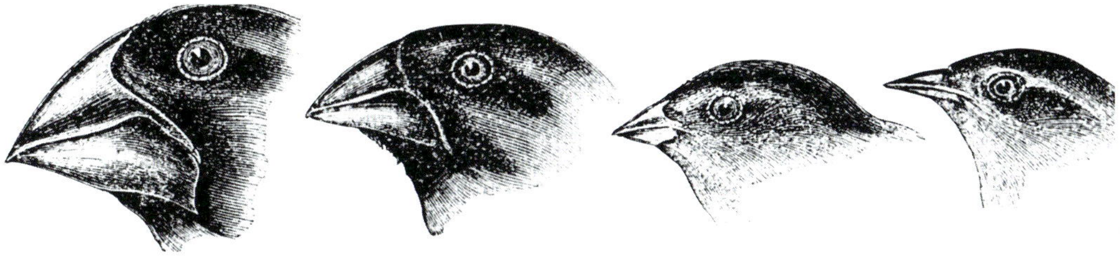

Finken, gezeichnet von Charles Darwin auf seiner Weltreise. Nach seiner Theorie entstanden die geringfügigen Unterschiede der Schnabelform, weil die Vögel auf verschiedenen Inseln lebten und sich unterschiedlich ernährten. Er gelangte zu der Erkenntnis, dass diese Vögel alle von einem gemeinsamen Vorfahren abstammten.

Auf seiner fünfjährigen Reise erlebte Darwin hautnah menschliche Gräueltaten: Er sah, unter welch entsetzlichen Bedingungen die Sklaven in Südamerika lebten und wie brutal die europäischen Siedler in Australien und Neuseeland mit den Ureinwohnern umgingen (siehe Seite 452). Nicht zuletzt solche Erfahrungen trugen dazu bei, dass er in den Fossilien im Gestein einen Sinn erkennen konnte. Dass der Mensch von Tieren abstammt, stand für ihn außer Zweifel. In einem seiner wichtigsten Bücher, dem 1871 erschienenen Werk DIE ABSTAMMUNG DES MENSCHEN, gelangte Darwin zu dem Schluss, der Mensch trage »mit allen diesen hohen Kräften doch noch in seinem Körper den unauslöschlichen Stempel eines niederen Ursprungs«.

Damals wie heute glaubten viele religiöse Menschen, der Mensch unterscheide sich vom Tier, weil er eine Seele besäße. Und nun behauptete Darwin, die Menschen stammten von Tieren ab – sprach er damit den Menschen ihre Seele ab? Wenn der Mensch keine Seele hat, wie kann er dann erlöst werden? Manche glaubten, Darwin wolle sich mit seinen Theorien über die christliche Religion lustig machen. Ihm selbst jedoch bereitete die Frage, wie seine Theorie aufgenommen werden würde, so viele Sorgen, dass er ihre Veröffentlichung fast dreißig Jahre hinauszögerte.

Heute kennt man in der Wissenschaft leistungsfähige neue Methoden, um das Alter von Gestein und Fossilien zu ermitteln. Damit konnte man Darwins Theorie über die Evolution der Lebewesen bestätigen. Wie man mittlerweile weiß, stellen manche chemische Elemente – darunter Uran, Kalium und eine Form des Kohlenstoffs, die als Kohlenstoff-14 bezeichnet wird – natürliche Uhren dar. Diese Elemente verwandeln sich im Laufe der Zeit durch radioaktiven Zerfall in etwas anderes. Wenn man weiß, wie schnell dieser Zerfall abläuft, kann man mithilfe der Elemente das Gestein datieren, in dem sie sich befinden. Mit solchen Verfahren lässt sich genau nachzeichnen, wie sich das Leben auf der Erde seit der **»Kambrischen Explosion«** vor etwa 530 Millionen Jahren verändert hat. Außerdem stellten die Wissenschaftler eine »geologische Zeittafel« auf, die sich in verschiedene Zeitalter gliedert.

Der Burgess-Schiefer und die ältesten Fossilien gehören in die Ära des Paläozoikum (griechisch für »altes Leben«), als sich die ersten Tiere mit einem Gehäuse entwickelten. Die Zeitalter unterteilt man jeweils in mehrere Perioden. Das Paläozoikum begann vor etwa 542 Millionen Jahren mit dem Kambrium und endete 291 Millionen Jahre später mit dem Perm. Es war, wie wir bald noch genauer erfahren werden, ein äußerst dramatisches Finale.

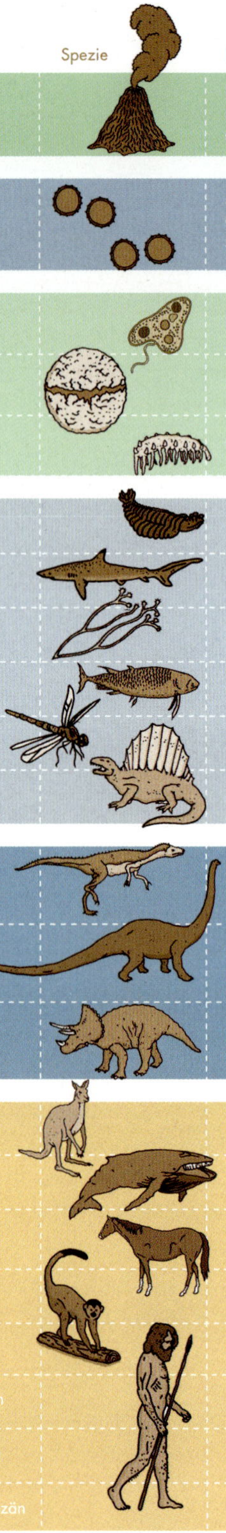

Vor Millionen Jahren	Ära	Periode	Epoche	Evolutionsschritt	24 Stunden
4 600	Erdfrühzeit			kein Leben auf der Erde Regen kühlt die Oberfläche ab, Ozeane entstehen	00.00 Uhr
3 800	Erdaltertum			methanogene Bakterien (Prokaryonten), Cyanobakterien Stromatolithen, Sauerstoff in der Luft	04.00 Uhr
2 500	Proterozoikum			komplexe Zellen (Eukaryonten)	15.00 Uhr
850		Kryogenium		»Schneeball Erde«	
635		Ediacara		vielzellige Lebewesen	
542	Paläozoikum	Kambrium		Gehäuse, Knochen, Zähne	20.50 Uhr
488		Ordovizium		Wirbeltiere	
443		Silur		einfache Landpflanzen, Würmer	21.50 Uhr
416		Devon		Knochenfische, Vierbeiner	
359		Karbon		Amphibien, Reptilien, Wälder, Fliegen	
299		Perm		säugetierähnliche Reptilien, Pangäa	
251	Mesozoikum	Trias		erste Dinosaurier, kleine Säugetiere, Ichthyosaurier Dinosaurs	22.50 Uhr
199		Jura		Dinosaurier beherrschen das Land, Pterodactylen die Luft	
145		Kreide		letzte Dinosaurier, Staaten bildende Insekten, Blüten, Vögel, Monokotylen	
65,5	Känozoikum	Tertiär	Paläozän	Säugetiere werden größer	23.40 Uhr
55			Eozän	Wale kehren ins Meer zurück	
33			Oligozän	Evolution der Pferde in Amerika	
23			Miozän	Wanderung der Affen	
5			Pliozän	erste Zweibeiner und Menschen	23.57 Uhr
1,8	Historische Zeit	Quartär	Pleistozän	Aussterben großer Tiere	23.59 Uhr
0,11			Holozän	Landwirtschaft, erste Hochkulturen	
0,02			Anthropozän	Globalisierung, Anstieg des CO2-Gehalts	
Heute					24.00 Uhr

KAPITEL 5

WUNDERWELT DER VORZEITLICHEN MEERE

WIE SICH DAS PRÄHISTORISCHE LEBEN IN DEN MEEREN ENTWICKELTE, BEVOR LEBEWESEN DAS LAND EROBERTEN, UND WIE EINIGE FISCHE DIE WIRBELSÄULE ENTWICKELTEN – UND DAMIT DIE ÄLTESTEN VORFAHREN DER MENSCHEN WURDEN

Wenn wir eine Vorstellung davon gewinnen wollen, wie das Leben vor einigen Hundert Millionen Jahren aussah, begeben wir uns in unserer Fantasie am besten einmal zum Meeresboden. Auf unserem Weg schwimmen wir dann an ein paar prähistorischen Fischen vorüber, und schließlich gehen wir an Land, wo wir durch die urtümlichen Wälder der Erde streifen. Dabei halten wir die Augen nach den ersten Kriechern und Krabblern offen. Als Nächstes beobachten wir, wie vierbeinige Tiere aus dem Meer an Land gehen und dort die Herrschaft übernehmen. Am Ende stehen die Herrschaft der Dinosaurier und ein katastrophales Ereignis, das sie vor 65,5 Millionen Jahren auslöschte.

Auf unserem Weg werden wir auch herausfinden, woher wir Menschen – der Homo sapiens, um den wissenschaftlich korrekten Namen zu verwenden – eigentlich stammen. Darwin entdeckte, dass alle Lebewesen gemeinsame Vorfahren haben. Welche Lebewesen waren unsere prähistorischen Verwandten? Wer waren vor 200 Millionen Generationen unsere Ururur...großeltern?

Aber bevor wir die Reise beginnen, noch ein kurzes Wort zu der Frage, wie Wissenschaftler der besseren Übersicht halber die Lebewesen einteilen. Sich darauf zu einigen, welche Lebewesen in welche Kategorie gehören, ist bis heute eine der schwierigsten Aufgaben in der Wissenschaft.

Carl von Linné (1707–1778) machte es zu seiner Lebensaufgabe, ein schlüssiges System zu entwickeln, mit dem sich die Lebewesen in verschiedenen Familien oder Gruppen einteilen ließen. In den Dreißiger- und Vierzigerjahren des

18. Jahrhunderts reiste Linné kreuz und quer durch seine schwedische Heimat, um die Natur zu studieren. Dabei entwickelte er ein System, mit dem sich alle lebenden Bestandteile der Natur klassifizieren ließen.

Das Ergebnis seiner Arbeit veröffentlichte Linné in einem Buch mit dem Titel SYSTEMA NATURAE, das 1735 erschien. Bis 1758 hatte er 4400 Tierarten und mehr als 7700 Pflanzenarten klassifiziert. Sein System ähnelt einem Baum: Von wenigen großen Stämmen ragen Zweige in Hunderte von verschiedenen Richtungen. Die Hauptstämme bezeichnete Linné als Reiche, von ihnen gab es drei: Tiere, Pflanzen und Mineralien. Diese großen Gruppen unterteilte er dann in verschiedene kleinere Kategorien bis hin zur einzelnen Art – diese wurde später als Familie von Lebewesen definiert, die sich untereinander kreuzen und fruchtbare Nachkommen hervorbringen können.

Das einzige Kriterium, nach dem Linné die Lebewesen in seine Gruppen einordnen konnte, war das äußere Erscheinungsbild. Seine Einteilung der Menschen hört sich heute geradezu rassistisch an. Der Homo americanus, so schrieb er, sei »rötlich, widerspenstig und leicht zu verärgern«; den Homo africanus beschrieb er als »schwarz, lässig und gleichgültig«, der Homo asiaticus war in seinen Augen »blass, habgierig und leicht abzulenken«, den Homo europaeanus dagegen hielt er für »weiß, sanftmütig und erfindungsreich …«.[1]

Solche Unterteilungen und Zuschreibungen, die unter dem Begriff »wissen-

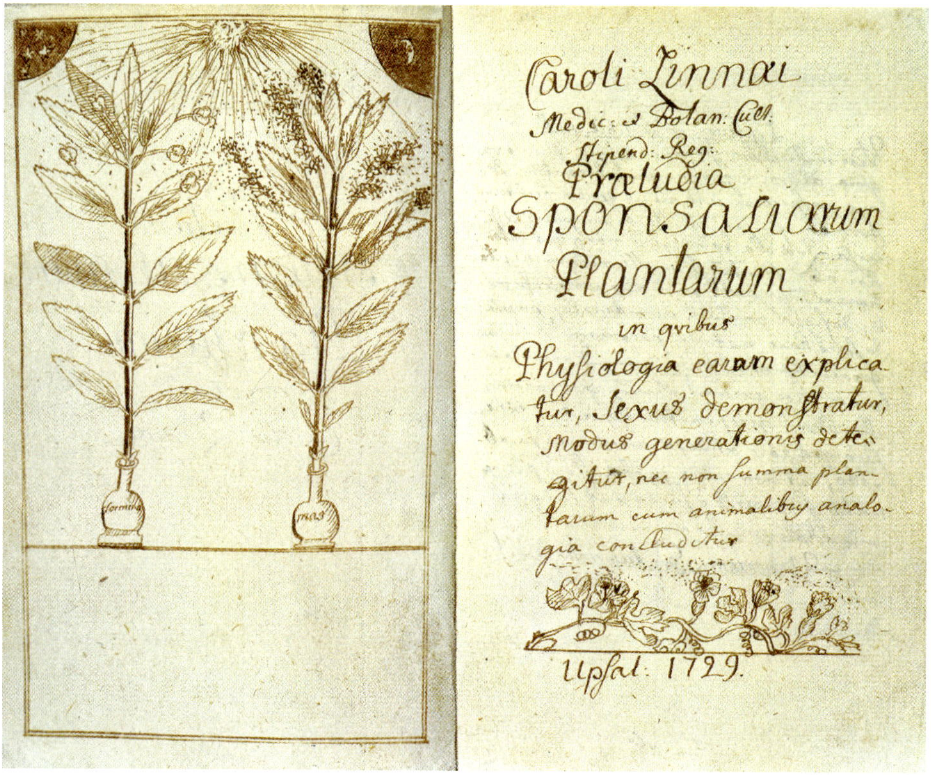

Der Umschlag eines frühen, 1729 entstandenen Manuskripts des schwedischen Naturforschers Carl von Linné. Er teilte Tausende von Tieren und Pflanzen in verschiedene Reiche, Familien und Arten ein.

schaftlicher Rassismus« bekannt sind, hielten sich bis ins 20. Jahrhundert hinein (mehr über den wissenschaftlichen Rassismus auf Seite 452).

Linnés **biologische Systematik** wurde insbesondere vor dem Hintergrund der Evolutionstheorie, die Charles Darwin achtzig Jahre nach Linnés Tod veröffentlichte, in weiten Teilen umgearbeitet. Heute ordnet man die Lebewesen nicht nur anhand ihres sichtbaren Äußeren ein, sondern auch in der Reihenfolge, in der nach heutiger Kenntnis eine Art während der Evolution aus der anderen hervorgegangen ist. Dabei berücksichtigt man auch den inneren Aufbau der Lebewesen sowie die in ihren Genen gespeicherten Erbinformationen.

Unsere heutigen Kenntnisse über die Evolution führten dazu, dass dem System eine neue Ebene hinzugefügt wurde, die der **Stämme**. Das gesamte Tierreich gliedert sich in 35 Stämme, die meisten Arten gehören allerdings zu nur neun dieser großen Gruppen. In den Meeren der Vorzeit entwickelten sich unter anderem folgende wichtige Stämme:

Schwämme

Die Schwämme gehörten zu den einfachsten Tieren, die in den Meeren des frühen Kambriums zu Hause waren. Auch heute kommen sie noch in vielen verschiedenen Formen vor – bisher hat man rund 5 000 Arten entdeckt. Sie heften sich am Meeresboden an steinigen Oberflächen fest. Dass wir uns mit Schwämmen waschen, liegt an den vielen Löchern in ihrem Körper, mit denen sie Wasser aufnehmen können. Lebende Schwämme treiben mit winzigen Haaren, die man Flagellen nennt, das Meerwasser durch diese Löcher und entziehen ihm mikroskopisch kleine Nährstoffteilchen. Lange hielt man die Schwämme für Pflanzen, weil sie am Meeresboden festgewurzelt sind und sich offensichtlich nicht bewegen. In Wirklichkeit aber sind sie entfernte Verwandte der Menschen. Mit einem Schwamm sind wir viel enger verwandt als beispielsweise mit einem Löwenzahn. Fossilien von Schwämmen kennt man aus verschiedenen Zeiträumen bis hin zu den Anfängen des Kambriums. Eine berühmte Stelle, an der man sie finden kann, sind die »Sponge Gravels« in Farringdon in der englischen Grafschaft Oxfordshire.

Korallen

Von Korallenriffen hat fast jeder schon einmal gehört, aber viele Menschen wissen vermutlich nicht, dass diese riesigen Bauwerke im Laufe Hunderttausender von Jahren von winzigen Tieren errichtet wurden, die ihr Haus jeweils auf den toten Skeletten ihrer Vorfahren errichtet haben.

Wenn die Korallentiere abgestorben sind, türmen sich ihre Kalkskelette unter Wasser zu riesigen Gebirgen auf, die ein ideales Umfeld für zukünftige Korallengenerationen und andere Meereslebewesen darstellen. Nach heutiger Kenntnis sind bis zu 30 Prozent aller biologischen Arten, die in den Ozeanen der Welt leben, im weitläufigsten aller Korallenriffe zu Hause, dem Großen Barriereriff vor der Nordostküste Australiens. Dieses gewaltige Gebilde, das aus über 1 000 Inseln besteht, erstreckt sich über mehr als 1 600 Kilometer.

Die Meere des Kambriums waren voller Korallenriffe, in denen es wie heute am Großen Barriereriff von Lebewesen wimmelte. Riffe bieten Meeresbewohnern ein ausgezeichnetes Umfeld, weil es dort unzählige Ritzen und Winkel gibt. Höhlen und Felsspalten eignen sich hervorragend zum Ablegen von Eiern, als Versteck vor natürlichen Feinden oder einfach zum Ausruhen. Die Korallentiere brauchen Sonnenlicht zum Leben. Mit jeder Generation, die abstirbt, wird das Unterwassergebirge größer, sodass die Oberseite des Riffs nie weit von der sonnenbeschienenen Wasseroberfläche entfernt ist. Viele Riffe sind auch durch die Oberfläche gestoßen und zu beliebten Touristenzielen geworden, wie die Inselgruppen der Seychellen oder Malediven im Indischen Ozean. Heute sind sie allerdings durch die globale Erwärmung und den zunehmenden Säuregehalt der Ozeane gefährdet (siehe Seite 492).

Korallenriffe stellen eine Umwelt dar, die offensichtlich ein erstaunlich starkes Vertrauen zwischen verschiedenen biologischen Arten begünstigt. Häufig kann man zum Beispiel beobachten, wie kleinere Fische ihre größeren Vettern säubern und dabei sogar in ihr Maul eindringen, um ihnen die Zähne zu putzen. Ganze Schwärme solcher kleinen Fische betreiben regelrechte »Waschstationen«, die von größeren Fischen aufgesucht werden, wenn sie sich ausruhen und entspannen wollen. Auch die Korallen in den Meeren des Kambriums waren vermutlich ein Musterbeispiel für natürliche Kooperation und Gemeinschaftssinn.

Quallen

Quallen gehören zur gleichen Gruppe wie die Korallentiere, sind aber bei weitem nicht so angenehm. Der ganze Tierstamm wird als Nesseltiere oder Cnidaria bezeichnet. Wie die Schwämme sind sie einfach gebaut, allerdings können sie durch Pumpbewegungen ihres glockenförmigen Kopfes schwimmen. Quallen haben ein sehr einfaches Nervensystem, keine Sinnesorgane und nur eine einzige Körperöffnung, die Mund und After zugleich ist. Sie waren in den Meeren des Kambriums weit verbreitet, und manche von ihnen konnten auf eine Weise zuschnappen, die eines Löwen würdig gewesen wäre.

Die Würfelqualle, die heute vor der australischen Küste zu Hause ist, gehört zu den giftigsten Lebewesen der Erde. An ihren Tentakeln trägt sie eine Sammlung tödlicher Harpunen. In jedem dieser Organe befindet sich ein aufgewickelter Schlauch, der bei der geringsten Berührung wie ein Pfeil in den Körper des Opfers geschossen wird und ihm ein lähmendes Gift injiziert. Und das ansehnliche, schwer bewaffnete Tier produziert auch ständig neue Harpunen nach.[2]

Quallen gehen im Rudel auf die Jagd. In den Meeren des Kambriums hätte man große Quallenschwärme beobachten können, die nachts an die Oberfläche kamen und Grünalgen fraßen. Tagsüber suchten sie größere Tiefen auf, wo sie nicht von Tintenfischen und anderen Tieren gefressen wurden. Diese Lebewesen sind mit uns Menschen bereits enger verwandt als die Schwämme, denn sie gehörten zu den ersten Organismen, die Gewebe aus unterschiedlichen Zellen besaßen. Aus den Geweben entwickelten sich im weiteren Verlauf spezialisierte Organe und Körperteile wie Herz und Lunge.

Ammoniten

Diese Tiere sind schon seit Jahrmillionen ausgestorben, aber jeder Fossiliensammler kennt sie. Sie verschwanden zusammen mit vielen anderen Arten ungefähr zur gleichen Zeit wie die Dinosaurier, das heißt vor 65,5 Millionen Jahren (siehe Seite 75). Ihre charakteristischen, spiralförmigen Fossilien findet man an vielen Stellen. Sie sehen zwar auf den ersten Blick wie Schnecken aus, ihre engsten Verwandten sind aber die Kopffüßer, jene Gruppe, zu der auch die heutigen Tintenfische gehören.

Die ersten Ammoniten erschienen vor rund 400 Millionen Jahren, in der Epoche des Devon, auf der Bildfläche. Das eigentliche Tier lebte in der letzten und größten Kammer seines Gehäuses. Die harte Schale war ein idealer Schutz gegen die scharfen Zähne von Raubtieren. Man hat Ammonitenfossilien gefunden, an denen Zahnspuren zu erkennen sind, Andenken an unangenehme Angriffe.

Ammoniten konnten sich über lange Zeiträume in ihrem Gehäuse verkriechen. Wenn sie angegriffen wurden, verschlossen sie die Öffnung, als würden sie eine Tür verschließen. Außerdem konnten sie recht groß werden. Ein in Südengland gefundenes Fossil weist einen Durchmesser von mehr als 60 Zentimetern auf, ein anderes aus Deutschland misst sogar fast zwei Meter. Die Gehäuse geben außerordentlich gute Fossilien ab und sind bei Sammlern schon seit Jahrhunderten beliebt.

Ammoniten waren Meeresbewohner mit schneckenähnlichem Gehäuse. Sie zählen zu den Verwandten der heutigen Tintenfische. Vor 65,5 Millionen Jahren, zur gleichen Zeit wie die Dinosaurier, starben sie aus.

Seescheiden

Diese Tiere sehen wie große, am Meeresboden verankerte Säcke aus. Sie nehmen Tag für Tag ein großes Wasservolumen in sich auf, filtern die Nahrung heraus und entlassen das Wasser wieder ins Meer. Auf den ersten Blick scheinen sie Schwämmen zu ähneln, in Wirklichkeit sind sie aber wesentlich komplizierter aufgebaut. Seescheiden waren nicht nur am Boden der prähistorischen Meere ein vertrauter Anblick, sondern ihre Evolution war auch von großer Bedeutung für alle Lebewesen, die sich in späteren Zeiten auf der Erde entwickelten – einschließlich des Menschen.

Die Jungen der Seescheiden schwimmen umher wie Kaulquappen. Zur Fortbewegung dient ihnen ein spezialisierter Schwanz, der durch das Notochord verstärkt wird, ein sehr einfach gebautes Rückgrat. Bei den Nachkommen der Seescheiden hat sich das Notochord zu Wirbeln weiterentwickelt, jenen Knochen, die unsere Wirbelsäule bilden. Sämtliche Tiere, die ein solches Rückgrat oder eine Wirbelsäule besitzen, bilden die Gruppe der Chordatiere – zu ihnen gehören alle Fische, Amphibien, Reptilien, Vögel und Säugetiere. Junge Seescheiden sind die einfachsten Chordatiere aller Zeiten und stellen deshalb die ersten Urahnen der Menschen dar.

Unsere intelligentesten Vorfahren sind sie allerdings nicht. Sobald eine schwimmende Seescheide einen harten, steinigen Untergrund findet, heftet sie sich daran fest und frisst dann alle Körperteile, die sie zum Schwimmen gebraucht hat, auf – sie werden jetzt nicht mehr benötigt. Dazu gehört auch der kostbare Nervenstrang, der sich bei anderen Arten zu Wirbelsäule und Gehirn weiterentwickelt hat.

Lanzettfischchen

Die ersten Fische waren nicht sehr groß, aber sie sind sehr alt. Ein Tier, das den heutigen Lanzettfischchen ähnelte, entwickelte sich bereits vor rund 560 Millionen Jahren. Es entstand offenbar durch einige Kopierfehler aus jungen Seescheiden, die sich vielleicht nicht mehr richtig am Meeresboden festheften konnten.

Auch das Lanzettfischchen – das allerdings nicht zu den Fischen gezählt wird – ist einer unserer entfernten Verwandten, denn es hat wie wir einen stützenden Strang, der längs durch den Körper verläuft. Aber damit sind die Ähnlichkeiten auch schon ziemlich zu Ende. Im Gegensatz zu uns kann man es noch nicht als echtes Wirbeltier bezeichnen, denn der Stützstrang war nicht von Knochen umgeben. Das Lanzettfischchen besitzt kein Gehirn, es trägt an den Körperseiten jedoch kleine Kiemen, durch die Meerwasser ein- und ausströmt. Mit ihrer Hilfe filtert es kleine Nahrungsteilchen aus dem Wasser. Vor natürlichen Feinden schützen sich die Lanzettfischchen, indem sie sich am Meeresboden im Sand eingraben.

Plattenhäuter

Zu den furchterregendsten Tieren der vorzeitlichen Meere gehörten die heute ausgestorbenen Plattenhäuter oder Panzerfische. Sie gehörten zu den ersten Fischen, die Kiefer und Zähne besaßen, Körperteile, die vermutlich durch Anpassung aus Kiemen entstanden waren. Wie neuere Forschungsarbeiten zeigen, verfügten manche Arten von Plattenhäutern über die größte Beißkraft, die jemals ein Tier besaß. Ihre Zähne konnten einen Hai mit einem einzigen Biss zweiteilen.[3] Manche Plattenhäuter wurden bis zu zehn Meter lang und wogen über vier Tonnen. Sie waren wie Panzer gebaut: Kopf und Hals waren durch schwere, gegliederte Panzerplatten geschützt und den Körper bedeckten dicke Schuppen. Selbst die Flossen waren in gepanzerten Röhren eingeschlossen.

Die Plattenhäuter bildeten eine der ersten Gruppen echter Wirbeltiere. Ihr Rückenmark war wie bei uns durch eine Reihe von Knochensegmenten geschützt. So hässlich sie auch waren, sie waren unsere Vettern. Im späten Devon, bei einem der großen Massenaussterben der Erdgeschichte, verschwanden sie (siehe Seite 66).

Seeskorpione

Die Plattenhäuter und andere Fische hatten einen guten Grund, sich mit einem derart hoch entwickelten Panzer zu schützen. Die heute ebenfalls ausgestorbenen Seeskorpione (mit wissenschaftlichem Namen Eurypteriden genannt) waren respektable Gegner. Sie besaßen einen langen, mit einem Stachel versehenen Schwanz, mit dem sie ihrer Beute einen tödlichen, giftigen Stich versetzen konnten. Manche Seeskorpione wurden über zwei Meter lang und gehörten damit zu den größten Gliederfüßern aller Zeiten.

Die Gliederfüßer bilden einen eigenen Tierstamm, zu dem auch die asselähnlichen Trilobiten gehören. Dieser Stamm ist der größte von allen: Er umfasst sämtliche Insekten, Spinnen und

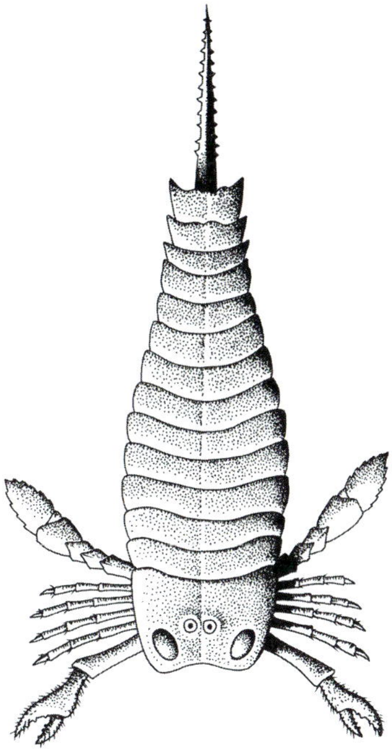

Krebstiere. Mehr als 80 Prozent aller heutigen Tierarten sind Gliederfüßer. Man findet sie tatsächlich überall – im Meer, an Land und in der Luft. Gliederfüßer haben einen segmentierten Körper und schützen sich mit einem harten Außenskelett.

Die Seeskorpione verschwanden zusammen mit vielen anderen Arten vor 252 Millionen Jahren von der Bildfläche, im Massenaussterben am Ende des Perm (siehe Seite 66). Bisher hat man über 200 Fossilien dieser furchteinflößenden Tiere entdeckt. Kürzlich fand man vor der schottischen Küste fossile Fußspuren, die von einem 1,60 Meter langen Seeskorpion stammen.[4]

Hechte

Die Vorfahren der heutigen Hechte entwickelten in den Meeren der Vorzeit zwei bemerkenswerte Eigenschaften, die entscheidend zu ihrem Erfolg beitrugen und die auch von anderen Tieren übernommen wurden. Erstens lernten sie, sich bei der Jagd zu tarnen. Sie gingen weniger mit Schnelligkeit und brutaler Gewalt zu Werke, sondern schwammen ganz leise hinter ihrer Beute her und blieben im Wasser völlig bewegungslos, um dann plötzlich zuzuschlagen; auf diese Weise hatte ihr überraschtes Opfer kaum noch eine Chance zu entkommen.

Dass die Hechte dazu in der Lage waren, hatte einen besonderen Grund: Anders als beispielsweise die Haie, die ständig schwimmen müssen, um nicht in die Tiefe zu sinken, können die Hechte völlig unbeweglich im Wasser schweben. Zu diesem Zweck nutzen sie eine luftgefüllte Schwimmblase. Das war die zweite Besonderheit. Wenn der Fisch nach unten sinken will, nimmt sein Blut einen Teil der Luft aus der Blase auf, will er dagegen steigen, wird umgekehrt wieder Luft in die Schwimmblase abgegeben. Deshalb können sich solche Fische im Meer immer in der gleichen Tiefe halten, ohne sich bewegen zu müssen. Das Ganze ähnelt ein wenig der Funktionsweise eines U-Boots – wie ja letztlich viele Erfindungen der Menschen Phänomenen nachempfunden sind, die es in der Natur bereits gibt.

Seeskorpione (Eurypteriden) konnten über zwei Meter lang werden und gehörten mit ihrem Giftstachel am Schwanz zu den gefährlichsten Bewohnern der prähistorischen Meere.

Die Schwimmblase hat noch eine weitere Funktion, die ebenfalls die Vorfahren der heutigen Hechte entwickelten: Mit ihrer Hilfe können die Fische hören, was in ihrer Umgebung los ist. Hechte und andere mit ihnen verwandte Fische, die zur Gruppe der Eigentlichen Knochenfische oder Teleostei gehören, waren die ersten Tiere, die hören konnten. Die Schallwellen, die durch das Wasser wandern und auf die Schwimmblase treffen, versetzen die Luft in der Schwimmblase in Schwingung. Winzige Knochen, die stark denen in unseren eigenen Ohren ähneln, senden diese Schwingungen zum Gehirn, das sie dann als Geräusche interpretiert.

Lungenfische

Stellen wir uns einmal einen mittelgroßen Fisch vor, der im gewalttätigen, gefährlichen Umfeld der prähistorischen Meere ums Überleben kämpft. Wie schön wäre es für ihn, wenn er den Ozean einfach verlassen und an Land gehen könnte, um dort ein völlig neues Leben zu beginnen. Zu den ersten Tieren, die eine Art »Notausstieg« aus den prähistorischen Meeren fanden, gehörten die Vorfahren der heutigen Lungenfische: Ihre Kiemen entwickelten sich zu primitiven Atmungsorganen weiter. Heute gibt es auf der Welt nur sechs Arten von Lungenfischen, aber eine Form, die eng mit ihnen verwandt war, entwickelte sich bereits in den Ozeanen vor rund 417 Millionen Jahren.

Entdeckt wurden die Lungenfische erst 1879 vor der Küste des australischen Bundesstaates Queensland. In der Nähe der Stelle, an der sie auftauchten, fand man auch rund 200 Millionen Jahre alte Fossilien ihrer Vorfahren. Diese Fische sahen fast genauso aus wie ihre modernen Vettern, weshalb viele Wissenschaftler die Lungenfische als »lebende Fossilien« bezeichnen – solche Tiere gleichen fast vollständig ihren vorzeitlichen Urahnen.

Lungenfische erinnern an kräftige, lange Aale. Sie vergraben sich im Schlamm und überleben mit ihrer Lunge auch Trockenzeiten. (Einen solchen Vorgang nennt man Übersommerung – die Tiere ruhen nicht wie bei der Überwinterung in der kalten Jahreszeit, sondern wenn es heiß ist.) Sie lebten früher in Flussmündungsgebieten und lernten dort, durch das Atmen von Luft auch jene Perioden zu überstehen, in denen die Flüsse ausgetrocknet waren. Mit weiteren Eigenschaften konnten sie schließlich das Land erobern – sie besaßen irgendwann gut entwickelte, kräftige Flossen, mit denen sie über harte, trockene Oberflächen »gehen« konnten. Solche Hilfsmittel schufen die Voraussetzungen für das Überleben in einem völlig anderen Umfeld.

Und damit ist es an der Zeit, dass wir uns an Land umsehen.

Der Südamerikanische Lungenfisch ist eine von nur sechs Lungenfischarten, die man heute kennt. Bei seinen Vorfahren war im Lauf der Evolution eine Lunge entstanden, mit der sie Luft atmen konnten. Diese Anpassung führte schließlich zu den ersten landlebenden Wirbeltieren, den Amphibien und Reptilien.

KAPITEL 6

FREUNDE DER ERDE

WIE SICH AUS DEN LANDPFLANZEN HOHE BÄUME ENTWICKELTEN, WÄHREND DER BODEN VON EINER NÄHRSTOFFREICHEN SCHICHT ÜBERZOGEN WAR, DIE VON INSEKTEN, WÜRMERN UND PILZEN GESPEIST WURDE

Viele Millionen Jahre lang fiel ein starker Regen auf die öden Landflächen der Erde und verwandelte den Untergrund in leblosen Schlamm. Dass der Regen zu jener Zeit sauer war, lag an dem hohen Kohlendioxidgehalt in der Atmosphäre; er verstärkte die Erosion und Verwitterung des Gesteins. Die ersten Pflanzen waren glitschige Lebewesen, die wie kleine Seetangranken und grüne Moose aussahen. Es waren Nachkommen der ersten Sauerstoff produzierenden Cyanobakterien aus den Stromatolithen, und sie hefteten sich an Stränden sowie am Ufer von Flüssen und Bächen fest.

Bis aus diesen kleinen, vom Wasser durchweichten Moosklumpen die riesigen, eleganten Bäume wurden, die Tausende von Kilometern vom Meer entfernt überleben konnten, musste die Natur einige technische Herausforderungen bewältigen.

Machen wir uns einmal klar, wie schwierig die Konstruktion eines groß gewachsenen Baumes ist. Zunächst einmal muss er aufrecht stehen bleiben. Ein 40 Meter hoher Baum sollte im Idealfall auch einen Sturm der Stärke 10 überstehen, ohne umzufallen. Außerdem muss er ununterbrochen mit Wasser und Nährstoffen versorgt werden. Die Teile, die der Nährstoffproduktion dienen – die Blätter der Baumkronen –, müssen sich so weit wie möglich der Sonne entgegenstrecken; in einem dichten, dunklen Wald bedeutet das, dass der Baum groß genug sein muss, damit seine Nachbarn ihm nicht das Licht wegnehmen. Für einen solch großen Baum jedoch ist die Wasserquelle im Boden schon ziemlich weit entfernt. Und wenn dazu auch noch zukünftige Generationen der Baumnachkommen gedeihen sollen, muss er in der Lage sein, sich erfolgreich fortzupflanzen. Dazu wiederum reicht es nicht aus, einfach Samen auf den Boden fallen zu lassen, denn junge Bäume gedeihen nicht, wenn sie mit ihren Eltern um Sonne, Nährstoffe und Wasser konkurrieren müssen. Die Samen müssen in einem größeren Umkreis verbreitet werden. Wie ist das möglich, wo Bäume doch weder gehen noch schwimmen können (abgesehen von einer Ausnahme, siehe Seite 83)?

Einem Baum das Überleben zu sichern ist also nicht ganz einfach. Das ist wahrscheinlich auch der Grund, warum die ersten Pflanzen – **Moose, Lebermoose** und **Hornmoose** (die ganze Gruppe wird als Bryophyten bezeichnet) – genau dort blieben, wo sie sich am wohlsten fühlten: in der Nähe des Wassers. Sie gediehen nur an Meeresarmen und Buchten, Flussmündungen und Bächen. Außerdem besaßen sie nicht den Ehrgeiz, besonders groß zu werden. Ihre Strategie bestand darin, mit ihrer geringen Größe dem Wind zu trotzen und sich immer in der Nähe des Wassers zu halten, um so das Austrocknen zu verhindern.

Diese Pflanzen hatten weder richtige Wurzeln noch Blätter oder innere Leitungsbahnen für den Nährstoff- und Wassertransport. Aber damit Bäume und andere Pflanzen die gewaltigen öden Landflächen besiedeln konnten, war ein solch halbherziger Versuch, dem Meer zu entkommen, noch keine langfristige Lösung. Einen anderen Weg schlugen vor rund 420 Millionen Jahren die **»Gefäßpflanzen«** ein. Von ihnen stammen letztlich alle Bäume und Wälder der Erde ab.

Die ersten Gefäßpflanzen jedoch waren alles andere als ein spektakulärer Anblick. Sie bestanden aus kleinen Schösslingen von höchstens 50 Zentimetern Höhe mit dickem Stamm und harten, stacheligen Blättern. Dass wir über diese Pflanzen Bescheid wissen, verdanken wir einer bizarren Entdeckung in **Rhynie**, einem kleinen schottischen Dorf etwa 40 Kilometer nordöstlich von Aberdeen. Als dort der Arzt und Amateurgeologe William Mackie 1912 ein Grundstück untersuchte, fand er etwas Außergewöhnliches. Nachdem er die Erde an verschiedenen Stellen umgegraben hatte, stieß er auf ausgezeichnet erhaltene, versteinerte Pflanzen.

Vor rund 400 Millionen Jahren befand sich an der Stelle des heutigen Rhynie ein Hexenkessel aus kochend heißen, blubbernden Schlammlöchern. Hin und wieder spie ein gewaltiger Geysir eine riesige Fontäne aus siedendem, siliziumhaltigem Grundwasser in die Luft. Silizium ist eines der Elemente, aus denen Sand und Gestein bestehen. Wenn das siliziumhaltige Wasser auf den Pflanzen niederging, tötete es sie sofort ab, ließ sie beim Abkühlen versteinern und verwandelte sie damit in ausgezeichnete Fossilien.

Die Fossilien von Rhynie sind so gut erhalten, dass man genau erkennen kann, woraus die Pflanzen bestanden und wie sie funktionierten. Diese Gefäßpflanzen hatten bereits das **Lignin** erfunden, eine chemische Substanz, die die Wände ihrer Zellen widerstandsfähiger macht. Pflanzen, die kein Lignin besitzen, bleiben klein und weich wie Kräuter oder Blumen. Die Stängel solcher Pflanzen fühlen sich zwar unter Umständen fest an, sie werden aber nur durch das in ihnen gespeicherte Wasser aufrecht gehalten. Werden sie nicht ausreichend mit Wasser versorgt, welkt die Pflanze.

Ligninhaltige Pflanzen dagegen bleiben auch bei Trockenheit aufrecht stehen.

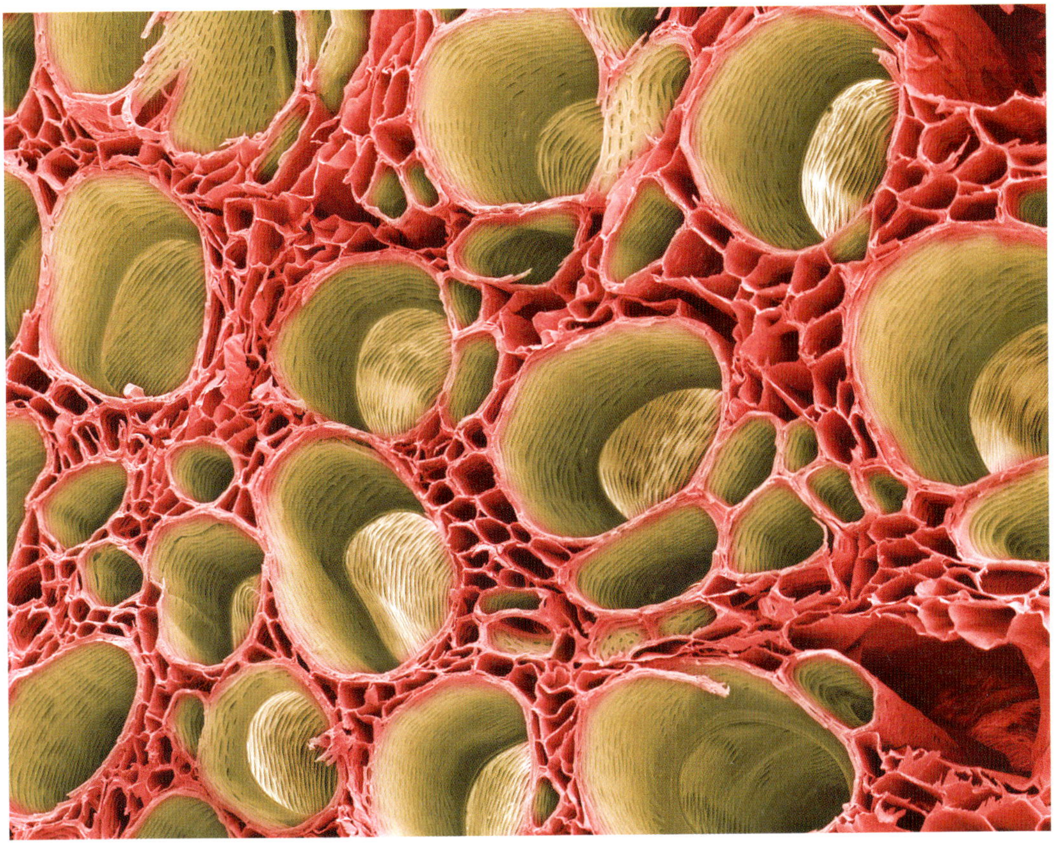

Gefäßgewebe im Elektronenmikroskop. Die winzigen Röhren des Xylems transportieren Wasser und Nährstoffe durch die Pflanze, und die dicken Wände aus Lignin dienen als Stütze.

Die durch das Lignin verstärkten Zellen sind in exakt aufgebauten Schichten übereinandergestapelt und verbunden. In dieser Form bilden sie das Holz – den magischen Baustoff der Bäume. Durch das Lignin entstehen außerdem Röhren, durch die Mineralstoffe und Wasser in einem Baum nach oben und in die Äste transportiert werden können.

Die ältesten Spuren von Lignin kennt man aus Pflanzen, die nach ihrem ersten Fundort in Schottland als Rhyniophyten bezeichnet werden. Sie sind heute ausgestorben, aber ihre Nachkommen umgeben uns immer noch – alle Pflanzen, die Holz enthalten, stammen letztlich von diesen ersten Land bewohnenden Pionieren ab. Natürlich brauchte es eine gewisse Zeit, bis die kleinen Pflanzen mit verstärktem Stängel zu großen, eleganten Bäumen heranwuchsen. Genauer gesagt, dauerte es mindestens 40 Millionen Jahre.

Zu Beginn des Karbonzeitalters (das heißt, vor 360 Millionen Jahren) gediehen Bäume bereits in gewaltiger Zahl. Die Ersten von ihnen, Lycophyten genannt, waren relativ einfach gebaut. Sie hatten Wurzeln und Y-förmig gegabelte Äste.[1] Sie konnten aber bereits sehr groß werden: Manche Exemplare, beispielsweise die Bäume namens Lepidodendron, erreichten einen Stammdurchmesser von zwei Metern und waren so hoch wie ein zwölfstöckiges Haus.

Abgesehen vom Wind, hier und da einem Kratzgeräusch in einem hohlen Baumstamm oder einem leisen Summen in den Zweigen, war es in dieser vorzeitlichen Welt gespenstisch still. Tiere gab es kaum und Vögel überhaupt nicht – für sie war es noch viel zu früh. Die Land-

Der Lepidodendron-Baum ist heute ausgestorben. In der Karbonzeit vor 360 Millionen Jahren wuchs er in riesiger Zahl. Manche Exemplare waren 40 Meter hoch, aber richtige Blätter trugen sie nicht.

schaft sah in allen Richtungen mehr oder weniger gleich aus – sie war ein endloser, dichter, dunkel grünlich braun gefärbter Wald aus mehr oder weniger gleichförmigen Bäumen. Es gab damals nur wenig verschiedene Formen, und ebenso fehlten die Blumen. Bevor die ersten Blüten zu sehen waren, musste die Erde noch mindestens 150 Millionen Jahre warten. Im Vergleich zu den Bäumen sind Blumen eine relativ neue Mode.

Den Lycophytenbäumen, die in den ersten Wäldern dominierten, fehlte ein wichtiges Merkmal – was schließlich auch vor rund 270 Millionen Jahren zu ihrem ehrenvollen Abgang führte. Sie besaßen keine richtigen Blätter. Photosynthese betrieben sie stattdessen mit Schuppen auf dem Stamm und einer Art Blätter an den Zweigen. Einem Verwandten der Gefäßpflanzen, der ebenfalls in Rhynie gefunden wurde, blieb es überlassen, die kleinen grünen Sonnenkollektoren zu erfinden, die sich an den Spitzen der dünnsten Zweige befanden. Es waren die Euphyllophyten – wörtlich übersetzt »Pflanzen mit guten Blättern«. Von ihnen stammen die meisten der heutigen Bäume ab. Die Euphyllophyten entwickelten sich schnell auseinander und brachten unterschiedliche Formen hervor, darunter auch Farne und Schachtelhalme.

Hätte es die Lycophyten, Farne und Schachtelhalme nicht gegeben, würde unser Leben heute ganz anders aussehen. Diese ersten Bäume besiedelten zu Millionen das Land. Wenn sie abstarben, versanken die meisten in Sümpfen, wo sie im Laufe der Jahrmillionen zusammengepresst wurden, aushärteten und sich durch Hitze und Druck chemisch verwandelten, bis sie schließlich zu **Kohle** wurden. In dieser Form waren sie schließlich die entscheidende Energiequelle für die industrielle Revolution im 19. Jahrhundert (siehe Seite 438).

Mit dem Lignin wurden die Bäume also kräftig, und ihre Blätter fingen die Sonnenenergie zur Nährstoffproduktion ein. Nun standen die Bäume noch vor der Herausforderung, sich stetig und zuverlässig mit Wasser zu versorgen, das zusätzlich nach ganz oben in die Baumkronen transportiert werden musste. Dieser Aufgabe wurden sie auf zweierlei Weise gerecht. Erstens züchteten sie sich eine ganze Armee von Freunden und Helfern heran. Und zweitens bedienten sie sich einer klugen Konstruktion, um an das Wasser zu gelangen, das ja häufig viele Meter unter der Erde verteilt war.

Baumwurzeln wachsen auf der Suche nach Wasser in die Tiefe. Als Helfer nutzen sie dabei häufig eine andere Gruppe höchst vielseitiger Lebewesen:

die **Pilze**. Pilze sind weder Tier noch Pflanze (lange Zeit wurden sie allerdings bei den Pflanzen eingruppiert), sondern bilden ein eigenes, nahezu unsichtbares unterirdisches Reich.

Die Pilze kamen aus dem Meer an Land, weil ihre winzigen, leichten Sporen vom Wind schnell verweht wurden. Sie gelangten ungefähr zur gleichen Zeit an die Küsten wie die ersten Pflanzen und begannen dort zu wachsen. Seither hat sich auch bei den Pilzen eine große Formenvielfalt entwickelt, wobei das Spektrum von den kleinsten bis zu den größten Lebewesen der Erde reicht. Kleine Pilze bestehen nur aus einer Zelle – ein Beispiel ist die Hefe, die in den Backstuben der ganzen Welt zum Brot- und Kuchenbacken dient. Hefe kann ihre Energie durch einen Vorgang gewinnen, den man als Gärung bezeichnet; dabei wird Zucker in Alkohol und Kohlendioxid umgewandelt.

Die meisten Pilze leben unter der Erde. Sie verfügen über ein ausgedehntes Netz aus Hyphen, dünnen Fäden, die sich zum Myzel zusammenballen. Ein Champignon oder Steinpilz – also das, was man sich normalerweise unter einem »Pilz« vorstellt – ist nichts anderes als die Frucht des Myzels, die hin und wieder durch den Erdboden bricht, Sporen verstreut und sich auf diese Weise fortpflanzt.

Manche Pilze haben ein riesengroßes Myzel. Deshalb ist auch das größte Lebewesen, das heute auf der Erde existiert, ein Pilz. Dieser Riese wurde kürzlich im US-Bundesstaat Michigan gefunden: Er erstreckt sich mit seinem Myzel über mehr als fünf Kilometer, und sein Gewicht wird auf mehr als zehn Tonnen geschätzt. Außerdem ist er auch einer der ältesten noch lebenden Organismen: Er existiert schon seit über 1 500 Jahren.[2]

Heute stammen unsere Energierohstoffe zu einem großen Teil von Bäumen wie diesen aus der Karbonzeit. Sie versanken in Sümpfen und wurden allmählich zu Kohle zusammengepresst.

Pilze sind die ökologische Müllabfuhr. Sie verarbeiten und verdauen abgestorbenes und verwesendes Material. Der Hausmüll, den unsere menschliche Müllabfuhr abholt, wird in der Regel entweder verbrannt oder auf eine Müllkippe geworfen. Die Pilze dagegen, die Müllmänner der Natur, lassen die toten Überbleibsel des Lebens nicht einfach nur verwesen, sondern verwandeln sie in nährstoffreiches Material, das die Pflanzen düngt und ihnen beim Wachsen hilft. Deshalb sind die Pilze ein unverzichtbares Bindeglied im ständigen Erneuerungskreislauf der Erde – im Kreislauf aus Leben und Tod.

Wie so häufig in der Natur, so tun sich auch in diesem Fall Lebewesen verschiedener Gruppen zum gegenseitigen Nutzen zusammen. Der Pilz gibt einen Teil der Nährstoffe und des Wassers, die er gesammelt hat, an den Baum weiter, und im Gegenzug versorgt der Baum den Pilz mit Zuckermolekülen, die er in seinen Blättern produziert hat. Auf diese Weise kann der Baum wesentlich besser Wasser und Nährstoffe aufnehmen, und der Pilz wird gefüttert. Manchmal verbindet sich ein einziger, unterirdisch lebender Pilz mit vielen Bäumen, die dann untereinander verbunden sind und eine Kette bilden. Eine solche Verbindung bezeichnet man als Mykorrhiza. Nach Schätzungen gehen 80 Prozent aller heutigen Blütenpflanzen mit unterirdisch lebenden Pilzen irgendeine Verbindung ein, die beiden Seiten nützt.[3]

Wenn das Wasser sich in den Wurzeln befindet, müssen die Bäume es durch den Stamm aufwärts bis zu den Blättern transportieren, denn dort werden die Nährstoffe hergestellt. In manchen Bäumen muss das Wasser also einen langen Weg zurücklegen. Früher wusste man nicht genau, wie die Bäume das schaffen, denn schließlich besitzen sie kein Herz oder andere bewegliche Teile, die als Pumpen dienen könnten. Man glaubte, der äußere Luftdruck würde dafür sorgen, dass das Wasser aufwärts fließt – ein ähnlicher Effekt wie beim Trinken durch einen Strohhalm. Heute wissen wir jedoch, dass der Luftdruck nicht ausreicht, um das Wasser bis in die Spitze eines 30 Meter hohen Baumes zu treiben. Die Antwort liegt vielmehr in der raffinierten Konstruktion der Blätter: In ihrer Oberfläche befinden sich Millionen winziger Löcher, die man Spaltöffnungen oder Stomata nennt. Diese kann der Baum je nach den Wetterverhältnissen und sonstigen Bedingungen öffnen oder schließen. Wenn es heiß ist, verdunstet das Wasser durch die Spaltöffnungen, sodass der Pflanzensaft im Baumstamm stärker konzentriert ist. Dadurch wird Wasser durch den Stamm nach oben und in die Blätter gezogen. Den ganzen Vorgang nennt man **Transpiration**.

Und schließlich hat der Baum noch die Aufgabe, seine Nachkommen zu verbreiten, ohne sich dabei selbst bewegen zu können. Die Sporen der ältesten Pflanzenarten wurden ganz ähnlich wie die der Pilze vom Wind transportiert. Dabei stellt sich nur das Problem, dass Sporen zum Keimen ganz bestimmte Bedingungen brauchen: In der Regel müssen sie an feuchten Orten niedergehen, beispielsweise in Marschen oder Sümpfen. Wo ein trockenes Klima herrscht, wird es schwierig. Vor rund 360 Millionen Jahren fanden die Bäume dann eine viel bessere Lösung: Sie produzierten **Samen**.

Samen enthalten im Gegensatz zu Sporen bereits einen teilweise entwickelten Embryo und einen Nährstoffvorrat aus Zucker, Protein und Fett. Der Embryo wird dann mitsamt dem Nährstoffvorrat in eine Hülle eingeschlossen und ist nun bereit für seine Reise. Dafür stehen verschiedene Transportmittel zur Verfügung (siehe Seite 82).

Die Chancen, dass sich ein Baum erfolgreich fortpflanzt, steigen durch die Samen dramatisch an. Samen sind widerstandsfähiger als Sporen, können Trockenperioden überleben, haben ihren eigenen Proviant bei sich und können in manchen Fällen sogar schwimmen. Die ersten Samen tragenden Bäume waren die Cycadeen, die sich bis in die Zeit vor rund 270 Millionen Jahren zurückverfolgen lassen – ungefähr in diesem Zeitraum erschienen auch die ersten Dinosaurier auf der Bühne des Lebens. Heute existieren rund 130 Cycadeenarten, viele davon sind allerdings wegen der Zerstörung ihrer Lebensräume vom Aussterben bedroht. Diese Bäume beherrschten die geschlechtliche Fortpflanzung, das heißt, zur Entstehung eines Samens müssen sich gewöhnlich die Gene zweier Bäume vermischen (siehe Seite 35). Damit stellt sich aber wiederum eine scheinbar unüberwindliche Schwierigkeit: Wie können zwei Bäume ihre Gene vereinigen, wenn beide ganz buchstäblich im Boden verwurzelt sind?

Die Lösung brachten andere Lebensformen, die ebenfalls vom Meer an Land gegangen waren. Vor rund 420 Millionen Jahren, zur gleichen Zeit wie die ersten Pflanzen und Moose, krochen auch einige kleine, wurmähnliche Tiere aus dem Meer. Sie ähnelten ein wenig den heutigen Stummelfüßern. Dass das trockene Land sie anlockte, lag an den steigenden Sauerstoffmengen in der Luft. Der **Sauerstoffgehalt** der Atmosphäre war über mehrere Millionen Jahre hinweg stetig angestiegen, bis er schließlich vor etwa 500 Millionen Jahren, zu Beginn des Kambriums, eine Sättigungsgrenze erreicht hatte. Dann, vor

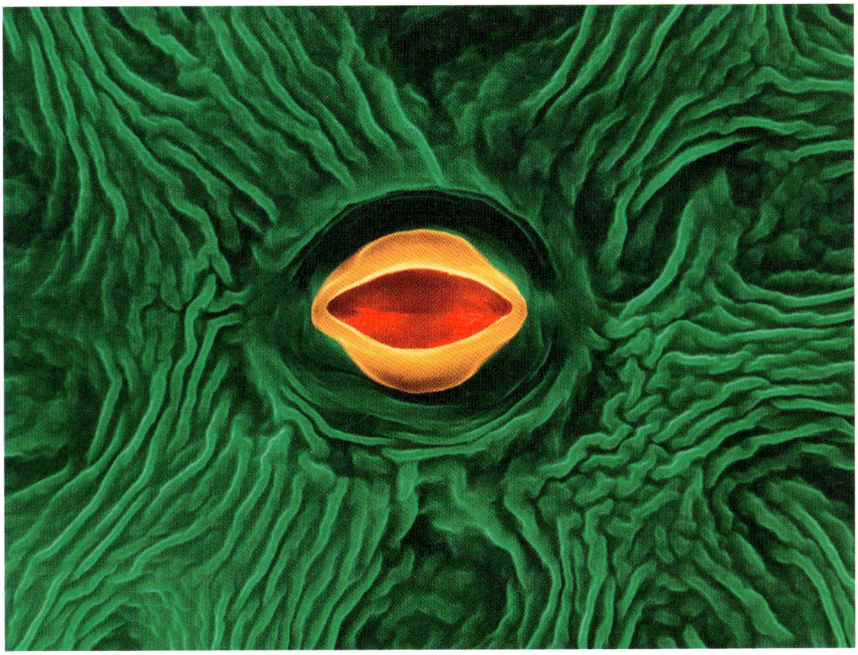

Eine Spaltöffnung in einem Blatt bei 425-facher Vergrößerung. Durch diese winzigen Öffnungen verdunstet das Wasser, sodass neues Wasser aus dem Boden nach oben gezogen wird. Die Verdunstung lässt auch Regen entstehen.

Anstieg des Sauerstoffgehalts

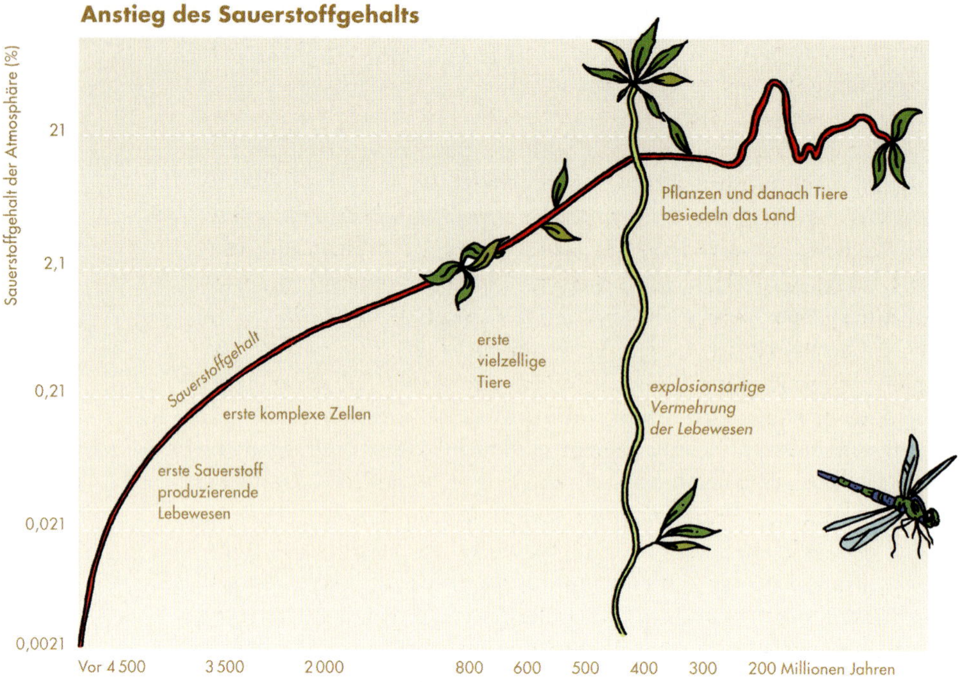

400 bis 200 Millionen Jahren, schoss er noch einmal steil in die Höhe.

Die Ursache des Anstiegs waren die üppig grünen Wälder, die mittlerweile die Landflächen bedeckten. Bäume und andere Pflanzen setzten immer mehr Sauerstoff frei. Es war ein wenig so, als hätte man Süßigkeiten an den Küsten ausgelegt. Die Lebewesen im Meer konnten der Versuchung einfach nicht widerstehen. Den ersten Meeresbewohnern, die an den Strand krochen, fiel die Umstellung nicht allzu schwer – der Sauerstoff in der Luft gab ihnen einen gewaltigen Schub. Heute besteht die Luft, die wir atmen, zu 21 Prozent aus Sauerstoff. Vor 350 Millionen Jahren jedoch, als die Wälder der Karbonzeit sich ausbreiteten, dürfte der Anteil auf bis zu 35 Prozent angestiegen sein.[4]

Der hohe Sauerstoffgehalt war wahrscheinlich auch der Grund, warum Stan Wood, ein aufmerksamer kommerzieller Fossiliensammler aus Schottland, so viel Glück hatte. Er hatte 1984 neben dem Fußballplatz einer Schule eine verfallene alte Mauer aus Kalkstein ausfindig gemacht. Die Steine, so glaubte er, könnten interessante Fossilien enthalten; also kaufte er die Mauer für 25 Pfund von der Immobilienfirma, die sie gerade abreißen wollte.

Die Fossilien, die Wood in dem Kalkstein fand, waren von ungeheurer Bedeutung, und am Ende konnte er sie für mehr als 50 000 Pfund verkaufen. Mit einem Teil des Geldes erwarb er den aufgegebenen alten Steinbruch in East Kirkton, aus dem der Kalkstein der Mauer ursprünglich stammte. Nachdem er dort mit schwerem Gerät an die Arbeit gegangen war, machte er eine Reihe weiterer faszinierender Entdeckungen. Unter anderem fand er das Fossil eines riesigen, mindestens 30 Zentimeter langen Skor-

Als Moose, Bäume und andere Pflanzen das Land besiedelten, nahm der Sauerstoffgehalt der Atmosphäre zu. Dies erleichterte es den Lebewesen, das Meer zu verlassen.

pions, der Luft atmete und sowohl einen gefährlich aussehenden Stachelschwanz als auch ein mächtiges, schützendes Außenskelett besaß. Das Tier aus der Gruppe der Seeskorpione konnte vermutlich über zwei Meter lang werden.

Wegen des höheren Sauerstoffgehalts der Luft konnten viele Tiere zu jener Zeit wesentlich größer werden als ihre heute lebenden Nachkommen. Stan Woods Skorpion ist schätzungsweise 335 Millionen Jahre alt, und an ihm ist gut zu erkennen, wie er zwei wichtige Schwierigkeiten meisterte, die der Übergang vom Meer ans Land aufwarf. Zum Atmen besaß er eine primitive Lunge, die sich von den Kiemen ableitete und durch die Taschen der widerstandsfähigen Außenhaut geschützt war. Außerdem verfügte der Riesenskorpion über mehrere Beinpaare, mit denen er laufen konnte.

Ungefähr zur gleichen Zeit entstanden auch die ersten Insekten. Am auffälligsten waren die **Libellen**. Wie sie fliegen lernten, ist bis heute ein Rätsel. Vermutlich stand dieser Entwicklungsschritt im Zusammenhang mit der Entstehung der ersten Pflanzen. Für **Insekten** war es natürlich sinnvoll, wenn sie durch Sprünge oder im Gleitflug von einem Baum zum anderen gelangen konnten, statt bis zum Boden hinabzusteigen und an einem anderen Baum wieder in die Höhe zu klettern.

Die Flügel der ersten Libellen entstanden aus den gleichen harten Taschen der Außenhaut, die man auch bei dem Riesenskorpion findet. Anfangs waren es vielleicht nur Hautlappen, mit denen

Solche Komplexaugen aus bis zu 36 000 Facetten verschafften den Libellen einen mosaikartigen Rundumblick auf ihre prähistorische Welt.

die Insekten besser springen konnten und dabei größere Entfernungen überbrückten. Allmählich wurden die Lappen immer größer, sodass akrobatische Kunststücke wie Gleitflug, Sturzflug und schließlich der Flatterflug möglich wurden. Flattern erfordert natürlich ungeheuer viel Energie. Aber in der sauerstoffreichen Atmosphäre ihrer Zeit waren die ersten Flugtiere genau von dem richtigen Medium umgeben, um diese neue Anstrengung zu unternehmen. Der Sauerstoff steigerte zudem die Dichte der Luft, was den Libellen einen größeren Auftrieb brachte.

In der sauerstoffreichen Luft konnten sie auch sehr gut wachsen.[5] Die farbenprächtigen Flieger der Vorzeit hatten die Ausmaße heutiger Möwen. Sie sprangen, hüpften und flogen völlig ungefährdet von Baum zu Baum. Niemand machte ihnen den Himmel streitig, und zur Ernährung dienten ihnen nach Belieben andere Insekten. Nichts und niemand konnte ihnen Konkurrenz machen.

Die kleineren Insekten entwickelten irgendwann einen raffinierten Schutzmechanismus. Er bestand aus kompliziert gefalteten Flügeln, wie wir sie heute bei gewöhnlichen Fliegen beobachten. Mit den gefalteten Flügeln konnten die Insekten sich in engen Hohlräumen verkriechen, die den größeren Raubinsekten wie den Libellen wegen ihrer starren Flügel verschlossen blieben. Solche Fluginsekten sind heute die bei weitem größte Tiergruppe. Daher kann man sagen, dass die faltbaren Flügel wahrscheinlich eine der erfolgreichsten Erfindungen der Natur überhaupt waren.

Eine weitere wichtige Anforderung an landlebende Tiere ist die Sehfähigkeit. Bei den Libellen entwickelten sich raffiniert gebaute Komplexaugen mit 30000 Facetten, winzigen Einzelaugen, die dem Tier mit ihrer exakten Anordnung ein »Rundumsehen« von nahezu 360 Grad ermöglichten.

Fossilien von Libellen hat man in vielen Regionen der Erde gefunden, die bedeutendsten stammen jedoch aus der kleinen Bergbaustadt Bolsover im englischen Derbyshire. Dort entdeckten zwei Bergleute in einem Kohlebergwerk ein riesiges, 300 Millionen Jahre altes Fossil einer Libelle. Es ist das älteste derartige Fossil, das man kennt, und mit einer Flügelspannweite von 24 Zentimetern ist es viel größer als jede heutige Libelle. Einige Tage erfasste ein »Libellenfieber« Großbritannien, die Zeitungen hatten ihren großen Tag, und die Legende der »Bestie von Bolsover« war geboren.

Das erste Landtier aller Zeiten war vermutlich ein Verwandter der Meereswürmer. Er ringelte sich aus dem Meer und ernährte sich von den Pflanzen und Moosen, die sich an der Küste festklammerten. Bei seinen Nachkommen, die Vorfahren der heutigen Gliederfüßer, entwickelten sich im weiteren Verlauf zahlreiche Beine – die ersten Hundert- und Tausendfüßer entstanden. Nachdem diese ersten Gliederfüßer an Land etabliert waren, entwickelten sie sich nach und nach zu den verschiedensten Insekten weiter: Die ersten Segmente ihres wurmförmigen Körpers verbanden sich zu einem Kopf, und mindestens ein Beinpaar wurde zu Fühlern. Andere Segmente verschmolzen zum Brustabschnitt und zum Hinterleib.

Zu den auffälligsten Insekten, die zu jener Zeit entstanden, gehörten die **Käfer**. Zu ihnen werden heute wahrscheinlich mehr Arten gezählt als zu jeder anderen Tiergruppe. Über 350000 Arten hat man bisher entdeckt, das sind ungefähr 40 Prozent aller bekannten Insektenarten; nach Ansicht der Fachleute dürfte es in Wirklichkeit aber zwischen fünf und acht Millionen Käferarten geben.

Damit sind wir wieder bei der letzten schwierigen Herausforderung, der sich die Cycadeen – die ersten Bäume, die sich sexuell fortpflanzten – stellen mussten. Die Insekten, die ihnen dabei zu Hilfe kamen, waren nämlich – Käfer. Wenn diese im Unterholz und auf den Blättern der Bäume herumkrabbelten, transportierten sie den gelben Pollenstaub von den männlichen Teilen einer Cycadee zu den weiblichen Teilen einer anderen, sodass sich die Gene bei der Befruchtung vermischen und neue Samen hervorbringen konnten.

Käfer, andere Insekten, Würmer und Pilze sorgen gemeinsam dafür, dass einer der wichtigsten Faktoren, die das Leben in Gang halten, intakt bleibt: der Boden. Als emsige Gärtner arbeiten sie an der **Wiederverwertung** des organischen Materials – sie setzen aus abgefallenen Blättern und verrottenden Bäumen die Nährstoffe frei, die den Boden für die Pflanzen von morgen düngen. Ohne Lebewesen gäbe es keinen **Boden**. Die Erde wäre dann wie der Mond, der Mars oder die Venus voller Staub und Gestein. Das Gestein würde verwittern, sich im Regen auflösen und in Form von Schlamm und Schlick wieder ins Meer gespült werden, aber das krümelige, schwarz-braune Material, das unsere Pflanzen auf dem Land wachsen lässt, hätte sich ohne Lebewesen nie gebildet. Im Laufe der Jahrmillionen wird der gesamte Boden auf der Erde in einem ständigen Kreislauf immer wieder erneuert.

Vom Boden der Karbonzeit ist heute nichts mehr übrig. Die ältesten Böden, die es noch gibt, sind nur wenige Millionen Jahre alt. Wind, Wasser, Eis und die Bewegungen der tektonischen Platten sorgen dafür, dass der Boden wie das Gestein ständig umgewälzt oder weggespült wird. Eine solche Mischung aus verwittertem Gestein, Mineralien und organischem Material entstand zum ersten Mal in der Karbonzeit, als Bäume und andere Pflanzen in großer Zahl das Land besiedelten. Sie setzten sich in Felsspalten fest, die im Laufe der Jahrhunderte durch Regen und Verwitterung entstanden waren. Mit ihren wachsenden Wurzeln zerkleinerten sie wiederum das Gestein. Da Pflanzen viele Nährstoffe enthalten, lockten sie Pilze, Würmer, winzige Milben und andere Gliederfüßer an, die von organischem Material leben. Seit rund 400 Millionen Jahren graben diese Lebewesen die Erde immer und immer wieder um, setzen sie der Luft und dem Regen aus und schaffen so die Möglichkeit, dass der Boden immer wieder zersetzt wird und neuen Lebensformen Nahrung bietet.

Nun standen Nährstoffe in Form von Bäumen und anderen Pflanzen reichlich zur Verfügung, die Luft enthielt mehr Sauerstoff als je zuvor, das Klima kühlte sich ab und die Landschaft bot überall Schutz (entweder unter den Zweigen der Bäume oder im Boden, in den man Löcher graben konnte). Damit waren alle Voraussetzungen für die nächste wichtige Episode in der Geschichte des Lebendigen geschaffen. Was würden die Nachkommen der Lungenfische und ähnlicher Lebewesen, die ein Rückgrat und vier Flossen besaßen, aus diesem üppigen irdischen Paradies machen?

KAPITEL 7

DER GROSSE EIERTANZ

WIE DIE UNRUHIGEN PLATTEN DER ERDKRUSTE ZUSAMMENSTIESSEN UND EINEN RIESIGEN SUPERKONTINENT BILDETEN UND WIE SICH DADURCH NEUE LEBENSFORMEN ENTWICKELTEN UND UNTER DEN LANDLEBEWESEN DAS ERSTE MASSENSTERBEN AUSGELÖST WURDE

Die Entwicklung der Landlebewesen stand jetzt vor einem großen Fortschritt. Zuerst wollen wir unsere Betrachtung der Karbonzeit (vor 360 bis 299 Millionen Jahren) abschließen und uns dann ins Perm begeben, eine Zeit, in der Reptilien die Erde beherrschten. Anschließend führt uns unser Weg durch eine dramatische Episode, das Massenaussterben am Ende des Perm, bei dem das Leben auf der Erde zum größten Teil hinweggefegt wurde. Danach begann wieder etwas ganz Neues, und wir lernen die ersten Dinosaurier kennen. Zur gleichen Zeit erscheinen auch viele Insekten, die uns noch heute vertraut sind: Bienen, Schmetterlinge und Motten. Ebenso begegnen wir den ersten Blütenpflanzen und blühenden Bäumen und werfen einen Blick auf den ersten gefiederten Vogel.

Die Dinosaurier waren 180 Millionen Jahre lang die Herrscher der Erde – in der Trias-, Jura- und Kreidezeit. Aber wie alle Herrscher, so wurden auch sie irgendwann abgelöst. Vor etwa 65 Millionen Jahren brach ihre Welt durch ein rätselhaftes, plötzliches, vernichtendes Ereignis zusammen. Ein Blick auf unsere 24-Stunden-Uhr zeigt, dass dieser Teil unserer Reise zwischen 22.24 Uhr und 23.39 Uhr stattfindet – danach bleiben noch gut 21 Minuten, in denen die Evolution schließlich in die Menschheitsgeschichte mündet.

Unser Weg beginnt mit einer außergewöhnlichen, höchst bedeutsamen Erkenntnis über die Evolution. Möglich wurde dieser Einblick in die Evolutionsgeschichte durch Fossilien eines Tiers namens Tiktaalik, das man 2004 auf der Ellesmere-Insel in Kanada fand. Es sind »Übergangsfossilien«, das heißt, an ihnen sind Merkmale von zwei verschiedenen Tiergruppen zu erkennen: Die

eine besteht aus Fischen mit Flossen, die andere aus den **Vierbeinern**, die in dem nächsten Evolutionsschritt entstanden. Tiktaalik lebte vor etwa 375 Millionen Jahren am Ende der Devonzeit (siehe die geologische Zeittafel auf Seite 42), als sich auch die ersten Pflanzen und Moose an das Leben in der Nähe der Küsten anpassten. Er hatte als erstes Lebewesen richtige Arme mit Schultern, Ellenbogen und Handgelenken – Körperteile, die sich hervorragend eigneten, den Körper an Land zu tragen oder durch flache Sümpfe zu waten.

Tiktaalik war ungefähr drei Meter lang. Mit seinen scharfen Zähnen konnte er andere Tiere erlegen, und im Gegensatz zu den Fischen konnte er den Kopf zur Seite wenden, um nach Nahrung oder Gefahren Ausschau zu halten. Dazu diente ihm der vermutlich älteste Hals der Welt. Sein Schädel war flach wie bei den heutigen Krokodilen, und oben ragten große Augen heraus; man kann also vermuten, dass er meist in kleinen Bächen, Seen und flachen Sümpfen knapp unterhalb der Wasseroberfläche lag und von dort herausspähte.

Einige Millionen Jahre später, vor 362 bis 357 Millionen Jahren, begegnet uns ein Tier mit dem fast unaussprechlichen Namen Ichthyostega. Dieser Landbewohner war ungefähr 1,50 Meter lang und hatte an jedem Fuß sieben Zehen. Er war einer der ersten echten Vierbeiner und mit Sicherheit kein Fisch mehr. Auch wir Menschen gehören zu den Vierbeinern, das heißt, Ichthyostega ist eindeutig einer unserer Vorfahren. Seine Jungen eigneten sich für das Leben an Land sicher viel besser als ihre großen, schwerfälligen Eltern. Die Jungen waren klein, konnten leicht an die Küste springen und sich an Land fortbewegen, ohne ein gewaltiges Körpergewicht mit sich herumschleppen zu müssen. An Land war das Leben ungefährlicher als im Meer, denn dort gab es viel zu essen und kaum natürliche Feinde.

Im Laufe vieler Generationen blieben die Jungtiere immer länger an Land, bevor sie ins Wasser zurückkehrten. Ichthyostega war wichtig, denn er ist ein echtes Verbindungsglied zwischen den schwerfällig an Land kriechenden Fischen und der ersten erfolgreichen Tiergruppe, die auf dem Land lebte – den **Amphibien**.

Die Amphibien (z. B. Frösche, Kröten, Salamander) waren gut an das Landleben angepasst, sie mussten aber fast immer ins Wasser zurückkehren, um ihre Eier abzulegen und sich fortzupflanzen. Seit ihrer Entstehung hat sich diese Tiergruppe an das Leben auf allen Kontinenten und in allen Klimazonen angepasst, vom arktischen Eis bis zu den Sandwüsten. Viele der schätzungsweise 6000 Amphibienarten, die es heute gibt, sind allerdings durch die globale Erwärmung, Umweltverschmutzung und die Zerstörung ihrer Lebensräume – Feuchtgebiete, Marschen und Waldlandschaften – vom Aussterben bedroht (siehe Seite 490).

Vor rund 340 Millionen Jahren war der Übergang von den Fischen zu den Amphibien abgeschlossen. Damals entstanden die Temnospondylen oder Schnittwirbler, die ältesten echten Amphibien. Manche von ihnen waren so groß wie ein ausgewachsenes Krokodil, andere so klein wie ein Molch. Ein gutes Beispiel ist **Eryops**, der vor rund 270 Millionen Jahren erstmals in den Fossilfunden auftaucht. Er war untersetzt gebaut, wurde bis zu 1,50 Meter lang und besaß breite Rippen sowie eine kräftige Wirbelsäule, sodass der schwere Körper nicht unter seinem eigenen Gewicht zusammensackte.

Lange Zeit waren Amphibien die beherrschenden Tiere an Land. Zu ihnen gehörten damals die größten, wildesten Tierarten der Welt. Aber sie litten unter einem entscheidenden Nachteil: Sie mussten sich immer so nahe am Wasser aufhalten, dass sie dort ihre Eier ablegen und sich fortpflanzen konnten. In Dürrephasen oder wenn das Klima langfristig zu trocken wurde, standen sie damit vor einem großen Problem. Und dieses Problem wurde im Laufe der Zeit noch größer, weil die Platten der Erdkruste sich immer weiter zusammenschoben und einen riesigen Superkontinent bildeten.

Eine **Kontinentalverschiebung** von fünf bis zehn Zentimetern im Jahr mag unwesentlich erscheinen, aber im Lauf von einer Million Jahren bedeutet das immerhin, dass sich ein Kontinent um fast 100 Kilometer bewegt. In 100 Millionen Jahren sind das schon 10 000 Kilometer – ein Viertel des Weges um die ganze Erde. Solche Verschiebungen waren der Grund, warum sich das Leben an Land vor 300 bis 250 Millionen Jahren tief greifend wandelte.

Als die Landmassen sich vereinigten und die Entfernung zum Meer immer mehr zunahm, wurde das Klima erheblich heißer und trockener. Die Amphibien, die zum Brüten das Ufer von Gewässern benötigten, konnten nur noch an den Küsten oder in Regionen mit großen Seen leben. Dagegen hatte jedes Lebewesen, dessen Junge aufgrund neuer biologischer Eigenschaften Hunderte oder Tausende von Kilometern vom Wasser entfernt zur Welt kommen konnten, gegenüber allen anderen einen gewaltigen Vorteil. Deshalb ereignete sich mit der Vereinigung der Landmassen zu einem einzigen Superkontinent auch der nächste große Sprung in der Geschichte des Lebendigen. Dieser Sprung beantwortet ein für alle Mal die Frage, ob das Huhn oder das **Ei** zuerst da war. Es war das Ei.

Reptilien unterscheiden sich in einer wichtigen Hinsicht von Amphibien: Wenn nötig, können sie auch weit weg vom Wasser leben. Sie haben eine wasserdichte Haut, das heißt, das Wasser kann selbst bei sehr heißem Wetter nicht aus ihrem Körper entweichen. Damit verringert sich die Gefahr, dass sie austrocknen. Außerdem konnten Reptilien als erste Lebewesen ihre Eier an Land ablegen. In ihrer Evolution entwickelten sie die Fähigkeit, die Eier mit einer widerstandsfähigen, wasserdichten Hülle zu umgeben, in deren Innerem eine dünne Haut den Embryo schützt und ihm alle notwendigen Nährstoffe liefert. So kann er heranwachsen, bis er alt genug ist, um aus dem Ei zu schlüpfen und allein an der Luft zu überleben.

Das älteste bekannte Reptil stammt aus der Zeit vor 315 Millionen Jahren. Hylonomus war etwa 20 Zentimeter lang und ernährte sich von Tausendfüßern und kleinen Insekten. Andererseits wurde er häufig von riesigen Libellen und Vierbeinern angegriffen, die auf eine schmackhafte Mahlzeit aus waren. Die ältesten Reptilien hatten einen Schädel ohne Löcher. Viele von ihnen sind ausgestorben, eine ähnliche Konstruktion findet man aber auch heute noch bei Land- und Meeresschildkröten.

Als Nächstes entwickelte sich eine Gruppe, die im Gegensatz dazu zwei Löcher im Schädel besaß: das eine Loch zum Sehen (Augen), das andere zum Fressen (Kiefer). Eine solche Gruppe

Mit winzigen Segeln konnten die Räuber der Gattung Dimetrodon sich schneller aufwärmen als andere Tiere und sich damit frühmorgens die beste Beute sichern.

waren die säugetierähnlichen Reptilien, die für viele Millionen Jahre die beherrschende Kraft an Land werden sollten. Diese Gruppe, mit der auch wir Menschen entfernt verwandt sind, entwickelte sich lange vor den ersten Dinosauriern.

Eine der erfolgreichsten Arten war das **Dimetrodon**, das im frühen Perm, vor rund 260 bis 280 Millionen Jahren, zum ersten Mal auf der Bildfläche erschien. Dieser schwerfällige Riese wurde bis zu drei Meter lang, ging auf vier seitlich abstehenden Beinen und trug einen langen, schwankenden Schwanz. Er war der größte Fleischfresser seiner Zeit. Seinen Erfolg jedoch verdankte das bizarr aussehende Tier vor allem einem auffälligen »Segel« auf dem Rücken, das ihm als Wärmetauscher diente: Mit seiner Hilfe konnte sich das Dimetrodon am Morgen schneller aufwärmen als alle anderen Tiere.

Wechselwarme Lebewesen wie Reptilien und Amphibien müssen in der Regel abwarten, bis ihr Körper warm genug ist; erst dann können sie sich schnell genug bewegen und ihre Beute fangen. Anders das Dimetrodon: Es konnte schon auf die Jagd gehen, während andere Tiere sich noch aufheizten. Das Segel ähnelte einem Solarkollektor und war so leistungsfähig, dass sein Besitzer dreimal schneller warm wurde als ohne diese Vorrichtung.[1]

Damit war Dimetrodon ein Vorläufer der gleichwarmen oder **warmblütigen Tiere**, zu denen alle Säugetiere einschließlich des Menschen gehören. Solche Tiere behalten eine konstante Körpertemperatur bei, ganz gleich, wie kalt oder warm es um sie herum ist. Deshalb können sie auch nachts auf die Jagd gehen beziehungsweise immer dann, wenn sie sich ungefährdet nach draußen wagen können, weil die Konkurrenten nicht in der Gegend herumstreifen. Bei dem Dimetrodon entwickelten sich noch weitere säugetierähnliche Merkmale, beispielsweise unterschiedlich geformte Zähne. Das Wort »Dimetrodon« bedeutet wörtlich übersetzt »Zähne von zweierlei Maß«.

Diese bizarren Lebewesen waren ungefähr 60 Millionen Jahre lang die Herrscher der Welt. Aber vor 252 Millionen Jahren fand ihr Erfolg ein plötzliches, dramatisches Ende. Damals stürzte das Leben in einen tiefen Abgrund, aus dem es beinahe nicht mehr herausgefunden hätte. Es war die schlimmste Bedrohung, der das Leben in der Vorgeschichte ausgesetzt war: das **Massenaussterben am Ende des Perm**.

Zu jener Zeit hatten sich alle Landmassen der Erde vereinigt und bildeten einen einzigen gewaltigen Superkontinent, der heute als **Pangäa** bezeichnet wird (der Name stammt von den beiden griechischen Wörtern »pan« = alles und »gai« = Erde). Die übrige Erdoberfläche war von dem Superozean Panthalassa bedeckt. Durch die Entstehung von Pangäa kam es zu dramatischen Veränderungen von Klima und Meeresströmungen. Es begann ein Zeitalter mit gewaltigen, jahreszeitlichen Monsunregenfällen und einem sehr heißen, trockeneren Klima. Arten, die in voneinander abgetrennten Regionen entstanden waren, kamen jetzt untereinander in Kontakt. Für große, hungrige Raubtiere wie das Dimetrodon erweiterte sich damit das Nahrungsangebot, was allerdings auch zu einem dramatischen Rückgang von Zahl und Vielfalt der Lebewesen führte.

Wenn gewaltige kontinentale Landmassen zusammenstoßen, ist eines garantiert: Zahl und Heftigkeit der **Vulkanausbrüche** nehmen stark zu. Nach Ansicht der Fachleute ist das ein Grund, warum es vor 252 Millionen Jahren zu einem solch entsetzlichen Massenaussterben kam; in jüngerer Zeit – genauer gesagt, im Juni 2006 – hat man aber auch Indizien für eine andere Ursache gefunden: Im Osten der Antarktis befindet sich unter dem Eis der sogenannte Wilkes-Land-Krater. Er hat einen Durchmesser von 480 Kilometern, was die Vermutung nahelegt, dass ein riesiger Meteorit ebenfalls eine Rolle gespielt haben könnte. Vielleicht trugen beide Ursachen dazu bei, dass für das Leben auf der Erde die katastrophalste Phase aller Zeiten anbrach. Ein gewaltiger Supervulkan, der sich irgendwo im heutigen Norden Russlands befand, brach mit beispielloser Gewalt aus. Er überschwemmte zunächst im heutigen Sibirien eine Fläche von rund 200 000 Quadratkilometern – das ist ungefähr die Fläche von Florida – mit glühend heißer Lava. Anschließend brach er erstaunlicherweise über eine Million Jahre lang immer wieder aus.

Diese gewaltigen Ausbrüche verwüsteten die Umwelt auf der ganzen Erde und wurden zum Auslöser für eine lange Reihe weiterer Katastrophen. Zunächst stieg hochgiftige Asche in die Luft und überzog das Land in einem weiten Umkreis mit einer dicken, ätzenden Schicht aus giftigem Staub. Als der tödliche Rauch nach einigen Tagen die höheren Luftschichten erreicht hatte, trieben ihn heftige Winde um die ganze Erde und stürzten damit den gesamten Planeten in ein verheerendes Zeitalter der Dunkelheit.

Es war, als hätte jemand das Licht gelöscht. Ein tödlicher, kalter Winter legte sich über die Welt. Er herrschte das ganze Jahr, Tag und Nacht, und dauerte vielleicht ein halbes Jahrhundert. Als die Luft schließlich wieder klar wurde, ging es mit den Temperaturen in einem breiten Spektrum von eisiger Kälte bis zu glühender Hitze steil auf und ab. Da die Eruption eine gewaltige Kohlendioxidmenge in die Atmosphäre entlassen hatte, stiegen die Temperaturen. Durch die Aufheizung der Meere kam eine weitere Katastrophe in Gang. Das auf dem Meeresboden gefrorene Methangas wurde zunehmend instabil und brach schließlich durch die Wasseroberfläche. Gewaltige Gasblasen beförderten Milliarden Tonnen Methan in die Luft. Methan ist ein noch stärkeres Treibhausgas als Kohlendioxid. Es trieb die Temperaturen weiter in die Höhe – nach Ansicht der Fachleute so hoch, dass bis zu 96 Prozent aller Lebensformen auf der Erde zugrunde gingen.

Insgesamt dürfte es in der Erdgeschichte fünf solche Phasen des Massenaussterbens gegeben haben. Tatsächlich sind 99 Prozent aller biologischen Arten, die jemals existiert haben, heute verschwunden. Die beiden ersten derartigen Ereignisse (vor 444 und 360 Millionen Jahren) betrafen vorwiegend das Leben im Meer. Das Massenaussterben am Ende des Perm vernichtete zum ersten Mal in großem Umfang auch Landlebewesen und war bis heute die umfangreichste Krise überhaupt. Weitere große Massensterben fanden vor 200 Millionen Jahren statt und dann noch einmal vor 65,5 Millionen Jahren (siehe Seite 75). Nach einer Umfrage, die das American Museum of Natural History 1998 durchführte, sind heute 70 Prozent aller Biologen davon überzeugt, dass die Erde aufgrund der Tätigkeit der Menschen derzeit ein sechstes Massenaussterben erlebt (siehe Seite 490).

In der Natur passen sich Lebewesen an Veränderungen ihrer Umwelt an. Aber bis solche erfolgreichen Anpassungen entstehen, vergehen viele Generationen. Das Massenaussterben am Ende des Perm zog sich über schätzungsweise 80 000 Jahre hin, und nur die widerstandsfähigsten, am besten angepassten Lebewesen überstanden die damit verbundene Dunkelheit und die gewaltigen Temperaturschwankungen. Nur wenn ein glücklicher Zufall sie mit ganz speziellen genetischen Abweichungen ausgestattet hatte, durch die sich ihre Überlebenschancen unter den extremen Bedingungen verbesserten, konnten sie weiterleben. Alle anderen starben aus. Es war für die Erde eine schlimme Zeit: Ihre Lebenserhaltungssysteme litten unter einer ganzen Reihe unkontrollierbarer, chaotischer Ereignisse.

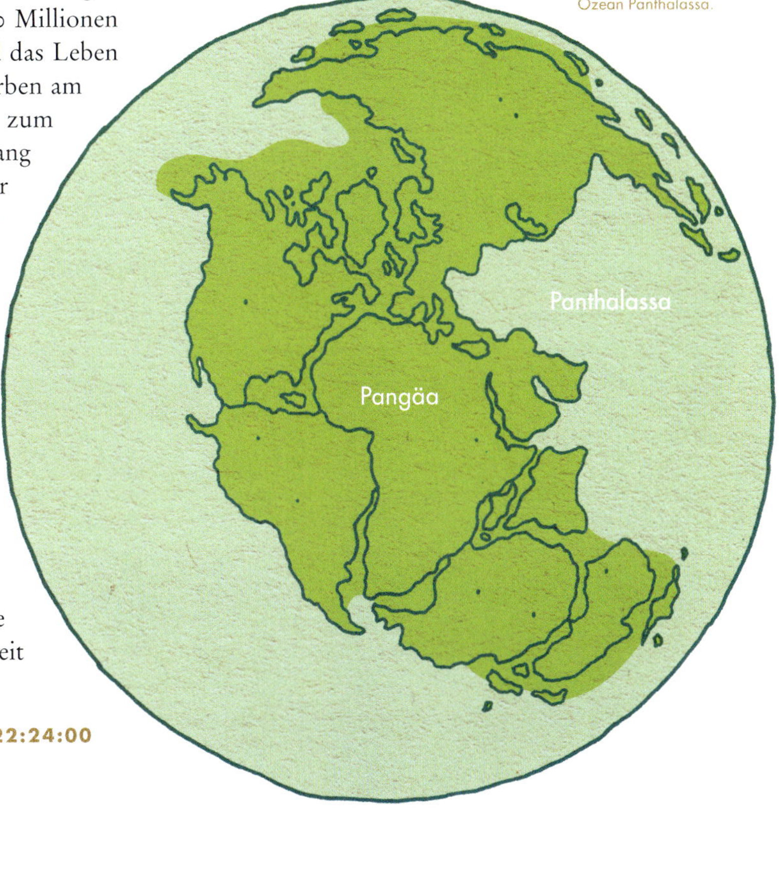

Pangäa: eine Landmasse von Pol zu Pol. Vor etwa 250 Millionen Jahren entstanden durch Kollision der Kontinente eine einzige große Landmasse namens Pangäa und der umgebende Ozean Panthalassa.

KAPITEL 8

DINO-ZEIT

WIE EINE GRUPPE VON ECHSEN DIE HERRSCHAFT AN LAND ÜBERNAHM UND SICH VOM NORD- BIS ZUM SÜDPOL VERBREITETE, BIS DER EINSCHLAG EINES HIMMELSKÖRPERS SIE ALLE AUSLÖSCHTE

Durch das Massenaussterben am Ende des Perm wurden neun von zehn Arten ausgelöscht.[1] Als die Katastrophenjahre vorüber waren, erlebte vor allem die treue Garde der Aufräumer und Wiederverwerter einen großen Aufschwung: die Pilze. Eines zeigt die Erdgeschichte ganz deutlich: Wenn harte Zeiten kommen, ist es am besten, wenn man so klein ist wie Insekten, Bakterien und Pilze. Eine Zeit lang gehörte die Erde ausschließlich ihnen.

Sie ernährten sich von den riesigen Haufen aus abgestorbenem Holz, die überall auf dem heißen, öden, meist leblosen Land herumlagen. Die Spuren im Gestein lassen keinen Zweifel zu: Fast alle Fossilien aus jener Zeit sind Pilze. Auch im Meer war das Leben weitgehend ausgelöscht. Nur ungefähr jede zwanzigste Fisch- und Gliederfüßerart hatte überlebt. Alle anderen waren untergegangen, darunter auch die Trilobiten, die Seeskorpione, viele Korallenarten und die mikroskopisch kleinen Planktonorganismen. Fast ebenso schlimm sah es an Land aus. Dort waren 75 Prozent der Lebensformen verschwunden, unter ihnen die großen Amphibien und auch die riesigen Libellen, wie man sie in Bolsover gefunden hat.

Kaum besser war es den Reptilien ergangen: Selbst das Dimetrodon mit seinem raffinierten Segel war verschwunden. Überhaupt hatte nur eine einzige Art säugetierähnlicher Reptilien überlebt: der Lystrosaurus. Wäre auch diese Art ausgelöscht worden, die Evolution hätte mit ziemlicher Sicherheit nicht zu den Säugetieren und Menschen geführt, unsere Vorfahren wären nicht mehr als eine experimentelle Sackgasse gewesen. Da spielt es auch keine Rolle, dass unser rettendes Reptil nicht gerade mit Schön-

heit gesegnet war: Es sah ungefähr aus wie eine Kreuzung zwischen einem Flusspferd und einem Schwein.

Warum oder wie der Lystrosaurus die schwere Krise am Ende des Perm überlebte, weiß niemand genau, aber die Spezies gedieh über mehrere Millionen Jahre hinweg überall auf dem Superkontinent Pangäa. Ein Zeichen dafür, dass zu jener Zeit vor 230 Millionen Jahren – die Wissenschaftler sprechen vom frühen Trias – auch andere Wirbeltiere lebten, gibt es dagegen kaum. Die Entdeckung von Lystrosaurus-Fossilien in Afrika, Indien, China und der Antarktis lieferte in den 1970er Jahren den überzeugenden Beweis, dass Alfred Wegener mit seiner Theorie der Kontinentalverschiebung recht gehabt hatte. Nur wenn die Kontinente der Erde einst zu einer einzigen riesigen Landmasse verbunden waren, konnten die Überreste dieser vorzeitlichen Tiere, die nicht schwimmen konnten, in allen Teilen der Welt erhalten bleiben (siehe Seite 32).

Im Laufe vieler Generationen entwickelte sich der Lystrosaurus zu dem Thrinaxodon weiter, das noch mehr Merkmale eines Säugetiers aufwies. Dieses Tier war ungefähr so groß wie eine Katze, ernährte sich von Insekten und anderen kleinen Tieren und verfügte offenbar schon über ein primitives Fell. Außerdem war es ein Warmblüter, das heißt, es konnte bei Tag und Nacht beliebig fressen und auf die Jagd gehen. Außerdem dürfte es eines der ersten Lebewesen gewesen sein, das sich um seine Jungen kümmerte.

Dann entwickelte sich aus der öden Wüste des Aussterbens eine ganz neue Generation landlebender Reptilien, die zu den beängstigendsten, machtvollsten Herrschern aller Zeiten heranwachsen sollte: die Dinosaurier. Ihre Ellenbogen wiesen nach hinten und die Knie nach vorn, während ihre Hüftgelenke so konstruiert waren, dass viele von ihnen auf zwei Beinen gehen konnten. Die meisten Dinosaurier waren groß: Ihr Durchschnittsgewicht wird auf 850 Kilogramm geschätzt, heutige Säugetiere dagegen wiegen im Durchschnitt nur 863 Gramm.

Den Namen »Dinosaurier« prägte Richard Owen, der erste Kurator des Londoner National Museum of Natural History, im Jahr 1842. Es kommt von den beiden griechischen Wörtern »deinos« (»schrecklich«) und »sauros« (»Echse«). Über 500 Dinosaurierarten wurden bisher bereits nachgewiesen, vermutlich gab es aber fast 2 000 von ihnen. Manche gingen auf zwei Beinen, andere auf vier. Manche ernährten sich von Pflanzen, manche fraßen Tiere, manche waren Allesfresser. Die ersten Dinosaurier waren nach heutiger Kenntnis die Prosauropoden. Diese Pflanzenfresser konnten bis zu zehn Meter lang werden, hatten einen kleinen Kopf sowie einen ungeheuer langen Hals. Sie gingen in der Regel auf vier Beinen, nur wenn sie von einer Baumkrone naschen wollten, richteten sie sich auch auf die Hinterbeine auf.

Der Erste, der einen Dinosaurierknochen entdeckte, war **Gideon Mantell**, ein Arzt und Amateur-Fossiliensammler, der in Lewes im Osten der britischen Grafschaft Sussex zu Hause war. Nicht weit von seinem Haus befanden sich die Reste eines vorzeitlichen Waldes, der für die Fossiliensammler seinerzeit eine Goldgrube darstellte. Im Jahr 1822 hatte Mantell einige bemerkenswert große Zähne gefunden. Eifrig zeigte er sie den führenden Fachleuten seiner Zeit, aber die waren ausnahmslos der Ansicht, die Funde müssten zu

Das Iguanodon erhielt seinen Namen von Gideon Mantell. Es wurde bis zu zehn Meter lang und trug am Daumen einen langen Stachel, mit dem es Angreifer abwehrte.

einem bereits bekannten Tier gehören, vielleicht zu einem Nashorn.

Mantell war überzeugt, dass sie unrecht hatten. Aus der Größe der Zähne berechnete er, dass das Tier mindestens 18 Meter lang gewesen sein musste – damit hätte es fast die Größe von zwei hintereinander aufgestellten Omnibussen gehabt. Nach jahrelangen Diskussionen setzte sich schließlich die Erkenntnis durch, dass die von Mantell gefundenen Zähne tatsächlich zu einem neuen, bisher unbekannten Tier gehörten. Er gab ihm den Namen **Iguanodon**, weil er vermutete, es müsse wie eine viel größere Version eines heutigen Leguans ausgesehen haben.

Mantells Entdeckung zeigte zum ersten Mal, dass die Erde früher von einer Gruppe riesiger, heute ausgestorbener Ungeheuer beherrscht wurde. Von jeher waren die Mythen und Legenden bevölkert von Drachen und grausigen Bestien. Und ganz plötzlich schienen diese Geschichten nicht mehr nur Fantasien zu sein, sondern einen historischen Hintergrund zu besitzen (Näheres über den Glauben der Europäer an vorzeitliche Ungeheuer auf Seite 362).

Plötzlich war alle Welt wild auf Fossilien – am meisten die Menschen in Amerika. Ein Fossiliensammler namens William Foulke entdeckte 1858 in einem Steinbruch in der Nähe seiner Heimatstadt Haddonfield im Bundesstaat New Jersey das erste nahezu vollständige Dinosaurierskelett. Das Tier wurde nach Foulke und dem Fundort auf den Namen »Hadrosaurus foulki« getauft. Wenig später durchkämmten **Edward Cope** und **Othniel Marsh**, zwei der führenden amerikanischen Paläontologen, das ganze Land auf der Suche nach Dinosaurierfossilien.

Anfangs arbeiteten die beiden zusammen. Sie stellten eine ganze Kompanie von Mitarbeitern ein und ließen den Steinbruch umgraben, in dem Foulke seine Entdeckung gemacht hatte. Dabei stießen sie auf weitere nahezu vollständige Dinosaurierskelette, aber schon bald zerbrach die Freundschaft: Wie sich herausstellte, hatte Marsh heimlich die Männer bestochen, die in dem Steinbruch mit den Grabungen beschäftigt waren, damit sie ihm zuerst von jedem neu entdeckten Fossil berichteten. Zwischen Cope und Marsh brach Streit aus – und nicht nur ein Streit der Worte. Beide Männer waren reich, und beide wandten ihr gesamtes Vermögen auf, um sich gegenseitig mit ihren Dinosaurierfunden auszustechen.

Ungefähr seit 1870 verlagerte sich die Aufmerksamkeit von New Jersey nach Kansas, Nebraska und Colorado. In diesen Bundesstaaten wurde gerade die neue Eisenbahnstrecke gebaut, die quer durch den nordamerikanischen Kontinent führte (siehe Seite 442), und dabei kamen jede Woche neue Fossilien ans Licht. Heerscharen von Arbeitern wurden mit Maultieren, Äxten, Schaufeln und Dynamit ausgerüstet. Man schickte sie tief in die Höhlen, Steinbrüche und Berglandschaften des amerikanischen Westens, wo sie in ihrer versessenen Suche nach Dinosaurier-Überresten das Gestein wegsprengen sollten. Spionage, Diebstahl und Bestechung waren nur ein Teil der Tricks, mit denen beide Seiten arbeiteten. Irgendwann ließ Cope in seiner Wut darüber, dass Marsh seine Fossilien gestohlen hatte, eine ganze Zugladung mit Funden des Konkurrenten in seine eigene Sammlung in Philadelphia umleiten.

Nachdem Cope einen Bericht über einen neuen Dinosaurier veröffentlicht hatte, bei dem der Schädel am falschen Ende des Skeletts platziert war, kaufte er sämtliche Exemplare der fraglichen Zeitschrift auf, um seinen Irrtum zu vertuschen. Marsh tat seinerseits natürlich alles, was in seiner Macht stand, um Copes Fehler trotzdem an die Öffentlichkeit zu bringen. Aber trotz oder vielleicht gerade wegen dieser ungewöhnlichen Rivalität war die Zahl der Dinosaurierfossilien, die man in Nordamerika gefunden hatte, bei Copes Tod im Jahr 1897 auf ungefähr 150 angestiegen. Marsh hatte am Ende seines Lebens 86 neue Arten entdeckt, darunter heute so berühmte Formen wie Triceratops, Diplodocus und Stegosaurus. Cope entdeckte 56 Arten, darunter das erste Dimetrodon (das allerdings, genau genommen, kein Dinosaurier ist). Das alles führte dazu, dass wir heute viel mehr darüber wissen, wie diese gewaltigen früheren Herrscher der Welt aussahen und warum sie so lange erfolgreich bestehen konnten.

Wie das Dimetrodon, das vor dem Massenaussterben am Ende des Perm gelebt hatte, so profitierten auch die Dinosaurier stark davon, dass man zu ihrer Zeit buchstäblich zu Fuß von Pol zu Pol wandern konnte. Da alle Kontinente in der riesigen Landmasse Pangäa vereinigt waren, hatten die größten landlebenden Tiere jener Zeit die einzigartige Chance, sich in ihrer Evolution eine unangreifbare Herrschaft zu sichern. Ozeane und andere natürliche Hindernisse kamen ihnen nicht in die Quere. Da konnte es eigentlich gar nicht ausbleiben, dass ihr Erfolg zu einem Rückgang der Vielfalt anderer Landlebewesen führte.

Die Dinosaurier waren die ersten Tiere, deren Beine sich immer, ob beim Gehen, Laufen, Galoppieren oder Springen, unmittelbar unterhalb des Körpers befanden. Mit dieser verbesserten Standfähigkeit konnten viele von ihnen aufrecht gehen, was die wichtigste biologische Ursache für ihren Erfolg gewesen sein dürfte. Tiere mit einer derartigen Standfestigkeit konnten größer werden, schneller gehen und weiter wandern als alle anderen Lebewesen, und das ermöglichte die Evolution zahlreicher Körperformen und Lebensweisen.

Zu den größten Dinosauriern gehörten die Sauropoden, darunter die Gattung Diplodocus. Diese gewaltigen Tiere gingen auf allen vieren, konnten bis zu 27,50 Meter lang werden und wogen bis zu elf Tonnen. Ihre Überlebensstrategie war einfach: Sie waren so riesig, dass nur die wenigsten Konkurrenten groß oder stark genug waren, um sie zu töten. Entsprechend gut gediehen sie. Im Jahr 1994 fand man im Schlamm eines vorzeitlichen Flussmündungsgebietes in Portugal die 147 Meter lange, versteinerte Spur eines Sauropoden. An den gewaltigen Fußabdrücken konnten die Wissenschaftler erkennen, wie diese Tiere gingen; damit war bestätigt, dass der Körper sich unmittelbar über den Beinen befand und dass sie den langen Schwanz nicht über den Boden schleifen ließen, sondern ihn in die Höhe hoben, was ihnen die Fortbewegung erleichterte.

Andere Arten setzten auf Schnelligkeit. Hypsilophodon hätte einem erwachsenen Menschen nur bis zur Hüfte gereicht, aber er konnte so schnell laufen wie ein heutiger Hirsch. Über zwanzig fossile Skelette solcher Dinosaurier hat man auf der Isle of Wight gefunden, wo sie unabsichtlich in eine Senke mit tödlichem Treibsand geraten waren. Diese zweibeinigen Lebewesen besaßen lange, schmale Füße und kurze Oberschenkelknochen, mit denen sie sich schnell vorwärts und rückwärts bewegen konnten; mit ihren Zähnen, die sich selbst schärften, fraßen sie Pflanzen. Überleben konnten sie nur, weil sie vor jeder Gefahr schnell davonlaufen konnten.

Andere Dinosaurier, beispielsweise der von Mantell entdeckte Iguanodon, konnten auf zwei oder vier Beinen gehen. Dieses Tier entkam Gefahren nicht durch Schnelligkeit, sondern mithilfe seines Daumens, der zu einem entsetzlichen, spitzen Dolch umgestaltet war und der Verteidigung diente. Wenn es Angreifer abwehrte, stand es in der Regel aufrecht auf den Hinterbeinen.

Das stärkste Tier jedoch, das jemals auf Erden wandelte, war der **Tyrannosaurus Rex** oder kurz T. Rex. Er gehörte zur Familie der Theropoden, die sich im Westen des heutigen Nordamerika entwickelt hatte.

T. Rex ging auf zwei Beinen und besaß einen gewaltigen Schädel, zu dem ein langer, schwerer Schwanz das Gegengewicht bildete. Seine Hände hatten nur zwei Finger, und die Vordergliedmaßen waren im Vergleich zu den gewaltigen Hinterbeinen und dem Schwanz recht kurz. Mit zwölf Metern Länge und dem

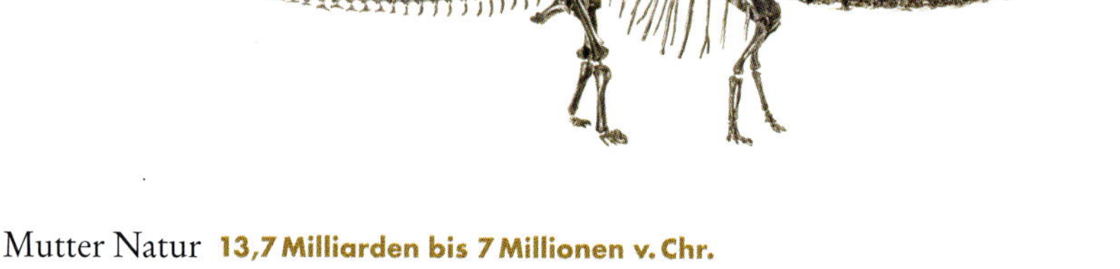

Die Nachbildung eines 26 Meter langen Skeletts von Diplodocus im Natural History Museum in London. Diese Sauropoden waren so groß, dass kaum ein Raubtier sie angreifen konnte.

Gestatten: Sue. Sie ist der einzige Überrest eines T. Rex, der 1990 in South Dakota gefunden wurde.

Gewicht eines heutigen Elefanten war er ein großer Dinosaurier. Auf seinem Speisezettel standen entweder Kadaver oder lebende Beutetiere, möglicherweise auch beides.

Nach Ansicht mancher Fachleute konnte T. Rex trotz seiner Größe schnell laufen – möglicherweise erreichte er bis zu 50 Stundenkilometern. Andere sind überzeugt, er sei schwerfälliger gewesen und habe maximal nur 15 Stundenkilometer erreicht. Wie stark seine Muskeln tatsächlich waren, weiß niemand genau: Das Einzige, was wir besitzen, sind rekonstruierte Skelette, zusammengesetzt aus mehr als dreißig Exemplaren, die im Gestein rund um die Welt gefunden wurden. Aber mit seinem Kiefer, der achtmal so stark war wie der eines Löwen, konnte T. Rex die Knochen seiner Beutetiere buchstäblich pulverisieren und das nahrhafte Knochenmark verzehren. Die Zähne ähnelten denen eines Hais und wurden im Laufe eines Lebens ständig ersetzt.

Das bisher einzige, nahezu vollständige Skelett von T. Rex entdeckte Sue Hendrickson, eine Amateur-Fossiliensammlerin, am 12. August 1990 an einem Ort namens Hell Creek Formation im US-Bundesstaat South Dakota. Dieses Skelett, das zu Ehren seiner Entdeckerin auf den Namen »Sue« getauft wurde, ist ungefähr vier Meter hoch und 13 Meter lang. Solche Fossilien zu finden ist ein schwieriges Geschäft. Nach einem langwierigen juristischen Streit um die Eigentumsverhältnisse wurde Sue schließlich zum Eigentum des Landbesitzers Maurice Williams erklärt. Am Ende verkaufte er sie bei einer Auktion für 7,6 Millionen Dollar.

In ihrer Mehrzahl waren die Dinosaurier friedliche Pflanzenfresser, die auf der Erde erstmals ausgeprägte soziale Gemeinschaften bildeten. Überall gab es Herden, Rudel und Familien von Dinosauriern. Vielfach hat man Fossilien von Dinosauriergruppen gefunden, die gemeinsam gestorben waren wie die Exemplare, die in dem Treibsand vor der englischen Isle of Wight versanken. In der kanadischen Provinz Alberta entdeckte man ein Massengrab mit mindestens 300 Pflanzen fressenden Dinosauriern aller Größen und Altersgruppen. Dieses Rudel kam in einer Flutwelle um, als es gerade einen tiefen Fluss überqueren wollte. Eine noch größere Herde, etwa 10 000 Dinosaurier, entdeckte man im US-Bundesstaat Montana. Dort wurden sie von vulkanischen Gasen vergiftet und unter Asche begraben. Ihre fossilen Knochen verteilen sich in einer geraden Linie über mehr als eineinhalb Kilometer.

Viele dieser Tiere waren **Hadrosaurier**. Sie trugen oben auf dem Kopf einen seltsam aussehenden Knochenkamm, der bei den einzelnen Arten ein wenig unterschiedlich geformt war und nach Ansicht vieler Fachleute der leichteren Erkennung diente. Vieles deutet auch darauf hin, dass sie mit diesen Kämmen Geräusche erzeugen konnten. Wenn die Tiere Luft durch die langen, hohlen Röhren bliesen, entstanden tiefe, brüllende Töne. Eine solche primitive Kommunikation war sicher sehr nützlich, wenn ein Mitglied der Herde einen Feind ausgemacht hatte und die anderen warnen wollte.

Eine Umwälzung erlebten unsere Kenntnisse über das Zusammenleben der Dinosaurier durch die Arbeiten des Fossilienexperten Jack Horner. Er machte Mitte der 1970er Jahre eine außergewöhnliche Entdeckung. Als Horner und seine Mitarbeiter in Montana nach Fossilien suchten, stießen sie auf den ersten Dinosaurier-Nistplatz, der in Amerika entdeckt wurde. Dort fanden sie mehrere Dinosauriereier und die fossilen Überreste von Dinosaurierembryonen. Ihre Funde tauften sie auf den Namen Maiasaura, was so viel wie »Gute Mutterechse« bedeutet. Die Maiasaura kehrten jedes Jahr an den gleichen Nistplatz zurück und setzten ihre alten Nester wieder instand. Diese Dinosaurier lebten in Kolonien und kümmerten sich um die Jungen der Herde, bis sie so alt waren, dass sie selbst eine Familie gründen konnten. Hier liegen ohne jeden Zweifel die Ursprünge der Familie. Bis heute hat man auf der ganzen Welt mehr als 200 Dinosaurier-Nistplätze gefunden. Das Spektrum der Eiergröße reicht von kleinen Kieselsteinen bis zu Fußbällen.

Zur gleichen Zeit lebten auch andere Tiere, die Dinosauriern ähnelten. Ihre Zahl ist so groß, dass man sie nicht alle nennen kann. Insbesondere beherrschten die Pterosaurier, gewaltige Flugreptilien, den Himmel der Vorzeit. Einer von ihnen hält den Weltrekord für die größte Flügelspannweite der Lebewesen aller Zeiten. Mit nahezu 20 Metern waren seine Flügel so groß wie die Tragflächen eines Spitfire-Jagdflugzeugs aus dem Zweiten Weltkrieg.

Andere Reptilien kehrten ins Meer zurück und suchten im Wasser nach besseren Lebensbedingungen. Welches Reptil sich als Erstes entschloss, das Land zu verlassen, wissen wir nicht, aber vor rund 290 Millionen Jahren, unmittelbar bevor die ersten Dinosaurier erschienen, waren die Meere von Ichthyosauriern bevölkert. Diese Tiere mussten zum Atmen an die Oberfläche kommen, tauchten dann aber tief hinab und suchten dort ihre Nahrung. Sie waren nach heutiger Kenntnis die ersten Lebewesen, die ihre Jungen wie die Säugetiere unserer Zeit

aus dem Körperinneren zur Welt brachten und deshalb als »Lebendgebärende« bezeichnet werden. Man hat Fossilien gefunden, bei denen sich der heranwachsende Embryo noch im Körper der Mutter befand. Die Beine, die sich zuvor so entwickelt hatten, dass sie mit den Herausforderungen des Landlebens fertig wurden, verwandelten sich nun wieder in Flossen und Paddel, die sich ideal zum schnellen Schwimmen und zum Tieftauchen eigneten. Genauso machten es viele Jahrmillionen später auch die Delfine und Wale: Sie gaben ebenfalls das Leben an Land auf und passten sich wieder an die Umwelt im Meer an (siehe Seite 96). Evolution ist kein geradliniger Prozess.

Welches Schicksal ereilte die Dinosaurier? Mehr als 160 Millionen Jahre lang hatten sie das Leben an Land beherrscht, aber die Versteinerungen sprechen eine klare Sprache: Vor 65,5 Millionen Jahren kam es wiederum zu einem **Massenaussterben**, und aus späteren Zeiten kennt man keinerlei Dinosaurierfossilien mehr. Die Dinosaurier waren nicht die einzigen Tiere, die ausgelöscht wurden. Auch die letzten Pterosaurier (Flugreptilien) verschwanden, ebenso alle Meeresreptilien mit Ausnahme der Schildkröten, die aus irgendeinem Grund überlebten. Das Ende kam auch für die Ammoniten, jene bizarren, spiralförmigen Tiere, die mit den heutigen Tintenfischen verwandt sind (siehe Seite 46). Viele weitere Arten von Säugetieren, Bäumen und anderen Pflanzen waren ebenso betroffen, die Amphibien und Knochenfische dagegen kamen offenbar glimpflich davon.

Wenn es darum ging, diese Krise zu überleben, waren kleine Tiere offenbar im Vorteil; dagegen gerieten alle Arten, die mehr als ungefähr einen Meter lang waren, in große Schwierigkeiten. Aber warum überlebten dann die Krokodile, während die echsenförmigen Dinosaurier verschwanden? Warum lebten die Knochenfische weiter, während die Ammoniten ausstarben? Nach Ansicht der Fachleute verschwanden zu jener

Fliegende Reptilien, die Pterosaurier, beherrschten in der Zeit vor 228 bis 65,5 Millionen Jahren die Lüfte. Danach starben sie zusammen mit den Dinosauriern aus.

Zeit zwischen 50 und 80 Prozent aller Pflanzen- und Tierarten.

Die Phase vor 65,5 Millionen Jahren kennzeichnet den Übergang von der Kreidezeit zum Tertiär. Für die Dinosaurier waren schon seit längerem **harte Zeiten** angebrochen. Durch den zunehmenden Kohlendioxidgehalt der Atmosphäre hatte sich das Klima erwärmt, und da der große Superkontinent Pangäa mittlerweile zerbrochen war, veränderte sich die Niederschlagsverteilung. Die traditionellen Nistgebiete der Pflanzen fressenden Dinosaurier wurden getrennt, und ein neuer Ozean, der Atlantik, tat sich zwischen den großen Kontinenten auf: Auf der einen Seite lagen Europa und Asien, auf der anderen Amerika, Australien und die Antarktis. Während sich diese Kontinente weiterbewegten, schufen Sümpfe und Flüsse neue Schranken in den einstmals riesigen Aktionsräumen der Dinosaurier.

Nach der Trennung der Kontinente mussten große Dinosaurierherden in Konkurrenz um immer kleinere Landstücke treten. Als die Bestände der Pflanzen fressenden Dinosaurier schrumpften, hatten auch die Fleischfresser immer weniger Nahrung, was für die gesamte Dinosaurierpopulation gefährlich wurde.[1] Aber dann verschwanden die Dinosaurier plötzlich ganz und gar. Was auch geschehen war, es geschah so schnell, dass die Natur damit nicht fertig wurde. Die Zeit reichte nicht, um sich über mehrere Generationen hinweg an die veränderten Bedingungen anzupassen.

Das Leben auf der Erde existiert in einer dünnen, empfindlichen Luftschicht, die einen Klumpen aus hartem, leblosem Gestein einhüllt. Dieses Bild bot sich dem zehn Kilometer großen **Asteroiden**, der sich vor 65,5 Millionen Jahren mit einer Geschwindigkeit von mehr als 110 000 Stundenkilometern der Erde näherte. Hätte es auf diesem Asteroiden einen Beobachter gegeben, er hätte in der Ferne einen hellen, blaugrünen Fleck gesehen, der von Minute zu Minute größer wurde. Als der dunkle Brocken aus tödlichem Gestein und Eis schließlich der Erde entgegenstürzte, sah der Planet aus wie ein hell leuchtender Edelstein vor dem leeren, schwarzen Hintergrund des Weltraums.

Auf seiner tödlichen Reise wurde der Asteroid von einem launischen Schicksal gesteuert, und das Ende der Reise war so katastrophal wie spektakulär. Die Erde ist es durchaus gewohnt, dass sie gelegentlich von Trümmern aus dem Weltraum getroffen wird. Asteroiden, Meteoriten, Kometen – sie alle stürzen in regelmäßigen Abständen vom Himmel. In der Regel verdampfen sie auf ihrem Weg durch die Atmosphäre – wenn sie auf die dichte, schwere Luft treffen, lösen sie sich buchstäblich in Rauch auf.

Aber dieser hier war einfach zu groß. Er schlug bis zur Erdoberfläche durch und zerplatzte möglicherweise in mehrere Stücke. Das größte Stück schlug vor der Küste der heutigen Halbinsel Yucatán in Mexiko ein und riss dort einen Krater von mehr als 150 Kilometern Durchmesser. In Sekundenschnelle war in einem Umkreis von 1 000 Kilometern alles zerstört. Der Aufprall erzeugte die gleiche Energie wie Tausende Atombomben gleichzeitig: Alles und jedes verdampfte, und übrig blieb nur eine Wolke aus tödlichen, glühend heißen, giftigen Gasen.

Nachdem im unmittelbaren Umkreis des Einschlags alles sofort verdampft war, erlebte die übrige Welt einen Schock. Riesige, mehrere hundert

Der große Einschlag: So stellt sich ein Künstler die Annäherung des tödlichen Meteoriten vor, der vor 65,5 Millionen Jahren das Massenaussterben verursachte. Damals verschwanden 50 bis 80 Prozent aller biologischen Arten, unter ihnen auch die Dinosaurier.

Meter hohe Flutwellen rollten über die Ozeane. Allein diese Tsunamis müssen an Land und im Meer ungeheure Zerstörungen angerichtet haben. Wochen vergingen, bevor die Ozeane sich allmählich wieder beruhigten. Noch schlimmer war, dass das Gestein unmittelbar unter der Einschlagstelle große Mengen von Schwefel enthielt, eine äußerst giftige Substanz. Durch den Einschlag verbreitete sich giftiger Schwefelstaub um die ganze Erde und verschlimmerte so für alle Lebewesen, die auf die Luft angewiesen waren, die Katastrophe.

Durch den Lärm und den Anblick des Einschlags wurden unzählige Lebewesen taub und blind. Viele von denen, die nicht bei der eigentlichen Explosion ums Leben kamen, ertranken in den Flutwellen. Bis zu einem Jahr lang war die Erde von dichten, ätzenden Wolken eingehüllt, sodass kein Sonnenlicht mehr den Boden erreichte. Eine dichte, schwarze Wolkendecke hing am Himmel, und die Temperatur der Ozeane stieg. In manchen Regionen der Erde kam weiteres Elend hinzu. Im heutigen Indien brach eine Reihe ungeheurer Vulkane aus. Vielleicht war der Asteroid in den letzten schicksalhaften Augenblicken in mehrere große Stücke zerbrochen – das würde den Zusammenhang zwischen diesen Ereignissen erklären.[2] Die verheerenden Vulkanausbrüche ließen eine Sturzflut aus glühend heißer Lava über mehr als zweieinhalb Millionen Quadratkilometern niedergehen, was eine ganze Reihe gewaltiger Brände auslöste und in der Nähe des heutigen Bombay die Hochebene von Deccan entstehen ließ, eine völlig neue, riesige Landfläche.

Gift in Wasser und Luft, extreme Hitze, Staubwolken und völlige Dunkelheit sorgten dafür, dass Pflanzen nicht mehr wachsen und Blumen nicht mehr blühen konnten. Das war der Grund, warum auch außerhalb der unmittelbaren Einschlagzone so viele Lebewesen ausstarben. Es war, als hätte jemand nach den Zeigern unserer 24-Stunden-Uhr gegriffen und sie von 23.40 Uhr auf ungefähr 22 Uhr zurückgestellt: Die Welt des Lebendigen sah jetzt wieder ähnlich aus wie 300 Millionen Jahre zuvor, zu Beginn der Karbonzeit.

Nach dem Massenaussterben am Ende des Perm vor 252 Millionen Jahren hatten Pilze für kurze Zeit die Vorherrschaft auf der Erde übernommen. Diese Aufgabe übernahmen dieses Mal die Farne: Ihre Sporen waren so leicht und widerstandsfähig, dass sie sich als erste Lebewesen wieder auf den öden Landschaften der Erde verbreiten konnten. Da sie ausschließlich auf den Wind angewiesen waren, konnten sie an jeden Ort gelangen, der ihnen das Wachstum ermöglichte; ganz gleich, wie viele Lebewesen vorher dort gestorben waren, sie senkten ihre Wurzeln auch in unwirtlichen, harten, schwarz versengten Untergrund.

Es ist noch nicht lange her, dass man die Einzelteile dieser Geschichte zusammengesetzt hat. Bis Ende der 1970er Jahre bestand unter Fachleuten keine Einigkeit darüber, was den Dinosauriern widerfahren war. Jeder hatte seine Lieblingstheorie. Vulkane? Krankheiten? Irgendjemand äußerte sogar die Vermutung, es könnte eine Supernova explodiert sein und unserem Planeten den tödlichen Schlag versetzt haben. Gelöst wurde das Rätsel erst, als man Methoden entwickelte, um winzige Spuren sehr seltener Substanzen im Gestein zu analysieren.

In den 1970er Jahren untersuchte der amerikanische Geologe **Walter Alvarez** das Gestein im italienischen Vulkangürtel. Er wollte herausfinden, wie sich die Vulkane auf die Siedlungen im alten Rom ausgewirkt hatten. Zu diesem Zweck suchte er nach Anzeichen für veränderte magnetische Eigenschaften, die Hinweise auf das absolute Alter des Gesteins liefern sollten. Seine Forschungsarbeiten führten ihn unter anderem in die Kleinstadt Gubbio in Mittelitalien, die sich rühmen kann, das zweitgrößte noch erhaltene römische Amphitheater der Welt zu besitzen. Wenn man die Stadt in nördlicher Richtung verlässt, ist die gewundene Straße von Kalksteinfelsen gesäumt. Dieses Gestein gehörte in der Kreidezeit zu einem Meeresboden und wurde erst Millionen Jahre später als Gebirge emporgehoben, als sich die afrikanische Platte langsam, aber unerbittlich nach Norden gegen die mediterrane Platte schob (siehe Seite 208). Fährt man weiter die Straße entlang, wird das Gestein allmählich immer jünger, sodass Fachleute daran die Geschichte der späten Kreidezeit und der anschließenden Katastrophe ablesen können.

Ungefähr einen Kilometer von Gubbio entfernt nimmt das Gestein eine leichte Rosafärbung an. Diese Stelle ist unter dem Namen Scaglia-Rossa-Formation bekannt; sie entspricht genau der Zeit vor 65,5 Millionen Jahren, als auch die letzten Dinosaurierfossilien verschwanden.[3] Für Fossiliensammler ist diese Felsformation eine Fundgrube. Unzählige Ammoniten vermischen sich mit Millionen mikroskopisch kleiner

Planktonorganismen oder Strahlentierchen, winzigen Meeresbewohnern. Dem Experten liefern sie klare Indizien für das Alter des fraglichen Gesteins. An der 65,5 Millionen Jahre alten Grenze lässt sich eine unverkennbare, tief greifende Veränderung beobachten. Ihr Kennzeichen ist eine dünne, ungefähr einen Zentimeter dicke Tonschicht. Darüber findet man so gut wie keine Spuren von Lebewesen. Sucht man aber ein paar Meter höher, tauchen wieder die Knochen von Meeresbewohnern auf, ein Hinweis auf die Rückkehr zu einer gewissen Normalität.

Alvarez suchte in dem Gestein nach Spuren des sehr seltenen Metalls Iridium. Als er in sein Labor zurückgekehrt war, stellte er fest, dass die Iridiumkonzentration in der Tonschicht ungefähr hundertmal höher war als im umgebenden Gestein. Nun bat er seinen Vater, einen Physik-Nobelpreisträger, um Hilfe. Iridium kommt auf der Erde nur sehr selten vor, ist aber in Meteoriten weit verbreitet. Bei der Substanz, die Alvarez in Italien in der Tonschicht gefunden hatte, handelte es sich um einen anderen Iridiumtyp als den, der auf der Erde anzutreffen ist. Damit war klar, dass dieses Iridium mit irgendeinem Objekt aus dem Weltraum gekommen war.

Im Jahr 1980 veröffentlichten Vater und Sohn Alvarez ihre Befunde in einem Fachartikel. Seither hat man auch in mehreren anderen Regionen der Erde ganz ähnliche dünne Tonschichten gefunden, und auch sie enthalten den gleichen Iridiumtyp in hoher Konzentration – ein unverkennbares Anzeichen für den Einschlag eines Himmelskörpers. Über die Frage, ob man nicht auch einen Krater oder ein ähnliches physikalisches Überbleibsel eines Einschlags finden müsste, machte sich Alvarez' Arbeitsgruppe keine allzu großen Sorgen. Man kann sich durchaus vorstellen, dass solche Spuren längst verschwunden sind, weil sie durch die ständigen Bewegungen der tektonischen Platten untergepflügt wurden.

Aber 1990 hatte der junge amerikanische Wissenschaftler Alan Hildebrand Glück: Als er im Osten Mexikos verschiedene Gesteinsformationen untersuchte, stieß er auf die gleiche Tonschicht, die Alvarez auch in Italien gefunden hatte, nur war sie dieses Mal mit kleinen, glasähnlichen Brocken durchsetzt. Die Substanz, geschockter Quarz genannt, bildet sich nur bei sehr hohen Temperaturen und unter hohem Druck. Man hat sie unter anderem nach Atombombentests und in den Einschlagkratern von Meteoriten gefunden. Auf natürlichem Wege bildet sie sich auf der Erde nicht. Nachdem Hildebrand seinen Professor um Rat gefragt hatte, gelangte er zu der Erkenntnis, dass sich die Stelle des Meteoriteneinschlags im Umkreis von rund 1 000 Kilometern um seinen Fundort befinden musste. Mit den neuen Methoden der Satellitenfotografie können wir heute den Chicxulub-Krater, der einen Durchmesser von etwa 150 Kilometern hat, in aller Pracht bewundern.

Heute sind sich die meisten Fachleute einig, dass ein oder mehrere Meteoriteneinschläge die Ursache für das plötzliche, endgültige Verschwinden der Dinosaurier waren. Die Vulkanausbrüche, die zur Entstehung der Hochebene von Deccan führten, bedeuteten nur noch eine Verstärkung der Katastrophe. Ob sie ebenfalls durch den Einschlag ausgelöst wurden, kann niemand genau sagen.

KAPITEL 9

BLUMEN, VÖGEL UND BIENEN

WIE DIE ERSTEN BLUMEN DER ERDE BLÜHTEN, FEDERN DAS FLIEGEN ERMÖGLICHTEN UND NEUE ARTEN VON INSEKTEN DIE ERSTEN ZIVILISATIONEN IM TIERREICH AUFBAUTEN

Im Jahr 1879 schrieb Charles Darwin in einem Brief an seinen Freund, den Botaniker Joseph Hooker, er könne nicht verstehen, warum in den Fossilfunden so plötzlich Blütenpflanzen auftauchten. Woher um alles in der Welt kamen sie auf einmal? »Die schnelle Entwicklung der vielen höheren Pflanzen in jüngerer geologischer Zeit ist ein beträchtliches Rätsel … Es wäre mir lieb, wenn dieses ganze Problem gelöst würde.«

Eine plausible Erklärung hat bis heute niemand geliefert. Während die ursprünglichen Zutaten des Lebens nach manchen Theorien mit einem Meteoriten aus dem Weltraum auf die Erde gekommen sein sollen, kann dies auf die Blumen ganz eindeutig nicht zutreffen. Dennoch entstanden vor rund 130 Millionen Jahren ganz plötzlich die ersten Fossilien von Blüten. Es war der Beginn der Kreidezeit, die vor 145 Millionen Jahren begann und vor 65 Millionen Jahren endete. Die Dinosaurier erlebten ihre Blütezeit, und Pangäa, der große Superkontinent, teilte sich gerade in zwei Landmassen namens Laurasia (im Norden) und Gondwana (im Süden). Zwischen beiden lag Thetys, ein riesiger Ozean.

Nach Ansicht mancher Experten entstanden die ersten Blüten schon viele Millionen Jahre vorher, vielleicht sogar schon vor 250 Millionen Jahren,[1] aber solch alte Fossilien hat man nie gefunden. Andere sind der Ansicht, dass damals mehrere Evolutionsphasen sehr schnell aufeinander folgten, was ebenfalls eine Erklärung für das plötzliche Auftauchen der Blüten im Gestein wäre.[2]

Blütenpflanzen und Bäume hatten auf das gesamte Leben auf der Erde tief greifende Auswirkungen. Ohne sie würde die Welt heute ganz anders ausse-

hen. Über 75 Prozent aller Lebensmittel, die wir Menschen verzehren, stammen (direkt oder indirekt) von Bäumen und anderen Pflanzen, die Blüten tragen. Jetzt war die Erde nicht mehr ausschließlich von endlosen braunen, grünen und blauen Flächen beherrscht. Zum ersten Mal gab es auch rote, gelbe, orange, lila und rosa Farbtupfer.

Blüten sind für Pflanzen ein sehr wirksames Mittel, um sich zu vermehren und über die ganze Welt zu verbreiten. Ihre Entstehung war mit Sicherheit ein Höhepunkt der Evolution, denn die Konstruktionen, durch die sie die Befruchtung und die Verbreitung der Samen erleichterten, gehören zu den aufsehenerregendsten Entwicklungen aller Zeiten.

Die Pflanzen bedienten sich dabei einer altbewährten Strategie, die auch die älteren Bäume bereits kannten: Sie gaben sich alle Mühe, Freunde zu finden. Mit **Flower Power** konnten Bäume und andere Pflanzen ganze Heerscharen von Lebewesen dazu bewegen, ihnen bei ihrer Ausbreitung bis in die letzten Winkel der Erde zu helfen. Vermutlich war es kein Zufall, dass Fluginsekten wie Bienen, Motten und Schmetterlinge zum ersten Mal parallel zu den ersten Blüten auf der Bildfläche erschienen.

Die Frage, ob das Huhn oder das Ei zuerst da war, ließ sich relativ einfach beantworten. Wenn es aber um die Blüten oder Hummeln geht, wird die Sache schon viel schwieriger. Besonders naheliegend ist die Vermutung, dass sie sich gemeinsam entwickelten – ein Vorgang, den man als **Koevolution** bezeichnet. Die Blüten brauchten die Bienen ebenso, wie die Bienen die Blüten brauchten. Beide entwickelten Methoden, mit denen sie dem jeweils anderen beim Überleben helfen konnten, denn beide hatten durch die Kooperation etwas zu gewinnen: Pflanzen lieferten Nahrung, Insekten waren ein Transportmittel. Durch **bestäubende Insekten** wie Käfer oder Bienen konnten sich die Gene männlicher und weiblicher Blüten mischen, sodass Samen mit ganz neuer, eigener genetischer Information entstanden. Deshalb entwickelte sich bei den Blüten ein breites Spektrum von Lockmitteln, mit denen sie die Tiere dazu veranlassten, sich auf ihnen niederzulassen und anschließend Pollen oder Samen an andere Orte zu tragen.

Ein Tauschhandel der Evolution: Blüten ernähren die Bienen, und die transportieren deren Pollen, womit sie die Gene der Pflanzen weiter verbreiten.

Eine **Frucht** ist der weibliche Teil einer Blüte, die Samenanlage. Wenn sie befruchtet ist, verändert sich ihre Form so, dass die Verbreitung der Samen begünstigt wird. Manche Samen werden vom Wind weitergetragen, andere vom Wasser oder von Tieren, an deren Fell sie hängen bleiben. Der flaumige weiße Fallschirm eines Löwenzahnsamens ist also eine Frucht, ebenso die Eichel einer Eiche oder die stachelige Klette. Die raffinierteste Beförderungsmethode besteht darin, die Samen in einer fertigen Mahlzeit zu verstecken. Ein vorüberkommendes Tier schluckt den Leckerbissen, verdaut ihn einen oder zwei Tage lang und legt die unverdaulichen Samen dann mit seinen Exkrementen an einem anderen Ort wieder ab; dort ermöglicht ihnen dann der Dung ihres Transporteurs einen zusätzlichen Wachstumsschub. Samen sind widerstandsfähige Gebilde. Sie überleben auch die unwirtlichen Verhältnisse im Magen eines Tieres.

Nicht alle Früchte legen es darauf an, gefressen zu werden. Bei manchen

Bäumen, beispielsweise bei den Kokospalmen, haben sich andere Strategien entwickelt: Ihre großen Samen können über Tausende von Kilometern hinweg von Küste zu Küste schwimmen. Dann gibt es den eigenartigen Sandbüchsenbaum, dessen Früchte wie ein Feuerwerk explodieren und die Samen bis zu 100 Meter weit wegschleudern. Baumwollfrüchte produzieren Fasern, mit denen sie an der Haut von Tieren kleben bleiben. Nüsse sind essbare Samen, die so konstruiert sind, dass Tiere sie wegtragen und für den Winter sammeln. Fast immer werden einige von ihnen nicht gefressen, und dann können sie an einem neuen Ort zu neuen Pflanzen heranwachsen.

Vor den Früchten gab es den Wind, die traditionelle Methode der Natur, Pollen, Samen und Sporen zu verbreiten. Er ist auch heute noch bei vielen Blütenpflanzen beliebt, insbesondere bei Gräsern wie Weizen und Gerste. Löwenzahnsamen tragen einen winzigen Fallschirm, der den Wind auffängt, und auch die hubschrauberähnlichen Flügel der Sycamore funktionieren vergleichbar gut. Wenn Blüten den Wind zur Bestäubung und zur Verbreitung der Samen nutzen, brauchen sie keine Insekten oder andere Tiere anzulocken, und deshalb treiben sie keinen Aufwand mit großen, aufsehenerregenden Blütenblättern. Sie sparen Energie, indem sie klein und unauffällig bleiben.

In der Kreidezeit entwickelte sich eine wichtige neue Pflanzengruppe: die **einkeimblättrigen Pflanzen** oder Monokotyledonen. Im Gegensatz zu den meisten anderen Pflanzen, die man als zweikeimblättrige Arten oder Dikotyledonen bezeichnet, kamen die Monokotyledonen auf eine raffinierte Idee. Neues Wachstum findet bei ihnen nicht an den Blattspitzen statt: Während die jüngsten, hellgrünen Sprossspitzen beispielsweise bei Nadelbäumen immer an den Enden der Zweige heranwachsen, entwickeln sich die Blätter bei einkeimblättrigen Pflanzen stets aus einer zentralen, oftmals im Boden versteckten Knospe. Die neue Konstruktion war sofort ein Erfolg: Wenn die Blätter einer Pflanze von einem vorüberkommenden Dinosaurier abgeknabbert wurden, gingen ihre jüngsten Teile nicht verloren, denn die befanden sich noch tief am Boden in Sicherheit. **Gräser** sind einkeimblättrige Pflanzen, und sie nutzen dieses Prinzip, um sich schnell wieder zu erholen, nachdem sie von Tieren abgeweidet wurden. Viele Gräser lassen sich sogar ausgesprochen gern fressen. Ihre Sprossen werden dadurch kräftiger, aber die Wachstumsfähigkeit wird nicht beeinträchtigt, denn der Ort des Wachstums (die sogenannte Apikalknospe) befindet sich immer unter der Erde und damit weit weg vom Ort der Verletzung.

Es war eine so gelungene Konstruktion, dass Graslandschaften schon bald einen ebenso großen Teil der Erdoberfläche einnahmen wie alle Baum- und sonstigen Pflanzenarten zusammen. Und das war noch nicht alles: Am Ende der Kreidezeit hatte die Evolution auch einen völlig neuen Typ von Bäumen hervorgebracht. Im Gegensatz zu den altertümlichen Cycadeen und Nadelbäumen wuchsen die einkeimblättrigen **Palmen** aus einer Knospe heran, die sich an der Spitze eines dicken, mit Schuppen besetzten Stammes befand. Heute gibt es mehr als 2600 verschiedene Palmenarten. Die ältesten Fossilien von Palmen – sie gehören zur Nipa-Palme – sind rund 112 Millionen Jahre alt.[3] Sie sind etwas ganz Besonderes, denn ihre Stämme und Wurzeln sind in Sümpfen oder im weichen Boden von Flussufern versunken und ihr Verbreitungsweg war wahrhaft ungewöhnlich: Diese Bäume können schwimmen. Sie verbinden sich mit ihren Wurzeln, lassen sich dann von Gezeiten und Wellen losreißen und verwandeln sich in schwimmende Inseln, die auch Fracht in Form kleiner Tiergruppen mitnehmen können; diese nutzen sie dann als Floß, um weite Strecken zu überwinden.

In unserer Zeit hat man gewaltige Forschungsanstrengungen in die Untersuchung der Fossilien und der genetischen Herkunft heutiger Pflanzen gesteckt, aber immer noch fehlen viele Teile in dem Puzzle, das schon Darwin als »beträchtliches Rätsel« bezeichnete.

Ein weiteres Rätsel lautet: Woher stammen die **Vögel**? Im Jahr 1861 glaubte der deutsche Fossiliensammler Hermann von Meyer, er habe die Antwort gefunden, und verkündete die Entdeckung des ersten Vogels aller Zeiten. Seinem Fund gab er den Namen **Archaeopteryx**. Er hatte ungefähr die Größe einer heutigen Elster und sah eindeutig wie ein Vogel aus. Die **Federn** waren genauso angeordnet wie bei seinen heutigen Verwandten und ermöglichten mit ihrer aerodynamischen Konstruktion das Fliegen. Wie die Vögel besaß er auch Klauen an den Beinen, und er hatte den typischen »Ziehknochen«.

Von Meyers Fossil war rund 140 Millionen Jahre alt und stammte demnach ungefähr aus der Zeit, als auch die ersten Blüten auftauchten. Seither hat man in der Gegend von Solnhofen in Bayern zehn weitere Exemplare des Archaeopteryx gefunden. Von welchen Vorfahren stammten diese Tiere ab, und wie lernten sie das Fliegen? Es war ein so schwieriges Rätsel, dass man die Vögel in eine eigene Gruppe einordnete: Sie waren keine Reptilien wie die Dinosaurier und keine Säugetiere wie der Mensch. Sie waren – nun ja – Vögel.

Vor ungefähr dreißig Jahren zeichnete sich dann eine Lösung für das Rätsel ab. Der amerikanische Paläontologieprofessor John Ostrom war Leiter der eindrucksvollen Fossiliensammlung, die von dem amerikanischen Sammler Othniel Marsh (siehe Seite 70) begründet worden war und sich heute am Peabody Museum of Natural History in Cambridge (Massachusetts) befindet. Nach Ostroms Überzeugung ähnelten die Dinosaurier den Vögeln stärker als den

Zweikeimblättrige Pflanzen (oben) wachsen an der Spitze und haben verzweigte Blattadern. Die Blattadern der einkeimblättrigen Pflanzen (unten) sind unverzweigt; ihre Blätter entspringen einer Wachstumsknospe, die sich vielfach unter der Erde befindet, sodass junge Pflanzenteile nicht von weidenden Tieren gefressen werden.

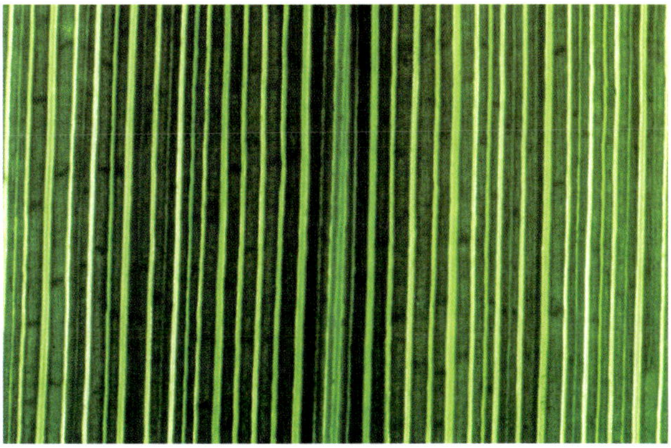

Der Archaeopteryx lebte vor rund 140 Millionen Jahren und war der Urahn der heutigen Vögel. Er ist nach heutiger Kenntnis das älteste flugfähige Tier mit Federn.

Reptilien, und 1964 entdeckte er im Süden von Montana mehrere hundert Exemplare eines ganz besonderen Fossils: den Deinonychus. Es war ein wahrhaft furchteinflößendes Tier, ein lebhafter, wendiger Räuber. Seine Beute erstach er mit den gewaltigen Klauen der Hinterfüße. Ein kräftiger Schwanz verbesserte sein Gleichgewicht, vermittelte ihm eine größere Wendigkeit und die Fähigkeit, zu springen, zu laufen und Beutetiere mit gnadenlosen Fußtritten zu töten.

Bis dahin hatte man geglaubt, die Dinosaurier hätten wegen ihrer gewaltigen Größe nur schwerfällig laufen können. Dieses Fossil jedoch zeigte, dass zumindest manche von ihnen sehr beweglich waren – und vermutlich war es auch der Beweis, dass sie Warmblüter waren, denn nur dann stand ihnen die notwendige Energie zur Verfügung. Aber konnten sie auch schnell genug laufen, um sich in die Luft zu erheben? Die Flugfähigkeit war in der Evolution bereits mehrere Male entstanden – zuerst bei den Libellen, später bei Reptilien wie den Pterosauriern. Aber keine der beiden Gruppen hatte die geniale Erfindung der Federn benutzt, die heute das charakteristische Kennzeichen der Vögel darstellen.

Ostrom kam 1970 auf den Gedanken zurück, der Archaeopteryx sei das älteste bekannte Fossil eines Vogels. Wie er entdeckte, waren die biegsamen Handgelenke an den Vorderbeinen des Deinonychus, die sich nicht nur seitlich, sondern auch nach oben und unten verbiegen konnten, genauso konstruiert wie die des Archaeopteryx, die er zu diesem Zweck neu untersucht hatte. Im Jahr 1976 stellte er eine höchst erstaunliche Behauptung auf: Danach sind die heutigen Vögel Nachkommen der Dinosaurier. Jahrelang wurden Ostroms Ideen als interessant, aber verschroben abgetan – schließlich waren die Dinosaurier schon vor über 65 Millionen Jahren ausgestorben. Solange nicht irgendjemand beweisen konnte, dass Dinosaurier auch Federn besaßen, ordnete man die Vögel als eigenen Ast des Stammbaums ein – als Gruppe mit rätselhaftem, ganz eigenem, unbekanntem Ursprung.

Anfang der 1990er Jahre machten Fossiliensammler dann in der Provinz Liaoning im Nordosten Chinas den vielleicht wichtigsten Fossilfund aller Zeiten. Sie gruben eine Art »Pompeji der Dinosaurier« aus und entdeckten buchstäblich Millionen Pflanzen, Insekten, Weichtiere, Fische, Frösche, Schildkröten, Eidechsen, Säugetiere, Vögel und Dinosaurier. Alle diese Tiere waren erstickt und anschließend schnell unter heißer Asche und Staub begraben worden, nachdem vor rund 130 Millionen Jahren ganz in der Nähe ein Vulkan ausgebrochen war. Sie hatten friedlich am Wasser nach Nahrung gesucht und nicht die geringste Überlebenschance gehabt. Die Asche begrub sie so schnell unter sich, dass der Sauerstoff aus der Luft von ihnen ferngehalten wurde, und so blieben sie einschließlich ihres weichen Gewebes erhalten, bis Menschen sie vor wenigen Jahren entdeckten.

Im Jahr 1995 gaben chinesische Wissenschaftler bekannt, sie hätten anhand eines der ausgegrabenen Fossilien schlüssig nachgewiesen, dass manche

Dinosaurier tatsächlich daunenartige Federn besaßen. Der Sinosauropteryx, wie er genannt wurde, war eine Sensation. Der kleine, 1,50 Meter lange Dinosaurier ging auf zwei Beinen und besaß sowohl den Kiefer als auch die abgeflachten Zähne, die für Fleisch fressende Vertreter seiner Gruppe typisch waren. An seinen Fingern trug er Klauen, und die Hintergliedmaßen ließen erkennen, dass er schnell laufen konnte. Damit war endlich die Frage, von welchen Tieren die Vögel abstammen, beantwortet. Sie sind tatsächlich die letzten Überlebenden aus der Gruppe der Dinosaurier. Aber damit blieben immer noch mehrere ungelöste Probleme. Die Federn von Sinosauropteryx besitzen nicht einmal ansatzweise die erforderlichen aerodynamischen Eigenschaften, um einen Körper in die Luft zu heben. Fliegen konnte er nicht.

Wozu dienten die Federn dann? Bei den Fachleuten wuchs der Verdacht, dass die Federn ursprünglich gar nicht den Zweck hatten, dem Tier die Flugfähigkeit zu verleihen. Vielleicht entwickelte sich diese Anpassung erst später durch einen Zufall. Bei kleinen Dinosauriern entwickelten sich die Federn vielleicht, um das Tier warm zu halten – sie dienten als eine Art Kälteisolierung.

Nach heutiger Kenntnis waren Federn bei allen Dinosauriern weit verbreitet. Dass man dies erst seit kurzer Zeit weiß, liegt daran, dass Federn normalerweise nicht als Fossilien erhalten bleiben.

In der chinesischen Schatztruhe der Fossilien und Knochen hat man mittlerweile zahlreiche Dino-Vögel entdeckt. Einer der berühmtesten ist Dave, der gefiederte Räuber, der im Jahr 2000 ausgegraben wurde. Er war von Kopf bis Schwanz von dünnen Federn bedeckt, die allerdings nicht zum Fliegen konstruiert waren.

Der letzte Teil des Vogel-Rätsels bleibt nach wie vor ungelöst. Wie und wann passten sich ihre Wärmeschutzfedern so an, dass daraus Flügel zum Fliegen wurden? Sprangen sie von den Bäumen, nachdem sie von oben eine schmackhafte Mahlzeit erspäht hatten, und schwebten sie dann im Gleitflug abwärts, um sich ihre Beute zu sichern? Oder liefen sie auf dem Boden entlang, vielleicht um einem anderen hungrigen Tier zu entgehen, und brachten sie sich dann flatternd in Sicherheit? Die Antwort kennt niemand genau, ein weiterer neuer Fossilfund aus dem chinesischen Fossilien-Pompeji, ein kleiner Räuber, spricht allerdings für die erste Theorie. Er besaß sowohl die richtigen Federn zum Fliegen als auch die richtigen Klauen, um damit auf Bäume zu klettern.

Dieses 130 Millionen Jahre alte Fossil wurde von chinesischen Bauern in der Provinz Liaoning gefunden. Der gefiederte Dinosaurier stellt eine Verbindung zwischen der Evolution der Vögel und der Dinosaurier her.

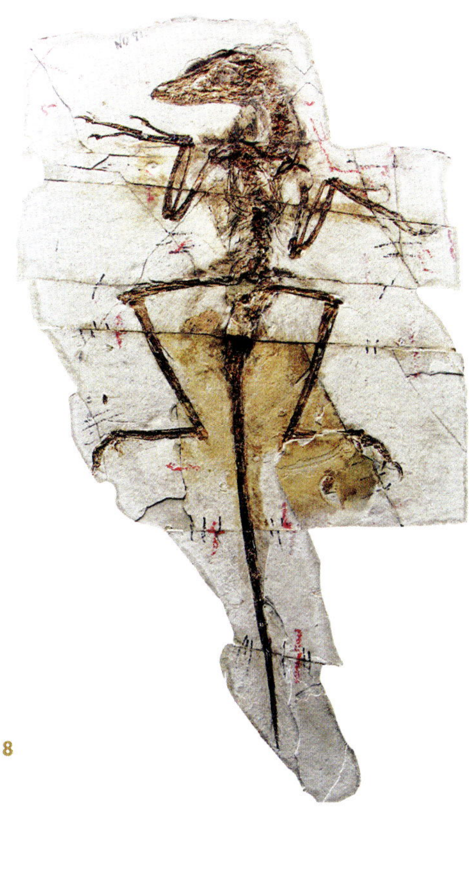

Wie und wann sich die Flugfedern entwickelten, ist aber nach wie vor ein Rätsel; die Lösung liegt vermutlich ebenfalls irgendwo im Gestein und wartet noch darauf, gefunden zu werden.

Mittlerweile sind wir nur noch rund 100 Millionen Jahre von der Gegenwart entfernt, das heißt, auf unserer 24-Stunden-Uhr ist es bereits 23.20 Uhr, und wir erkennen jetzt die ersten Anzeichen einer Zivilisation. Es ist keine Zivilisation der Menschen, sondern die der Insekten, oder genauer gesagt der Wespen und ihrer Nachkommen, der Bienen und Ameisen. Daneben gab es auch Termiten, aber die stellen einen ganz anderen Zweig des Lebensstammbaums dar und sind mit den Käfern verwandt. Diese neuen Lebewesen entwickelten kompliziertere soziale Verhaltensweisen, die zum Vorbild für die Entwicklung aller späteren Zivilisationen wurden.

Die **Wespen** erschienen zusammen mit den ersten Dinosauriern schon in der Jurazeit vor 200 bis 145 Millionen Jahren. Besonders schnell verlief ihre Evolution aber erst in der frühen Kreidezeit nach der Entstehung der ersten Blüten. Viele Wespen lebten allein, bei manchen entwickelten sich aber auch einfache soziale Verhaltensweisen, die sich dann bei Bienen und Ameisen stärker ausprägten.

Soziale Wespen stellten auch vor Dutzenden oder sogar Hunderten von Jahrmillionen das erste **Papier** her. Eine Wespenkönigin überwintert und kommt im Frühjahr ans Licht, um einen geeigneten Nistplatz zu suchen. Dort baut sie zunächst ein Nest aus Papier; als Material dienen ihr dabei Holzfasern, die sie kaut, mit ihrem Speichel vermischt und damit aufweicht. Das so hergestellte Papier dient zum Aufbau einer Wabe mit verschiedenen Zellen, in denen jeweils ein Ei zu einer weiblichen Arbeiterwespe heranwächst. Nachdem die Arbeiterinnen geschlüpft sind, bauen sie für die Königin das übrige Nest auf.

Abgesehen von ihrer Aufgabe, eine Kolonie zu gründen, genießt eine Wespenkönigin in ihrer Gruppe keine Sonderstellung; solche Kolonien sind also die einfachste Form einer geordneten Insektengesellschaft. Von den Wespen stammen die **Bienen** ab, die zusammen mit den ersten Blüten erschienen; sie verzehrten keine anderen Insekten mehr, sondern ernährten sich von Pollen und Blütennektar. Heute gibt es ungefähr 20 000 verschiedene Bienenarten. Manche davon, insbesondere Honigbienen, Hummeln und Bienen ohne Stachel, bildeten hoch entwickelte soziale Gruppen und liefern uns damit tiefe Einblicke in die Funktionsweise natürlicher Zivilisationen.

»Sozial« bedeutet in der Biologie, dass eine Gruppe von Lebewesen die notwendigen Arbeiten unter sich aufteilt. Sie geben Kenntnisse von einer Generation zur nächsten weiter, versorgen ihre Jungen und opfern unter bestimmten Umständen sogar ihr eigenes Leben zum Wohle der Gruppe. Lange Zeit glaubte man, solche Verhaltensweisen seien erst entstanden, als die Menschen zum ersten Mal Stämme bildeten, aus denen sich später Städte und Staaten entwickelten. Aber wie jeder Imker weiß, stimmt das nicht.

Eine Bienenkönigin hat das Kommando über eine Gruppe männlicher »Drohnen« und eine ganze Mannschaft unfruchtbarer Arbeiterinnen. Bienen verständigen sich untereinander mit einer Tanzsprache. Wenn eine Arbeiterin in den Stock zurückkehrt, informiert sie die anderen über Lage und Entfernung guter Nahrungsquellen. Ein »Rundtanz« bedeutet, dass die Nahrung nicht mehr als 50 Meter vom Bienenstock entfernt ist. Der »Schwänzeltanz«, der senkrecht oder waagerecht ausgeführt werden kann, liefert nähere Hinweise auf Entfernung und Richtung der gefundenen Nahrungsquelle. Und dann gibt es noch den »Springtanz«, mit dem die Bienen je nach Bedarf entscheiden, ob sie mehr oder weniger Nahrung sammeln müssen.

Bienen haben eine so hoch entwickelte Sozialstruktur, dass sie über wichtige Fragen, beispielsweise über einen Umzug der Kolonie, abstimmen. Jedes Frühjahr verlässt ungefähr die Hälfte der Bienen zusammen mit der Königin den Stock und gründet an einer anderen Stelle eine neue Kolonie; zurück bleiben mehrere potenzielle Königinnen, die nun untereinander um die Kontrolle über die verbliebene Kolonie kämpfen. Aber wie machen die Ausgewanderten ihren neuen Nistplatz ausfindig? Für ihr zukünftiges Wohlergehen ist es entscheidend, dass sie bei dieser Auswahl keinen Fehler begehen. Die Stelle darf Vögeln und anderen natürlichen Feinden nicht zu stark ausgesetzt sein, sie muss sich in der Nähe guter Nahrungsquellen befinden und darf nicht durch Überschwemmungen oder zu starken Wind gefährdet werden.

In der Regel fassen Bienen in einem Bereich von 100 Quadratkilometern bis zu zwanzig mögliche Stellen ins Auge, und in ungefähr 90 Prozent der Fälle wählen sie offenbar tatsächlich den besten Platz. Dabei verfügen sie über ein bemerkenswert effizientes System zur Entscheidungsfindung. Jede Biene darf ihre Stimme abgeben, und damit hat die Kolonie beste Aussichten, die richtige Entscheidung für ihr weiteres Überleben zu treffen. Etwa fünf Prozent der Bienen kundschaften mögliche Stellen aus und berichten der übrigen Gemeinschaft mithilfe ihrer verschiedenen Tänze über deren Lage. Anschließend überprüfen andere Bienen die fraglichen Orte, kehren zum Nest zurück und zeigen mit ihrem Tanz länger und intensiver in die Richtung der Stelle, die sie für die beste halten. Nach ungefähr zwei Wochen hat der Platz gewonnen, der zum Gegenstand der stärksten und energischsten Tänze geworden ist.[4]

Die Zivilisation der Bienen war nicht die einzige, die sich zu jener Zeit entwickelte. Zur gleichen Tiergruppe wie die Honigbienen gehören auch die **Ameisen**: Das älteste bisher entdeckte Fossil einer Ameise wurde in Bernstein eingeschlossen und ist nach Schätzungen mehr als 80 Millionen Jahre alt. Zur Zivilisation der Ameisen gehörten auch die ersten Schulen der Welt, die ersten offenkundigen Anfänge der Sklaverei und sogar bizarre Bestrebungen, sich wie ein primitiver Computer zu verhalten. Zwischen einem Ameisennest und einem Bienenstock gibt es zahlreiche Ähnlichkeiten. Statt durch einen Tanz verständigen sich die Ameisen durch Pheromone, chemische Substanzen, die ihre Artgenossen riechen können. Eine Ameise, die eine Futterstelle gefunden hat, hinterlässt auf ihrem gesamten Rückweg eine Duftspur, die andere Ameisen zu der Stelle führt. Den Heimweg findet sie, weil sie sich an bestimmte Kennzeichen der Landschaft erinnert, und häufig orientiert sie sich auch am Sonnenstand. Wenn andere Ameisen der ersten Duftspur folgen, geben sie weitere Geruchsstoffe ab, bis die Nahrungsquelle völlig erschöpft ist. Hinterlassen die Ameisen keinen Duft mehr, verdunsten die Pheromone, und die Spur verschwindet.

Auch andere Dinge teilen Ameisen mithilfe des Geruchs mit. Wird beispielsweise eine von ihnen zertreten, scheidet sie im Sterben einen Duftstoff aus, der alle anderen Ameisen in der Nähe in Alarmbereitschaft versetzt: Sie laufen nun panisch durcheinander und versuchen hektisch, dem Schicksal ihres Artgenossen zu entgehen. Ameisen vermischen Pheromone auch mit ihrer Nahrung und vermitteln einander so Informationen über Gesundheit und Ernährung. Sie erkennen sich sogar untereinander innerhalb der Kolonie als Angehörige verschiedener Gruppen oder Kasten, die für verschiedene Tätigkeiten zuständig sind. Ein besonderes Pheromon schüttet die Königin aus – fehlt es, ziehen die Arbeiterinnen eine neue Königin groß. Damit verfügen sie über einen Sicherheitsmechanismus für den Fall, dass die Königin stirbt.

Ameisen waren nach heutigem Kenntnisstand auch die ersten Lebewesen, die einander etwas beibringen konnten. Wenn eine junge Ameise zum ersten Mal das Nest verlässt, lernt sie von einem älteren Artgenossen, wie man Nahrung findet und in die Kolonie transportiert. Der »Lehrer« geht dabei so langsam, dass der »Schüler« mit ihm mithalten kann, und beschleunigt den Schritt, wenn er näher kommt (dieses Verhalten hat man bei der Spezies Temnotherax albipennis beobachtet). Ameisen klammern sich sogar aneinander und bilden auf diese Weise eine Kette, mit der sie Wasserläufe überbrücken, sodass die Artgenossen auf ihnen gehen können wie eine Armee über eine mobile Pontonbrücke.

Der Erfindungsreichtum der Ameisen kennt fast keine Grenzen. Weberameisen bauen ihre Nester in Bäumen und heften dazu Blätter aneinander. Blattschneiderameisen sind Gärtner. Sie sammeln Blätter und verfüttern sie an besondere Pilze, die in ihrem Nest wie in einem Garten wachsen. Wenn der Pilz reif ist, dient er den Ameisen als Nahrung. Die Wüstenameisen der Sahara

Blattschneiderameisen sammeln Nahrung für den von ihnen gehegten und gepflegten Pilz.

verfügen über ein unglaubliches System, mit dem sie in einer Landschaft ohne Orientierungszeichen den Heimweg finden. Sie können sich offenbar daran erinnern, wie viele Schritte sie getan haben, und wenn sie dann umkehren und sorgfältig rückwärts zählen, kommen sie wieder nach Hause.

Aber genau wie unter den Menschen, so hat die Teamarbeit auch in der Welt der Ameisen ihre Grenzen. Manche Arten leben davon, dass sie andere Kolonien angreifen, was zu gewaltigen Kämpfen führen kann. Unter Umständen bricht zwischen den Kolonien ein Ameisenkrieg aus, der manchmal Tausende von Todesopfern fordert. Die Sieger tragen ihre Beute in Form von Eiern und Larven davon, die sie dann selbst als Arbeiterinnen und Sklaven großziehen. Die Amazonasameisen können sich nicht selbst ernähren, sondern verlassen sich völlig auf gefangene Ameisen, von denen sie versorgt und bedient werden.

Parallel zu den Dinosauriern entwickelten sich in der Jurazeit die **Termiten** – ihre fossilen Nester sind nach heutiger Kenntnis bis zu 200 Millionen Jahre alt. Insbesondere seit der Kreidezeit nahm ihre Verbreitung zu. Diese Tiere schaffen unter allen Arten die größten Städte im Miniaturformat. Eine Termitenkolonie umfasst häufig mehrere Millionen Individuen. Das Nest ist eine Monarchie, aber hier herrscht ein König mit einer oder mehreren Königinnen an seiner Seite. Eine schwangere Königin kann jeden Tag mehrere Tausend Eier ablegen. Sie wird dabei so groß (manchmal bis zu zehn Zentimeter), dass sie sich nicht mehr bewegen kann. Wenn sie mehr Platz braucht, heben Tausende von Arbeiterinnen sie hoch und befördern sie in eine neu gebaute Kammer. Im Gegenzug erhalten sie von der Königin eine besondere Form von Milch.

Arbeitertermiten haben mehrere wichtige Aufgaben. Sie suchen Nahrung, schaffen Stauraum, halten das Nest instand und verteidigen die Kolonie gegen Angriffe. Außerdem dienen sie als beweglicher Vorratsspeicher. Als einzige Termiten der Kolonie können sie pflanzliche Nahrung verdauen, die sie anschließend mit dem Mund oder dem Hinterteil an alle anderen verteilen. Dass Individuen sich gegenseitig umeinander kümmern und mit Nahrung versorgen, ist ein Kennzeichen jeder fortgeschrittenen Zivilisation.

Ihre Nester bauen die Arbeiter aus Erde, durchgekautem Holz, Speichel und Exkrementen – aus einer ganz ähnlichen Mischung errichteten auch die Menschen vor mehr als 8 000 Jahren die Lehmwände ihrer ersten Hütten und Häuser. Solche Wände sind sehr widerstandsfähig und können so hoch werden wie ein zweistöckiges Haus. Termitenkolonien verfügen über zahlreiche Errungenschaften, die man auch in hoch entwickelten Gesellschaften findet, beispielsweise Klimaanlagen (in Form besonderer Hohlräume, die der Temperaturregelung dienen), Wasserleitungen und Formen der Zusammenarbeit bei der Versorgung der Pilzgärten, in denen die Nahrung angebaut wird. Die Pilze dienen den Termiten als Nahrung, und im Gegenzug verbreiten die Insekten mit ihren Exkrementen die Sporen.

Die Soldaten unter den Termiten wehren die Angriffe ihrer schlimmsten Feinde ab: der Ameisen. Manche von ihnen haben so große Kiefer, dass sie nicht selbst fressen können, sondern von anderen Arbeitern versorgt werden müssen. Zur Verteidigung der Kolonie verspritzen sie mit dem Kopf einen Giftstoff. Andere versperren mit ihrem großen Kopf engere Tunnelröhren, sodass die Ameisen nicht vordringen können. Hinter der ersten Verteidigungslinie bauen sich bei einem Angriff die Reservebataillone der Termitensoldaten auf. Wird ein Soldat getötet, tritt sofort ein anderer an seine Stelle. Wenn es die Ameisen dennoch schaffen, in das Nest einzudringen, stellen die Soldaten sich in einer Reihe auf und beschießen sie mit giftiger Flüssigkeit, während andere von hinten die Bresche in der Festung reparieren. Ist das Loch gestopft, gibt es für die tapferen Verteidiger an vorderster Front kein Entkommen mehr: Es ist ihr Schicksal, zum Wohle der anderen zu sterben, aber höchstwahrscheinlich haben sie mit ihren Bemühungen das Nest vor der Vernichtung durch die Ameisen gerettet (von einer Parallele aus der Menschheitsgeschichte ist auf Seite 229 die Rede).

Die Zivilisationen der Termiten lassen ein sehr hohes Maß an kollektiver Intelligenz erkennen. Kompasstermiten bauen große, genau in Nord-Süd-Richtung ausgerichtete Nester, in denen heiße Luft durch ein ausgeklügeltes Tunnelsystem kreist – Temperatursteuerung ist lebenswichtig, damit die Pilze in ihren Gärten gedeihen können.

Die Entstehung der gesellschaftsbildenden Insekten in der Erdgeschichte ist eine Geschichte, die in großen Teilen noch nie erzählt wurde, aber sie sind noch heute um uns. Manchmal stehen solche Insekten unter Kontrolle der Menschen – Bienen befruchten unsere Obstplantagen und liefern uns Honig –, manchmal verursachen sie den Menschen auch Unannehmlichkeiten und Leid. Einige Wissenschaftler sehen in den Termiten wegen ihres hoch effizienten Fermentationsprozesses künftige Energielieferanten. So können die Tiere aus einem Bogen Papier, ungefähr von der Größe eines DIN-A4-Blattes, rund zwei Liter Wasserstoff gewinnen. Termiten können sich allerdings auch in Holzhäusern so weit vorarbeiten, dass das ganze Gebäude zusammenbricht. Welchen Ruf diese Tiere heute auch haben mögen, ihr Organisationstalent, ihre Intelligenz und ihre Bereitschaft, sich zum Wohl des Ganzen zu opfern, sind typische Kennzeichen für das, was wir Menschen als »zivilisiert« bezeichnen.

KAPITEL 10

DIE BESTE ZEIT

WIE EINE UNAUFFÄLLIGE FAMILIE KLEINER WALDBEWOHNER ZU DEN KOMMENDEN HERRSCHERN DER LEBENSWELT WURDE, WIE SIE AUF DIE AUSEINANDERTREIBENDEN KONTINENTE AUSSCHWÄRMTE UND WIEDERUM EINE FÜLLE VERSCHIEDENER ARTEN HERVORBRACHTE

Angenommen, der Meteorit hätte vor 65,5 Millionen Jahren die Erde verfehlt: Hätte die Evolution jener Tiere, wie wir sie heute kennen und lieben – einschließlich des Menschen –, jemals stattfinden können? Die Antwort werden wir vermutlich nie erfahren, denn wir können das Leben auf der Erde nicht einfach durch ein Computerprogramm laufen lassen, das uns verrät, was im Falle des Überlebens der Dinosaurier geschehen wäre.

Eines aber ist klar: Nachdem die Dinosaurier ausgestorben waren, schlug die Evolution einen völlig neuen Weg ein. Das Verschwinden der Dinosaurier schuf gewaltige neue Möglichkeiten für eine andere Tiergruppe, die nun in den Mittelpunkt rückte und die neuen Beherrscher der Erde hervorbrachte. Solange die Dinosaurier dominierten, waren die Säugetiere eine an den Rand gedrängte Gruppe. Vor dem Massenaussterben im Perm war zwar das säugetierähnliche Dimetrodon mehrere Jahrmillionen lang eine beherrschende Spezies, aber seine Nachfolger, die Säugetiere, standen fast völlig im Schatten der großen Echsen.

Damals waren Säugetiere meist klein und sahen aus wie Eichhörnchen. Aus ihren unterirdischen Bauten kamen sie nur dann ins Freie, wenn keine Gefahr drohte, das heißt häufig in der Nacht. Wenn die Luft rein war, machten sie sich auf die Suche nach Insekten – die waren eine leichte Beute für Bodenbewohner und auch für jene Tiere, die sich lieber außerhalb der Gefahrenzone auf hohen Bäumen versteckten.

In der Evolution entwickelten die Säugetiere viele kleine Kunstgriffe, die ihnen halfen, den entsetzlichen Dinosauriern zu entgehen. Die meisten von

ihnen brachten ihre Jungen lebend zur Welt, das heißt, sie brauchten ihre Eier nicht als Frühstück für andere Tiere herumliegen zu lassen. Außerdem hatten sie so viel Angst davor, ihren Bau zu verlassen, dass sie in Form der Muttermilch gewissermaßen ihre eigene Suppenküche entwickelten; auf diese Weise konnten sie bei Tag und Nacht ihren Nachwuchs füttern, ohne sich aus dem Nest wagen zu müssen. Ein Fell half ihnen, sich warm zu halten. Und schließlich konnten sie als Warmblüter auch nachts, wenn es kalt war und die räuberischen Dinosaurier keine große Gefahr darstellten, auf die Jagd gehen. Als dann vor 65,5 Millionen Jahren die Katastrophe zuschlug, brachten diese kleinen, behaarten Tiere alle Voraussetzungen mit, um den Meteoriteneinschlag und die nachfolgende entsetzliche Periode der Dunkelheit zu überleben.

Nachdem sich der Staub verzogen hatte, konnten die Säugetiere sich des Sonnenlichts erfreuen, ohne dass sie noch Gefahr liefen, von Reptilienungeheuern gefressen zu werden. Es war, als hätten sich plötzlich die Tore eines dunklen, schrecklichen Gefängnisses geöffnet. Die einzigen noch lebenden Nachkommen der Dinosaurier waren jetzt die Vögel. Mit ihrem Gesang erfüllten sie eine Welt, in der ein neues Zeitalter heraufdämmerte.

Die letzten 65,5 Millionen Jahre unserer Reise entsprechen knapp 20 Minuten auf der 24-Stunden-Uhr. Was jetzt folgt, ist die Geschichte von bescheidenen, Pflanzen fressenden Mäusen, die sich zu großen, Fleisch fressenden Menschen entwickelten.

Zu Anfang ging alles ziemlich schnell. Innerhalb von drei Millionen Jahren hatten sich die mausgroßen Säugetiere zu Lebewesen mit der Größe von Hunden entwickelt. Nach weiteren fünf Millionen Jahren streiften Säugetiere aller Formen und Größen durchs Land.[1] Nachdem es die Dinosaurier nicht mehr gab, ging es an Land relativ friedlich und ruhig zu, sodass die Natur sich anpassen und alle verfügbaren ökologischen Nischen mit neuem Leben füllen konnte.

Diese Phase, die Zeit vor 56 bis 34 Millionen Jahren, wird als Eozän bezeichnet (siehe die geologische Zeittafel

Aus diesem hundeähnlichen Tier, dem Hyracotherium, entwickelten sich in Nordamerika die Pferde. Sie wurden größer, als Graslandschaften vor 35 Millionen Jahren die Wälder verdrängten.

auf Seite 42). Das Wort kommt aus dem Griechischen und bedeutet »neue Morgendämmerung«. Jetzt besetzten ungewöhnliche neue Säugetiere alle Ecken und Winkel. Durch die Wälder zogen Hirsche, Wildschweine, Bären, Koalas, Pandas sowie Klein- und Menschenaffen. Auf den Wiesen weideten Rinder, Büffel, Schafe, Zebras, Schweine, Pferde, Giraffen, Kängurus und Esel. In Höhlen unter der Erde wohnten Kaninchen, Dachse, Igel, Mäuse und Füchse. In Flüssen und Sümpfen plantschten Nashörner, Elefanten, Biber und Flusspferde. Durch die Wüsten zogen Kamele, Lamas und Ratten. In den Ozeanen schwammen Wale, Delfine, Robben und Walrosse, und durch die Lüfte flatterten die Fledermäuse.

Wie konnte sich ein so ungewöhnliches, bizarres Spektrum unterschiedlicher neuer Herrscher der Erde entwickeln? Konnten ein Elefant, ein Flusspferd und eine Giraffe tatsächlich von dem gleichen Vorfahren abstammen wie eine Maus, eine Ratte und eine Fledermaus? Sind Wale und Delfine tatsächlich entfernte Vettern von Koalas und Kängurus? Dass alle diese Tiere entstehen konnten, war zu einem nicht unbeträchtlichen Anteil auf die unruhige Erdkruste zurückzuführen.

Pangäa war damals in die beiden großen Kontinente **Laurasia** und **Gondwana** zerbrochen. Diese standen nun im Begriff, sich weiter aufzuspalten und die Erdteile zu bilden, die wir heute kennen. Afrika, Asien, Europa, Nord- und Südamerika, Australien und die Antarktis bewegten sich langsam, aber sicher auseinander, und jede dieser Landmassen trug ihre eigene kostbare Fracht aus Pflanzen und Tieren. Spalten in der Erdkruste spien gewaltige Lavamengen aus, die seit jener Zeit die großen Kontinente Europa und Amerika immer weiter auseinanderschieben.

Der gleiche Vorgang führte auch dazu, dass Großbritannien, das 60 Millionen Jahre lang unter Wasser gelegen hatte, sich wieder über die Wellen erhob; vor 40 Millionen Jahren kam die Insel ans Licht wie ein riesiges U-Boot. Die lange Unterwasservergangenheit ist der Grund, warum Landflächen und Küsten Großbritanniens zu so großen Teilen von Kalk bedeckt sind. Mikroskopisch kleine Meerestiere lagerten eine Calciumcarbonatschicht nach der anderen ab – es ging ein wenig zu wie in einem Wasserkessel, in dem die Kalkkruste jedes Mal, wenn man Wasser kocht, ein wenig dicker wird.

Als die Kontinente auseinandertrieben, wurden neue Inseln geboren, und ganze Tier- und Pflanzengruppen passten sich an ihre neue Umwelt an. So entwickelte sich im Laufe vieler Generationen eine riesige Zahl neuer, vielgestaltiger biologischer Arten. Geografische Isolation lässt die biologische Vielfalt steigen.[2]

Die Evolution der Säugetiere brachte drei Hauptgruppen hervor. Zwei davon, zu denen fast alle heutigen Säugetiere gehören, hatten ihren Ursprung in Laurasia, dem nördlichen Teil von Pangäa; die dritte entstand im südlich gelegenen Gondwana. Die einzigen überlebenden Nachkommen dieser dritten Gruppe sind heute die Kloakentiere. Sie sind eine wahrhaft seltsame Gesellschaft, und am seltsamsten ist ihr berühmtester Vertreter.

Kloakentiere

Ist es eine Ente? Ein seltsamer Fisch? Ein Vogel vielleicht? Oder sogar ein Biber? Vor solchen Fragen standen die

Experten, als Europäer das Tier Ende des 18. Jahrhunderts in Australien entdeckten. Anfangs tat man das **Schnabeltier** als Fälschung ab, als Kunstprodukt, das halb Vogel und halb Säugetier war. Da hatte sich doch sicher jemand einen Scherz erlaubt: Die Naturforscher hatten den Verdacht, man habe einen Entenschnabel an den Körper eines Bibers genäht, und einige gingen sogar mit der Schere ans Werk, um die vermeintlichen Stiche aufzutrennen. Um 1800 hatte sich dann aber allgemein die Erkenntnis durchgesetzt, dass man es hier mit einem ganz neuen, unbekannten, aber eindeutig echten Tier zu tun hatte.

Heute sind die Schnabeltiere sehr selten; man findet sie ausschließlich im Osten Australiens und in Tasmanien. Sie haben einen dicken braunen Pelz, Füße mit Schwimmhäuten und eine große, gummiartige Schnauze. Die Beine stehen leicht seitlich ab, sodass das Tier beim Gehen von rechts nach links schwankt. Das Schnabeltier gehört zu einer von nur drei Säugetierarten, die Eier legen. Die Kloakentiere, wie sie genannt werden, trennten sich in der Evolution der Säugetiere schon frühzeitig von anderen Formen ab und haben sich seither offensichtlich kaum noch verändert. Berühmt ist das Schnabeltier aber auch, weil es als einziges Säugetier einen elektrischen Schnabel besitzt. Er enthält eine Reihe von rund 40 000 Elektrosensoren, die nach Nahrung »tasten« können.

Schnabeltiere sind eindeutig Säugetiere: Sie füttern ihre Jungen mit Milch, die von den Brustdrüsen der Mutter produziert wird. An 110 Millionen Jahre alten Schnabeltierfossilien kann man erkennen, dass diese urtümlichen Säugetiere auch von Australien nach Südamerika gewandert waren, bevor die beiden Landmassen sich trennten und eigenständige Kontinente bildeten.

Die Antarktis, die heute zu 98 Prozent von einer mehr als eineinhalb Kilometer dicken Eisschicht bedeckt ist, war vor rund 40 Millionen Jahren ein warmes, angenehmes Land mit Wäldern und Obstbäumen. Regelmäßig wanderten Tiere auf den zusammenhängenden Landmassen aus dem heutigen Argentinien über die Antarktis in den Osten des heutigen Australien. Bis vor rund 85 Millionen Jahren konnte man von dort sogar zu Fuß nach Neuseeland gelangen, das noch mit der Antarktis verbunden war. Die größten Wanderer gehörten zur zweiten Hauptgruppe der Säugetiere, die eine ganz eigene, völlig andere Lebensweise entwickelte: die Beuteltiere. Ihre berühmtesten heutigen Vertreter sind Kängurus und Koalas.

Beuteltiere

Diese Säugetiere ziehen ihre Jungen in einem Brutbeutel der Außenhaut groß. Das Baby ist bei der Geburt noch winzig klein und kriecht über den Bauch der Mutter, bis es sich in dem Beutel in Sicherheit bringen kann. Von dort reicht es an ihre Brustwarzen heran, die ihm Nahrung bieten. Das Junge bleibt mehrere Wochen in dem Beutel, bis es so groß ist, dass es selbstständig leben kann; aber selbst dann kehrt es noch hin und wieder in den Beutel zurück, um zu fressen und sich zu wärmen.

Die Beuteltiere entwickelten sich wie alle anderen heute vertrauten Säugetiere zu verschiedenen Arten auseinander. Noch heute gibt es eine Beutelmaus und eine Beuteltierform des Maulwurfs. Früher lebten auf dem australischen Kontinent auch Beutelkatzen, Beutelhunde und Beutellöwen. Mit ihnen ging es jedoch bergab, als Australien vor rund 15 Millionen Jahren so nahe an Asien heranrückte, dass Fledermäuse und Ratten das Meer überwinden und den Kontinent besiedeln konnten. Dann, vor rund 40 000 Jahren, kamen Menschen mit Kanus. Sie brachten im Laufe der Zeit Dingos, Kaninchen, Kamele, Pferde und Füchse (für die Jagd) mit, und alle diese Arten gefährdeten das urtümliche Ökosystem der einheimischen Säugetiere Australiens und Tasmaniens.

Die traurigste Geschichte ist vermutlich die des **Tasmanischen Tigers**. Er war eines der größten Fleisch fressenden Beuteltiere aller Zeiten und sah ein wenig aus wie die Kreuzung zwischen einem Wolf und einer großen Raubkatze. Als Europäer ihn 1792 entdeckten, war er noch mit etwa 3 000 Exemplaren vertreten. In den 1930er Jahren starb er schließlich aus, nachdem Trophäenjäger die letzten Beuteltiger erlegt hatten. Das letzte Tier dieser Spezies, ein Weibchen (das seltsamerweise Benjamin hieß), starb am 7. September 1936 im Zoo von Hobart – vermutlich war sie vernachlässigt und dem Wetter ausgesetzt, eine Behausung hatte sie nämlich nicht. Kurz vor ihrem Tod wurde in einem Schwarz-Weiß-Film festgehalten, wie sie in ihrem Gehege auf und ab ging. Als letzten Abschiedsgruß biss sie den Kameramann ins Hinterteil.

Plazentatiere

Die dritte und bei weitem größte Gruppe der Säugetiere ist die der Plazentatiere. Diese Lebewesen (zu denen auch die Menschen gehören) tragen ihre Jungen im Körper, bis sie bereits relativ weit entwickelt sind. Das Blut von Kind und Mutter kommt durch die Plazenta in engen Kontakt, ein Organ, das dem Nahrungsaustausch dient und die Nährstoffe von der Mutter zum Kind transportiert, während Abfallstoffe gleichzeitig in der Gegenrichtung wandern. Die ersten Plazentatiere, die sich in der Evolution entwickelten, waren die Afrotheria, bei denen es sich vermutlich um Verwandte der heutigen Elefanten und Seekühe handelte. Wie Elefanten sahen sie allerdings nicht aus: In jener Anfangszeit waren alle Säugetiere klein; sie hatten ein Fell und gingen aus Angst vor den Dinosauriern vorwiegend nachts auf Nahrungssuche.

Das Schnabeltier galt anfangs als Fälschung. Heute wissen wir, dass es eines der seltensten Tiere der Welt ist. Es gehört zur einzigen Säugetierfamilie, die Eier legt.

Einige kleine Mitglieder der Elefantenfamilie gibt es noch heute: Der Rüsselspringer sieht mit seiner verlängerten Schnauze ein wenig wie sein viel größerer Verwandter aus. In jüngster Zeit scheinen molekularbiologische Analysen die Verwandtschaft zu bestätigen.[3] Heute gibt es nur noch zwei Elefantenarten – den Afrikanischen und den Indischen Elefanten –, vor 12 000 Jahren jedoch streiften noch andere durch die Polargebiete und Teile Nordamerikas, unter ihnen das Wollhaarmammut und das Mastodon.

Benjamin, der letzte Tasmanische Tiger, starb 1936.

Vor rund 50 Millionen Jahren kehrten mehrere Mitglieder der Elefantenfamilie ins Meer zurück. Aus ihnen entwickelten sich die heutigen Seekühe. Sie schwimmen mit den Vorderfüßen und benutzen ihren Schwanz als Steuerruder. Von den Hinterbeinen sind nur noch zwei kleine Knochen übrig, die tief im Körperinneren liegen. Wie alle Säugetiere, so atmen auch Seekühe die Luft ein und kommen dazu an die Wasseroberfläche. Sie verlassen aber das warme Wasser nie, auch dann nicht, wenn sie ihre Jungen zur Welt bringen. Heute sind die Seekühe vom Aussterben bedroht, weil Menschen ihre natürlichen Lebensräume in Flüssen und Flussmündungsgebieten zerstören.

In Südamerika schlug die Evolution der Plazentatiere eine ganz andere Richtung ein. Die Vorfahren der heutigen Gürteltiere, Faultiere und Ameisenesser entwickelten sich zu Pflanzen- und Insektenfressern; diese Gruppe wird heute als Zahnarme oder Xenarthra bezeichnet. Ebenso wurde Südamerika zum Schauplatz für die Evolution der ersten **Huftiere**. Diese Arten lernten, auf den Fingernägeln zu gehen – jenen Körperteilen, die wir heute als Hufe bezeichnen. Eines dieser Tiere, Toxodon genannt, sah aus wie ein afrikanisches Nashorn. Charles Darwin identifizierte seine Knochen, als er mit der *Beagle* in südamerikanischen Gewässern unterwegs war: »Es ist vielleicht eines der seltsamsten Tiere, die jemals entdeckt wurden ... Mit seiner Größe reicht es an einen Elefanten heran.« Ebenso gab es Pferde und kamelähnliche Tiere (Litopterna). Alle diese südamerikanischen Huftiere sind heute ausgestorben.

Aber Huftiere gab es nicht nur in Südamerika. Unabhängig davon entwickelten sie sich vor etwa 54 Millionen Jahren auch in Afrika, wo es ihnen erheblich besser erging. Sie überlebten und entwickelten sich zu den heutigen Hirschen, Schafen, Antilopen, Schweinen, Ziegen, Rindern, Giraffen und Flusspferden. Auch aus dieser Gruppe kehrten einige Arten ins Wasser zurück. Die heutigen Wale und Delfine sind eigentlich meeresbewohnende Flusspferde, die nicht mehr an Land gehen und im Laufe der entwicklungsgeschichtlichen »Aufräumprozesse« ihre Beine verloren haben.

In Nordamerika (das zu jener Zeit noch nicht mit dem südlichen Teil des Kontinents verbunden war) entwickelten sich die Huftiere ein drittes Mal. Ihre Nachkommen sind die heutigen **Pferde**, Kamele und Nashörner. Zu diesen sogenannten »Unpaarhufern« – der Name weist darauf hin, dass Pferde auf einem Zeh, Nashörner und Kamele auf drei Zehen laufen – gehörte auch das Hyracotherium, ein winziges Pferd, das nur ungefähr so groß war wie ein kleiner Hund. Ursprünglich waren diese Tiere in den Wäldern zu Hause, aber als das Klima vor rund 35 Millionen Jahren trockener wurde, machten viele Waldgebiete offenen Graslandschaften Platz. Auf solchen offenen Flächen konnten kleine Pferde sich nicht mehr so gut verstecken. Wenn sie aber längere Beine besaßen, konnten sie bei Gefahr schneller davongaloppieren. Deshalb entwickelte sich das hundegroße Hyracotherium im Laufe der Jahrmillionen zu den heutigen, wesentlich größeren und schnelleren Pferden.

Auch die Kamele haben ihren Ursprung in Nordamerika. Sie verbreiteten sich später auch in anderen Regionen, überquerten eine Landbrücke von Alaska nach Asien, gelangten von dort in die Mongolei und schließlich vor etwa 15 Millionen Jahren in die Wüsten des Nahen Ostens.

Als Nächstes kamen die **Pranken**. Zur Säugetierfamilie der Fleischfresser oder Carnivora gehören heute die Katzen (darunter Löwen und Geparde), Hunde (mit Wölfen und Schakalen), Wiesel, Bären (einschließlich des Panda), Hyänen, Robben, Seelöwen und Walrosse. Alle diese Tiere stammen von einem gemeinsamen Vorfahren ab, aus dem sich seit der Zeit vor rund 50 Millionen Jahren die vielfältigen Formen entwickelten, die wir heute kennen.

Aus der gleichen Zeit stammen Fossilien von Fledermäusen, den einzigen Säugetieren, die fliegen können.[4] Bei ihnen entwickelte sich eine raffinierte Fähigkeit, bei Dunkelheit zu »sehen«:

Fette Ratte: Die Riesenratte Protohydrochoerus lebte vor rund fünf Millionen Jahren in Südamerika. Sie war ein Nagetier, wurde aber so groß wie ein Esel.

Sie klicken mit der Zunge und stoßen auf diese Weise hochfrequente Schallwellen aus. Anhand des Echos können die Fledermäuse auch bei Nacht genau feststellen, welche Gegenstände sich in ihrer Umgebung befinden. Die Fledermaus berechnet, wie lange der Schall braucht, bis er zurückgeworfen wird, und baut auf diese Weise im Gehirn ein Bild von der Lage der Objekte auf. Je schneller das Echo zurückkehrt, desto näher ist ein Gegenstand. Mit einem ähnlichen System, Sonar oder Echolotung genannt, orientieren sich Menschen auch heute unter Wasser in U-Booten. Das erste Sonarsystem jedoch erfanden die Fledermäuse schon gut 50 Millionen Jahre früher.

Kurz nach den Pranken folgten die **Klauen**. Sie sind das Kennzeichen der Nagetiere – zu deren heutigen Nachkommen gehören Mäuse, Ratten, Kaninchen, Hasen, Maulwürfe, Hamster, Biber, Eichhörnchen, Murmeltiere und Meerschweinchen. Sie sind berühmt-berüchtigt, weil sie Krankheiten wie die Pest übertragen (siehe Seite 339). In den letzten 1 000 Jahren haben von Ratten übertragene Krankheiten vermutlich mehr Menschen dahingerafft als alle Kriege zusammen.[5] In Südamerika wuchsen einige Nagetiere zu gewaltiger Größe heran: Das Riesenwasserschwein (das aber kein Schwein ist), auch Protohydrochoerus genannt, war so groß wie ein Esel.

Primaten

Diese Tiere waren Experten für die Kunst, sich von Baum zu Baum zu hangeln, zu springen und zu hüpfen. In den Bäumen war das Leben am sichersten, denn dort war man weit von Reptilien wie den Krokodilen entfernt, die dem Schicksal der Dinosaurier entgangen waren und sich immer noch in den Sümpfen herumtrieben. Früchte und Nüsse befanden sich in Reichweite. Außerdem hatte man hoch oben in den Bäumen einen viel besseren Ausblick. Die Fortbewegung war ebenfalls einfacher als am Erdboden, vorausgesetzt, man verfügte über entsprechende Kletterfähigkeiten.

Die ersten Primaten entwickelten sich auf der Insel Madagaskar, die sich vor 165 Millionen Jahren von der Spitze Afrikas löste. Heute beherbergt sie einige besonders geschützte, vom Aussterben bedrohte Pflanzen- und Tierarten. Zu den Nachkommen der ersten, primitiven Primaten gehören die Lemuren. Der Name kommt von dem lateinischen Wort für »Geister der Nacht«, und tatsächlich sind sie wie viele frühe Primaten vorwiegend nachts aktiv – unter anderem können sie im Dunkeln hervorragend sehen. Dass die Lemuren überlebten, haben sie der isolierten Lage Madagaskars zu verdanken, denn dort waren sie vor ihren Nachkommen geschützt, den Klein- und Menschenaffen, von denen sie auf dem afrikanischen Festland später verdrängt wurden. Heute sind die Lemuren den-

Fledermäuse sind Säugetiere, die fliegen. Sie »sehen« im Dunkeln, indem sie Klicklaute ausstoßen und die Signale des Echos auswerten.

noch bedroht, weil ihre natürlichen Lebensräume in den Wäldern durch illegales Abholzen zerstört werden. Eine andere Gruppe nachtaktiver Baumbewohner sind die Buschbabys. Mit ihren großen Augen, ihrem scharfen Gehör und ihrem langen Schwanz sind sie an ein Leben im Schatten der Wälder hervorragend angepasst. Die größte Gruppe von allen aber waren die Affen. Sie entwickelten sich zu drei Hauptgruppen auseinander: den Altwelt-, Neuwelt- und Menschenaffen.

Wie wir aus der modernen Wissenschaft wissen, sind sich die Gene von **Klein- und Menschenaffen** sehr ähnlich. Die Kleinaffen haben zwar im Gegensatz zu den Menschenaffen einen Schwanz, biologisch gehören sie aber alle zu derselben Gruppe.

Ursprünglich entwickelten sich die Affen in Afrika, heute sind sie aber auch in Asien und Südamerika zu Hause. Wie kamen sie dorthin? Zu Lande gab es dazu keine Möglichkeit, und sie können weder fliegen noch schwimmen – zumindest nicht über einen Ozean, der Tausende von Kilometern breit ist. Demnach gibt es nur eine Möglichkeit. Sie müssen ein Transportmittel gehabt haben. Vor rund 25 Millionen Jahren geriet offenbar mindestens eine Gruppe afrikanischer Affen auf eine Art Floß, das über den Atlantik getrieben wurde und schließlich an der Küste des heutigen Brasilien landete. Aus jener Zeit kennt man die ersten südamerikanischen Affenfossilien, und damit haben wir ein Indiz, dass sie sich damals bereits in den Bäumen ihrer neuen Heimat eingerichtet hatten.

Diese Neuweltaffen sind daran zu erkennen, dass sie eine flache Nase haben und den Schwanz benutzen, um sich durch die Bäume zu schwingen und das Gleichgewicht zu halten. Sie können sich mit dem Schwanz an einen Ast hängen, ohne sich mit einer Hand festhalten zu müssen.

Als wäre die Atlantiküberquerung nicht schon gefährlich genug gewesen, machten andere afrikanische Affen sich in der entgegengesetzten Richtung auf den Weg: Sie wanderten über die Landbrücke des Nahen Ostens und Arabiens nach Asien. Gibbons und Orang-Utans leben heute in Ländern wie Indien, Malaysia, China und Indonesien. Ob sie den Schwanz schon vor dem Aufbruch, unterwegs oder erst später verloren, ist nicht genau geklärt.

Gibbons sind die besten Akrobaten der Welt. Ihre unglaubliche Geschicklichkeit verdanken sie einer Methode, die man als Schwinghangeln bezeichnet. Diese Tiere sind darauf spezialisiert, ausschließlich mithilfe der Arme von Ast zu Ast zu »gehen«, und sie können sich in aufrechter Haltung an erstaunlich hohen hölzernen Lianen entlangbewegen. Das Geheimnis ihrer akrobatischen Fähigkeiten liegt in den Handgelenken: Dort befindet sich ein besonders angepasstes Kugelgelenk, das ihnen nicht nur nach vorn und hinten, sondern auch in seitlicher Richtung völlige Bewegungsfreiheit verschafft.

Die asiatischen Orang-Utans und die afrikanischen Gorillas sind zwei der vier Gattungen von Menschenaffen. Die **Orang-Utans** leben in den Wäldern Indonesiens und Malaysias. Sie sind sehr intelligent und menschenähnlich – der Name kommt von dem malaysischen »orang hutan«, was »Waldmensch« bedeutet. Diese Menschenaffen, die sich vor rund 14 Millionen Jahren entwickelten, leben ausschließlich auf den Bäumen. Dort bauen sie jeden Abend für sich selbst und ihre Familie ein Nest.

Wie wir Menschen, so haben auch diese verspielten Tiere eine hoch entwickelte Sprache und Kultur.[6] Man hat beobachtet, wie sie sich kurz vor dem Schlafengehen gegenseitig mit Himbeeren bespucken – bei Orang-Utans ist das offenbar die Entsprechung zum Gutenachtkuss. Außerdem spielen sie gern: Sie rennen beispielsweise an umgestürzten Bäumen entlang und versuchen, dabei möglichst viele Blätter abzureißen. Man weiß sogar, dass wilde Orang-Utans ihre verwaisten Verwandten in Rettungszentren besuchen, die von Menschen eingerichtet wurden. Offenbar unterhalten sie sich mit ihnen, und wenn die Waisen später freigelassen werden, helfen ihnen die Verwandten, sich wieder an das Leben in den Bäumen zu gewöhnen.

In jüngerer Zeit lassen genetische Untersuchungen und Fossilfunde darauf schließen, dass die afrikanischen Menschenaffen in der Evolution aus Arten wie den Gibbons und Orang-Utans hervorgegangen sind, die ursprünglich ausschließlich in Asien lebten. Demnach muss eine dieser Gruppen vor etwa zehn Millionen Jahren den Rückweg über die asiatische Landmasse nach Afrika angetreten haben.[7] Dort entwickelte sie sich dann zu den heutigen Gorillas und Schimpansen.

Gorillas sind sanftmütige Pflanzenfresser, die nicht auf Bäumen, sondern in Graslandschaften leben. Heute gibt es nur noch zwei Arten von ihnen, und beide sind vom Aussterben bedroht. Einige Hundert Gorillas starben 2004 am Ebola-Virus, für das es bisher weder einen Impfstoff noch eine Therapie gibt. Gorillas sind hochintelligent. Das Weibchen Koko, das 1971 in Gefangenschaft geboren wurde, lebt in Kalifornien. Sie hat seit ihrem ersten Lebensjahr eine Gebärdensprache erlernt. Nach Aussagen ihrer Lehrerin Penny Patterson kann sie sich mit einem Wortschatz aus bis zu 1 000 Wörtern verständlich machen. Seit

Scheuer Gibbon: Schwinghangeln nennt man die Fortbewegungsart, mit der sich diese Affen ausschließlich mit den Armen von Ast zu Ast fortbewegen.

Koko zum ersten Mal ihre sprachlichen Fähigkeiten demonstrierte, wird in der Wissenschaft eifrig diskutiert. Versteht sie wirklich, was sie sagt? Oder wird sie nur durch die Aussicht auf eine Belohnung veranlasst, das Richtige zu sagen? Im August 2004 teilte Koko mit, sie habe Zahnschmerzen. Nach Angaben ihrer Betreuer konnte sie ausdrücken, dass sie Schmerzen hatte, und sie gab die Stärke der Schmerzen sogar auf einer Skala von eins bis zehn an.

Koko besitzt auch andere menschenähnliche Eigenschaften. Unter anderem gehört sie zu den wenigen Tieren, von denen man weiß, dass sie ein Haustier halten und versorgen. Im Jahr 1984 bat sie um eine Katze. Aus einem von der Mutter verlassenen Wurf suchte sie sich einen jungen grauen Kater aus und gab ihm den Namen All Ball. Koko kümmerte sich um die junge Katze, als sei es ein kleiner Gorilla, bis All Ball eines Tages aus Kokos Käfig entkam und von einem Auto überfahren wurde. Daraufhin weinte Koko zwei Tage lang. Seither hatte sie mehrere weitere Haustiere, darunter die beiden jungen Katzen Lipstick und Smoky.

Auch der **Mensch** ist ein Menschenaffe. Bis in die 1960er Jahre glaubte man, die Menschen hätten sich in der Evolution schon vor rund 20 Millionen Jahren von den anderen Affen getrennt – zu jener Zeit hatte man erst so wenige Fossilien entdeckt, dass man letztlich nicht beweisen konnte, wann oder wie diese Abspaltung geschehen war. Außerdem herrschte der starke Eindruck, die Trennung müsse zumindest schon vor sehr langer Zeit stattgefunden haben, denn sonst hätten wir Menschen nicht die Zeit gehabt, uns zu so offenkundig weit überlegenen Lebewesen zu entwickeln. Wir können sprechen, bauen Häuser, erfinden raffinierte Maschinen, wir sind – jedenfalls im Allgemeinen – sauber, besitzen Fantasie und haben uns zumindest scheinbar die Natur untertan gemacht und zu unseren eigenen Zwecken verändert.

Koko mit ihrem Haustier All Ball. Sie sorgte für die Katze, als wäre sie ein Gorillababy.

Anfang der 1990er Jahre entdeckte man dann durch molekularbiologische Untersuchungen, dass wir Menschen rund 96 Prozent unserer genetischen Information (DNA) mit den anderen Menschenaffen (Schimpansen, Gorillas und Orang-Utans) gemeinsam haben. Wie die Analysen zeigten, gingen die Menschen aus einer Art von Menschenaffen hervor, die vermutlich irgendwann vor vier bis sieben Millionen Jahren lebte – nur 90 Sekunden vor Mitternacht auf unserer 24-Stunden-Uhr.

Die Nachkommen dieser Menschenaffen entwickelten sich auseinander: Auf der einen Seite entstanden die Schimpansen und ihre Vettern, die Bonobos, auf der anderen die Frühmenschen. Wer der Vorfahre war und wo er lebte, ist in der Wissenschaft eine der größten ungelösten Fragen, die noch einer Antwort harren.

Die Wanderungen der Säugetiere

Nach dem Verschwinden der Dinosaurier wuchsen Verbreitungsgebiete und Vielfalt der Säugetiere. Während die Kontinente sich verschoben und der Meeresspiegel sank, wanderten sie um die ganze Erde.

Die Kamele wanderten vor drei Millionen Jahren von Nordamerika nach Asien und Südamerika.
Die Vorfahren der heutigen Pferde entwickelten sich vor 50 Millionen Jahren in Nordamerika und erreichten, über Alaska kommend, vor drei Millionen Jahren Asien.
Die Primaten verbreiteten sich vor 50 Millionen Jahren in Afrika und gelangten vor 25 Millionen Jahren über das Meer nach Südamerika; vor 18 Millionen Jahren besiedelten sie Asien, und von dort wanderten sie wieder nach Afrika, wo sie sich vor sieben Millionen Jahren zu Gorillas entwickelten.
Die Beuteltiere hüpften vor 55 Millionen Jahren durch Südamerika, Australien und die Antarktis; die drei Kontinente waren damals noch verbunden.

Die Seekühe entwickelten sich aus den gleichen Vorfahren wie die Elefanten und kehrten vor 50 Millionen Jahren ins Wasser zurück. Wale und Delfine besiedelten vor 35 Millionen Jahren das Meer.

Teil 2

Homo sapiens

7 Millionen bis 5000 v. Chr.

Als die Platten der Erdkruste mit ungeheurer Kraft zusammenstießen, kam es zu gewaltigen Klimaveränderungen. Dabei entstanden Eiskappen, die große Teile unseres Planeten in einen leuchtend weißen, jahrtausendelangen Winter stürzten. Während die Temperaturen sanken und die Niederschläge nachließen, traten Grasslandschaften an die Stelle von Bäumen und Wäldern, bei den Vögeln entwickelten sich neue Wanderungsrouten, und auch alle anderen Tiere mussten sich anpassen – oder sie starben aus.

Vor rund vier Millionen Jahren experimentierten große Affen – eine Gruppe von Primaten, die auf den Bäumen zu Hause war – mit einer neuen Lebensweise: Sie wagten sich in die mittlerweile ausgedehnten Graslandschaften hinaus, und einige von ihnen meisterten das Kunststück, nicht mehr auf vier, sondern auf zwei Beinen zu gehen. Als sie erlebten, wie sie die frei gewordenen Hände zur Werkzeugherstellung nutzen konnten, vergrößerte sich ihr Gehirn, und nun konnten sie auch die schlimmsten Klimabedingungen überstehen, mit denen sie die Natur konfrontierte. Aus zweibeinigen, schimpansenähnlichen Wesen entwickelten sich relativ schnell Lebewesen wie du und ich – Menschenaffen, die lernten, wie man spricht, singt und ein Lagerfeuer anzündet. Sogar das Zeichnen lernten sie.

Mindestens zwei Millionen Jahre lang streiften mehrere unterschiedliche Menschenarten über die Kontinente. Sie zogen von Ort zu Ort, trugen ihre Kleinkinder bei sich und teilten untereinander ihre Habseligkeiten – je weniger es waren, desto besser, denn das erleichterte ihnen das Wandern. Es gab keine Gesetze, kein Privateigentum, keine Orte, an denen der Zutritt verboten war. In der Natur zu leben bedeutete, dass man weiterzog und dem Land genügend Zeit zur Erholung ließ. Die Bevölkerungszahl war stabil bei einem Spitzenwert von weltweit rund fünf Millionen Individuen.

Dann schlug in Australien und später in Amerika die Katastrophe zu: In der Zeit vor 40 000 bis 10 000 Jahren starben dort ganz plötzlich viele große Säugetiere aus, sodass die Ökosysteme nicht mehr von einigen besonders kräftigen Lebewesen – Rindern, Pferden und Kamelen – profitieren konnten. Vor etwa 12 700 Jahren folgte auf die Erwärmung, die nach der letzten Eiszeit eingesetzt hatte, eine plötzliche, dramatische Klimaveränderung. Sie zwang die Menschen im Mittelmeerraum und im Nahen Osten, in ihrem verzweifelten Überlebenskampf mit neuen Lebensweisen zu experimentieren. Die Menschen entdeckten, wie man durch künstliche Selektion Einfluss auf die Natur nehmen kann, und dabei lernten sie auch, Nutzpflanzen anzubauen und Tiere so zu zähmen, dass man sie in Gefangenschaft halten konnte.

Nachdem das Klima sich wieder stabilisiert hatte, blieben manche Menschen dem Wanderleben treu, sie konnten aber jetzt ihre domestizierten Rinder-, Schaf-, Schweine- und Ziegenherden als Lebensmittellieferanten mitnehmen. Andere legten dauerhafte Siedlungen an, Dörfer und Städte, in denen die neu entwickelte Landwirtschaft Lebensmittelüberschüsse zur Ernährung der Menschen lieferte, die kein Land mehr bebauten. Zum ersten Mal traten Priester, Könige und Beamte, Künstler, Kaufleute und Sklaven in Erscheinung. Mit diesem unermüdlichen Marsch in die schöne neue Welt der menschlichen Zivilisation wandelte sich die traditionelle Beziehung zwischen den Menschen und der übrigen Natur mitunter bis zur Unkenntlichkeit.

KAPITEL 11

DER EIS-SCHRANK

WIE ZYKLISCHE SCHWANKUNGEN DER ERDDREHUNG FÜR KLIMAVERÄNDERUNGEN SORGTEN UND DURCH CHAOTISCHE BEWEGUNGEN DER TEKTONISCHEN PLATTEN WEITE GRASLANDSCHAFTEN SOWIE BITTERKALTE POLARE EISKAPPEN ENTSTANDEN

Wer kennt sie nicht, die Fahrgeschäfte auf den Jahrmärkten? Karussells, Achterbahnen und – das Beste von allem – die Autoscooter? Es mag sich bizarr anhören, aber wir alle sitzen in den Autoscootern unserer Erde. Sie sehen nicht ganz so aus wie die von Menschen gemachten Spaßautos auf den Jahrmärkten, und sie bewegen sich auch sehr viel langsamer. Aber wenn sie zusammenstoßen, hat das tief greifende Auswirkungen auf das Wetter der ganzen Welt.

Willkommen auf dem Rummelplatz der Natur. Ganz allmählich, im Laufe der letzten 200 Millionen Jahre, zerbrach die ruhelose Erdkruste in riesige, kontinentgroße Teile. Für die Vielfalt der Lebewesen war das gut, denn nun fiel es einzelnen Arten viel schwerer, nach Art der Dinosaurier sämtliche Landflächen zu beherrschen. Als die Platten der Erdkruste auseinandertrieben, bildeten sich Meere und Ozeane als natürliche Barrieren. Die Evolution brachte neue Lebewesen hervor, und viele von ihnen lernten, in unterschiedlichen Lebensräumen mit geringerer Konkurrenz zu gedeihen. Durch die Trennung der Kontinente wuchs auch die Zahl der Strände, Meeresküsten, Feuchtgebiete und Salzebenen – all das trug dazu bei, das Leben auf der Erde voranzubringen.

Seit die Dinosaurier vor 65,5 Millionen Jahren ausstarben, ist der Kohlendioxidgehalt der Atmosphäre von fast 3 000 Parts per Million (ppm) stark zurückgegangen: 1832 lag er bei nur 284 ppm, um dann in den letzten 175 Jahren durch die Tätigkeiten der Menschen wieder anzusteigen (siehe Seite 493). Mit dem Kohlendioxidgehalt sanken auch die Temperaturen, obwohl die Sonnenstrahlung seit Beginn unseres 24-Stunden-Tages um 30 Prozent zugenommen hat. Solche Veränderungen von Atmosphäre und Temperatur haben ihre Ursache zu einem großen Teil in den ständigen Zusammenstößen der **Erdkrustenplatten**: Ihre Bewegung läuft zwar nach menschlichen Zeitmaßstäben sehr langsam ab, sie hatte aber für das Leben auf der Erde dramatische Folgen.

Vor rund 90 Millionen Jahren löste sich der **indische Kontinent** von Afrika und ging seine eigenen Wege. Mit einer Geschwindigkeit von 15 Zentimetern im Jahr bewegte er sich nach Norden, wobei er sich gleichzeitig aufwärtsdrehte. Vor etwa 50 Millionen Jahren, nach einer Wanderung von 3000 Kilometern, traf er mit Asien zusammen. Dass er sich so schnell bewegte, lag nach Ansicht vieler Fachleute daran, dass die indische Platte im Vergleich zu den meisten anderen sehr dünn ist. Heute, lange nach dem Zusammenstoß mit Asien, bewegt sich Indien mit dem gemütlicheren Tempo von fünf Zentimetern im Jahr nach Norden.

Bei der Kollision mit dem größeren, langsamer wandernden asiatischen Kontinent entstand das größte Gebirge der Erde. Der **Himalaja** und die riesige tibetanische Hochebene waren nach heutiger Kenntnis der Grund, warum große Kohlendioxidmengen aus der Atmosphäre entfernt wurden und die globalen Temperaturen dramatisch sanken.[1]

Die Luft, die sich über den hohen Himalajagipfeln abgekühlt hatte, ließ gewaltige Mengen Wasserdampf aus dem warmen Indischen Ozean kondensieren. Die Folge waren riesige Monsunregen, die sich über Indien und dem südlichen Teil der tibetanischen Hochebene entluden. Als es so stark regnete, löste sich das Kohlendioxid aus der Luft im Wasser und wurde letztlich über Flüsse und Bäche in die Ozeane gespült, wo es sich

Kollision der Kontinente

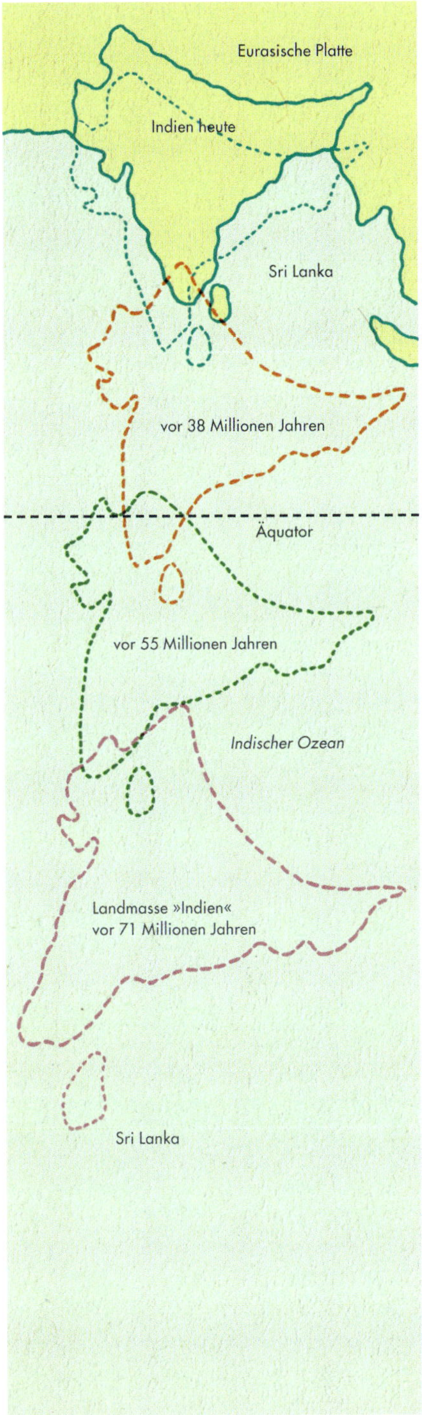

Nach einer rekordverdächtigen Wanderung unter dem Ozean kollidierte die indische Platte mit Asien und schob den Himalaja in die Höhe.

als Sediment am Meeresboden ablagerte. Nachdem sich der CO_2-Gehalt der Atmosphäre auf diese Weise verringert hatte, wurde es auf der Erde noch kühler.[2]

Zur gleichen Zeit wanderten auch andere Landmassen rund um die Erde, und ihre Zusammenstöße hatten nicht weniger dramatische Folgen. Ungefähr zu der Zeit, als Indien und Asien kollidierten, schob sich **Afrika** in Richtung der Meere vor, die es von dem östlichen Kontinent trennten. Der Meeresboden stieg in die Höhe und bildete mehrere Landbrücken in dem Urozean Tethys, der früher den heutigen Mittleren Osten mit dem Indischen Ozean verbunden hatte. Diese Landbrücken schufen vermutlich für die afrikanischen Kleinenaffen den Weg, auf dem sie nach Asien gelangen konnten, um sich dort zu den ersten Mitgliedern unserer eigenen Familie – den Menschenaffen – zu entwickeln (siehe Seite 101). Die ersten Pferde und Kamele kamen von Nordamerika in die Graslandschaften Asiens: Sie wanderten über eine Landbrücke, die damals Alaska mit der Ostspitze Russlands verband, und wurden schließlich in den Wüsten Zentralasiens heimisch.

Afrika prallte nach dem Zusammenstoß zurück und drängte nun nördlich in Richtung Europa. Dieser Vorgang schob die Alpen in die Höhe, die sich heute von Frankreich über die Schweiz bis nach Italien und Österreich erstrecken. Und während dieser ganzen Massenkarambolage, die vor rund 20 Millionen Jahren begann, schob Afrika sich auch weiter in Richtung des großen Nahen Ostens, sodass Tethys sich schloss und damit das Mittelmeer als Restmeer der Tethys entstand (und erst durch den Bau des Suezkanals wieder nach Süden geöffnet wurde, siehe Seite 227, 464).

Vor sechs Millionen Jahren war Afrika so nahe an das heutige Südspanien herangerückt, dass es mit seinem ungeheuren Gewicht ein neues Gebirge in die Höhe schob; dieses schloss das Mittelmeer auf allen Seiten ein. Der riesige See, der damals keine Verbindung zum Atlantik hatte, trocknete allmählich aus, und zurück blieb Schicht um Schicht aus schmutzig weißem Meersalz. Heute sind diese Salzablagerungen an manchen Stellen mehr als eineinhalb Kilometer dick, und deshalb glauben Fachleute, dass sich das riesige Becken im Laufe von über einer Million Jahre bis zu vierzigmal füllte und wieder austrocknete.[3] Der natürliche Prozess, durch den gewaltige Salzmengen aus den Meeren entfernt werden, war hier besonders wirksam (siehe Seite 30).

Vor 5,3 Millionen Jahren schließlich flutete das Wasser zum letzten Mal zwischen den Bergen hindurch, die Spanien und Nordafrika zuvor verbunden hatten. Riesige Klippen fielen bis zu 3 000 Meter tief auf den Talboden ab – damit waren sie fünfzigmal höher als die Niagarafälle. Nur hundert Jahre später war das ganze Mittelmeerbecken wieder mit Wasser gefüllt. Bis zu 170 Kubikkilometer Wasser schossen jeden Tag den gewaltigen Wasserfall hinunter – es muss eine der ungewöhnlichsten und dramatischsten Episoden der Erdgeschichte gewesen sein.

Die Erde war zu jener Zeit bereits in eine **Eiszeit** verfallen, und das lag an einer weiteren vagabundierenden Landmasse, die sich auf der anderen Seite des Globus befand. Als die **Antarktis** sich vor rund 40 Millionen Jahren von Südamerika trennte, wanderte sie nach

Süden bis zum Südpol. Dabei öffnete sich eine neue Wasserstraße, die heute nach ihrem Entdecker, dem berühmten englischen Weltumsegler und Piraten Sir Francis Drake (ca. 1540–1596) als Drake-Passage bezeichnet wird.

Jetzt war das kalte Wasser aus dem Südpolarmeer gezwungen, die Antarktis zu umkreisen, statt nach Norden zu strömen und sich mit dem wärmeren Wasser des Pazifischen und des Indischen Ozeans zu vermischen. Als es in der Region immer kälter wurde, bildete sich über der einstmals tropischen Landmasse eine ungeheure Eisdecke. Heute ist die Eiskappe in der Antarktis mehr als eineinhalb Kilometer dick und erstreckt sich über eine Fläche, die 50-mal so groß ist wie Großbritannien. Eine derart riesige Eiswüste ließ die Wassertemperatur im Meer um bis zu zehn Grad absinken, und das leuchtend weiße Eis warf die Sonnenstrahlen in den Weltraum zurück, sodass die Temperaturen noch weiter abwärtsgingen. Mit der glitzernden Eiskappe am Südpol trat die Erde in eine neue Eiszeit ein. Es war die erste seit mindestens 250 Millionen Jahren, und zurückzuführen war sie auf die chaotischen Wanderungen der Landmassen.[4]

Niedrige Temperaturen haben in der Regel zur Folge, dass weniger Wasser aus den Meeren verdunstet, was an Land zu geringeren Niederschlägen führt. Solche Verhältnisse ließen die großen Graslandschaften unserer Zeit entstehen; sie traten an die Stelle bewaldeter Gebiete, die mehr Regen brauchen.[5] Die Prärien Nordamerikas, die Pampas im heutigen Argentinien sowie die Steppen Osteuropas und Zentralasiens entstanden im Lauf jener Eiszeit.

Die Tiere passten sich an die neuen Verhältnisse an: Als sich die Konkurrenz in den großen, offenen Landschaften verstärkte, führte ihre Evolution zu größeren Arten und größeren Herden. Die geräumigen Graslandschaften boten auch eine neue Nahrungsgrundlage für die Vögel. Sie bewältigten die Anforderungen unter den eiszeitlichen Bedingungen, indem sie in großen Schwärmen die besten Lebensräume suchten. Graslandschaften, in denen es viele Samen gab, waren eine bequeme Zwischenstation, an der man fressen konnte. Amseln, Feldlerchen, Spatzen, Wachteln und Falken taten sich in den neuen Steppen gütlich, die schließlich weltweit mehr als 25 Prozent der Landflächen bedeckten.

Die antarktische Eiskappe, vom Weltraum aus gesehen. Die Aufnahme entstand im Winter, als die Eisdecke über dem Ozean ihre größte Ausdehnung hatte.

Der letzte Autoscooter, der auf dem riesigen Rummelplatz der Erde eine besondere Bedeutung erlangte, war **Südamerika**. Es stieß vor rund drei Millionen Jahren mit seinem nördlichen Nachbarn zusammen, und beide wurden durch eine schmale Landbrücke verbunden – das heutige Panama. Die Kollision hatte ebenso weitreichende Folgen wie alle vorherigen. Zum ersten Mal konnten Tiere, die sich zuvor völlig getrennt voneinander entwickelt hatten, zwischen den beiden Kontinenten hin und her wandern.

Für manche von ihnen boten sich dadurch gute Möglichkeiten, für andere begann die Katastrophe. Lamas, Hunde, Katzen, Löwen, Bären, Pferde und Ratten eilten in den Süden, Gürteltiere, Opossums und Faultiere zogen nach Norden. Neue Raubtiere besiedelten das Land, und die Konkurrenz um die Nahrungsquellen verstärkte sich. Dieser Prozess, den man als **Großen Amerikanischen Austausch** bezeichnet, erreichte vor drei

Millionen Jahren seinen Höhepunkt. Die wichtigsten Opfer waren die großen Beuteltiere Südamerikas, der Beutellöwe und die Entsprechungen zu Nashörnern und Elefanten, deren fossile Knochen noch heute an vielen Stellen zu finden sind. Sie hatten den Einwanderern aus dem Norden – Großkatzen, Hunden und Bären – nichts entgegenzusetzen.

Auch dieses Mal hatte die Kollision der beiden Kontinente dramatische Auswirkungen auf das globale Wettergeschehen. Im Atlantik wurden die Meeresströmungen nach Norden abgedrängt, und da ihnen nun das Land den Weg versperrte, konnten sie sich nicht mehr mit den Gewässern des Pazifiks vermischen. Die Folge war, dass ein ganz neues Wettersystem entstand. Der Golfstrom pumpte nun warme Luft nach Norden und heizte Nordwesteuropa um mindestens zehn Grad auf. Außerdem brachte er mehr Wasserdampf mit, der kurz zuvor aus dem Atlantik verdunstet war. Als seine Wolken in nördlicher Richtung in die kalte **Arktis** getrieben wurden, verwandelte sich der Regen in Schnee, und der lagerte sich in dicken Schichten auf dem kalten Meer ab, wo er zu einer massiven Eisschicht heranwuchs. Vor drei Millionen Jahren hatte sich auf der Erde eine zweite Eiskappe gebildet, dieses Mal rund um den Nordpol.

Nachdem der Planet nun an beiden Polen Eiskappen trug, wurde es noch kälter. Weite Teile der Erde wurden buchstäblich tiefgefroren. Riesige Eismassen weiteten sich von den Polen nach Süden aus und reichten zu manchen Zeiten bis auf die Höhe des heutigen London, Paris, Berlin oder Moskau. In Nordamerika erstreckte sie sich über die großen Ebenen Kanadas, die großen Seen und bis in die Region, in der heute New York liegt. Ebenso waren große Teile Russlands und ganz Grönland völlig vereist. Über Jahrtausende hinweg zog sich eine dicke Eisschicht über das Meer, und manche Eisschollen ragten bis zu eineinhalb Kilometer weit in den Himmel.

Da so viel Wasser als Eis gebunden war, sank der Meeresspiegel. Vom heutigen Dover in England konnte man trockenen Fußes ins französische Calais gelangen. Anstelle des Ärmelkanals gab es nur eine flache, ausgetrocknete Tundra. Und selbst da, wo die gewaltigen Eiswände endeten, war es immer noch

Polareis, wie dieser Gletscher vor der Küste Grönlands, ist seit etwa 40 Millionen Jahren ein wichtiger Faktor für das Weltklima.

Pampas in Patagonien (Südamerika). Als es auf der Erde kühler und trockener wurde, traten Graslandschaften an die Stelle der Wälder.

so kalt, dass kaum ein Lebewesen gedeihen konnte.

In Nordeuropa sanken die Temperaturen häufig bis auf minus 80 Grad, und der Wind erreichte Spitzengeschwindigkeiten von über 300 Stundenkilometern. Auch riesige gefrorene »Flüsse« aus Eis waren in Bewegung. Sie schoben sich vor wie ungeheure Bulldozer, schoben langsam und unerbittlich die obersten Erdschichten vor sich her und zogen sich später, als die Temperaturen wieder anstiegen, zurück; beim Schmelzen hinterließen sie große Süßwasserseen. Von solchen Gletschern wurden viele besonders sehenswerte Seen- und Gebirgslandschaften geformt, vom englischen Lake District bis zu den Schweizer Alpentälern und von den großen Seen Nordamerikas bis zu den norwegischen Fjorden.

Ein solcher **Vormarsch der Eismassen** ereignete sich in den letzten zwei Millionen Jahren bis zu 30-mal (siehe Seite 135). Immer transportierte das Eis riesige Felsblöcke viele Kilometer vom Ort ihrer Entstehung weg. Gesteinsoberflächen wurden zu bizarren Formen zusammengedrückt und abgekratzt, der Untergrund wurde hinabgedrückt – um später, nachdem der dicke Eispanzer sich zurückgezogen hatte, langsam wieder in die Höhe zu steigen. Großbritannien beispielsweise hebt sich noch heute, nachdem vor 10 000 Jahren die letzte dicke Eisschicht abgeschmolzen ist; das Land steigt allerdings nur um etwa einen Millimeter im Jahr.

Trotz aller weitreichenden, dramatischen Ereignisse gedieh das Lebendige immer noch: In der Natur verlief der Wandel so langsam, dass die aufeinander folgenden Generationen sich anpassen konnten. Außerdem waren nicht alle Lebewesen betroffen. In den Tropen war es immer noch warm, und manche Regenwälder blieben erhalten; allerdings waren sie viel kleiner als zu Beginn der Eiszeit vor rund 40 Millionen Jahren.

Jetzt war es kühler, und es gab mehr Grasflächen. Der Meeresspiegel stieg und sank, Brücken zu anderen Landflächen öffneten sich und schlossen sich wieder, und die erbarmungslosen, dicken Eisschichten kamen und gingen. In diese Welt der großen Umwälzungen wurden die Menschen hineingeboren.

KAPITEL 12

NERVENNAHRUNG

WIE MENSCHENAFFEN VON DEN BÄUMEN STIEGEN, DEN AUFRECHTEN GANG ERLERNTEN, JAGDWERKZEUGE HERSTELLTEN UND SICH ZU ARTEN MIT ÜBERDURCHSCHNITTLICH GROSSEM GEHIRN ENTWICKELTEN

Der Tschad wird auch »das tote Herz Afrikas« genannt. Heute ist das Land größtenteils sehr öde: In der Mitte riesige, staubige Ebenen, im Norden die Wüste, im Nordwesten trockene Gebirge und im Süden tropische Niederungen. Im heißesten, staubigsten, unwirtlichsten Teil dieses Landes hat man einige der faszinierendsten historischen Objekte aller Zeiten gefunden.

Im Juli 2001 entdeckte ein Team von vier Wissenschaftlern unter Leitung des Franzosen Michel Brunet den Schädel eines Lebewesens, das der Vorfahre aller Menschen gewesen sein könnte. Es waren Knochen eines menschenähnlichen Tiers, das vor rund sieben Millionen Jahren lebte – die Entdecker gaben ihm den Spitznamen »Toumai«, was in der Sprache der Region »Hoffnung auf Leben« bedeutet. Noch ein wenig früher, so die Vermutung mancher Fachleute, gabelte sich der Stammbaum der Menschenaffen in die beiden Zweige, von denen einer zum Menschen und der andere zu den Schimpansen führte.

Das Lebewesen, auf das die Knochen schließen lassen – es trägt den wissenschaftlichen Namen »Sahelanthropus tchadensis« – hatte dicke Brauenwülste, kurze Zähne und ein Gesicht, das stark an einen heutigen Menschen erinnert. Der Gehirnschädel war klein: Mit 350 Kubikzentimetern hatte er ungefähr das gleiche Volumen wie der eines Schimpansen. Der Schädel eines heutigen Menschen dagegen misst 1 350 Kubikzentimeter. Leider kann man an dem Schädel nicht ablesen, ob dieser Vorfahre der Menschen auf zwei Beinen oder auf allen vieren ging. Nach Ansicht mancher Wissenschaftler ist er das fehlende Verbindungsglied, der »Missing Link« zwischen Menschenaffen und Menschen, eine Übergangsform, von der die gesamte Menschheit abstammt. Andere sehen in den Knochen schlicht den Schädel eines Weibchens einer frühen Gorilla-Art.

Der Fund im Tschad folgte nur wenige Monate nach einer anderen spektakulären Entdeckung, dieses Mal in Kenia. Dort fand man neben Zähnen und Schädelbruchstücken auch Bein- und Armknochen. Das Lebewesen mit dem Namen »Orrorin tugenensis« war so kräftig, dass es auf Bäume klettern konnte, aber ging es aufrecht oder auf allen vieren?

Die Entdeckung dieser beiden Gruppen von Knochen hat eine langwierige wissenschaftliche Kontroverse entzündet; der Grund: Die Funde scheinen neueren genetischen Analysen zu widersprechen. Glaubt man der sogenannten »molekularen Uhr«, kann sich die Trennung der Vorfahren des Menschen und der Schimpansen vor nicht viel mehr als fünf oder sechs Millionen Jahren ereignet haben. Läge sie weiter zurück, könnten unsere Gene denen der Schimpansen – mit denen sie zu mindestens 96 Prozent übereinstimmen – nicht so ähnlich sein.[1]

In jüngerer Zeit hat man einige Knochen, die bereits 1974 gefunden wurden, noch einmal untersucht. Dabei stießen die Genetiker genau auf die richtigen Indizien: Sie stützen die Theorie, dass sich die Abstammungslinien zwischen Menschen und Schimpansen vor rund sieben Millionen Jahren trennten.

Lucy lebte vor rund 3,2 Millionen Jahren im heutigen Äthiopien. Entdeckt wurde sie von einem internationalen Wissenschaftlerteam unter Leitung des amerikanischen Fossilienexperten Donald Johanson. Am 30. November 1974 suchte Johanson zusammen mit Tom Gray, einem seiner Studenten, in der Nähe des Flusses Awash nach menschlichen Fossilien, und dabei stießen sie auf Bruchstücke eines Armknochens, die an einer Böschung aus dem Boden ragten. Als sie die Erde in der Umgebung umgruben, fanden sie weitere Überreste: einen Kieferknochen, noch mehr Bruchstücke der Arme, einen Hüftknochen und Rippen. Stück für Stück konnten sie schließlich mehr als 40 Prozent eines vollständigen Skeletts zu Tage fördern.

Toumai ist nach Ansicht mancher Fachleute der älteste Vertreter unserer menschlichen Abstammungslinie. Andere vermuten, der Schädel gehöre zu einem Gorillaweibchen.

Ihrem Fund gaben sie den Namen »Lucy«: Es handelte sich eindeutig um ein Weibchen, und zur Zeit der Entdeckung hörte Johanson öfter den Beatles-Song »Lucy in the Sky with Diamonds«. Lucy war ungefähr 1,10 Meter groß und wog rund 29 Kilo. Als die Wissenschaftler ihre Entdeckung veröffentlichten, wurde Lucy zur Sensation: An der Form ihres Beckens war zu erkennen, dass sie als ältester bis dahin bekannter Menschenaffe eindeutig auf zwei Beinen ging.

Vier Jahre später machte ein anderes Team von Fossiliensammlern in Tansania eine weitere ungewöhnliche Entdeckung. An einem Ort namens Laetoli fanden sie eine Reihe von Fußabdrücken, die in versteinerter Vulkanasche ausgezeichnet erhalten geblieben waren. Auch sie sprachen für die Vorstellung, dass Lucy und ihresgleichen aufrecht gingen wie wir.

Stammen die Fußabdrücke von einer Familie, die unterwegs zu einer Wasserstelle war? Kurz nachdem sie an dieser Stelle vorübergegangen war, brach jedenfalls ein Vulkan aus, und die Fußspuren wurden unter Aschebergen begraben, sodass sie in versteinerter Form erhalten blieben. Das Alter der Abdrücke wurde mit 3,7 Millionen Jahren ermittelt. An der Erkenntnis ist nicht zu rütteln: Sie stammen von Lebewesen, die sich auf zwei Beinen fortbewegten.

Bis zur Entdeckung von Lucy hatte man allgemein angenommen, die Vorläufer des Menschen hätten sich aufgrund ihrer überlegenen Intelligenz entschlossen, lieber auf zwei Beinen zu gehen. Durch den **aufrechten Gang** hätten sie die Hände frei gehabt und hätten technische Geräte – Werkzeuge und Waffen – herstellen können, die ihnen das Leben und Überleben erleichterten. Deshalb war Lucy eine so große Überraschung: Sie ging einerseits auf zwei Beinen, womit ihre Spezies ein Kandidat für die ältesten Vorfahren des Menschen war, und andererseits war ihr Kopf nicht viel größer als der eines Schimpansen.

Ganz allgemein ist ein kleiner Kopf gleichbedeutend mit einem **kleineren Gehirn** und einer geringeren Intelligenz. Deshalb hat Lucy uns gelehrt, dass der aufrechte Gang sich bereits entwickelte, lange bevor die Menschen ein großes Gehirn und einen großen Kopf hatten – und damit vermutlich auch lange bevor sie auf den Gedanken kommen konnten, es sei klüger, aufrecht zu gehen. Woran lag es dann, dass Lucy lieber aufrecht ging, obwohl das Leben auf allen vieren für sie doch ganz und gar sinnvoll gewesen sein muss? Warum sind zwei Beine so viel vorteilhafter als vier? Vor Gefahren davonlaufen oder Beutetiere jagen kann man auf vier Beinen ebenso gut – das sieht man beispielsweise, wenn ein Hirsch flüchtet oder ein Gepard auf die Jagd geht. Auch auf Bäume klettern kann man mit vier Beinen genauso gut wie mit zwei Beinen und zwei Händen – man braucht nur einmal ein Eichhörnchen oder einen Affen zu beobachten. Ebenso hat der Gang auf zwei Beinen schwerwiegende Nachteile. Um bequem gehen zu können, müssen Weibchen ein schmales Becken haben, und das macht Entbindungen nicht nur ungeheuer schmerzhaft, sondern auch für Mutter und Kind viel gefährlicher.

Wie es kam, dass sich Lucy und ihresgleichen aufrecht fortbewegten, weiß niemand genau. Vielleicht lag es einfach daran, dass sie bei der Nahrungssuche auf dem Waldboden hockten; dabei könnten die Füße im Laufe der Zeit flacher geworden sein, um das Gleichgewicht besser halten zu können. Viele Generationen später hätten die Vorfahren des Menschen sich dann angewöhnt, aufrecht zu gehen. Wenn das stimmt, hätte eine scheinbar einfache entwicklungsgeschichtliche Anpassung langfristig die vielleicht folgenschwerste Veränderung aller Zeiten nach sich gezogen.

In einer neueren Untersuchung wurden Menschen, die auf einem Laufband liefen, mit Schimpansen verglichen. Dabei stellte sich heraus, dass wir beim zweibeinigen Gehen nur 25 Prozent der Energie brauchen, die für die Fortbewegung auf allen vieren erforderlich ist; dies lässt darauf schließen, dass zweibeinige Lebewesen sich in Zeiten des Mangels eines beträchtlichen Überlebensvorteils erfreuten.[2] Wenn sie aufrecht gingen, konnten sie im Vorübergehen fressen, ganz ähnlich wie es heutige Menschen mit Hamburgern und Hotdogs tun. Da sie die Hände frei hatten, konnten sie ihre Nahrung leichter in provisorische Vorratslager bringen, und das half ihnen, unter unwirtlichen Bedingungen zu überleben. So gewannen sie möglicherweise das Selbstvertrauen, von den Bäumen herabzusteigen und auf den großen, grasbewachsenen Ebenen zu jagen, die zu jener Zeit, als das Klima sich verschlechterte, vielerorts die Wälder verdrängten.

Nach Lucys Entdeckung wurden die Knochen vieler weiterer, ähnlicher Lebewesen gefunden. Der neueste Fund ist ein dreijähriges Kind namens »Salem« – der Name bedeutet »Frieden« –, das im Jahr 2000 in Äthiopien gefunden wurde. Seither hat man Salem ganz vorsichtig ausgegraben, und mittlerweile kennen wir den vollständigen Schädel, das Schlüsselbein, Rippen und Kniescheiben.[3] Es sind Überreste eines Angehörigen der Gattung Australopithecus, deren ältester Vertreter, »Little Foot« genannt, 3,9 Millionen Jahre alt ist. Er wurde 1994 zufällig von Ronald Clarke entdeckt, einem Fossiliensammler, der in einem Sack voller alter Rinderknochen stöberte. Für Molekularbiologen sind Lucy und ihresgleichen ein ausgezeichneter Beleg für die Theorie, dass Schimpansen und Menschen von einem gemeinsamen Vorfahren abstammen, der vor etwa vier bis fünf Millionen Jahren lebte. Lucy und ihr neues Kunststück, auf zwei Beinen zu gehen, belegen auch definitiv den ersten wichtigen Unterschied zwischen den Menschen und den heutigen Schimpansen.

War Lucy ein Mensch? Wenn Menschsein nur bedeutet, dass man einem Menschenaffen ähnelt und auf zwei Beinen geht, war Lucy eine Frau unseres Schlages. Geht es aber um die Frage, ob man ein größeres Gehirn und eine viel größere Intelligenz besitzt als andere Lebewesen, müssen wir noch einmal 800 000 Jahre warten: Aus der Zeit vor etwa 2,4 Millionen Jahren kennen wir die ältesten Knochen von **Homo habilis**. Dieser Frühmensch war mit ungefähr 1,30 Metern viel kleiner als wir, aber immerhin schon größer als Lucy, und er konnte auch viel besser aufrecht gehen. Und was vielleicht am wichtigsten ist: Sein Gehirn war fast doppelt so groß wie das von Lucy, besaß aber mit 650 Kubikzentimetern immer noch ein nur halb so großes Volumen wie das des Homo sapiens. Im Vergleich zu Homo habilis wirkt Lucy eigentlich nicht wie der erste Mensch, sondern wie ein aufrecht gehender Schimpanse.

Homo habilis war das erste menschenähnliche Wesen, für das sich die intelligente Benutzung von **Werkzeugen** nachweisen lässt: Geschärfte Flintsteine dienten ihm dazu, Fleisch von den Knochen zu schneiden. Damit begann die Epoche, die wir heute als Altsteinzeit bezeichnen. Seit Homo habilis können wir mit Sicherheit behaupten, dass Menschen auf der Erde zum Spektrum der Natur gehörten. Er war der erste Vertreter unserer Gattung, der erste Homo der Welt.

Mit seinem aufrechten Gang konnte Homo habilis handwerkliche Fähigkeiten entwickeln. Um Holz oder Steine zu bearbeiten, braucht man eine sehr genaue Koordination von Händen und Augen. Solche Tätigkeiten erfordern gut entwickelte motorische Fähigkeiten und eine exakte Beherrschung von Händen und Fingern – Vorgänge, welche die Evolution eines größeren Gehirns begünstigten. Wie man aus neueren Untersuchungen weiß, war das Gehirn von Homo habilis im Vergleich zu anderen

Säugetieren mindestens viermal so groß, wie es im Verhältnis zu Körpergröße und Körpergewicht eigentlich normal wäre.[4]

Ein großes Gehirn verbraucht eine Menge Energie. Der Antrieb unseres Denkapparats erfordert ungefähr 20 Watt oder 400 Kalorien am Tag, das entspricht 20 Prozent unseres gesamten Energieverbrauchs – alles nur zum Denken. In dem Begriff der »Nervennahrung« steckt also ein wahrer Kern. Damit begann sich eine äußerst wichtige **Evolutionsspirale** zu drehen. Ein großes Gehirn braucht viel Energie, und die verschafft man sich am besten, indem man Fleisch isst. Fleisch verschafft man sich am besten durch Jagd, und dazu braucht man Werkzeuge und Waffen. Die Lebewesen, die solche Werkzeuge am besten herstellen konnten, waren die mit dem größten Gehirn. Eine Lawine entwicklungsgeschichtlicher Veränderungen kam ins Rollen, und den Anfang hatte Lucy gemacht, als sie sich zufällig auf zwei Beine aufrichtete. Diese Anpassungsvorgänge führten fast zwangsläufig zur **Jagd**, zu **Waffen**, **Werkzeugen** und **Intelligenz**, zur Gattung Homo, zur Spezies habilis und darüber hinaus.[5]

Manche von Lucys Vorfahren blieben auf den Bäumen und brauchten sich deshalb die Mühe des aufrechten Gangs nicht zu machen. Aus ihnen entwickelten sich die heutigen Schimpansen und Bonobos. Da sie die Hände nicht frei hatten, kam bei ihnen die Evolutionsspirale, die zum größeren Gehirn und der Intelligenz der heutigen Menschen führte, nie in Gang. Ihr Gehirn blieb klein. Wer zum Überleben kein größeres Gehirn braucht, der hat auch keins, denn das spart Energie.

Schimpansen und Menschen sind sich genetisch so ähnlich, weil sich die entwicklungsgeschichtlichen Veränderungen erst vor relativ kurzer Zeit abspielten – vermutlich vor nicht mehr als vier Millionen Jahren. Aber trotz dieses kurzen Zeitraums haben sich, was Intelligenz und Gehirngröße angeht, gewaltige Unterschiede ergeben. Eine scheinbar einfache Veränderung der Lebensumstände, in diesem Fall die frei beweglichen Hände, wurde offenbar zum Auslöser einer entwicklungsgeschichtlichen Revolution.

Aber wie groß ist der Unterschied zwischen den Menschen und ihren engsten Verwandten unter den Tieren wirklich? Man weiß, dass Schimpansen und Gorillas Kommunikation betreiben. **Kanzi**, ein Bonobo (Zwergschimpanse), wurde 1980 geboren und lebt heute im US-Bundesstaat Georgia. Er versteht mehr als 3000 gesprochene englische Wörter, viel mehr als der Gorilla Koko. Wenn Kanzi seinerseits etwas »sagen« möchte, zeigt er auf eine Reihe von Bildern, sodass die Menschen ihn verstehen können. Im November 2006 wurde berichtet, wie man Kanzi mit auf einen Waldspaziergang nahm, nachdem er die Symbole für Marshmallows und Feuer berührt hatte. Draußen angekommen, suchte er Zweige, schichtete sie zu einem Haufen auf, zündete ein Feuer an und grillte sich auf einem Stock seine eigenen Marshmallows.[6]

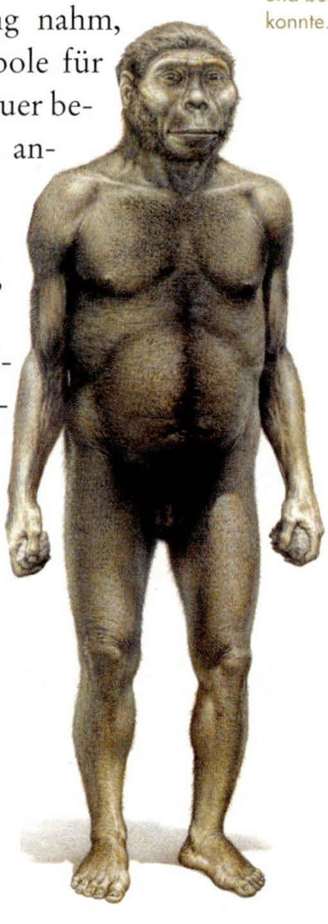

Der erste »geschickte Mensch«: Homo habilis entstand vor über zwei Millionen Jahren in Afrika und war vermutlich der erste Mensch, der Werkzeuge herstellen und benutzen konnte.

KAPITEL 13

MENSCHEN

WIE MEHRERE FRÜHMENSCHENARTEN SICH AN DIE EISZEITLICHEN BEDINGUNGEN ANPASSTEN, DAS FEUER BEHERRSCHEN LERNTEN, DAS FLEISCH FRISCH GEJAGTER TIERE KOCHTEN UND SOGAR MUSIK MACHTEN, WÄHREND SIE SICH ÜBER AFRIKA, EUROPA UND ASIEN VERBREITETEN

Heute sind die meisten Afrikaner schrecklich arm. Sie leiden entsetzlich unter Krankheiten, Hungersnot und Kriegen. Man kann davon ausgehen, dass sie allen Grund haben, zu flüchten – und das tun sie auch. Tausende von Afrikanern bemühen sich jedes Jahr, den Kontinent zu verlassen, und viele von ihnen machen sich über die Straße von Gibraltar auf den Weg nach Europa. Geschichte wiederholt sich.

Vor rund zwei Millionen Jahren war aus dem Homo habilis im Laufe der weiteren Evolution eine neue Menschenspezies hervorgegangen: der Homo erectus, der schon viel stärker uns, dem Homo sapiens, ähnelte. Lange Zeit glaubten die Fachleute, die Vorfahren der heutigen Menschen hätten ihren Ursprung in China oder vielleicht auch auf der Insel Java gehabt, denn dort entdeckte man zum ersten Mal die Knochen des Homo erectus und datierte sie auf 500 000 Jahre zurück. Heute wissen wir es besser, und das verdanken wir einem zehnjährigen Jungen, der vor rund 1,8 Millionen Jahren auf rätselhafte Weise in einem Sumpf nicht weit vom Ufer des Turkanasees im heutigen Kenia ums Leben kam. Seit er gefunden wurde, wissen wir, dass der Homo erectus in Afrika ungefähr zu der Zeit auf der Bildfläche erschien, als Homo habilis ausstarb.

Der Junge von Turkana wurde 1984 von einem Fossiliensammlerteam unter Leitung des in Afrika lebenden britischen Paläontologen Richard Leakey entdeckt. Wie Leakey schon wenig später erläuterte, ergaben sich aus dem Fund weitreichende Folgerungen: »Seine Knochen, die 1984 mit großer Sorgfalt ausgegraben wurden, offenbarten eine Spezies auf der Schwelle zum Menschsein. Alle Menschen auf der Erde haben eines gemeinsam. Wir haben einen einzigen, gemeinsamen, afrikanischen Vorfahren, den gleichen wie dieser kleine Junge.«

Zu Lebzeiten war der Junge von Turkana vermutlich dunkelhäutig, und er schwitzte. Seine Spezies, der Homo erectus, hatte wahrscheinlich die Körperbehaarung verloren – in der sengenden Hitze Afrikas bestand kein Bedarf für ein Fell. Mit dunkler Haut und Schweißdrüsen wird es diesen Frühmenschen eher möglich gewesen sein, die unbarmherzige, trockene Wärme der afrikanischen Steppen zu überleben. Wie wir, so hatte auch der Junge von Turkana Haare auf dem Kopf; sie dienten ihm als natürlicher Sonnenhut – ein kräftiger Haarschopf schützt beim aufrechten Gehen vor den ultravioletten Strahlen.

Anders als seine Vorfahren der Spezies habilis hatte der Junge eine lange, weit aus dem Gesicht ragende Nase, die ebenfalls dazu beitrug, das Blut abzukühlen. An seinem Becken kann man erkennen, dass er aufrecht ging, und sein Schädel war deutlich größer geworden: Er besaß jetzt mit bis zu 1 100 Kubikzentimetern fast das doppelte Volumen des Schädels von Homo habilis. Ein größeres Gehirn braucht mehr Nahrung. Im Gegensatz zu seinen Vorfahren, die häufig einem hungrigen Gepard oder Löwen zum Opfer fielen, konnte Homo erectus als erster Mensch Speere herstellen. Im Kampf mit wilden Tieren trug er fast immer den Sieg davon.

Homo erectus hatte gegenüber allen anderen Lebewesen in der Wildnis mehrere entscheidende Vorteile: seine Hände, sein Gehirn und – vielleicht am wichtigsten von allem – die Fähigkeit, mit **Feuer** umzugehen. Das Feuer half ihm, den großen Tieren Angst zu machen, die für seine Vorfahren eine so große Bedrohung gewesen waren, und es bedeutete auch, dass Homo erectus schließlich zum ersten Koch der Welt wurde. Schon lange bevor diese Frühmenschen vor 70 000 Jahren endgültig ausstarben, hatten sie herausgefunden, dass Lebensmittel ihre Energie im gekochten Zustand schneller freigeben als rohes Fleisch. Außerdem werden sie auch schneller verdaut. In Afrika und Asien hat man Überreste von Lagerfeuern gefunden, die vor fast 1,5 Millionen Jahren brannten. (Künstlich entzündete Feuer hinterlassen im Boden charakteristische magnetische Kennzeichen, die auf den Einfluss der Menschen schließen lassen.) Wer brachte den Menschen bei, wie man ein Feuer entfacht? Wie lernten sie, das Feuer zu kontrollieren?

Ein Mythos aus dem alten Griechenland erzählt die Geschichte des Titanen Prometheus, der den Göttern das Feuer stahl und es zu den Menschen brachte. Für dieses Verbrechen zahlte er einen hohen Preis. Als der Göttervater Zeus den Raub bemerkte, ließ er Prometheus an einen Felsen ketten. Jeden Tag kam ein Adler und fraß von seiner Leber, aber in der Nacht wuchs die Leber wieder nach, sodass der Adler beim nächsten Mal erneut daran picken konnte. Weiterhin rächte sich Zeus mit einem Mädchen namens Pandora, das er mit einer Büchse

Ein Abguss des fossilen Schädels des Jungen von Turkana, der 1984 ausgegraben wurde. Nach seiner Entdeckung war klar, dass der Homo erectus vor rund 1,8 Millionen Jahren in Afrika entstand und erst später quer durch Europa und Asien wanderte.

zu Epimetheus, dem Bruder des Prometheus, schickte. Pandora konnte der Versuchung nicht widerstehen und öffnete die Büchse. Als sie den Deckel hob, verbreiteten sich Leid und Verzweiflung für alle Zeiten über die Menschheit.

Wie wir aus den Fossilfunden wissen, konnte der Homo erectus das Feuer mithilfe von Steinen entzünden. An mehreren Lagerstätten der Spezies im Norden Israels hat man 500 000 Jahre alte rußige Feuersteine gefunden.

Homo erectus bildete Gruppen von rund hundert Individuen. Sie gingen zusammen auf die Jagd, für die sie geschärfte Feuersteine verwendeten; sie folgten dem Geruch des Blutes, blieben wilden Tieren auf den Fersen und fingen sie ein, um sie zu verzehren. Ihre Werkzeuge waren raffinierter gestaltet als die von Homo habilis. Der größte Unterschied bestand darin, dass ihre Faustkeile auf beiden Seiten bearbeitet waren und eine scharfe Spitze hatten. Die Schneidkanten dieser **»zweiseitigen« Werkzeuge** waren bis zu viermal größer als ihre Vorgänger und eigneten sich hervorragend zum Holzhacken, zum Ausgraben von Wurzeln, zum Zerlegen toter Tiere und zum Abziehen von Häuten.

Konnte Homo erectus sprechen? Nach Ansicht der Fachleute lassen die Knochen des Jungen von Turkana darauf schließen, dass er noch nicht über diese Fähigkeit verfügte: Die Öffnungen in den Wirbeln waren nicht groß genug und konnten keinen Durchlass für das komplizierte Nervensystem bilden, das beim Sprechen für die Atemsteuerung notwendig ist. Vielleicht verfügte er über eine Art Gebärdensprache, oder vielleicht verständigte er sich auch mit Kürzeln wie die heutigen Teenager in

Diese 400 000 Jahre alten Faustkeile zeigen, wie gut die Menschen bereits scharfe Werkzeuge herstellen konnten, um damit zu hacken, Tiere zu zerlegen und ihnen die Haut abzuziehen.

ihren SMS-Nachrichten. Hdgdl – Zumiozudi (Hab dich ganz doll lieb – zu mir oder zu dir?) – wenn wir auf diese Weise zurechtkommen, konnten sie es vermutlich auch. Mit ihrem tragbaren Werkzeugarsenal, dem Schutz in der Gemeinschaft und der Magie des Feuers konnten diese Menschen sich an jeden Ort begeben, an dem ihre Ernährung sichergestellt war. Als erste Menschenspezies konnte Homo erectus auch die Welt außerhalb Afrikas erkunden – er stellte die ersten **Migranten**, die vorzeitlichen afrikanischen Marco Polos.[1]

Die Kontinente besaßen mittlerweile mehr oder weniger ihre heutige Gestalt, und deshalb war es auch schon damals möglich, zu Lande von Afrika über den Nahen Osten nach Südasien, Indien und China zu gelangen. Konnten die Steinzeitmenschen tatsächlich diesen Weg zurücklegen – ohne Straßen und Wege? Im Gegensatz zu den meisten Menschen unserer Zeit hatten unsere Vorfahren allerdings einen gewaltigen Vorteil: Sie hatten es nicht eilig.

An der Ostküste Chinas liegt der **»Drachenknochenberg«**. Dort fand man 1927 bis zu vierzig Exemplare von Homo erectus. Ihr Alter wurde auf 400 000 Jahre geschätzt. Leider sind diese Knochen heute verloren. Unmittelbar vor dem Zweiten Weltkrieg brachte man sie in ein sicheres Versteck, wo sie 1941 für den Transport in die USA verpackt wurden, weil man sie bis zum Ende des Krieges aufbewahren wollte. Aber trotz vieler Nachforschungen sind sie seitdem nie wieder aufgetaucht. Einer Theorie zufolge versanken sie 1945 mit dem japanischen Lazarettschiff *Awa Maru*.

Ein einzelner Homo erectus wurde durchschnittlich 35 Jahre alt. Auch wenn er auf seiner Wanderung nur sehr gemächlich – beispielsweise 15 Kilometer im Jahr – vorankam, brauchten er und seine Vor- und Nachfahren nach dieser Rechnung nicht mehr als 600 Jahre, um zu Lande die 9 000 Kilometer von Afrika nach China zu überwinden. Das entspricht ungefähr dreißig Generationen. Die ältesten in Afrika gefundenen Fossilien von Homo erectus sind etwa 1,8 Millionen Jahre alt, und da keiner der Knochen aus dem Drachenhügel es auf mehr als 400 000 Jahre bringt, hatten diese Menschen mehr als genug Zeit für ihre Wanderung. In Wirklichkeit könnten sie sogar viele Dutzend Male hin- und hergewandert sein.

Die Frühmenschen gelangten zu Fuß in die gesamte bewohnbare Welt, die es zur Zeit des Homo erectus gab. In Großbritannien sind die ältesten Spuren von Menschen 700 000 Jahre alt. Der Mensch von Boxgrove, dessen Schädel man in der englischen Grafschaft Sussex gefunden hat, ist ein Nachkomme des Homo erectus; er gehört zur Spezies Homo heidelbergensis und ist etwa 500 000 Jahre alt. Baute er ein Floß, watete er bei niedrigem Wasserstand durch den Ärmelkanal oder gelangte er sogar trockenen Fußes auf die Britischen Inseln, als es den Kanal noch nicht gab? All das ist möglich.

Während der Homo erectus sich in Asien ausbreitete, verschlechterte sich das Klima: Eine heftige Eiszeit setzte ein und sorgte dafür, dass sich Gletscher über die Kontinente schoben. Das kalte Klima stellte die Frühmenschen vor große Schwierigkeiten. Selbst das Wunder des Feuers reichte nicht immer aus, um ihnen bei der bitteren Kälte, die sich für Tausende von Jahren über große Teile Europas und Asiens legte, das Überleben zu sichern. Aber auch auf diese Verhältnisse hatte die Natur ihre eigene Antwort: die **Neandertaler**.

Im Neandertal, nicht weit von Düsseldorf, entdeckten Steinbrucharbeiter 1856 einige Gegenstände, die wie Menschenknochen aussahen. Durch diesen Fund wurden Naturforscher erstmals auf die Möglichkeit aufmerksam, dass es vor der Entstehung unserer eigenen Spezies, des Homo sapiens, vielleicht mehrere andere Menschenarten gab; außerdem war man sich nun ziemlich sicher, dass der Mensch von Menschenaffen abstammt. (Natürlich wusste man damals noch nicht, dass die Menschen genetisch tatsächlich einen Zweig der Affenfamilie darstellen.)

Seither hat man Knochen von Neandertalern an vielen Stellen gefunden. Die ältesten sind rund 350 000 Jahre alt. Demnach müssen über lange Zeit hinweg mehrere Menschenarten nebeneinander gelebt haben, und das mindestens bis vor 70 000 Jahren, als die Linie des Homo erectus verschwand. Dass sie ausstarb, lag wahrscheinlich an dem Klimawandel und an der Ausbreitung einer noch leistungsfähigeren Art: des Homo sapiens, unsere eigene Spezies (siehe Seite 123). Nach Ansicht der Fachleute gab es während dieser Phase auf der Erde mindestens fünf verschiedene Menschenarten: Homo erectus, Homo ergaster (die afrikanische Form des Homo erectus),

Homo neanderthalensis, Homo heidelbergensis und Homo rhodesiensis. Es könnten auch noch mehr gewesen sein, und ebenso sind sich die Wissenschaftler nicht sicher, ob es sich bei allen um eigenständige Arten oder vielleicht auch um Unterarten handelte. Bekämpften sie sich gegenseitig? Lebten sie zusammen oder in getrennten Gemeinschaften? Kreuzten sie sich untereinander? Konnten sie sich unterhalten?

In allen diesen Fragen gibt es bis heute große Verwirrung und Meinungsverschiedenheiten. Nur eines scheint klar zu sein: Nachdem sich der Homo erectus vor rund 1,7 Millionen Jahren erstmals aus Afrika herausgewagt hatte, entwickelten sich in verschiedenen Teilen der Erde mehrere Menschenarten; dabei sorgten geografische und klimatische Unterschiede für kleine, aber bedeutsame entwicklungsgeschichtliche Veränderungen. Vieles spricht dafür, dass diese Arten sich kaum vermischten, denn damals gab es insgesamt nur sehr wenige Menschen: Ungefähr eine Million von ihnen verteilten sich über den gesamten europäischen und asiatischen Kontinent, eine Fläche, auf der heute mehr als vier Milliarden Menschen zu Hause sind.

Die Neandertaler tauchten erstmals vor rund 350000 Jahren in Asien auf, und als das Wetter es zuließ, verbreiteten sie sich von dort in nördlicher und westlicher Richtung nach Europa. Sie gelangten auch bis ins heutige Großbritannien: In der Kent's Cavern bei Torquay hat man einen Kieferknochen gefunden, der nur 35 000 Jahre alt ist.

In unserer Zeit standen die Neandertaler lange in einem schlechten Ruf. Einen Menschen heute als »Neandertaler« zu bezeichnen gilt allgemein als Beleidigung, verbindet man damit doch

Eine etwa 60 000 Jahre alte Begräbnisstätte der Neandertaler in der Nähe des Mount Carmel (Israel). Ähnliche Gräber hat man an vielen Stellen in Europa und im Nahen Osten gefunden.

Eigenschaften wie schwerfällig, altmodisch oder brutal. In bildlichen Darstellungen sahen diese Frühmenschen bis vor kurzem nicht wie Menschen, sondern eher wie Menschenaffen aus. Man zeichnete sie in gebeugter Haltung und mit nicht ganz durchgedrückten Knien.

Aber dieses Bild ist falsch. Neandertaler hatten ein mindestens ebenso großes Gehirn wie die heutigen Menschen, möglicherweise war es sogar ein wenig größer. Sie gingen ebenso aufrecht wie wir, waren allerdings stärker behaart und in der Regel auch kleiner. Sie waren kräftiger als wir und hatten eine breite Nase sowie eine massive Stirn, die oberhalb der Augenbrauen nach vorn ragte. Alle diese Anpassungen trugen dazu bei, die Körperoberfläche zu verkleinern und damit in der bitterkalten Eiszeit den Wärmeverlust zu verringern.

Im **Werkzeuggebrauch** waren die Neandertaler sehr geschickt. Neueren archäologischen Befunden zufolge besaßen sie mindestens die gleiche Fingerfertigkeit wie wir.[2] Die berühmteste Fundstelle für Neandertaler-Werkzeuge befindet sich in Le Moustier im französischen Département Dordogne. Dort fanden Archäologen 1909 einen nahezu vollständigen Neandertalerschädel, der weniger als 45 000 Jahre alt ist. Neben den Knochen entdeckte man Hunderte von scharfen, sorgfältig bearbeiteten Steinwerkzeugen.

Manche davon dienten den Neandertalern als Waffen. Ihre Speere waren nicht zum Werfen konstruiert, sondern wurden benutzt, um Tiere zu erstechen und zu erschlagen. Mit ihren Steinwerkzeugen bauten sie eindrucksvolle Behausungen; es waren die ersten Häuser der Menschen, und soweit man weiß, verbrannten die Neandertaler auch als erste Menschen ihre Toten. In den Gräbern ihrer Angehörigen ließen sie häufig Schmuckstücke zurück, die ihnen im Jenseits helfen sollten.[3] Demnach besaßen diese Menschen mit ziemlicher Sicherheit einen Glauben, vielleicht sogar eine Religion, und in ihrer relativ hoch entwickelten Gesellschaft hielten sie manche Menschen für wichtiger als andere.

Die vielleicht wichtigste Entdeckung machte Dr. Ivan Turk, ein Fossiliensammler aus dem slowenischen Ljubljana, 1995 neben einer Feuerstelle in einem Neandertalerhaus. Dort fand er einen ausgehöhlten Bärenknochen, in den in einer geraden Linie mehrere Löcher gebohrt waren. Damit hatte er möglicherweise ein Bruchstück des ältesten bekannten Musikinstruments in der Hand – eine Neandertalerflöte. Was für Melodien wurden auf diesem prähistorischen Blasinstrument gespielt? Das ist schwer zu sagen: Da nur ein kleiner Teil der Flöte erhalten geblieben ist, weiß niemand, wie lang sie ursprünglich war und wie viele Löcher sie hatte. Nach Ansicht mancher Wissenschaftler würden wir in der **Musik**, die darauf gespielt wurde, eine Moll- oder Blues-Tonleiter mit einer verminderten Terz erkennen.[4]

Im Jahr 1983 fand man in einer Höhle in Israel einen Neandertalerknochen, der fast genau dem Zungenbein heutiger Menschen gleicht, jenem Knochen, der die Zunge im Rachen verankert. Demnach konnten die Neandertaler mit ziemlicher Sicherheit sprechen. Auch in ihren Wirbeln waren die Öffnungen für die Nerven, die beim Sprechen die Zunge steuern, ungefähr ebenso groß wie bei uns; im Gegensatz zu Lucy und ihresgleichen konnten sie also ein breites Spektrum von Lauten hervorbringen.

Musik, Zeremonien, Waffen, Werkzeuge und Gespräche: All das gehört zu Menschen, die über Intelligenz, Kultur und eine Liebe zur Schönheit verfügen. Die Neandertaler waren abgehärtet genug, um mit dem unangenehmen Leben in eiszeitlichen Höhlen zurechtzukommen, aber nichts deutet darauf hin, dass sie brutaler oder unkultivierter waren als wir. Welches Schicksal ereilte diese kräftigen, intelligenten, gut angepassten Menschen? Um das zu verstehen, müssen wir uns selbst den Spiegel vorhalten und uns gründlich betrachten.

KAPITEL 14

DER GROSSE SPRUNG NACH VORN

WIE EINE MENSCHENART NAMENS »SAPIENS« ALS EINZIGE ÜBERLEBTE, ZUVOR UNBESIEDELTE GEBIETE EROBERTE, SPRECHEN LERNTE UND MIT NEUEN WURFWAFFEN AUF DIE JAGD GING

Wie nahe sind wir jetzt auf unserer 24-Stunden-Uhr der Erdgeschichte an Mitternacht herangerückt? Wie viele Minuten bleiben noch? Immerhin haben wir noch die gesamte »aufgezeichnete« Menschheitsgeschichte vor uns: Sie begann, als im Nahen Osten die ersten Hochkulturen entstanden, und reicht bis in unsere Gegenwart, in der sich die Zahl der Menschen auf unserem Planeten der Sieben-Milliarden-Grenze nähert.

Wie wäre es mit drei Sekunden? Richtig. Drei Sekunden eines ganzen Tages. Dieses kleine Gedankenexperiment verschafft uns einen guten Eindruck davon, wie viel sich in der Erdgeschichte tatsächlich bereits abgespielt hatte, bevor über den heißen, staubigen Ebenen Afrikas erstmals die Rufe des Homo sapiens ertönten.

Dass der Homo sapiens, der moderne Mensch, aus Afrika stammt, wissen wir. Wir stammen nicht von den Neandertalern ab. Beide Arten lebten viele Jahrtausende nebeneinander und vermischten sich dabei vermutlich ein wenig, genetische Befunde aus jüngerer Zeit lassen aber darauf schließen, dass es keine starke Vermischung gab. Rote Haare, Sommersprossen und helle Haut sind vermutlich Merkmale, die wir von den Neandertalern übernommen haben.[1]

Wenn wir unsere Vorfahren suchen, müssen wir nach Afrika blicken, zu den Nachkommen des Homo erectus, zu denen auch der Junge von Turkana gehörte. Knochen, die man an 21 Stellen in ganz Afrika gefunden hat und die bis in die Zeit vor 500 000 Jahren zurückreichen, vermitteln uns ein Bild von den vielen kleinen Evolutionsschritten, die sich in der Abstammungslinie von Homo ereigneten und uns bis in die Gegenwart führen.

Die ältesten bisher entdeckten Fossilien von Homo sapiens stammen aus dem Süden Äthiopiens. Dort, im Schlamm am Boden des Flusses Omo, wurden 1967 zwei menschliche Schädel gefunden. Ihr Alter wurde kürzlich neu bestimmt, nach heutiger Erkenntnis sind sie rund 195 000 Jahre alt. Diese Schädel mit den Bezeichnungen »Omo I« und »Omo II« sehen eindeutig so aus, als gehörten sie zu unmittelbaren Vorfahren der Jetztmenschen. Sie sind geringfügig größer als die Schädel moderner Menschen, sehen ihnen aber ansonsten verblüffend ähnlich. Man hat sie als Unterart des Homo sapiens mit der Bezeichnung »idaltu« eingeordnet. Ihr Gesicht ist flach, und die Wangenknochen stehen vor, aber sie haben nicht den ausgeprägten Brauenwulst des älteren Homo erectus oder der Neandertaler.

Im Jahr 1997 entdeckte man in der Nähe des äthiopischen Dorfes Herto drei weitere Schädel von Homo sapiens idaltu; zwei davon gehörten zu Erwachsenen, einer zu einem Kind. Ihr Alter liegt bei 160 000 Jahren. An der gleichen Stelle fand man auch über 640 Steinwerkzeuge, die eine hoch entwickelte Handwerkskunst erkennen lassen. Sie dienten vermutlich dem Zerlegen von Flusspferden, Krokodilen und Welsen, die damals in den flachen Seen nicht weit vom nahe gelegenen Fluss Awash zu Hause waren.

Genetischen Befunden zufolge sind alle heute lebenden Menschen aus einer einzigen Evolutionslinie hervorgegangen, die ungefähr zu jener Zeit in Afrika ihren Anfang nahm. Aber die genetische Analyse wirft auch eine eigenartige, bisher unbeantwortete Frage auf. Zwischen allen heute lebenden Menschen gibt es erstaunlich wenig genetische Unterschiede – sie sind viel geringer als bei den meisten Säugetierarten. Selbst unter unseren engsten Verwandten, den Schimpansen, sind die genetischen Abweichungen innerhalb der Spezies zehnmal größer als bei uns.

Eine solche geringe **genetische Variationsbreite** kann nur eines bedeuten: Irgendwann muss unsere Spezies, der Homo sapiens, nur noch aus sehr wenigen Individuen bestanden haben – es waren vielleicht nur 1 000 oder 10 000 Menschen, die alle eine sehr ähnliche genetische Information besaßen. Diese Erkenntnis wurde für die Experten zum Anlass für eine neue Suche: Welches »Ereignis« passt in die Überlegung, dass die Population des Homo sapiens irgendwann in der Frühzeit unserer Geschichte einen nahezu tödlichen Zusammenbruch erlebte?

Ein Ereignis, das dafür infrage kommt, ist der Ausbruch eines Supervulkans der Kategorie 8, der sich vor etwa 75 000 Jahren bei Toba auf der indonesischen Insel Sumatra ereignete.[2] Dort brach vermutlich eine Riesenmenge geschmolzener Lava durch die Erdkruste und setzte dabei 3 000-mal mehr Energie frei als der riesige Ausbruch des Mount St. Helens im US-Bundesstaat Washington im Jahr 1980. An einer Stelle in Indien findet man noch heute sechs Meter dicke Ascheablagerungen aus der **Toba-Eruption**. Eine derart gewaltige Explosion ließ in der Atmosphäre eine Staubdecke entstehen, die monate- oder sogar jahrelang das Sonnenlicht verdunkelte, die globalen Temperaturen sehr plötzlich sinken ließ und möglicherweise sogar eine Eiszeit auslöste.

Vielleicht gibt es noch andere Gründe. Wurden möglicherweise große Teile der menschlichen Bevölkerung durch eine Krankheit ausgelöscht? Bisher weiß das niemand. Jedenfalls entwickelte sich der Homo sapiens aus einem sehr kleinen Bestand afrikanischer Vorfahren und wanderte dann nach dem Vorbild seiner Urahnen in die Welt hinaus, bis er schließlich alle anderen Menschenarten verdrängt hatte. Die letzte Spezies, die Neandertaler, entgingen bis vor 24 000 Jahren dem Aussterben; aus jener Zeit stammen ihre allerletzten Spuren, die man in der Gorham-Höhle in Gibraltar gefunden hat.

Wurden sie von unseren Vorfahren umgebracht? Wurden sie von ihnen aufgegessen? Oder fielen sie dem Klimawandel zum Opfer, vielleicht weil sie in einer besonders kalten Phase der Eiszeit nichts mehr zu essen hatten? Auch das kann niemand mit Sicherheit sagen, aber alles deutet darauf hin, dass sich vor rund 30 000 Jahren in Zentralasien und Nordeuropa, der Heimat der Neandertaler, eine besonders starke Klimaveränderung abspielte.

In verschiedenen genetischen Untersuchungen hat man mittlerweile die Gene mehrerer tausend heutiger Menschen aus unterschiedlichen ethnischen Gruppen zurückverfolgt, um so herauszufinden, woher ihre Vorfahren stammten und wann sie lebten.[3] Die neue Wissenschaftsrichtung, Phylogeografie genannt, liefert heute immer mehr Erkenntnisse über den Ursprung der Lebewesen. An kleinen genetischen Veränderungen kann man häufig genau ablesen, welche Vorgänge sich zu welcher Zeit abgespielt haben.

Der Auslöser für die große Wanderung des Homo sapiens quer durch Afrika war vermutlich vor rund 130 000 bis 90 000 Jahren eine warme Zwischeneiszeit. Vor etwa 70 000 Jahren wurde es dann wieder kühler, und in den höchsten Gebirgslagen bildeten sich Gletscher, sodass Regionen im Nordwesten und Nordosten Afrikas voneinander und vom Süden des Kontinents abgeschnitten waren. Was das bedeutete, hatte Darwin bereits entdeckt: Werden Populationen einer Spezies voneinander getrennt, schleichen sich in ihren Genbestand unterschiedliche Abweichungen ein, und sie entwickeln sich auseinander. Genau das widerfuhr den modernen Menschen, und so entstanden die vier großen **ethnischen Gruppen**: Afrikaner, Europäer, Mongolen (Chinesen und Indianer) und Aborigines (australische Ureinwohner).

Vor ungefähr 60 000 Jahren wanderten diese vier Gruppen getrennt voneinander aus Afrika aus und besiedelten in unterschiedlich langen Zeiträumen die Erde, wobei sie ihre kleinen genetischen Unterschiede mitnahmen. Eine Gruppe des Homo sapiens bewegte sich durch Asien und verdrängte dort die letzten Neandertaler – vielleicht nahmen die Jetztmenschen ihnen die Nahrung weg, töteten sie oder nahmen sie auch durch begrenzte Vermischung in ihre eigene Spezies auf. Einige von ihnen wandten sich nach Süden und gelangten schließlich nach Indien und China. Sie lernten, wie man Flöße baut, und seit der Zeit vor etwa 40 000 Jahren, als die ersten Menschen an den Küsten Australiens landeten, wurde auch dieser Kontinent, der seit Jahrmillionen die Domäne der Beuteltiere gewesen war, zu einem Jagdrevier der Menschen.

Als die Aborigines nach Australien kamen, lag der Meeresspiegel so niedrig wie sonst kaum einmal in der Erdgeschichte, aber nach Schätzungen mussten sie dennoch rund 80 Kilometer über das offene Meer zurücklegen, um von

Indonesien die australische Küste zu erreichen. Sie lebten in Stämmen von 500 bis 800 Personen in der Wildnis. (Ein Stamm muss so groß sein, dass Inzucht vermieden wird, und diese kann bei einer Bevölkerungszahl von weniger als 475 Individuen auftreten.) Sie entwickelten nicht nur ihre eigene Lebensweise, sondern auch eine eigene Kunst, Keramik und Werkzeuge. Erstaunlicherweise blieben sie ungestört, bis vor noch nicht einmal 250 Jahren die ersten europäischen Entdecker mit dem Gewehr in der Hand eintrafen und ihr Land für sich beanspruchten (siehe Seite 458).

Die ersten Vertreter des Homo sapiens, die nach Europa kamen, waren vor rund 50 000 Jahren in östlicher Richtung aus Afrika ausgewandert und dann über den Nahen Osten nach Norden gezogen. Diese Menschen werden als **Cromagnon-Menschen** bezeichnet – der Name erinnert daran, dass man ihre Überreste 1868 unter dem Felsüberhang Cro-Magnon in der französischen Dordogne entdeckte. Sie brachten eine ganz neue Lebensweise, Technik und Kultur mit, und dazu gehörten auch die ersten Speere, die gezielt zum Werfen konstruiert waren. Irgendwo auf ihrer Wanderung, vielleicht in Nordafrika oder im Nahen Osten, erfanden sie Pfeil und Bogen; die Region war damals üppig bewaldet, voller Wild und großer Tiere, die man aus der Entfernung einfacher und sicherer erlegen konnte als aus der Nähe mit den Knüppeln der Neandertaler.

In der Zeit vor etwa 50 000 Jahren beginnt auf unserer 24-Stunden-Uhr der Erdgeschichte die letzte Sekunde vor Mitternacht. Diese Zeit wurde auch als **»großer Sprung nach vorn«** bezeichnet, weil die Werkzeuge der Menschen damals beträchtlich komplizierter wurden.[4] Zum ersten Mal wurden Knochen, Stoßzähne und Geweihe mit geschnitzten Verzierungen versehen, und die Menschen stellten auch nützliche Haushaltsgegenstände her, beispielsweise Nähnadeln und löffelförmige Öllampen, in

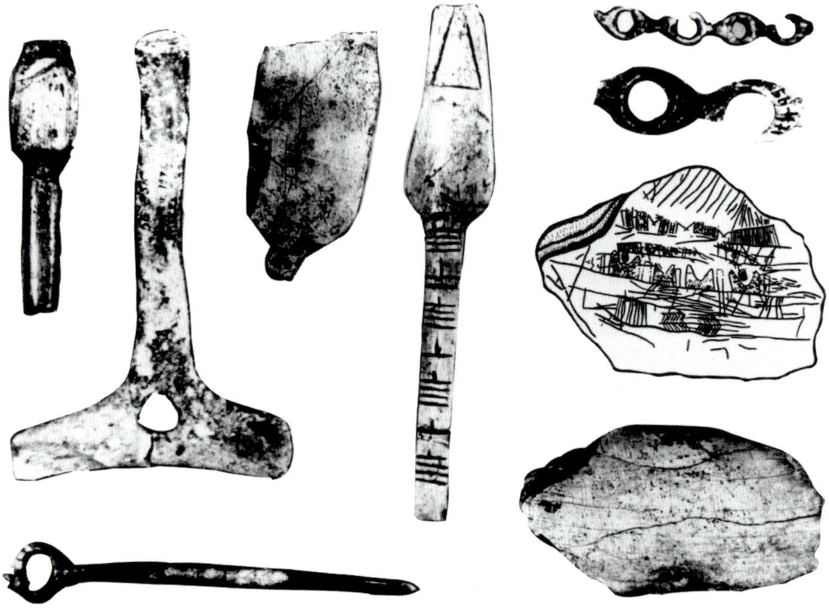

Mit Schnitzereien versehene Mammutknochen, gefunden in einer Siedlung der Cromagnons in der Ukraine. Man erkennt erste Anzeichen für Kunst in Form von Zeichnungen und Markierungen – vielleicht um die Mondphasen zu verfolgen.

Die Wanderungen der Menschen

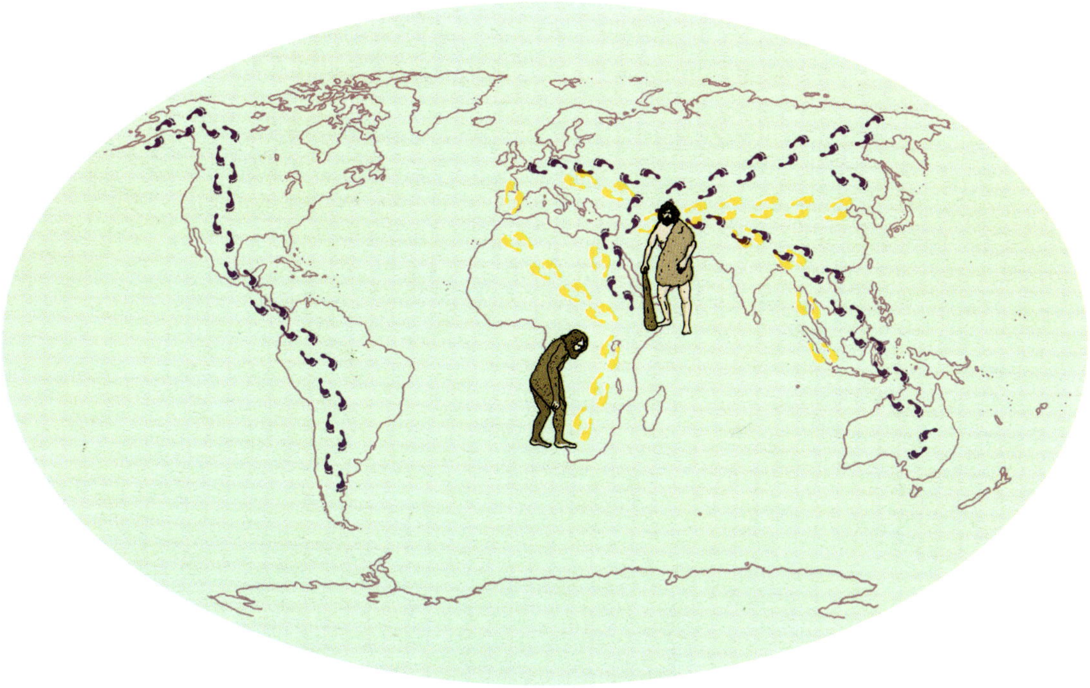

Homo erectus
Diese Frühmenschen wanderten vor rund 1,7 Millionen Jahren aus Afrika quer durch Europa und Asien. Schließlich gelangten sie auch ins heutige Indonesien: Dort hat man 500 000 Jahre alte Knochen gefunden.

Homo sapiens
Die Jetztmenschen wanderten vor etwa 50 000 Jahren aus Afrika aus und bevölkerten Europa, den Nahen Osten und Asien. Über das Meer kamen sie vor etwa 40 000 Jahren nach Australien und vor rund 14 000 Jahren nach Amerika.

Die Reiselust der Menschen ist uralt: Sie geht auf die Zeit vor über einer Million Jahre zurück.

denen Tierfett verbrannt wurde. In Gräbern der Cromagnons hat man Schmuck in Form von Halsketten und Anhängern gefunden. Aus der gleichen Zeit stammen die ersten Keramikgefäße und auch die ältesten bekannten Skulpturen, beispielsweise die Venus von Willendorf, ein weibliches Fruchtbarkeitssymbol, das 1908 in Österreich entdeckt wurde und vermutlich 24 000 Jahre alt ist.

Ob diese Menschen tatsächlich Musik und Sprache von den Neandertalern lernten, weiß niemand genau, aber die Flöte fand ihren Weg offenbar auch in die Höhlen der Cromagnons. Ihre Vorliebe für Musik und Skulpturen war von einem ebenso großen künstlerischen Talent begleitet: Einige der ältesten bekannten Höhlenmalereien wurden von Cromagnon-Menschen geschaffen und sind bis zu 25 000 Jahre alt. Man kann sie bis heute in der Höhle von Lascaux in der Dordogne bewundern.

Insgesamt war es damals auf der Erde wesentlich kühler als heute. Vor etwa 22 000 Jahren schoben sich vom Nordpol zum letzten Mal große Eiskappen vor, die 12 000 Jahre später recht schnell wieder verschwanden. Die Cromagnon-Menschen passten sich an die Klimaveränderung an: Ihre Haut wurde heller, sodass sie trotz der geringeren Sonneneinstrahlung ausreichend Vitamin D für die Knochenbildung produzieren konnten.

Nach Großbritannien kamen die Cromagnon-Menschen vor ungefähr 20 000 Jahren. Den Ärmelkanal überwanden sie zu Fuß – er steht erst unter Wasser, seit vor rund 10 000 Jahren die letzten Eiskappen abschmolzen. Heute wissen wir, dass Menschen schon zuvor bis zu siebenmal den Versuch unternahmen, die Britischen Inseln zu besiedeln; erstmals probierte es der Homo erectus vor rund 700 000 Jahren.[5] Aber jedes Mal starb die Population wieder aus, vermutlich weil es auf den Inseln bis weit in den Süden, in der Höhe des heutigen London, in regelmäßigen Abständen immer wieder eisig kalt wurde. Selbst ganz im Süden waren die Temperaturen wahrscheinlich manchmal so niedrig, dass kein Mensch sie aushalten konnte.

Vor ungefähr 15 000 Jahren waren immer noch große Wassermengen in Gletschern gebunden; deshalb lag der Meeresspiegel so tief, dass Beringia, eine Landbrücke von der Fläche Polens, die Ostspitze Russlands mit Alaska verband. Heute befindet sich dort ein 95 Kilometer breiter Meeresarm, die Beringstraße. Damals konnte man zu Fuß von Asien nach Nordamerika gelangen, in ein Land, das bisher nicht von Menschen besiedelt war. (Manche Wissenschaftler glauben allerdings, Menschen seien schon einige Tausend Jahre früher aus Südasien mit Flößen über die pazifischen Inseln auf den Kontinent gelangt.) **Amerika** war der letzte große, bewohnbare Kontinent, der von den Menschen besiedelt wurde, und noch heute trägt er zu Recht die Bezeichnung »Neue Welt«. Die Menschen wanderten quer durch ganz Asien, immer den großen Tieren auf der Spur, die sie unterwegs erlegten. So machten sie das Beste aus dem Hin und Her der Klimaveränderungen.

Die Venus von Willendorf ist mit 24 000 Jahren eine der ältesten bekannten Skulpturen. Sie lässt darauf schließen, dass Weiblichkeit und Fruchtbarkeit den spirituellen Mittelpunkt bei den prähistorischen Menschen bildeten.

Da auch Nord- und Südamerika über die Landbrücke von Panama verbunden waren, dauerte es nicht lange, bis die ersten Menschen aus Nordamerika in den Süden gelangten, wo das Klima wärmer war und die Landschaft eine üppige Pflanzen- und Tierwelt beherbergte. Die Einwanderung der Steinzeitmenschen in diesem Teil der Welt hatte wie in Australien dramatische Folgen für große Teile der Tierwelt. In einigen wenigen Ökosystemen waren Menschen zwar immer noch nicht vertreten – Neuseeland blieb bis 800 n. Chr. und Island bis 1000 n. Chr. von Menschen unberührt –, aber viele Lebewesen auf der ganzen Welt litten von nun an unter dem wachsenden Einfluss der Menschen, die sich über unseren ganzen Planeten ausbreiteten.

KAPITEL 15

JÄGER UND SAMMLER

WIE DIE MENSCHEN ZU 99 PROZENT IHRER ZEIT AUF DER ERDE OHNE FESTEN WOHNSITZ, OHNE VOLLZEITARBEIT UND OHNE PRIVATEIGENTUM LEBTEN

Stellen wir uns einmal eine Welt vor, in der man alles haben kann. Tag für Tag gibt es jede Menge frischer Lebensmittel, und das in einer ungeheuren Vielfalt. Ein wenig Arbeit ist auch nötig, im Durchschnitt vielleicht drei oder vier Stunden am Tag, mehr aber nicht. In dieser Welt kann man schlafen und sich ausruhen, so viel man will, oder man ist mit Freunden und Verwandten zusammen, kocht, unterhält sich, tanzt oder hat einfach nur Spaß.

Um Geld, Hypothekendarlehen oder Schulden braucht man sich nicht zu kümmern. Das alles ist nicht notwendig. Keine Prüfungen, keine beruflichen Qualifikationen, mit denen man sich herumschlagen muss, keine Beurteilungen, Beförderungen oder Rückstufungen. So etwas wie den Verlust des Arbeitsplatzes gibt es in dieser Welt nicht. Auch mit Gesetzen oder der Polizei kann man nicht in Konflikt geraten, denn sie existieren nicht. Es besteht kein Bedarf dafür. Wenn wir etwas brauchen, helfen uns Freunde und Nachbarn, es zu beschaffen – oder sie leihen es uns, wenn sie selbst es besitzen.

Auch das Erkrankungsrisiko ist in dieser Welt sehr gering. Die meisten Krankheiten, die wir heute kennen, gibt es nicht. Krieg und Gewalt sind ebenfalls selten, denn es gibt für alle genug zu essen und kaum Konkurrenz um natürliche Ressourcen. Hört sich das nicht gut an? Ist es nicht fast ein Schlaraffenland? Für uns heute klingt es unrealistisch, aber erstaunlicherweise haben die Menschen während 99 Prozent ihrer Geschichte so gelebt. Vieles deutet darauf hin, dass die Steinzeitmenschen gut, glücklich und meist friedlich lebten.

Sie pflegten die Lebensweise der Jäger und Sammler. Bis vor etwa 10000

Jahren gab es, wenn überhaupt, nur sehr wenige dauerhafte Häuser oder Dörfer. Die Menschen befanden sich ständig auf Wanderschaft. Die Männer gingen auf die Jagd, die Frauen sammelten wilde Früchte und Nüsse. Manchmal halfen auch die Frauen bei der Jagd, etwa wenn ein Hirsch erlegt werden sollte, den man von allen Seiten einkreisen musste, damit er nicht entkam.

Angesichts ihres Nomadenlebens hatten die Menschen sehr wenig Habseligkeiten. Sie besaßen nur so viel, wie sie tragen konnten. In kühleren Klimazonen kleideten sie sich in Tierhäute und Felle, in wärmeren Regionen liefen sie meist nahezu nackt herum. Warum soll man etwas tragen, was man nicht braucht? Lebenswichtigen Proviant hatten sie bei sich, beispielsweise Wasser in Trinkflaschen, die sie aus ausgehöhlten, kürbisähnlichen Früchten hergestellt hatten.[1] Auch Speere oder Pfeil und Bogen nahmen sie mit auf die Jagd, und mit Gerätschaften aus Flintstein wurden tote Tiere gehäutet und Feuer angezündet.

Ansonsten brauchten diese Menschen kaum etwas. Schon der Gedanke, etwas zu besitzen, war ihnen völlig fremd. Sie waren es gewohnt, alles untereinander zu teilen, denn das bedeutete, dass man weniger zu tragen hatte. Für Geld bestand kein Bedarf, denn sie jagten und sammelten nur, was sie brauchten. Ebenso waren Lagerstellen oder Bauernhäuser überflüssig. Eigentum gab es nicht, und niemand sagte »Privateigentum – Betreten verboten«, denn das Land gehörte niemandem. Es war wie noch heute die Atemluft ein Gemeingut, eine Ressource, die sich alle Lebewesen – Pflanzen, Tiere und Menschen – teilten.

In diesem Zustand lebten die Menschen seit jener Zeit, als sie in Form des Homo habilis zum ersten Mal auf der Bildfläche erschienen, vielleicht sogar schon vor mindestens drei Millionen Jahren, zur Zeit von Lucys Gattung Australopithecus. Sie existierten in Harmonie untereinander und mit der Natur. Wenn sie Hunger hatten, gingen sie auf die Jagd, wenn sie müde waren, schliefen sie, und wenn es in einer Gegend keine Früchte und kein Fleisch mehr gab, zogen sie in eine andere; auf diese Weise gaben sie der Erde die Gelegenheit, sich zu regenerieren, zu erholen und zu erneuern.

Außerdem verfügten sie über eine hoch entwickelte **Kunst und Kultur**. Jäger und Sammler waren die ersten Menschen, über deren Kultur wir etwas wissen, weil ihre Kunstwerke tief in den prähistorischen Höhlen Südwestfrankreichs und Nordspaniens erhalten geblieben sind. Bei diesen ersten Zeichnungen der Jäger und Sammler beginnt die Kunstgeschichte.

Die vielleicht schönsten noch vorhandenen **Höhlenmalereien** entdeckte Maria Sautuola, ein achtjähriges spanisches Mädchen, ganz zufällig an einem Morgen im Herbst 1879. Zusammen mit ihrem Vater Marcelino erkundete sie in der Nähe des Wohnortes der Familie, Altamira bei Santander, einige seltsam aussehende Höhlen. Als sie durch einen düsteren, fast 300 Meter langen Gang gingen, sah sie an der Decke auf einmal Bilder von Tieren, die wie Kühe aussahen. Ihr Vater, ein begeisterter Amateurarchäologe, erkannte darin sofort Bisons und wollte nun mehr erfahren. Er sicherte sich die Mitarbeit eines befreundeten Experten, und wenig später erklärten die beiden, sie hätten die ältesten Malereien der Welt gefunden.

Leider mochte die Welt damals noch nicht glauben, dass solche detaillierten, verblüffend raffiniert ausgeführten Malereien so alt sein konnten und dass es sich um die Arbeit »primitiver« Menschen handelte. Die Fachleute schossen sich auf Sautuola ein und warfen ihm vor, er habe jemanden für das Ausmalen der Höhlen bezahlt, um berühmt zu werden. Erst 1902, 14 Jahre nachdem Sautuola als vermeintlicher Scharlatan gestorben war, entdeckten Fachleute auch andere Höhlen mit ähnlichen Malereien, und nun waren sie sich endlich einig, dass die Kunstwerke echt waren. Moderne Datierungsverfahren zeigten dann, dass sie fast 20 000 Jahre alt sind.

Aber was malten diese Steinzeitmenschen eigentlich im Einzelnen, und warum? Was für Material benutzten sie? Was hatten ihre Kunstwerke zu bedeuten?

Eines ist ziemlich sicher: Sie sollten nicht zur Schau gestellt werden. Viele Malereien, beispielsweise die von Marcelino Sautuola in Spanien gefundenen und auch die berühmten Malereien im südfranzösischen Lascaux, befinden sich tief im Inneren der Höhlen, wo nur sehr schwaches Licht herrscht. Heute glauben die Historiker, dass Schamanen, heilige Männer der Vorgeschichte, sich in die Höhlen zurückzogen und dort magische Rituale vollzogen. Indem sie das Gestein bemalten, wollten sie Tiere, Nahrung und Glück von der Mutter Erde heraufbeschwören. Mit verschiedenen Lehmsorten, die manchmal auch mit Eisenoxid vermischt waren, erzeugten sie verschiedene Pigmente. Diese wurden dann durch Mischen mit Tierfett zu klebrigen Farben verarbeitet.

Waren diese Menschen, die ständig auf der Wanderschaft waren und kein Eigentum besaßen, in ihrem Leben glücklich? Bevor die Menschen in Städten lebten und aus Metallen wie Kupfer, Bronze und Eisen die ersten Waffen herstellten (siehe Seite 159), gab es nach den vorliegenden Belegen kaum größere Kriege oder Gewalttaten. Das beste Bild kann man sich vielleicht machen, wenn man Stämme betrachtet, die noch heute als Jäger und Sammler leben.

Echte Jäger und Sammler gibt es in unserer Zeit nur noch an wenigen Stellen; Landwirtschaft und Industrie haben diese altertümlichen Gesellschaften fast völlig verdrängt. Aber in einigen nahezu vergessenen Winkeln der Welt, im australischen und afrikanischen Busch, halten sie – jedenfalls fast – noch daran

Das entdeckte Maria Sautuola: 20 000 Jahre alte Abbildungen von Bisons, gemalt auf die Decke einer Höhle im spanischen Altamira. Eine Zeit lang glaubten die Fachleute, die Malereien seien eine geschickte Fälschung.

fest. Für die Landwirtschaft eignen sich solche Regionen nicht, oder sie sind so abgelegen, dass Dörfer und Städte nicht entstehen können. Das Leben dieser Menschen – es sind vielleicht ein paar Tausend – hängt an einem seidenen Faden. Aber sind sie glücklich?

Der Stamm der **Hadzabe** ist tief in Zentralafrika im heutigen Tansania zu Hause. Bis vor kurzer Zeit lebten diese Menschen im Wald: Sie machten Jagd auf wilde Tiere, sammelten Früchte und Beeren und wanderten von Ort zu Ort. Im Jahr 2006 gab es nur noch 2 000 von ihnen, die sich in einem schmalen Korridor aus Buschlandschaften zusammendrängten, während rundherum die Landwirtschaft und die Städte auf dem Vormarsch waren. Aggressionen gibt es in ihrer Geschichte nicht, und deshalb kämpfen sie nicht gegen die näher rückenden Bauern und Stadtbewohner, sondern sie ziehen sich instinktiv in die dichten Wälder ihrer traditionellen Jagdgründe zurück, wo sie sich so gut wie möglich vor der modernen Welt verstecken.

Die Hadzabe haben kein Eigentum und teilen alles. Kürzlich wurde über eine der seltenen Gelegenheiten berichtet, in denen ein Angehöriger des Stammes in der Außenwelt Arbeit fand, als Fremdenführer, der neugierigen Touristen die Wildnis zeigte. Wenn er seinen Lohn bekam, versammelte sich die ganze Sippe und teilte das Geld unter sich auf. Während die moderne Gesellschaft auf Ordnung, Reglementierung, Gesetze, Polizei, Beamte, Herrschaft und Herrscher angewiesen ist, verlassen sich die Hadzabe auf kaum etwas anderes als Intelligenz und Kooperation: Sie organisieren sich zu kleinen, überschaubaren Gruppen. Ihr Überlebensrezept ist Flexibilität und die Bereitschaft, einander zu helfen. Das wird möglich, weil sie nichts besitzen, keinen festen Wohnsitz haben und deshalb höchst beweglich sind.

Ihre Sprache, oder zumindest eine abgewandelte Form davon, könnte nach Ansicht mancher Fachleute auch diejenige gewesen sein, deren sich die Steinzeitmenschen bedienten. Sie ähnelt keiner anderen heutigen Sprache und besteht fast ausschließlich aus Klicklauten, die sich ganz anders anhören als die vertrauten Vokale und Konsonanten. Das Klicken ist besonders dann nützlich, wenn der Stamm auf der Jagd ist, denn es ermöglicht die Informationsübermittlung auch über große Entfernungen, ohne dass man schreien und damit seine Position bekannt geben muss.

Ein weiterer Beleg, dass diese Menschen eine sehr alte Geschichte haben, stammt aus genetischen Untersuchungen: Demnach ist ihre DNA die vielgestaltigste aller bisher untersuchten Bevölkerungsgruppen. Eine große Vielfalt lässt darauf schließen, dass ihre Abstammungslinien sehr alt sind, denn Abweichungen in den Genen sammeln sich von Generation zu Generation mit vorhersagbarer Geschwindigkeit an. Nach Ansicht der Fachleute spaltete sich die Abstammungslinie der Hadzabe in der Evolution des Homo sapiens schon frühzeitig von den übrigen Menschen ab, das heißt, sie gehören zu den ältesten Überlebenden unserer Spezies. Wahrscheinlich werden diese urtümlichen Menschen schon bald verschwinden, und ihre Abstammungslinie wird verloren gehen, weil sie mit der modernen Welt verschmilzt.

Die Lebensweise der Hadzabe hat etwas Bemerkenswertes und liefert uns damit auch allgemeine Aufschlüsse über das **Leben in der Steinzeit**: Sie ist höchst effizient. Da alle an der Lebensmittelproduktion mitwirken und da der ganze Stamm ständig auf der Wanderschaft ist, gibt es keinen Herrscher und keine Gruppen, die nur darauf warten, dass andere sie ernähren. Für Geld, Banken, Darlehen oder Arbeitslohn besteht kein Bedarf. Ebenso brauchen sie keine Berater, Anwälte, Kaufleute oder Steuerbehörden. Auch Schrift, Elektrizität oder andere Transportmittel als die eigenen Füße sind nicht erforderlich.

Da diese Menschen den Wald so gut kennen, weiß jeder von ihnen ganz genau, was man gut essen kann und was nicht. Das Wissen darüber, wie man Krankheiten und andere Probleme mit den Pflanzen des Waldes behandelt, wurde mündlich über Hunderte von Generationen überliefert. Die moderne Medizin geht zum größten Teil letztlich auf Zutaten aus der Natur zurück. Die »ungebildeten« Hadzabe besitzen wie die Steinzeitmenschen eine Fülle von Kenntnissen über pflanzliche Arzneien – Kenntnisse, mit denen selbst ein gut ausgebildeter moderner Pharmakologe nur schwer mithalten kann.

Grundlage der **Mythologie** oder Religion der Jäger und Sammler ist ein tiefer Respekt vor allem, was aus der Natur kommt. Die Wälder waren für sie voller Magie und Wunder. Dort lebten die Geister ihrer verstorbenen Vorfahren, die aus dem Jenseits zurückkehrten, um die Lebenden zu schützen, zu leiten und zu trösten – jedenfalls glaubten sie das. Die Wälder waren letztlich der Quell aller Nahrung, Wärme und Medizin, boten Wohnung und Zuflucht. Nichts war für die Jäger und Sammler so wichtig wie die Sorge um die natürlichen Wälder. In ihre Üppigkeit und Ressourcen setzten diese Menschen ihr gesamtes Vertrauen.

Langfristig war es vielleicht die größte Stärke der Lebensweise als Jäger und Sammler, dass die Bevölkerungszahl der Menschen insgesamt begrenzt blieb. Da sie sich zu Fuß fortbewegten, konnten sie Kinder nur in großen zeitlichen Abständen bekommen – höchstens alle vier oder fünf Jahre eines; mehrere Kinder gleichzeitig zu tragen wäre nicht möglich gewesen. Zehntausende von Jahren lebte auf der Erde eine **stabile Bevölkerung** von rund fünf Millionen Jägern und Sammlern, ohne dass diese Zahl nennenswert anstieg. Sie unterlag natürlichen Begrenzungen und blieb durch die Lebensweise als Nomaden auf einem nachhaltigen Niveau.[2]

Was geschah dann? Warum änderten fünf Millionen Menschen, die Zehntausende von Jahren glücklich als Jäger und Sammler gelebt hatten, ihre über Generationen eingeübten Gewohnheiten und machten sich eine völlig neue, viel anstrengendere Lebensweise zu eigen?

KAPITEL 16

TÖDLICHES SPIEL

WIE DAS ZUFÄLLIGE ZUSAMMENTREFFEN VON MENSCHEN UND KLIMAVERÄNDERUNGEN DAS ÖKOLOGISCHE GLEICHGEWICHT ZUERST IN AUSTRALIEN UND SPÄTER IN AMERIKA DURCHEINANDERBRACHTE UND WIE DIESES ZU EINEM DRAMATISCHEN MASSENAUSSTERBEN VIELER GROSSER SÄUGETIERE FÜHRTE

In den letzten drei Millionen Jahren schoben sich immer wieder gewaltige Eisberge wie Bulldozer von den Polen aus Richtung Süden. Zu manchen Zeiten waren bis zu 30 Prozent aller Landflächen von Gletschern und Eiskappen bedeckt, die über einen Kilometer dick werden konnten. Da sich aber solche Klimaveränderungen immer einigermaßen langsam abspielten, konnten sich die Lebewesen in der Regel gut darauf einstellen.

Bei großen Tieren, beispielsweise den Wollmammuts, entwickelte sich ein dickeres Fell, sodass sie in der Kälte gut zurechtkamen. Die Menschen wurden kleiner und waren wie die Neandertaler ebenfalls stärker behaart. Manche von ihnen besaßen nun sogar eine helle Haut, die Wärme besser festhielt und die gefährlichen Ultraviolettstrahlen reflektierte. Mit solchen natürlichen Anpassungen überlebten sie auch die schlimmste Kälte. Die letzte Eiszeit endete recht plötzlich: Vor 14000 Jahren stiegen die weltweiten Durchschnittstemperaturen um sechs Grad an, mehr als genug, damit sich das Klima von der heftigen Eiszeit zu den milderen heutigen Bedingungen einer Zwischeneiszeit wandelte.

Normalerweise spielen sich Temperaturschwankungen auf der Erde ab, weil unser Planet sich auf seiner jährlichen Umlaufbahn stärker der Sonne annähert oder sich weiter von ihr entfernt. Auch die Drehung der Erde um ihre eigene Achse spielt eine Rolle. Unser Planet verhält sich eigentlich wie ein nicht ganz stabil rotierender Kreisel, dessen Schrägstellung über längere Zeiträume hinweg zwischen 21 und 27 Grad schwanken kann. Für die Temperaturen an den Polen ergeben sich daraus starke Veränderungen. Nach übereinstimmender Meinung der Wissenschaftler waren solche Schwankungen von Umlaufbahn und Erddrehung die Ursache, dass es vor 14 000 bis 11 000 Jahren zu einer mehrere Jahrtausende langen Hitzeperiode kam, inmitten der bitteren Kälte der Eiszeit.

Warmphasen innerhalb einer Eiszeit bezeichnet man als **Zwischeneiszeiten**. Eine solche Periode erleben wir auch heute – sie begann vor etwa 14 000 Jahren. Wegen der von Menschen verursachten globalen Erwärmung könnte diese Zwischeneiszeit sich länger hinziehen als andere; wenn die Polkappen völlig abschmelzen, könnte sie das Weltklima sogar aus seiner seit 40 Millionen Jahren andauernden großen Eiszeit reißen.

Vor etwa 18 000 Jahren, während der letzten Eiszeit, sah die Landschaft Nordamerikas südlich der gewaltigen Eiskappe, die sich über die großen Seen erstreckte, wie ein Park aus: Es war eine Mischung aus Bäumen und Gras, ein Paradies für herumstreifende große Säugetiere. Fleischfresser wie Löwen und Säbelzahnkatzen ernährten sich von Mastodons und den riesigen Wollhaarmammuts. Auch Pferde und Kamele bildeten schmackhafte Mahlzeiten für die Könige unter den Raubtieren, die sich in den Waldlandschaften Amerikas entwickelt hatten .

Über die üppigen Wiesen zogen Bisons wie die, deren Abbildung Maria Sautuola in der spanischen Höhle gesehen hatte. Aber diese Bisons waren keine Kühe – sie waren fast so groß wie Elefanten. Die Biber, die wir heute als kleine Bewohner der Flussufer kennen, wuchsen bis zur Größe heutiger Grizzlybären heran, und die Bären jener Zeit waren fast doppelt so groß wie heute. Die Erde war voller riesiger Säugetiere, einer Tierwelt, die heute als **»Megafauna«** bezeichnet wird. Große Tiere kamen in dem kalten Klima besser zurecht, weil ihre lebenswichtigen Organe in dem großen Körper vor extremen Temperaturen besser geschützt waren.

Mindestens 30-mal rückte das Eis in den letzten zwei Millionen Jahren vor und zog sich wieder zurück, und manche dieser Vereisungsphasen waren ausgedehnter als andere. Jedes Mal erlebten die Natur und ihre Lebewesen ein Comeback: Einzelne Arten passten sich an ein warmes oder kaltes Klima an. Die letzte große Erwärmung, die vor etwa 14 000 Jahren ihren Höhepunkt erreichte, hätte eigentlich so ablaufen können wie alle anderen zuvor. Aber aus irgendeinem Grund ging dieses Mal etwas ganz schrecklich schief. Über die Gründe sind sich Naturwissenschaftler und Historiker bis heute nicht ganz im Klaren, aber die Folgen dieser **Katastrophe** prägen bis heute die Menschheits- und Erdgeschichte.

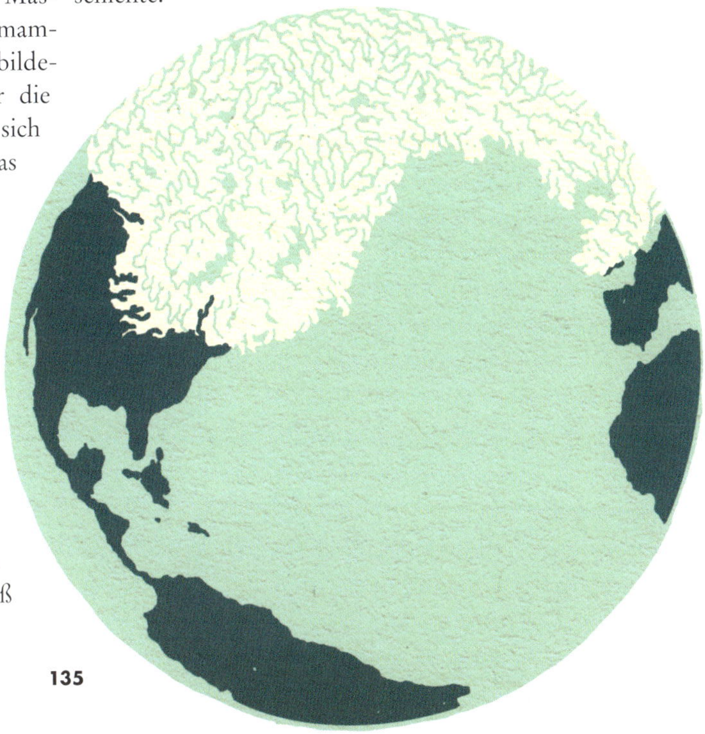

Gletscher auf der Nordhalbkugel vor 22 000 Jahren, als die letzte Eiszeit ihren Höhepunkt erreichte.

Wollhaarmammuts – eine Tierart, die in Amerika vor rund 13 000 Jahren zusammen mit anderen großen Säugetieren ausstarb. Etwa zur gleichen Zeit wanderte der Homo sapiens ein.

Als die Eiskappen schmolzen, lebten allein in Nordamerika mindestens achtzig Arten sehr großer Säugetiere. Manche davon gab es schon seit Millionen von Jahren. Jetzt aber starben sie ganz plötzlich auf rätselhafte Weise aus. Pferde, Großkatzen, Elefanten, Mammuts und Mastodons, Kamele, Riesenbiber, Pekaris (amerikanische Schweine), Faultiere und die Glyptodonten, Gürteltiere von der Größe eines Lieferwagens – sie alle verschwanden. Insgesamt starben 33 von 45 Arten aus, und zurück blieben in Nordamerika fast nur noch Tiere, die nicht größer waren als ein Truthahn. Selbst die überlebenden Biber und Bären waren Zwerge im Vergleich zu ihren Vorfahren. Die heutigen nordamerikanischen Bisons sind die kleinsten Vertreter dieser Gruppe, die jemals gelebt haben. Insgesamt waren nach den Schätzungen der Fachleute nach nur 1 000 Jahren mehr als 80 Prozent der amerikanischen Großtierbestände verschwunden.

Mehr oder weniger das Gleiche ereignete sich auch in Australien: Dort gingen 13 große Säugetierarten verloren, das Aussterben setzte aber früher ein. Unter den Opfern befanden sich das Riesenkänguru, die Riesenhornschildkröte, die nashorngroßen Wombats und die mit ihnen verwandten Diptorodonten sowie der wilde Beutellöwe. Am Ende überlebte kein Tier, das größer war als die Kängurus unserer Tage. In Nordafrika, Europa und Asien dagegen überlebten die meisten großen Säugetiere auch dann, als die Gletscher sich zurückzogen und der Meeresspiegel stieg. Elefanten, Pferde, Kamele, Wölfe und Großkatzen gibt es bis heute.

Was spielte sich auf der Erde ab? Warum kamen die Tiere in Europa und Asien davon, während sie in der Neuen Welt und Australien ganz plötzlich ausstarben?

Manche Fachleute machen das Klima verantwortlich. Als die Temperaturen stiegen, waren große Tiere im Nachteil, weil sie sich mit ihrem gewaltigen Körper nicht gut abkühlen konnten. Möglicherweise starben sie einfach am Hitzschlag. Andererseits hatten große Tiere aber auch frühere Zwischeneiszeiten mit warmen Temperaturen überlebt. Und wie stand es mit den Afrikanischen Elefanten, Löwen und Tigern? Warum blieben sie am Leben?

Nach einer anderen Theorie fegte eine rätselhafte Krankheit über die Neue Welt hinweg und dezimierte ihre Tierbestände. Aber wie konnte es sein, dass ein solcher Krankheitserreger nur die großen Tiere befiel, kleinere Arten und Menschen aber verschonte?

Die beliebteste Theorie wurde erstmals vor fast vierzig Jahren von dem amerikanischen Wissenschaftler Paul Martin formuliert.[1] Er machte den Homo sapiens für das Aussterben verantwortlich. Sowohl in Amerika als auch in Australien verschwanden die großen Säugetiere in riesigen Mengen, kurz nachdem die ersten Menschen eingewandert waren. In Australien war das vor etwa 40 000 Jahren der Fall, in Amerika vor 13 000 Jahren. Nach Martins Ansicht waren die Tiere auf diesen Kontinenten, die nie zuvor mit Menschen zusammengetroffen waren, besonders gefährdet. Man braucht nur einmal das Tagebuch eines Entdeckers zu lesen, der wie Charles Darwin auf den Galapagosinseln in einen natürlichen Lebensraum kam, wo noch nie ein Mensch gewesen war. Solche Berichte betonen immer, dass die Wildtiere keinerlei Scheu zeigten. Das Gleiche gilt noch heute in den wenigen Regionen der Erde, in deren Nähe keine Menschen wohnen.

Als nun die ersten Nomaden kamen und ihre Flintsteinwaffen, Bogen, Pfeile und Speere mitbrachten, hatten die Tiere, denen sie begegneten, keine Angst. Vermutlich betrachteten sie voller Neugier die halb behaarten, zweibeinigen Affen, die da an Land gingen, aber aller Wahrscheinlichkeit nach kümmerten sie sich nicht weiter um sie. Selbst die Löwen dürften wieder in ihr übliches Dösen verfallen sein – vorausgesetzt, sie waren nicht gerade besonders hungrig. Damit wurden sie für die Jäger und Sammler mit ihren scharfen Speeren zu einer leichten Beute – sie zu erlegen war so einfach, dass nach knapp 1 000 Jahren fast alle Tiere hingemetzelt waren und viele Arten an der Schwelle zum Aussterben standen.

Diese Theorie erklärt auch, warum ganz ähnliche Tiere in Nordafrika, Europa und Asien trotz der Menschen weiterlebten. Hier hatte sich die Evolution von Tieren und Menschen über mehr als zwei Millionen Jahre hinweg parallel abgespielt, und die Tiere hatten sich an den Appetit der jagenden Menschen gewöhnt. Die Erfahrung ihrer Vorfahren war in der Evolution zu einem genau abgestimmten Instinkt geworden, mit dem sie in ausreichender Zahl überlebten, weil sie den Kontakt mit Menschen mieden und lieber wegliefen oder sich versteckten. Deshalb kam es nie zu dem Massenaussterben, das sich in Australien und Amerika abspielte.

Nach dieser Theorie beraubte der Homo sapiens also innerhalb weniger Jahre mit leichter Hand fast die Hälfte aller Landflächen ihrer Großtiere.

In jüngerer Zeit war aber auch diese Theorie, die unter dem Stichwort **»eiszeitlicher Overkill«** bekannt wurde, heftiger Kritik ausgesetzt. Sie erklärt beispielsweise nicht, warum auch manche Arten (beispielsweise die Faultiere) ausstarben, die den Menschen in der Regel nicht als Nahrung dienten, während andere, die durchaus gejagt wurden (beispielsweise die Bisons), überlebten. Ebenso ist die massenhafte Tötung durch Menschen keine Erklärung dafür, dass Biber, Bären und Bisons so klein wurden.

Am ehesten trifft wahrscheinlich eine Theorie zu, die sowohl die Einwanderung der Menschen als auch die Auswirkungen des natürlichen, zyklischen Klimawandels in Rechnung stellt. Sie lautet ungefähr so: Als die Menschen zum ersten Mal auf die jungfräulichen Kontinente Australien und Amerika kamen, wurden die großen Tiere für sie tatsächlich zu einer leichten Beute. Viele wichtige Raubtiere, beispielsweise Löwen, Tiger und Wölfe, wurden von den zweibeinigen Jägern und Sammlern in riesiger Zahl getötet. Gleichzeitig stiegen die Temperaturen so schnell an, dass die Gletscher schmolzen und der Meeresspiegel stieg. Die einstmals üppige amerikanische Parklandschaft mit Bäumen und Wiesen machte weiten, trockenen Savannen mit ausgetrockneten Wasserstellen Platz, und in den feuchteren Gebieten an den Küsten entwickelten sich dichte Nadelwälder.

Da die Menschen so viele große, Fleisch fressende Raubtiere töteten, wuchsen die Bestände der Beutetiere – Pflanzenfresser wie Bisons, Hirsche, Faultiere, Pferde und Kamele – gewaltig an, denn sie wurden ja nun nicht mehr gefressen. Bald aber stand für sie nicht mehr genügend Nahrung zur Verfügung. In Verbindung mit den vom schnellen Klimawandel ausgelösten Veränderungen der Pflanzenwelt ergaben sich daraus katastrophale Folgen. Die Pflanzenfresser starben zu Millionen den Hungertod, weil die Landschaft sie nicht mehr ernähren konnte, und nur kleine Arten, die lange Zeiträume mit wenig Nahrung und Wasser überstehen konnten, blieben erhalten.

Als die großen Bestände der Pflanzenfresser die Grünflächen überweideten, trugen sie ebenfalls zu den Folgen des Klimawandels bei: Sie beschleunigten den **Wechsel von Park- zu Graslandschaften**, sodass die Landschaft sich nun noch weniger dazu eignete, zukünftige Generationen großer Tiere zu ernähren.

So empfindlich sind die Ökosysteme der Natur. Irgendwann kommt etwas Neues hinzu (in diesem Fall die Menschen), und an anderer Stelle wird etwas beseitigt (hier die Löwen und Säbelzahnkatzen). Dazu noch ein Klimawandel, und eine gewaltige Katastrophe nimmt ihren Lauf. Mit der Vernichtung der großen, Pflanzen fressenden Beutel- und Plazentatiere in Australien und Amerika nahmen die Menschen vor 40 000 bis 12 000 Jahren – zu Beginn der letzten Sekunde auf der 24-Stunden-Uhr – erstmals großen Einfluss auf die empfindliche wandelbare natürliche Umwelt. Es sollte nicht das einzige Mal bleiben.

KAPITEL 17

DIE NAHRUNG WIRD ANGEBAUT

WIE MÄNNER UND FRAUEN NACH DER LETZTEN EISZEIT MIT NEUEN ÜBERLEBENSSTRATEGIEN EXPERIMENTIERTEN UND ERSTMALS ZUM EIGENEN NUTZEN IN DIE EVOLUTION EINGRIFFEN

Nun hatte die Menschheit ihre ersten Spuren hinterlassen. Aber ebenso wichtig wie das erbarmungslose Blutbad unter den Raubtieren, dessen Folgen auf der Bühne der Menschheits- und Erdgeschichte erst später sichtbar werden sollten, war eine andere Revolution – eine Umwälzung, in der sich das Schicksal der Menschen wie nie zuvor mit dem aller anderen Lebewesen verband.

Vor rund 12 000 Jahren unternahmen Menschen erstmals in ihrer Geschichte den Versuch, die natürliche Evolution unter ihre Kontrolle zu bringen. Diese Entwicklung begann mit den ersten landwirtschaftlichen Versuchen – mit der künstlichen Zucht von Tieren und dem intensiven Anbau bestimmter Nutz- oder Nahrungspflanzen.

Über Jahrmilliarden hinweg hatte die natürliche Selektion das Leben auf der Erde geformt, bis aus einfachen, einzelligen Mikroorganismen sämtliche Lebewesen entstanden waren. Diese Veränderungen hatten ihre Ursache in kleinen genetischen Unterschieden, die von Generation zu Generation entstanden und die Überlebensaussichten einer Spezies in der sich ständig wandelnden Umwelt der Erde vergrößerten. Vor 12 000 Jahren jedoch, als die Menschen erstmals das Land beackerten und wilde Tiere zähmten, vereinnahmten sie diesen Prozess für sich. Sie führten »künstliche Selektion« durch, wie man dieses Verfahren heute nennt. Statt es der Natur zu überlassen, in freier Wildbahn die erfolgreichsten Lebewesen auszuwählen und zu kreuzen, gingen nun die Menschen daran, diejenigen Tiere und Pflanzen auszuwählen und zu züchten, die ihnen am meisten nützten.

Als es die künstliche Selektion gab, konnten die Menschen sesshaft werden und auf Dauer an einem Ort wohnen: Sämtliche Nahrung, die sie brauchten, wurde jetzt an Ort und Stelle angebaut. Sie lebten das ganze Jahr über in Dörfern und errichteten die ersten Häuser; kleine und später größere Städte entwickelten sich, irgendwann gab es Staaten. Die Erfindung der Landwirtschaft ermöglichte erstmals eine **sesshafte Lebensweise**, und die wiederum führte zu einem steilen Anwachsen der Bevölkerungszahl. Die Landschaft wurde neu gestaltet, sodass sie sich für die Lebensmittelproduktion eignete, und die ersten modernen Krankheiten tauchten auf – sie hatten ihren Ursprung fast immer bei Menschen, die auf engem Raum mit Haustieren zusammenlebten.

Der Übergang zur Landwirtschaft kennzeichnet auch die Anfänge aller Tätigkeiten, die nicht unmittelbar mit der Nahrungsmittelproduktion zu tun haben. Zum ersten Mal gab es nun in der Regel so viel zu essen, dass auch Menschen mit ernährt werden konnten, die selbst nicht direkt zur Versorgung beitrugen. Nach einiger Zeit war die Landwirtschaft mindestens zehnmal so produktiv wie die Versorgungsweise der Jäger und Sammler, die bis dahin die der Menschen auf der ganzen Welt gewesen war.

Landwirtschaft bedeutete auch, dass die Menschen mehr Nachkommen haben konnten, denn nun brauchten sie ihre Kinder nicht mehr mit sich herumzutragen. Ihre Lebensmittel konnten sie in Getreidespeichern aufbewahren, und es wurde möglich, alle zwei Jahre oder in noch kürzeren Abständen Kinder zur Welt zu bringen. Das Leben in Dörfern oder Kleinstädten hatte zusätzlich den Vorteil, dass immer Menschen in der Nähe waren, die den Kindern helfen konnten; das alles sorgte dafür, dass die Familien wuchsen.

Als die Bevölkerungszahl der Dörfer und Städte zunahm, wurden diejenigen, die nicht unmittelbar in der Landwirtschaft arbeiteten, zu **Handwerkern**: Sie stellten Keramik, Schmuck und Kleidung für die Menschen in der Siedlung her. Außerdem konnten sie mit neuen technischen Mitteln experimentieren, unter anderem mit Rädern, Wagen und Rüstungen aus formbaren Rohstoffen wie Kupfer, Bronze und Eisen, die man nun aus dem Boden gewinnen konnte.

Dann gab es die **Kaufleute**: Sie handelten mit den Produkten der Handwerker und mit überschüssiger Nahrung, die von den Bauern selbst nicht gebraucht wurde. Handel bedeutete Reisen, Schiffe, Schrift, Bezahlung und Geld. Und noch eine Tätigkeit gab es für diejenigen, die keine Lebensmittel erzeugten: Sie konnten dafür sorgen, dass die Götter dem Dorf oder der Stadt gewogen waren, um so die Aussicht auf gute Ernten zu eröffnen und schlimme Ereignisse abzuwenden. Diese ersten Priester oder heiligen Männer trugen schließlich zur Entstehung der großen Weltreligionen bei.

Die sesshafte, stark angewachsene Bevölkerung brauchte neue Formen der Organisation und Kontrolle. Zusammen mit den ersten Königen und Kaisern entwickelten sich auch der Adel und ein Beamtenapparat, dessen Aufgabe darin bestand, Steuern einzutreiben, Gesetze zu erlassen und für Gerechtigkeit zu sorgen. Die Könige konnten es sich leisten, ihre Macht mit Armeen zu schützen, denn Ackerbau und Viehzucht schufen ihnen die Möglichkeit, Tausende von Soldaten zu ernähren. Dazu verarbeitete man Getreidevorräte zu Brot, und zahme Tiere wurden gemolken oder gegessen, während andere Wagen zogen oder die Soldaten in die Schlacht trugen. Die Landwirtschaft ermöglichte Feldzüge zur Erweiterung der neuen Hochkulturen, die sich schon bald über die gesamte antike Welt verbreiteten.

Wie, warum und wo spielte sich die radikale Umstellung auf Ackerbau und Viehzucht ab? Eines ist sicher: Den einen klugen Steinzeitmenschen, der irgendwann auf die Idee kam, die Zucht von Pflanzen und Tieren könne den Menschen gute Dienste leisten, gab es nicht. Der Gedanke an Landwirtschaft hatte seinen Ursprung auch nicht zu einem bestimmten Zeitpunkt und an einem bestimmten Ort.

In manchen Geschichtsbüchern liest sich das Ganze wie die Geschichte einer Revolution, weil es für Menschheit und Erde so weitreichende Folgen hatte. Häufig ist von der **neolithischen Revolution** die Rede. Zu Anfang war es jedoch eine langsame Entwicklung – die aber letztlich dazu führte, dass heute ungefähr 99,9 Prozent aller Menschen in Gesellschaften leben, die sich auf Landwirtschaft und Tierzucht gründen. (Auch unsere heutigen Städte sind auf den Import landwirtschaftlicher Produkte aus anderen Ländern oder auf die ländlichen Gebiete in ihrer Umgebung angewiesen, die das Leben in dem städtischen Umfeld überhaupt erst möglich machen.) Der Wechsel der Lebensweise – von den wandernden Jägern und Sammlern zu sesshaften Bauern, die ganze Städte ernähren konnten – war bemerkenswert und kennzeichnet einen Wendepunkt der Menschheits- und Erdgeschichte.

Dass die Menschen nicht einfach mit der Landwirtschaft anfingen, weil sie Lust dazu hatten, sagt uns schon der gesunde Menschenverstand. Wer wollte damals schon Bauer werden? Heutzutage ist die Arbeit eines Landwirts vergleichsweise einfach, aber das verdankt er der modernen Technik mit Traktoren und Maschinen zum Pflügen, Melken, Dreschen, Pumpen und Ernten. Vor 12 000 Jahren war das ganz anders: Damals säten die Menschen erstmals wilde Samen aus und hofften darauf, dass sie aus einigermaßen anständigem Getreide die ersten Brotlaibe backen konnten. Im Vergleich dazu hatten die Jäger ein einfaches Leben: Wild gab es in Hülle und Fülle, und während ein einziges größeres Beutetier eine ganze Familie eine Woche lang ernährte, hatten die Getreidebauern ein viel schwereres, anstrengenderes Leben. Vor allem konnte man Getreide nur zu bestimmten Jahreszeiten ernten, und deshalb bedeutete der Ackerbau zunächst sicher keinen Ersatz für die traditionellen Ernährungsgewohnheiten mit Fleisch, das je nach Bedarf zur Verfügung stand.

Säen, Unkrautjäten, Umgraben und Ernten – das waren nur einige der anstrengenden Tätigkeiten, die man hinter sich bringen musste, bevor man das erste Brot backen konnte. Die Gersten-, Weizen- und Roggenkörner – die ersten Nutzpflanzen, die vom Menschen angebaut wurden – mussten mit der Hand von den Stängeln der Graspflanzen gepflückt werden und wurden dann mit Mörser und Stößel, den primitivsten Gerätschaften zur Nahrungsmittelverarbeitung, zu Mehl zerstoßen.

Diese Körner waren nicht diejenigen, die uns heute vertraut sind. Es war natürliches Wildgetreide, nicht das Produkt künstlicher Selektion über Generationen hinweg. Die Natur hatte die

Körner mit gutem Grund so gestaltet, dass sie so leicht wie möglich waren und nur locker am Stängel hingen. Der Wind sollte sie möglichst weit transportieren und in andere Regionen verbreiten, wo sie erneut keimen und sich in freier Wildbahn fortpflanzen konnten.

Aber wie jeder Bauer weiß, sind kleine Körner, die leicht vom Stängel fallen, der Albtraum jedes Getreidezüchters. Von einer solchen Weizensorte braucht man große Mengen, um Brot zu backen, ganz zu schweigen von der Knochenarbeit beim Aufheben der lockeren Körner, die kreuz und quer zu Boden fallen.

Unberechenbar und harte Arbeit: So sah vor 12 000 Jahren der **Getreideanbau** aus. Die Skelette der ersten Bauern erzählen eine traurige Geschichte: verkrümmte Zehen, Buckel, Arthritis in den Knien und in manchen Fällen ein völlig verformter unterer Rücken, entstanden durch die anstrengende Arbeit, das Getreide zwischen Steinplatten zu mahlen. Auch wilde Tiere dazu zu bewegen, nach den Wünschen der Menschen zu arbeiten, war nicht einfacher. Heute, nach Jahrtausenden der genetischen Abwandlung, haben wir ertragreiche, leicht zu erntende Getreidesorten und gehorsame, fügsame Haustiere; damals war es ein gewaltiger Kampf.

Die Gründe für den Aufstieg der Landwirtschaft kann man mit einem einzigen Wort zusammenfassen: Handlungsdruck. Er hatte vor 12 000 Jahren genau die gleiche Ursache wie in vielen Regionen unserer heutigen Welt, eine Ursache, die uns vermutlich noch auf viele Generation hinaus begleiten wird: den **Klimawandel**.

In der letzten Eiszeit erreichten die Temperaturen ihren Tiefpunkt vor 22 000 Jahren. Damals war in den Eiskappen über großen Teilen Nordeuropas so viel Wasser gebunden, dass der Meeresspiegel ungefähr 130 Meter tiefer lag als heute – das Meer war etwa um die Höhe des Kölner Doms abgesunken.

Damals gab es keinen Ärmelkanal und kein Schwarzes Meer. Das Mittelmeer war kein tiefblaues Gewässer, sondern eine flache Niederung. Wo heute die Beringstraße liegt, erstreckte sich damals das Land Beringia als eisige Tundra von Alaska nach Russland; es bildete die entscheidende Landbrücke, über die Menschen und Tiere von Asien nach Amerika einwanderten. Und das Rote Meer, das heute den Schiffen zusammen

Lebensmittelverarbeitung im Neolithikum: Mahlsteine waren unentbehrliche Geräte für die ersten Bauern. Ihr Leben hing davon ab, dass sie den Weizen zu Mehl mahlen konnten.

mit dem Suezkanal die Passage vom Mittelmeer zum Indischen Ozean erlaubt, war ebenfalls nur ein flaches Stück trockenes Land. Als die Gletscher dann im Laufe der Jahrtausende schmolzen und der Meeresspiegel stieg, kam es auf der ganzen Welt zu gewaltigen Überschwemmungen.

Ihren Höhepunkt erreichte die große Eisschmelze vor etwa 14 000 Jahren. Ihre Ursache war ein weltweiter Temperaturanstieg um mehr als sieben Grad, der vermutlich durch zyklische Schwankungen der Erddrehung ausgelöst wurde (siehe Seite 134). Nachdem ein riesiges Eisschelf in die Ozeane gestürzt war, stieg der Meeresspiegel in nur 500 Jahren um gewaltige 25 Meter an.[1] Vor ungefähr 8 000 Jahren war die Eisschmelze im Wesentlichen vorüber, und das Meer stand mehr oder weniger ebenso hoch wie heute. Zu den letzten Regionen, die überflutet wurden, gehörte der Ärmelkanal: Er schnitt Großbritannien zum ersten Mal seit mehr als 100 000 Jahren vom übrigen Europa ab.

Eine solche dramatische, schnelle Veränderung der natürlichen Umwelt musste weitreichende Auswirkungen auf die Lebewesen haben. Für die Menschen bedeutete sie, dass viele traditionelle Jagdreviere schlicht und einfach im Meer versanken. Gebiete, in denen sich üppige Wälder ideal für das Jagen und Sammeln geeignet hatten, verwandelten sich durch die schnellen Verschiebungen von Niederschlägen und Wettersystemen in trostlose Wüsten.

In vielen Regionen der Erde waren die Menschen gezwungen, sich ins Gebirge zurückzuziehen oder die Nähe von Süßwasserseen und Flüssen zu suchen. Die traditionelle Lebensweise, bei der man von Ort zu Ort zog, wurde in manchen Gebieten einfach zu gefährlich. Entweder gab es zu wenig gute Jagdreviere, oder das Land war so trocken, dass es keine ausreichende Pflanzenwelt bot.

Ein Beispiel dafür, wie Klimaveränderungen die Menschen zu einer neuen Lebensweise zwangen, bietet der **»fruchtbare Halbmond«**, ein Gebiet, das sich von Ägypten, über Israel und Syrien, bis in die mittlere Türkei und von dort über das Tal des Euphrat im antiken Mesopotamien zum Persischen Golf erstreckt. Er war vor 14 000 Jahren eine üppige Landschaft mit Eichen- und Pistazienbaumwäldern, reichlich Niederschlägen und vielen Nahrungspflanzen. In nichts ähnelte er der trockenen, öden Region, die wir heute kennen.

Ungefähr zu jener Zeit siedelten sich die Menschen der sogenannten **Natufien-Kultur** an der Küste des heutigen Libanon an. Dort lieferte das Meer ihnen ausreichend Fische als Nahrung. Andere zogen weiter ins Gebirge, wo der Boden fruchtbarer war und wilde Gräser wuchsen. Sie stellten fest, dass dieses Land reichhaltige Ressourcen besaß, sodass es nicht mehr notwendig war, ständig weiterzuziehen. In manchen Jahreszeiten konnten sie Gazellen und andere Wildtiere jagen; in anderen ließen sie sich in kleinen Dörfern nieder, wo sie in runden Hütten aus Schlamm und Lehm wohnten. In jüngerer Zeit hat man im Libanon, in Syrien und im Norden Israels mehrere Natufien-Siedlungen entdeckt und ausgegraben.

Das nächste Ereignis war eine Laune der Natur. Nach Ansicht der Fachleute könnte es sich noch einmal abspielen, und das vielleicht schon bald. Anders als in den vorangegangenen 8 000 Jahren stiegen die Temperaturen nicht weiter, sondern plötzlich setzte eine neue Eiszeit ein. In noch nicht einmal fünfzig Jahren kehrten große Teile der Welt in einen tiefgefrorenen Zustand zurück. Es war, als wäre das Land plötzlich unter die Macht einer bösen Schneekönigin geraten. Der Zauber dauerte dieses Mal ungefähr 1 300 Jahre.

Diese Episode, **»Jüngere Dryas«** genannt, spielte sich vor ungefähr 12 700 Jahren ab. Das wissen wir durch die Belege in Eisbohrkernen aus Grönland, an denen Wissenschaftler die Entwicklung der weltweiten Temperaturen mehr als 800 000 Jahre zurückverfolgen können.[2] Heute glauben die Wissenschaftler auch zu wissen, warum es zu dieser plötzlichen Abkühlung kam. Der Golfstrom, der warmes Wasser und damit milde Temperaturen nach Europa transportiert, wird durch Dichteunterschiede des Salzwassers angetrieben: Sie sorgen dafür, dass sich Luft- und Meeresströmungen sowohl entlang der amerikanischen Nordostküste sowie quer über den Atlantik bewegen. Als das in nordamerikanischen Gletschern gebundene Wasser in den Atlantik strömte, ging der Salzgehalt des Meerwassers stark zurück, und damit schwächte sich der Golfstrom ab oder kam vielleicht sogar ganz zum Stillstand.[3]

Damit wäre auch erklärt, warum die Temperaturen innerhalb weniger Jahre so stark schwanken konnten. Nachdem wieder viel Süßwasser als Eis gebunden war, stiegen die globalen Temperaturen rund 1300 Jahre später in nur zehn Jahren um bis zu fünf Grad an, und der zunehmende Salzgehalt im Nordatlantik erweckte den Golfstrom neu zum Leben. Derart dramatische, schnelle Klimaveränderungen hatte es bis dahin vermutlich in der gesamten Geschichte der Menschheit noch nicht gegeben.

Insbesondere in Europa und im Mittelmeerraum hatten sie katastrophale Auswirkungen. Die Bewohner des Fruchtbaren Halbmondes mussten nicht nur zusehen, wie ihre Jagdreviere nach dem Abschmelzen des Eises und dem Anstieg des Meeresspiegels im Wasser versanken, sondern nun setzte auch noch eine schwere Dürre ein, und große Teile der üppigen, fruchtbaren Waldlandschaften verwandelten sich in öde Steppen.

Für die Menschen der Natufien-Kultur waren Weizen und andere wilde Gräser wichtige Grundnahrungsmittel, aber in den Strauchlandschaften, in denen es nun immer heißer wurde, verwelkten sie ganz einfach. Nach Ansicht der Fachleute könnte dies für die Frauen ein Grund gewesen sein, zu experimentieren und selbst Samen auszubringen. Dazu rodeten sie gezielt das Land, damit es sich für den Anbau von Gräsern wie Weizen, Gerste und Roggen eignete.[4] Angesichts der drohenden Hungersnot hoben diese Frauen die besten Samen auf, also diejenigen, die am größten, am nährstoffreichsten und am einfachsten zu ernten waren; diese säten sie im folgenden Jahr auf speziell vorbereiteten Böden wieder aus.

Lag es an ihrer Arbeit – einer Art landwirtschaftliche Rückversicherung –, dass ein Ablauf einsetzte, der schließlich zur Ausbreitung des Ackerbaues im gesamten Nahen Osten sowie in Europa und Nordafrika führte? Der Nutzpflanzenanbau der Natufien-Frauen dürfte weltweit die erste Form der Landwirtschaft gewesen sein. Wie erfindungsreich die Natufien-Menschen im Zusammenhang mit der Landwirtschaft waren, entdeckten die modernen Archäologen: Sie fanden Werkzeuge wie Hacken und Sichelschneiden, die zum Ernten des Ge-

Klimawandel in der Vorgeschichte

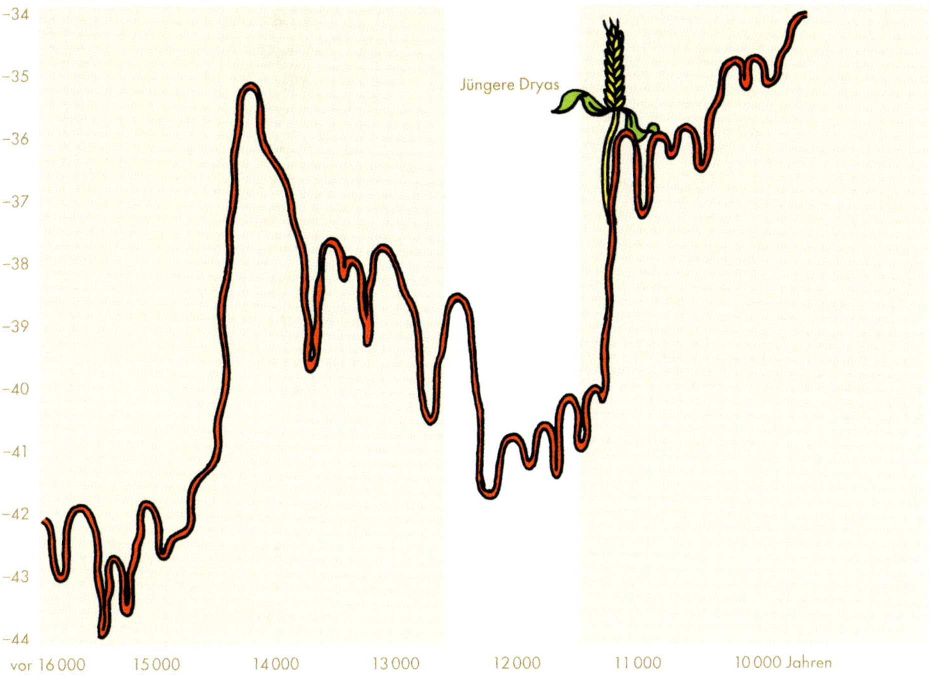

treides verwendet wurden. Neben solchen alten landwirtschaftlichen Gerätschaften entdeckte man auch Stößel, Mörser und Schalen, alles unentbehrliche Hilfsmittel, wenn man Körner einsammeln und mahlen will.

Besonders gründlich analysierten die Archäologen das Material, das man an der Natufien-Fundstelle Abu Hureyra im heutigen Syrien ausgegraben hatte. Ihre Befunde sind der schlüssige Beleg, dass die Menschen in dieser Kultur bereits gelernt hatten, Wildpflanzen durch Auswahl der am besten aussehenden **Samen** zu domestizieren. Die wilden Gräser, von denen die Menschen sich bis dahin ernährt hatten, starben nach und nach aus, und deshalb musste man die am besten wachsenden Samen anbauen, um zu überleben. Aus der Lage der ausgegrabenen Samen kann man schließen, dass sie an Böschungen ausgesät wurden, an denen sich von Natur aus das Wasser sammelt. Diese Terrassen an den Berghängen wurden dann bewirtschaftet: Man beseitigte Unkraut und Gestrüpp, sodass die Nutzpflanzen beste Voraussetzungen vorfanden und einen guten Ertrag liefern konnten.

Die Menschen der Natufien-Kultur gehörten auch zu den Ersten, die bekanntermaßen Tiere domestizierten – in diesem Fall handelte es sich um Wölfe. Sie wählten die zahmsten Exemplare aus und schufen aus ihnen durch Kreuzung schließlich die Haushunde, die ihnen bei der Jagd auf andere Tiere helfen konnten – insbesondere auf wilde Schafe, Wildschweine, Ziegen und Pferde. Mithilfe der Hunde war es ein relativ kleiner Schritt, auch diese anderen Wildtiere zu zähmen, zu kreuzen und an einem Ort zu halten, sodass sie Fleisch und Milch liefern konnten.

Vermutlich waren die abrupte Abkühlung und die anschließende Erwärmung am Ende der letzten Eiszeit für einige Menschen der Anlass, mit der Domestizierung von Nutzpflanzen und Tieren zu experimentieren.

Wie konnten manche Tiere (beispielsweise die Hunde) zu **Haustieren** werden oder (wie die Kühe) friedlich in einer bäuerlichen Umgebung leben, während dies bei anderen (zum Beispiel Zebras) nicht möglich war? Wie man bei der Untersuchung der Entwicklung dieser Tiere kürzlich herausfand, lässt sich ein wildes Tier nur dann domestizieren, wenn es mindestens drei Eigenschaften hat: Es muss ein Herdentier sein, es muss in einer Lebensgemeinschaft mit fester Sozialstruktur leben (damit ein Mensch für das Tier zum Rudelführer werden kann) und es darf ihm nichts ausmachen, wenn es seine Weidegründe mit Tieren anderer Arten teilen muss.[5]

Von ungefähr 148 Arten großer Säugetiere erfüllten nur zwölf diese drei Kriterien: Hunde, Schafe, Ziegen, Rinder, Schweine, Pferde, Kamele, Alpakas, Esel, Rentiere, Wasserbüffel und Yaks. Einige andere Arten konnte man zwar ebenfalls zähmen, aber es gelang nicht, aus ihnen noch zahmere Varianten heranzuzüchten. Die genannten Arten dagegen wurden so weitergezüchtet, wie es für die Menschen nützlich war. Im Fruchtbaren Halbmond kamen mindestens drei der zwölf Arten – Wölfe, Schafe und Ziegen – wild vor. Vor 8 000 Jahren gesellten sich zu diesen ersten Nutztieren domestizierte Schweine und Rinder hinzu, und vor 6 000 Jahren folgten dann die Esel und Pferde, die zuvor zwischen Europa und dem Fernen Osten wild durch die Graslandschaften und Felder der eurasischen Steppen gestreift waren.

Die Natufien-Menschen liebten ihre Hunde. Man hat Grabstätten gefunden, in denen sie zusammen mit ihren Lieblingen bestattet waren.[6] Darüber hinaus erkennt man an diesen Gräbern ein weiteres aufschlussreiches Anzeichen für die Domestizierung von Tieren: eine hohe Säuglingssterblichkeit. Ein Drittel aller bisher ausgegrabenen Natufien-Gräber enthielt die Skelette von Kindern unter acht Jahren. Fielen sie den ersten Krankheitserregern zum Opfer, die mutierten und von Tieren auf Menschen übersprangen?

Wenn es so war, weisen sie auf die Anfänge einer neuartigen Selektion zwischen den Menschen hin: Wer von Natur aus anfälliger für die neuen Krankheiten war, starb früher. Im Laufe der Generationen entwickelten sich auf diese Weise bei Menschen, die eng mit domestizierten Tieren zusammenlebten, stärkere Abwehrkräfte gegen die von diesen Tieren verbreiteten Krankheiten (Näheres über die Auswirkungen der selektiven Immunität auf die Menschheitsgeschichte auf Seite 370).

Vor etwa 11 400 Jahren, als die Periode der Jüngeren Dryas zu Ende ging, wurde das Klima wieder so mild wie früher, und schon nach wenigen Jahren lebten die Menschen im Fruchtbaren Halbmond erneut in einem Land des Überflusses: Die Niederschläge reichten aus, um eine üppige, vielfältige Pflanzenwelt entstehen zu lassen. Aber im Vergleich zu früher gab es einen wichtigen Unterschied: Die Menschen verfügten jetzt über eine Fülle neuer Methoden sowie über neue Formen von Tierhaltung und Saatgut, und dies verschaffte ihnen die Möglichkeit, sich eine grundlegend neue Lebensweise zu eigen zu machen.

Ungefähr 9 000 v. Chr. gab es im gesamten Nahen Osten die ersten dauerhaften Siedlungen von Menschen. Diese »neolithischen« Bauern lebten jetzt dank ihrer umfangreichen Lebensmittelvorräte in größeren Gemeinschaften zusammen. Sie kannten die Landwirtschaft und den Nutzen domestizierter Tiere, die als Zug- und Tragtiere dienten sowie Fleisch und Milch lieferten. Das Jagen und Sammeln wurde für viele von ihnen zu einer vergangenen Tradition.

Zu den ältesten Städten aus dem Neolithikum gehört **Jericho**. Es ist ungefähr achtmal größer als die älteren Natufien-Fundstätten und war nach heutiger Kenntnis eine der ersten Siedlungen, die von Stadtmauern umgeben waren. Bei Ausgrabungen traten runde Häuser zu Tage, viele von ihnen mit mehreren Zimmern. Offene Flächen dienten zu häuslichen Tätigkeiten wie Kochen und Waschen. Diese ersten Gebäude haben Steinfundamente, gepflasterte Fußböden und Wände aus Lehm- oder Tonziegeln. Jede Siedlung besaß einen aus Ton oder Stein erbauten Silo für die Aufbewahrung von Getreide und anderen Lebensmitteln, ein sicheres Zeichen, dass die Tage der Wanderschaft zumindest für diese Menschen vorüber waren. Die Verhältnisse hatten sie gezwungen, die Natur nach ihren eigenen Bedürfnissen zu verändern, und das hatte zu einer neuen Lebensweise geführt.

Auf der Westseite von Jericho wurden Mauern errichtet – im Gegensatz zu früheren Ansichten nicht zur Verteidigung der Stadt, sondern um sie vor den Schlammlawinen und Überschwemmungen zu schützen, die das immer noch steigende Meer häufig mit sich brachte. Auch diese Mauern sind ein Zeichen dafür, dass die Menschen sich mehr als je zuvor darauf konzentrierten, die Natur zu zähmen und unter ihre Kontrolle zu bringen.

Dass diese Menschen mit anderen gerade entstehenden Kulturen in Kontakt standen, ist nicht zu bezweifeln.

Obsidian, eine Art natürliches Glas, bildet sich beim schnellen Abkühlen vulkanischer Lava. Es war ein höchst begehrtes Material, denn aus Obsidian konnte man die schärfsten und wirksamsten Pfeilspitzen herstellen. Er kommt in den felsigen Gebirgsgegenden der Zentraltürkei vor, man hat ihn aber auch Hunderte von Kilometer entfernt im neolithischen Jericho gefunden. Offenkundig bestanden bereits **Handelswege** über große Entfernungen hinweg. Warum sollte man nicht Glas gegen kostbare Samen tauschen, die bereits so abgewandelt waren, dass man sie leicht ernten und gut essen konnte – Produkte einer mehr als tausendjährigen gezielten Selektion und Zucht? Man kann sich unschwer vorstellen, wie sich landwirtschaftliches Know-how, Saatgut und Nutztiere sehr schnell über ganz Europa, den Nahen Osten und darüber hinaus verbreiteten.

Obsidian ist ein natürlich vorkommendes vulkanisches Glas. In alter Zeit schätzte man ihn sehr, da er hart und widerstandsfähig ist – ein ideales Material für Werkzeuge, Messerschneiden und Pfeilspitzen.

Teil 3

Sesshaft werden

5000 v. Chr. bis circa 570 n. Chr.

Immer besser gelang es nun den Menschen, die Kräfte der Evolution für sich nutzbar zu machen und eine leistungsfähigere Zivilisation aufzubauen. Die technischen Mittel zum Schutz gegen die Naturgewalten wurden raffinierter, und der Mensch lernte, sein Wissen von Generation zu Generation weiterzugeben. Er formulierte es in einer Sprache, die man aufschreiben konnte.

Die Bevölkerung wuchs. Entlang der großen Flusstäler entwickelten sich die ersten Hochkulturen. Man baute Pyramiden als Grabmäler für die Gottkönige, ihre Priester blickten von Stufentempeln zu den Sternen und weissagten die Zukunft, Steinkreise dienten als Schauplatz der Anbetung von Muttergöttinnen, Sonne und Mond.

Räder, Wagen und Pferde wurden durch die Entdeckung von Bronze, Eisen und Stahl immer leistungsfähiger. Dies führte zu heftigen Konflikten: Auf der einen Seite standen Menschen, die mit ihren Herden von Ort zu Ort zogen, auf der anderen diejenigen, die in den neu erbauten Dörfern und Städten sesshaft geworden waren. Das Ungleichgewicht zwischen militärisch organisierten Nomaden und wehrlosen Siedlern führte zu dem allgemein verbreiteten Bedürfnis, Waffen herzustellen und Verteidigungsbauwerke zu errichten. Wälder wurden abgeholzt, in Öfen wurde Metall geschmolzen, Straßen schlugen Schneisen in die Landschaft. Schiffe, Pferde und Kamele transportierten die von den Stadtbewohnern hergestellten Waren von einer Siedlung zur nächsten. Bauern, Priester, Könige und Armeen brachten sich in Stellung, während die natürlichen Reichtümer der Erde immer stärker den formenden Kräften der Menschen unterworfen wurden.

Religionen erklärten, warum die Natur manchmal gewaltsam zurückschlug. Griechische Philosophen entdeckten eine Reihe allgemeingültiger Gesetze, mit deren Hilfe sie die Wege von Planeten, Sonne und Mond voraussagen konnten, was wiederum weitere Bestrebungen nährte, immer machtvollere künstliche Welten zu bauen. Vor 2000 Jahren war die Zahl der Menschen auf über 200 Millionen angewachsen und bildete damit eine unmittelbare Herausforderung für die Ökosysteme auf der Erde. Tiere, die früher wild im Wald gelebt hatten, wurden für die Menschen zu den wichtigsten Lieferanten von Nahrung, Kleidung und Muskelkraft.

Manche Menschen lebten immer noch in Stämmen zusammen, gewissermaßen im Naturzustand. Sie wurden am besten mit dem Wetter fertig, ganz gleich, welche Stürme oder Dürreperioden die Natur ihnen auferlegte. Nach wie vor pflegten sie eine einfache, flexible, mobile, nachhaltige und in der Regel friedliche Lebensweise. Tabus bestimmten darüber, welche natürlichen Ressourcen sie nutzten und wie sie in ihren kleinen, einigermaßen unabhängigen Familienverbänden zusammenarbeiteten. Ein paar Tausend Jahre, nachdem sich die Landwirtschaft in Europa und Asien etabliert hatte, wurde sie unabhängig davon auch in manchen Teilen Amerikas erfunden. Die dortigen Kulturen erwarben großes Wissen über die Jahreszeiten und Sterne, über Mathematik, Schrift, Baukunst und Handwerk. Aber es war eine Welt ohne Räder: Da es keine großen Tiere gab, blieb ihre Herrschaft über die Natur eingeschränkt, und die Menschen waren nicht nur durch Klimaveränderungen gefährdet, sondern auch durch die blutrünstigen Eroberer vom anderen Ende der Welt, die sie einige Jahrhunderte später mit ihrem erbarmungslosen Streben nach Gold zugrunde richteten.

KAPITEL 18

SCHRIFTLICHE BELEGE

WIE DIE SCHREIBKUNST DAS ZEITALTER DER GESCHICHTSSCHREIBUNG EINLEITETE UND WIE KAUFLEUTE, HERRSCHER, HANDWERKER, BAUERN UND PRIESTER DIE ERSTEN HOCHKULTUREN AUFBAUTEN

Der Unterschied zwischen Geschichte und Vorgeschichte lässt sich in einem Wort zusammenfassen: **Schrift** schuf für die Menschen die Möglichkeit, Aufzeichnungen über bestimmte Ereignisse und den Zeitpunkt des Geschehens zu führen. Solche Geschichten konnten sie dann an spätere Generationen weitergeben. Mit der Schrift begann die »historische« Geschichte. Alles, was davor war, ist »prähistorisch« oder vorgeschichtlich.

Natürlich gab es auch bereits vor der Erfindung der Schrift viele Erzählungen, aber die wurden mündlich überliefert. Manchmal bleiben Geschichten, die auf diese Weise von Generation zu Generation weitergegeben werden, auch ohne schriftliche Aufzeichnungen gut erhalten, aber häufig werden sie auch durcheinandergebracht und verwandeln sich dann in Märchen oder Mythen. Gründlich analysieren und zutreffend interpretieren kann man sie nur, wenn sie niedergeschrieben wurden und sich über längere Zeit hinweg nicht mehr verändert haben. Die Geschichtsschreibung beginnt zu dem gleichen Zeitpunkt, an dem es erstmals auch eine Schrift gab: vor rund 5 000 Jahren bei den ältesten Hochkulturen des Nahen Ostens. Damit sind wir auf unserer 24-Stunden-Uhr der Erdgeschichte bei einer Zehntelsekunde vor Mitternacht angelangt.

Versuchen wir einmal, uns eine Welt ohne schriftliche Aufzeichnungen vorzustellen. Keine Bücher, keine Zeitungen, keine Briefe, keine Gesetze. Ohne Schrift hätten Hochkulturen und Großreiche vermutlich nie entstehen und erst recht nicht überleben können. Durch das niedergeschriebene Wort konnten Herrscher ihre Untertanen aus der Entfernung unter Kontrolle halten und Anweisungen, Zivilgesetze und militärische Befehle erlassen.

Wer die Schrift erfand, weiß niemand. Dass es ein einzelner Mensch war, ist höchst unwahrscheinlich. Vermutlich begann eine ganze Gruppe vor rund 10 000 Jahren erstmals mit Kritzeleien zu experimentieren, um die regelmäßigen Bewegungen von Mond und Sternen festzuhalten.[1] Aber erst aus der Zeit vor 5 000 Jahren gibt es handfeste Belege, dass geschriebene Symbole in einer sesshaften Kultur zur Aufzeichnung geschäftlicher Vorgänge und Berechnungen dienten. Es könnten Kaufleute gewesen sein, die mit Obsidian und ähnlichen wertvollen Gütern handelten, mit pflanzlichen Produkten wie Gerste und Wein oder mit kostbaren Rohstoffen – Edelsteinen, Gold, Silber, Kupfer, Zinn und Eisen.

Die Kaufleute des Nahen Ostens zeichneten einfache Bilder auf Tontafeln, um damit bestimmte Waren zu kennzeichnen. Die Tafeln wurden dann in einem Ofen gebrannt, sodass die Markierungen dauerhaft erhalten blieben, und es entstanden unveränderliche Aufzeichnungen, aus denen genau hervorging, wer welche Gegenstände erhalten hatte. Mithilfe der Schrift konnten die Menschen die Berechnungen für ihren Handel anstellen.

Aber das Zeichnen auf Ton war eine langwierige, mühsame Tätigkeit. Sinnvoller war es, das Ganze mit einem abgekürzten Code zu beschleunigen. Nach und nach traten keilförmige Striche an die Stelle der Bilder, denn die ließen sich einfacher und schneller in die Tafeln ritzen. Zum Schreiben diente eine Art Feder aus Binsenrohr, die ähnlich aussah wie ein heutiges Schneidemesser. Solche Buchstaben bezeichnet man als Keilschrift, und sie bildeten die Grundlage für drei der ältesten Schriftsprachen der Welt: das Assyrische, das Sumerische und das Babylonische.

Die 4 350 Jahre alte Keilschrifttafel eines sumerischen Kaufmannes. Sie enthält Berechnungen über den Handel mit Ziegen und Schafen.

Sumer lag mitten im heutigen Irak und erstreckte sich im Süden bis zum Persischen Golf. Es war eine der ersten Regionen, in denen der neue Drang der Menschen, die Natur zu beherrschen, sich auch auf den Bau eigener künstlicher Welten in Form von Städten und Staaten ausweitete. Hier entstand nach Ansicht der Fachleute die erste Schrift.

Für die ersten sesshaften Lebensgemeinschaften der Menschen brachte Sumer hervorragende Voraussetzungen mit. Vor 10 000 Jahren war der Meeresspiegel gegenüber dem Tiefststand um fast 130 Meter angestiegen, und das Klima war in der Region damals feuchter und besser für den Ackerbau geeignet als heute. Erst vor etwa 5 000 Jahren stiegen die Temperaturen an, und die Niederschläge gingen zurück, sodass der Nahe Osten zu der öden, sandigen Gegend wurde, die wir heute kennen.

Das feuchte Klima war ideal für den Anbau von Nutzpflanzen wie Weizen, Gerste und Wein, die im Winter den Regen brauchen. In den Hügeln und

Berglandschaften der Region lebten jene wilden Tiere, die sich ausgezeichnet für die Domestizierung eigneten: Ziegen, Schafe und Rinder. Sie lieferten Nahrung, Zugkraft für Pflüge und Wagen sowie das Material zur Herstellung von Kleidung, Flaschen und Lederwaren.

Die Region, in der die ersten Städte der Sumerer entstanden, heißt **Mesopotamien**. Der Name gibt bereits einen deutlichen Hinweis darauf, warum die Menschen gerade hier ihre ersten Staaten gründen konnten. Das griechische Wort bedeutet »zwischen den Flüssen«. Euphrat und Tigris waren die idealen Wasserlieferanten, um das Land mit Bewässerungskanälen, Abschlussgräben, Stauseen und Dämmen zu versehen. Die Menschen konnten ihre Felder gezielt überfluten und so die richtigen Bedingungen herstellen, damit ihre künstlich ausgewählten Nutzpflanzen gediehen. Außerdem bot das Flusstal einen großen, langen, fließenden Verkehrsweg, über den Menschen und ihre Besitztümer von einer am Fluss gelegenen Stadt zur nächsten gelangen konnten.

Auch zwei weitere antike Hochkulturen entwickelten sich in Flusstälern des Nahen Ostens. Die eine entstand am Nil in Ägypten, die andere am Jordan in Israel. Welche dieser beiden Gesellschaften zuerst da war, ist ein wenig umstritten: Archäologen finden ständig neue Belege für hoch entwickelte frühe Kulturen, und diese Belege reichen immer weiter in die Vergangenheit zurück.

Ein besonders eindeutiges Zeichen für eine frühe Hochkultur ist die Schrift. Wo sie entstand, müssen zumindest manche Menschen als Kaufleute tätig gewesen sein, und andere müssen Waren hergestellt haben, mit denen zu handeln sich lohnte. Schrift ist ein sicheres Anzeichen, dass manche Menschen in einer Gesellschaft die Zeit hatten, um nachzudenken (wie zum Beispiel die Priester), etwas zu erfinden (Künstler und Handwerker), zu organisieren (Beamte) und zu herrschen (Könige). Geschriebene Worte sind das charakteristische Kennzeichen einer Zivilisation, in der man die Massenproduktion von Lebensmitteln beherrscht und eine Aufgabenteilung zwischen verschiedenen Bevölkerungsgruppen vorgenommen hat. Ein Teil der Gesellschaft war nach wie vor auf die Nahrungsbeschaffung spezialisiert, andere jedoch sorgten für Ordnung oder entwickelten besondere Fähigkeiten als Handwerker oder Kaufleute. (Auffällig ist dabei die Ähnlichkeit mit den ältesten Zivilisationen der Natur, denen der Bienen und Termiten – siehe Seite 87, 89.)

Dass sich im antiken Sumer vor etwa 5 000 Jahren eine Schrift entwickelte, wissen wir dank einer der bemerkenswertesten archäologischen Entdeckungen aller Zeiten. Sie wurde in den 1840er Jahren von dem jungen britischen Amateurarchäologen **Austen Layard** gemacht. Statt in London zu bleiben und als Anwalt zu arbeiten, wie es seiner Ausbildung entsprach, entschied sich Layard für ein Leben auf der Insel Ceylon (dem heutigen Sri Lanka), die vor der Südspitze Indiens liegt und damals unter britischer Herrschaft stand.

Aber Layard kam nie bis Ceylon. Er blieb im Mittleren Osten hängen, genauer gesagt in Persien: Dort fesselte ihn die Geschichte der Region und insbesondere ein seltsamer großer Hügel nicht weit von der Stadt Mosul am Tigrisufer. Die künstliche, mit Staub und Sand bedeckte, von Menschenhand geschaffene Erhebung sah eigenartig aus und machte ihn so neugierig, dass er den britischen

Völker Mesopotamiens

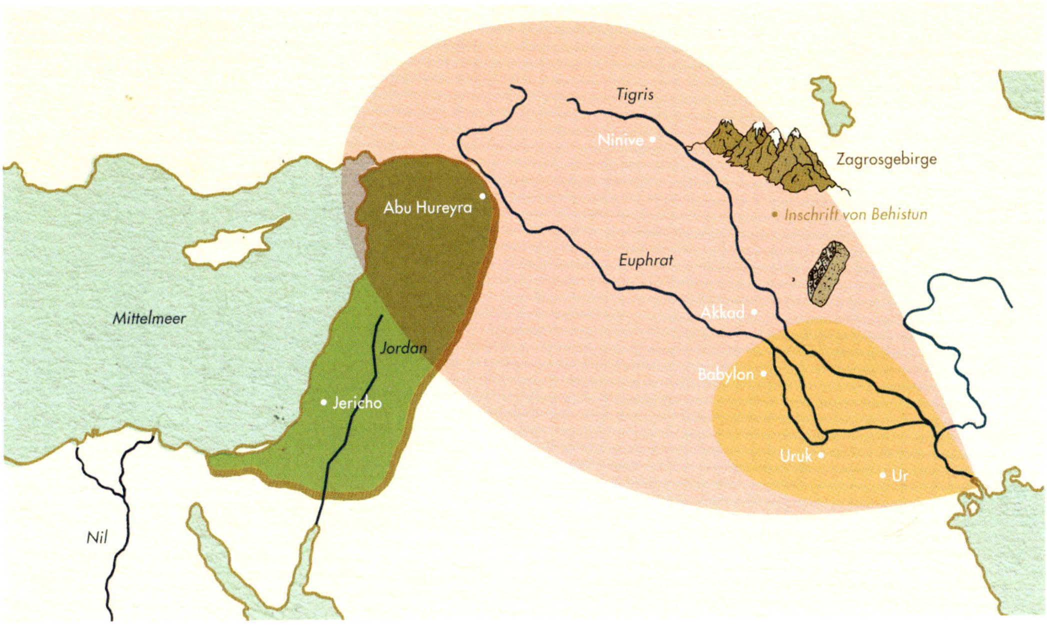

Natufien-Menschen (14 500–11 500 v. Chr.) Sumerer (5300–2300 v. Chr.) Akkader (2350–2150 v. Chr.)

Botschafter in der Türkei dazu brachte, ihm Geld für eine archäologische Ausgrabung zur Verfügung zu stellen. Am 9. November 1845 ging Layard mit einer Mannschaft aus Einheimischen an die Arbeit. Schon nach wenigen Stunden stießen sie mit ihren Besen und Schaufeln auf die Mauern eines antiken Palastes. Er war mit Steinplatten verkleidet, die alle dicht an dicht mit einer seltsam geformten, unbekannten Schrift bedeckt waren.

Layard und seine Mitarbeiter waren nicht einfach über einen prächtigen Königspalast mit ein paar alten Inschriften gestolpert. Nach einer Reihe weiterer Ausgrabungen kamen zwei Paläste und eine gewaltige königliche Bibliothek ans Licht; wie sich herausstellte, handelte es sich um die Überreste der antiken, in der Bibel erwähnten Stadt Ninive.

Der Bauherr der Bibliothek war **Assurbanipal**, der letzte große Assyrerkönig, der 627 v. Chr. starb. Er war Gelehrter und ein eifriger Sammler. Im Gegensatz zu den meisten anderen Königen seiner Zeit konnte Assurbanipal lesen und schreiben, und er war auch bekannt für seine Fähigkeit, schwierige mathematische Probleme zu lösen. Layard und seine Leute entdeckten die verblüffende Zahl von 20 000 Tontafeln aus Assurbanipals Bibliothek, darunter Verzeichnisse von Königen, historische Aufzeichnungen, religiöse Texte, mathematische und astronomische Abhandlungen, Verträge, juristische Dokumente, Dekrete und Briefe des Königs. Die Sammlung lieferte faszinierende Erkenntnisse über jene Zeit und bedeutete eine Umwälzung für unsere Vorstellungen davon, wann und wo die ersten Hochkulturen entstanden und wie sie aussahen.

Bevor man aus den kostbaren Tontafeln irgendwelche Erkenntnisse gewinnen konnte, musste natürlich irgend-

Den Menschen der Natufien-Kultur, die sich als Erste bemühten, Tiere und Pflanzen zu domestizieren, folgte der Aufstieg der Hochkulturen. Sie siedelten entlang von fruchtbaren Flusstälern.

jemand herausfinden, wie man die darauf geschriebenen Texte liest. Dabei kam den Wissenschaftlern das Glück zu Hilfe: Ungefähr zur gleichen Zeit, als Layard und seine Mitarbeiter die Tafeln von Ninive entdeckten, machte ein britischer, in Persien stationierter Armeeoffizier eine weitere ungewöhnliche Entdeckung, die am Ende den Schlüssel für die Entzifferung der Keilschrift lieferte.

Der berühmte **Stein von Rosetta** befindet sich heute im Britischen Museum. Er wurde 1799 von Soldaten Napoleons in Ägypten gefunden und enthält die gleiche Textpassage in drei verschiedenen Sprachen. Bei zwei davon handelt es sich um altägyptische Hieroglyphen, die dritte ist in klassischem Griechisch geschrieben. Im Jahr 1822 entzifferte der französische Gelehrte Jean-François Champollion den Stein und hatte damit den Schlüssel zu den Hieroglyphen gefunden. Nicht weniger spektakulär war der Fund, den Henry Rawlinson am Fuß des Zagrosgebirges an der heutigen Grenze zwischen Irak und Iran machte. Hundert Meter oberhalb einer Kalksteinklippe und neben einer antiken Straße, die aus dem irakischen Babylon kam, entdeckte er eine Reihe von in den Fels gehauenen Statuen. Unter jeder von ihnen stand eine Textpassage.

Diese sogenannte Behistun-Inschrift erzählt die Geschichte der Eroberungen durch den Perserkönig Darius, der von 522 bis 485 v. Chr. in der Region herrschte. Wie auf dem Stein von Rosetta, so werden auch diese Geschichten in drei Sprachen erzählt, aber da sie in so großer Höhe angebracht waren, hatte sich vor Rawlinson noch niemand die Mühe gemacht, sie zu lesen. Im Jahr 1835 kletterte er auf die Klippe und schrieb die Texte ab. Wie er feststellte, handelt es sich beim ersten Teil der Inschrift um eine Liste der Perserkönige, und die stimmte genau mit den Aufstellungen des griechischen Geschichtsschreibers Herodot überein. Damit hatte Rawlinson den Schlüssel, den er brauchte: Er konnte nun herausfinden, was die Keilschriftzeichen bedeuteten, und dank seiner Vorarbeit waren Fachleute seither in der Lage, den größten Teil dessen zu entziffern, was auf den kostbaren, von Layard entdeckten Tafeln aus der Bibliothek des Assurbanipal steht.

Am berühmtesten unter allen Tafeln aus dem Schatz von Ninive sind vermutlich diejenigen, die von den Abenteuern des altsumerischen Königs **Gilgamesch** berichten. Er herrschte über Uruk, eine der ersten sumerischen Städte, die am Ufer des Euphrat im heutigen Südirak lag. In ihrer Blütezeit zählte sie 80 000 Einwohner und war damit die größte Stadt der Welt. Um Uruk gegen Angriffe zu verteidigen, ließ Gilgamesch eine Reihe dicker, hoher Mauern bauen. In jüngerer Zeit zeigten Ausgrabungen eines deutschen Archäologenteams, dass die Bewohner innerhalb der Stadtmauern auch ein raffiniertes Kanalnetz errichtet hatten. Uruk war eine Art Venedig der Antike mit mehreren aufwendig erbauten Tempeln und Türmen, die den Göttern geweiht waren.

Gilgamesch war der fünfte König der Stadt und herrschte ungefähr 2650 v. Chr. Er wurde für alle Menschen in Mesopotamien zu einer hoch verehrten Gestalt, und von seinen gefährlichen, wagemutigen Taten berichtet eine ganze Reihe berühmter Mythen und Legenden. Anfangs war Gilgamesch kein guter König, weshalb die Götter der Legende nach einen wilden, behaarten Mann namens Enkidu schufen, der gegen ihn

Der Stein von Rosetta, den napoleonische Soldaten 1799 in Ägypten fanden, enthielt den Schlüssel zur Entzifferung der ägyptischen Hieroglyphen. Der gleiche Text ist auf ihm in drei verschiedenen Sprachen eingemeißelt.

kämpfen sollte. Aber genau wie die Menschen gelernt hatten, wilde Tiere zu domestizieren, so konnte Gilgamesch auch Enkidu zähmen, und wenig später waren die beiden enge Freunde, die gemeinsam viele Abenteuer bestanden. Als Enkidu starb, blieb Gilgamesch mit gebrochenem Herzen zurück, und ihm wurde klar, dass auch er, der eigentlich ewig leben wollte, irgendwann sterben würde. Am Ende der Geschichte gelangt Gilgamesch zu dem Schluss, man werde am ehesten unsterblich, wenn man den Menschen durch die Errichtung einer wunderschönen Stadt mit eindrucksvollen Mauern und den Göttern geweihten Tempeln in Erinnerung bleibt.

Teile dieser Legende tauchen in den Mythen späterer Kulturen wieder auf. Sie zeigen, wie Gedanken und Geschichten ebenso wie Sprache und Schrift große Entfernungen zurücklegen können. Im Laufe eines seiner Abenteuer erfährt Gilgamesch von einem alten König namens Utnapischtim, dass Enlil – der Gott der Luft – eine entsetzliche Flut schicken will, um die Menschheit für ihre bösen Taten zu bestrafen. Die Götter befehlen Utnapischtim, ein Schiff zu bauen und sich darauf zusammen mit seiner Familie und vielen Tieren in Sicherheit zu bringen. Nachdem er die Luken dichtgemacht hat, setzt die Sintflut ein. Sie ist so heftig, dass sie »sogar den Göttern Angst machte und sie in den Himmel flüchten ließ«. Alle Menschen auf der Welt mit Ausnahme von Utnapischtim und seiner Familie kommen in den Fluten um. Als der Regen nachlässt, läuft das Schiff auf einem Berggipfel auf Grund. Utnapischtim lässt eine Taube frei, dann eine Schwalbe und einen Raben; sie kommen nicht zurück, und das bedeutet, dass Land in der Nähe sein muss. Diese altsumerische Geschichte gleicht fast wörtlich dem Bericht über Noah und seine Arche in der jüdischen Tora und der christlichen Bibel.

Nach Ansicht mancher Fachleute haben die Geschichte über die Sintflut und ähnliche Mythen aus anderen frühen Religionen ihren Ursprung in dem dramatischen Anstieg des Meeresspiegels, durch den der Persische Golf am Ende der letzten Eiszeit überflutet worden war. Demnach wären die Geschichten über viele Generationen und mehrere Tausend Jahre hinweg mündlich überliefert worden, bevor man sie schriftlich aufzeichnete.

Das Gilgameschepos und andere Geschichten auf den Tontafeln liefern zahlreiche Aufschlüsse darüber, wie die Sumerer ihre Welt sahen. Unter anderem liefern sie einige der ersten schriftlichen Belege für religiöse Überzeugungen.

Gilgamesch erkennt, dass alle Menschen nur Diener der **Götter** sind. Mithilfe der Götter wird erklärt, warum unerwartete Ereignisse wie Überschwemmungen, Dürre oder Invasionen geschehen. Es ist ein gemeinsames Merkmal aller Zivilisationen, dass Menschen bemüht sind, Einfluss auf die Natur zu nehmen, um sich dadurch zu schützen oder ihre Macht auszuweiten. Die Sumerer bauten zu diesem Zweck in ihren Städten zahlreiche Tempel, die unterschiedlichen Göttern geweiht waren. Diese Götter, so der Glaube, waren für alle Dinge zuständig, von der Liebe über den Krieg bis zu einer guten Ernte. Manchmal wurden Menschenopfer dargebracht, weil man glaubte, es werde den Göttern gefallen.

Eine weitere Quelle für Informationen über die altsumerische Religion sind die Reste der Tonsiegel, die auf dem Deckel von Wein- oder Ölgefäßen angebracht wurden und den Besitzer kennzeichneten. Die Menschen schrieben diesen Siegeln magische Kräfte zu und glaubten, sie könnten vor Unheil schützen; um die Wirkung zu verstärken, verzierte man sie mit Bildern der Götter.

Nach dem Glauben der Sumerer trafen die Götter jedes Jahr am Neujahrstag zusammen, um zu entscheiden, welche schicksalhaften Ereignisse das kommende Jahr bringen sollte. Ihre Beschlüsse führten zu allen möglichen Katastrophen wie Dürre und Überschwemmungen, aber auch zu unerwarteten Glücksfällen wie guter Ernte oder militärischen Erfolgen. Von diesem alljährlichen Schicksal abgesehen, so die Überzeugung, war alles andere von den **Sternen** vorherbestimmt.

Die Sumerer sowie ihre Nachfolger in Assyrien und Babylon glaubten, die Welt liege auf einer flachen Scheibe und sei auf allen Seiten von Wasser umgeben. Der Himmel war in ihrer Vorstellung ein Dach aus Zinn, das kleine Löcher besaß, sodass man das himmlische Feuer sehen konnte.[2] Sie studierten die Löcher (die Sterne) und sahen zu, wie sie jede Nacht auf einem vorhersehbaren Weg über den Himmel wanderten. Ebenso entdeckten sie, dass fünf große Sterne sich anders und unerklärlich verhielten. Diese, so glaubten sie, waren die Sterne der Götter – heute erkennen wir darin die fünf Planeten, die mit bloßem Auge zu sehen sind: Merkur, Venus, Mars, Jupiter und Saturn. Manche Sterne sollten Glück bringen, andere Unglück. Mars stand beispielsweise für Krieg, Venus für Liebe. Die Sumerer widmeten jedem der fünf unregelmäßig wandernden Sterne einen Wochentag – zusammen mit Sonne und Mond wurden es sieben. Dieses Erbe des sumerischen Systems zeigt sich in den Namen für die Wochentage, die sich in manchen Sprachen noch heute teilweise aus dem Lateinischen ableiten: Sonntag (Sonne), Montag (Mond), aber auch der englische Saturday (Saturn) und die französischen Bezeichnungen mardi (Mars), mercredi (Merkur), jeudi (Jupiter) und vendredi (Venus).

Ein syrisches Relief aus dem 9. Jahrhundert v. Chr. Es zeigt den sumerischen Helden und König Gilgamesch, der mithilfe von zwei Halbgöttern die Sonne (Enkidu) trägt.

Um dem Himmel näher zu sein, bauten die Sumerer aus sonnengetrockneten Lehmziegeln hohe Stufentürme, die Zikkurats. Oben war ein solcher Turm flach und trug einen Schrein oder Tempel, der einem Gott geweiht war. Nur Priester durften ihn betreten, denn man glaubte, er sei die Heimstatt der Götter. Ungefähr 32 solche Bauwerke gibt es noch heute, die meisten davon im Irak. Einer der größten Türme steht in der Stadt Babylon; es war dem Gott Marduk geweiht und könnte die Anregung für die biblische Geschichte über den Turmbau zu Babel gegeben haben.

Diesen erfindungsreichen Menschen verdanken wir nicht nur unsere Woche mit ihren sieben Tagen. Sie waren auch begabte **Mathematiker**. Auf den von Layard entdeckten Tontafeln finden sich komplizierte arithmetische Berechnungen, in denen verschiedene Kombinationen von senkrechten und V-förmigen Strichen die Zahlen 1 bis 9 darstellen. Die Sumerer entwickelten ein mathematisches System auf der Grundlage der Zahl 60, weil man diese durch viele andere Zahlen teilen kann (nämlich durch 2, 3, 4, 5, 6, 10, 12, 15, 20 und 30). Außerdem benutzten sie als Erste ein System, in dem wie in unserer heutigen Mathematik jene Ziffern, die auf der linken Seite einer Zahl stehen, einen höheren Wert besitzen als die anderen rechts daneben. Von den Sumerern stammt unsere Minute mit ihren 60 Sekunden, die Stunde mit 60 Minuten, der Tag mit seinen 24 Stunden und das Jahr mit seinen 12 Monaten, aber auch der Kreis mit seinen 360 Grad. Auf anderen Tafeln kann man ablesen, dass die Sumerer Symbole für Division und Multiplikation kannten und dass sie auch mit Quadraten und Quadratwurzeln vertraut waren.

Ergänzt wurde diese Begabung für Astronomie und Mathematik durch einen großen Erfindungsreichtum, wenn es darum ging, Dinge mit den Händen herzustellen. Den Sumerern wird die **Erfindung des Rades** zugeschrieben. Zunächst verwendete man Räder nicht für Wagen, dies kam allerdings schon wenig später hinzu. Anfangs dienten die Räder als Töpferscheiben zur Herstellung von Tongefäßen. Es dauerte jedoch nicht lange, bis zahme Esel die ersten Fahrzeuge für den Transport von Waren zogen. Später wurden die hölzernen Scheibenräder von Rädern mit Speichen verdrängt, die ein größeres Gewicht tragen konnten und sich ideal für Kampfwagen eigneten.

Mit dem Wagen zu fahren, war zu jener Zeit aber nicht annähernd so bequem wie eine Schiffsreise: Straßen gab es kaum, und die Wege waren für Fußgänger gemacht. Als Verkehrswege dienten die Flüsse, welche die Siedlungen mit dem Meer verbanden. Die Sumerer konstruierten mindestens drei verschiedene Schiffstypen. Manche bestanden aus Tierhäuten und Schilf, andere waren mit Haaren zusammengenäht und mit Pech abgedichtet. Angetrieben wurden sie mit hölzernen Rudern. Mit ihren Schiffen konnten die Sumerer auch Handel mit weiter entfernten Menschengruppen betreiben, die sich nach und nach ebenfalls in eigenen Siedlungen niederließen und eine Zivilisation aufbauten. Schon bald war sumerische Technologie, vom Rad bis zur Schrift, in der ganzen bekannten Welt verbreitet.

Aus weichen Metallen wie Silber, Gold und Kupfer stellten sumerische Handwerker kostbare Schmuckgegenstände her. Der britische Archäologe Leonard Woolley grub in den 1930er Jahren auf dem königlichen Friedhof von Ur mehr als 1 800 Gräber aus. In einem davon fand er einen der ausgefallensten und kostbarsten Schätze der ganzen Antike. Er war seit Jahrtausenden völlig unberührt geblieben. Es war das Grab von **Puabi**, Königin von Ur, und stammte aus der Zeit um 2500 v. Chr. Mit ihr waren fünf Soldaten und 23 Hofdamen bestattet. Man hatte sie vergiftet, damit sie ihrer Herrin im Jenseits weiterhin dienen konnten. Außerdem entdeckte Woolley eine großartige Schatzkammer mit einem Kopfschmuck aus goldenen Blättern, eine Lyra mit goldbeschlagenem, bärtigem Stierkopf, goldenes Geschirr, einen Wagen, der mit einem Löwinnenkopf aus Silber geschmückt war, sowie zahlreiche goldene Ringe, Halsketten und Broschen. Einen

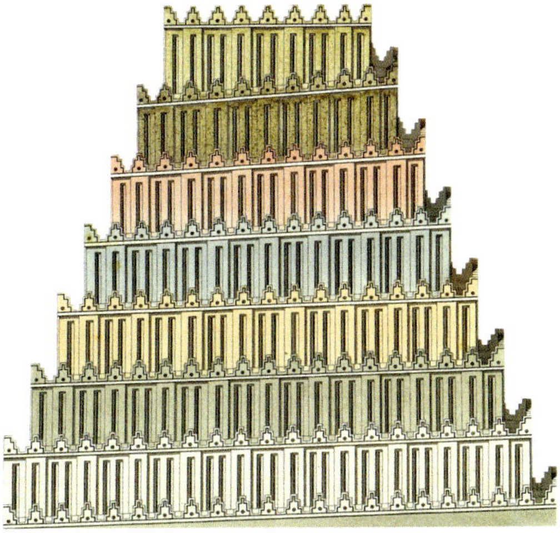

Eine sumerische Zikkurat in Ninive. Auf solchen Türmen kamen die Priester dem Himmel näher; sie zeichneten dort genau die Bewegungen von Mond, Planeten und Sternen auf.

Teil dieser Schätze kann man heute im Britischen Museum bewundern, andere befinden sich im Museum der University of Pennsylvania in Philadelphia und einige im Nationalmuseum in Bagdad.

Wie man an Woolleys Entdeckung ablesen kann, hatten sich bei diesen Menschen hervorragende handwerkliche Fähigkeiten entwickelt. Ihre Geschicklichkeit in der Metallbearbeitung erlaubte es ihnen, Waffen und Rüstungen herzustellen. Nachdem man entdeckt hatte, wie man Kupfer, Bronze und schließlich auch Eisen schmelzen kann, rüsteten sich die Menschen mit zahlreichen scharfen Waffen aus, etwa mit Schwertern, Speeren und Pfeilen, die zur Verteidigung, aber auch zu Eroberungen dienten.

Sumererstädte wie Uruk und Ur, die an den Ufern von Tigris und Euphrat entstanden waren, lagen untereinander ständig im Krieg. Häufig brachen die Konflikte aus, weil nicht klar war, wer die Ländereien und das Eigentum eines Verstorbenen erben sollte. Die Vorstellung von Privateigentum hatte in den traditionellen Gesellschaften der Jäger und Sammler keinen Platz gehabt, denn alle wanderten von Ort zu Ort und niemand besaß etwas (siehe Seite 130). In einer Stadt dagegen, wo die Menschen ihre eigenen Häuser gebaut hatten und mit selbst gegrabenen Kanälen ihre Felder bewässerten, war die Frage, wer Land und Eigentum eines Verstorbenen übernehmen sollte, von großer Bedeutung. Was sollte geschehen, wenn ein Sohn das Land seines Vaters für sich beanspruchte, während seine Geschwister oder irgendjemand anders behauptete, sie besäßen die älteren Rechte? Oder wenn jemand starb, ohne Erben zu hinterlassen?

Solche Meinungsverschiedenheiten eskalierten in der Regel zu einem Konflikt zwischen Familien, zum Kampf zwischen verschiedenen Gruppen oder – im äußersten Fall – zum Krieg zwischen Städten. Ein starker Herrscher konnte aber dank der neu erfundenen Schrift seinen Willen auch mit einer Reihe schriftlich niedergelegter Verordnungen und Gesetzbücher kundtun, die durch die Androhung von Strafe besonderes Gewicht erhielten. Die Erfindung der Schrift ermöglichte es den Stadtbewohnern, eine Alternative zur gewaltsamen Streitbeilegung zu schaffen. Man konnte sich auf niedergeschriebene Gesetze einigen, die dann veröffentlicht und von

Der babylonische Sonnengott Samash diktiert dem König Hammurabi einen Gesetzestext. Hammurabis 282 Vorschriften wurden auf einer 2,40 Meter hohen Steinplatte veröffentlicht, die für jedermann sichtbar im Stadtzentrum aufgebaut wurde. (Heute befindet sie sich im Louvre in Paris.)

den Beamten eines Herrschers durchgesetzt wurden. In jeder sumerischen Stadt entwickelten die Machthaber ihre eigenen Gesetze. Der mit Abstand berühmteste war ein König namens **Hammurabi**: Er regierte in Babylon, das nördlich von Uruk und Ur zwischen den beiden großen Flüssen Tigris und Euphrat lag und zu einer mächtigen Metropole herangewachsen war.

Der Aufstieg Babylons begann ungefähr 1900 v. Chr. Hammurabi lebte von 1810 bis 1750 v. Chr.; sein Gesetzbuch veränderte und stabilisierte die Stadt, sodass sie zur größten Macht ganz Mesopotamiens heranwachsen konnte. Hammurabis Kodex mit seinen 282 Gesetzen wurde an auffälliger Stelle im Stadtzentrum auf einer zweieinhalb Meter hohen Steinplatte kundgetan, sodass jeder ihn sehen konnte.[3] Unkenntnis des Gesetzes wurde als Entschuldigung nicht anerkannt, ein Prinzip, das bis heute in den meisten Gesellschaften eine wichtige Grundlage bildet. Hammurabi ließ seine Gesetze in Stein meißeln, sodass niemand sie verändern konnte: Noch heute sagen wir, etwas sei »in Stein gemeißelt«, wenn wir es für besonders dauerhaft halten.

Andere Kulturen ahmten Hammurabis Gesetze nach, und dabei entstanden mehrere Prinzipien, die noch heute in vielen Teilen der Welt eine wichtige Grundlage der Justiz bilden. Eines davon besagte beispielsweise, dass jemand so lange als unschuldig zu gelten habe, bis seine Schuld bewiesen sei. Aber damit solche Gesetze die Ordnung aufrechterhalten konnten, mussten sie auch hart sein: »Wenn ein Mann einem anderen das Auge aussticht, soll man ihm ebenfalls das Auge ausstechen.« Eine andere Vorschrift bot vermutlich nicht gerade einen großen Anreiz, Medizin zu studieren: »Wenn ein Patient während oder nach einer Operation stirbt, soll man dem Arzt die Hand abhacken.«

Gesetze waren nutzlos, wenn niemand sie lesen konnte. Um sie durchzusetzen, musste man mehr Wert auf Bildung legen. In den meisten Städten Mesopotamiens gab es öffentliche Bibliotheken. Männer und Frauen wurden aufgefordert, lesen und schreiben zu lernen, und ein sumerisches Sprichwort lautete: »Wer in der Schreibschule herausragen will, muss im Morgengrauen aufstehen.« Das Gilgameschepos diente häufig als Text, den die Schüler abschreiben mussten, um lesen und schreiben zu lernen.

Wie alle Hochkulturen, so konnte auch die der erfindungsreichen Sumerer nicht ewig bestehen bleiben. Am Ende führten nicht Krieg oder Invasion zu ihrem Niedergang und Zerfall, sondern ein viel dramatischeres, unaufhaltsames Schicksal ereilte das kluge Volk. Wie die Menschen feststellen mussten, hat es einen erheblichen Preis, wenn man ständig an derselben Stelle lebt, statt wie die Jäger und Sammler von Ort zu Ort zu wandern. Nach vielen Generationen der intensiven Landwirtschaft ließ die Fruchtbarkeit des Bodens irgendwann nach; die Ursache war ein zunehmender Salzgehalt, der sich auf den Feldern durch die künstliche Bewässerung einstellte. Anfangs reagierten die Menschen darauf, indem sie den Anbau von Weizen auf Gerste, die höhere Salzkonzentrationen besser verträgt, umstellten. Als der Boden aber immer schlechter wurde, dauerte es nicht lange, bis auch dieses Getreide nicht mehr gedieh. Um 2 000 v. Chr. konnte man das Land rund um die Mündung von Euphrat und Tigris nicht mehr beackern, und Städte wie Ur oder Uruk erlebten ihren endgültigen Niedergang.

Das Pech der einen war die große Gelegenheit der anderen. Eines der ersten Reiche baute der mächtige Assyrerkönig **Sargon der Große** (2270 bis 2215 v. Chr.) rund um die Stadt Akkad auf, die am Euphrat mehrere 100 Kilometer stromaufwärts lag, wo das Land noch fruchtbar war. Eine Tontafel aus dem siebten Jahrhundert vor Christus beschreibt, wie Sargons Mutter ihn als Baby in einem Bastkörbchen aussetzte. Er wurde aber gefunden, und Akki, der Wasserverwalter des Königs, zog ihn groß wie seinen eigenen Sohn. Das Ganze erinnert an die Geschichte von Mose, der dem biblischen Bericht zufolge aus der sumerischen Stadt Ur stammte.

Als die Sumererstädte im Süden ihre große Zeit hinter sich hatten, fielen sie Sargons Eroberungsfeldzügen zum Opfer und wurden zu Teilen seines riesigen neuen Machtgebietes, das sich vom Südwesten des heutigen Iran bis zur Mittelmeerküste erstreckte. Ihre Kulturen vermischten sich auf doppelte Weise. Während die Sprache der Akkader allmählich die sumerische Keilschriftsprache verdrängte, verbreiteten sich das Wissen, die handwerklichen Fähigkeiten und die Technologie der Sumerer im ganzen assyrischen Riesenreich.

Zum Leidwesen der Menschen im antiken Nahen Osten ging um 3200 v. Chr. eine lange, feuchte Klimaperiode zu Ende, das »Klimaoptimum des Holozän«, das seit dem Ende der letzten Eiszeit angedauert hatte. Nun wurde das Leben noch schwieriger. Die Landschaft trocknete aus und verwandelte sich in weiten Bereichen in die Wüste, die wir heute kennen. Seit ungefähr 2000 v. Chr. waren fast alle Sumererstädte nicht mehr bewohnbar, weil **Salz** den Boden vergiftet hatte und der Klimawandel zu zunehmender Dürre führte.

Sargon der Große baute rund um seine Hauptstadt Akkad am Euphrat eines der ersten Großreiche auf.

Mit der Entwicklung der Schrift machte die Hochkultur der Sumerer erstmals das möglich, was wir heute unter Geschichtsschreibung verstehen. Mit geschriebenen Worten konnte man Wissen ohne Übertragungsfehler von einem Teil der Welt zum anderen und von Generation zu Generation weitergeben. Die Schrift war eines der mächtigsten Hilfsmittel, mit denen die Menschen ihre ersten künstlichen Welten aufbauten und verwalteten.

KAPITEL 19

GÖTTLICHE MENSCHHEIT

WIE DER REICHTUM DER NATUR MANCHEN HERRSCHERN DIE MÖGLICHKEIT SCHUF, SICH ZU GÖTTERN AUF ERDEN ZU ERKLÄREN, UND WIE DIESE BEDINGUNGSLOSE VEREHRUNG, UNBEDINGTEN GEHORSAM UND UNEINGESCHRÄNKTEN SCHUTZ VERLANGTEN – AUCH IM JENSEITS

Bis zu diesem Zeitpunkt der Geschichte hatte noch nie ein Mensch behauptet, er sei ein Gott. Die Schamanen in den Höhlen der Jäger und Sammler verehrten die Erdgötter, den Himmel, Tiere und Wälder, aber nichts deutet darauf hin, dass sie sich irgendwann selbst für etwas Göttliches hielten. Diese prähistorischen Menschen besaßen vor den Göttern so viel Ehrfurcht, dass sie überall um sich herum etwas Überirdisches spürten, von den kleinen Löchern im dünnen Dach des Himmels bis zur beeindruckenden Kraft von Überschwemmungen, Donner, Blitz, Sonne, Mond, Flüssen, Wäldern und Kriegen. Von der Vorstellung, Götter seien Wesen aus einer anderen Welt, bis zu dem Gedanken, sie seien echte, lebende, atmende, gehende und sprechende Menschen, ist es ein großer Sprung. Welche Macht, welchen Einfluss musste der Mensch besitzen, um andere davon zu überzeugen, er sei ein Gott auf Erden!

In einer der frühen Hochkulturen jedoch konnte ein Angehöriger der Spezies Homo sapiens tatsächlich ein lebendiger Gott sein und über jene kostbare Gabe verfügen, nach der König Gilgamesch vergeblich gestrebt hatte: die göttliche Unsterblichkeit. Diesen Menschen nannte man Pharao.[1] Pharaonen herrschten in mehr als 30 aufeinanderfolgenden Dynastien ungefähr über 3000 Jahre hinweg in dem Teil Nordafrikas, den wir heute Ägypten nennen.

Der Pharao war allmächtig. Seine Untertanen errichteten für ihn atemberaubende Monumentalbauten – Paläste, Tempel und Grabstätten. Das einzige der berühmten sieben Weltwunder der Antike, das die Zeiten bis heute überdauert hat, sind die Pyramiden von Gizeh. Die größte von ihnen wurde als

Grabstätte für einen der ersten Pharaonen errichtet; er hieß Khufu (oder griechisch Cheops) und starb 2566 v. Chr. Das gewaltige Bauwerk ragte ursprünglich stattliche 147 Meter hoch in den Himmel – und war damit über 50 Meter höher als Big Ben. Noch heute besteht die Pyramide aus mehr als zwei Millionen Steinblöcken, von denen jeder so viel wiegt wie ein Lieferwagen. An der Errichtung solcher Bauwerke arbeiteten Zehntausende von Menschen mit. Bis heute können die Fachleute nicht erklären, wie es den alten Ägyptern gelang, so viele gewaltige Steinblöcke zu hauen, zu transportieren und an ihren Platz zu bringen. Eine solche Macht über andere Menschen und die Natur hatte zuvor noch nie jemand ausgeübt.

Ägypten war die erste Hochkultur, deren Herrscher ungeheuren Reichtum aufhäuften und die absolute Macht über ihre Untertanen gewannen. Grundlage für die beispiellosen Schätze und den Ruhm war die Überzeugung, dass die Pharaonen nach ihrem diesseitigen Tod für alle Ewigkeit in den Kreis der himmlischen Götter aufgenommen wurden. Wer sich einer ausreichend großen Gunst des Pharaos erfreute, den konnte der Herrscher mitnehmen und ihm ebenfalls ein seliges Leben im Schoße immerwährenden Friedens verschaffen. Warum machten die Menschen sich irgendwann die Überzeugung zu eigen, man könne einen Menschen zu den Göttern rechnen? Welchen Grund hatten Einzelne, sich als etwas so Besonderes zu fühlen, als so viel wichtiger als alle anderen Lebewesen, dass sie sich selbst – oder besser gesagt: die eigene Seele – für unsterblich halten konnten?

Vor etwa 6000 Jahren leistete die Natur den angehenden allmächtigen Herrschern eine gewaltige Hilfestellung in Form eines Flusses und einiger dramatischer Klimaveränderungen. Zusammen machten diese Naturphänomene den Nordosten Afrikas zu einem der fruchtbarsten und am besten geschütz-

Die Pyramiden im ägyptischen Gizeh sind die einzigen antiken Weltwunder, die sich bis heute erhalten haben. Sie zeugen von der Macht der Pharaonen über die Menschen.

ten Landstriche der Erde. Zur gleichen Zeit, als Gilgamesch herrschte und die Sumererstädte Uruk und Ur ihren Aufschwung erlebten, waren auch an den Ufern des Nils eine Reihe größerer Städte entstanden. Die Pharaonen des sogenannten Alten Reiches standen bereits auf dem Gipfel ihrer Macht.

Früher glaubte man, die ägyptische Kultur und Lebensweise sei ursprünglich durch den Handel mit Mesopotamien über das Rote Meer gekommen – Saatgut, Datteln, handwerkliche Fähigkeiten, Technologie und sogar die Schrift. Heute sind die Historiker in dieser Frage nicht mehr so sicher. Wurden diese Kennzeichen der Zivilisation von den Ägyptern einfach über das Meer geholt und angepasst, oder entwickelten sie selbst, unabhängig von Mesopotamien, ähnliche Fähigkeiten? Vielleicht trifft beides zu. Dass die Ägypter im Vergleich zu allen früheren Hochkulturen einen so spektakulären Vorteil genossen, lag an dem, was nur sie besaßen: am Fluss und der umgebenden Landschaft.

Anders als die Flüsse Mesopotamiens überschwemmt der **Nil** jedes Jahr von Natur aus das Land. Wenn das Regenwasser von Juli bis September von den Gebirgen Äthiopiens ins Tal fließt, tritt der Nil über die Ufer, und das umgebende Gebiet steht kilometerweit unter Wasser. Jede Überschwemmung bringt frischen, nährstoffreichen Boden, Erde und Sedimente mit – ideale Voraussetzungen für den Anbau von Nutzpflanzen.

Da der Fluss jedes Jahr Nährstoffe und frisches Regenwasser mitbrachte, bestand hier keine Gefahr einer Salzvergiftung. Nordafrika war seit dem Ende der letzten Eiszeit vor 11 000 Jahren eine üppige, hügelige Graslandschaft mit eingestreuten Bäumen und anderen größeren Pflanzen. Im Laufe der Zeit ließen sich Stämme von Jägern und Sammlern in der Nähe des Nils nieder und wurden in kleinen Dörfern sesshaft. Sie lernten, die wilden Rinder, Ziegen und Schafe zu domestizieren, die in der Savanne grasten, und sicherten sich auf diese Weise eine Versorgung mit Milch, Wolle und Leder. Nach und nach brachten wandernde Kaufleute aus Mesopotamien sowie über den Landweg aus der Natufien-Kultur neue Erkenntnisse über den Anbau von Nutzpflanzen wie Weizen, Gerste, Weintrauben und Flachs mit. Damit verfügten die Bewohner der Flussufer über alle Voraussetzungen, um eine reiche, mächtige Hochkultur hervorzubringen.

Auch in anderer Hinsicht befanden sie sich im Vorteil. Seit der Zeit vor rund 6 000 Jahren wurde die Landschaft am Oberlauf des Nils trockener; zum Teil lag das an zyklischen Verlagerungen der Erdachse, die zu einer Veränderung der Niederschlagsverteilung führten, zum Teil aber auch an Tätigkeiten der Menschen wie dem Ackerbau und der Zucht von Kamelen und anderen Tieren, durch die sich der Grundwasserspiegel veränderte. Vor 4 000 Jahren war aus einer Landschaft, in der Krokodile und Flusspferde in üppigen Wasserläufen geplanscht hatten, jene trockene Region geworden, die wir heute als Sahara bezeichnen.[2]

Wechselnde Niederschläge haben den Menschen in ihrer Geschichte immer wieder zahlreiche Vor- und Nachteile gebracht. Dieses Mal profitierten sie von der vorrückenden **Wüste**, denn sie bildete gegenüber fremden Eindringlingen eine nahezu unüberwindliche Barriere. Stadtmauern, Türme, Festungen oder raffinierte militärische Einrichtun-

gen waren zur Verteidigung nicht nötig. Seit etwa 2000 v. Chr. gab es nur zwei Wege, auf denen andere Völker die Lebensweise der Ägypter stören konnten: Sie mussten entweder viele Hundert Kilometer unwirtliche Wüste überwinden oder über das Meer kommen, was wegen der natürlichen Verteidigungsanlage in Form des sumpfigen, mit Binsen bewachsenen Nildeltas eine ebenso schwierige Aufgabe darstellte. Wegen dieser natürlichen Barrieren lebte das ägyptische Volk während eines großen Teils seiner Geschichte mehr oder weniger in Frieden und Sicherheit, es blieb von äußeren Eingriffen verschont und konnte eine ganz eigene Lebensweise entwickeln.

Noch ein anderes Geschenk brachte der Nil mit, und das war ein Grund dafür, dass sich mächtige Herrscher durchsetzen und den Titel eines Gottes erlangen konnten. Der Fluss war eine in beiden Richtungen nutzbare Verkehrsader, die Reisen durch das ganze Land ermöglichte. Die meisten Flüsse sind nur in einer Richtung gut zu befahren. Auf der Rückreise muss man dann auf staubigen Wegen fahren, das Boot stromaufwärts ziehen oder gegen die Strömung rudern. Wie die Ägypter jedoch feststellten, konnte man nilaufwärts fast ebenso einfach fahren wie nilabwärts. In Ägypten weht der Wind meistens von Norden nach Süden, also genau entgegen der Fließrichtung des Stromes. Ein Schiff konnte sich also einfach stromabwärts treiben lassen und für die Rückreise ein Segel setzen. Was hätte dem Herrscher eines Königreiches gelegener kommen können als ein gut geschütztes, reiches, fruchtbares Tal mit einem Fluss, auf dem man in beiden Richtungen reisen kann? An keinem anderen Ort der Erde unter-

Diese 3500 Jahre alte Grabmalerei zeigt, wie ägyptische Seeleute auf dem Nil den Wind nutzen und stromaufwärts fahren. Durch die natürlichen Gegebenheiten war auf dem Fluss der Schiffsverkehr in beide Richtungen möglich.

stützten so viele natürliche Gegebenheiten das Wachstum einer Hochkultur wie im alten Ägypten vor 5 000 Jahren.

Der Legende nach vereinigte ein König namens Menes um 3150 v. Chr. die Länder von Ober- und Unterägypten. Mit Menes begann die 3 000-jährige Herrschaft der **Pharaonen**, und innerhalb dieses langen Zeitraums veränderte sich die Lebensweise in Ägypten erstaunlich wenig. Nachdem das Land am Nil vereinigt war, übernahmen sehr schnell die Pharaonen der frühen dynastischen Periode des Alten Reiches die Macht; ihre Herrschaft blieb bis ungefähr 2200 v. Chr. bestehen, und in dieser Zeit setzten sie in 42 Einzelregionen jeweils lokale Herrscher ein. Diese Statthalter des Pharaos trieben bei der Bevölkerung die Steuern ein, aber nicht in Form von Geld, sondern als Lebensmittel. Dahinter stand ein kluger Gedanke: Wenn das Wetter sich verschlechterte oder die Überschwemmung des Flusses schwächer ausfiel als erwartet, sollte in einem zentralen Vorratsspeicher noch so viel Nahrung zur Verfügung stehen, dass die bedürftige Bevölkerung damit versorgt werden konnte. Da fiel es den Menschen nicht schwer, ihren Herrscher wie einen Gott anzubeten: Schließlich war er im Fall einer Missernte die einzige Rückversicherung.

Irgendwo mussten die Pharaonen die vielen Lebensmittel unterbringen, und so kam es, dass ein Teil der Steuerschuld in Form von Arbeit abgeleistet wurde. Die Menschen bauten große Kornspeicher und Lagerhäuser. Wegen der Überschwemmung des Nils standen die Ackerflächen beiderseits des Flusses mindestens drei Monate im Jahr – meist von Ende Juni bis Ende September – unter Wasser. In dieser Zeit konnten Hunderttausende von Bauern stromabwärts reisen, für ihren Pharao einige der großartigsten Bauwerke aller Zeiten errichten und dann mit dem günstigen Wind wieder nach Hause segeln.

Das alles trug dazu bei, dass der Pharao in den Augen der einfachen Leute zu einem Gott auf Erden wurde. Entsprechend mussten sie alles dafür tun, damit seine Seele mühelos ins Jenseits gelangen konnte, wenn sie diese Welt verließ. Nur so konnte der Pharao die Menschen vor anderen Göttern beschützen, aber auch vor Schicksalsschlägen wie Krieg, Dürre, Hungersnot und Krankheiten. Nach der Vorstellung der Ägypter konnten die Seelen der Verstorbenen – auch die des Pharaos – im Jenseits nur dann ein gutes Leben führen, wenn sie nachts in ihren irdischen Körper zurückkehrten. Auf diese Weise, so glaubte man, würden die Seelen sich mit Nahrung versorgen.[3] Also entwickelten die Ägypter ein ausgeklügeltes System, damit die Seelen der Toten sich möglichst mühelos zwischen Diesseits und Jenseits hin- und herbewegen konnten.

Für die Pharaonen, ihre Angehörigen und Freunde errichtete man gewaltige Grabmäler. Anfangs besaßen diese die Form von **Pyramiden**, und die größten dieser Bauwerke stehen noch heute in dem Ort Gizeh südlich von Kairo. Insgesamt wurden während des Alten Reiches mehr als 100 Pyramiden gebaut, aber nur ein Teil davon ist bis heute erhalten geblieben; die größte ließ der Pharao Khufu (Cheops) errichten. Ihr Bau dauerte 23 Jahre und erforderte die Mitarbeit von Zehntausenden von Sklaven und Bauern. Ursprünglich war dieses Wunder der Antike mit leuchtend weißem Kalkstein verkleidet und von einer goldenen Spitze gekrönt. Das rie-

Eine alte Papyrusrolle zeigt, wie der Gott Anubis das Herz eines kürzlich Verstorbenen wägt, um so über das Schicksal seiner Seele zu bestimmen.

sige Bauwerk sollte alle Zeiten überdauern und den Körper des Pharaos beherbergen, damit er ihn im nächsten Leben wieder nutzen konnte.

Zur Konservierung von Leichen bediente man sich der **Mumifizierung**. Diese Methode hatte sich im Laufe vieler Generationen entwickelt und erforderte in der Anwendung bis zu siebzig Tagen. Zunächst wurden alle Organe aus dem Körper entnommen und in besonderen Gefäßen untergebracht, den Kanopen. Auch das Gehirn wurde mit einem besonderen Instrument, das am Ende einen Haken hatte, durch die Nase aus dem Kopf gezogen. Als einziges Organ beließ man das Herz im Körper, damit die Götter im nächsten Leben mit seiner Hilfe beurteilen konnten, ob der Mensch auf Erden ein tugendhaftes Leben geführt hatte.

Man entzog dem Körper mit Salzkristallen das Wasser und stopfte ihn dann aus; er wurde mit Ölen und Salben eingerieben und schließlich mit Bändern umwickelt. Die fertige Mumie legte man in einen Sarg, und wenn es sich um einen Pharao handelte, kam dieser in die Begräbniskammer tief im Inneren der Pyramide. Rund um die Leiche lag alles, was der Pharao im Jenseits möglicherweise brauchen konnte: Lebensmittel, Getränke, Haustiere (die man natürlich ebenfalls zu Mumien gemacht hatte), Spielzeug, Geschirr, Kronen, Dolche, Speere, Kleidung, Bilder und Zaubersprüche …

Die Grabstätten wichtiger Persönlichkeiten enthielten auch ganze Gruppen von Dienern, die als uschebti bezeichnet werden. Es handelte sich um Puppen, die manchmal aus Holz, manchmal auch aus Halbedelsteinen geschnitzt waren. Sie sollten der Seele des Verstorbenen bei Bedarf zu Hilfe kommen. In manchen Gräbern hat man bis zu 400 Puppen gefunden; manche von ihnen halten Hacken, Sicheln oder Pflüge in der Hand und sollten der Seele im Jenseits bei der landwirtschaftlichen Arbeit helfen. Dazu musste ein Priester für sie einen Zauber sprechen:

Oh uschebti, wenn der Verstorbene zu einer Arbeit herangezogen wird, welche im Land der Toten verrichtet werden muss, um die Felder zu bestellen, das Land zu bewässern oder Sand von Osten nach Westen zu tragen, so sollt ihr sagen: Ich hier bin ich, und ich werde es tun.

Solche Shabti-Figuren, die der Seele im Jenseits Gesellschaft und Beistand leisten sollten, wurden in den Gräbern der Verstorbenen in Schachteln zurückgelassen (siehe unten). Priester versuchten, sie mit Zaubersprüchen zum Leben zu erwecken.

Häufig kamen Angehörige zu den Gräbern, um die Toten mit frischen Lebensmitteln und anderen Vorräten zu versorgen. Die Grabstätten oder Särge vieler Menschen waren mit lebhaften Szenen aus dem Alltagsleben bemalt – sie zeigen die Aussaat der Nutzpflanzen, die Jagd auf Vögel oder ein Festessen; ganz ähnliche Bilder finden sich auch auf Schriftrollen, hergestellt aus den Stängeln der Papyruspflanze, die zu jener Zeit überall in den Sümpfen des Nildeltas vorkam. Man glaubte, solche Abbildungen könnten im Jenseits durch Zauberkräfte zum Leben erwachen, sodass die Seelen der Verstorbenen ständig ernährt und erfrischt würden. Diese antiken Bilder gehören zu den ältesten und schönsten Werken der Kunstgeschichte.

Viele religiöse Überzeugungen der alten Ägypter waren im **Totenbuch** niedergeschrieben, einer Sammlung von Zaubersprüchen und Geschichten, die häufig mit Szenen aus dem Diesseits und Jenseits illustriert waren und von den Lebenden zum Nutzen der Toten niedergeschrieben wurden. Verse aus dem Buch schrieb man auf Schriftrollen und legte sie in die Gräber, um so die Seelen der Verstorbenen zu unterstützen, wenn sie die Gefahren der Unterwelt bestehen mussten und in die Welt der Seligen eingingen. Ungefähr 200 Sprüche sind bis heute erhalten geblieben. Besonders beliebt war offenbar das Kapitel 125. Es handelt davon, wie Osiris zusammen mit 42 anderen Göttern über die Seele des Verstorbenen richtet und entscheidet, ob sie in den Himmel oder in die Hölle kommt. Manche Mumien enthalten in der Nähe des Herzens eine besondere Brosche, das Amulett. Es ist mit Zaubersprüchen beschriftet und sollte Missetaten verbergen, die der Verstorbene auf Erden möglicherweise begangen hatte; auf diese Weise, so glaubte man, würden die Götter sie während der Gerichtszeremonie nicht bemerken.

Als um 1550 v. Chr. die Zeit des Neuen Reichs begann, hatte man die Hauptstadt Ägyptens von Memphis weiter stromaufwärts nach Theben verlegt. Auch dort wurde die alte Kunst des Mumifizierens weiter gepflegt, allerdings mit einem wichtigen Unterschied. Die Pharaonen sowie ihre Angehörigen und Freunde bauten ihre Grabstätten nun unterirdisch an geheimen Orten. Damit sollten sie vor dem Grabräubern geschützt werden, die in der ägyptischen Geschichte immer wieder den kurzfristigen Zusammenbruch der Zentralgewalt ausgenutzt hatten, beispielsweise als das Volk der Hyksos mit seinen Streitwagen von Norden in Ägypten eindrang und zwischen etwa 1674 und 1548 v. Chr. den nördlichen Teil des Landes beherrschte.

Im Tal der Könige, Königinnen und Adligen bei Theben hat man Hunderte solcher geheimen Gräber entdeckt. Obwohl sie unterirdisch angelegt waren, wurden viele von ihnen in den seither verstrichenen Jahren geplündert. Einige aber haben tatsächlich nahezu unversehrt überlebt. Auch die riesigen Tempel, die von den Reichen zur Verehrung der Götter erbaut wurden, beispielsweise die Anlage von Karnak, sind bis heute erhalten geblieben.

Dass wir so viel über den Jenseitsglauben der alten Ägypter wissen, liegt an den Bildern und Inschriften in den Pyramiden sowie an den Papyrusrollen, die bis heute erhalten geblieben sind. Diese Inschriften wurden in Hieroglyphenschrift verfasst. Waren die Ägypter durch den Handel mit den Sumerern und anderen Völkern auf die Idee gekommen, etwas aufzuschreiben? Oder entwickelten sie die Schrift unabhängig, etwa weil ihre Herrscher so viel Getreide lagern und verwalten mussten? Wie es auch gewesen sein mag, in jedem Fall haben Tausende von alten Inschriften, die in Wände gemeißelt oder auf Papyrus geschrieben wurden, die Zeiten bis heute überstanden und sind auf die Museen der ganzen Welt verstreut. Lesen konnte sie niemand, bis man den Stein von Rosetta (siehe Seite 154) entschlüsselt hatte.

Am 4. November 1922 stieg ein britischer Archäologe, der in den Tälern bei Theben schon seit mehr als 15 Jahren mit Forschungsarbeiten beschäftigt war, einige Stufen zu einem unbekannten Grab hinunter. Was Howard Carter dort entdeckte, war nichts anderes als die letzte Ruhestätte eines relativ unbekannten Pharaos namens **Tutenchamun**, der schon mit etwa 19 Jahren gestorben war. Seine Mumie trägt am Hinterkopf eine seltsame Verdickung, und deshalb glaubte man lange Zeit, er sei ermordet worden. In jüngerer Zeit zeigte sich aber bei Röntgenuntersuchungen auch ein gebrochenes Bein, möglicherweise hatte es sich der junge Herrscher auf der Jagd verletzt und ist anschließend am Wundbrand gestorben. Die Entdeckung der Grabstätte des jugendlichen Königs bedeutete für unsere Erkenntnisse über die ägyptische Kultur eine Umwälzung. Die Grabkammer enthielt gewaltige Schätze, und der berühmteste davon war am Kopf der Mumie des jungen Pharaos befestigt: seine Totenmaske. Sie besteht aus massivem Gold.

Eine Kultur mit einer derart reichen, mächtigen Herrscherelite braucht auch Menschen, die Gegenstände herstellen, Dienstleistungen erbringen oder professionelle Ratschläge erteilen. So entstand das, was wir heute als Mittelschicht bezeichnen: Sie besteht nicht aus Bauern, Arbeitern oder Sklaven, sondern aus Steinmetzen, Handwerkern, Künstlern, Schreibern, Anwälten, Lehrern, Ärzten, Töpfern, Juwelieren, Architekten und Metallbauern. Eine ganze Siedlung einer

Howard Carter entdeckt im November 1922 das Grab des jungen Pharao Tutenchamun. Der Fund machte beide be-rühmt. Der junge Mann, der in einem Raum voller Schätze bestattet wurde, starb vermutlich mit ungefähr 19 Jahren am Wundbrand.

solchen Bevölkerungsschicht mit den Ruinen ihrer Häuser und Werkzeuge entdeckte der italienische Archäologe Ernesto Schiaparelli 1904 in Deir el-Madinah westlich von Theben, nicht weit vom Tal der Könige.

An der gleichen Stelle fanden Archäologen auch das Grab der berühmten ägyptischen **Königin Nefertari**. Sie lebte etwa von 1300 bis 1250 v. Chr. und war mit dem Pharao Ramses dem Großen verheiratet. Für ihn war sie zwar nur eine von acht Ehefrauen, er betete sie aber offensichtlich an. Ihr Grab ist das üppigste, dass man bisher im Tal der Königinnen gefunden hat. Auf der Wand findet sich eines der ältesten Liebesgedichte aller Zeiten:

Meine Liebe ist einzig. Nichts kommt ihr gleich.

Sie ist die schönste Frau auf Erden.

Im Vorübergehen hat sie mir das Herz gestohlen …

Nefertari wurde vom König und auch von ihrem Volk so geliebt, dass man sie schon zu Lebzeiten in den Stand einer Göttin erhob. Aus Tontafeln, die man in der Türkei fand, wissen wir, dass sie sich aktiv in der ägyptischen Politik betätigte: Sie schrieb an den König der Hethiter – dieses Volk wohnte weiter im Norden (siehe Seite 187) – und bemühte sich, auf diesem Weg den Frieden zu sichern.

Nefertaris Geschichte ist von großer Bedeutung, denn sie zeigt, dass die ägyptische Gesellschaft trotz der absoluten Macht ihrer Könige nicht auf ungleichen Rechten für Männer und Frauen aufgebaut war. Vor dem Gesetz waren beide Geschlechter gleichberechtigt. Sie erhielten ähnliche Löhne, durften vor Gericht als Zeugen auftreten und konnten Eigentum erben. Die Thronfolge galt nur für Erben der weiblichen Linie – ein Prinzip, das als Matrilinie bezeichnet wird und später auf der ganzen Welt zur Grundlage zahlreicher Monarchien wurde.[4]

Das alte Ägypten war mit natürlichen Ressourcen und Schutzbarrieren so gut ausgestattet, dass im Gegensatz zu anderen Kulturen in der Region kaum die Notwendigkeit bestand, Militärtechnologie zu entwickeln. Warum sollte man Verteidigungsanstrengungen unternehmen, wenn die Natur diese Gegenwehr in Form von Wüsten und Sumpf bereits übernommen hatte? Warum sollte man andere Länder angreifen, wenn man an den Ufern des Nils über mehr als genügend natürliche Ressourcen verfügte?[5] Am Ende aber trugen diese mangelhaften Verteidigungsbemühungen zum Niedergang Ägyptens bei. Nachdem die Dynastien der Pharaonen 3 000 Jahre lang nahezu ohne Unterbrechung geherrscht hatten, fegte schließlich eine Reihe von Invasionen über ihr Reich hinweg. Es begann 671 v. Chr. mit den Assyrern (siehe Seite 222), dann folgten 525 v. Chr. die Perser (siehe Seite 225), 332 v. Chr. die Griechen (siehe Seite 243) und 30 v. Chr. die Römer (siehe Seite 253). Zu dieser Zeit war Ägypten als eigenständige, charakteristische Hochkultur bereits in einer Sackgasse gelandet.

Nefertari, die Ehefrau des Pharao Ramses des Großen, wurde schon zu Lebzeiten in den Rang einer Göttin erhoben. Das altägyptische Gesetz erkannte die Rechte der Frauen an.

KAPITEL 20

MUTTER-GÖTTINNEN

WIE DIE VEREHRUNG DER NATÜRLICHEN KREISLÄUFE VON GEBURT, LEBEN UND TOD ZUM KENNZEICHEN JENER KULTUREN WURDE, IN DENEN FRUCHTBARKEIT, WEIBLICHKEIT UND GLEICHHEIT DIE HÖCHSTEN GÜTER DARSTELLTEN

Nur wenige Menschen können mit Fug und Recht von sich behaupten, sie hätten eine vergessene Welt entdeckt. Der britische Spion Charles Masson kam eines Tages im Jahr 1827 in den Genuss, einer von ihnen zu werden. Von seinem Armeestützpunkt im indischen Agra, dem Standort des weltberühmten Taj Mahal, machte er sich mit einem anderen Soldaten in westlicher Richtung auf den Weg. Worin sein Auftrag bestand, wissen wir nicht – möglicherweise wollte er sogar desertieren.

Unterwegs stieß er an einer Stelle namens Harappa, die sich heute im Nordosten Pakistans befindet, auf eine antike Stadt. Zu ihr gehörte unter anderem auch ein Bauwerk, das wie eine Festung auf einem Berggipfel aussah. Dort lagen Schmuckstücke, Fuß- und Armreifen auf dem Boden, und er fand auch die Überreste von drei alten Wagen. Leider konnte er nicht lange bleiben: Die Einheimischen warnten ihn, ein Schwarm von Stechmücken werde ihn und seinen Freund angreifen. »Unsere Vorkehrungen waren gegen die Schwärme unserer winzigen Feinde vergeblich«, schrieb er in seinem Tagebuch. »Bei Sonnenuntergang wurden sie so lästig und insbesondere für die Pferde so unangenehm, dass diese ganz und gar wild wurden. Uns blieb nichts anderes übrig, als das Lager abzubrechen und die ganze Nacht zu marschieren.«[1]

Bevor er ging, zeichnete er die Ruinen. Ihm war klar, dass er etwas Ungewöhnliches gefunden hatte, aber erst 100 Jahre später stellte sich bei professionellen Ausgrabungen heraus, welchen Umfang diese vergessene Hochkultur gehabt hatte. Jahrtausendelang waren ihre Überreste unter Schlamm, Sand und Staub verborgen gewesen. Leider wurde die Stelle 1857 schwer beschädigt, weil britische Ingenieure die Ziegelsteine der Ruinen als Schotter für eine Eisenbahnlinie von Lahore nach Multan nutzten.

In den 1920er Jahren begann man mit ernsthaften archäologischen Ausgrabungen. Dabei zeigte sich, dass Harappa eine der größten Städte jener Zivilisation gewesen war, die man heute als **Indus-Kultur** bezeichnet. Seither hat man mehr als 2 500 Ausgrabungsstätten entdeckt. Die Siedlungen entstanden ungefähr zur gleichen Zeit wie die ersten altägyptischen und sumerischen Städte, also seit etwa 3300 v. Chr. Mehr als 1 700 Jahre lang lebten Menschen in der Region und entwickelten eine Gesellschaft, die nach Ansicht vieler Fachleute die am höchsten entwickelte und eindrucksvollste jener Zeit war. Dann verschwanden sie ganz plötzlich, als hätten sie sich in Luft aufgelöst. Warum und wohin sie gingen, weiß bis heute niemand genau.

Die Menschen, die anfangs in diesem Gebiet lebten, kamen aus einer Siedlung namens Mehrgarh; sie liegt in der Nähe der Kleinstadt Sibi im heutigen Pakistan. Erste Spuren von Landwirtschaft – Reste von Getreide wie Weizen und Gerste, aber auch Knochen domestizierter Schafe, Rinder und Ziegen – reichen bis 7000 v. Chr. zurück. Die Menschen lebten dort in einfachen Lehmhütten, und wie die Ägypter hinterließen sie an ihren Begräbnisstätten viele Gegenstände, mit deren Hilfe heutige Historiker sich ein Bild von ihrer Lebensweise machen können. Aus ihren Gräbern hat man Schmuckgegenstände, Körbe, Knochenwerkzeuge, Perlen, Armreifen und Anhänger geborgen. Der faszinierendste Fund waren mehrere Hundert kleine und einfach geformte weibliche Statuen, die vielfach mit roter Ockerfarbe verziert waren und verschiedene Frisuren und Verzierungen erkennen lassen.

Seit ungefähr 2600 v. Chr. wandelte sich das Klima, und die Landschaft wurde trockener. Daraufhin wanderten die Menschen in nördlicher Richtung in das fruchtbare Flusstal des Indus, wobei sie ihre Fertigkeit in der Herstellung von Gegenständen mitnahmen. Gegen Ende des zweiten vorchristlichen Jahrtausends hatten die Bewohner des Industals mehrere erstaunliche Städte errichtet. Sie besaßen bereits viele Eigenschaften, die wir heute mit dem modernen Leben in Verbindung bringen, und damit waren sie zu ihrer Zeit einzigartig in der Welt.

Diese Menschen waren großartige Stadtplaner. Ihre Straßen waren wie in den amerikanischen Metropolen unserer Zeit in einem übersichtlichen, gut bemessenen Schachbrettmuster angelegt. Jede Straße besaß ihre eigenen Kanalisationsleitungen, womit die Städte nach Ansicht mancher Fachleute höher entwickelt waren als viele Siedlungen im heutigen Pakistan und Indien. Bei den Ausgrabungen kam eine Reihe großer öffentlicher Gebäude ans Licht, darunter Versammlungshallen, von denen eine bis zu 5 000 Menschen Platz bot. Öffentliche Lagerhäuser, Getreidespeicher und Bäder waren von säulenbestandenen Höfen umgeben. Die Baumeister des Industals verwendeten sogar eine Art natürlichen Teer zur Abdichtung des mit Sicherheit ersten öffentlichen Schwimmbades der Welt.[2] Unter einem Haus fand man die Reste einer Einrichtung, die wie eine Fußbodenheizung aussieht; sie ist über 2 000 Jahre älter als die berühmten Heizungssysteme der Römer.

Jedes Haus war an einen Brunnen angeschlossen, und Abwasser floss direkt in abgedeckten Kanäle an den Hauptstraßen. Manche Häuser öffneten sich zu Innenhöfen oder kleinen Gassen, und zum ersten Mal wurden auch mehrstöckige Häuser errichtet. Die Menschen trugen Baumwollkleidung, kochten in hübschen Keramikgefäßen und verarbeiteten Kupfer oder Bronze zu Schmuck und Statuen. Schmiede gab es in Hülle und Fülle. Allein in Harappa hat man die Überreste von mindestens 16 Kupferschmelzöfen gefunden.

Im Gegensatz zu Ägypten und Sumer fällt auf, dass es hier keine Königsgräber gibt. Zikkurats fehlen ebenso wie Pyramiden, Tempel oder große Paläste, wie sie für eine reiche Herrscherklasse charakteristisch sind. Die Induskultur ist vor allem deshalb so interessant, weil sie auf ein hoch organisiertes und effizientes, gleichzeitig aber von Gleichberechtigung geprägtes Leben schließen lässt. Die meisten Menschen teilten offenbar ihren Besitz mit anderen und genossen mehr oder weniger die gleiche Lebensqualität.

Die Grundlage dieser Hochkultur war der Handel: Man benötigte Rohstoffe wie Kupfer und Zinn aus anderen Regionen. Lothal, eine der Städte im Industal, besaß eine große künstliche Kaimauer mit einem ausgebaggerten Kanal und mit Ladebuchten zum Be- und Entladen von Schiffen.

Mit ihren Erfahrungen im Handel und ihren guten Fähigkeiten als Baumeister und Handwerker entwickelten diese Menschen auch detaillierte Kenntnisse über mathematische Messungen und eine exakte Gewichtsbestimmung. Sie bedienten sich eines Dezimalsystems, und die Ziegel, aus denen sie ihre Bauwerke errichteten, besaßen genau die richtigen Proportionen. Sie erfanden sogar ein Instrument, mit dem sie ganze Abschnitte des Horizonts vermessen konnten, und untersuchten mit seiner Hilfe die Gezeiten, die Wellen und die Meeresströmungen. Bei der Untersuchung von Schädeln aus Ausgrabungsstätten im Industal fanden Archäologen kürzlich Belege dafür, dass diese Menschen zum ersten Mal zahnärztliche Eingriffe vornahmen: Mit edelsteinbesetzten Bohrern reparierten sie schadhafte Zähne.

Zu den Gegenständen, die man an diesen antiken Stätten am häufigsten findet, gehören Siegel mit eingravierten Tieren oder Bilder von tanzenden Frauen. Manche zeigen auch rätselhafte Inschriften. Man hat mehr als 400 Schriftsymbole identifiziert, aber entziffern konnte sie bisher noch niemand. Hier gibt es keinen Stein von Rosetta, der bei der Entschlüsselung helfen könnte.

Ein Fund ragt unter allen anderen hinaus: die **»Tänzerin«**, eine kleine Bronzefigur eines nackten jungen Mädchens in tänzerischer Haltung, die in den Ruinen der Stadt Mohenjo-Daro entdeckt wurde und sich heute im indischen Nationalmuseum in Neu-Delhi befindet. Die nur elf Zentimeter große Figur wurde ungefähr 2500 v. Chr. gegossen; einzigartig ist sie vor allem deshalb, weil sie mit einer hoch entwickelten, raffinierten Technik hergestellt wurde. Das Verfahren ist unter dem Namen »verlorene Form« bekannt. Die Figur wurde zuerst in Wachs modelliert und dann in Ton eingehüllt, sodass eine Form entstand. Diese wurde dann erhitzt, bis das Wachs in der Mitte geschmolzen und herausgelaufen ist. Den hohlen Innenraum füllte man anschließend mit geschmolzener Bronze. Nach dem Abkühlen wurde die Tonform zerschlagen, sodass die Skulptur zum

Vorschein kam. Diese fortschrittliche Art des Bronzegießens wurde erst ungefähr um 1100 n. Chr. »wieder entdeckt«, also mehr als 3 500 Jahre später.

Das Erstaunliche an der kleinen Tänzerin ist aber nicht nur die hoch entwickelte Technik und Handwerkskunst. Es hat den Anschein, als wäre die ganze Welt des Industals ihrer Zeit weit voraus gewesen – von der Kanalisation in den Straßen und der Zentralheizung in den Häusern bis zu den unglaublichen Hafenanlagen und den raffinierten Kunstwerken. Handwerker und Frauen standen auf gleicher Stufe mit Bauern, Kaufleuten und sogar Priestern. Alle beteten offenbar eine Art Muttergöttin an, und damit ist erklärt, warum an den Fundstätten der Region Hunderte von weiblichen Figuren ans Licht kamen, darunter auch die kleine Tänzerin aus Bronze.

Diese kleine Bronzestatue einer Tänzerin aus der Hochkultur im Industal zeigt die hoch entwickelten handwerklichen Fähigkeiten ihrer Schöpfer.

Aber war diese hoch entwickelte, künstlerisch begabte und im Wesentlichen friedliche frühe Hochkultur im Industal etwas Einzigartiges? Sieht man von den großen, auffallend städtisch geprägten Hochkulturen in Ägypten und Sumer einmal ab, so hat es den Anschein, als seien die Menschen im Industal mit ihrer Friedensliebe alles andere als allein gewesen. Zahlreiche Indizien deuten darauf hin, dass die Menschen in großen Teilen Europas und des Nahen Ostens bis ungefähr 4000 v. Chr. und in manchen Regionen sogar bis 1600 v. Chr. eine ganz ähnliche Lebensweise pflegten.

Überall in Europa hat man in den Gräbern neolithischer Bauern, die zwischen 8000 und 3000 v. Chr. lebten, interessante Funde gemacht; danach begann mit den ersten Bronzewerkzeugen und -waffen die Bronzezeit. Damals wurden Männer und Frauen gleichberechtigt in großen Gemeinschafts-Hügelgräbern bestattet. Wie man aus der Untersuchung ihrer Knochen weiß, starben diese Menschen in der Regel nicht durch Gewalteinwirkung.

Allein in Westeuropa kennt man mehr als 10 000 Grabstätten und Hügelgräber. Man spricht von einer »Megalithkultur«, weil sich in der Nähe der Grabstätten häufig große Bauwerke befinden, die meist aus Blöcken des in der Gegend vorkommenden Gesteins bestehen. Vielfach wurden Kreise aus aufrecht stehenden Steinen errichtet wie an den berühmten Stätten von **Stonehenge** und Avebury in England. An anderen Orten baute man sie als Tempel mit Altartischen am Ende oder in der Mitte. Berühmte Beispiele, die bis heute überlebt haben, sind Hagar Qim und Mnajdra auf der Insel Malta.

Manche dieser Bauwerke sind so groß und so kunstvoll errichtet, dass ihr Bau ein ähnliches Ausmaß an Fähigkeiten, Organisation und Handwerkskunst erforderte wie der Bau der Pyramiden von Gizeh in Ägypten. Der riesige Megalithtempel und die Grabkammer in der Grafschaft Meath in Irland, die kürzlich restauriert wurden, entstanden 500 Jahre *früher* als die Pyramiden. Zu ihrer Fertigstellung waren vermutlich 6 000 Mannjahre erforderlich. Von den Fähigkeiten ihrer Baumeister zeugt das Dach: Es ist seit über 5 000 Jahren intakt und wasserdicht.

Viele Tausend Bauwerke der Megalithkultur erinnern noch heute an die bäuerliche Bevölkerung, die sich zusammen mit Haustieren und Saatgut seit ungefähr 7000 v. Chr. über Europa verbreitete, wobei sie die bisher dort ansässigen Stämme der Jäger und Sammler verdrängte oder in sich aufnahm.[3] Diese Menschen bewegten sich vorwiegend entlang der Küsten auf dem Meer oder in den Tälern von Flüssen wie Donau und Rhein, fruchtbaren Gebieten, die sich mit ihrem fruchtbaren Boden und ausreichenden Niederschlägen für den Nutzpflanzenanbau eigneten. Viele Gruppen zogen an den Mittelmeerküsten entlang und ließen sich unter anderem auf Inseln wie Malta nieder. Von dort wanderten sie weiter und besiedelten Portugal, Nordspanien und die Bretagne, bevor sie irgendwann auch England, Irland und Wales erreichten; schließlich gelangten sie bis auf die Orkney-Inseln vor der Küste Schottlands, wo einige ihrer Bauwerke und Steinhäuser bis heute hervorragend erhalten geblieben sind.[4]

Offenbar teilten alle diese Menschen eine gemeinsame religiöse Lehre, deren Ursprung man auf eine alte neolithische Fundstätte namens **Çatal Höyük** zurückverfolgen kann. Die Siedlung, deren Überreste man 1958 in Südanatolien in der Türkei entdeckte, war um 6000 v. Chr. eine blühende Handelsstadt. Sie lag wie Jericho ganz in der Nähe des Fruchtbaren Halbmondes, wo sich die ersten bäuerlichen Lebensgemeinschaften entwickelt hatten. Durch den Handel mit Obsidian wurde die beeindruckende Stadt groß und mächtig. Bisher wurden sie zwar nur teilweise ausgegraben, aber schon dabei fand man eine Reihe verblüffender Wandmalereien; sie reichen bis in die Zeit vor 8 000 Jahren zurück und zeigen eine Göttin in Form eines Geiers, der Leichen verzehrt – eine Praxis, die als Dekarnation oder Entfleischung bezeichnet wird. In ganz Europa legten die Menschen des Neolithikums ihre verstorbenen Angehörigen ins Freie, sodass Raubvögel und andere Tiere sie im Rahmen des ständigen Kreislaufs von Leben, Tod und Erneuerung verzehren konnten. Nachdem das Fleisch gefressen war, wurden die Knochen bestattet; dabei vollzog man häufig ein Ritual, das möglicherweise an megalithischen Stätten wie Stonehenge abgehalten wurde. Mit solchen Zeremonien drückten diese Gesellschaften ihre tiefe Verehrung für den Kreislauf von Leben und Tod aus; die Knochen betrachtete man als Samen des neuen Lebens.

Eine 8 000 Jahre alte Figur einer Muttergöttin, gefunden in Çatal Höyük. Die Göttin bringt zwischen Löwen ein Kind zur Welt – ein Zeichen, wie inbrünstig diese ersten Bauern und Kaufleute die Fruchtbarkeit, die Weiblichkeit und den ständigen Kreislauf von Geburt, Leben und Tod verehrten.

In Çatal Höyük hat man auch Dutzende von Tonfiguren nackter Frauen gefunden. Viele von ihnen sehen aus, als wären sie schwanger. Eine Figur, die erst 2005 entdeckt wurde, zeigt auf der Vorderseite eine weibliche Gottheit, die Rückseite jedoch zeigt ein Skelett mit nackten Knochen; damit symbolisiert sie Leben und den Tod, die in einem ununterbrochenen Kreislauf verbunden sind.

Als diese Menschen mit ihren domestizierten Tierherden durch Europa wanderten, nahmen sie ihre Kultur mit. Göttinnen wie die aus dem weit entfernten Industal oder aus Çatal Höyük hat man auch in Griechenland an einem als Achilleion bezeichneten Ort entdeckt. Dort fanden Archäologen mehr als 200 Tonfiguren, von denen viele neben Brotbacköfen vergraben waren. Möglicherweise erkennt man an ihnen, wie die Menschen an den Zusammenhang zwischen Brot und Göttlichem zu glauben begannen – das Brot des Lebens, das Himmelsbrot.

Zum ersten Mal griffen die Menschen jetzt gezielt in ihre natürliche Umwelt ein, um die Voraussetzungen für ihre neue bäuerliche Lebensweise zu schaffen. Zwischen 6000 und 3000 v. Chr. wurden in ganz Europa Millionen Bäume gefällt, um Platz für Felder zu schaffen. Große offene Sumpfgebiete wie Dartmoor und Exmoor im Westen Englands waren früher dichte Wälder; sie wurden von den Bauern des Neolithikums gerodet, die Platz für ihre Nutzpflanzen und Weideflächen für ihr Vieh brauchten. Die Rodung war notwendig, damit sie sich auf Dauer in kleinen Dörfern und Städten niederlassen konnten – manche dieser Siedlungen wuchsen auf bis zu 500 Einwohner an.

Für gewalttätige Auseinandersetzungen zwischen diesen Menschen gibt es keinerlei Anhaltspunkte. Wie in Harappa, so findet man auch andernorts, von Çatal Höyük in der Zentraltürkei über Malta bis nach England und Schottland, keine Spuren einer Herrscherklasse. Bei den Gegenständen, die mit den Menschen bestattet wurden, handelte es sich in der Regel nicht um Äxte, Pfeilspitzen oder Speere, sondern um die Figuren von Göttinnen. Da nichts auf gewalttätige Todesfälle, Befestigungen oder Kriegswaffen hindeutet, liegt die Vermutung nahe, dass damals friedliche Zeiten herrschten. Dörfer wurden nicht auf Berggipfeln errichtet, sondern in den fruchtbaren Tälern, ein Indiz, dass Territorialkonflikte, Invasionen und Terror weitgehend unbekannt waren.

Wie die Bevölkerung des Industals, so waren auch die europäischen Bauern des frühen Neolithikums hoch qualifiziert und technisch weit entwickelt. Auch sie verfügten über eigenständige Schriftsymbole. An mehr als 100 Megalithfundstätten in ganz Europa kamen Gegenstände ans Licht, die mit geschwungenen Linien und Spiralen verziert sind. Anders als bei der Keilschrift Mesopotamiens oder den Hieroglyphen des alten Ägypten hat hier noch niemand genauer herausgefunden, was sie bedeuten. Eines aber ist klar: Diese Form der Schrift kann ihren Ursprung nicht in Handel und Austausch haben. Man findet sie auf Tempeln und Grabstätten, aber auch auf Frauenfiguren und anderen religiösen Gegenständen. Vermutlich waren diese Inschriften eine Form der Kommunikation zwischen den Menschen im Diesseits und den Gottheiten in einer anderen Welt.

Nach Ansicht mancher Fachleute herrschte in den Gesellschaften der Megalithkutur das Matriarchat: An der Spitze standen Frauen – aber nicht als Herrscherinnen, sondern als diejenigen, die neues Leben zur Welt bringen. Eine solche Tradition lässt sich möglicherweise bis zu den Natufien-Frauen im Libanon (siehe Seite 145) zurückverfolgen, eventuell sogar bis zur Venus von Willendorf, jener 24 000 Jahre alten Statue einer schwangeren Frau, die man in Österreich gefunden hat (siehe Seite 128). Die Frauen waren ursprünglich diejenigen, die die Samen sammelten, während die Männer auf die Jagd gingen. Vermut-

Ringe und Spiralformen sind an Megalithfundstätten wie hier in der französischen Bretagne häufig anzutreffen; was diese Symbole bedeuten, weiß jedoch niemand genau.

lich erwarben sie die umfangreichsten Kenntnisse in der Landwirtschaft, wobei sie mit einer Mischung aus Instinkt und gesundem Menschenverstand die besten Körner für die Aussaat des nächsten Jahres auswählten und damit zum ersten Mal unwissentlich das betrieben, was wir heute als künstliche Selektion bezeichnen.

Die **Muttergöttin** nahm verschiedene Formen an. Manchmal trat sie in Gestalt einer Schlange oder eines Geiers auf, manchmal war sie auch der Mond. Jedes dieser Symbole stand für einen Kreislauf von Tod, Geburt und Erneuerung: Die Schlange überwintert, dann wacht sie auf und wirft ihre Haut ab; der Geier frisst totes Fleisch und führt es damit der Wiederverwertung zu; und der Mond durchläuft alle 28 Tage den Zyklus von Tod und Wiedergeburt, in dem sich auch der weibliche Menstruationszyklus widerspiegelt.

Die Anbetung des Mondes war in der Megalithkultur hoch entwickelt. Nach neueren archäologischen Erkenntnissen wurden religiöse Stätten wie die von Stonehenge ursprünglich nicht nur zur Anbetung der Sonne, sondern ebenso auch zur Verehrung des Mondes errichtet. Einmal im Monat laufen die Strahlen des Mondlichts genau durch die Lücken zwischen den riesigen Steinen – die Architekten haben sie exakt so ausgerichtet, dass die geringfügigen Verschiebungen im Kreislauf des auf- und untergehenden Mondes, die sich genau alle 18,6 Jahre wiederholen, berücksichtigt sind. Die historische und religiöse Bedeutung des Vollmondes lässt sich über Jahrtausende zurückverfolgen: Sein Licht wurde von vielen Stämme der Jäger und Sammler bei der Jagd genutzt und verschaffte ihnen beste Gelegenheiten für einen guten Fang.

Seinen Höhepunkt erreichte der europäische Muttergöttinnenkult im zweiten Jahrtausend v. Chr. auf der Mittelmeerinsel **Kreta**, und dort blieb er auch am längsten erhalten. Kreta lebte von den Handelsrouten, die das Mittelmeer mit dem übrigen Europa und Nordafrika verbanden. Die minoische Hochkultur erlebte auf der Insel ihre Blütezeit zwischen 3 300 und 1 700 v. Chr., also zur gleichen Zeit, als sich auch die Kultur im Industal entwickelte. Der griechische Dichter Homer behauptete im achten Jahrhundert v. Chr., es habe auf Kreta bis zu 90 Städte gegeben, und tatsächlich entdeckten die Archäologen dort eine ganze Reihe von »Palästen«; der größte befand sich in Knossos, der alten Hauptstadt der Insel.

Die Entdeckung dieser antiken Hochkultur geht vor allem auf den exzentrischen, aber pedantisch genauen Archäologen Sir Arthur Evans zurück. Sofort nachdem er Kreta 1894 erstmals betreten hatte, wollte er dem Rätsel des mythischen Königs Minos auf die Spur kommen. Dieser Herrscher lebte der Legende zufolge in einem Palast in Knossos, in dem ein entsetzliches Ungeheuer eingeschlossen war, der Minotaurus. Die Bestie, die halb Mensch und halb Stier war, wohnte angeblich in einem unüberwindlichen Labyrinth und ernährte sich vom Fleisch lebender Jungfrauen.

Der Sage nach wurde der Palast des Königs Minos einschließlich des Labyrinths von dem erfindungsreichen Architekten Daedalus erbaut. Die Geschichten über den griechischen Helden Theseus, der den Minotaurus besiegte, und auch über Daedalus, der in einem Turm gefangen war und entkam, nachdem sein Sohn Ikarus die ersten künstlichen Flügel konstruiert hatte, gehören ins Reich der Fantasie. Dennoch ließ Sir Arthur Evans sich durch solche Mythen dazu anregen, über 250 000 britische Pfund aus eigener Tasche in die Ausgrabung und Restaurierung des **Palastes von Knossos** zu stecken.

Das Kreta der Minoer war sozusagen das Herz in der Mitte der bronzezeitlichen Handelsnetze. Seine Geschäftsbeziehungen reichten im Osten bis nach Mesopotamien und im Westen bis Spanien. Zinn und Kupfer wurden importiert und zu Bronze geschmolzen, und Luxuslebensmittel wie der leuchtend gelbe Safran wurden auf den Feldern der Insel angebaut und als Gewürz exportiert.

Eine 3 500 Jahre alte Figur einer Muttergöttin. Die Schlangen, die sie umklammert, symbolisieren neues Leben. Den Fund machte Arthur Evans im Palast von Knossos auf Kreta.

Wie Evans entdeckte, standen die Menschen des antiken Kreta in der Tradition der Megalithkultur. Frauen und Männer waren gleichberechtigt. Die Wandmalereien der Paläste in Knossos und Phaistos zeigen, dass Frauen sich ungehindert entfalten konnten. Sie wurden barbusig dargestellt und trugen kurzärmelige, bis zum Nabel offene Hemden sowie lange, fließende Röcke in mehreren Schichten. Als man diese Fresken entdeckte, waren die Fachleute verblüfft. Wie die Tänzerin aus dem Industal wirkten sie für ihr Alter viel zu modern. Evans selbst beschrieb die Frauen in seinem Ausgrabungsbericht so:

Sie scheinen frisch vom Friseur zu kommen, ihre Haare sind frisiert und fallen in Locken über Kopf und Schultern. Die Ärmel sind gebauscht, und die engen Gürtel sowie die rüschenbesetzten

Fast 1 000 Jahre vor den ersten Olympischen Spielen betrieben die Minoer ihren eigenen, höchst eindrucksvollen Sport: Das 3500 Jahre alte Fresko aus dem Palast von Knossos zeigt das »Stierspringen«.

Röcke erinnern ebenfalls ganz an die moderne Mode ... Diese Szenen weiblichen Selbstvertrauens ... führen uns weit weg von den Hervorbringungen der klassischen Kunst aller Zeitalter ... Sie nehmen uns mit bis ganz in die Nähe der modernen Zeit.[5]

Statuen, Vasen und Wandmalereien zeigen Bilder von Sportwettkämpfen, an denen Frauen gleichberechtigt neben den Männern teilnehmen. Die Lieblingssportart auf der Insel war Stierspringen. Ein (manchmal auch weiblicher) Akrobat griff nach den Hörnern eines Stiers und sprang mit einem Salto auf seinen Rücken. Mit einem zweiten Salto sprang sie dann über das Hinterteil des Tieres und landete wieder mit den Füßen auf der Erde. Da ist es kein Wunder, dass die minoischen Frauen als Erste eng sitzende Kleidungsstücke und Mieder trugen – für einen solchen Sport, so sollte man meinen, ist das unentbehrlich.

Die Frauen hatten in dieser Gesellschaft keine beherrschende Stellung, aber sie führten die Aufsicht. Auf Fresken, die man im Palast auf der minoischen Insel Thera, 100 Kilometer nördlich von Kreta, gefunden hat, stehen Frauen auf einem Balkon und blicken auf eine Prozession junger Männer herab, die ein Opfertier tragen. Die Priester waren im minoischen Kreta in ihrer Mehrzahl Frauen. Nach den Gesetzen der Insel besaßen Frauen die volle Verfügungsgewalt über ihr Eigentum und durften sich sogar nach Belieben scheiden lassen. Ebenso war es Tradition, dass der Bruder einer Mutter für die Erziehung ihrer Kinder zuständig war. Solche Gebräuche, die uns heute eigenartig erscheinen, blieben im Mittelmeerraum noch lange im Bewusstsein.

Wie im Industal und im restlichen Europa des frühen Neolithikums, so beteten die Menschen auch hier eine Muttergöttin an. Auf bemalten Vasen, die Evans entdeckte, ist sie als Schlange dargestellt. Kleine Figuren nackter, schwangerer Frauen aus der Zeit bis 3000 v. Chr. hat man nicht nur auf Kreta gefunden, sondern auch auf vielen umliegenden Inseln. Die meisten künstlerischen Darstellungen der Minoer zeigen Göttinnen – manchmal sind sie als Schlangen oder (wie in Çatal Höyük) als Vögel dargestellt, manchmal tragen sie auch Masken. Auch mehr als 300 heilige Höhlen hat man entdeckt. Viele davon waren nach heutiger Kenntnis Orte der Göttinnenverehrung.

Die Paläste der Minoer wirkten nicht so machtvoll und beherrschend wie die in Ägypten oder Sumer. Sie dienten vielmehr in ihrer Region als administrative und religiöse Zentren, als Arbeitsplätze für Handwerker, Lagerhäuser für Lebensmittel und Tempel für die Anbetung der Göttinnen. Man braucht sich nur ein Modell des rekonstruierten Palastes von Knossos anzusehen, dann versteht man, warum die griechischen Invasoren sich später ausmalten, die vielen Korridore und Bewässerungskanäle müssten ein undurchdringliches Labyrinth gebildet haben.

Wie die Kaufleute aus dem Industal und andere europäische Megalithvölker, so verfügten auch die Minoer über ein eigenes System von Symbolen. Dies lässt erkennen, dass ihre Zivilisation kulturell und technisch hoch entwickelt war. Als Archäologen 1903 den Palast von Phaistos an der Südküste Kretas ausgruben, machten sie eine ungewöhnliche Entdeckung, die den Historikern und Archäologen bis heute Rätsel aufgibt. In einem unterirdischen Tempel fanden sie einen vergrabenen Gegenstand, bei dem es sich nach Ansicht vieler Fachleute um die erste Druckpresse der Welt handelt.

Die **Scheibe von Phaistos**, die heute im archäologischen Museum der kretischen Hauptstadt Heraklion ausgestellt ist, stammt vermutlich aus der Zeit zwischen 1850 und 1600 v. Chr. Sie trägt 45 verschiedene, spiralförmig angeordnete Symbole und erinnert damit an die Spiralen auf den Vasen von Knossos und auch an Zeichnungen aus Megalithgräbern, beispielsweise im irischen Newgrange. Die Zeichen wurden mit wiederverwendbaren Siegeln in die Scheibe gedrückt, solange der Ton noch weich war. Abschließend wurde die Scheibe gebrannt, sodass die Abdrücke dauerhaft wurden. Diese frühe Drucktechnik ging der modernen Druckpresse um mehr als 3 000 Jahre voraus.

Wer die Scheibe herstellte und was die Symbole bedeuten, weiß niemand. Sie zeigt aber, dass die Kreter der minoischen Zeit künstlerisch begabt, wohlhabend und wie der sagenhafte Daedalus höchst erfindungsreich waren.

Im Jahr 1967 wurden Ausgrabungen an einer Fundstätte namens Akrotiri durchgeführt, und seither wissen wir, dass die Minoer auch die Insel Santorin besiedelten. Dort entdeckten Archäologen die Überreste einer großen antiken Inselhauptstadt, die seit Jahrtausenden unter dicken Schichten von Vulkanasche begraben lag. Bisher hat man nur das südliche Ende der Siedlung genauer untersucht, aber schon dort fand man dreistöckige Häuser mit schönen Wandmalereien, steinernen Treppenhäusern, Säulen, großen Vorratsgefäßen aus Ton, Mühlen und Keramikarbeiten. Das minoische Akrotiri besaß sogar ein ausgeklügeltes Kanalisationssystem und eine Trinkwasserversorgung mit den ältesten bekannten Tonröhren sowie mit getrennten Leitungen für warmes und kaltes Wasser. Fresken zeigen Frauen, die Safran ernten und die Blüten der Pflanze einer sitzenden Göttin bringen. Auf einem anderen Bild sieht man, wie Fischer ihren Fang nach Hause brin-

Der Diskus von Phaistos hat einen Durchmesser von 30 Zentimetern und ist vermutlich das älteste bedruckte Schriftstück der Welt; den Text konnte jedoch bis heute niemand entziffern.

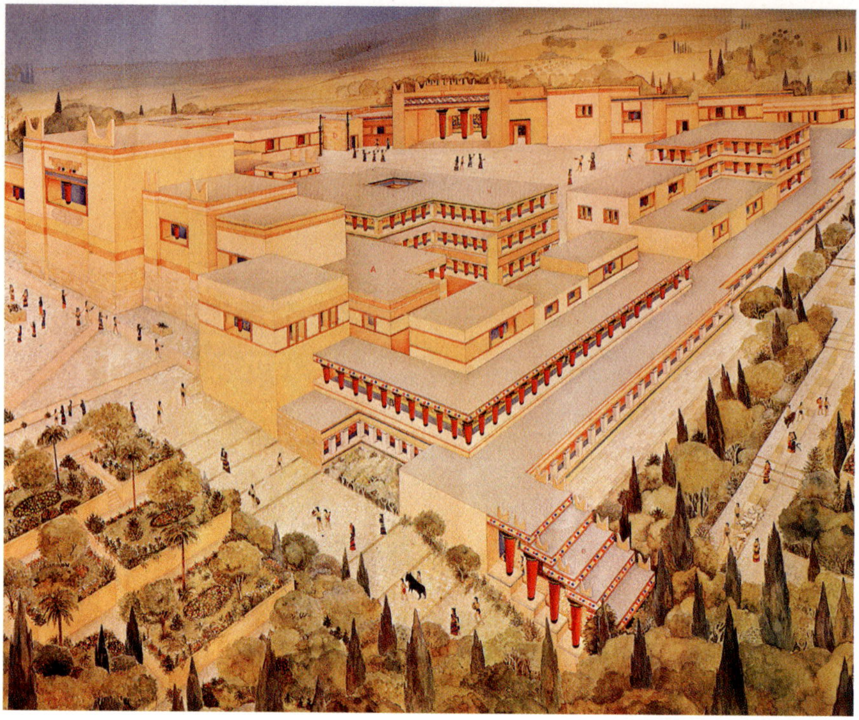

Der labyrinthartige minoische Palast von Knossos war weniger eine Königsresidenz als vielmehr ein Verwaltungszentrum.

gen, und eine ganze Flotte von Booten ist von springenden Delfinen begleitet. Beaufsichtigt wird die Szene von edel gekleideten Damen, die alles vom kühlen Schatten eines Baumes aus beobachten.

Die Spuren, die diese frühen Hochkulturen hinterlassen haben, lassen eine eindeutige Gesetzmäßigkeit erkennen. Vom Industal über das Gebirge Anatoliens und die Inseln im Mittelmeer bis zur nördlichsten Orkney-Insel in Schottland kristallisiert sich ein Bild heraus, das zahlreiche Kulturen mit einer ähnlichen geistigen Haltung zeigt. Ihre Tempel und Grabstätten zeugen von einer friedlichen Lebensweise und von der Verehrung für Mutter Natur. Ihr gemeinsamer Glaube an den ununterbrochenen Kreislauf von Geburt, Tod und Erneuerung verkörpert sich in der Anbetung einer Muttergöttin in allen nur denkbaren Formen: Schlange, Geier, schwangere Frau oder Mond. Zu ihren Vermächtnissen gehören nicht nur Handwerkskunst, technische Fähigkeiten und ausgezeichnete Kunstwerke, sondern auch ein Geist der natürlichen Gleichberechtigung.

Aber das alles sollte nicht von Dauer sein. Die letzte dieser Hochkulturen ging im zweiten Jahrtausend v. Chr. zugrunde. Neue, militärische Macht eroberte nun Europa, den Nahen Osten und Asien. Wie die Ameisensoldaten, die sich schon vor Jahrmillionen in anderen natürlichen Zivilisationen entwickelten (siehe Seite 88), so hatten Krieger auch jetzt herausgefunden, wie sie von den Gewinnen anderer profitieren konnten. Sie leiteten ein Zeitalter ein, in dem Elitedenken, Rücksichtslosigkeit und Terror ihren Anfang nahmen.

KAPITEL 21

DREIFACHER ÄRGER

WIE SICH DOMESTIZIERTE PFERDE, BRONZENZEITLICHE WAGEN UND WAFFEN ÜBER ASIEN, EUROPA UND NORDAFRIKA VERBREITETEN UND WELLEN DER GEWALTTÄTIGEN ZERSTÖRUNG, EROBERUNG UND UNGERECHTIGKEIT AUSLÖSTEN

Wenn wir auf unserer 24-Stunden-Uhr der Erdgeschichte die letzte Zehntelsekunde vor Mitternacht durchmessen, lässt sich die Naturgeschichte der Erde nicht mehr von der Geschichte über den Aufstieg und Fall der Kulturen trennen. Manchmal mischte die Natur und insbesondere das Klima verschiedene Menschengruppen durcheinander wie ein Kartenspiel. Manchmal übernahmen auch die Menschen die Führungsrolle, indem sie die anderen Lebewesen der Erde – Tiere, Nutzpflanzen oder Wälder – nutzten, um Siedlungen mit Häusern, Bauernhöfen oder Feldern zu errichten. In der Geschichte des Homo sapiens ist nur dann ein Sinn zu erkennen, wenn man in Rechnung stellt, dass sie wie durch eine Nabelschnur mit der Natur verbunden ist.

Ungefähr seit dem Beginn des zweiten Jahrtausends v. Chr. – also ungefähr vor 4000 Jahren – wurde das Leben für die meisten Menschen, die im Umkreis neuer Hochkulturen lebten, viel anstrengender und aggressiver. In manchen Fällen hatte das natürliche, unausweichliche Ursachen. Globale Katastrophen wie der Ausbruch eines Supervulkans, der nach heutiger Kenntnis vor 252 Millionen Jahren das Massenaussterben am Ende der Permzeit verursachte, sind sehr selten (siehe Seite 66). Viel häufiger sind regionale Naturkatastrophen wie der Ausbruch des Vulkans der Stärke 7 um 1650 v. Chr. im Mittelmeer. Er reichte zwar nicht annähernd an einen Supervulkan heran, aber immerhin zerstörte seine Eruption das Geflecht mehrerer Hochkulturen, die sich in seinem Umfeld entwickelt hatten.

Wie man aus neueren Untersuchungen weiß, schleuderte diese Eruption, die sich in der Nähe der griechischen

Insel Thera (des heutigen Santorin) ereignete, ungefähr 61 Kubikkilometer heißes, flüssiges Gestein in die Atmosphäre. Als diese Massen in der Umgebung niedergingen, begann ein Zeitalter der Dunkelheit. An Belegen für den Vulkanausbruch herrscht auch heute noch kein Mangel. Oben auf der Insel liegen Klippen aus vulkanischen Ablagerungen, die mehr als 60 Meter dick sind. Der Ausbruch war nach heutiger Kenntnis der zweitgrößte, der sich während der letzten 5 000 Jahre auf der Erde ereignet hat. (Der größte war vermutlich der Ausbruch des Tambora in Indonesien im Jahr 1815. Dabei gelangten ungefähr 100 Kubikkilometer Magma in die Atmosphäre.)

Entscheidend war aber nicht nur die Stärke des Ausbruchs bei Thera, sondern auch der Ort. Im Mittelmeerraum drängten sich einige der ältesten Hochkulturen, und deshalb musste eine derart große Explosion beträchtliche Folgen haben. Eine Reihe gewaltiger Flutwellen, manche davon vielleicht bis zu 150 Meter hoch, rasten über das Meer und krachten 100 Kilometer südlich von Thera auf der Insel Kreta in das Handelsimperium der Minoer. Das ist ein Grund, warum diese Hochkultur, die für ihre Zeit sehr weit entwickelt war, in den Untergang getrieben wurde.

Ungefähr aus der gleichen Zeit stammt nach heutigen Erkenntnissen eine alte Schriftrolle, der sogenannte Ipuwer-Papyrus. Er beschreibt in Versen eine Periode des Chaos, die etwa zu jener Zeit über Ägypten hereinbrach und nach Ansicht mancher Autoren durch die Nachwirkungen des gewaltigen Vulkanausbruchs verursacht wurde. Das Land wurde herumgewirbelt »wie eine Töpferscheibe«. Seine Städte wurden zerstört, die Regierung brach zusammen, und das ganze Land verwandelte sich »in eine leere Wüste«.

Überall ist die Gerste verdorben, und die Menschen sind ihrer Kleidung beraubt … Schriftgelehrte werden getötet, und ihre Schriften werden fortgebracht, die Gesetze des hohen Rates werden weggeworfen. Das Vorratshaus des Königs ist das Gemeineigentum aller, und der ganze Palast steht ohne Einkünfte da. Der Räuber ist ein Besitzer der Reichtümer, und der reiche Mann ist zum Plünderer geworden. Die Städte sind zerstört, und Oberägypten hat sich in eine leere Wüste verwandelt …

Ungefähr zur gleichen Zeit, als Thera seinen Gipfel in die Luft schleuderte, fiel auch das Industal den Kräften der Natur zum Opfer. Vermutlich zerstörte eine Reihe heftiger Erdbeben im Himalaja das äußerst wichtige Talsystem des Indus und seiner Nebenflüsse in der Nähe der Quelle. Das Wasser wurde weiter nach Osten in die Nähe des heutigen Ganges umgeleitet. Ohne das Geschenk der Natur – reichlich fließendes Süßwasser – musste die Hochkultur an ausgetrockneten Flussbetten zugrunde gehen. Die Schöpfer der bemerkenswerten Tänzerinnenfigur (siehe Seite 174) verschwanden von der Bühne der Weltgeschichte fast ebenso schnell wie das lebensnotwendige Wasser aus ihrer Region.

Nicht alle Hochkulturen waren derart anfällig für die zerstörerischen Launen der Natur. Während manche von ihnen als sesshafte Lebensgemeinschaften an Flüssen wie Nil und Indus – oder wie die Minoer am Meer – heranwuchsen, machten sich andere eine Lebensweise als Nomaden zu eigen. Diese Menschen waren weder auf eine ständige Wasserquelle angewiesen, noch lebten sie in festen Siedlungen, die vom Meer weggespült werden konnten. Ihre Lebensweise ähnelte dem Naturzustand der Jäger und Sammler, allerdings mit einem wichtigen Unterschied: Sie gingen nicht ständig auf die Jagd, sondern nahmen ihre Haustiere mit und verfügten mit Schafen, Ziegen, Schweinen und Rindern über eine regelmäßige, zuverlässige Versorgung mit Nahrung, Getränken und Transportmitteln.

Menschen, die von Ort zu Ort ziehen und dabei von ihren mitgeführten Viehherden leben, bezeichnet man als **Hirtennomaden**. Wird eine Region von einer Naturkatastrophe heimgesucht, ziehen sie einfach in ein Gebiet mit weniger unberechenbaren Lebensbedingungen. Ihren Lebensunterhalt konnten sie sich sichern, indem sie mit ihren Herden von Ort zu Ort wanderten und dabei Waren als Kaufleute zwischen den Hochkulturen transportierten. Die Hirtennomaden bildeten in der Antike das Rückgrat des Fernverkehrs.

Durch ihre Lebensweise entwickelten die Nomaden im Laufe der Zeit eine ganz neue Beziehung zur Natur und leiteten damit einen dramatischen Wandel der Menschheits- und Naturgeschichte ein. Dieser begann, als diese Menschen merkten, wie sie sich die Kraft der Pferde nutzbar machen konnten, um schneller vorwärtszukommen und größere Lasten zu transportieren. Später lernten sie, wie man Zinn und Kupfer zu Bronze schmilzt, und merkten bald, dass dies ein ideales Material zur Herstellung kräftiger, langlebiger, tödlicher Kriegswaffen war.

Einen genauen Zeitpunkt für den Beginn der **Bronzezeit** gibt es nicht. Sie begann an verschiedenen Orten zu unterschiedlichen Zeiten. Die ersten Bronzegegenstände wurden nach heutiger Kenntnis um 4000 v. Chr. in Mesopotamien hergestellt: Dort diente die Legierung den Kunsthandwerkern zur Herstellung der Tänzerin aus dem Industal und ähnlicher Gegenstände. Etwa um 2000 v. Chr. verwendeten Nomadenhäuptlinge in Zentralanatolien (in der heutigen Türkei), wo es reichhaltige Kupfer- und Zinnvorkommen gab, erstmals Bronze zur Herstellung von Rüstungen, Schilden und Waffen in Form von Äxten, Schwertern und Speeren. Bronze ist hart. Wer sie zu Waffen und Rüstungen schmieden konnte, war militärisch sofort im Vorteil gegenüber einem Gegner, der nur mit Gerätschaften aus Stein oder hölzernen Knüppeln ausgerüstet war.

Nomaden transportierten kostbare Rohstoffe wie Zinn und Kupfer aus weit entfernten Regionen wie Cornwall und Wales in das Rheintal, ins Kaukasusgebirge in Kleinasien und darüber hinaus in den Nahen Osten und bis nach Indien. Nachdem diese Kaufleute zu Experten für die Herstellung von Bronzewaffen geworden waren, fehlte nur noch ein kleiner Schritt zur Invasion, Eroberung und Unterwerfung der vielen sesshaften, bäuerlichen Lebensgemeinschaften, die sie auf ihren verschiedenen Handelswegen zwischen den Märkten und Hochkulturen Europas, des Nahen Ostens und Asiens antrafen.

Ebenso wichtig wie die Fähigkeit, Bodenschätze zur Herstellung leistungsfähiger neuer Werkzeuge zu nutzen, war auch die Zähmung einer bestimmten Art wilder Tiere. Sie schuf völlig neue Möglichkeiten, große Entfernungen zurückzulegen. Seit ungefähr 4000 v. Chr. entwickelten die Nomadenvölker in der

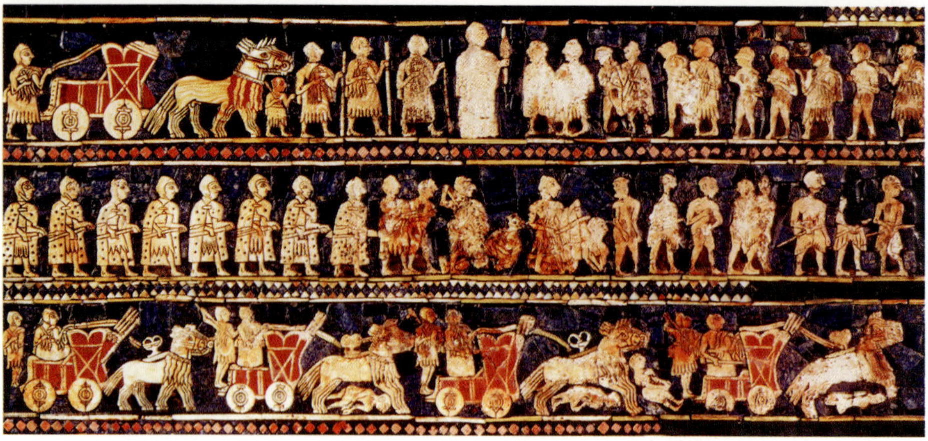

Eine Seite der hübsch bemalten Standarte von Ur (ca. 2600 v. Chr.) fand Leonard Woolley in den 1920er Jahren. Sie zeigt Soldaten, die in den Kampf marschieren, und von Tieren gezogene Kampfwagen.

südrussischen Steppe ein Verfahren, wie sie **Wildpferde** domestizieren konnten. Während die Frauen ideale Voraussetzungen mitbrachten, um die am besten aussehenden Samen auszuwählen und zu säen, eigneten sich Männer besser für die Zähmung wilder Tiere. Energie, Entschlossenheit und schiere Kraft waren notwendig, um diese starken Tiere zu unterwerfen.

Im Süden des heutigen Russland lebten an den Waldrändern die Tarpane, eine Art von Wildpferden. Diese Herdentiere wurden gezähmt, gekreuzt und in die Dienste des Menschen gestellt. Heute sind die Tarpane, die in ihrer Größe anfangs eher einem Pony als einem reinrassigen Pferd ähnelten, ausgestorben: Angeblich starb das letzte Exemplar Ende des 19. Jahrhunderts in einem Moskauer Zoo. Wann die ersten Tarpane in Gefangenschaft gezüchtet wurden, weiß niemand genau, und ebenso wenig ist bekannt, wem es zum ersten Mal gelang, ein solches Tier zu besteigen. Da es sich aber um kleine Pferde handelte, eigneten sich die ersten Kreuzungen besser zum Ziehen von Wagen oder zum Tragen von Lasten und weniger als Reittiere.

Die ersten Wagen tauchten in Mesopotamien um 2600 v. Chr. auf. Das wissen wir von der »Standarte von Ur«, einer hübsch verzierten Kiste, die der britische Archäologe Leonard Woolley in den 1920er Jahren entdeckte. Der Fund, der heute im Britischen Museum präsentiert wird, zeigt eine bildliche Darstellung des Krieges. Unter anderem ist dargestellt, wie sumerische Speerträger einem vierrädrigen Wagen folgen, der von etwas gezogen wird, was eine Kuh, einen Ochsen oder ein Pferd darstellen könnte.

Die Nomadenkaufleute der russischen Steppen besaßen vermutlich als Erste die Dreifachkombination aus domestizierten Pferden, Wagen mit Rädern und Bronzewaffen. Außerdem lernten sie, wie ihre Pferde größere Lasten ziehen konnten, wenn sie keine Scheibenräder, sondern solche mit Speichen verwendeten, die ihre Fahrzeuge auch in der Schlacht leichter und wendiger machten. Die ersten Kampfwagen mit Speichenrädern hat man in den Gräbern von Nomaden gefunden, die um 2000 v. Chr. im heutigen Russland und Kasachstan lebten. Ihre stark befestigten Siedlungen bauten sie auf Berggipfeln, wo man sie am besten verteidigen konnte, und ihre Kenntnisse in der Bronzebearbeitung nutzten sie zur Herstellung von Rüstungen und Waffen.

Nach allem, was man heute weiß, waren diese Nomaden stark auf ihre

Pferde angewiesen. In Gräbern aus den russischen Steppen, die in die Zeit bis 4000 v. Chr. zurückreichen, hat man Knochenstücke von Menschen zusammen mit Überresten von Pferden gefunden. Ungefähr ab 3500 v. Chr. verbreitete sich ihre Lebensweise über ganz Europa, bis sie schließlich auch das heutige Großbritannien, Irland und Spanien erreichte. Damit wurde eine neue Weltordnung geschaffen, in der sich eine aggressivere, von Männern beherrschte Gesellschaft auf die Zähmung der Pferde und die Herstellung von Metallwaffen stützte. Spuren dieses kulturellen Wandels zeigen Keramikscherben einer charakteristischen Stilrichtung, die man überall in Europa findet und die ihren Ursprung in der südrussischen Steppe hat. Die Gefäße in Form einer auf dem Kopf stehenden Glocke wurden vermutlich von wohlhabenden Familien zur Aufbewahrung von Met oder Bier verwendet und gaben der ganzen Stilrichtung ihren Namen: Glockenbecherkultur.

Auch die Gräber der Bauern aus dem frühen Neolithikum veränderten sich in ganz Europa: Die gemeinsamen Hügelgräber in fruchtbaren Niederungen machten einzelnen Grabhügeln an befestigten Stellen Platz. In ihnen wurden die Überreste einstmals stolzer Häuptlinge gefunden, die zusammen mit ihren fein bearbeiteten Waffen, Wagen und Rüstungen zur Ruhe gebettet wurden.

Mit ihren schnellen und großen Reittieren sowie ihren neuen Waffen waren jene Völker militärisch eindeutig im Vorteil. Zu Pferd kam man mindestens fünfmal schneller vorwärts als mit jedem anderen damals bekannten Transportmittel. Schnelle Erkundung und Nachrichtenübermittlung sowie das wichtige Überraschungsmoment standen den Reitern nun zur Verfügung, was für sie die Möglichkeit zu Schreckensherrschaft, Erpressung, Unterwerfung und Krieg gewaltig erweiterte.

Als die Menschen erkannten, welchen gewaltigen Vorteil die domestizierten Pferde darstellten, wollten alle sie haben – wenn nicht um andere Menschen zu bedrohen, dann zumindest zum Selbstschutz. Ungefähr seit 2000 v. Chr. waren alle Zivilisationen, ob Nomaden oder sesshaft, militärisch ausgerüstet. Die Reiche der Hethiter, Hurriter und Mykener wurden mit Bronzewaffen, wendigen Pferden und beladenen Wagen geformt, die vermutlich aus den Steppen am Nord-, Ost- und Westufer des Schwarzen Meeres stammten.

Die **Hethiter**, deren Aufstieg um 1800 v. Chr. begann, errichteten ihre Hauptstadt in Hattusa in der heutigen Zentraltürkei. Das kriegerische Volk war bekannt für seine ausgezeichnete Beherrschung von Pferden und Wagen in der Schlacht. Mit ihren Erfahrungen in der Metallbearbeitung fanden sie auch heraus, wie man Eisen abbauen und schmelzen kann, was ihr Arsenal von leistungsfähigen Waffen vergrößerte. Um 1400 v. Chr. waren die Hethiter so mächtig geworden, dass sie den gesamten heutigen Libanon, Syrien und Kanaan eroberten und bis an die ägyptische Grenze vordrangen.

Die Kenntnisse über die Ausbildung von Pferden wurden in der Regel durch mündliche Überlieferung von einer Generation zur nächsten weitergegeben. Die erste heute noch bekannte schriftliche Ausbildungsanleitung stammt aus der Zeit um 1350 v. Chr. Sie wurde von Kikkuli verfasst, einem Pferdeführer der Hethiter; er beschreibt genau, wie man ein Pferd für die Kriegsführung

mit Kampfwagen ausbildet. Unter anderem führt er eine ganze Reihe raffinierter Disziplinen auf, von denen viele den heutigen Dressurtechniken ähneln; ein »Intervalltraining« sollte beispielsweise dazu dienen, Ausdauer und Beweglichkeit des Pferdes zu verbessern.

Die **Hurriter** kamen wie ihre hethitischen Nachbarn aus dem Norden Mesopotamiens, wo man die Wildpferde zum ersten Mal gezähmt hatte. Sie waren die Vorfahren der heutigen kurdischen Bevölkerung und beherrschten im zweiten Jahrtausend v. Chr. große Teile des Nahen Ostens. Ihre kriegerische Gesellschaft brachte auch eine neue Sichtweise auf die Götter mit. Am mächtigsten war jetzt Teschup, ein männlicher Gott, der an die Stelle der landwirtschaftlich geprägten Muttergöttin des Mondes und der Fruchtbarkeit trat. Teschup bestimmte über das Wetter; seine Frau Hepat war die Sonnengöttin. Nach den Erkenntnissen der Historiker haben große Teile der griechischen Mythologie ihren Ursprung bei den Göttern der Hurriter, und Teschup diente vermutlich als Vorbild für die späteren Geschichten über Zeus.[1]

Um 1180 v. Chr. erlebten die Hethiter und Hurriter die Invasion und Unterwerfung durch einen Zusammenschluss anderer Kriegerstämme, die als Seevölker bezeichnet wurden. Wegen der unangenehmen Kombination aus Rädern, Pferden und Bronze waren Südeuropa und der Nahe Osten von ungefähr 1800 v. Chr. bis 500 v. Chr. in einem ständigen Aufruhr begriffen. Immer neue Wellen von Reitern, die ihre Bronze- und Eisenwaffen schwenkten, nutzten jede Gelegenheit zu Invasion und Eroberung.

Ein König steht auf einem Streitwagen, der von einem Pferd gezogen wird, und zwingt einen Feind zu Boden. Das Steinrelief stammt aus der Zentraltürkei, wo um 1800 v. Chr. die Hethiter herrschten.

Manchmal ergaben sich solche Gelegenheiten im Gefolge von Naturkatastrophen, beispielsweise nach den Flutwellen, die auf Kreta die Kultur der Minoer dramatisch geschädigt hatten. Davon profitierten die **Mykener**. Sie stammten ebenfalls aus der Gegend um das Schwarze Meer und hatten um 1600 v. Chr. bereits große Teile des südlichen Griechenland unter ihre Gewalt gebracht. In der großartigen Hauptstadt, die sie in Mykene errichteten, wurden bienenstockähnliche Gräber mit Dolchen, Masken, Rüstungen und edelsteinbesetzten Waffen gefunden.

Um 1400 v. Chr. weiteten die Mykener ihren Einfluss bis nach Kreta aus und eroberten die Ruinen von Knossos sowie andere verlassene Stätten der Minoer. In der mykenischen Kunst sind zwar viele minoische Einflüsse zu erkennen, zwischen den beiden Hochkulturen bestanden aber auch deutliche Unterschiede. Die Wandmalereien etwa lassen auf unterschiedliche Einstellungen gegenüber der Natur schließen. Minoische Bilder zeigen die Freude an Tieren, beispielsweise durch springende Delfine, die an die Palastwände gemalt wurden. Mykenische Kunstwerke dagegen feiern Tiere nur als frisch geschlachtete Opfer einer gewalttätigen Jagd.

Im 12. Jahrhundert kam es zu einem Konflikt, den man früher für die größte militärische Auseinandersetzung aller Zeiten hielt: der **Trojanische Krieg**, der zwischen einem Zusammenschluss kleiner griechischer Stadtstaaten unter dem Kommando des mykenischen Königs Agamemnon und der Bevölkerung Trojas ausgefochten wurde. Über den Krieg berichten zwei Epen, die ungefähr 500 Jahre nach den mutmaßlichen Ereignissen niedergeschrieben wurden. In der Ilias und der Odyssee von Homer ist immer wieder davon die Rede, wie die Götter in die Angelegenheiten ihrer Lieblinge unter den Menschen eingriffen. Nach zehnjährigem Krieg trugen die Griechen schließlich den militärischen Sieg davon, nachdem sie vor den Toren Trojas ein riesiges hölzernes Pferd zurückgelassen hatten. Die neugierigen Trojaner zogen das Pferd in ihre Stadt. Was sie nicht wussten: Im Inneren der hölzernen Konstruktion saßen mehrere Dutzend feindliche Elitesoldaten, die nach Einbruch der Dunkelheit herauskletterten, die Stadttore öffneten und die griechische Armee einließen, die nun die Stadt plündern konnte.

Der deutsche Schatzsucher **Heinrich Schliemann** (1822 bis 1890) hatte im kalifornischen Goldrausch ein Vermögen verdient (siehe Seite 457). Dann widmete er sein Leben und seinen Reichtum dem Ziel, den Wahrheitsgehalt von Homers Erzählungen zu beweisen. Als Kind hatte ihm sein Vater die Epen vorgelesen, für Schliemann waren sie nicht Fiktion, sondern Fakt. Als Erstes wollte Schliemann den Ort der antiken Stadt Troja finden, von der die Historiker seinerzeit glaubten, sie sei ein Mythos. Nachdem er bei Hissarlik in der Türkei zwei Jahre lang umfangreiche Ausgrabungen vorgenommen hatte, gab er bekannt, er habe den Schatz des Trojanerkönigs Priamos gefunden, ein Lager voller Goldgegenstände wie Diademe, Armreifen, Pokale, Halsketten und Ohrringe, aber auch Vasen aus Silber und Kupfer sowie Waffen aus Bronze. Der Horizont, in dem er den Schatz fand, entstand nach heutiger Kenntnis mehrere hundert Jahre vor dem angeblichen Trojanischen Krieg. Ob die Gegenstände echt waren, ist bis heute umstritten.[2]

Heute sind die meisten Geschichtsforscher überzeugt, dass es sich bei den Funden von Hissarlik tatsächlich um das antike Troja handelt. Nach Angaben des griechischen Historikers Eratosthenes (276–194 v. Chr.) hatte der Trojanische Krieg zwischen 1194 und 1184 v. Chr. stattgefunden. Diese Daten stimmen mit den archäologischen Funden überein, die nach Schliemann auf dem Hissarlik-Hügel gefunden wurden. Sie belegen, dass die Stadt ungefähr zu jener Zeit bis auf die Grundmauern abgebrannt war. Andererseits gibt es kaum archäologische Belege für einen zehnjährigen Krieg zwischen Griechen und Trojanern; angesichts der Tatsache, dass damals in der ganzen Region ein großes Durcheinander herrschte, ist es allerdings dennoch höchst plausibel, dass in irgendeiner Form gekämpft wurde.

Im Jahr 1874 wandte sich Schliemann mit seinen Ausgrabungen der Stadt Mykene auf dem Peloponnes in Griechenland zu. Dieses Mal machte er echte Entdeckungen. Er legte fünf Königsgräber frei, in denen sich die Überreste von 19 Menschen befanden, von denen einige Goldmasken trugen. Mit den Männern hatte man Schwerter, Dolche und Brustpanzer begraben. Anders als Schliemann gehofft hatte, waren sie aber keine Opfer des Trojanischen Krieges: Man hatte sie in einer Bodenschicht ausgegraben, die rund 500 Jahre älter war – sie stammten also aus der Zeit um 1600 v. Chr., als die mykenischen Griechen sich erstmals als Herrscher in der Region festsetzten. Es waren reiche Krieger, und sie lebten in einer vielschichtig strukturierten Gesellschaft, in der Könige und die herrschende Klasse ihre militärischen Eroberungen mit prächtigen Kunstgegenständen und Kriegswaffen feierten.

Das alles heißt nicht, dass die Heldengedichte von **Homer** nicht zumindest teilweise einen wahren Hintergrund haben. Und man kann sie auch weiterhin als großartige Geschichten genießen. Nach Ansicht vieler Fachleute übertreffen Homers Epen mit ihrem schnellen Dahinfließen und ihrer gedanklichen und stilistischen Klarheit sogar die Dramen von Shakespeare. Der Überlieferung zufolge soll Homer blind gewesen sein, aber in Wirklichkeit gibt es nicht einmal handfeste historische Belege, dass er überhaupt eine reale Person war. Einer Theorie nach geht der Name auf eine antike Vereinigung von Dichtern zurück, die sich als »Homeridae« bezeichnete, was so viel wie »Die Geiseln« bedeutet. Es waren Häftlinge, die man mit der Aufgabe betraut hatte, epische, noch nie zuvor aufgezeichnete Berichte über die Vergangenheit niederzuschreiben.

Homers Epen schildern sehr anschaulich, welches Chaos während der späten Bronzezeit im Mittelmeerraum herrschte, aber über das, was sich ungefähr zur gleichen Zeit weiter südlich in Ägypten, dem heutigen Jordanien und Israel abgespielt haben soll, klärt uns ein noch berühmteres literarisches Werk auf.

Wie Homers Epen, so wurden auch die ersten fünf Bücher der Bibel viele hundert Jahre nach den darin beschriebenen Ereignissen aufgezeichnet.[3] Diese religiösen Texte sind den Juden und Christen heilig, und manche Menschen glauben, jedes ihrer Worte sei Buchstabe für Buchstabe das Wort Gottes. Als historische Berichte jedoch sind sie nicht nur anschaulich, sondern auch verwirrend. Da sie wie Homers Erzählungen über viele Generationen hinweg mündlich überliefert und erst dann niedergeschrieben wurden, sind sie für Historiker sehr schwer zu interpretieren.

Die dramatischsten historischen Ereignisse in diesen ersten Büchern sind der **Auszug der Israeliten aus Ägypten** und die großen Plagen, die Gott dem ägyptischen Pharao schickte, um ihn für die Knechtung des auserwählten Volkes zu bestrafen. Wann diese Vorgänge sich abgespielt haben sollen, weiß niemand genau. Die Schätzungen reichen von 1650 v. Chr. – das wäre ungefähr die Zeit des Thera-Ausbruches – bis 1200 v. Chr., der Zeit, bis zu der man die ältesten archäologischen Belege für die Besiedelung des gelobten Landes Kanaan (des heutigen Israel) durch die Israeliten zurückverfolgen kann. Dieses spätere Datum passt auch zur ersten Erwähnung einer echten Gegend namens Israel: Sie findet sich in einer Inschrift auf der ägyptischen Stele von Merneptah aus dem Jahr 1208 v. Chr. Der Bericht wurde während der Herrschaft des Pharaos Merneptah (der von 1213 bis 1203 v. Chr. regierte) eingemeißelt und feierte seinen Sieg über die Libyer und die Seevölker.

Eine faszinierende Theorie entwickelte Sigmund Freud, der als Vater der modernen Psychologie gilt, in seinem 1939 erschienenen Buch DER MANN MOSES UND DIE MONOTHEISTISCHE RELIGION. Darin postuliert er eine Verbindung zwischen dem in der Bibel beschriebenen Auszug der Juden aus Ägypten und der Herrschaft des verschrobenen Pharao Echnaton, der von etwa 1353 bis 1336 v. Chr. regierte. Echnaton stellte zusammen mit seiner Prinzgemahlin Nofretete die religiöse Welt des alten Ägypten auf den Kopf, indem er erklärte, es gebe nur einen Gott. Nach seiner Ansicht war der Sonnengott Aton die einzige Gottheit, der Quell allen Lebens – und er, Echnaton, war sein Stellvertreter auf Erden. Alle anderen Götter, die von den Ägyptern traditionell verehrt wurden, wie Horus, Amun oder Osiris, waren von nun an verboten. Der Pharao und seine Frau ließen in Ammarna am Ostufer des Nils, wo die Sonne aufging, eine neue Hauptstadt bauen. Er befahl seinen Untertanen, Aton in der prallen Sonne anzubeten und nicht in düsteren, schwach erleuchteten Tempeln – die ließ er, soweit sie anderen Göttern geweiht waren, schließen oder abreißen.

Aber die Bevölkerung Ägyptens war zu einem derart drastischen Wandel ihres Glaubens nicht bereit. Schon kurz nach Echnatons Tod stellten die mächtigen Amun-Priester den früheren Zustand wieder her und tilgten aus den historischen Aufzeichnungen nahezu alle Erwähnungen des revolutionären Pharaos. Freud war überzeugt, dass Mose ungefähr um diese Zeit in Ägypten gelebt hatte und dass sein Glaube an einen einzigen, allmächtigen Gott ursprünglich auf Echnaton zurückging. Die Israeliten waren demnach eine versklavte Gruppe der ägyptischen Gesellschaft, die sich zur Wehr setzte, als Echnatons Reformen rückgängig gemacht wurden. Der Auszug aus Ägypten hätte demnach um 1350 v. Chr. stattgefunden. Ungefähr zur gleichen Zeit brach nach heutiger Kenntnis auch die erste Grippeepidemie der Menschheitsgeschichte aus, womit man eine natürliche Erklärung für das Elend hätte, das im biblischen Bericht von den Plagen dargestellt wird. Eine andere Theorie vertrat kürzlich Simcha Jacobovici: Sie führt die Plagen auf den Ausbruch von Thera und die Invasion der Hyksos zurück.

Die Phönizier liebten Schiffe; das erkennt man an diesem Grabrelief aus der Zeit um 200 v. Chr., das sich heute im archäologischen Museum in Beirut befindet.

Obwohl es weder für einen zehnjährigen Krieg zwischen Griechenland und Troja noch für eine massenhafte Auswanderung aus Ägypten handfeste archäologische Belege gibt, zeichnen solche mündlich überlieferten Geschichten, die erst später von Homer oder den Bibelautoren schriftlich festgehalten wurden, unverkennbar ein historisches Bild. Sie erzählen von Naturkatastrophen, aber auch von jenen gewaltsamen und grausamen Konflikten, die erst durch die gefährliche Mischung aus Pferden, Rädern und Metallwaffen möglich geworden waren und die bronzezeitliche Welt im Mittelmeerraum, in Europa und im Nahen Osten heimsuchten.

Aber auch wenn es den meisten Menschen noch so schlecht geht, in der Regel finden immer einige einen Weg, um ein angenehmes Leben zu führen. Das galt in diesem Fall für die **Phönizier**, ein Volk von Seefahrern, die an der Mittelmeerküste im heutigen Libanon zu Hause waren. Obwohl rund um sie herum ein großes Durcheinander herrschte, entwickelte ihre Gesellschaft ungefähr von 1200 bis 800 v. Chr. ein florierendes Handelsnetz. Die wichtigste Ware war der kostbare Purpurfarbstoff, der zum Färben wertvoller Kleidungsstücke sehr geschätzt wurde. Man stellte ihn aus Schnecken her, die auf dem Meeresboden nicht weit von der Küste gesammelt wurden. Die Phönizier verkauften und transportierten aber auch Zedernholz für den Schiffbau nach Ägypten, sie erfanden ein Verfahren zur Herstellung von farblosem, durchsichtigem Glas und transportierten Zinn, Silber und Kupfer aus weit im Westen gelegenen Ländern wie Spanien nach Mesopotamien im Mittleren Osten. Holz und Metalle waren lebenswichtige Materialien für den Rüstungswettlauf, der so viele andere Gesellschaften zerstörte.

Angesichts ihrer Erfahrung als Seefahrer ist es nicht verwunderlich, dass die Phönizier auch Experten im Schiffbau waren. Sie erfanden Kriegsschiffkonstruktionen wie die Trireme und Quinquereme, die über mehr als 800 Jahre hinweg zum allgemeinen Standard wurden. Phönizische Handelsstützpunkte entstanden überall im Mittelmeerraum: auf Sizilien, Zypern, Sardinien, in Cadiz in Südspanien sowie in Karthago und anderen nordafrikanischen Orten. Diese Siedlungen stellten eine gute Rückversicherung dar, um im Falle einer Invasion ihre Kultur jederzeit verlegen zu können. Tatsächlich wurden die Phönizier 539 v. Chr. von der persischen Armee unter Kyros dem Großen unterworfen, woraufhin sie in ihre Siedlung nach Karthago flüchteten (siehe Seite 225).

Das vielleicht Wichtigste, was die Phönizier hinterließen, war die Umstellung von einer primitiven Symbolschrift auf ein vielseitiges Alphabet, in dem relativ wenige Formen (Buchstaben) jeweils einen einzelnen Sprachlaut repräsentierten. Dieses System, das erstmals um 1200 v. Chr. zur Vereinfachung von Geschäftsaufzeichnungen entwickelt wurde, bildete später die Grundlage für Homers griechisches Alphabet (alpha, beta, gamma ...) sowie für die Schriftsysteme des Nahen Ostens und Indiens. Letztlich leiten sich alle heutigen Sprachen, die sich auf ein Alphabet stützen, von dieser grundlegend verbesserten Art des Schreibens ab.

Ungefähr seit 2000 v. Chr. sorgten Pferde, Metalle und Räder in den alten Kulturen Europas, Nordafrikas und des Nahen Ostens für einen schnellen Wandel. Zusammen entfesselten sie bei den Menschen den unstillbaren Drang, sich durch Ausbeutung der Natur militärische und gesellschaftliche Vorteile zu verschaffen. Wer wirtschaftliche Ungleichheit, gesellschaftliche Unterdrückung und militärische Konkurrenz zu ihren Ursprüngen zurückverfolgen will, findet sie hier.

Der Mittelmeerraum (ca. 2600 bis 1200 v. Chr.)

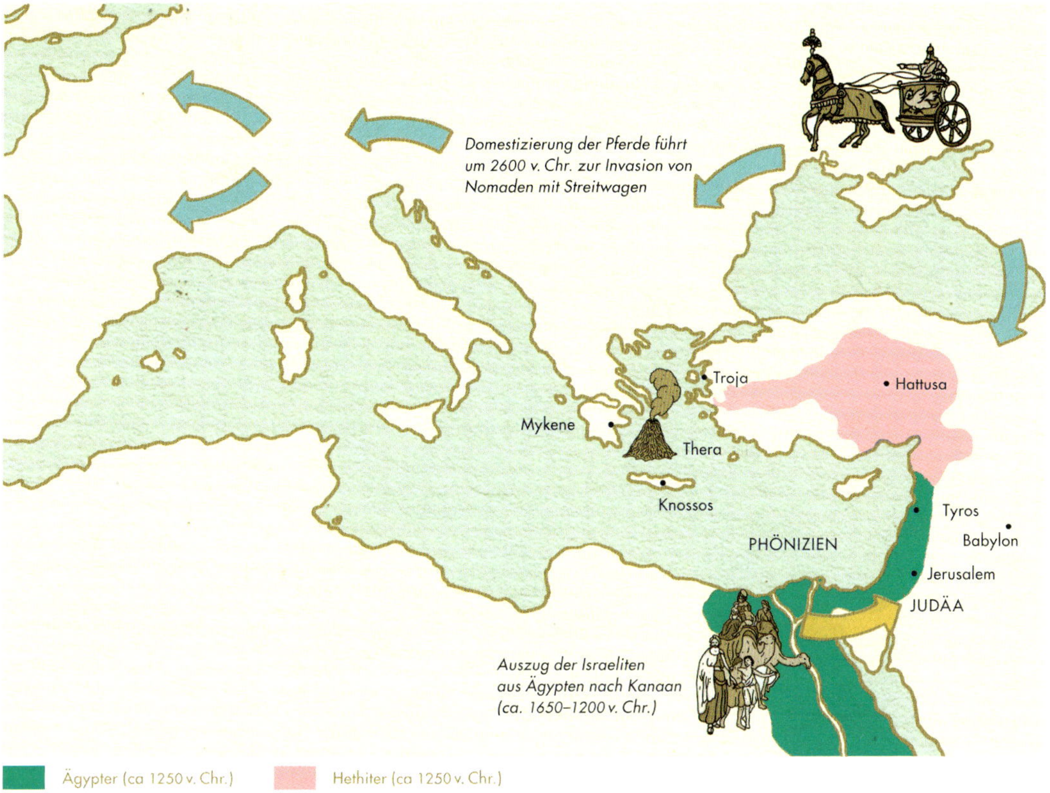

KAPITEL 22

DIE DRACHEN-HÖHLE

WIE SICH IM FERNEN OSTEN EINE MÄCHTIGE, LANGLEBIGE HOCHKULTUR ENTWICKELTE, DIE IHRE EXISTENZ REICHTÜMERN DER NATUR WIE REIS, SEIDE UND EISEN VERDANKTE

Sollte man eine Goldmedaille für die größte, widerstandsfähigste Hochkultur der Welt vergeben, so gäbe es dafür nur einen ernsthaften Anwärter: China.

Das moderne China ist ein atemberaubender Staat, dessen Bevölkerung 1,3 Milliarden Menschen zählt, mehr als ein Fünftel der Weltbevölkerung. Seine Wirtschaft ist die am schnellsten wachsende der Welt, und China kann für sich mit Fug und Recht in Anspruch nehmen, die Heimat von mehr bedeutenden Erfindungen und Entdeckungen zu sein als jedes andere Land in der Geschichte. Die Liste umfasst den Hochofen, das Papier, das Schießpulver, den Kompass und die Druckpresse, ganz zu schweigen von konkurrenzorientierten Auswahlverfahren bei der Besetzung von Beamtenstellen (siehe Seite 313).

Am beeindruckendsten ist das Alter dieser Kultur. Sie ist ebenso alt wie die frühen Hochkulturen, die sich im Fruchtbaren Halbmond entwickelten und seither längst zusammengebrochen oder in anderen Kulturen oder Großreichen aufgegangen sind. Dagegen wurden die politischen wie auch die kulturellen Fundamente des modernen China schon vor mehr als 3000 Jahren gelegt. Das Land der Feuerdrachen und des Großen Pandas (von Letzterem gibt es noch ein paar) ist die bemerkenswerteste Erfolgsgeschichte der Menschheit, und es wäre durchaus denkbar, dass diese Kultur mehr als jede andere den Schlüssel zur Zukunft der Menschheit wie auch zur Gesundheit des Planeten in den Händen hält (siehe Seite 493). Woran lag es, dass diese Großmacht etwas so ganz anderes, Besonderes war, und warum konnte sie bis heute überleben?

Dreh- und Angelpunkt der Geschichte Chinas sind die Zusammenhänge zwischen drei Naturprodukten, die von Anfang an so rücksichtslos ausgebeutet wurden wie sonst nirgendwo auf der Welt: Reis, Seide und Eisen.

Um 2000 v. Chr. entstanden zwei verschiedene Hochkulturen an den Ufern der beiden großen chinesischen Flüsse: am Gelben Fluss im Norden und am gewaltigen, weiter südlich gelegenen Jangtse. Am Ufer des Jangtse, der mit seinen Nebenflüssen das größte Flusssystem Ostasiens bildet und nach dem Nil, dem Amazonas und dem Mississippi der viertlängste Fluss der Welt ist, begannen wandernde Stämme von Jägern und Sammlern vermutlich schon um 7000 v. Chr., Reis anzubauen. Der mächtige Strom, der in den Gletschern Tibets entspringt, fließt von Westen nach Osten und ergießt sein schlammiges Wasser nach vielen Windungen, die sich über fast 7000 Kilometer hinziehen, schließlich ins Ostchinesische Meer. Heute, wo auf dem Fluss starker Schiffsverkehr herrscht und sein Boden in großem Umfang ausgebaggert wird, sind einige seiner besonders seltenen Bewohner vom Aussterben bedroht: beispielsweise der Flussdelfin, der 2006 offiziell für ausgestorben erklärt wurde, und der Glattschweinswal, der nur noch mit etwa 1400 Exemplaren vertreten ist.

Um 3000 v. Chr. machten der Fluss und seine 700 Nebenflüsse die Region durch häufige Überschwemmungen zu einem idealen Anbaugebiet für **Reis**, ein enorm ertragreiches Nahrungsmittel mit großem Nährstoffgehalt, das sich weltweit unter allen Nutzpflanzen am besten für die Ernährung großer Bevölkerungsgruppen eignet. Dass Indien und China heute die bevölkerungsreichsten Länder sind, verdanken sie zum größten Teil ihrer uralten Reisproduktion, mit der sie pro Hektar mehr Menschen ernähren können als mit jeder anderen Getreidesorte.

Reis enthält viele Nährstoffe und ist bemerkenswert widerstandsfähig gegen Schädlinge. Die unter Wasser stehenden Reisfelder bieten einen idealen Lebensraum für Wasserbewohner wie Frösche und Schlangen, die die schädlichen Insekten fressen. Ebenso ist das Wasser ein hervorragender Schutz gegen Unkraut und verbessert damit die Aussichten auf eine üppige Ernte. Im wasserdurchtränkten Boden der Reisfelder können Nährstoffe ungehindert hin und her fließen und sich dabei erneuern – ganz ähnlich wie es am Nil geschah, wo das Land jeden Tag von stickstoffreichem Schlamm neu belebt wurde und den alten Ägyptern viele Tausend Kilometer weiter westlich einen großen Vorsprung verschaffte.

Aber Reisanbau ist harte Arbeit. Jede Pflanze muss einzeln gesetzt werden, und die Bewässerung erfordert genaue Kenntnisse, damit die Wasserversorgung zur richtigen Zeit im Jahr gesichert ist. Glücklicherweise standen natürliche Arbeitskräfte in Form von Wasserbüffeln im Überfluss zur Verfügung, und die Menschen lernten schon frühzeitig, wie sie die Kraft der Tiere zum Pflügen, Eggen und Bewässern der Felder einsetzen konnten.

Wie attraktiv der Reis war, entging auch den Menschen nicht, die weiter nördlich am zweiten großen Fluss Chinas lebten. Das Tal des Gelben Flusses eignete sich nicht für den Reisanbau, da das Klima hier nicht feucht genug war. Deshalb verfügten die Menschen hier über ein anderes Grundnahrungsmittel: die Hirse, die sie zu Nudeln verarbeiteten. Im Jahr 2005 fanden Archäologen an einer Fundstätte namens Lajia im Nordwesten Chinas die ältesten unversehrten Nudeln der Welt: Sie sind etwa 4000 Jahre alt. Hirse ist zwar nahrhaft, man kann daraus aber keine Brotlaibe backen, weshalb sie in den Kulturen des Westens niemals richtig Fuß fasste; dort wurde sie meist nicht von Menschen gegessen, sondern nur als Vogelfutter verwendet.

Das Volk der Yangshao, das zwischen 5000 und 2000 v. Chr. im Tal des Gelben Flusses lebte, praktizierte nach heutiger Kenntnis erstmals eine Kunst, die zu Chinas lukrativstem Geheimnis werden sollte: die Zucht von Seidenraupen.

Seide ist ein reines Naturprodukt und eine ungewöhnliche Substanz. Sie reflektiert das Licht, sodass sie glänzend und prachtvoll aussieht, und vor allem ist sie verblüffend reißfest. Tatsächlich ist Seide die stärkste Naturfaser, die wir kennen. Seidenraupen stellen sie her, um damit ihren Kokon zu spinnen. Wenn die Larve dann schlüpft, nagt sie die Seide durch und kommt als Schmetterling ans Licht. Manche Insekten, beispielsweise die Spinnen, nutzen ihre Fäden auch zu anderen Zwecken: Sie weben Netze, mit denen sie Fliegen und andere Beutetiere fangen.

Wie die Menschen im Tal des Gelben Flusses herausfanden, dass man die Fäden der Seidenraupe nutzen kann, ist ein Rätsel; die Antwort werden wir vermutlich nie erfahren. Der Legende zufolge wurden die magischen Eigenschaften der Seide von Leizu entdeckt, der Frau des Gelben Kaisers, der nach Angaben des chinesischen Historikers Sima Quian (145 bis 90 v. Chr.) von 2697 bis 2598 v. Chr. regiert hatte. Angeblich bemerkte sie auf einem Spaziergang, dass mit den kaiserlichen Maulbeerbäumen etwas nicht stimmte. Bei näherem Hinsehen stellte sie fest, dass Tausende von Raupen an den Blättern nagten und großen Schaden anrichteten. Sie sammelte einige Kokons, aus denen die Raupen schlüpften, und setzte sich dann hin, um eine Tasse Tee zu trinken. Als sie gerade einen Schluck nahm, fiel ein Kokon zufällig in das dampfende Wasser, und ein feiner Faden wickelte sich von dem Kokon ab. Leizu stellte fest, dass sie den dünnen, kräftigen Faden um den Finger wickeln konnte. Da kam ihr eine Idee. Sie überredete den Kaiser, ein ganzes Gehölz mit Maulbeerbäumen anzupflanzen und entwickelte dann die Methode, mit der die Seide nutzbar gemacht wurde: Sie wickelte die langen Fäden auf, aus denen sich schließlich ein kostbarer, glänzender Stoff weben ließ.

Die Seidenraupenzucht, das heißt die gezielte Zucht einer Raupenart mit dem wissenschaftlichen Namen Bombyx mori, brachte China gewaltigen Reichtum und Wohlstand. Ungefähr 3000 Jahre lang profitierten chinesische Bauern und Kaufleute davon, Seide an andere Kulturen zu verkaufen, wo man über ihr schimmerndes Aussehen staunte. Künstliche Alternativen wie Satin, Nylon und Acryl wurden erst zur Zeit des Zweiten Weltkriegs erfunden (siehe Seite 447).

Die Seide war der wichtigste Grund dafür, dass zu Lande mehrere Handelsrouten entstanden, die später unter dem Namen »Seidenstraße« bekannt wurden. Den Begriff prägte der deutsche Geograf Ferdinand von Richthofen im Jahr 1877. Während des Römischen Reiches herrschte im Mittelmeerraum eine große Nachfrage nach Seide. Ihre feine Beschaffenheit, halb durchsichtig und

Die Kunst der Seidenherstellung, dargestellt in einer chinesischen Zeichnung aus dem 17. Jahrhundert.

von schimmerndem Aussehen, machten sie in der Antike zu einem der wichtigsten Luxusgüter. Zur Zeit des Kaisers Tiberius (14 bis 37 n. Chr.) versuchte die Regierung in Rom vergeblich, das Tragen von Seide mit einer Reihe von Vorschriften aus wirtschaftlichen und moralischen Gründen zu verbieten. Gewaltige Mengen Gold flossen als Gegenleistung für die Seide aus dem römischen Imperium über die Seidenstraße und machten China sehr reich. Die Römer hatten keine Ahnung, wie Seide hergestellt wurde. Der berühmte römische Historiker Plinius war überzeugt, sie wachse auf rätselhaften Bäumen.[1]

Erst um 550 n. Chr. lernte man im Mittelmeerraum, wie man Seide herstellt: Man züchtete die richtigen Raupen und fütterte sie mit Maulbeerblättern. Aber immer noch war das Geheimnis so kostbar, dass die byzantinischen Griechen die Produktion auf den Kaiserhof in Konstantinopel (dem heutigen Istanbul) beschränkten, um den Mythos zu bewahren und den Preis hochzuhalten.

Nach einem Bericht des griechischen Historikers Procopios von Caesarea schmuggelten zwei Mönche die Eier der Seidenraupen in Bambusstäben aus Mittelasien nach Konstantinopel und machten sie 550 n. Chr. dem Kaiser Justinian I. zum Geschenk.[2] Von nun an wurde die Seidenherstellung in Europa zu einem sorgfältig gehüteten Geheimnis der Byzantiner; zur Zeit der Kreuzzüge griffen dann Normannen aus Sizilien die Stadt Korinth an, die damals ein wichtiges Zentrum der byzantinischen Seidenproduktion war, und brachten das Know-how nach Sizilien. Nachdem Kreuzritter 1204 Konstantinopel geplündert hatten, verließen die Seidenhersteller die Stadt und ließen sich in Italien und Avignon nieder (siehe Seite 337).

Der dritte Grundstein für den anhaltenden Erfolg Chinas waren die Fachkenntnisse im Eisengießen. Vermutlich waren die Chinesen nicht die Ersten, die herausfanden, dass **Eisen** sich billiger und effizienter zur Herstellung von Werkzeugen und Waffen einsetzen lässt als Bronze. Wie wir heute wissen, beherrschten die Hethiter in der Zentraltürkei ebenfalls die Kunst, Eisenerz zu schmelzen. Um 1400 v. Chr. hämmerten dort bereits die ersten Schmiede auf ihren Ambossen – deshalb wird in diese Zeit der Beginn der Eisenzeit in Europa und im Mittelmeerraum gelegt. Anfangs benutzten sie wahrscheinlich das Eisen aus Meteoriten, aber schon wenig später fanden sie heraus, wie man das Metall aus dem Erz gewinnt, das im Gestein in ihrer Region überall vorkam.

Doch es waren Chinesen aus der Region Wu am Jangste-Ufer, die herausfanden, wie man das Eisen, das in dem Erzgestein enthalten ist, am besten nutzbar macht. Die von ihnen entwickelten Verfahren der Eisenbearbeitung waren so fortschrittlich, dass sie in Europa noch für 1 500 Jahre ihresgleichen suchten.

Das Eisen als natürliches Geschenk der Erde war für die Entwicklung der modernen menschlichen Zivilisation nahezu ebenso wichtig wie der Sauerstoff für das Leben der Tiere. Eisen ist heute bei weitem das gebräuchlichste Metall – es bildet die Grundlage für ungefähr 95 Prozent aller Metalle, die wir heute benutzen. Ohne Eisen sähe die moderne Zivilisation ganz anders aus. Eisen und der aus ihm gewonnene Stahl sind die idealen Ausgangsstoffe für die Herstellung aller möglichen Dinge, von Autos bis zu Schiffen, von Rohrleitungen bis zum Besteck, von Computerlaufwerken bis zu Kanonen und Wolkenkratzern.

Eisen findet man fast überall. Es ist auf der Erde das vierthäufigste Element. Denken wir noch einmal zurück an die Katastrophe vor 4,5 Milliarden Jahren, als der junge Planet Theia mit der Erde kollidierte und den Mond entstehen ließ (siehe Seite 19). Zu jener Zeit verteilte sich die kostbare Substanz tief in der Erde und auf der ganzen Welt.

Anders als Kupfer kommt Eisen aber nicht in reiner Form vor. Es reagiert gern mit anderen Elementen, beispielsweise mit Sauerstoff, und dabei entstehen Verbindungen wie das rote Eisenoxid. Um daraus das Eisen zu gewinnen, muss man sich Mühe geben und ein wenig genauer Bescheid wissen. Die notwendigen Kenntnisse hatten sich die Chinesen ungefähr um 500 v. Chr. angeeignet, und nun bauten sie den ersten Hochofen der Welt. Erhitzt man Eisenerz auf ungefähr 1 450 Grad, verflüssigt sich das Eisen. Man kann es dann in Formen gießen und auf diese Weise Gerätschaften jeder Form und Größe herstellen. Beim Abkühlen wird das Metall hart und starr. Die ersten Eisenwerkzeuge wurden fast ausschließlich in der Landwirtschaft verwendet. Pflüge aus dem Metall bedeuteten einen großen Schritt nach vorn: Mit ihnen konnte man auch den härtesten Lehmboden aufreißen. Von nun an verwandelten sich gewaltige Landflächen von strauchbestandenem Ödland in fruchtbare Reisfelder. Je mehr Lebensmittel es gab, desto mehr Menschen konnte man ernähren. Je mehr Menschen es gab, desto stärker konnte eine Regierung werden und eine ausreichend ernährte, gut ausgerüstete, ständige Armee unterhalten.

Südchina, die Region beiderseits des Jangtse, war nicht nur als Reisanbaugebiet attraktiv, sondern auch, weil von dort das erste Gusseisen stammte. Das Wissen, wie man das Metall schmilzt, verbreitete sich rasch nach Norden. In einem Massengrab in Hebei nicht weit von Peking, das man ungefähr auf 300 v. Chr. datiert hat, wurden mehrere Soldaten zusammen mit ihren Waffen und anderen Ausrüstungsgegenständen bestattet. Fast alle diese Objekte bestehen aus Gusseisen, nur einige Schmuckstücke wurden aus Bronze hergestellt. Zur Zeit der Han-Dynastie (202 v. Chr. bis 220 n. Chr.) war die Metallverarbeitung in China bereits in einem Umfang verbreitet, an den der Westen erst im 18. Jahrhundert heranreichte. In der Provinz Henan ließ die chinesische Regierung eine Reihe großer Hochöfen bauen, von denen jeder mehrere Tonnen Eisen pro Tag produzieren konnte. Ungefähr zur gleichen Zeit lernten die Chinesen auch, wie man verschiedene Eisenarten zu dem noch widerstandsfähigeren Stahl verarbeiten kann.

Eisen und Reis waren ursprünglich zwar die Domäne der Chinesen aus dem Süden, die Bewohner Nordchinas waren aber entschlossen, nicht hinter ihnen zurückzubleiben. Von ihnen ging der Impuls aus, die ganze Region durch Dezentralisierung, Konsolidierung, Eroberung und Zusammenschluss zu einer einzigen mächtigen Zivilisation zu entwickeln. Reis, Seide und Eisen waren gleichbedeutend mit Nahrung, Reichtum und Krieg. Es leuchtet sofort ein: Die umfassenden Kenntnisse darüber, wie sich die Natur zum Vorteil der Menschen nutzen lässt, wurden zum Ausgangspunkt für den Aufstieg einer einzigen, mächtigen Kultur, in der sich die Bewohner der beiden großen Flusstäler vereinigten.

Die ersten chinesischen Herrscher, die handfeste archäologische Überreste hinterließen, gehörten zur Shang-Dynastie (1766 bis 1050 v. Chr.). Vor dieser Zeit ist die Geschichte des Landes eine großartige Mischung aus Magie, Mythen und Legenden; im Mittelpunkt stehen dabei die drei Erhabenen und fünf Kaiser, mythologische Gestalten, die zwischen 2852 und 2205 v. Chr. in China geherrscht haben sollen.

Dass wir die Geschichten über diese Herrscher kennen, verdanken wir einer bis heute erhaltenen literarischen Quelle über die chinesische Frühgeschichte: Die BAMBUSANNALEN wurden im Grab des Königs von Wei gefunden, der 299 v. Chr. starb. Eine weitere Quelle ist das SHIJI, ein umfangreiches Werk in 130 Bänden, das zwischen 109 und 91 v. Chr. von einem einzigen Schreiber namens Sima Qian verfasst wurde.

Glaubt man diesen Berichten, so war Shennong, der dritte Erhabene, der Vater der chinesischen Landwirtschaft. Ihm wird auch die Entdeckung des Tees zugeschrieben. Sein enger Verwandter war der erste Kaiser (der »Gelbe Kaiser«), dessen Ehefrau Leizu, wie beschrieben, ein eigenes Maulbeergehölz haben wollte. Auf ihn geht angeblich die chinesische Medizin zurück. Auf seine Regierungszeit folgte die Xia-Dynastie (2070 bis 1600 v. Chr.), aber auch hier gibt es keinen greifbaren Beleg, dass sie tatsächlich existierte. Ihr Gründer, Yu der Große, soll den Menschen – offensichtlich mit ein wenig Hilfe der Göttin Nuwa – beigebracht haben, wie man die Überschwemmungen kontrolliert. Angeblich führte er auch die Aufsicht über den Bau zahlreicher Bewässerungskanäle, an dem rund 20 000 Arbeiter beteiligt waren.

In solchen Geschichten vermischen sich Schöpfungsmythen und Legenden über die wichtigsten Sagengestalten der chinesischen Folklore, die **Drachen**. Sie galten als die mächtigsten aller göttlichen Geschöpfe, und man glaubte, sie seien die Beherrscher sämtlicher Gewässer. Angeblich konnten sie mit ihrem Atem sogar Wolken erzeugen. Noch heute beten die Chinesen bei trockenem Wetter zu Ying Long, einem der berühmtesten Drachen überhaupt, der auch den Regengott verkörpert.

Erste historische Belege für chinesische Herrscher stammen aus der Zeit der **Shang-Dynastie**, die um 1600 v. Chr. begann. Bei Ausgrabungsarbeiten an einer Fundstätte namens Yan entdeckten Archäologen in den 1920er Jahren elf Königsgräber und die Fundamente eines Palastes. Gleichzeitig wurden Tausende von Kunstgegenständen aus Bronze, Jade und Steinen gefunden. Sie lassen auf eine hoch entwickelte Kultur schließen, die über ein vollständiges System von Schrift und Riten verfügte; außerdem besaßen die Menschen eindrucksvolle Waffen, mit denen sie das Land im weiten Umkreis erobern und beherrschen konnten. Häufig wurden Menschenopfer dargebracht. Wie die Königin Puabi in Mesopotamien, so wurden auch viele Angehörige der Shang-Königsfamilie zusammen mit ihrem gesamten Hausstand bestattet, einschließlich Dienern, Wagen, Pferden und Wagenlenkern, von denen man glaubte, sie müssten im Jenseits für den Schutz der bestatteten Person sorgen.

Besonders bemerkenswert ist das Grab der Königin Fu Hao, das 1976 entdeckt wurde. Sie war die Ehefrau eines charismatischen Shang-Herrschers namens Wu Ding. Glaubt man den Inschriften, die man auf Knochen in ihrem Grab gefunden hat, führte sie mehr als 13 000 Männer in die Schlacht. Insgesamt entdeckte man in dem Grab mehr als 1 600 Gegenstände, darunter 98 Dolche und eine vollständige, aus grüner Jade geschnitzte Figurenarmee.

Metallwaffen, Wagen und Pferde spiegelten in China die gleichen Kenntnisse wider, die auch 5 000 Kilometer weiter westlich, im Mittelmeerraum, bereits verbreitet waren. Hatten die Chinesen ihre Lust auf Krieg und Gewalt aus anderen Ländern übernommen, oder entwickelte sie sich unabhängig davon? Der zeitliche Ablauf legt die Vermutung nahe, dass die ersten Handelsbeziehungen, die über die Steppen Asiens hinweg geknüpft wurden, auch das dreifache Übel nach China brachten, denn die ältesten Belege für die Kriegführung mit Kampfwagen und Bronzewaffen sind hier ungefähr 200 Jahre jünger als die ersten Funde aus dem Mittelmeerraum. Die Messer wetzenden Wagenlenker hätten also mehr als genug Zeit gehabt, um mit den Pferden über die asiatischen Graslandschaften und Steppen zu galoppieren, wobei sie unterwegs an vielen Oasen Station machen konnten. Allerdings wurde bisher kein Beleg gefunden, dass eine solche Wanderung tatsächlich stattgefunden hat; das Ganze gehört also bis heute in den Bereich der Vermutungen.

Krieg war nicht die einzige Sorge der nordchinesischen Könige. Ebenso wichtig war ihre feste Überzeugung, die einzige Verbindung zwischen Göttern und Menschen darzustellen. Im Gegensatz zu allen anderen Herrschern, die uns bisher begegnet sind, übernahmen diese Könige selbst die Aufgabe, mit genau ausgeklügelten, sehr speziellen Ritualen die Zukunft vorauszusagen. Priester oder heilige Schamanen brauchten sie dafür nicht. Die Verbindung zu höheren Mächten aufzunehmen, war Aufgabe des Königs.

Diese Aufabe erfüllten sie auf eine höchst bizarre, erfindungsreiche Weise mithilfe von Schildkrötenpanzern oder Stierknochen. Ein erhitzter Metallstab wurde entweder in den Panzer oder in den Knochen gestoßen, sodass dieser brach. Wie eine heutige Handleserin, so deutete der König dann die Länge und den Verlauf der Bruchlinien, um daraus Antworten auf Fragen abzuleiten, die ihm und seinen Untertanen wichtig waren. *Wann wird es regnen? Werden wir in der nächsten Schlacht den Sieg davontragen? Werden wir in diesem Jahr eine gute Ernte einbringen?* Manchmal wurden die Fragen auch auf den Schildkrötenpanzer geschrieben; dazu benutzte man eine Symbolschrift, deren Entzifferung für moderne Historiker nicht schwer war. Anders als bei der Keilschrift oder den ägyptischen Hieroglyphen braucht man hier keinen Stein von Rosetta und keine Behistun-Inschrift, um den Inhalt der Worte zu verstehen, denn sie ähneln stark der modernen chinesischen Schrift. Schon das ist ein Beleg dafür, wie weit die Wurzeln des heutigen China in die Vergangenheit zurückreichen, und es zeigt, dass die Kultur dieses Landes mit Abstand die längste noch erhaltene Tradition menschlicher Lebens- und Verhaltensweisen darstellt.

In jüngerer Zeit hat man Hunderttausende solcher Orakelknochen mit alten Beschriftungen gefunden. Auf chinesischen Arzneimärkten wurden sie regelmäßig als »Drachenknochen« angeboten. Was sie wirklich bedeuteten, erkannte man 1899, als der Gelehrte Wang Yirong an Malaria litt und sich auf dem örtlichen Markt einige solche Arzneiknochen besorgte. Sein Freund Liu E. Wang wollte sie gerade zu Pulver zersto-

Orakelknochen: Die Wahrsagerei begann in China vor Jahrtausenden, als Könige ihre Fragen an die Götter auf Knochen schrieben. Die Antwort las man aus den Rissen ab, die sich beim Erhitzen der Knochen bildeten.

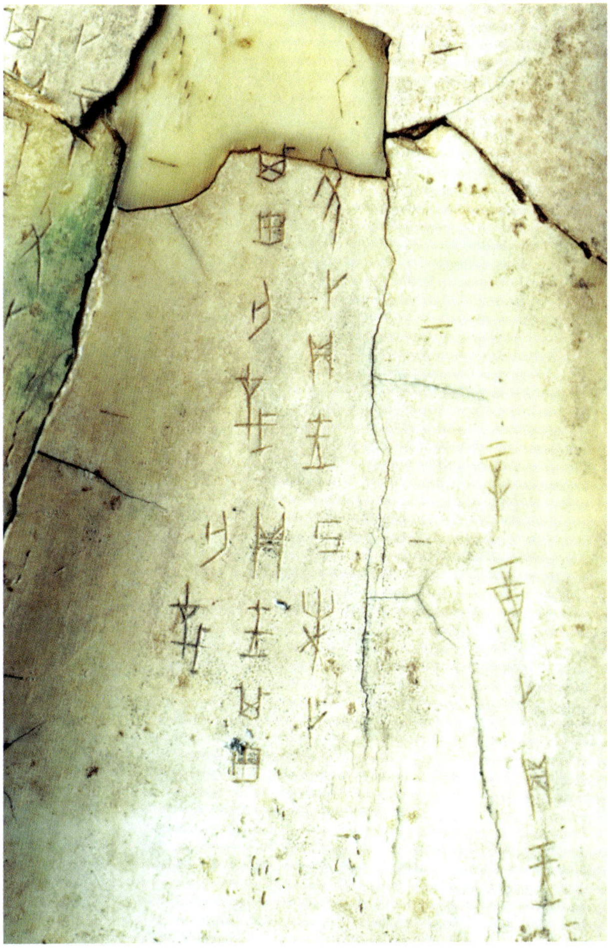

ßen, da stellte er fest, dass sie eigenartige alte Schriftzeichen trugen.

Mittlerweile konnte man die meisten Orakelknochen zu den Grabstätten von Yin zurückverfolgen, wo während der Ausgrabungsarbeiten in den Zwanziger- und Dreißigerjahren des 20. Jahrhunderts über 20000 von ihnen gefunden worden waren. Sie sind die älteste größere Sammlung chinesischer Schriftstücke, die bisher entdeckt wurde.

In den ersten 1000 historisch belegten Jahren, ungefähr von 1200 bis 200 v. Chr., ist die chinesische Geschichte eine Geschichte der Konsolidierung und Eroberung, die vor allem durch Reis, Seide und Eisen erfolgreich war. Die Shang-Könige und später die Zhou, die 1046 v. Chr. in der Schlacht von Muye siegten und anschließend die Macht übernahmen, nutzten vor allem den Gelben Fluss als wichtigsten Machtkorridor. Sie behaupteten, ihre Macht stamme unmittelbar von den Göttern – und so verhielten sie sich auch. Das Symbol ihrer Herrschaft war eine Axt, die gewöhnlich mit einem hungrigen Grinsen und gefletschten Zähnen ausgeschmückt war.

Die **Zhou-Könige** planten mehrere Feldzüge nach Süden, mit denen sie die landwirtschaftlichen und metallurgischen Reichtümer der Jangtse-Region unter ihre Kontrolle bringen wollten. Dabei überquerten sie mehrere Berge, die zwischen den beiden großen Flusssystemen lagen. Seit ungefähr 800 v. Chr. traten sie die Macht in den eroberten Gebieten zunehmend an Adlige und vertrauenswürdige Angehörige ab, während gleichzeitig Gefahren aus dem Norden ihre Aufmerksamkeit forderten. Eine leistungsfähige, friedliche Regierung war nun an nicht mehr möglich. Am Ende wurde die Hauptstadt Hao (die in der Nähe der modernen Stadt Xi'an lag) von Eindringlingen angegriffen, und 722 v. Chr. mussten die Zhou ihren Regierungssitz in östlicher Richtung nach Luoyang (in der heutigen Provinz Henan) verlegen. Die Zentralmacht der Zhou zerfiel nun schnell, und an die Stelle ihres Herrschaftsbereichs trat eine Reihc kleinerer Staaten, deren Herrscher sich teilweise ebenfalls als Könige bezeichneten. Bis 500 v. Chr. hatten sich diese Staaten zu sieben größeren Mächten zusammengefunden, die um die Hegemonie in einem vereinigten China und damit um die Aussicht auf nahezu unbegrenzte Nahrung, Reichtum und Macht stritten. Während der folgenden 300 Jahre kämpften die Staaten mit militärischen Mitteln um die Vorherrschaft. Diese »Zeit der streitenden Reiche«, wie sie heute genannt wird, bildete schließlich den Ausgangspunkt für die Vereinigung von ganz China.

In der »Zeit der streitenden Reiche« entstanden mehrere philosophische Richtungen, die »Hundert Schulen des Denkens«. Weise Männer wanderten von einem Königshof zum anderen, um die Könige und Adligen zu beraten, wie man ein rechtschaffenes Leben führt, eine kluge Herrschaft ausübt und den Fortschritt des Königreiches fördert. Einer dieser Männer war Kongzi, der später im Westen unter dem Namen **Konfuzius** bekannt wurde. Der Überlieferung nach lebte er ungefähr von 551 bis 479 v. Chr. Seine Gedanken sind in den Gesellschaften des Fernen Ostens von Japan über China und Korea bis nach Vietnam noch heute lebendig.

Kongzi war Justizminister im Staat Lu. Eines Tages – er war ungefähr 55 Jahre alt – entschloss er sich, seine Tätigkeit aufzugeben und durch die Königreiche Nordchinas zu ziehen, um dort seine Lehre von tugendhaftem Leben und richtiger Königsherrschaft zu verbreiten. Kongzi strebte nach einer Lebensweise, mit der sich die Einheit wieder hergestellen ließ: Nach seiner Überzeugung stand die Welt im Begriff, in einem Abgrund interner Machtstreitigkeiten und militärischer Konflikte zu versinken. Er lehrte, die Menschen könnten die Ordnung in einer Gesellschaft mit Gehorsam, richtigem Verhalten und angemessenen Manieren wiederherstellen. Ein guter König sollte seinem Volk mit gutem Beispiel vorangehen, während gute Untertanen gehorchen sollten. Was heute als Lehre des Konfuzianismus überliefert wird, stimmt nicht unbedingt mit dem überein, was Konfuzius zu Lebzeiten verbreitete. Seine Nachfolger, insbesondere Meng-tse (der auch unter dem Namen Mencius bekannt ist) und Xunzi, entwickelten seine Aussprüche zu einer vollständigen, aber anders gearteten Philosophie weiter.

Meng-tse betonte vor allem, jeder Einzelne besitze das Potenzial, das ihm innewohnende Gute zu verwirklichen. Außerdem erklärte er, ein König könne ohne die stillschweigende Zustimmung seines Volkes nicht herrschen. Wenn er nicht mehr die Unterstützung seiner Untertanen genießt, verliert er auch seinen himmlischen Auftrag – damit lieferte Meng-tse eine mögliche Rechtfertigung für zivilen Ungehorsam. Xunzi dagegen setzte auf einen starken Staat, dessen Aufgabe es sei, unablässig die Taten der einzelnen Menschen zu kontrollieren, weil diese von ihrem Wesen her egoistisch und böse seien.

Fast ebenso aufschlussreich wie Konfuzius' Lehren sind die Dinge, mit denen er sich nicht beschäftigte. In seiner Philosophie war kein Platz für Götter oder ein Jenseits, eine göttliche Seele oder ein Geist kam in seinen Überlegungen nicht vor. In gewisser Weise entwickelte Konfuzius zum ersten Mal eine Theorie des persönlichen und politischen Verhaltens, die ohne einen Gott auskam. Die drei Säulen der gesellschaftlichen Tugend waren für ihn die Treue zur Familie, der Respekt für ältere Menschen und die Verehrung der Vergangenheit.

Eine Vorstellung von seiner Philosophie vermitteln einige seiner berühmtesten Aussprüche. Er verabscheute Krieg und Konflikte, liebte die Geschichte und war stets pragmatisch:

Bevor du dich auf einen Rachefeldzug begibst, hebe zwei Gräber aus.

Studiere die Vergangenheit, als wolltest du damit die Zukunft beschreiben.

Das einzig Beständige ist der Wandel …

Eine ganze Reihe großer gelehrter Werke werden Konfuzius zugeschrieben. Ob er tatsächlich auch nur ein einziges davon verfasste, ist alles andere als klar. Fast 2000 Jahre lang mussten chinesische Beamte, Anwälte, Offiziere und andere Bedienstete diese »Vier Bücher« und »Fünf Klassiker« studieren, um sich für den Dienst im Staat zu qualifizieren. Das große Gewicht von Lernen, Lehren, Anpassung und Gehorsam ist noch heute das charakteristische Kennzeichen einer stabilen chinesischen Gesellschaft.

Konfuzius' Streben nach Ordnung und Frieden drohte jedoch in dem Kriegsgetümmel, das bis 221 v. Chr. das Leben in China bestimmte, verloren zu gehen. Erst dann wurde das Land durch den überlegenen Sieg des Staates **Qin** vereinigt. Die Geschichte vom Aufstieg

Quins (von dem der heutige Name »China« stammt) ist blutrünstig und brutal.

Qin war ein Königreich im Nordosten Chinas, ein Land der Pferdezucht und der reichen Jagdreviere. Durch selektive Züchtung standen mittlerweile größere Pferde zur Verfügung, sodass die Soldaten im Krieg reiten konnten und nicht mehr die teuren, schwerfälligen Kampfwagen brauchten. Jeder, der ein Pferd besaß, konnte sich in die Schlacht werfen und war dabei sofort denen überlegen, die mit Pfeil und Bogen auf einem Wagen standen und mindestens zwei, oft sogar vier Zugpferde benötigten. Die Kriegsführung zu Pferde verschaffte einen gewaltigen militärischen Vorteil.

Die militärische Macht der Qin wurde nur von ihrer Brutalität überboten. Ein berühmter General namens Bai Qi soll den Berichten nach über eine Million Soldaten getötet und mehr als 60 Städte eingenommen haben. Er führte die Armee von Qin 278 v. Chr. zum Sieg gegen Chu, den größten Rivalen aus der Jangtse-Region im Süden. Anschließend schlug er in der Schlacht von Changping (260 v. Chr.) die offiziellen chinesischen Könige, die Zhou. Nach der Schlacht ließ er mehr als 400 000 Kriegsgefangene ermorden, indem sie lebendig begraben wurden.

Nicht weniger unangenehm waren die zivilen Beamten. Einer von ihnen, Shang Yang, reformierte den Berichten zufolge die Verwaltung des Qin-Reiches und wandelte es von einem unorganisierten Stammesstaat in einen reibungslos funktionierenden, leistungsfähigen Militärapparat um. Mit Unterstützung des Herrschers Qin Xiaogong (381 bis 338 v. Chr.) konnte Shang Yang seinen Glauben an die absolute Herrschaft der Gesetze in die Praxis umsetzen. Für ihn war Loyalität gegenüber dem Staat stets wichtiger als die Loyalität zur eigenen Familie. Mit seinen Reformen nahm er den Adligen ihre Ländereien weg und verteilte sie als Belohnung für Siege im Krieg an die Generäle. Großen Wert legte er auch auf die Landwirtschaftsreform und sorgte dafür, dass das Land mehr Menschen und insbesondere mehr Soldaten ernähren konnte. Bauern, die staatlich vorgegebene Erntequoten erfüllten, wurden mit Sklaven belohnt.

Später wurden Shang Yangs Reformen in einem Gesetzbuch mit dem Titel DAS BUCH DES HERRN SHANG festgeschrieben. Quin war schon bald der mächtigste Staat und errang unter den sieben Königreichen eine herausragende Stellung. Der Höhepunkt war erreicht, als Ying Zheng zum Herrscher von Qin aufstieg. Nachdem er 221 v. Chr. Qi, den letzten un-

Qin Shi Huang, der erste chinesische Kaiser, in einem Porträt aus dem 18. Jahrhundert v. Chr.; er stabilisierte nach längerem Bürgerkrieg die Macht.

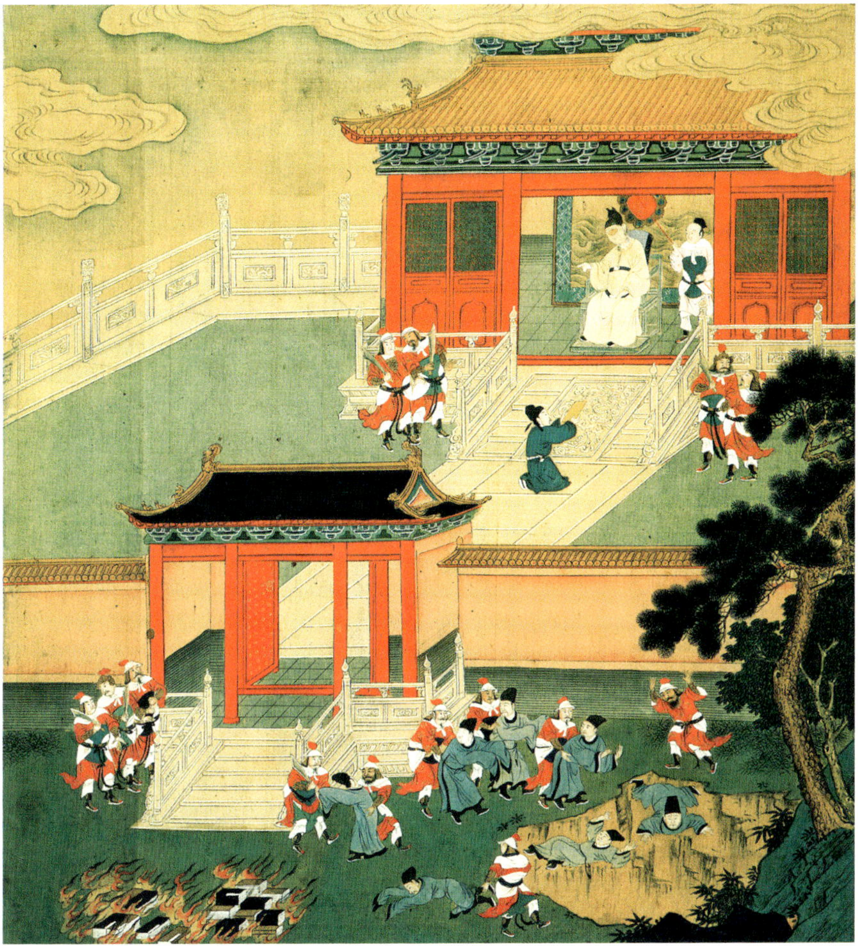

Das mit Wasserfarben auf Seide gemalte Bild zeigt, wie der wahnsinnige, aber mächtige Herrscher Qin Shi Huang kostbare Bücher verbrennen und Gelehrte hinrichten ließ.

abhängigen chinesischen Staat, besiegt hatte, wurde Ying Zheng zum ersten Kaiser von ganz China. Er herrschte von 221 bis 210 v. Chr. und gab sich selbst nach den göttlichen Herrschern aus der chinesischen Mythologie den Namen **Qin Shi Huang**.

Mithilfe seines Premierministers Li Si machte Qin Shi Huang das Land zu einem beeindruckenden, zentralisierten Machtapparat. Die regionalen Herrscher wurden entmachtet, und an ihrer Stelle ernannte der Kaiser für jede der 36 neuen Staatsregionen einen loyalen zivilen Statthalter. Außerdem wurden Militärgouverneure eingesetzt, und eine Mannschaft aus Inspektoren zog durchs Land, um dafür zu sorgen, dass keiner von ihnen seine Kompetenzen überschritt. Die Gouverneure wurden alle paar Jahre abgelöst, womit verhindert werden sollte, dass sie sich eine regionale Hausmacht aufbauten. All das war eine Erweiterung der Maßnahmen, die Shang Yang schon mehr als 100 Jahre zuvor im Königreich Qin eingeführt hatte.

Im Jahr 213 v. Chr. befahl Qin Shi Huang die **»Große Bücherverbrennung«**, wie sie genannt wurde: Durch Unterdrückung der Meinungsfreiheit wollte er alle Gedanken und politischen Ansichten vereinheitlichen. Man verbrannte Hunderttausende von Büchern, von denen viele aus der Philosophie der »Hundert Schulen des Denken« stammten. Bücher wurden allgemein verboten, Ausnahmen gab es nur für die Gesetzeswerke, in denen die Macht des Staates über alle Lebensbereiche festgeschrieben war. Wer über verbotene Bücher sprach, wurde zusammen mit seiner Familie zum Tode verurteilt. Und jeder, bei dem man innerhalb von 30 Tagen nach dem kaiserlichen Erlass noch verbotene Bücher fand, wurde in den Norden des Landes verbannt und musste am Bau der ersten Großen Chinesischen Mauer mitarbeiten.

Ein gewaltiger Kanal, mit dessen Bau man bereits in der Herrschaftszeit von Qin Shi Huangs Vater unter der Leitung des ausgezeichneten Ingenieurs Zheng Gou begonnen hatte, wurde 246 v. Chr. fertiggestellt. Er schuf weiter im Norden gewaltige neue Möglichkeiten für den Reisanbau und verschaffte der Qin-Dynastie einen nahezu unbegrenzten Lebensmittelnachschub, mit dem Armee und Bevölkerung in eine unangreifbare Machtposition hineinwuchsen.

Und schließlich erleichterte die neue kaiserliche Regierung die Verwaltung des zentralisierten Riesenreiches, indem sie so gut wie alles standardisierte, was nur ging – von den Schriftzeichen bis zur Achsenlänge der Wagen, die nun in den Fahrspuren der kaiserlichen Straßen besser vorankamen. Verordnungen, von denen einige bis heute erhalten geblieben sind, wurden auf dem heiligen Berg Tai Shan in Shandong in Stein gehauen, womit man auch dem Himmel mitteilen wollte, dass nun die ganze Welt unter einem einzigen, allmächtigen Kaiser vereint war.

Gegen Ende seines Lebens war Qin Shi Huang wie der König Gilgamesch (siehe Seite 154) besessen von der Idee, er könne ein Elixier finden, das ihn unsterblich machte. Er schickte seine Bediensteten mit Schiffen nach Süden, damit sie dort nach den Penglai-Bergen suchten, wo der Überlieferung nach die unsterblichen Götter wohnten. Die Kundschafter kamen nicht zurück, weil sie fürchteten, es werde ihnen an den Kragen gehen, wenn sie mit leeren Händen dastanden. Der Legende zufolge gelangten sie auch auf die japanischen Inseln und brachten der dortigen Gesellschaft, die noch im Wesentlichen aus Jägern und Sammlern bestand, zum ersten Mal ein Stück chinesische Kultur nahe.

Qin Shi Huang war derart besessen von dem Wahn, man wolle ihn umbringen (tatsächlich gab es mehrere Attentatsversuche), dass er auf seinen Reisen stets mehrere Doppelgänger mitnahm. Auf diese Weise wollte er die Wahrscheinlichkeit verringern, einer mörderischen Klinge zum Opfer zu fallen. Er starb schließlich 210 v. Chr. auf einer Reise durch den Osten Chinas, nachdem er Quecksilberpillen geschluckt hatte, die ihm nach Ansicht seiner Berater das ewige Leben sichern würden.

Wo der Kaiser bestattet wurde, wusste 2000 Jahre lang niemand. Erst 1974 stieß man beim Bau eines Brunnens auf einen ungewöhnlichen, mehr als einen Meter tief vergrabenen Gegenstand. Dieser Fund stand am Beginn einer der unglaublichsten archäologischen Entdeckungen aller Zeiten. Er führte zu einem riesigen Königsgrab mit einem Durchmesser von rund fünf Kilometern, das eine **Terrakottaarmee** aus

Reihen von Terrakottasoldaten stehen bereit, um den Kaiser im Jenseits zu schützen. Das archäologische Wunder wurde 1974 von chinesischen Kanalarbeitern entdeckt.

mehr als 8 000 lebensgroßen Soldaten enthielt, die den Kaiser Qin Shi Huang im Jenseits verteidigen sollten.

An seinem Bau waren mehr als 700 000 Arbeiter beteiligt. Jeder Soldat stellt ein einzigartiges Kunstwerk dar, das ursprünglich überdies noch mit Bronzespeeren sowie mit Pfeil und Bogen ausgestattet war. Die Armee ist in Kampfformation angeordnet und wird durch 600 Pferde aus Ton sowie durch mehr als 100 lebensgroße, funktionierende hölzerne Kampfwagen ergänzt. Die Hauptkammer des kaiserlichen Grabes ist mit geschmolzenem Kupfer versiegelt und wurde bis jetzt nicht geöffnet. Der chinesische Schriftgelehrte Sima Qian behauptete knapp 100 Jahre nach dem Tod des Kaisers, die Kammer enthalte seltene Juwelen und eine Karte des Himmels mit Sternen, die durch Perlen nachgebildet seien; auf dem Fußboden, so schrieb er weiter, befinde sich eine Landkarte Chinas mit einer Darstellung der Flüsse und des Meeres durch flüssiges Quecksilber.

Qins Dynastie zerfiel schon wenige Jahre nach seinem Tod durch den Hass und den Neid, die sein Lebenswerk begleitet hatten. Dennoch hatte er eine umfassende Leistung vollbracht. Er hatte nicht nur sieben zerstrittene Königreiche zum größten Reich der Erde vereinigt, sondern auch ein von oben nach unten durchorganisiertes Modell der Staatsverwaltung geschaffen.

Reis, Seide und Eisen sorgten sowohl für den Expansionsdrang als auch für die notwendigen Mittel, um zu erobern und das größte, langlebigste Volk auf Erden zu schaffen. Mit seinen Kenntnissen über die Beherrschung der Natur entwickelte sich China für Jahrtausende zu einer erfindungsreichen, unangreifbaren Zivilisation.

Das erste chinesische Imperium

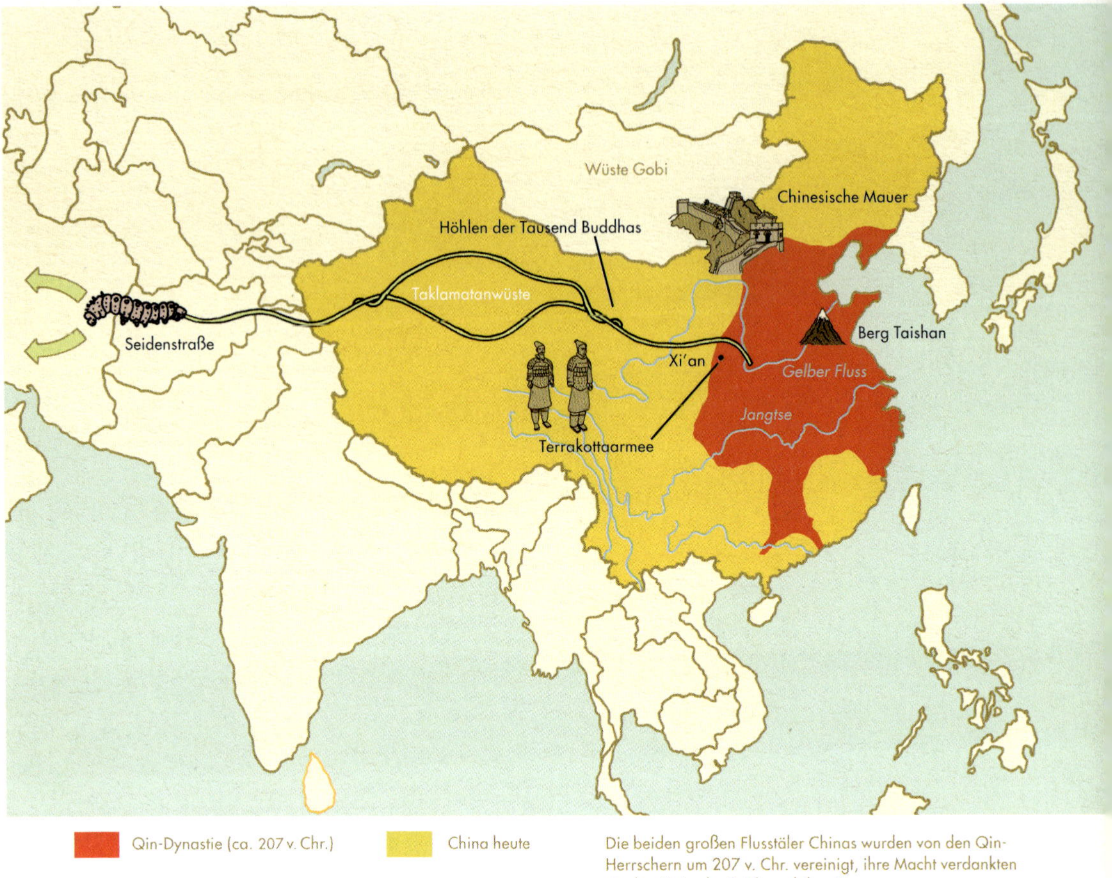

Die beiden großen Flusstäler Chinas wurden von den Qin-Herrschern um 207 v. Chr. vereinigt, ihre Macht verdankten sie dem Reis, der Seide und dem Eisen.

KAPITEL 23

SEELEN-FRIEDEN

WIE EINE EINZELNE HOCHKULTUR WIEDERENTDECKTE, DASS MENSCHEN IM EINKLANG MIT DER NATUR LEBEN KÖNNEN, UND WIE SIE SICH BEMÜHTE, IHRE BOTSCHAFT ZU VERBREITEN

Blicken wir auf unserem 24-Stunden-Weg einmal bis 15 Minuten vor Mitternacht zurück: Dann befinden wir uns an der Schwelle zu einem folgenschweren geologischen Ereignis, das dramatische Auswirkungen auf den Lauf der neueren Menschheitsgeschichte haben sollte. Vor rund 40 Millionen Jahren enstand durch den Zusammenstoß der indischen Kontinentalplatte mit dem Südrand Asiens ein Gebirge, der Himalaja. Man sollte meinen, dieses Gebirge habe für die Geschichte der Menschen in den letzten paar Jahrtausenden und für ihre Bemühungen, die Herrschaft über die Natur zu erringen, keine große Rolle gespielt. In Wirklichkeit jedoch hielt der Himalaja in der Geschichte immer die Antwort auf viele Fragen parat.

Nach heutiger Kenntnis hatte das riesige Gebirge mit seinen ungeheuer hohen Bergen entscheidenden Anteil an der Entwicklung der weltweiten Temperaturen. Schon seit Jahrmillionen bilden sich Jahr für Jahr die Monsunregen, bei denen die mit Feuchtigkeit beladene Luft auf ihrem Weg über das Gebirge abgekühlt und abgeregnet wird. Milliarden Tonnen Kohlendioxid lösten sich auf diese Weise aus der Luft im Regenwasser und wurden mit den Flüssen ins Meer transportiert, wo das Gas den Lebewesen als Baumaterial für ihre Zellen diente. Wenn die Meeresbewohner sterben, sinken ihre kohlenstoffreichen Körper und Gehäuse zum Meeresboden, wo sie schließlich tief im Schlamm begraben werden. Auf diese Weise wurde die Kohlenstoffmenge in der Atmosphäre durch die Wechselwirkungen zwischen den Kräften der Natur und den Lebewesen reguliert; gemeinsam halten sie die globalen Temperaturen trotz der ständig zunehmenden Sonneneinstrahlung niedrig.[1]

Vielleicht ist diese uralte Partnerschaft zwischen Lebewesen und Erde die Erklärung dafür, warum sich gerade an den Füßen eines so gewaltigen Gebirges eine Gesellschaft bildete, die im Laufe von rund 2000 Jahren ein ganz eigenes Verhältnis zur Natur entwickelte.

Mit Sicherheit schützte der Himalaja die Jäger und Sammler im heutigen Indien vor den Mächten Chinas und ihrem Drang, zu erobern, zu konsolidieren und zu zentralisieren. In nordwestlicher Richtung jedoch bildet das Gebirge keine so wirksame Barriere mehr: Dort ermöglichen Pässe die Einreise von Menschen zu Fuß, zu Pferd und zu Wagen.

Aus dem Norden kamen mehrere Einwandererwellen. Manche davon hatten ihren Ursprung vermutlich in den Steppen Zentralasiens. Von dort waren sie über Mesopotamien in das Tiefland des Ganges in Nordindien gelangt, wobei sie durch die himmelhohen Himalajagipfel nur vorübergehend aufgehalten wurden. Überraschenderweise können wir bisher nur auf wenige archäologische Funde zurückgreifen, um die Frühgeschichte dieser Invasion zu rekonstruieren. Unsere Kenntnisse darüber stammen zum größten Teil aus der Literatur.

Heilige Texte, die **Veden**, wurden in Sanskrit verfasst, einer Sprache, die ursprünglich aus dem Mittleren Osten stammt. Sie erzählen Geschichten, die zuvor über Jahrhunderte oder vielleicht sogar Jahrtausende hinweg nicht zu Papier gebracht wurden. Die Veden dienten als Lehrbücher, aus denen die Priester (die man Brahmanen nannte) lernten, wie man den Göttern Opfer darbringt. Die Texte beschreiben das Leben zwischen ungefähr 1700 und 1100 v. Chr. – nach Ansicht mancher Fachleute gehen sie allerdings auf eine viel frühere Zeit zurück, vielleicht bis 4000 v. Chr. Sie zeichnen ein anschauliches Bild davon, welche Hilfsmittel die ersten Einwanderer mitbrachten: Pferde, Räder und Metalle. Ihre Verse berichten von adligen Bogenschützen, die sich Duelle mit anderen Helden lieferten und ganze Salven von Pfeilen abschlossen, während sie mit Kampfwagen über das Schlachtfeld rasten. Ebenso beschreiben sie, wie der Urwald im Tal des Ganges mit Werkzeugen gerodet wurde. Es war eine gute Gegend, um sich niederzulassen. Starker Regen sorgte für eine üppige Pflanzenwelt und ermöglichte den Anbau von Reis, von dem sich ganze Armeen ernähren konnten.

Bei oberflächlicher Lektüre der altindischen Texte kann man den Eindruck gewinnen, als sei es das Schicksal dieser Menschen gewesen, ebenso gewalttätig zu werden wie die entstehenden Gesellschaften im Norden, Osten und Westen. Im Mittelpunkt des **Hinduismus**, der alten indischen Religion, steht das MAHABHARATA, eines der berühmtesten heiligen Gedichte aller Zeiten. Es ist auch das längste Epos der gesamten Antike und übertrifft Homers Erzählungen bei weitem: Insgesamt umfasst es mehr als 74 000 Zeilen und über 1,8 Millionen Wörter.

Das MAHABHARATA erzählt die Geschichte vom heldenhaften Kampf der Kauravas und der Pandavas, zweier Zweige einer Herrscherfamilie, um den Thron des Königreiches Kuru. Den Höhepunkt der Geschichte bildet das angeblich größte und blutigste Gemetzel aller Zeiten: die Schlacht von Kurukshetra, die 18 Tage dauerte und den Pandavas am Ende den Sieg einbrachte. Der heilige Abschnitt, der vermut-

lich um 550 v. Chr. hinzugefügt wurde, berichtet von einem Gespräch zwischen dem Pandava-Anführer Arjuna und dem Gott **Krishna**, der die Gestalt eines Menschen angenommen hat, um Arjuna als persönlicher Wagenlenker zu dienen. Am Vorabend der Schlacht erbittet Arjuna dringend Krishnas Rat, ob er in den Krieg ziehen soll. Er stecke in der Klemme, weil er wisse, dass er in der Schlacht mehrere Angehörige seiner eigenen Familie töten müsse. Aufgrund früherer Treueschwüre seien sie verpflichtet, gegen ihn zu kämpfen.

In diesem Teil der Geschichte, der **Bhagavad-Gita** oder kurz GITA genannt wird, offenbart Krishna jene geheimnisvolle Philosophie, die noch heute alle Hindus verbindet und ihre Ehrfurcht vor der Natur und allen Lebewesen festschreibt. Er erklärt Arjuna, der Krieg sei zwar unvermeidlich, es sei aber dennoch nicht notwendig, die in der Schlacht Gefallenen zu beklagen, weil der Geist des Ich, Ataman genannt, unzerstörbar sei. Feuer, so sagt er, kann ihn nicht verbrennen, Wasser kann ihn nicht benetzen und der Wind kann ihn nicht trocknen. Dieses Ich, so Krishna weiter, geht von einem Körper zum anderen über, ähnlich wie bei einem Menschen, der abgetragene Kleidung ablegt und neue anzieht.

Dieser Glaube an die Reinkarnation oder Wiedergeburt ist das Kernstück, durch das der Hinduismus sich

Soldaten, Pferde und Kampfwagen ziehen in die 18-tägige Schlacht von Kurukshetra. Eine Geschichte aus dem MAHABHARATA, einem heiligen Epos der Hindus, dargestellt in einem steinernen Relief.

von anderen Religionen unterscheidet. Jedes Lebewesen besitzt danach einen eigenen Geist (Atman), der Teil eines Über-Geistes (Brahman) ist, jener universellen Kraft, die alles Lebendige verbindet. Alle Einzelwesen haben das Ziel, den Atman zu befreien, damit er in den Brahman und in die ewige Seligkeit eingehen kann. Es ist sein Schicksal, immer wieder den Kreislauf durch irgendein Lebewesen – Pflanze, Tier oder Mensch – zu durchlaufen, bis er einen so fortgeschrittenen Entwicklungsstand erreicht, dass er die Erleuchtung (Moshka) und ewige Befreiung erlangt.

Der Einzelne kann seinen Geist durch Meditation befreien. Im GITA erklärt Krishna seinem Gesprächspartner Arjuna in allen Einzelheiten, wie jeder Mensch seinen Geist erlösen kann, indem er mit bis zu vier verschiedenen Formen des **Yoga** den egoistischen Bestrebungen entsagt.[2]

Krishnas Ratschläge hatten auf Millionen Menschen während der gesamten Geschichte weitreichende Auswirkungen. Über 2 000 Jahre nachdem sie zum ersten Mal niedergeschrieben wurden, nannte der pazifistische indische Volksheld Mahatma Gandhi, der in seinem Land an der Spitze des gewaltlosen Aufstandes gegen die britische Herrschaft stand (siehe Seite 477), das GITA als seine größte Quelle der Inspiration:

Das GITA ist die universelle Mutter. Wenn die Enttäuschung mir ins Gesicht blickt und ich allein keinen Lichtschimmer mehr sehe, greife ich auf das BHAGAVAD-GITA zurück. Ich finde hier einen Vers und da einen Vers, und dann beginne ich inmitten überwältigender Tragödien sofort zu lächeln – mein Leben war voller äußerer Tragödien, und wenn sie bei mir keine sichtbaren oder unauslöschlichen Narben hinterlassen habe, verdanke ich das den Lehren der BHAGAVAD-GITA.

Die Lehre der Wiedergeburt und der Gedanke, dass jeder sich mithilfe von Yoga darum bemühen kann, seine Seele zu befreien und im Einklang mit dem universellen Geist zu immerwährender Seligkeit zu führen, haben sich sowohl im Altertum als auch in unserer Zeit als beliebt und reizvoll erwiesen. Ihre Philosophie half der altindischen Kultur, mit den zahlreichen Wellen von Einwanderung, Invasion und Gewalt zurechtzukommen, die den südasiatischen Subkontinent ständig heimsuchten. Als immer neue Kulturen und Traditionen auf engem Raum aufeinanderprallten, reagierte die indische Gesellschaft auf die zunehmende Komplexität mit einer streng gegliederten Sozialstruktur, dem **Kastensystem**. Eine Vielfalt gesellschaftlicher Gruppen konnte sich nun nicht mehr durch die Verbindung neuer Kulturen mit dem Bestehenden entwickeln, sondern die indische Lebensweise wurde zu einer Art vielschichtiger Torte aus Menschen, die es vorzogen, sich nicht zu vermischen.

Ihren Ursprung hatte diese Idee vermutlich bei den ersten Invasoren, die mit Pferd und Wagen kamen, Bronze schmieden konnten und um 1500 v. Chr. aus Norden und Westen nach Indien vordrangen. Sie brachten ihre Priester mit, ihre Schrift (das Sanskrit) und einen Glauben an viele verschiedene Götter, darunter Indra, der Gott des Krieges und des Donners. Ursprünglich gab es nur vier Kasten. Brahmanen waren Priester; zur Kaste der Kshatriyas gehörten die Soldaten; die Vaishyas waren die arbeitenden Bauern und Kaufleute; die Kaste der Shudras umfasste Handwerker und

Tagelöhner. Das untere Ende der Skala schließlich bildeten die Parias, die keiner Kaste angehörten und mit allem zu tun hatten, was »unrein« war.

Diese Menschen wurden fast wie Sklaven behandelt und beseitigten die Abfälle der Gesellschaft; häufig wurden sie auch als »Unberührbare« bezeichnet. Die Vermischung der Kasten wurde stets vermieden; jede von ihnen behielt ihre eigene Identität und Kultur bei. Dennoch gab der Gedanke an die Wiedergeburt eine gewisse Hoffnung, wenigstens im nächsten Leben möglicherweise in eine höhere Kaste aufzusteigen.

Das indische Kastensystem wurde im Laufe der Zeit immer komplizierter, es ist aber bis heute erhalten geblieben. Das Konzept wurde sogar von anderen Gesellschaften übernommen – manche davon in Korea und Japan, andere auch in Afrika und sogar in Südamerika. Das gesellschaftliche Organisationsprinzip der Kasten hat sich über Jahrtausende bewährt, bot es doch ein wirksames Mittel, mit Generationen von Einwanderern umzugehen, ohne dass die vorhandenen Kulturen sich vor der Verwässerung oder Auslöschung ihrer eigenen charakteristischen Lebensweise fürchten mussten. Jedes Mal, wenn eine bedeutende neue Kultur hinzukommt, entsteht eine neue Kaste, die ihren Platz ober- oder unterhalb der bereits vorhandenen Gruppen findet, ohne dass die bereits existierenden Sitten und Gebräuche sich radikal ändern müssten. Dieses System sorgte dafür, dass alte Kulturen und Glaubensüberzeugungen sich in Indien länger halten konnten als in den meisten anderen Regionen der Welt.

Ein charakteristisches Merkmal des Hinduismus ist die Verehrung für die Natur anstelle ihrer Vergewaltigung. Die UPANISHADEN, eine Sammlung alter hinduistischer Texte, die um 500 v. Chr. erstmals niedergeschrieben wurden, waren als Kommentare und Interpretationshilfe für die Veden gedacht. In ihnen wird Ahimsa zum ersten Mal erwähnt, ein Eid, mit dem viele Hindus sich verpflichten, gegenüber der Natur keine Gewalt auszuüben.[3] Zu dieser Philosophie gehört auch eine vegetarische Ernährung, und sie ist der Grund, dass auch heute noch bis zu 40 Prozent aller Inder – insgesamt rund 300 Millionen Menschen – Vegetarier sind. Selbst Hindus, die Fleisch essen, rühren kaum jemals Rindfleisch an, denn sie verehren die Kuh noch stärker als alle anderen Tiere: Sie gilt als Geschenk der Natur, das Milch zum Trinken liefert, Kraft zum Ziehen des Pfluges und Dung zur Verbesserung des Bodens. Die heilige Kuh ist für einen Hindu das Symbol einer selbstlos gebenden Natur, und Kühe zu schlachten, ist noch heute in fast allen indischen Bundesstaaten verboten.

Der Buddha verfällt in Meditation; die Darstellung stammt von einer Wand des Gangara-Tempels in Sri Lanka, das von Ashokas Kindern zum Buddhismus bekehrt wurde.

Diese respektvolle, friedliche Beziehung zu anderen Lebewesen und zur Natur wurde vor allem von vier Männern gewaltig vorangebracht; gemeinsam hatten sie großen Einfluss darauf, dass der Homo sapiens bemerkte, wie er seine Zivilisation anpassen und im Einklang mit der Natur leben kann. Zwei von ihnen begründeten neue Religionen, die beiden anderen trugen dazu bei, sie auf der ganzen Welt zu verbreiten.

Der erste war ein indischer Prinz namens Siddhartha Gautama. Er lebte nach heutiger Kenntnis ungefähr von 563 bis 483 v. Chr. und wurde in Lumbini im heutigen Nepal geboren. Den einzigen historischen Beleg für sein Leben bilden Texte, die von seinen Jüngern ungefähr 400 Jahre nach seinem Tod aufgezeichnet wurden. Deshalb könnten sich viele Einzelheiten im Laufe der jahrhundertelangen mündlichen Überlieferung auch zu Mythen entwickelt haben. Seine Mutter, die Königin Maya, starb wenige Tage nach seiner Geburt; aufgezogen wurde er daraufhin von seinem Vater Suddhodana, einem König oder Stammeshäuptling, der zu Ehren seines neugeborenen Sohnes drei Paläste bauen ließ. Der Vater wollte religiöse Lehren und das Wissen um das Leiden der Menschen von Siddhartha fernhalten, denn er glaubte, nur so könne sich dieser zu einem starken König entwickeln.

Aber mit 29 Jahren verließ Siddhartha die Paläste und wollte seine Untertanen kennenlernen. Sein Vater versuchte vergeblich, alle Spuren von Armut und Leid verschwinden zu lassen, aber es nützte nichts. Auf seinem ersten Ausflug sah Siddhartha einen alten Mann – von den Unannehmlichkeiten des Alters hatte er bis dahin nichts gewusst. Später lernte er auch kranke und sterbende Menschen kennen. Zutiefst beunruhigt, flüchtete Siddhartha aus dem Luxus seiner Paläste und lebte als Mönch, der auf den Straßen nach Essen bettelte. Dann zog er sich als Einsiedler zurück und lernte mithilfe zweier Lehrer, wie man meditiert und den Geist beruhigt.

Als Nächstes bemühte sich Siddhartha Gautama zusammen mit fünf Gefährten darum, durch Ablehnung aller weltlichen Güter, einschließlich der Nahrung, zur Erleuchtung zu finden: Sie aßen jetzt jeden Tag nicht mehr als nur ein einziges Blatt oder eine Nuss. Nachdem Siddhartha in einen Fluss gefallen und beinahe ertrunken wäre, entdeckte er den »mittleren Weg«, wie er später genannt wurde: einen Weg zur Erleuchtung (Befreiung des Atman), den man beschreiten konnte, ohne in irgendwelche Extreme zu verfallen, sei es nun Maßlosigkeit oder Selbstverleugnung. Nachdem er von einem Mädchen aus einem Dorf etwas Reispudding geschenkt bekommen hatte, setzte er sich unter einen Baum, bis er die Wahrheit gefunden hatte. Nach 49 Tagen der Meditation erlangte er im Alter von 35 Jahren schließlich die Erleuchtung; von nun an war er unter dem Namen **Buddha** bekannt, das bedeutet »der Erweckte«.

Seine ersten Schüler waren die beiden Kaufleute Tapussa und Bhallika. Der Legende nach erhielten sie einige Haare aus dem Bart des Buddha, und diese Haare werden heute angeblich im Tempel Shwedagon in Rangun aufbewahrt, der ehemaligen Hauptstadt von Myanmar (Burma). Während der folgenden 45 Jahre wanderte der Buddha durch die Tiefebene des Ganges, Nordostindien und Südnepal. Dort verkündete er seine Lehre den unterschiedlichsten Menschen, von Königen bis zu Verbrechern und Bettlern.[4] Nachdem er Tausende von ihnen bekehrt hatte, starb er im Alter von 80 Jahren möglicherweise an einer Lebensmittelvergiftung.

Buddhas Lehren waren eigentlich eine Erweiterung oder eine volkstümliche Interpretation traditioneller hinduistischer Glaubensüberzeugungen. Sie hatten insbesondere für die Armen, die kaum auf eine Verbesserung ihrer gesellschaftlichen oder materiellen Situation hoffen konnten, einen gewaltigen Reiz. Der Buddha erklärte, wie diese Menschen seinen »Vier Edlen Wahrheiten« und dem »achtfachen Pfad« folgen konnten, um sich von inneren Wünschen zu lösen und ihrer Seele die ewige Freiheit zu verschaffen, ohne dass Priester, Könige oder andere Vermittler daran mitwirken mussten.

Ungefähr zur gleichen Zeit, als Gautama lebte, gab auch ein anderer Prinz sein Königreich auf und gelangte der Überlieferung zufolge ebenfalls zu spiritueller Erleuchtung, nachdem er zwölfeinhalb Jahre lang meditierend und in tiefem Schweigen auf Wanderschaft gewesen war. Dieser Mann war unter dem Namen **Mahavira** (»großer Held«) bekannt und wurde zum vierundzwanzigsten und letzten Propheten (Tirthankar) der jainistischen Religion.[5]

Jainistische Schriften wurden über einen langen Zeitraum hinweg verfasst, das beliebteste Werk jedoch schrieb der indische Mönch Umaswati vor mehr als 1 800 Jahren. Im TATTVARTHA SUTRA, dem »Buch der Wirklichkeit«, legt er die wichtigsten Aspekte des Jainismus dar. Insbesondere nennt er die zentrale Überzeugung: Alles, was lebt, ob Mensch oder nicht, ist heilig.

Für Jainas gibt es keine Rechtfertigung, einen anderen Menschen zu töten, ganz gleich, wie stark man provoziert oder bedroht wird. Sie lehnen jede Nahrung ab, die durch unnötige Grausamkeit gewonnen wird. Jainas sind Vegetarier und eifrige Tierschützer. Angehörige dieser Religion betreiben in Indien heute zahlreiche Tierheime. Wurzelgemüse werden gemieden, denn bei ihrer Ernte wird eine ganze Pflanze zerstört; Äpfel dagegen sind erlaubt, denn wenn man sie pflückt, bleiben die Blätter unversehrt. Gewaltlosigkeit, religiöse Toleranz und der Respekt vor der Natur bilden die Grundsteine der jainistischen Philosophie, in der es wie im Hinduismus und Buddhismus darum geht, die Seele des Menschen durch Erleuchtung zu befreien. Diese wird durch eine Reihe von Verhaltensvorschriften erreicht, zu denen auch fünf Eide gehören: Gewaltlosigkeit gegenüber allen Lebewesen (Ahimsa), Wahrheitsliebe (Satya), Ablehnung von Diebstahl (Asteya), Keuschheit (Brahmacharya) und Entsagung von materiellen Besitztümern (Aparigraha).

Mahaviras Lehren hatten wie die von Buddha große Anziehungskraft für Menschen aus allen Lebensbereichen: Männer und Frauen (die in der jainistischen Lehre als gleichberechtigt angesehen werden), Reiche und Arme, Kastenmitglieder und Unberührbare – für alle bestand die Möglichkeit, die Befreiung (Moshka) und die ewige Seligkeit zu erlangen.

In der Menschheitsgeschichte hätte weder der Buddhismus noch der Jainismus auch nur annähernd so große Bedeutung erlangt, hätten sie nicht unter dem Schutz einiger weltlicher Herrscher gestanden. Um 500 v. Chr. war der indische Subkontinent vom heutigen Afghanistan im Westen bis nach Bangladesch im Osten in 16 Königreiche aufgeteilt. Einige davon, beispielsweise das Königreich Kuru, dessen Zentrum in der Nähe der indischen Hauptstadt Delhi lag, wurden zu wichtigen Zentren der Kunst und Philosophie. Dort fand auch die sagenumwobene Schlacht von Kurukshetra statt.

Der Großteil der indischen Königreiche wurde von **Chandragupta Maurya** (Regierungszeit ca. 320 bis 298 v.

Eine Szene aus dem hinduistischen Epos GITA GOVINDA: Das Hirtenmädchen Radha wird zum Gott Krishna geschickt, derselben Gottheit, die auch Arjunas Kampfwagen in die Schlacht von Kurukshetra lenkte.

Chr.) zum ersten indischen Großreich zusammengeführt. Anders als in China hatte der Drang zur Zentralisierung in Indien weniger mit inneren Machtkämpfen zwischen den Königreichen zu tun als vielmehr mit der Reaktion auf äußere Bedrohungen: Seit ungefähr 500 v. Chr. wurden die Grenzen vor allem im Nordwesten immer wieder von persischen und griechischen Armeen bedroht. Der Überlieferung nach befehligte Chandragupta im Jahr 303 v. Chr. eine Armee von 600 000 Mann mit 30 000 Reitern und 9 000 Elefanten.[6] Gegen Ende seines Lebens jedoch gab er seine Macht auf und wurde zu einem jainistischen Mönch. Irgendwann soll er in einer Höhle den Hungertod gestorben sein.

Chandragupta hatte den Jainismus bereits in der mächtigsten Herrscherfamilie Indiens als bevorzugte Philosophie durchgesetzt, aber die größte Wirkung hatte sein Enkelsohn **Ashoka der Große** (Regierungszeit 273 bis 232 v. Chr.). Anfangs war er so rücksichtslos und gewalttätig wie die meisten Monarchen, die ihre Reiche in der Regel durch Gewaltandrohung unter Kontrolle hielten. Der Name Ashoka bedeutet auf Sanskrit sogar »ohne Reue«. Aber kurz nachdem er einen der größten und blutigsten Kriege seiner Zeit beendet hatte, machte er eine tiefgreifende, vollständige Bekehrung durch.

Der Krieg von Kalinga (ca. 265 bis 263 v. Chr.) endete mit der berühmten Schlacht von Kalinga, bei der mehr als 100 000 Menschen ums Leben kamen. Als Ashoka einen Tag nach der Schlacht durch die Stadt ging, sah er nichts als verbrannte Häuser, tote Pferde und verstreute Leichen, so weit das Auge reichte. »Was habe ich getan?«, schrie er.

Von diesem Augenblick an soll Ashoka sein Leben und seine Herrschaft der Gewaltlosigkeit gewidmet haben. Er wurde zu einem überzeugten Buddhisten und setzte sich während der folgenden 20 Jahre dafür ein, die Botschaft dieser machtvollen Religion überall zu verbreiten. Häftlinge wurden freigelassen und erhielten ihren Grundbesitz zurück. In seinem gesamten Herrschaftsbereich wandte er Ahimsa an, die buddhistische Lehre der Gewaltlosigkeit, die unter anderem auch das unnötige Schlachten von Tieren verbot. Die Jagd als Sport wurde verboten, das Brandmarken von Tieren war nicht mehr erlaubt, und offiziell wurde die vegetarische Ernährung gefördert. Ashoka baute überall in Indien Rasthäuser für Reisende und Pilger, aber auch Universitäten zur Förderung der Bildung sowie Krankenhäuser für Menschen und Tiere.

Bis zu 84 000 Bauwerke und Klöster (Stupas und Viharas) wurden für die Anhänger des Buddhismus errichtet, viele davon an Orten, die im Leben des Buddha eine Rolle gespielt hatten. Aber Ashokas dauerhaftestes Vermächtnis sind vermutlich seine Edikte. An vielen Stellen im heutigen Pakistan und Nordindien wurden Sandsteinsäulen errichtet und in Prakrit beschriftet, der allgemein verbreiteten Sprache der einfachen Leute. Sie machten Ashokas Glauben an die buddhistische Vorstellung von Rechtschaffenheit (Dharma) bekannt. Die Inschriften berichten eingehend über seine Bekehrung nach der Schlacht von Kalinga, aber auch über seine Haltung der Gewaltlosigkeit gegenüber allen Lebewesen:

Ich habe Vorkehrungen für zweierlei medizinische Behandlungen getroffen,

Die Ausbreitung des Buddhismus

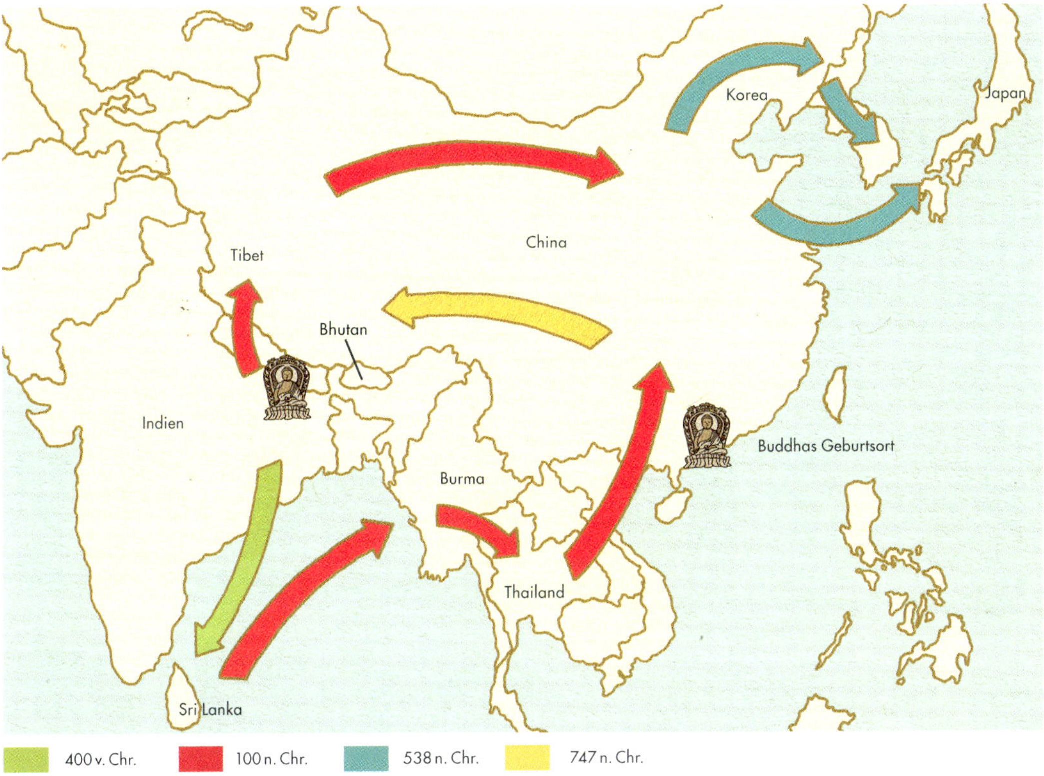

eine für Menschen und eine für Tiere. Wo Arzneikräuter, die sich für Menschen und Tiere eignen, nicht erhältlich sind, lasse ich sie importieren und anbauen ... An den Straßen habe ich zum Nutzen der Menschen und Tiere Brunnen graben und Bäume anpflanzen lassen (In Stein gehauenes Edikt Nr. 2).

Ebenso lassen sie erkennen, dass er als einer der Ersten die religiöse Toleranz zur offiziellen Politik erklärte:

Alle Religionen sollen überall vertreten sein, denn alle verlangen Selbstkontrolle, positives Wesen, Toleranz und das Verständnis für andere Religionen (In Stein gehauenes Edikt Nr. 7).

In Sarnath, unmittelbar nördlich der heiligen indischen Stadt Varanasi, wurde zur Erinnerung an einen Besuch des Kaisers die Ashoka-Säule errichtet. Sie steht noch heute dort an der ursprünglichen Stelle. Die auf ihr abgebildeten vier Löwen und das Rad der rechtschaffenen Pflicht – ein Wagenrad mit 24 Speichen, das Buddhas 24 Tugenden und den endlosen Kreislauf der Zeit symbolisiert – wurden mehr als 2000 Jahre später zu Emblemen der modernen Republik Indien.

Ashoka schickte Missionare zu allen Königen und Königshöfen, die er erreichen konnte. Es war ihm ein Anliegen, dass alle die Botschaft Buddhas kennenlernten. Seine Abgesandten gelangten bis nach Griechenland, in den Libanon, nach Ägypten, Burma und Sri Lanka. Zu jener Zeit entstanden im ägyptischen Alexandria die ersten buddhistischen Gemeinden. Ashoka vertrat eine neue Vorstellung von Königsherrschaft: Danach bezog ein Herrscher seine Legitimation nicht aus der Großzügigkeit eines Gottes, sondern aus dem Einsatz für buddhistische Ideale, der Gründung von Klöstern, der Unterstützung von Mönchen und der Mitwirkung an Konfliktlösungen.

Nach Ashokas Regierungszeit erlangte der Buddhismus eine weite Verbreitung. Mahindra und Sanghamitra, die Zwillingskinder des Königs, ließen sich in Sri Lanka nieder und bekehrten sowohl die dortigen Herrscher als auch das Volk zum Buddhismus. Um 100 n. Chr. fassten buddhistische Mönche in China und Tibet Fuß; dort verschmolz ihre Lehre mit dem Taoismus, einer ganz ähnlichen Philosophie, deren Gründer, der Philosoph Lao-Tse, zur Zeit der »Hundert Schulen des Denkens« gelebt hatte. Sein Buch mit dem Titel Tao Te King erklärt, wie man Gewalt um jeden Preis vermeidet und wie sich der Mensch durch Ruhe und Meditation von heftigen Gefühlen und Bedürfnissen freimachen kann. (Ironie des Schicksals: Als taoistische Mönche um 850 n. Chr. ein Elixier zur Erlangung der Unsterblichkeit suchten, erfanden sie das Schießpulver, siehe Seite 319.)

Aus heutiger Sicht hatte Ashoka außerhalb Indiens größeren Einfluss als im Land selbst: Bis 1300 n. Chr. war der Buddhismus in Indien zu einer relativ unbedeutenden Religion geworden, die durch den wiederaufgelebten Hinduismus und den Aufschwung des Islam (siehe Seite 349) an den Rand gedrängt wurde. Von China aus verbreiteten sich verschiedene Spielarten des Buddhismus nach Korea, Vietnam und Thailand. Im Jahr 538 n. Chr. gelangte seine Lehre auf die japanischen Inseln und im neunten Jahrhundert nach Borobudur auf Java, wo noch heute eine riesige Ansammlung buddhistischer Tempel zu bewundern ist. Dreihundert Jahre später wurden in Kambodscha die Tempel von Angkor

Wat errichtet, die zwar auf hinduistische Anregung zurückgehen, aber auch zahlreiche buddhistische Skulpturen enthalten. Der gewaltige Tempelkomplex, entstanden auf dem Höhepunkt einer ungewöhnlichen Hochkultur, liegt heute tief im Dschungel versteckt und erstreckt sich über eine Fläche von rund 100 Quadratkilometern.

Das schönste moderne Beispiel für ein buddhistisches Königreich führt uns wieder zurück in den Himalaja. Im Königreich **Bhutan**, das sich hoch im Gebirge versteckt, leben nur etwas mehr als 650 000 Menschen. Der Überlieferung zufolge brachte der buddhistische Mönch Padmasambhava im Jahre 747 n. Chr. die Lehren Buddhas in diese Region. Erst vor kurzem erklärte der ehemalige buddhistische König von Bhutan (Regierungszeit 1972–2006), in seinem Land sei das Bruttoglücksprodukt (BGP) wichtiger als das Bruttosozialprodukt (BSP) – womit er gesellschaftliches Wohlergehen, Umweltschutz und Schutz der Kulturen einen höheren Wert einräumte als dem Wirtschaftswachstum.[7] Unter den heutigen Staaten ist die kleine, spirituell geprägte Gesellschaft Bhutans einzigartig: Sie strebt danach, materielles und spirituelles Wohlergehen mit dem Schutz der natürlichen Umwelt in Einklang zu bringen.

Leider jedoch ist die globale Erwärmung gerade für Bhutan eine besonders akute Bedrohung. Riesige Gletscher hoch oben im Himalaja stehen kurz davor, abzuschmelzen. Irgendwann in naher Zukunft – wann, weiß niemand genau – rechnet man mit einem Gletschertsunami, der diese Menschen und ihre Gesellschaft überrollen wird. Wie bei den Minoern vor 3 500 Jahren auf Kreta, so können auch hier keine Barrikaden die Katastrophe verhindern. Der einzige Unterschied besteht darin, dass es dieses Mal wohl keine große Überraschung sein wird.

KAPITEL 24

OST UND WEST

WIE KONFLIKTE ZWISCHEN WANDERNDEN NOMADEN UND RIVALISIERENDEN KULTUREN DEN SAMEN FÜR EINIGE DER ÄLTESTEN, BÖSARTIGSTEN UND LANGLEBIGSTEN STREITIGKEITEN ZWISCHEN DEN MENSCHEN LEGTEN

Allen Bemühungen Ashokas zum Trotz stieß die buddhistische Lehre in der kriegsgeschüttelten Region des Nahen Ostens auf keine große Resonanz. Zwischen 900 und 300 v. Chr. erlebte dieses Gebiet eine Welle von Konflikten zwischen Nomaden, Siedlern und aufsteigenden Großreichen aus Ost und West. In ihrem Kampf um die Vorherrschaft eigneten sie sich konkurrierende Religionen an und legten damit die Wurzeln mehrerer unlösbarer Konflikte, die bis in unsere Zeit weiter schwelen.

Der Auslöser für diese uralten Konflikte waren wohl einige Besonderheiten des lebenswichtigsten Naturphänomens überhaupt: des Wasserkreislaufs (siehe Seite 29). Auf den wilden Grassteppen, die sich von Osteuropa um das Schwarze Meer herum bis nach China erstreckten, wurde das Klima immer trockener und wärmer. Am tiefer gelegenen westlichen Ende der eurasischen Steppen schaffen feuchte, warme Winde vom Atlantik und aus dem Mittelmeerraum für Menschen und Tiere bessere Voraussetzungen als weiter östlich, wo der Regen mit zunehmender Höhe geringer wird, sodass in weiten Landstrichen kaum etwas anderes gedeiht als hartes, widerstandsfähiges Gestrüpp.

Nomaden konnten ihr Leben erfolgreich meistern, vorausgesetzt, ihnen standen eine entsprechend üppige Vegetation und genügend Niederschläge zur Verfügung. Wenn es dagegen im Laufe einer Hitzewelle zu trocken wurde – was von Zeit zu Zeit immer wieder vorkam –, zog es sie unwiderstehlich nach Westen und Süden. Seit ungefähr 700 v. Chr. wuchs die Bevölkerung der Städte durch die Domestizierung von Tieren stark an, und wenn nun die Trockenheit zuschlug, wanderten Scharen gut bewaffneter Nomadenstämme auf der Suche nach fruchtbaren Landstrichen nach Westen ein, bis sie überall in Europa und im Nahen Osten die sesshaften Lebensgemeinschaften bedrohten.

In dem Bericht des griechischen Historikers Herodot über die gewaltigen Kriege zwischen Griechen und Persern, die zwischen 500 und 448 v. Chr. stattfanden, erfahren wir von den furchteinflößenden Nomadenstämmen der **Skythen**. Diese, so Herodot »lebten ursprünglich in Asien und führten dort Krieg mit den Massageten, wobei sie aber wenig Erfolg hatten. Daraufhin verließen sie ihre Heimat, überquerten den Araxes und drangen in das Land Kimmeria ein«.

Skythen und Kimmerer waren typische Vertreter der zahlreichen Reiterstämme, die in westlicher Richtung nach Osteuropa und im Süden in den Nahen Osten drängten, weil sie fruchtbareres, besser bewässertes Land suchten. Es mag sich unglaublich anhören, aber die Geschichte des Chaos, das sich im Gefolge ihrer Wanderungen verbreitete und seine Ursache in Veränderungen von Klima und Niederschlag hatte, findet noch in unseren Tagen ihren Widerhall in Form tief reichender Konflikte zwischen Kulturen, Völkern und Religionen.

Einer dieser Konflikte nahm seinen Anfang mit der Entstehung einer Menschengruppe, die sich selbst als **Juden** bezeichnete. Sie siedelte sich zwischen 1050 und 700 v. Chr. im Gebiet des heutigen Israel an. Eine Beschreibung darüber, wie sie ihre Gemeinschaft aufbaute, nachdem sie angeblich aus Ägypten ausgezogen war, findet sich im Alten Testament.

Nach Ansicht der Fachleute wurden diese Texte vermutlich erst um 500 v. Chr. niedergeschrieben, weshalb manche Autoren der Ansicht sind, dass die darin erzählte Geschichte, die über Generationen hinweg mündlich überliefert worden war, sich in einen Mythos verwandelt hatte. Manche historischen Aussagen der Bibel wurden jedoch in jüngerer Zeit durch archäologische Funde belegt, und seither wuchs die Überzeugung, dass ihre Schilderung über die Anfänge des jüdischen Königreiches seit der Zeit um 1050 v. Chr. eine mögliche Sichtweise für die tatsächlichen Vorgänge darstellt.[1]

Die Juden führen ihre Abstammung auf **Abraham** zurück, einen Hirtennomaden aus der Stadt Ur in Mesopotamien. Nach der biblischen Erzählung erhielt er von Gott die Anweisung, in das Land Kanaan zu ziehen. Dafür, dass Abraham ihn als den einzig wahren Gott anbetete, erhielten er und sein »Samen« das Land für alle Zeiten. Es gibt keine historischen Belege dafür, dass Abraham als reale Person tatsächlich existierte, aber die Heilige Schrift berichtet, er habe mit zwei verschiedenen Frauen zwei Söhne gehabt. Der erste, Ismael, wurde von der Dienerin Hagar zur Welt gebracht. Sara, Abrahams Ehefrau, war damit einverstanden, dass er mit Hagar ein Kind hatte, denn sie hielt sich selbst für unfruchtbar. Aber nach Ismaels Geburt bekam auch Sara zu ihrer eigenen Verblüffung (dem biblischen Bericht nach lachte sie laut, als sie merkte, dass sie schwanger war) einen Sohn, der den Namen Isaak erhielt. Jakob, eines von Isaaks Kindern, hatte seinerseits zwölf Söhne, die wiederum zu den Anführern der zwölf Stämme Israels wurden, auf die alle Juden bis heute ihre Abstammung zurückführen.

Dem weiteren Bericht zufolge flüchteten die Juden, die nichts mehr zu essen hatten, nach Ägypten. Als sie dort geknechtet wurden, erneuerte Gott das Versprechen, das er Abraham gegeben hatte. Der Empfänger der Botschaft war dieses Mal Mose, der die Offenbarung auf dem Berg Sinai in der ägyptischen Wüste entgegennahm. Gott sagte zu Mose, die jüdischen Stämme seien das auserwählte Volk, und gab den Menschen eine Reihe von Geboten, die zur Grundlage ihrer Religion wurden, des Judentums. Mit Gottes Hilfe befreite Mose die Israeliten aus der ägyptischen Sklaverei, sodass sie sich im Gelobten Land, »wo Milch und Honig fließen«, niederlassen konnten.

Abrahams älterer Sohn Ismael verschwindet zwar sehr plötzlich aus den jüdischen Schriften, er wird aber später in unserer Geschichte noch eine wichtige Rolle spielen. Nach der göttlichen Offenbarung, die dazu führte, dass Mohammed seit ungefähr 610 n. Chr. den Koran rezitierte, hatte Ismael ebenfalls zwölf Söhne, von denen alle heutigen Araber abstammen sollen (siehe Seite 295).

Wem also gab Gott eigentlich das Gelobte Land: den Arabern, den Juden oder – damit sie das Teilen lernten – vielleicht beiden? Die Frage, wer einen berechtigten Anspruch auf dieses Land erheben kann, wurde zur Ursache eines der längsten und schwierigsten Konflikte der Menschheitsgeschichte. Der Streit entlädt sich immer wieder in kürzeren und längeren Religions- und Territorialkriegen, die auch heute noch nicht beendet sind.

Glaubt man dem Alten Testament, so lebten die zwölf Stämme Israels ungefähr zwischen 1050 und 930 v. Chr. in Kanaan. Im Jahr 1008 v. Chr. wurde David, der als Junge mit einer Steinschleuder den Riesen Goliath besiegt hatte, ihr König. Er gründete am Ufer des Flusses Jordan die Hauptstadt Jerusalem. Davids Sohn, der weise König Salomo (970 bis 931 v. Chr.), baute hier den ersten Tempel. Die Vorstellung, eine Menschengruppe sei von Gott gegenüber allen anderen auserwählt, war nicht ganz neu. Die Ägypter glaubten schon seit Jahrtausenden an die Überlegenheit ihrer Zivilisation, und auch die Shang-Dynastie in China zögerte nicht, ihre Herrschaft mit einem himmlischen Auftrag zu rechtfertigen. Ihre Fähigkeit, die göttlichen Orakelknochen zu deuten, legen davon Zeugnis ab (siehe Seite 201).

Bei den Juden jedoch sah die göttliche Versprechung anders aus. Sie wurde ihnen von einem allmächtigen Gott gegeben, der zweimal, mit Abraham und mit Mose, einen Bund geschlossen hatte. Nachdem sich in der Frühzeit der jüdischen Geschichte mehrmals katastrophale Ereignisse abgespielt hatten, wurde die Aufzeichnung dieser Versprechungen zu einem Schlüssel für das Überleben dieser Menschen.

Nachdem Salomos Herrschaft beendet war, gerieten die zwölf jüdischen Stämme untereinander in Streit, und das Reich wurde in zwei Königreiche aufgeteilt. Im Nordteil, der nun Israel hieß, ließen sich zehn Stämme nieder, die beiden anderen blieben im südlich gelegenen Judäa.[2] Im Jahr 722 v. Chr. wurden die Stämme im Norden von einer Katastrophe heimgesucht. Die Könige des weiter östlich gelegenen **Assyrien**, Salmanassar V. und sein Nachfolger Sargon II., eroberten Samaria, die Hauptstadt des Nordreiches. Später bauten die Assyrer die Stadt wieder auf, siedelten dort aber Araber und Syrer an.

Bis zu 40 000 Juden wurden in die Assyrerstadt Ninive deportiert und mussten dort als Sklaven an Bewässerungsprojekten mitarbeiten. Viele Tausend weitere flüchteten nach Jerusalem im südlichen jüdischen Königreich, was die Bevölkerung der Stadt auf das Fünffache anwachsen ließ. Jetzt verband sich das jüdische Volk, das zuvor aus einer lockeren Ansammlung verschiedener Stämme bestanden hatte, schnell zu einer einheitlichen Gemeinschaft. Ihr verbindendes Element war der gemeinsame Glaube, sie seien das auserwählte Volk eines einzigen, allmächtigen Gottes namens Jahwe, der ihnen das Gelobte Land gegeben hatte.

Bei den Israeliten Angst und Schrecken zu verbreiten, war für Sargon von Assyrien jedoch eher eine Nebensache. Weit größere Bedrohungen kamen aus dem Norden und Osten: Dort kämpften die Nomadenvölker der Kimmerer und Skythen um das feuchte, fruchtbare Land, auf dem ihre Tiere weiden konnten. Im Jahr 705 v. Chr. konnte Sargon ihren wilden Angriffen nicht mehr standhalten: Er wurde in der Schlacht getötet.

Sein Nachfolger Sanherib lenkte die Kampfkraft der Assyrer wieder nach Süden gegen Babylon, die Stadt im heutigen Irak, die mit ihren Gesetzen, ihrer Wissenschaft und Astronomie berühmt geworden war (siehe Seite 154). Sie wurde mehrmals eingenommen, aber immer wieder lehnte ihre Bevölkerung sich auf, bis sie schließlich unterlag und unter dem Assyrerkönig Assurhaddon zur neuen Hauptstadt wurde. Assurhaddon richtete seine Aufmerksamkeit nun nach Westen und auf die größte Trophäe von allen: Ägypten.

Im Jahr 671 v. Chr. gelang es Assurhaddon, das altehrwürdige Land zu erobern und zu plündern. Damit machte er das Imperium der Assyrer, das sich nun von Ägypten bis nach Indien erstreckte, zum bis dahin größten Reich aller Zeiten. Aber sein Erbe war nicht von Dauer: Als sein Sohn, der König Assurbanipal, 627 v. Chr. starb, besaß das vom Krieg ausgelaugte Imperium nicht mehr die Kraft, sich den Shythen und Kimmerern zu widersetzen. (Assurbanipal war übrigens der König, der in Ninive die berühmte Bibliothek mit ihren 20 000 Keilschrifttafeln und den Königspalast errichten ließ, siehe Seite 154.)

Mit dem Niedergang der assyrischen Macht wurde auch Babylon wieder unabhängig. Im Jahr 612 v. Chr. versetzten die Babylonier dem Assyrerreich den Todesstoß: Sie eroberten die Hauptstadt Ninive, nachdem sie sich zuvor so weit wie möglich durch ein Bündnis mit den angriffslustigen Skythen abgesichert hatten. Für die Juden in Jerusalem jedoch verhieß der Aufstieg eines unabhängigen babylonischen Reiches nichts Gutes.

Die Macht der Babylonier wuchs immer weiter, bis sie mit dem furchteinflößenden König **Nebukadnezar** (Regierungszeit 605 bis 562 v. Chr.) ihren Höhepunkt erreichte. Er machte aus der heruntergekommenen Stadt Babylon eines der Wunder seiner Zeit. Er ließ Tempel wieder aufbauen, stellte den Königspalast fertig, baute einen unterirdischen Durchgang und eine steinerne Brücke über den Euphrat und schützte die Stadt mit einer unüberwindlichen, dreifachen Festungsmauer. Seine berühmteste Schöpfung jedoch waren die Hängenden Gärten von Babylon, eines der sieben Weltwunder der Antike. Angeblich ließ er sie zu Ehren seiner Ehefrau Amytis errichten, die Heimweh nach den Gebirgsbächen in der Nähe ihres Geburtsortes hatte.

Zwischen Euphrat und Tigris errichtete Nebukadnezar als Grenzanlage auch die Medische Mauer, um sein Reich vor den Angriffen der Skythen und Kimmerer aus dem Norden zu schützen. Jetzt war er so weit, dass er Ägypten, die von allen am meisten begehrte Trophäe, unter seine Herrschaft bringen konnte. Auf seinem Weg nach Westen lag Jerusalem, das er 597 v. Chr. einnahm. Jojachin, den König der Juden, schickte er als Gefangenen nach Babylon, und an seiner Stelle setzte er einen treuen Vasallen ein, den neuen König Zedekia.

Wenige Jahre später jedoch führte Zedekia die Bevölkerung Jerusalems in einen katastrophalen Aufstand. Wieder unternahm Nebukadnezar einen Feldzug gegen die Stadt, und dieses Mal kannte er keine Gnade. Er plünderte Jerusalem aus, ließ es niederbrennen und machte den Tempel dem Erdboden gleich. Zedekia versuchte zu entkommen, wurde aber in der Ebene von Jericho gefasst. Als Strafe musste er zusehen, wie seine Frau und seine Kinder hingerichtet wurden, anschließend stach man ihm die Augen aus – das Bild vom Tod seiner Angehörigen sollte das Letzte sein, was er in seinem Leben zu sehen bekam. Als gebrochener Mann wurde er in Ketten zusammen mit etwa 27 000 weiteren Juden in die **Gefangenschaft nach Babylon** gebracht, wo er den Rest seines Lebens verbrachte.

Nun waren beide Hauptstädte der Juden erobert und niedergebrannt, und es sah aus, als sollte Gottes auserwähltes Volk – verstreut, mutlos, heimatlos und versklavt – für alle Zeiten aus den Geschichtsbüchern verschwinden. Aber 70 Jahre später wurde es gerettet, und sein Retter war einer der wenigen Menschen, von denen man mit Fug und Recht behaupten kann, sie hätten den Lauf der Menschheitsgeschichte verändert. Zu Lebzeiten baute er ein Riesenreich auf, das sogar noch größer war als das der Assyrer. Er hieß **Kyros** und war

Die Hängenden Gärten von Babylon in einer Darstellung aus dem 19. Jahrhundert. Sie galten in der Antike als eines der Weltwunder. König Nebukadnezar errichtete sie für seine Frau, die an Heimweh litt.

in den historischen Aufzeichnungen der Erste, der von der Nachwelt den Beinamen »der Große« erhielt.

Kyros befand sich von Anfang an im Glück. Sein Vater, ein persischer König, hatte vorausschauend die Tochter des Herrschers aus dem benachbarten Mederreich geheiratet. Da Kyros der einzige Sohn des Paares war, konnte er Anspruch auf beide Länder erheben und sie zu einem einzigen Herrschaftsbereich zusammenfügen. Als sein Vater 559 v. Chr. starb, unternahm er einen Feldzug gegen die Meder und besiegte zu seiner großen Zufriedenheit deren König, seinen Großvater Astyages. Dieser soll der Legende nach versucht haben, Kyros bereits im Kindesalter zu töten.[3]

Als Nächstes zog Kyros nach Norden und besiegte dort den Freund und Verbündeten seines Großvaters, König Krösus von Lydien. Den Berichten zufolge bediente er sich dabei einer der außergewöhnlichsten, fantasiereichsten militärischen Taktiken aller Zeiten. Nach Angaben des Historikers Herodot stellte er vor seinen Truppen eine Kamelherde auf. Der unangenehme Geruch der Tiere schreckte daraufhin die Pferde der Lyder ab, sodass sie flüchteten und Krösus gefangen genommen werden konnte. Im Jahr 542 v. Chr. fügte Kyros' alter Freund und Verbündeter Harpagos das restliche Kleinasien (die heutige Türkei) und Phönizien (den heutigen Libanon) zu dessen Machtbereich hinzu, sodass ein gewaltiges Reich entstand. Schließlich wandte Kyros seine Aufmerksamkeit nach Süden. Nachdem seine Leute den Euphrat in einen Kanal umgeleitet hatten, konnten sie durch den Fluss waten und in die Stadt Babylon eindringen. In der Nacht des 12. Oktober 539 v. Chr. wurden sie als Befreier willkommen geheißen. Durch die Eroberung Babylons kamen Syrien, Phönizien und Israel zu Kyros' Imperium hinzu.

Kyros der Große war ein toleranter Herrscher. Er errichtete das Perserreich und wurde wegen seiner Großzügigkeit gegenüber den Juden sogar in der Bibel mit dem Titel eines Messias geehrt.

Das Perserreich des Kyros war bekannt für seine toleranten Einstellungen und für den Respekt gegenüber anderen Kulturen und Religionen. Als Verwalter der eroberten Ländereien setzte Kyros lokale Herrscher ein, die Satrapen. Nachdem er Babylon erobert hatte, gestattete er den Juden, nach Jerusalem zurückzukehren, und ordnete den Bau eines neuen Tempels als Ersatz für das von Nebukadnezar zerstörte Bauwerk an, »wobei die Kosten aus dem Haushalt des Königs bestritten wurden«. Ebenso befahl er, dass »Gefäße aus Gold und Silber aus dem Tempel Gottes, welche Nebukadnezar weggenommen hatte … wiederhergestellt wurden, sodass alles zu dem Heiligtum in Jerusalem gebracht und wiederum im Tempel Gottes aufgestellt wurde«. Die Geschichte steht im biblischen Buch Esra, des Propheten, der viele Tausend Juden zurück in die Heimat führte. Deshalb ist Kyros der einzige Nichtjude, dem in der Bibel die ehrenvolle Bezeichnung eines Messias beigelegt wird, das heißt eines vom Gott Jahwe ernannten Königs.

Dass wir über Kyros mehr wissen als das, was die Bibel und Herodot uns über ihn erzählen, verdanken wir einer Entdeckung aus dem Jahr 1879: Damals fand man unter den Mauern des antiken Babylon einen eigenartigen, mit Inschriften versehenen Zylinder. Er bestätigt die biblische Geschichte, wonach den Juden die Heimkehr nach Jerusalem gestattet worden war. Außerdem ist davon die Rede, dass Kyros alle Formen von Sklaverei und Zwangsarbeit abschaffte, was viele Autoren dazu veranlasste, die Inschrift als erste Menschenrechtscharta der Geschichte zu bezeichnen. Der Zylinder ist heute im Britischen Museum zu sehen, und eine Kopie wird im Hauptquartier der Vereinten Nationen in New York nicht weit vom Sitzungssaal des Weltsicherheitsrates aufbewahrt. Obwohl Kyros selbst an einen einzigen Gott glaubte, gestattete er im Rahmen seiner Toleranzpolitik der Bevölkerung Babylons, weiterhin ihre vielen Gottheiten anzubeten, unter ihnen auch den Obergott Marduk.

Kyros und seine Nachfolger waren **Zoroastrier**. Ihre alte Religion, die noch heute in einigen Teilen des Iran praktiziert wird,[4] wurde von dem Propheten Zoroaster (Zarathustra) gegründet. Er schrieb seine göttlichen Offenbarungen in einem heiligen Text mit dem Titel Avesta nieder. Die Zoroastrier glauben an einen einzigen Gott mit Namen Ahura Mazda. Das Leben ist in ihren Augen ein ständiger Kampf zwischen den Kräften von Gut und Böse, wobei irgendwann jedoch das Gute siegen wird. Die Menschen müssen wählen, welchen Weg sie einschlagen wollen – den der Wahrheit oder den der Unaufrichtigkeit. Nach der Lehre der Zoroastrier besitzen alle Menschen einen freien Willen, mit dem sie sich entscheiden können. Das Kennzeichen ihrer Religion ist ein tiefer Respekt vor Wahrheit und Aufrichtigkeit, die den Mittelpunkt ihres Glaubens bilden. Deshalb wurde die Überzeugung, dass nichts anderes eine so große Sünde ist wie das Lügen, zu einem Kernstück der persischen Kultur.[5]

Die Juden, die zweimal fast vernichtet worden wären, zeigten sich zur gleichen Zeit entschlossen, den Anspruch auf ihr Gelobtes Land ein für alle Mal durchzusetzen. Als sie in ihren prachtvollen neuen Tempel in Jerusalem zurückgekehrt waren, wurden die Geschichten des Alten Testaments – auf Hebräisch Tanach –, die über viele Generationen hinweg mündlich überliefert worden waren, von Schreibern zu Papier gebracht, überarbeitet und als Wort Gottes zur zentralen Lehre erklärt. Wegen dieser Vorgänge sind manche Bibelforscher überzeugt, man müsse die Geschichten des Alten Testaments als Anstrengung des jüdischen Volkes verstehen, seinen historischen Anspruch auf das Gelobte Land durch ein Bündnis mit Gott zweifelsfrei zu beweisen. Wer es ihnen von nun an wegnehmen sollte, tat dies nicht nur vor dem Hintergrund eines schriftlich festgehaltenen historischen Verbots, sondern auch gegen den Willen Gottes.

Kyros hatte zur gleichen Zeit im Norden mit Schwierigkeiten zu kämpfen: Dort bedrohten Nomaden aus den Steppen einmal mehr die Grenzen seines Imperiums. Im Jahr 529 v. Chr. unternahmen die Massageten, eine Abspaltung der Skythen, einen großen Angriff auf den Oberlauf des Tigris. Die Anführerin ihrer Revolte war die Königin Tomyris, die sich angeblich sogar die

Brüste abschneiden ließ, um effizienter kämpfen zu können. Nach Herodots Schilderung leisteten Kyros' Truppen anfangs tapfer Widerstand und töteten sowohl beide Söhne der Königin als auch viele ihrer Soldaten. Aber im weiteren Verlauf der Schlacht wendete sich das Schicksal gegen sie, und am Ende war Kyros geschlagen. Die Königin war über den Tod ihrer Söhne so verbittert, dass sie Kyros den Kopf abschlagen und aus seinem Schädel ein Trinkgefäß herstellen ließ, aus dem sie bis zum Ende ihrer Tage süßen Wein getrunken haben soll.

Kyros war nun zwar tot, aber unter anderem dank seiner toleranten, respektvollen Haltung gegenüber lokalen Religionen und Überzeugungen gedieh sein Perserreich noch weitere 200 Jahre lang. Sein Sohn Kambyses II. eroberte schließlich Ägypten und besiegte die Massageten, von denen er auch die Leiche seines Vaters zurückholte; dann baute er ihm in der alten persischen Hauptstadt Pasargadae ein Grabmal. Kambyses' Vetter **Darius I.** (der ebenfalls »der Große« genannt wird), regierte von 522 bis 485 v. Chr.; ihm wird das Verdienst zugeschrieben, das Imperium neu organisiert und eine prachtvolle neue Hauptstadt errichtet zu haben: Persepolis im heutigen Iran, eine Metropole mit 20 Meter hohen und zehn Meter dicken Stadtmauern. Seine Ruinen sind bis heute sehenswert. Außerdem ließ Darius den ersten Suezkanal graben, sodass Schiffe vom Mittelmeer ins Rote Meer fahren konnten. Der Kanal war nach Herodots Angaben so breit, dass zwei Triremen sich begegnen konnten; ihn zu durchfahren, dauerte vier Tage.

Noch heute befindet sich am Ufer des Nils nicht weit von Kabret die Inschrift: »So sprach König Darius: Ich bin ein Perser. Von Persien aufgebrochen, habe ich Ägypten erobert. Ich habe befohlen, dass dieser Kanal gegraben werde, von dem Fluss, welcher Nil heißt und in Ägypten fließt, zu dem Meer, welches in Persien seinen Anfang hat. Als der Kanal wie von mir befohlen gegraben war, fuhren Schiffe von Ägypten durch diesen Kanal nach Persien, wie ich es beabsichtigt hatte.«

Darius führte in seinem Reich das Münzgeld ein, standardisierte Gewichte und Maßeinheiten und förderte den Handel durch den Bau einer gewaltigen, 2500 Kilometer langen Straße, die von Sardis, der Hauptstadt des alten Königreiches Lydien in der Westtürkei, bis nach Persepolis reichte. An der Straße ließ er Gasthäuser errichten, die den Kaufleuten Erfrischungen anboten, während die in Garnisonen stationierten Soldaten Schutz vor Banditen garantierten. Wie Kyros, so gewährte auch Darius Religionsfreiheit, und auch unter seiner Herrschaft gab es keine Sklaven. Die Arbeiter, die bei seinen vielen Bauprojekten beschäftigt waren, wurden ohne Ausnahme bezahlt.

Die große Toleranz gegenüber unterschiedlichen Kulturen wäre vielleicht von längerer Dauer gewesen, hätte es nicht immer wieder die Grenzverletzungen und Invasionen der Nomadenstämme aus dem Norden gegeben, die – was die Perser nicht wussten – ihrerseits von anderen Nomaden nach Westen getrieben wurden. Durch die ständigen Angriffe dieser Stämme wurde Persien schließlich in einen der größten, blutigsten Konflikt hineingezogen, die sich bis dahin in der Menschheitsgeschichte abgespielt hatten. Dieser Krieg führte letztlich zum Zusammenbruch des Perserreiches und war weiter westlich der

Auslöser für den Aufstieg Griechenlands.

Darius wollte dem Ärger mit den Skythen endgültig ein Ende machen. Er führte 512 v. Chr. eine gewaltige Armee nach Norden und überquerte mit seinen Truppen den Bosporus, jene kurze Meerenge, die Europa von Asien trennt. Er gelangte ins heutige Griechenland und marschierte anschließend bis zur Donau, weil er den Feinden in den Rücken fallen wollte. Aber weil Darius über die geografischen Verhältnisse in der Region nicht genau Bescheid wusste, verpasste er die Skythen. Stattdessen griff er die Bewohner Thrakiens und Mazedoniens in Nordgriechenland an und unterwarf sie. Nachdem er dort seine Herrschaft gefestigt hatte, setzte er seine Satrapen zur Verwaltung der Region ein; sie sollte als Pufferzone dienen und die Nordwestgrenze seines Reiches schützen.

Aber der Präventivschlag ging nach hinten los. Selbstbewusste, unabhängige griechische Stadtstaaten wie Athen und Eretria unterstützten in der heutigen Westtürkei einen Aufstand gegen die persische Herrschaft, in dem die ionischen Griechen die Führungsrolle übernahmen. Darius unternahm 492 v. Chr. einen Gegenangriff, wurde aber zwei Jahre später in der berühmten Schlacht von Marathon geschlagen, eine Niederlage, die sein gesamtes Imperium erschütterte.

Der Perserkönig Darius der Große hatte ständig Ärger mit Nomaden, die in sein Land einfielen. Zum Ausgleich unternahm er eine Invasion in Europa – und stieß damit in ein Hornissennest.

Der Legende nach wurde nach der Schlacht ein Läufer nach Athen geschickt, damit die Stadt von dem Sieg der griechischen Armee erfuhr. Gleichzeitig sollte er in der Stadt die Anweisung geben, sich auf einen persischen Angriff vom Meer her vorzubereiten. Der Bote war nach dem Lauf von 42 Kilometern so erschöpft, dass er tot umfiel. Sein Erbe ist der Name des Langstreckenlaufes, der sich bis heute erhalten hat.

Der Sieg von Marathon kündigte die Unabhängigkeit der Griechen vom mächtigen Persien an. Eine griechische Stadt nach der anderen sagte sich von der fremden Herrschaft los. Statt einer Pufferzone gegen die Nomadenstämme hatten die Perser nun einen neuen Feind unter der Führung der Stadt Athen, die immer mächtiger wurde. Und dieser Feind genoss den zusätzlichen Vorteil, dass er große Erfahrungen mit der Seekriegsführung besaß.

Darius starb kurz nach der Schlacht von Marathon. Sein Sohn Xerxes machte 480 v. Chr. Anstalten, der neuen Bedrohung aus Europa ein Ende zu bereiten. Seine Armee war so groß, dass sie sieben Tage und Nächte brauchte, um den Bosporus auf zwei Pontonbrücken zu überqueren, die jeweils aus mehr als

300 Holzschiffen bestanden.[6] An den **Thermopylen**, mitten im Gebirge im Osten Mittelgriechenlands, erzählte ein Einheimischer namens Ephialtes den Persern von einem geheimen Pass, über den sie die griechische Armee von hinten angreifen konnten. An dem Pass verschanzte sich König Leonidas von Sparta mit 1 000 Freiwilligen, um sich der persischen Übermacht entgegenzustellen – er wusste, dass seine Streitmacht dem sicheren Tod nicht entgehen würde. Seine Leute hielten die Perser gerade so lange auf, dass die übrige griechische Armee entkommen konnte. Athen hatte damit kostbare Zeit gewonnen, um seine Flotte auf den Krieg vorzubereiten.

Xerxes, der wegen seiner Temperamentsausbrüche berüchtigt war, verlor in der Schlacht gegen Leonidas viele Soldaten, aber seine Truppen befanden sich in so großer Überzahl, dass er Athen dennoch erobern und bis auf die Grundmauern niederbrennen konnte. Dem Opfer von Leonidas und seinen Leuten war es jedoch zu verdanken, dass die Bürger der Stadt sich rechtzeitig auf einer nahe gelegenen Insel in Sicherheit bringen konnten, von wo aus sie hilflos zusehen mussten, wie die Flammen über ihrer Heimatstadt in den Nachthimmel aufstiegen. Der letzte Teil des Konflikts begann im September 480 v. Chr., als die Flotten der Griechen und Perser sich bei **Salamis** eine Seeschlacht lieferten. Die großen Triremen der Perser erwiesen sich gegenüber den wendigeren griechischen Schiffen als zu schwerfällig. Ihre Flotte wurde zerstört, und mehr als 200 persische Schiffe sanken.

Manche Historiker haben behauptet, der Sieg der Griechen bei Salamis sei der bedeutsamste in der gesamten Menschheitsgeschichte gewesen; die Begründung: Er führte zur Unabhängigkeit und Vereinigung Griechenlands und trug somit dazu bei, die Grundlagen für die moderne abendländische Zivilisation zu schaffen.[7]

Ohne Unterstützung durch die Flotte konnte Xerxes seine riesige Landstreitmacht nicht mit Nachschub versorgen und musste sich deshalb über den Bosporus nach Asien zurückziehen. Seinem General Mardonius überließ er die Aufgabe, die Griechen im folgenden Jahr endgültig zu schlagen, aber diese brachten ihm mit vereinten Kräften in den Schlachten von Plataea und Mykale schließlich die letzte Niederlage bei.

Jetzt herrschte zwischen Europa und Asien ein ausgewachsener Krieg. Grenzstreitigkeiten zwischen Nomaden und Siedlern, die sich um den Zugang zu gut bewässerten Landflächen stritten, nahmen zu und entwickelten sich zu chaotischen Konflikten zwischen rivalisierenden Reichen und Stadtstaaten. Diese gewannen jetzt eine eigene Identität und rechtfertigten ihre Invasionen und Eroberungen, indem sie die Anhänger von Konkurrenzreligionen und -kulturen als Barbaren und Ungläubige einstuften. Ashokas Vorstellungen von friedlicher Königsherrschaft und religiöser Toleranz waren endgültig aus der Mode.

Aber das war nur der Anfang. Die Konflikte zwischen den persischen Kulturen des Nahen Ostens und den europäischen Kulturen im Westen hatten zwangsläufig zur Folge, dass das jüdische Volk genau zwischen den Stühlen saß. Zu den erstaunlichsten Aspekten der Menschheitsgeschichte gehört wohl die Erkenntnis, wie wenig sich die Dinge ändern.

Das Perserreich (560–480 v. Chr.)

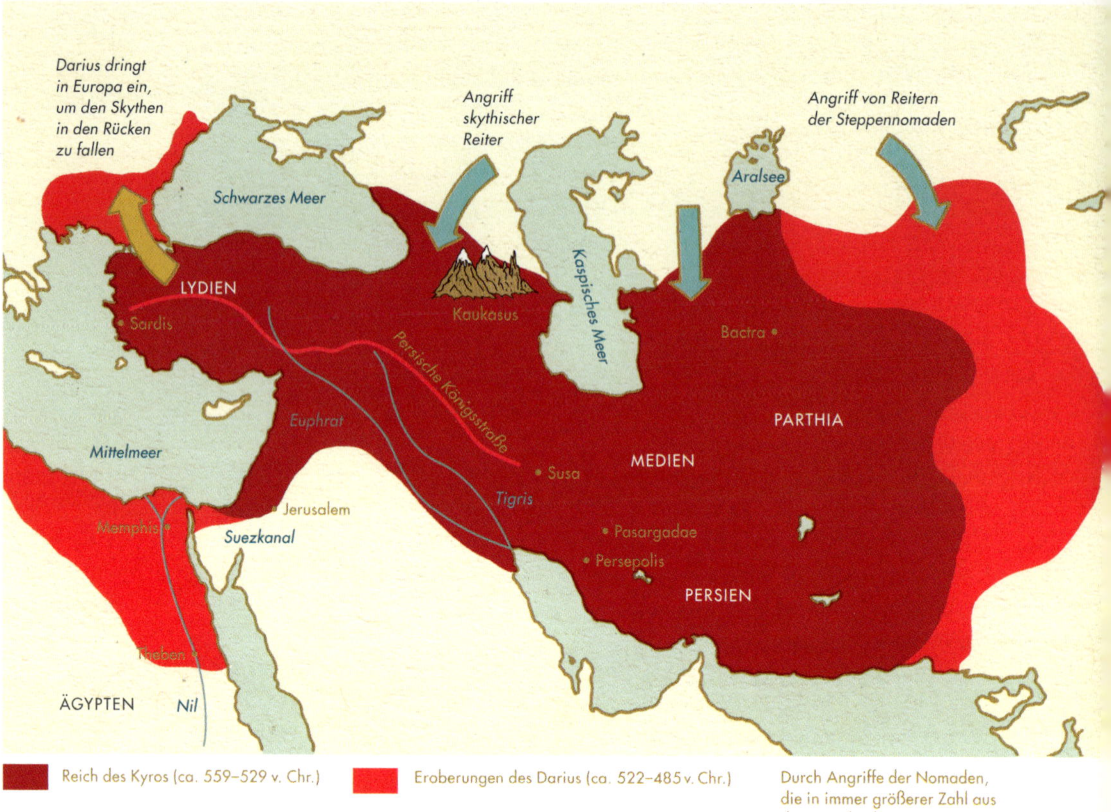

Durch Angriffe der Nomaden, die in immer größerer Zahl aus dem Norden kamen, gerieten die Perserkönige unter Druck. Zur Sicherung ihrer Grenzen drangen sie nach Europa vor.

KAPITEL 25

OLYMPIA-SIEGER

WIE SICH IN EINER ANSAMMLUNG KONKURRENZBEWUSSTER STADTSTAATEN, DIE VON DEN FRÜCHTEN DES HANDELS ZU LEBEN GELERNT HATTEN, EIN GANZES SPEKTRUM NEUER LEBENSWEISEN ENTWICKELTE

Wer demnächst wieder einmal in der Küche steht und etwas Olivenöl »extra vergine« in die Pfanne schüttet, sollte einmal innehalten und einen Augenblick nachdenken. Über Jahrtausende hinweg war Olivenöl die wichtigste Quelle für natürliche Energie: Es diente im Haushalt zu allen möglichen Zwecken, als Lebensmittel ebenso wie als Brennstoff für Lampen. Köstlich im Geschmack, einfach zu lagern und äußerst nahrhaft – Oliven waren für die Menschen der Antike ein äußerst wichtiger Wirtschaftsfaktor.

Olivenbäume kommen von Natur aus an den Küsten rund ums Mittelmeer vor, unter anderem auch in Griechenland. Heute gehören Oliven zu den am häufigsten angebauten Früchten der Welt, aber schon vor 2 500 Jahren hatten sie für die entstehenden Stadtstaaten des alten Griechenland eine ähnliche Bedeutung wie die Seide für China: Sie stellten eine unentbehrliche Einnahmequelle dar.

Athen, Theben, Sparta, Korinth und Argos waren nur einige von mehreren Dutzend kleiner, unabhängiger Stadtstaaten, die seit ungefähr 650 v. Chr. begonnen hatten, mit dem Verhältnis zwischen Natur und Zivilisation zu experimentieren. Diese neuartigen Gesellschaften begründeten sich auf dem Olivenhandel – ansonsten gedieh kaum etwas in der trockenen, zerklüfteten, felsigen Landschaft, die sich von den Gebirgen Mazedoniens bis zu ihren Vorposten auf den Inseln im östlichen Mittelmeer erstreckte.

Oliven sind erstaunliche Früchte: Bis ein Ölbaum vollständig ausgewachsen ist, vergehen bis zu 25 Jahre, aber wenn er dann Früchte trägt, ist er äußerst pflegeleicht. Schlechter Boden ist für einen Ölbaum kein Problem. In Olivenhainen zu pflügen, zu säen oder Unkraut zu jäten, ist nicht nötig. Und auch raffinierte Bewässerungskanäle, wie man sie für den Reis braucht, sind überflüssig. Ölbäume gehören in der Natur zu den Pflanzen, die mit dem geringsten Pflegeaufwand die höchsten Erträge bringen. Um Oliven zu ernten, braucht man kaum mehr zu tun, als die Bäume im richtigen Augenblick zu schütteln – wenn die Früchte so reif sind, dass die Schwerkraft den Rest erledigen kann. Und schließlich bergen Oliven ein letztes, aber äußerst wichtiges Geheimnis. Wenn man sie nach der Ernte ungefähr einen Monat in der Sonne liegen lässt, findet in ihrem Inneren eine chemische Reaktion statt. Sie werden von einem Pilz vergoren, der auf der Haut der Oliven gedeiht. Dabei entsteht Milchsäure, eine Substanz, welche die Früchte über Monate oder sogar Jahre hinweg konserviert. Man braucht sie nicht weiter zu kühlen und setzt sie damit auch nicht der Gefahr aus, dass sie während des Transports auf die Märkte oder während einer Schiffsreise in andere Länder verderben. Es ist eine wahrhaft großartige Eigenschaft: Wenn Oliven vergoren sind und in ein wenig Salzwasser eingelegt werden, braucht man sie nicht einmal mehr mit einem Haltbarkeitsdatum zu versehen.

Ohne diese natürlich vorkommende Wunderfrucht wäre das antike Griechenland höchstwahrscheinlich nicht zu dem Ausgangspunkt der abendländischen Zivilisation geworden, als den es die Historiker aller nachfolgenden Zeitalter nahezu ausnahmslos bezeichnet haben.

Die Griechen lernten sehr schnell, wie sie ihre Oliven gegen andere lebenswichtige Nahrungsmittel eintauschen konnten. Im sechsten Jahrhundert, während der Kriege gegen die Perser, hatten mehr als 100 Stadtstaaten erfolgreich Handelsbeziehungen quer durch den ganzen Mittelmeerraum geknüpft: Man tauschte Oliven gegen ägyptisches Getreide, gegen Rohstoffe wie Eisen und Kupfer aus Spanien und Italien oder auch gegen Zedernholz aus dem Libanon, ein unentbehrliches Material für den Schiffbau.

Nachdem die frühen Hochkulturen der Minoer und Mykener untergegangen waren, ließen sich wandernde Nomadenstämme mit ihren neuartigen Eisenwaffen in mehreren Einwanderungswellen sowohl in Griechenland als auch an der Westküste Kleinasiens (der heutigen Türkei) nieder. Diese Gruppen werden als Dorer, Ionier, Äolier und Achäer bezeichnet. Ungefähr seit 600 v. Chr. beherrschten viele von ihnen die Kunst des Olivenanbaus, und sie hatten entdeckt, wie man sich damit ein gutes Leben verschaffen kann.

Ihre Abhängigkeit vom Handel in Verbindung mit dem Geschenk einer Nutzpflanze, deren Anbau kaum Anstrengung erfordert, ist sicher zum Teil eine Erklärung dafür, warum diese Menschen mit neuen Lebensformen experimentieren konnten. Zum einen verfügten die griechischen Städte mit ihrer auf Handel gegründeten Wirtschaft über ein hoch entwickeltes, marktorientiertes System zum Aufbau von Wohlstand. Nicht Getreide, Reis oder Sklavenarbeit, sondern Münzen und Kredite wurden für ihre Bürger zu den wichtigsten Tauschmitteln.[1] Außerdem verfügten sie in großem Umfang über ein Gut, von dem die meisten anderen Menschen auf der Welt nur sehr wenig besaßen: Freizeit. Wegen der Oliven konnten sie viele Monate im Jahr den

Der Athener Staatsmann Solon spricht mit seinen Schülern über neue politische Ideen, wonach die Bevölkerung an der Staatsverwaltung beteiligt sein sollte (Malerei aus einem islamischen Manuskript aus dem 13. Jahrhundert).

mit dem Handel erworbenen Reichtum nutzen, um eine Fülle neuer Städte zu errichten. Und damit nicht genug: Da das Überleben der griechischen Städte vom Handel abhing, kamen sie ständig in Kontakt mit anderen Kulturen und Zivilisationen, sodass sie auf ideale Weise die Methoden anderer Völker übernehmen und anpassen und damit auch ein ganz neues, vorteilhaftes Verhältnis zur Natur aufbauen konnten. Die Vorgänge in einigen dieser Schmelztiegel trugen entscheidend dazu bei, die nachfolgende Menschheits- und Naturgeschichte zu prägen.

Erste Anzeichen für eine ganz neue, ausgefallene Form menschlicher Bestrebungen zeigten sich in dem griechischen Stadtstaat, der zum Berühmtesten von allen werden sollte: in **Athen**, das nach der griechischen Göttin der Weisheit benannt war. Schon lange bevor die Perser die Stadt 480 v. Chr. dem Erdboden gleichmachten, hatte Athen als ein Labor für Verhaltensexperimente der Menschen gedient. Im Jahr 594 v. Chr. errang der Dichter **Solon** für die Stadt einen Sieg, durch den er die nahe gelegene Insel Salamis eroberte. Der Triumph verschaffte ihm viel Macht und Ansehen, und dies nutzte er zur Reform des höchst repressiven politischen und juristischen Systems, das der Herrscher Drakon ungefähr 30 Jahre zuvor eingeführt hatte. Nach seinen Gesetzen wurde jedes Verbrechen, und sei es auch noch so geringfügig, mit dem Tod bestraft – deshalb sprechen wir noch heute von »drakonischen Strafen«. Nach einer anderen Anweisung von Drakon verlor jeder Mann, der in Schulden geriet, sofort seine Freiheit und wurde zum Sklaven.

Diese Vorschriften waren äußerst unbeliebt, und als Solon eine neue Verfassung verkündete, hatte er die Bevölkerung hinter sich. Als Erstes entwertete er die Währung. Zu jener Zeit waren gerade die ersten Münzen in Umlauf gekommen – die Idee stammt ursprünglich aus der nahe gelegenen Westtürkei.[2] Solon verfügte, dass eine Mine nun nicht mehr 73, sondern 100 Drachmen wert war; damit war sofort die Schuldenkrise gelöst, von der vor allem die ärmeren Bewohner der Stadt betroffen waren. Als Nächstes ließ er viele frühere Bürger Athens, die ausgewiesen oder versklavt worden waren, zurückkehren oder befreien. Das alles war jedoch nur der Anfang. Solons größte Reformen bestanden darin, dass er die politische Macht verteilte, sodass nicht mehr nur die mächtigsten Familien in Politik und Gerichtsbarkeit etwas zu sagen hatten. In dem von Solon geschaffenen System erkennen wir heute den ersten Versuch, eine **demokratische Regierung** zu schaffen, in der die gesamte Bevölkerung mitbestimmte. Die Verwaltung der Stadt blieb zwar in den Händen der Adligen, aber für fast alle gesellschaftlichen Streitigkeiten setzte Solon Schiedsgerichte ein, sodass auch die einfachen Bürger zum ersten Mal an juristischen Entscheidungen beteiligt wurden. Plutarch formulierte es in seiner Beschreibung zu Solons Leben so:[3]

Ich habe den einfachen Leuten eine notwendige Kraft gegeben,

Und doch habe ich die starke Macht der Adeligen erhalten …

Von da aus war es nur noch ein kleiner Schritt zur Schaffung zweier neuer politischer Organe. Das eine, der Areopag, repräsentierte die Adligen, und eine zweite Kammer bestand aus je 100 Vertretern der vier alten wichtigen Stämme Athens. Jeder dieser Abgeordneten wurde nach dem Zufallsprinzip durch ein Lossystem ausgewählt und blieb ein Jahr lang in der Versammlung. Die zweite Kammer wurde als Bule bezeichnet.

Nachdem Solon mit einer Reihe weiterer Vorschriften das Alltagsleben geregelt hatte, nahm er den Bürgern der Stadt das Versprechen ab, seine Gesetze mindestens 100 Jahre lang nicht zu ändern. Sie wurden niedergeschrieben, in besonderen Holzzylindern untergebracht und in der Akropolis, der Festung der Stadt, aufbewahrt. Anschließend ging Solon für zehn Jahre auf Reisen durch den gesamten Mittelmeerraum, weil er wissen wollte, was in Athen während seiner Abwesenheit geschehen würde.

Als er zurückkehrte, herrschte in der Stadt das Chaos. Die Vermittlertätigkeit zwischen den streitenden politischen Gruppen stellte Solons politisches Gespür auf eine harte Probe, und gelegentlich konnte nicht einmal er verhindern, dass Tyrannen die Macht übernahmen und sich in dem neuen politischen System die Vorherrschaft sicherten. Solon starb 558 v. Chr., aber das von ihm geschaffene Prinzip, die einfachen Menschen an der Stadtverwaltung zu beteiligen und gleichzeitig den Reichen und Mächtigen nicht zu viel wegzunehmen, lebte weiter. Im Laufe der nächsten 200 Jahre trug diese frühe Form der Demokratie dazu bei, dass Athen eine Zeit lang die mächtigste und einflussreichste Stadt der Welt war.

Ungefähr zur gleichen Zeit, als Solon mit neuen Formen der Stadtverwaltung experimentierte, zeichneten sich auf der anderen Seite des Bosporus, der schmalen Meerenge, die Europa von Asien trennt, die Anfänge einer Revolution im wissenschaftlichen und religiösen Denken ab.

Milet an der Westküste der heutigen Türkei war in der Antike eine pulsierende und wohlhabende Stadt des Handels und der kulturellen Vielfalt. Dort lebte **Thales** (geboren ca. 640 v. Chr.), der dadurch berühmt wurde, dass er für den 28. Mai 585 v. Chr. eine Sonnenfinsternis richtig voraussagte. Zu jener Zeit hielt man die Planeten für Götter, schienen sie doch auf unberechenbaren Wegen über den Himmel zu laufen, wobei sie manchmal sogar mitten in der Bewegung anhielten und rückwärts wanderten.[4] Solche Beobachtungen konnte man sich nur damit erklären, dass eine ganze Versammlung unberechenbarer Götter über die Wanderungen der Planeten bestimmte. Wie in der Tradition der Sumerer und Babylonier (siehe Seite 157) brachte man jeden Planeten mit einem anderen Gott in Verbindung; manche dieser Götter trugen Unheil herbei, andere sorgten für Liebe und Frieden. Die Kunst, Ereignisse auf der Erde mit den Bewegungen der Planeten in Verbindung zu bringen, wurde unter dem Namen »Astrologie« bekannt.

Thales wies nach, dass man die Wanderungen der Planeten voraussagen konnte, wenn man eine Reihe astronomischer Tabellen zurate zog, die ursprünglich über Jahrhunderte hinweg von heiligen Männern in Babylon und Ägypten zusammengestellt worden waren. Diese hatten die Bewegungen der Planeten und des Mondes von ihren Tempeln und Zikkurats aus beobachtet. Nach der Invasion durch Darius den Großen gelangten solche Kenntnisse auf Tontafeln auch in den Westen Kleinasiens, wo Thales lebte. Er hatte einen scharfen Blick für Zahlen und Mathematik, und als ihm die Tabellen in die Hände fielen, erkannte er darin Gesetzmäßigkeiten, mit deren Hilfe man Berechnungen für die Zukunft anstellen und Ereignisse wie eine Sonnenfinsternis voraussagen konnte.[5]

In einer Welt, in der man solche Ereignisse den willkürlichen Launen allmächtiger Götter zuschrieb, musste jeder, der einen so dramatischen Vorgang wie eine Sonnenfinsternis zutreffend voraussagen konnte, großes Aufsehen erregen; Thales wurde weithin bekannt.

Nachdem er verstanden hatte, dass die Wanderung der Planeten am Himmel bestimmten Gesetzmäßigkeiten unterliegt, fragte Thales nach weiteren Vorgängen in der Natur, die ähnlich vorhersagbaren Prinzipien folgen.[6] Sein Lebenswerk, die Suche nach allgemeingültigen Gesetzen zur Erklärung der Natur, wurde in unterschiedlicher Form auch zur Anregung und Herausforderung für andere Philosophen, von denen viele in Athen lebten. Die Stadt erfreute sich nach dem Sieg gegen die Perser bei Salamis im Jahr 480 v. Chr. mehrere Jahrzehnte lang friedlicher Verhältnisse; deshalb gilt das fünfte Jahrhundert v. Chr. traditionell als das Goldene Zeitalter der Kultur und Philosophie in Athen.

Diogenes (412 bis 323 v. Chr.) war Bettler und Philosoph; er wohnte in Athen in einer Tonne am Fuße einer Treppe, die zu einem Tempel führte. Nach seiner Überzeugung war Thales' Suche nach wissenschaftlicher Erkenntnis völlige Zeitvergeudung. Er meinte, die Menschheit solle sich lieber den Hund zum Vorbild nehmen. Hunde machen kein großes Aufhebens von dem, was sie fressen, sie legen sich gern überall schlafen, sie belügen und betrügen niemanden, und vor allem kümmern sie sich nicht großartig darum, wo sie ihr natürliches Bedürfnis erledigen.

Aber hinter solchen zynischen, provokativen Formulierungen verbarg sich eine ernsthafte Aussage. In seiner Philosophie hielt Diogenes alle Formen der Gesellschaft für künstliche Welten, durch die sich der Mensch von seiner traditionellen, angemessenen Beziehung zur Natur entfernte. Eine tugendhafte Lebensweise bestand nach seiner Überzeugung darin, dass man Regeln einer Gesellschaft nicht akzeptierte, die andere Menschen nach ihrer Kleidung, ihrem Beruf oder ihrem Einkommen beurteilte. Diogenes behauptete als Erster, er gehöre nicht zu einer bestimmten Stadt oder einem Staat, sondern sei ein »Bürger der ganzen Welt«. Er verfügte, man solle seinen Körper nach seinem Tod den Elementen aussetzen, sodass andere Weltbürger in Form wilder Tiere sich an seinem verwesenden Fleisch gütlich tun konnten (siehe Seite 176). Damit lieferte er wichtige Anregungen für die Philosophenschule der Stoiker, die wie die jainistischen Mönche im Osten überzeugt waren, dass persönliches Glück nicht das Geringste mit den materiellen Verhältnissen zu tun hat.

Ein anderer berühmter Philosoph in Athen war **Sokrates** (470 bis 399 v. Chr.). Er gilt manchem noch heute als Begründer des modernen abendländischen Denkens. Wie Thales, so glaubte auch Sokrates an eine Reihe allgemeingültiger Naturgesetze, die durch philosophische Überlegungen zu erschließen waren. Solche Erkenntnisse würden nach seiner Überzeugung letztlich zu größerer Weisheit und persönlicher Erleuchtung führen. Wie Buddha, so war auch Sokrates überzeugt, dass die Seele eines Menschen sich im Laufe der Zeit verbessern kann, aber den Weg zu diesem Ziel sah er nicht in der Beruhigung des Geistes, sondern eher im Gegenteil. Der Weg zur Erleuchtung führte für Sokrates über vernünftige Problemlösungen, über Streitgespräche und Debatten.

Um 460 v. Chr. waren Diskussion, Argumentation, Rhetorik und Rednerkunst in der Gesellschaft Athens zu den wichtigsten Tugenden des bürgerlichen Lebens geworden. Für Sokrates bildeten diese Fähigkeiten das Kernstück seiner philosophischen Methode. Von seinen eigenen Schriften ist nichts erhalten; dass wir dennoch viel über ihn und seine Gedanken wissen, verdanken wir seinem Schüler **Platon**, der ebenfalls zu einem der einflussreichsten Philosophen aller Zeiten wurde.

Einige Werke von Platon beschäftigen sich mit den dramatischen, bizarren Umständen von Sokrates' Lebensende. Wie allgemein bekannt ist, wurde er von einem Gericht in Athen zum Tode verurteilt, weil er »die Jugend der Stadt verdorben hatte« – die Anklage wurde möglicherweise von jenen erhoben, die seine Ideen für Ketzerei hielten. Obwohl Sokrates mehrmals die Möglichkeit zur Flucht gehabt hätte, vertrat er nach Platons Bericht die Ansicht, es sei seine Pflicht, in den Tod zu gehen, da er von einem demokratischen Gericht verurteilt worden war. Im Jahr 399 v. Chr. vollzog er das übliche Ritual und trank den tödlichen Schierlingsbecher.

Mit seinem berühmtesten philosophischen Werk DER STAAT setzte Platon die Diskussion, wie sich eine Gesellschaft am besten organisieren solle, fort. Er war empört darüber, auf welche Weise die demokratische Versammlung in Athen seinen Freund und Lehrer zum Tode verurteilt hatte, und in seinem Werk verhöhnte er die im Volk beliebten Regierungsformen. Nach seiner Ansicht sollte man sich besser von einem Tyrannen beherrschen lassen, denn dann gebe es nur eine Person, die böse Taten begehe; in einer schlechten Demokratie dagegen seien alle für schlechte Entscheidungen verantwortlich. Den schärfsten Spott hob er sich für die demokratische Wahnvorstellungen namens Freiheit auf, die nach seiner Überzeugung schnell in

Unmoral, Gesetzlosigkeit und Anarchie abgleiten musste:

Die Freiheit, antwortete ich; denn davon wirst du in einem demokratisch regierten Staate immer hören, wie sie das allerschönste Gut sei ... Wenn du alle diese Erscheinungen zusammennimmst, ... siehst du nun ein, was das Allerschlimmste hierbei ist? Daß sie die Seele der Bürger so empfindlich machen, daß sie, wenn ihnen jemand auch nur den mindesten Zwang antun will, sich alsbald verletzt fühlen und es nicht ertragen; ja endlich, wie du wohl weißt, verachten sie gar alle Gesetze, die geschriebenen wie die ungeschriebenen ...[7]

Wie Thales, so glaubte auch Platon, das Universum lasse sich auf eine Realität zurückführen, die nichts mit dem traditionellen Sammelsurium von Göttern wie Zeus, Apollon und Aphrodite und ihrem launischen Umgang mit der ahnungslosen Welt zu tun hat. Stattdessen war er wie Sokrates überzeugt, man könne die Wahrheit durch philosophische Überlegungen und Betrachtungen erfahren. In seiner Beschreibung einer idealen Gesellschaft herrschten deshalb Könige, die gleichzeitig Philosophen waren und die Weisheit ihrer Erkenntnisse mit ihren Untertanen teilten.

Platon machte einen weiteren fantasievollen Vorschlag: Wenn der Mensch die Natur durch die selektive Kreuzung von Pflanzen und Tieren beeinflussen konnte, warum sollte man dann das gleiche Verfahren nicht auch auf Menschen anwenden?

Und denjenigen unter den jungen Männern, die im Kriege oder sonstwo sich tüchtig erweisen, muß man unter andern Auszeichnungen und Preisen wohl auch die häufigere Erlaubnis, bei Weibern zu schlafen, erteilen, damit zugleich auch unter diesem Vorwand möglichst viele Kinder von solchen gezeugt werden.[8]

In die Praxis umgesetzt wurde diese radikale Idee in der südgriechischen Stadt **Sparta**, die zwischen 431 und 405 v. Chr. an der Spitze eines Bündnisses mehrerer Stadtstaaten einen erbitterten Krieg gegen die wachsende Macht Athens führte. Dass Sparta im Peloponnesischen Krieg am Ende Sieger blieb, verdankte es dem berühmten Feldherrn Lysander, der die Streitkräfte 404 v. Chr. in der großen Seeschlacht von Ägospotami befehligte. Dabei wurde die Flotte Athens vernichtet, und 168 der 180 Schiffe sanken. Die Stadt ergab sich nach kurzer Belagerung, und während der folgenden 30 Jahre herrschten die Könige von Sparta im größten Teil Griechenlands.

Das Geheimnis hinter der Macht dieser Stadt, die das mächtige Athen niederwerfen konnte, war ein Musterbeispiel dafür, wie die Menschheit mit immer neuen gesellschaftlichen Organisationsformen experimentierte. Sparta war eine Militärdiktatur in ihrer mächtigsten und reinsten Form. **Lykurg** (ca. 700 bis 630 v. Chr.), der legendäre Gründer der Stadt, bezog seine Anregung offenbar vom Orakel in Delphi, dessen berühmter Tempel Apollon geweiht war, dem griechischen Gott der Medizin, Erleuchtung und Wahrheit.

Lykurg ordnete an, dass man alle schwachen Knaben, die keine Soldaten werden konnten, aussetzte und an den einsamen Abhängen des Taygetosgebirges sterben ließ. Die anderen wurden mit sieben Jahren in militärische Trainingslager aufgenommen und lernten dort, wie man ein furchtloser Krieger wird. Bei der Aufnahme in das Lager mussten die Jungen zwischen ihren älte-

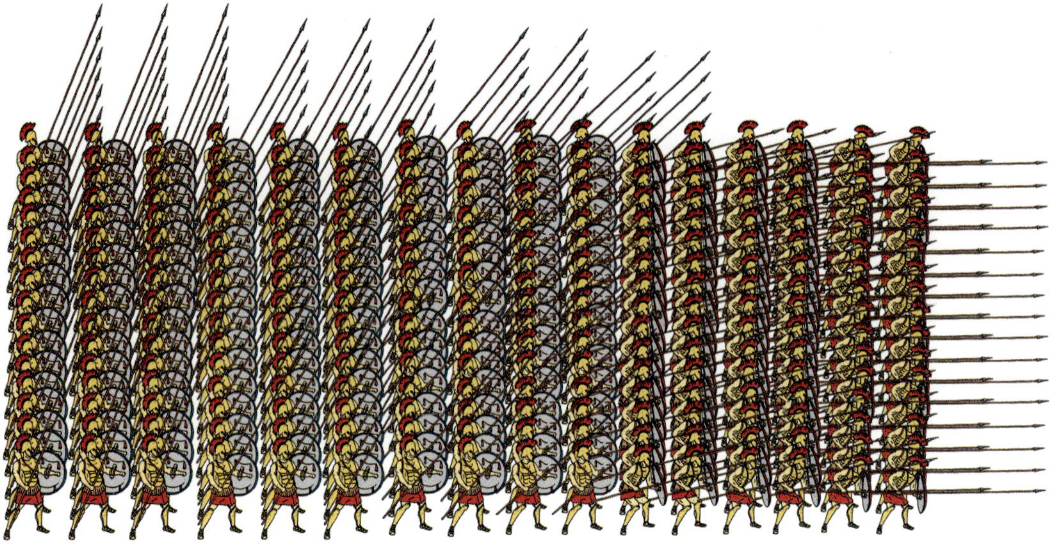

ren Kameraden Spießruten laufen und wurden dabei mit Peitschen geschlagen. Auch dabei starben die Schwächsten manchmal sofort, womit das brutale Auswahlprinzip weiter gestärkt wurde. Die Jungen erhielten nichts zu essen, sondern sie mussten Lebensmittel stehlen. Wer sich dabei erwischen ließ, wurde bestraft – und zwar nicht für das Stehlen, sondern weil er so unbeholfen war, dass man ihn rechtzeitig festnehmen konnte.

In der spartanischen Gesellschaft herrschte eine strenge Trennung zwischen den Hopliten, die in der Stadt geboren waren und militärisch ausgebildet wurden, und den Heloten, Sklaven, die man bei Feldzügen in anderen Ländern gefangen genommen hatte und die zur Feldarbeit verurteilt waren. Am Ende ihrer Ausbildung wurden die Soldaten aufs Land geschickt und sollten dort alle Heloten ermorden, die nach Einbruch der Dunkelheit im Freien herumliefen. Diese Übung, Krypteia genannt, hatte einen doppelten Effekt: Die jungen Soldaten lernten eine gewisse Mordlust, und unter den Heloten wurde eine Stimmung erzeugt, die sie davon abhielt, Schwierigkeiten zu machen.

Die Gesellschaft Spartas hinterließ nicht nur bei Platon und einigen anderen antiken Philosophen großen Eindruck, sondern sie beeinflusste auch spätere Ideologien, beispielsweise die Bewegung der Hitlerjugend in den 1930er Jahren: Auch dort lernten die Kinder, ihre Pflicht gegenüber dem Staat höher zu bewerten als die Verpflichtungen gegenüber Einzelpersonen oder Angehörigen (siehe Seite 480).

Von den Hopliten wurde erwartet, dass sie dem Wohlergehen der Stadt einen höheren Rang einräumten als der Pflicht gegenüber ihren Familien. In ihrer Ausbildung lernten sie die Strategie der **Phalanx**, einer sehr effizienten Form der Kriegsführung, bei der die Soldaten sich unter den Armen fassen und eine Menschenmauer bildeten. Die Soldaten standen dicht bei dicht in mindestens vier Reihen und bildeten eine rechteckige Formation, wobei Schilde und Speere eine feste Haltung einnahmen; sie waren darauf trainiert, in die-

Völliges Vertrauen auf jeden Einzelnen – das war das Erfolgsrezept der griechischen Phalanx.

ser Form zum Klang von Pfeifen und Trommeln auf den Feind loszugehen, wobei sie kurz vor Beginn des Kampfes zu laufen begannen. Die Phalanx erforderte völliges Vertrauen und war darauf angewiesen, dass jeder Einzelne seinen Teil beitrug. Ein herabfallender Schild konnte wie das schwache Glied in einer Kette die ganze Formation zum Scheitern verurteilen. Immer blieben diejenigen Streitkräfte Sieger, die aus den kräftigsten, furchtlosesten Soldaten bestanden und am heftigsten von hinten nach vorn drängten. In dieser Form der Kriegsführung waren die Spartaner wahre Meister.

Die selektive »Menschenzucht« bediente sich der erwachsenen Männer. Junge Soldaten bekamen als Belohnung für militärische Siege die Erlaubnis, sich mit bis zu 20 Frauen aus Sparta zu paaren – was ein wirksamer Anreiz für Tapferkeit im Krieg darstellte. Auf dem Schlachtfeld zu versagen, kam nicht infrage. Ein Hoplit, der lebend, aber ohne seinen Schild aus der Schlacht zurückkehrte, wurde von seiner Familie verstoßen und zum Tode verurteilt.

Die Frauen hatten in Sparta eine höhere gesellschaftliche Stellung als in allen anderen Städten des antiken Griechenland. Die Spartaner förderten Schönheit, Intelligenz und Kraft ihrer Frauen, denn sie glaubten, auf diese Weise könnten sie besondere Nachkommen hervorbringen. Männer und Frauen trainierten nackt nebeneinander für Sportwettkämpfe, und selbst die Frauen beteiligten sich an Kampfsportarten, weil man feststellen wollte, wer die größte Ausdauer besaß – ein Martyrium, das unter dem Namen diamastigosis bekannt war. Das Ritual war der Göttin Artemis geweiht und wurde von Lykurg als Ersatz für die ältere Tradition der Menschenopfer eingeführt, bei der die Opfer durch Losentscheid bestimmt wurden.[9]

Angesichts einer Gesellschaftsstruktur, die sich so vollständig auf körperliche Leistungsfähigkeit, selektive Menschenzüchtung und militärische Siege gründete, war es kein Wunder, dass im nahe gelegenen **Olympia** regelmäßig Sportwettkämpfe abgehalten wurden. Man wollte die Grenzen der körperlichen Leistungsfähigkeit in einem Wettbewerbsumfeld austesten. Das erste Olympiastadion wurde der griechischen Sage zufolge von Herakles errichtet, der damit seinen Vater Zeus ehren wollte, nachdem er seine zwölf Aufgaben erfüllt hatte.[10] Im fünften und sechsten Jahrhundert v. Chr. hatten die Spiele in der griechischen Gesellschaft eine gewalti-

Ein spartanischer Hoplit. Diese Soldaten waren dazu ausgebildet, rücksichtslos zu töten und eine Art Herrenrasse heranzuzüchten.

ge Bedeutung erlangt. Jeder Stadtstaat schickte seine besten Athleten in der Hoffnung, sie würden die höchste Ehre erringen. Die Sieger wurden mit Gedichten, Statuen und der größten Ehre – einer Krone aus Olivenblättern – geehrt.

Die Spiele fanden bis 393 n. Chr. regelmäßig statt, aber dann war das Römische Reich zum Christentum übergetreten, und der Kaiser Theodosius I. hatte sie verboten, weil sie für ihn ein barbarisches, heidnisches Fest darstellten (siehe Seite 263). Wiederbelebt wurden sie 1896 von dem Franzosen Pierre de Coubertin, der einerseits die körperliche Leistungsfähigkeit verbessern und andererseits die Nationen durch die Jugend der Welt und ihren sportlichen Wettkampf näher zusammenführen wollte.

Wie alle Reiche, so verlor auch Sparta irgendwann seine beherrschende Stellung. Das Experiment der »Menschenzüchtung« schlug letztlich fehl, weil es an allgemeiner Unterstützung mangelte und weil immer weniger Männer bereit waren, Mitglieder einer großen, starken Armee zu werden. Aber schon lange bevor es soweit war, nämlich ungefähr seit 380 v. Chr., hatte sich eine andere Macht im Norden des antiken Griechenland bemerkbar gemacht. Diese Macht bereitete zwar der Unabhängigkeit der Stadtstaaten ein Ende, sie erwies sich aber auch als wichtiges Instrument, um verschiedene geistige Errungenschaften in großen Teilen der Welt zu verbreiten. Zu diesen geistigen Errungenschaften und neuen Erfahrungen gehörten die Vorstellung über die richtige Beziehung zwischen der Zivilisation der Menschen und der Natur, die Diskussionen über die Demokratie und die neuen Gedankengebäude der Naturwissenschaft, aber auch das Trauma der totalitären Herrschaft.

Die spartanischen Frauen hielten sich durch Sportwettkämpfe fit und betrieben sogar Kampfsport, um ihre Ausdauer zu trainieren.

KAPITEL 26

WELT-EROBERER

WIE NEUE ERKENNTNISSE ÜBER DIE NATUR IHREN AUSDRUCK IN PHILOSOPHISCHEN GEDANKEN UND GESETZEN FANDEN, DIE DURCH EROBERUNGEN NACH OSTEN UND WESTEN VERBREITET WURDEN

Die griechischen Philosophen machten sich die radikale Idee zu eigen, dass es keine Götter gibt, die auf irgendeinem weit entfernten Berggipfel sitzen und über das Schicksal aller Lebewesen bestimmen. Der Mensch selbst war es, der kraft seines Gehirns die Gesetze des Universums entschlüsseln und zum Herrn über die Natur aufsteigen konnte.

Eine herausragende Gestalt unter diesen Denkern war Aristoteles (384 bis 322 v. Chr.), der mit seinen Arbeiten ein wahrhaft gewaltiges Spektrum abdeckte. Es reichte von Überlegungen über das Wesen der menschlichen Seele bis zur Physik des Universums, von der Politik der Städte und persönlicher Ethik bis zur Geschichte der Pflanzen und Tiere, und von öffentlichen Reden und Dichtung bis zu Musik, Logik und sogar zum Wetter.

Wie Charles Darwin mehr als 2 000 Jahre nach ihm, so interessierte sich auch Aristoteles vor allem für die Natur. Als junger Mann verbrachte er mehrere Jahre auf der kleinen, fruchtbaren griechischen Insel Lesbos. Dort stellte er peinlich genaue Beobachtungen an den natürlichen Ökosystemen an, wobei er alle Sinne zu Hilfe nahm: Sehen, Hören, Riechen, Tasten und Schmecken. Er studierte Pflanzen und Tiere, teilte sie in Gruppen ein, untersuchte ihre Verhaltensweisen und hielt ihre Ähnlichkeiten und Unterschiede fest. Ungefähr 335 v. Chr., nachdem er einige Jahre lang als Lehrer des jungen Prinzen Alexander aus dem nordgriechischen Mazedonien tätig gewesen war, ließ Aristoteles sich in Athen nieder und gründete dort seine eigene Philosophenschule, das Lykeion.

Aristoteles verband die nach seiner Einschätzung besten Gedanken seines Lehrers Platon und anderer griechischer Philosophen wie Thales mit seinen eigenen Naturbeobachtungen. Dabei gelangte er zu einer zentralen, tief greifenden Schlussfolgerung: Hinter der gesamten Wirklichkeit steht eine Reihe allgemeingültiger Naturgesetze, mit denen sich alles erklären lässt, vom Leben auf der Erde bis zum Wesen des Universums, von der Politik der Menschen bis zum Wetter. Diese Grundregeln der Natur zu kennen, hieß die Wirklichkeit zu verstehen. Der Schlüssel dazu war die sorgfältige Beobachtung des Universums und seiner Systeme durch sinnvollen Einsatz der Sinnesorgane; anschließend konnte man dann mit Geist und Vernunft die Wahrheit herausfinden.

Aristoteles war überzeugt, dass das Universum wie eine riesige Maschine funktioniert; er glaubte, man müsse nur genug Zeit und Aufmerksamkeit aufwenden, um es in vollem Umfang zu verstehen. Er ist zwar nicht der einzige griechische Philosoph, dem das Verdienst zukommt, zum Vater der modernen Naturwissenschaft geworden zu sein, aber mit Sicherheit ist er der bekannteste, und langfristig hatten seine Schriften den größten Einfluss:[1]

Wie ein Puppenspieler, der an einem einzigen Faden zieht und damit Hals, Hand, Schulter und Augen mit einer gewissen Harmonie sich bewegen lässt, so verleiht auch die göttliche Natur durch eine einfache Bewegung dessen, was ihr am nächsten ist, ihre Kraft demjenigen, welches als Nächstes folgt, und dann immer weiter und weiter, bis sie sich über alle Dinge erstreckt. Denn ein Ding, das von einem anderen bewegt wird, bewegt in der Reihenfolge selbst ein anderes, jedes verhält sich nach seinem eigenen Zustand, und nicht alle folgen demselben Verlauf.[2]

Aristoteles warf mit seiner wissenschaftlichen, rationalen Weltanschauung eine große Frage auf: Wo ist in einem mechanistischen, von Gesetzen beherrschten Universum noch Platz für die altmodischen, launischen Götter? Darauf hatte er eine einfache Antwort. Die Gesetze der Natur selbst sind das Wesen von allem, was im Universum göttlich ist: »Denn Gott ist für uns ein unparteiisches Gesetz, welches keine Verbesserung oder Veränderung zulässt, und nach meiner Überzeugung ist es besser und sicherer als jene, welche auf Steintafeln gehauen sind.« (Die Juden verehrten beispielsweise göttliche Gesetze, die auf Steintafeln gehauen waren und von Gott an Mose übergeben wurden – siehe Seite 222).

In der gesamten Geschichte der Beziehung zwischen dem Homo sapiens und der Natur stattete kein anderer die Menschheit mit so viel Selbstvertrauen aus, zu forschen, zu entdecken und zu lernen, wie Aristoteles. Aber seine Erkenntnisse waren erst einmal nutzlos, im Geist eines hochintelligenten Mannes verborgen oder in der Bibliothek eines reichen Gönners versteckt. Damit sie ihre Wirkung entfalten konnten, mussten sie verbreitet werden – damit der menschliche Geist in möglichst vielen Kulturen die Gelegenheit erhielt, seine Macht über die Natur auszuüben.

Dazu trug ein glücklicher historischer Umstand bei: Aristoteles' Schüler, der junge Prinz **Alexander von Mazedonien**, war genau der richtige Mann zur richtigen Zeit. Möglicherweise beflügelte gerade die Leidenschaft seines großen Lehrers für die Natur den jungen Alexander und pflanzte ihm eine fieberhafte Entschlossenheit ein, die ganze Welt selbst zu sehen und dabei jedes Reich zu erobern, dass er unterwegs kennenlernte.

Alexanders Vater, König **Philipp II. von Mazedonien** (382 bis 336 v. Chr.) besaß ein Pferd namens Bucephalus, das niemand am Königshof zähmen konnte. Der Legende nach soll der zehnjährige Alexander zur allgemeinen Überraschung einfach ruhig mit dem Pferd gesprochen und das Gesicht des Tieres in die Sonne gedreht haben, damit es keine Angst mehr vor seinem eigenen Schatten hatte. Daraufhin wurde Bucephalus ganz zahm. Nach dem Bericht des Historikers Plutarch sagte Alexanders Vater in weiser Voraussicht zu seinem Jungen: »Mein Sohn, siehe zu, dass du ein Königreich bekommst, welches dir gleicht und deiner wert ist, denn Mazedonien ist zu klein für dich.«

Wenig später erhielt Alexander durch Philipps militärische Erfolge die einzigartige Gelegenheit zu einem Feldzug, der sich zu einem der größten militärischen Abenteuer aller Zeiten entwickeln sollte.

Im Jahr 338 v. Chr. errangen Philipps Streitkräfte mit Unterstützung von Alexanders leistungsfähigen Reitertruppen bei der Schlacht von Chaironeia einen entscheidenden Sieg über ein Bündnis griechischer Stadtstaaten, dem auch Athen und Theben angehörten. Damit war Philipp nun der uneingeschränkte Herrscher über ganz Griechenland. Sein Plan war, die zerstrittenen Stadtstaaten zu vereinigen und zu diesem Zweck eine einheitliche griechische Armee zu gründen, mit der er einen Feldzug gegen die alten persischen Erzfeinde unternehmen konnte. Damit wollte er Vergeltung für die Kriege des fünften Jahrhunderts und insbesondere für die grundlose Zerstörung Athens im Jahr 480 v. Chr. üben (siehe Seite 229).

Im Oktober 336 v. Chr. jedoch wurde Philipp von den Ereignissen überrollt.

Alexander der Große in der Schlacht von Issos. Dort besiegte er den Perserkönig Darius III. Das Mosaik wurde in einer römischen Villa in Pompeji gefunden.

Kurz bevor er aufbrechen wollte, feierte seine Tochter Kleopatra Hochzeit, und als Philipp während der Feierlichkeiten das Theater der Stadt Aegae betrat, wurde er von seinem Leibwächter Pausanias ermordet. Welche Motive Pausanias hatte, ist nicht genau geklärt, mehreren Berichten zufolge soll es sich aber um ein Eifersuchtsdrama gehandelt haben.

So gelangte Alexander mit nur 20 Jahren auf den Thron. Zwei Jahre später rebellierte Theben gegen den neuen mazedonischen König. Alexander setzte ein Zeichen, indem er die widerspenstige Stadt dem Erdboden gleichmachte; nur ein Haus ließ er stehen: Es gehörte Pindar, seinem Lieblingsdichter, der eine Reihe von Lobgesängen auf seinen Vorfahren Alexander I. von Mazedonien geschrieben hatte. Anschließend bewies Alexander seine Rücksichtslosigkeit, indem er die gesamte Bevölkerung von Theben in die Sklaverei verkaufte. Von nun an wagte es selbst Athen unter seinem kriegslustigen, Mazedonien-feindlichen Herrscher Demosthenes nicht mehr, sich Alexanders Autorität zu widersetzen.

In den nächsten 13 Jahren führte Alexander eine Armee von 42 000 griechischen Soldaten quer durch Persien und Ägypten, ja sogar bis nach Indien.

Unterwegs »löste« er den unauflöslichen gordischen Knoten, indem er ihn mit dem Schwert durchschlug – in der Stadt Gordion in der heutigen Zentraltürkei ging eine Legende um, wonach derjenige, der diesen Knoten auflösen konnte, der nächste König Asiens sein würde. Im Jahr 333 v. Chr. besiegte Alexander in der **Schlacht von Issos** den Perserkönig Darius III., nahm dessen Mutter sowie die Ehefrau und zwei Töchter gefangen und erbeutete gewaltige Schätze. Dann marschierte er an der Mittelmeerküste entlang und belagerte die Stadt Tyros, die er nach sieben Jahren schließlich einnehmen konnte. Damit war der Weg nach Ägypten frei, wo man ihn angesichts des Niedergangs der persischen Macht als Befreier willkommen hieß und 332 v. Chr. zum Pharao ausrief. Hier gründete Alexander die berühmteste der vielen Städte, die nach ihm auf den Namen Alexandria getauft wurde, und machte sie zum wichtigsten Seehafen für die Verbindung zwischen Ägypten und Griechenland; damit hatte er zur See eine wichtige Achse seines neuen, zunehmend mächtigen hellenistischen Reiches errichtet.

Alexander war nicht der Mensch, der lange an einem Ort blieb. Nach nur 18 Monaten verließ er Ägypten und marschierte wieder nach Persien, wo er sich erneut mit Darius auseinandersetzen musste; dieses Mal siegte er in der Schlacht von Gaugamela – der Perserkönig flüchtete vom Schlachtfeld und wurde später in dem nahe gelegenen Gebirge von seinen eigenen Soldaten ermordet. Nun konnte Alexander ungehindert ganz Persien erobern: Er zog zuerst nach Babylon, dann in die alte Assyrerhauptstadt Susa und schließlich nach Persepolis, in die großartige Metropole der Perserkönige. Nachdem er sich dort mehrere Monate ausgeruht hatte, brannte die Stadt bis auf die Grundmauern nieder – ob durch absichtliche Brandstiftung oder durch einen Unfall, weiß niemand genau. Offenbar gingen dabei aber große historische Schätze verloren, unter anderem unersetzliche Archive und Schriftstücke wie ein altes Exemplar des zoroastrischen Avesta, »welches mit goldener Tinte auf zubereiteten Kuhhäuten geschrieben war«.

*****

Mit Darius' Tod und der Unterwerfung Ägyptens und Persiens hatte Alexander seine militärischen Ziele erreicht. Aber der Krieger in ihm war immer noch nicht zufrieden. Er schickte einen großen Teil seiner griechischen Soldaten nach Hause und bezahlte stattdessen Söldner, die in einer neuen Armee für ihn kämpften. Mit ihnen ging er auf einen dreijährigen Feldzug, um die Skythen und Afghanistan zu unterwerfen, bevor er schließlich in Nordindien bis zum Indus vorstieß. In der Schlacht am Hydaspes (326 v. Chr.) schlug Alexander den indischen König Porus und gründete zwei neue Städte; eine davon benannte er nach seinem legendären Pferd Bucephalus, das ihn bis hierher begleitet hatte und in der Schlacht ums Leben gekommen war.

Alexander war entschlossen, auch den heiligen Fluss Ganges zu überqueren und bis ins Herz Indiens vorzudringen, aber seine Leute waren am Ende. Sein General Coenus handelte ihm die Genehmigung ab, mit der Armee nach Griechenland zurückzukehren. Aber die Aussicht, sich einfach zurückzuziehen, war für Alexander unerträglich, und so machte er sich mit einer Elitetruppe auf

Die Eroberungszüge Alexanders des Großen

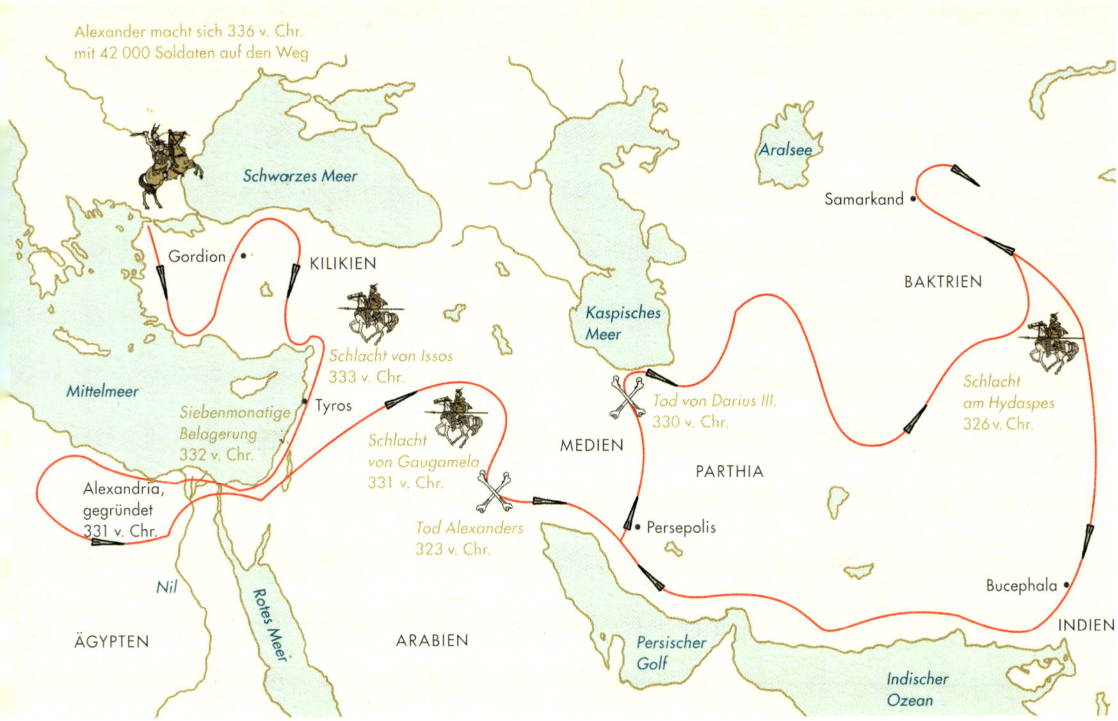

einer anderen, weiter südlich gelegenen Route auf den Weg. Dort wurde er in Kämpfen mit den südasiatischen Stämmen der Maller durch einen Pfeil schwer verletzt.

Am Ende kehrte Alexander durch Wüsten und Steppen nach Persien zurück. Die kulturellen Konflikte zwischen Griechen und Persern waren derart eskaliert, dass seine Versuche, die Gebräuche seiner persischen Untertanen zu übernehmen und damit ihren Respekt zu gewinnen (er ließ sich beispielsweise mit einem Handkuss begrüßen) bei seinen griechischen Leibwächtern zu Verbitterung und Meuterei führten. Alexander hatte jetzt den großen Plan, die Völker Griechenlands und Persiens zu einer einzigen Kultur zu verschmelzen. Irgendwann organisierte er sogar eine Massenhochzeit, bei der sich seine leitenden Offiziere mit Frauen aus dem persischen Adel verbinden sollten. Um selbst mit gutem Beispiel voranzugehen, nahm er sich eine persische Prinzessin und Tochter von Darius III. zur Frau.

Dennoch blieben Vorurteile und Feindseligkeiten zwischen den beiden Völkern bestehen, und die meisten derart »arrangierten« Ehen hielten nicht lange. Ihren Höhepunkt erreichte Alexanders Frustration schließlich im Jahr 324 v. Chr., als sein lebenslanger Freund, Feldherr und Geliebter Hephaistion an einer geheimnisvollen Krankheit starb. Alexanders Reaktion auf diesen Tod fiel heftig aus. Er rasierte sich den Kopf, stutzte den Pferden seiner Armee die Mähnen und sagte alle Festlichkeiten auf unbestimmte Zeit ab. Dann unternahm er einen offenkundigen Akt sinnloser Rache: Er ließ den Arzt seines Freundes wegen Unfähigkeit kreuzigen – vielleicht ein Rückgriff auf die Gesetze des Hammurabi (siehe Seite 160). Während der folgenden sechs Monate trauerte Alexander über Hephaistions Tod; die Leiche des Freundes ließ er nach Babylon bringen und auf einem großen Scheiterhaufen verbrennen, der den Berichten zufolge 10 000 Talente persischen Goldes gekostet hatte. Acht Monate später, am Nachmittag des 10. Juni 323 v. Chr., starb auch Alexander selbst im Palast von Nebukadnezar II. vermutlich an Malaria. Er stand einen Monat vor seinem dreiunddreißigsten Geburtstag.

Nach seinem Tod machten Verschwörungstheorien die Runde. Einer Geschichte nach soll der ägyptische Vizekönig Kassander ein Gift im Huf eines Maultiers nach Babylon gebracht haben, und Alexanders königlicher Mundschenk Iollas, Kassanders Bruder, verabreichte es ihm. Diese Geschichte entspricht aber vermutlich nicht der Wahrheit, denn zwischen Alexanders Erkrankung und seinem Tod vergingen volle zwölf Tage, und derart langsam wirkende Gifte standen zu jener Zeit vermutlich noch nicht zur Verfügung.

Viele Historiker haben ihr ganzes Berufsleben der Erforschung dieses Mannes gewidmet, und doch weiß bis heute niemand genau, was ihn in seinem Eroberungswillen antrieb. War es ein angeborener Größenwahn? War er ein antiker Napoleon oder Hitler, der mit größter Leidenschaft ausprobieren wollte, wie viel Macht und Unterwerfung ein Mann und seine Armee sich verschaffen können? Oder vielleicht weckte Aristoteles' Philosophie in ihm den unstillbaren Wunsch, das Ende der Welt zu finden? Waren seine späteren Bemühungen um religiöse Integration ein Versuch, mit kultureller Einheit unter einem einzigen Herrscherhaus den Schaden wiedergutzumachen, den der jahrzehntelange Krieg zwischen verschiedenen Kulturen angerichtet hatte?

Wenn es so war, bereitete Alexanders frühzeitiger Tod allen derartigen Bestrebungen ein Ende. Da er keinen Erben oder Nachfolger hinterließ, zerbrach sein Imperium schon wenig später in vier Königreiche. Mit seinen Eroberungen hatte er aber bewirkt, dass die griechische Sprache im gesamten Mittleren Osten und in Ägypten zum allgemeinen Verständigungsmittel wurde. Tausende von Griechen – manche von ihnen Soldaten, andere Kaufleute, Künstler, Wissenschaftler und Philosophen – zogen ins Ausland und nahmen ihre neue Weltanschauung mit. Fünf der sieben antiken Weltwunder waren griechische Konstruktionen, und jede von ihnen ist ein beeindruckender Beleg dafür, wie diese Menschen auf ihre Macht vertrauten. Das großartigste von allen war der 100 Meter hohe **Leuchtturm von Alexandria**, den man auf der Insel Pharos unmittelbar vor der ägyptischen Küste errichtet hatte. Auf seiner Spitze stand ein riesiger, polierter Spiegel, der tagsüber das Sonnenlicht und nachts ein Feuer reflektierte. Den Berichten nach konnte man dieses Zeichen noch aus 50 Kilometern Entfernung erkennen. Das gewaltige Bauwerk überdauerte die Zeiten bis zum 14. Jahrhundert n. Chr., doch dann forderte die unaufhaltsame Kraft der Plattentektonik ihren Tribut. Im Jahr 1480, nach einer Reihe von Erdbeben, war nur noch eine Ruine übrig, die bald einer neuen, von einem mittelalterlichen ägyptischen Sultan errichteten Befestigungsanlage weichen musste.

✣ ✱ ✣ ✱ ✣

Archimedes, Eratosthenes und Euklid waren drei griechische Gelehrte, die einen großen Teil ihrer Zeit in der neuen **Bibliothek der ägyptischen Könige in Alexandria** verbrachten. Dieses große Zentrum der Gelehrsamkeit und des Wissens, das kurz nach Alexanders Tod gegründet worden war, bot bis zu 5 000 Studenten Platz und war damit sicher die größte wissenschaftliche Einrichtung der Antike. Ihren größten Einfluss übte die Bibliothek vermutlich durch die Übersetzung der hebräischen Schriften des Alten Testaments aus, die 72 jüdische Gelehrte ungefähr 200 v. Chr. anfertigten. Durch diese Übersetzung verbreiteten sich die Prophezeiungen über die Wiederkehr des Messias in der gesamten griechischsprachigen hellenistischen Welt. Ohne sie hätte es das Christentum vielleicht nie zu mehr als einer kleinen religiösen Sekte gebracht.

Die Bibliothek von Alexandria wurde im Laufe der Jahrhunderte mehrmals durch Brände und Belagerungen beschädigt, und kurz nach der muslimischen Eroberung Ägyptens im Jahr 642 n. Chr. verschwanden ihre letzten Spuren. Der Legende zufolge soll der Kalif Umar, einer von Mohammeds engsten Gefährten, zu seinem Feldherrn gesagt haben: *Was die von dir erwähnten Bücher angeht: Wenn das, was in ihnen geschrieben steht, mit dem Buch Gottes übereinstimmt, sind sie nicht notwendig; wenn es nicht übereinstimmt, sind sie nicht erwünscht. Also zerstöre sie.* Weiter heißt es, die Schriftrollen der Bibliothek hätten als Brennstoff für die Öfen der Stadt während der nächsten sechs Monate ausgereicht. Möglicherweise wurde dieser Bericht einige Jahrhunderte später von christlichen Kreuzfahrern erfunden, die ein Interesse daran hatten, die Muslime als intolerante Barbaren darzustellen. Im Jahr 2004 legte ein Team aus polnischen und ägyptischen Archäologen die mutmaßlichen Überreste von 13 Hörsälen der Bibliothek frei.

Vorerst aber sorgte das griechische Selbstvertrauen im Gefolge von Alexanders Eroberungen dafür, dass der Wissensdurst sich über die gesamte hellenistische Welt verbreitete, das heißt über den Mittelmeerraum und den Nahen Osten. Vielleicht wurden die reflektierten Sonnenstrahlen des Leuchtturms von Alexandria für **Archimedes** (287 bis 212 v. Chr.) zur Anregung für seine bizarre Idee, feindliche Schiffe in Brand zu setzen, indem man mit polierten Bronzeplatten das Sonnenlicht auf sie lenkte. Obwohl seine »Todesstrahlen« in der Praxis vermutlich nie die gewünschte Wirkung erzielten, ging Archimedes als einer der wichtigsten Wissenschaftler, Ingenieure und Mechaniker der Antike in die Geschichte ein. Neben vielen anderen Erfindungen wird ihm die Konstruktion der ersten Flaschenzüge zugeschrieben. Ein System, mit dem man Wasser bergauf transportieren kann, wird noch heute als archimedische Schraube bezeichnet.

Nicht weniger klug war sein Freund **Eratosthenes** (276 bis 194 v. Chr.). Er berechnete als Erster den Umfang der Erde und maß die Entfernung zum Mond. Eine von ihm konstruierte Apparatur, die Armillarsphäre, stellte die Bewegungen und Positionen von Erde, Sonne und Planeten richtig dar. Sie diente arabischen Wissenschaftlern im Mittelalter als Anregung für das Astrolabium, ein unentbehrliches Instrument für die Navigation auf hoher See (siehe Seite 308). Außerdem

Die Armillarsphäre, eine Art Himmelsglobus, wurde von Eratosthenes entwickelt und stellt die Bewegungen von Sonne, Mond und Sternen dar, wie man sie von der Erde aus erkennt. Sie diente insbesondere als Lehrmittel.

war Eratosthenes auch Kartograf. Seine Landkarte der bekannten Welt reichte von den britischen Inseln bis nach Sri Lanka und vom Kaspischen Meer bis nach Äthiopien. Auch **Euklid** (ca. 323 bis 283 v. Chr.) war ein griechischer Wandergelehrter, der häufig die Bibliothek von Alexandria aufsuchte. Mit seiner ausgezeichneten Beherrschung der Geometrie wurde er zu einem der Begründer der modernen Mathematik. Sein klassisches Werk DIE ELEMENTE, das er um 300 v. Chr. verfasste, dient noch heute als Lehrbuch.

Zum ersten Mal fanden auch persische und fernöstliche Philosophien Eingang in die Kultur des abendländischen Mittelmeerraumes. Der griechische Maler Pyrrhon von Elis auf der südlichen Peloponnes begleitete Alexanders Armee und ließ sich eine Zeit lang im Osten nieder, wo er unter Anleitung indischer Gurus die orientalische Philosophie studierte. Diese »Gymnosophisten«, wie Plurarch sie nannte, waren vermutlich buddhistische Mönche oder hinduistische Heilige, und als Pyrrho nach Griechenland zurückkehrte, war er fest entschlossen, ein Leben in Einsamkeit und Frieden zu führen. Er gelangte zu der Erkenntnis, man könne nichts sicher wissen und solle deshalb auch als ehrlicher Mensch keine bestimmten Überzeugungen haben. Sein Erbe war die einflussreiche Denkschule des Skeptizismus.[3] Er war von seinen Theorien so überzeugt, dass er sich angeblich die Augen verband, um seinen Freunden zu beweisen, wie wenig ein Mensch mit seinen Sinnen die Wahrheit von der Lüge unterscheiden kann. Leider konnten sie dann nur noch seinen vorzeitigen Tod betrauern, nachdem er kopfüber von einer Klippe gestürzt war.

Ebenso radikal war der hellenistische Philosoph **Epikur** (341 bis 270 v. Chr.), der mit seinen Gedanken großen Einfluss auf die entstehende Welt des römischen Imperiums nahm. Seit 146 v. Chr., als die römische Armee zuerst Mazedonien und dann ganz Griechenland eroberte, sog die römische Gesellschaft in tiefen Zügen die hellenistische Kultur ein, die sich durch Alexanders Feldzüge verbreitet hatte. Epikur hatte gelehrt, dass Lust und Schmerz das Maß der Natur für Gut und Böse sind. Außerdem war Epikur »Atomist« und wurde mit seinen Gedanken zu einem Vorläufer der modernen Atomtheorie. Die Götter, so erklärte er, belohnen oder bestrafen die Menschen nicht, und über alle Ereignisse in der Welt bestimmt letztlich nichts anderes als die Bewegungen und Wechselwirkungen der Atome, die sich im leeren Raum bewegen.

Die Liebe der **Römer** für alles Griechische kreiste insbesondere um die Person und Laufbahn Alexanders, der nach seinem Tod zum größten Idol der Antike wurde. Sein Grabmal, das angeblich aus Gold bestand und mit einem purpurnen Tuch bedeckt war, wurde in Alexandria von Ptolemäus I. errichtet, der nach der Schlacht von Ipsus, bei der zwei frühere Feldherrn Alexanders im Jahr 301 v. Chr. gegeneinander gekämpft hatten, zum Herrscher über Ägypten und den libanesischen Teil des Großreiches aufstieg.

In der Schlacht entschied sich die Aufteilung von Alexanders Imperium in vier Königreiche: Griechenland, Thrakien, Persien und Ägypten. Die indischen Besitzungen waren bereits an Chandragupta (siehe Seite 215) übergegangen, nachdem Alexanders Satrap Seleucus einen Friedensvertrag geschlossen und sie gegen 500 Elefanten eingetauscht hatte – Tiere, die sich in der Schlacht von Ipsus als entscheidend erweisen sollten.

Die römischen Herrscher sahen in Alexander das Musterbeispiel für Tapferkeit, Kraft und Mut. Sie reisten regelmäßig nach Alexandria, um ihm ihren Respekt zu erweisen. Julius Cäsar (100 bis 44 v. Chr.) soll geweint haben, als er in Spanien eine Statue Alexanders erblickte. Und der römische Feldherr Pompejus (106 bis 48 v. Chr.) suchte den Berichten nach im gesamten römischen Reich nach Alexanders berühmtem Mantel, den er angeblich auch fand und als Zeichen seiner eigenen Bedeutung anlegte. Der geisteskranke Kaiser Caligula (Herrschaftszeit 37 bis 41 n. Chr.) stahl Alexanders Rüstung aus seinem Grabmal und legte sie an, damit sie ihm Glück brachte, und der Kaiser Caracalla (Herrschaftszeit 211 bis 217 n. Chr.) hielt sich selbst sogar für eine Wiedergeburt Alexanders (von den Gründen für die zunehmenden geistigen Störungen bei den römischen Herrschern ist auf Seite 259 die Rede). Im Jahr 200 n. Chr. schloss der römische Kaiser Septimus Severus das Grab Alexanders schließlich für die Öffentlichkeit, weil er um die Sicherheit des Monuments fürchtete, nachdem es in der Vergangenheit von gewaltigen Touristenmassen aufgesucht worden war. Die Frage, wo es sich genau befindet, ist seitdem eines der größten Rätsel der Archäologie.

Im Gegensatz zu Aristoteles war Alexander kein origineller Geist. Seine Errungenschaften hatte nichts mit neuen Ideen oder Erfindungen zu tun, sondern er nutzte seine überlegenen Führungsqualitäten und seine militärische Begabung, um in der Fremde die Samen zahlreicher griechischer Gedanken zu verbreiten, die sich mit Kunst, Kultur, Wissenschaft, Politik, Erfindungen, Macht und Herrschaft beschäftigten. Mit dem Aufstieg der römischen Zivilisation, die alles Griechische als intelligent, kultiviert und wünschenswert bewunderte, fielen solche Samen auf fruchtbaren Boden.

KAPITEL 27

WIE EIN WIRBEL-STURM

WIE SICH EIN WELTREICH WEIT ÜBER SEINE NATÜRLICHEN GRENZEN HINAUS IN EINER ZEIT AN DIE MACHT KLAMMERTE, ALS EIN MANN NAMENS JESUS CHRISTUS GEBOREN WURDE, DEN MAN SPÄTER DEN MESSIAS NANNTE

Der Aufstieg und Fall Roms war ein von Menschen gemachtes Unwetter, das eine ebenso zerstörerische Kraft entwickelte wie die größten Wirbelstürme der Natur. Angetrieben wurde der gewaltige Sturm von drei Zutaten: Getreide, Kriegsbeute und Sklaven; der innere Impuls jedoch speiste sich aus Gewalt und dem Willen, einer reichen, herrschenden Klasse um jeden Preis ein Leben im Luxus zu ermöglichen. Nachdem der Sturm vorüber war, sah die europäische Landschaft ganz anders aus – an manchen Stellen hatte sie sich bis zur Unkenntlichkeit verändert. Das Erbe all dessen, was dem Römischen Reich zu einer so langen Dauer verholfen hatte, prägte die gesamte weitere Geschichte Europas.

Man kann keinen einzelnen Grund dafür nennen, warum Rom und seine Bevölkerung seit ungefähr 600 v. Chr. immer stärker die Vorherrschaft in der Mitte Italiens errangen. Die Römer besaßen keinen besonderen militärischen Vorteil, keine besondere Erfindung und keine bevorzugte natürliche Situation; aber wie die Griechen mussten sie über ihr eigenes Territorium hinausblicken, wenn sie gut leben wollten, denn das von ihnen bestellte Land eignete sich nicht besonders gut für den Anbau ertragreicher Getreidesorten wie Weizen. Seit dem Anbeginn ihrer Geschichte hielten sich die Menschen in Rom an einfach zu züchtende, produktive Früchte wie Weintrauben oder Oliven, die sie dann im gesamten Mittelmeerraum als Handelsware einsetzten und gegen andere lebensnotwendige Güter eintauschten.

Auch der Mythos über die Anfänge der römischen Zivilisation dreht sich um Expansionswillen und Gewalt. Der Stamm der Zwillinge Romulus und Remus, die Rom der Legende nach gründeten, war verzweifelt auf der Suche nach Ehefrauen und lud das Nachbarvolk der Sabiner zu einem großen Fest ein. Bei der Feier wurden die Sabinerinnen entführt und verheiratet, und anschließend bekamen sie Kinder. Ein paar Jahre später gingen die Männer der Sabiner zum Gegenangriff über. Dass der Frieden wiederhergestellt wurde, lag an den Frauen: Sie drohten mit Selbstmord, wenn die Männer der beiden Stämme weiterhin um das Leben ihrer Kinder kämpften.

Zwischen solchen römischen Legenden und den Mythen aus dem alten Griechenland bestehen viele Ähnlichkeiten. Deshalb liefern sie einen Anhaltspunkt dafür, wie diese Menschen dachten: Die Römer waren begnadete Abschreiber. Sie konnten ausgezeichnet alles vereinnahmen, was ihnen mit ihrer nach außen gerichteten Weltsicht begegnete, und übernahmen dann die besten Teile, um sie in ihr wachsendes Imperium einzufügen. Infanterietaktik, Mythologie, Kunst und Architektur hatten ihre Ursprünge in Griechenland; Reitertruppen und die Fachkunde im Umgang mit Pferden stammten aus Persien, und als die Römer das Karthago der Phönizier angreifen wollten, die größte Seemacht ihrer Zeit, enterten sie einfach ein Schiff der Feinde und bauten nach diesem Vorbild innerhalb von zwei Monaten eine Flotte aus über 100 Fahrzeugen.

An die Fähigkeit der Römer, die Gedanken anderer zu kopieren und anzupassen, reichte nur ihre brutale Kraft und ihre Ausdauer heran. In den ersten Jahren der **römischen Republik** (509 bis 44 v. Chr.) hatten sie es mehrere Male diesen Eigenschaften zu verdanken, dass sie nur knapp der Vernichtung entgingen.

Die erste große Gefahr ging von dem griechischen Feldherrn Pyrrhus von Epirus aus. Er landete 280 v. Chr. in Süditalien, um dort die griechischen Städte vor der römischen Invasion zu schützen. Sein Feldzug war anfangs erfolgreich, und er konnte die Römer mit seinen überlegenen Reitertruppen und seinen Elefanten besiegen. Im folgenden Jahr jedoch blieb Pyrrhus in der Schlacht von Asculum (279 v. Chr.) zwar Sieger, verlor aber viele Soldaten. »Noch ein solcher Sieg, und ich bin verloren«, sagte er nach der Schlacht – wegen dieses Ausspruchs sprechen wir noch heute vom »Pyrrhussieg«. Pyrrhus zog sich nach Sizilien zurück, und als er zwei Jahre später erneut nach Italien kam, hatten die Römer so viele neue Männer in ihre Armee aufgenommen, dass er nach einer einzigen, unentschiedenen Schlacht hoffnungslos in der Minderzahl war. Er flüchtete und überließ es den Römern, die restlichen griechischen Städte an der Küste Süditaliens einzunehmen.

Nachdem die Römer Mittel- und Süditalien vereinigt hatten, blickten sie sich eifrig im gesamten Mittelmeerraum um, um neue Nahrungs- und Versorgungsquellen für ihre wachsende Zivilisation zu finden. Als Erstes geriet die Insel Sizilien in ihr Blickfeld: Sie eignete sich ausgezeichnet für den Getreideanbau, war aber eine gut bewachte Provinz der Phönizier, deren Hauptstadt sich jetzt in Karthago an der nordafrikanischen Küste befand. Den ersten Krieg zwischen Rom und Karthago (264 bis 241 v. Chr.) konnten die Römer mit ihrer neuen Flotte für sich entscheiden. Bei deren Bau hatten sie die Schiffe der Karthager nicht einfach kopiert, sondern auch eine eigene Errungenschaft hinzugefügt: die Enterbrücke, die sich in feindlichen Schiffen verhakt. Mit ihrer Hilfe konnten die römischen Sol-

Hannibals Marsch mit Elefanten auf Rom im Jahr 218 v. Chr., dargestellt in einem Fresko des italienischen Renaissancekünstlers Jacopo Ripanda (tätig 1490 bis 1530).

daten den Seekrieg wie an Land in einen Kampf Mann gegen Mann verwandeln, eine Form der Kriegsführung, die sie besonders gut beherrschten. Im Jahr 241 v. Chr. unterzeichneten die besiegten Karthager einen Friedensvertrag, mit dem sie Sizilien an Rom abtraten und einen hohen finanziellen Tribut zahlten.

Aber der Frieden hielt nicht lange. Eine neue, große Gefahr für Rom ging von dem berühmten karthagischen Feldherrn **Hannibal** aus, der 218 v. Chr. mit einer Söldnerarmee und afrikanischen Kriegselefanten durch Spanien und über die Alpen zog. Sein Überraschungsangriff von Norden verschaffte ihm mehrere Siege; am berühmtesten war der in der Schlacht von Cannae (216 v. Chr.) im süditalienischen Apulien, wo Hannibals Reitertruppen eine große Zahl römischer Fußsoldaten umzingelten und niedermetzelten. Dennoch zahlte sich der Widerstand der Römer am Ende aus. Sie wussten, dass Hannibal nicht über die nötigen Mittel verfügte, mit denen er die Mauern der Stadt Rom hätte bezwingen können; deshalb warteten die römischen Streitkräfte einfach ab: Sie beschatteten Hannibals Armee, beobachteten seine Taktik, gingen aber dem Krieg aus dem Weg. Zur gleichen Zeit schlug eine andere römische Armee unter Führung des jungen Feldherrn Scipio die Streitkräfte der Karthager in Spanien und überquerte die schmale Meerenge nach Afrika, wo sie nun gegen Karthago marschierte. Hannibal blieb nichts anderes übrig, als nach Hause zurückzukehren, um seine Stadt zu retten; dennoch wurde er 202 v. Chr. in der Schlacht von Zama besiegt.

Hannibal überlebte die Schlacht und blieb in Karthago, um beim Wiederaufbau zu helfen. Anschließend war er eine Zeit lang als militärischer Berater kleinasiatischer Könige tätig, bevor er 183 v. Chr. Selbstmord beging, um der Gefangennahme und Folterung durch römische Soldaten zu entgehen. Nach der Niederlage wurde Karthago gezwungen, alle seine Kolonien einschließlich Spaniens an Rom abzutreten, und es wurde der Stadt verboten, eine Armee oder eine Seestreitmacht zu unterhalten. Wieder musste sie einen gewaltigen Tribut zahlen.

Rom verfügte mittlerweile über einen höchst leistungsfähigen Kriegsapparat, der die Grenzen des Imperiums rund ums Mittelmeer immer mehr erweiterte. Nach jeder Eroberung brachten die Truppen große Beute in Form von Schätzen und Kriegsgefangenen nach Hause, wo die Gefangenen in die Sklaverei geschickt wurden. Mit den Plünderungen finanzierten sich die Bürger Roms eine unglaublich luxuriöse Lebensweise, und die importierten Sklaven dienten als kostenlose Arbeitskräfte in den Haushalten, in der Landwirtschaft, auf den Straßen der Städte und bei den vielen riesigen Bauprojekten, durch die Rom sehr schnell zur am höchsten entwickelten Zivilisation der Erde aufstieg.

Im Jahr 146 v. Chr. wurde Griechenland nach einer Reihe militärischer Siege in das Imperium aufgenommen, und 129 v. Chr. folgte Kleinasien (die heutige Türkei), dessen todkranker König Attalos III. sein gesamtes Reich testamentarisch an Rom vermacht hatte, um Streitigkeiten zwischen seinen Erben zu vermeiden. Von nun an verfügten die Römer über einen hervorragenden Brückenkopf für eine Reihe von Feldzügen in den Nahen Osten; 64 v. Chr. eroberten sie unter Führung des Generals Pompejus nacheinander Armenien, den Libanon, Syrien und Judäa, wobei ihrer Wirtschaft jedes Mal weitere Reichtümer in Form von Gold, Silber und Sklaven zuflossen. Nach dem Bericht des römischen Historikers Plutarch brachte Pompejus von diesen Feldzügen 20000 Talente an Gold und Silber mit, und die Steuereinnahmen des Imperiums stiegen von 50000 auf 85000 Drachmen im Jahr. Im Süden fügte der römische General Octavian, der spätere Kaiser Augustus, den letzten großen Triumph hinzu: Er eroberte Ägypten.

Nachdem Octavian am 2. September 31 v. Chr. in der Schlacht von Actium den Sieg davongetragen hatte, übernahm er in Ägypten die Herrschaft – zuvor hatten die dortige Herrscherin Kleopatra und ihr römischer Geliebter Marcus Antonius Selbstmord begangen. Octavian ließ Kleopatras Sohn und Erben Caesarion hinrichten, wobei er erklärte: »Zwei Caesaren sind einer zu viel.«

Mit der nahezu grenzenlosen Getreideproduktion im Niltal war die Eroberung Ägyptens ein ausgezeichneter letzter Mosaikstein, um dem gesamten römischen Imperium zu einer unbegrenzten Lebensmittelversorgung zu verhelfen.

Im Kern jedoch warf der Aufstieg Roms ein unlösbares Problem auf. Was tut eine auf militärische Eroberungen und finanzielles Wachstum gegründete Zivilisation, wenn sie feststellt, dass sie nicht mehr weiter expandieren kann? Rom hatte 30 v. Chr. ungefähr 500000 bis eine Million Einwohner und war damit die größte Stadt der Welt. Die Schätze aus den militärischen Eroberungen und die Steuern der unterworfenen Königreiche ermöglichten der römischen Oberschicht eine höchst luxuriöse Lebensweise – Adlige, Feldherren, Soldaten, Politiker und Kaufleute wurden im Durchschnitt von vier Sklaven je Haushalt bedient. Aber war es ein nachhaltiges Wachstum? Einerseits hatte Rom die Grenzen der Territorien und Reichtümer erreicht, die es mit seinen Armeen erobern konnte, und auf der anderen Seite drohte die große Zahl der versklavten, verarmten Untertanen, die Ordnung und Kontrolle der Führungsschicht zu untergraben.

Gallien (das heutige Frankreich) war unter römische Herrschaft gekommen, nachdem Julius Cäsar einen Zittersieg über Vercingetorix errungen hatte, den französischen Helden, der 52 v. Chr. im Namen seiner Landsleute einen Aufstand angeführt hatte. Die letzte Schlacht bei Alesia stand unentschieden, nachdem Cäsars Befestigungen gefallen waren. Erst als Cäsar persönlich seine Reservetruppen in die Schlacht geführt hatte, trug er den Sieg davon; er brachte Vercingetorix nach Rom, wo er zur Schau gestellt und fünf Jahre ins Gefängnis gesteckt wurde, bevor man ihn schließlich erdrosselte.

Britannien, um dessen Eroberung sich die Römer seit 55 v. Chr. bemüht hatten, wurde 61 n. Chr. erstmals unterworfen, nachdem der Boudicca-Aufstand mit der Schlacht von Watling Street gescheitert war. Die weitere Expansion nach Schottland erwies sich aber als wenig gewinnbringend, und schließlich bauten die Römer eine Mauer, um die gewalttätigen Pikten fernzuhalten.[1] Im Nordwesten ihres Reiches stationierten sie ständig mehrere Legionen an der natürlichen Grenze, die von den Flüssen Rhein und Donau gebildet wurde; dort mussten sie germanische Stämme wie die Ost- und Westgoten in Schach halten, die sie trotz mehrfacher Versuche nie endgültig unterwerfen konnten. Im Osten war ein neues persisches Reich an die Stelle der griechischen Satrapen getreten, die Alexander der Große eingesetzt hatte. Die Parther waren weltweit die besten Experten im Einsatz schwerer Reitertruppen, und ihre Ritter, die Azatan, hielten die Römer erfolgreich von den fruchtbaren Landstrichen des Mittleren Ostens fern.

Und schließlich stieß man auch auf natürliche Schranken. Im Westen war die Welt hinter Spanien zu Ende – dort lag der scheinbar endlose Atlantik. Im Süden gab es jenseits von Karthago und Ägypten nur trockene, öde, leblose Wüste.

Die britannische Heerführerin Boudicca spricht zu ihren Soldaten, bevor sie gegen die römischen Invasionstruppen in die Schlacht ziehen.

Die Geschichte der Spätphase des römischen Reiches handelt davon, wie eine auf Gewalt und Wachstum gegründete Kultur sich lange Zeit halten konnte, obwohl sie die Grenzen ihres Wachstums erreicht hatte. Mit verschiedenen erfindungsreichen und oft auch brutalen Strategien konnte die herrschende römische Oligarchenschicht ihren luxuriösen

Lebensstandard noch eindrucksvolle 300 Jahre lang aufrechterhalten, nachdem die Expansionsphase im Wesentlichen vorüber war. Das gelang ihr dank einer raffinierten gesellschaftlichen Taktik, die schließlich auch als Vorbild und Anregung für spätere europäische Kulturen diente.

Die wichtigste Überlebenstaktik des kaiserlichen Rom war politischer Natur. Nur mit einer **Tyrannenherrschaft** ließen sich in rascher Folge die Reformen erzwingen, die notwendig waren, um die auf Gewalt ausgerichtete, an Land und Meer gebundene Gesellschaft zusammenzuhalten. Die riesige Bevölkerung der Hauptstadt bestand zu mindestens 40 Prozent aus Sklaven. Diese unternahmen einen vergeblichen Versuch, sich dem Würgegriff der Herrschenden zu entziehen: Im Jahr 73 v. Chr. rief Spartakus, ein geflüchteter griechischer Gladiator, zum Aufstand auf. Wie Plutarch und andere Historiker seiner Zeit berichteten, versammelte er bis zu 120 000 Sklaven um sich, um mit ihnen gemeinsam nach Süden zum Vesuv zu flüchten. Nach anfänglichen Erfolgen schnitt ihnen der römische General Marcus Crassus in Süditalien jedoch den Weg ab. Mehr als 6 000 Aufständische wurden gekreuzigt und die Kreuze entlang einer 130 Kilometer langen Straße von Capua nach Rom aufgestellt. Crassus befahl, die Leichen nicht abzunehmen. Die verwesten Überreste blieben viele Jahre lang hängen und erinnerten auf grausige Weise daran, wie es Sklaven erging, die ihren Herren nicht gehorchten.

Die Taktik, mit der die herrschende Klasse im alten Rom ihren Lebensstandard aufrechterhielt, bestand in erster Linie aus erbarmungsloser Unterdrückung. Aber um die riesige Bevölkerung der Hauptstadt wirklich im Griff zu behalten, brauchte man noch andere Strategien. Die drei wirksamsten waren die effiziente Organisation der Armee, der Einsatz neuer Technologien und Unterhaltung.

Zu den wichtigsten Reformen, die um 100 v. Chr. unmittelbar vor der Phase der Bürgerkriege eingeleitet wurden, gehörte die von dem General Gaius Marius angeregte Neuorganisation der römischen Armee. Statt sich darauf zu verlassen, dass reiche römische Bürger sich freiwillig als Soldaten meldeten, griff er auf die ärmsten Gesellschaftsschichten zurück und bildete ihre Mitglieder zu professionellen Söldnern aus. Dies verschaffte ihm größere Armeen, die in anderen Ländern kämpfen und die Provinzen unter Kontrolle halten konnten. Außerdem entstand dabei der wichtige Nebeneffekt, dass ein ansonsten vielleicht schwer zu kontrollierender Teil der römischen Gesellschaft von den Straßen verschwand und keinen Ärger mehr machte. Aber eine große, stehende Armee musste bezahlt werden, sodass die Anforderungen an die Staatsfinanzen (und damit auch die Notwendigkeit weiterer Expansion) stark anwuchsen. Die Soldaten waren jetzt in ständigen Legionen organisiert, deren Befehlshaber, die Militärgouverneure, sich mit einem Eid verpflichten mussten, nie ohne Genehmigung aus Rom ihre Provinz zu verlassen. Diese Abmachung brach Julius Cäsar, als er 49 v. Chr. seine Provinz Gallien verließ, mit seinen Legionen den Fluss Rubikon überschritt und nach Rom marschierte, womit er das Reich in eine Phase des Bürgerkriegs stürzte.

In den Jahren zwischen 90 und 27 v. Chr. sorgte eine Reihe von Bürgerkriegen nach und nach für die Verdrängung der republikanischen Regierungsform, die seit ungefähr 509 v. Chr. auch für Bürger niedrigerer Klassen (Plebejer) die Möglichkeit geboten hatte, in den Angelegenheiten der Stadt mitzuentscheiden. An ihre Stelle trat eine kaiserliche Diktatur. Seit dem Tag im Jahr 44 v. Chr., als Julius Cäsar zum »Diktator auf Lebenszeit« erklärt wurde, gehörte die repräsentative Regierung de facto der Vergangenheit an. Im Rahmen seiner autoritären Herrschaft reformierte Julius Cäsar unter anderem auch den Kalender: Das Jahr wurde von zehn auf zwölf Monate erweitert, und einen Monat, den Juli, benannte er sogar nach sich selbst.

Ein sehr deutliches Anzeichen dafür, wie Personen in den politischen Prozessen in den Vordergrund rückten, war die brutale Art, mit der Cäsar aus der Politik entfernt wurde. Ein Amt kann man verlieren, indem man eine Wahl verliert. Aber von Politikerkollegen und früheren Weggefährten auf den Stufen des Parlaments erstochen zu werden, war zweifellos ein radikaleres Ende. An der Verschwörung, die zu Cäsars Ermordung führte, waren mehr als 60 Mitwisser beteiligt, die sich durch die völlige Missachtung des römischen Senats beleidigt fühlten. Am 15. März 44 v. Chr. wurde die Tat ausgeführt. Nachdem Cäsar tot war, soll Brutus, einer der wichtigsten Verschwörer, ausgerufen haben: »Ihr Menschen von Rom, wir sind wieder frei!« Aber das Imperium versank anschließend nur noch tiefer im Bürgerkrieg, und es folgte eine weitere Militärdiktatur.

Immer größere Armeen aufzubauen, war ein zweischneidiges Schwert. Viele ärmere Menschen kamen dadurch zwar von der Straße, aber es kostete auch Geld. Außerdem verfügten neidische oder ehrgeizige Generäle nun über eigene Streitkräfte und konnten ernsthafte innere Unruhen anzetteln. Bei weitem besser war es, arme und versklavte Menschen mit Bauprojekten zu beschäftigen, die gleichzeitig den Wohlhabenden immer größere Annehmlichkeiten verschafften. Mit dieser Strategie wurde das Römische Reich sehr schnell zum Ausgangspunkt für **technische Mammutprojekte**, die man in allen eroberten Ländern in Angriff nahm. Ihre Ruinen sind noch heute überall in Europa, Nordafrika und dem Nahen Osten zu bestaunen.

Die Lieblingsbauwerke der Römer waren künstliche Wasserleitungen. Aquädukte stellten den Schlüssel zu einer zivilisierten, urbanen Lebensweise dar. Eine Stadt ohne Springbrunnen, öffentliche Bäder, Wäschereien und fließendes Leitungswasser war nicht der Ort, an dem eine junge römische Familie leben wollte. Überall, wo die Römer sich niederließen, leiteten sie mit ihren technischen Bauwerken das Wasser der örtlichen Flüsse und Gebirgsquellen in die Stadtzentren. Die Aquädukte gehörten zu den eindrucksvollsten technischen Errungenschaften der Antike.

Eine der berühmtesten derartigen Wasserleitungen ist bis heute erhalten: Sie verläuft über 50 Kilometer durch die hügelige südfranzösische Landschaft von den Quellen bei Uzès in die Stadt Nîmes. Der gewaltige künstliche Wasserlauf hat von Anfang bis Ende nur ein Gefälle von 17 Metern, beim Bau musste also auf der ganzen Länge ein gleichmäßiges Gefälle von einem Meter je drei Kilometer eingehalten werden. Ein wenig zu steil, und das Wasser wäre wohl unter der Erde verschwunden, ein wenig zu flach, und die Schwerkraft hätte nicht ausgereicht, um das Wasser über die gesamte Strecke weiterfließen zu lassen.

Der spektakulärste Abschnitt des Aqädukts ist eine Brücke, auf der das Wasser den Fluss Gard überquert. Sie besteht aus drei Bogenreihen, erstreckt sich auf 275 Metern über das Flusstal und ist völlig ohne Mörtel gebaut. Die riesigen Steinblöcke wurden mit Winden, die von Sklaven angetrieben wurden, an ihren Platz gehoben. Für die Fertigstellung des Bauwerks benötigten 1 000 Arbeiter volle drei Jahre. Erfolg setzte Ausdauer voraus. Nachdem der Aqädukt um 60 n. Chr. in Betrieb gegangen war, erwies sich der Kanal jedoch als so lang und undicht, dass man weitere 25 Jahre für die Reparaturen brauchte. Erst dann lief das Wasser ohne Beeinträchtigung. Und schließlich hatte sich die Anstrengung ausgezahlt: Nîmes wurde jeden Tag mit mehr als 20 Millionen Litern Trinkwasser versorgt. Da das Bauwerk nach dem Sturz des Imperiums jedoch nicht mehr gut in Stand gehalten wurde, versiegte der Zufluss um 900 n. Chr. völlig.

Die Ausbeutung der Arbeitskraft von Sklaven und Armen führte auch zur Entstehung des ersten umfassenden Straßennetzes in Europa; es bildete eine unentbehrliche Infrastruktur, um in dem Imperium, das um 100 n. Chr. mit über fünf Millionen Quadratkilometern seine größte Ausdehnung erreicht hatte, Ordnung und Kontrolle aufrechtzuerhalten. Sklaven bauten unter Aufsicht von Soldaten mehr als 85 000 Straßenkilometer, die meisten davon in gerader Linie, und verlegten dabei erstmals lange Strecken aus Ziegelsteinen, Zement und Beton.[2] Was im Weg stand, ob Wälder oder Bauernhöfe, wurde dem Erdboden gleichgemacht. Diese Menschen rechneten mit Sicherheit damit, dass sie noch sehr lange herrschen würden – viele ihrer Straßen waren noch mehr als tausend Jahre nach ihrer Erbauung in Betrieb, und manche existieren bis heute.

Ein weiterer wichtiger Teil des Systems, mit dem die überbevölkerte Hauptstadt Rom regierbar gehalten wurde, waren spektakuläre Formen der **Massenunterhaltung**. Mit Geldern, die man nach der Niederschlagung einer jüdischen Revolte seit 66 n. Chr. eingetrieben hatte, wurde in Rom das riesige Kolosseum finanziert, das unter der Herrschaft des Kaisers Vespasian entstand.[3] Nach seiner Eröffnung im Jahr 80 n. Chr. bot das Kolosseum mehr als 50 000 Zuschauern Platz, womit es vielen großen Sportstadien unserer Zeit ebenbürtig ist. Ein neuer Kaiser, Titus, feierte die Eröffnung dieses Tempels der Massenunterhaltung mit aufsehenerregenden Darbietungen, die 100 Tage dauerten: Scheinschlachten, Gladiatorenkämpfe, Tierjagden und Hinrichtungen. Nach einem zeitgenössischen Bericht

Der Pont du Gard, ein römischer Aquädukt, der ohne Mörtel errichtet wurde und in der Nähe der französischen Stadt Nîmes den Fluss Gard überspannt. Er hatte auf einer Länge von 50 Kilometern nur 17 Meter Gefälle.

des Geschichtsschreibers Dio Cassius kamen bei diesen Spielen mehr als 11 000 wilde Tiere ums Leben. Viele davon, beispielsweise Löwen, Krokodile, Elefanten, Giraffen, Panther, Leoparden, Flusspferde, Nashörner und Straußenvögel, wurden aus dem gesamten Imperium importiert.

Wie bei vielen Ereignissen, die aus niederen Beweggründen inszeniert werden, so war auch hier der Eintritt frei. Der Kaiser war bei den Spielen zugegen, sodass sein Volk ihn in all seiner Pracht bewundern konnte. Nur allzu gern sah er zu, wie seine Untertanen an einem einzigen Ort unter den wachsamen Augen der kaiserlichen Garde zufriedengestellt wurden.

Kaiserliche Propaganda und grausige Unterhaltung als Mittel zur Kontrolle der Bevölkerung waren römische Erfindungen, die das Risiko innerer Unruhen in einem Imperium, das trotz seines Wachstumsdrangs nicht mehr expandieren konnte, erheblich verminderten. In den meisten wichtigen Städten des Reichs, vom englischen Bath bis zum ägyptischen Alexandria, wurden Theater wie das Kolosseum erbaut. In einem solchen Unterhaltungskomplex in Caesarea wurden 66 n. Chr. nach dem gescheiterten Aufstand 2 500 jüdische Rebellen hingerichtet – zum größten Vergnügen der Zuschauer.

Eine weitere sehr wirksame Methode, mit der man die Bevölkerung überall im Imperium streng unter Kontrolle halten konnte, war die Arbeit in den Bergwerken. Darüberhinaus brachte sie auch hohe Gewinne. Mit dieser Taktik löste man ein weiteres Problem, denn das Imperium hatte einen gewaltigen Geldbedarf zur Bezahlung von Armeen, Seestreitmacht, Straßen und anderen Bauprojekten. Da man keine Völker mehr wie die Juden besiegen und ausplündern konnte, richtete sich die Aufmerksamkeit nun darauf, den natürlichen Reichtum in Form von Bodenschätzen ans Licht zu holen.

Silber war bereits seit 550 v. Chr. zuerst von den Lydiern und dann von

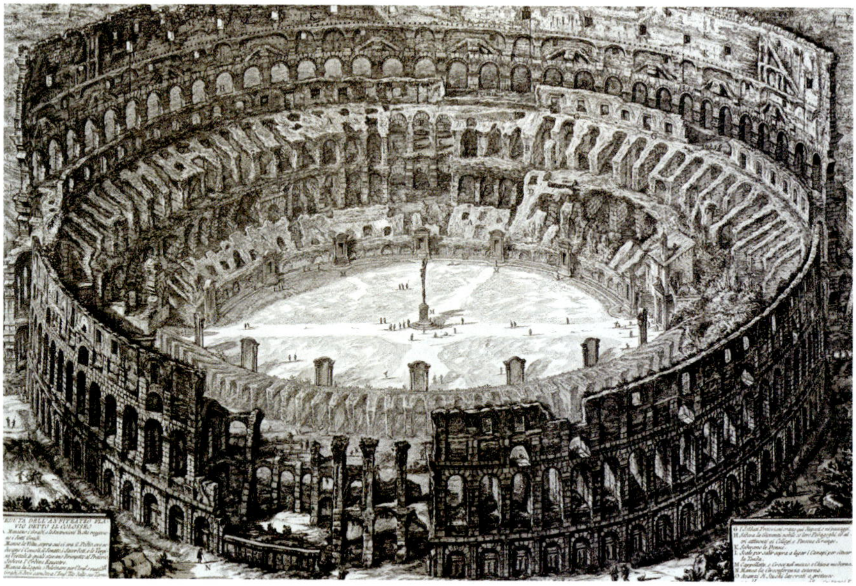

Das Kolosseum in Rom aus der Vogelperspektive, hier in einer Darstellung aus der Zeit um 1800. Ursprünglich wurde es mit den Schätzen errichtet, die man den Juden 66 n. Chr. nach ihrem gescheiterten Aufstand gegen die römische Herrschaft abgenommen hatte.

den Griechen erfolgreich abgebaut worden. Als Nebenprodukt bei der Silbergewinnung aus Erzen, die als Galena bezeichnet wurden, fiel Blei an. Für die Römer brachte der Bergbau damit doppelten Gewinn. Erstens konnten sie die Sklaven in der Silberproduktion beschäftigen und damit weitere Reichtümer anhäufen, und zweitens wurde gleichzeitig Blei in großen Mengen erzeugt, ein weiches, formbares Metall mit niedrigem Schmelzpunkt, das sich als ideales Baumaterial für die vielen technischen Projekte der Römer erwies. Sie benutzten Blei zur Herstellung aller möglichen Dinge, von Kochtöpfen, Pfannen und Vorratsgefäßen bis zu Dachrinnen und Rohrleitungen. Die insgesamt 420 Kilometer langen Wasserleitungen in den elf Aquädukten Roms bestanden zum größten Teil aus Blei.

Inwieweit diese Ausbeutung der natürlichen Bodenschätze am Ende zum Niedergang des römischen Imperiums beitrug, ist bis heute umstritten. Mit neuen wissenschaftlichen Befunden wurde bestätigt, dass die **Bleivergiftung** in römischer Zeit ein schwerwiegendes, damals aber unerkanntes Problem darstellte. Bei der Untersuchung von über 250 menschlichen Skeletten, die von 20 verschiedenen archäologischen Ausgrabungsstätten aus ganz Italien stammen, fand man einen bis zu zehnmal höheren Bleigehalt als in Funden aus vorrömischer Zeit. Seit ungefähr 500 n. Chr. ging der Bleigehalt dann wieder nahezu bis auf den Normalwert zurück.[4]

Ihre größten Auswirkungen hatte die Liebe der Römer zum Blei bei den Reichen: Ihre Mahlzeiten wurden in Töpfen aus Blei zubereitet, und das Metall diente auch zur Herstellung eines dicken Traubenmostes, aus dem der Süßstoff Defrutum gewonnen wurde. Nach Angaben des Historikers Cato sollte man diesen Stoff in Gefäßen zubereiten, »welche nicht aus Messing, sondern aus Blei hergestellt sind; denn beim Kochen geben Messinggefäße einen Kupferrost ab, der den Geschmack des Konservierungsmittels verdirbt«. Reiche Römer benutzten Defrutum zum Würzen aller möglichen Lebensmittel, vom Wein bis zum Garum, einer beliebten Soße, die zum Fisch serviert wurde.

Bleivergiftung verursacht Schilddrüsenschäden, Unfruchtbarkeit und Gedächtnisverlust bis hin zum Wahnsinn. Wurden die Krisen, die das Imperium seit dem ersten Jahrhundert n. Chr. immer wieder erschütterten, durch den schlechten Geisteszustand der Herrscher verstärkt? An Belegen für geistige Störungen bei römischen Kaisern besteht kein Mangel: Das Spektrum reicht von Nero, der 64 n. Chr. auf seiner Leier spielte, während er zusah, wie große Teile Roms von Feuer verzehrt wurden, bis zu den bizarren Befehlen von Caligula (Herrschaftszeit 37 bis 41 n. Chr.), der seine Soldaten in den Kampf gegen den Meeresgott Neptun schickte, es sich dann aber in letzter Minute anders überlegte und die Anweisung gab, stattdessen lieber an den Stränden Nordfrankreichs Muschelschalen zu sammeln.

Wie in einem Wirbelsturm gab es jedoch auch in diesen turbulenten Zeiten von Geisteskrankheit, Zügellosigkeit, Ausbeutung und Gewalt einen erstaunlichen Moment der Ruhe. Fast genau in der Mitte des Zeitalters römischer Vorherrschaft im Mittelmeerraum wurde einem jüdischen Zimmermann und seiner Frau aus Bethlehem – einer Stadt südlich von Jerusalem – ein Sohn geboren. Sein Name war **Jesus**.

Wie Buddha 500 Jahre vor ihm, so war auch Jesus ein charismatischer Führer, der aus der Armut eine Tugend machte und die Vorzüge der Gewaltlosigkeit lehrte. Seine Botschaft war einfach: Seid friedlich. Liebe deinen Nächsten wie dich selbst. Wenn jemand dich auf eine Wange schlägt, schlage nicht zurück, sondern halte ihm die andere hin. Bete keine falschen Götzen wie Geld oder materielle Besitztümer an, und vor allem sei demütig, denn den Demütigen wird eines Tages die Erde gehören. Soweit wir wissen, verlor Jesus nur ein einziges Mal die Beherrschung: Im Tempel von Jerusalem, wo man einen Markt eingerichtet hatte, damit die Kaufleute ihre Gewinne kassieren konnten. Wenig später wurde er von jüdischen Hohepriestern verraten, weil sie sich durch seine große Gefolgschaft bedroht fühlten.

Jesu Anhänger sahen, wie er Wunder vollbrachte, und hielten ihn schließlich für die Wiedergeburt Gottes auf Erden, die Jesaja und andere in der jüdischen Thora prophezeit hatten. Nach einer der tiefsten jüdischen Glaubensüberzeugungen wurden die Israeliten zur Zeit des Bundes zwischen Gott, Abraham und Mose als Gottes auserwähltes Volk benannt. Und nun war hier ein Mann, dessen Jünger ihn als König der Juden bezeichneten und der die Aussicht auf ewige Erlösung unabhängig von Hautfarbe, Rasse oder Religion all jenen bot, die an ihn glaubten.

Jesus wurde als Ketzer an Pontius Pilatus übergeben, den römischen Statthalter der Provinz Judäa. Der hatte zwar Zweifel, verurteilte ihn aber schließlich wie einen gewöhnlichen Verbrecher zum Tod am Kreuz. Drei Tage nachdem man den Leichnam in einem Grab bestattet hatte, verschwand er auf rätselhafte Weise, und seine Jünger sahen ihn in Visionen. Sie schrieben Berichte über die wundersamen Ereignisse, die sie als Wiederauferstehung bezeichneten, und hielten es nun für ihren göttlichen Auftrag, die gute Nachricht zu verbreiten: Der Sohn Gottes sei auf Erden gekommen und am Kreuz gestorben, damit alle, die an ihn glaubten, des ewigen Lebens teilhaftig wurden. Schließlich gründeten sie in seinem Namen eine Kirche.

Der fleißigste Verkünder der Botschaft war ein Jude, der Jesus nie kennengelernt hatte. Paulus von Tarsus, der ursprünglich die Anhänger Jesu verfolgt hatte, schrieb über eine Vision, die er auf seinem Weg nach Damaskus erlebt hatte: Dort hatte Gott ihm angeblich befohlen, die Jünger Jesu nicht mehr zu belästigen. Von nun an unternahm Paulus große Reisen nach Griechenland, Rom, Zypern und Kreta, und überall verbreitete er die Nachricht von der Wiederkehr des Messias. Paulus verfasste wichtige Teile des Neuen Testaments. Viele Jahre lang gab es kein »offizielles« Neues Testament und keine erkennbare Kirche. Nun begann eine ernsthafte Diskussion darüber, was das eigentlich für eine neue Religion war, die von Ignatius von Antiochia um 130 n. Chr. erstmals als **Christentum** bezeichnet wurde.

Die frühchristliche Kirche entwickelte eine gewaltige Anziehungskraft, fühlte sie doch ein spirituelles Vakuum, das die materialistische, brutale, von Ungerechtigkeiten geprägte Gesellschaft des Römischen Reiches hinterlassen hatte. Dennoch hatte sie es am Anfang alles andere als einfach.

Es entspann sich eine Diskussion darüber, ob jemand, der Christ sein wollte, zuerst zum Judentum konvertieren musste, was auch die jüdische

Sitte der Beschneidung einschloss. Auf dem Konzil von Jerusalem, auf dem sich die Anhänger trafen, wurde ungefähr 50 n. Chr. nach einer hitzigen Debatte zwischen Petrus und Paulus beschlossen, dass die Beschneidung und der Übertritt zum Judentum nicht notwendig seien. Es war eine wichtige Entscheidung, denn davor waren die meisten Anhänger Jesu Juden gewesen. Tatsächlich gehörten die ersten Mitglieder der Kirche – die Jünger, die ersten Bischöfe und die Geistlichen – dem jüdischen Glauben an.

Nach dieser Entscheidung schwand die jüdische Unterstützung für die Anhänger Jesu. Der Verbindung zwischen beiden Glaubensrichtungen wurde zudem durch ein weiteres verheerendes Blutbad erschwert; es war die Folge eines Aufstands gegen die römische Herrschaft in Judäa, der im Jahr 135 n. Chr. stattfand und bis zu 500 000 Juden das Leben kostete.[5] Andere Juden verstreuten sich weit weg von Jerusalem und zogen außerhalb des römischen Imperiums bis nach Persien. Als Bestrafung für den Aufstand wurden die Juden von den römischen Behörden aus Jerusalem vertrieben, das Königreich Israel wurde aufgelöst, und an seine Stelle trat eine neue Provinz mit Namen Palästina.

Seit jener Zeit übte das Christentum seinen Reiz hauptsächlich auf nichtjüdische Arme, Frauen und Sklaven aus. Für diese Menschen war das Alltagsleben im römischen Imperium ein mehr als ausreichender Beweis, dass das Pantheon der griechisch-römischen Götter ihnen im Hinblick auf spirituelle Erfahrungen oder Zukunftshoffnungen nichts zu bieten hatte. Die Vorstellung, der Sohn Gottes sei gekommen, um sie zu befreien und in seinem himmlischen Königreich für immer zu erlösen, klang da vielversprechender.

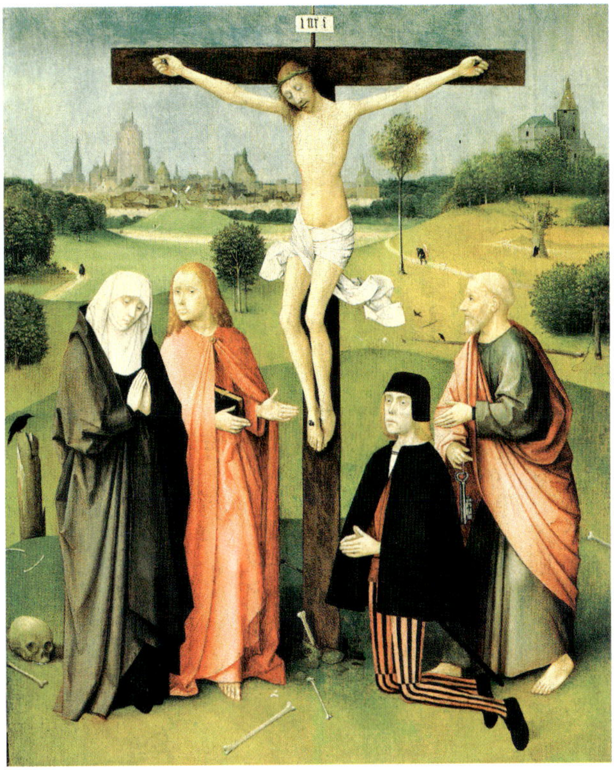

Jesus Christus starb, um die Seelen der Menschen zu retten, die an ihn glaubten. Gemälde des flämischen Künstlers Hieronymus Bosch (1450 bis 1515).

Auch eine andere Gruppe fühlte sich von den Lehren Jesu angesprochen: Das waren diejenigen, die gern eine neue Hierarchie begründen wollten, um sich damit der scheinbar allmächtigen römischen Gesellschaft zu widersetzen. Griechische Denker hatten sich zuvor an den Gedanken einer universellen Naturkraft gehalten, den Sokrates, Platon und Aristoteles zum ersten Mal formuliert hatten; jetzt gewann die Vorstellung von einem einzigen, universellen Gott, der für alle Menschen da war, an Überzeugungskraft. Das größte Problem bestand für viele darin, diese umfassende göttliche Kraft mit dem Sohn eines Zimmermanns aus Galiläa in Einklang zu bringen, dessen Anhänger behaupteten, er sei der wiederauferstandene Sohn Gottes.

Dieses Problem war auch 311 n. Chr., als der Kaiser Galerius das Christentum im Römischen Reich für legal erklärte, noch nicht endgültig beigelegt.[6] Die Antwort gab am Ende die Lehre von der **Dreifaltigkeit**. Sie verband den jüdischen Gott des Alten Testaments (Vater) und die Person Jesu Christi (Sohn) mit einer göttlich-platonischen, alle Dinge durchdringenden Naturkraft (Heiliger Geist). Vater, Sohn und Heiliger Geist bilden die Dreifaltigkeit, durch die sich das Christentum noch heute von anderen Religionen unterscheidet. Die Dreifaltigkeitslehre wurde schließlich 325 n. Chr. auf dem Konzil von Nicaea unter der Schirmherrschaft des römischen Kaisers Konstantin endgültig beschlossen und schriftlich niedergelegt.

In der griechischen Welt waren aber nicht alle überzeugt. Manche Denker fanden die ganze Lehre bizarr, und der griechische Philosoph Celsus verfasste um 170 n. Chr. einen scharfen Angriff auf das Christentum:

Die Idee der Wiedergeburt Gottes ist absurd; warum soll das Menschengeschlecht glauben, es sei den Bienen, Ameisen und Elefanten überlegen und könne in einer einzigartigen Beziehung zu seinem Schöpfer stehen? Und warum sollte Gott beschließen, den Menschen als Jude gegenüberzutreten? Die christliche Idee einer besonderen Vorsehung ist Unsinn, eine Beleidigung für die Gottheit. Die Christen sind wie eine Versammlung von Fröschen in einem Sumpf oder eine Synode von Würmern in einem Misthaufen, die quaken und kreischen: »Um unseretwillen wurde die Welt erschaffen.«[7]

Bevor das Christentum für legal erklärt wurde, befand sich auch diese entstehende Religion in den Fängen der extremen Gewalttätigkeit der römischen Welt. Stefan, Jakob, Petrus und Paulus, die überzeugtesten Anhänger Jesu, wurden hingerichtet und waren damit die ersten **Märtyrer**. Nero machte Christen für den großen Brand Roms im Jahr 64 n. Chr. verantwortlich und verfolgte sie. Hinrichtungen von Christen wurden zu einem festen Bestandteil der volkstümlichen Massenunterhaltung und fanden in den Amphitheatern des ganzen Landes statt. Die Armen jedoch fühlten sich weiterhin von der einfachen Botschaft der Christen angezogen. Wenn die Märtyrer sich als tapfer und gläubig zeigten, verstärkten sie damit nur den Reiz der neuen Religion für die Massen.

Der größte Christenverfolger war auch der letzte: Kaiser Diokletian herrschte von 284 bis 305 n. Chr. Mit seinen ehrgeizigen Reformen rettete er das Imperium vor dem völligen Zusammenbruch und verschaffte damit der herrschenden Schicht für weitere 100 Jahre ein gutes Leben, bevor es endgültig zu Ende ging. Zu diesem Zweck bediente er sich des geschickten Zaubertricks, das Imperium in zwei Teile zu spalten: Die westliche Hälfte wurde von Rom aus regiert, die östliche anfangs von Split im heutigen Kroatien.

Bekannt wurde Diokletian aber vor allem mit seiner gewalttätigen Unterdrückung des Christentums, das mittlerweile zu einer wichtigen gesellschaftlichen Kraft geworden war und den Niedergang der kaiserlich-römischen Autorität beschleunigte. Sein 303 n. Chr. erlassenes Edikt ordnete die Zerstörung aller christlichen Schriften und Versammlungsstätten an. Dann befahl er, die christlichen Bischöfe und Priester festzunehmen; ungefähr 3500 gläubige Christen wurden hingerichtet. Im Jahr 313 n. Chr. jedoch erkannte der neue **Kaiser Konstantin**, dass die christliche Religion sich nicht mehr eindämmen ließ.

Konstantins »Toleranzedikt von Mailand« kennzeichnet einen der größten Höhepunkte in der Geschichte des Christentums. Der Kaiser selbst war noch kein Christ, aber mit dem Edikt versuchte er die Spaltung zu überwinden, und zu diesem Zweck erklärte er zum ersten Mal in der Geschichte des Imperiums alle religiösen Überzeugungen zur Privatsache, die nicht dem staatlichen Diktat unterlag.

Inwieweit Konstantin selbst zu einem gläubigen Christen wurde, ist nicht geklärt. Vermutlich war er bis ins hohe Alter nicht getauft, und noch acht Jahre nach seiner angeblichen Bekehrung wurden Münzen geprägt, die ihn zusammen mit heidnischen Göttern zeigen. Sein Übertritt soll 312 n. Chr. während der entscheidenden Schlacht bei der Milvischen Brücke stattgefunden haben, die nach Ansicht einiger Historiker der erste heilige Krieg im Namen Christi war. Vor Beginn der Kämpfe soll Konstantin angeblich in die Sonne geblickt und dabei ein Kreuz aus Licht gesehen haben. Daraufhin gab er seinen Soldaten den Befehl, ihre Schilde mit einem christlichen Kreuz zu schmücken; er trug in der Schlacht den Sieg davon und zog als Kaiser in Rom ein.[8]

Im Jahr 330 n. Chr. verlegte Konstantin die Hauptstadt für den Ostteil des Reiches in die Stadt Byzantion am Bosporus, die seitdem den Namen Konstantinopel trägt (das heutige Istanbul). Dort förderte er das Christentum durch den Bau von Kirchen, während heidnische Tempel verboten wurden. Dennoch blieben viele Angehörige seines Hofstaates Heiden, ein Zeichen, dass Konstantin unabhängig von seiner persönlichen Überzeugung – ähnlich wie der Perserkönig Kyros der Große – ein toleranter Herrscher war.

Kaiser Konstantin, hier in einer Darstellung auf einem Sarkophagdeckel, der mit christlichen Symbolen geschmückt ist.

Aber die religiöse Toleranz sollte nicht von langer Dauer sein. Eines der letzten Vermächtnisse Roms bestand darin, dass man alle Vorstellungen von religiöser Freiheit über Bord warf und das Christentum zur **Staatsreligion** erklärte. Durch diese Maßnahme, die der Kaiser Theodosius (Regierungszeit 379 bis 395 n. Chr.) anordnete, verwandelte sich das kurze Licht der Toleranz in wütende Empörung gegen alles Nichtchristliche. Unter dem Einfluss des Bischofs Ambrosius von Mailand verbot Theodosius alle Spielarten des christlichen Glaubens mit Ausnahme der Dreifaltigkeitslehre, die im Glaubensbekenntnis von Nicaea niedergelegt war. Bischöfe, die anderer Ansicht waren, wurden vertrieben; viele von ihnen flüchteten nach Persien, wo das Herrscherhaus der Sassaniden nach wie vor Menschen aller Glaubensrichtungen gern aufnahm. In Rom wurde auch das Heidentum verboten. Die ewige Flamme im Tempel der

Vesta auf dem Forum Romanum wurde gelöscht und die Vestalischen Jungfrauen entlassen. An ihre Stelle trat das erste christliche Gesetz gegen Hexerei. Im Jahr 393 n. Chr. schließlich schaffte Theodosius auch die allseits geschätzten Olympischen Spiele ab, weil er sie für einen Überrest der heidnischen Vergangenheit hielt.

Seine Anordnungen dienten im gesamten Imperium als Rechtfertigung, mit der man Menschen anderer Glaubensrichtungen verfolgte. Einen besonders spektakulären Gewaltausbruch gab es in Alexandria, wo eine von Bischof Theophilus angestachelte Menge die große Bibliothek plünderte und viele besonders kostbare Bücher verbrannte, weil sie in einem Tempel des Serapis untergebracht waren, eines heidnischen Unterweltgottes. Am schlimmsten war die Hexenjagd auf Hypatia, die Leiterin der Platonischen Schule von Alexandria und eine der angesehensten griechischen Lehrerinnen und Denkerinnen jener Zeit, die von Heiden und Christen gleichermaßen bewundert wurde. Im Jahr 415 n. Chr. beschuldigte der christliche Patriarch Cyril von Alexandria die Philosophin, weil sie in eine Diskussion eingegriffen hatte, und zettelte dann einen Aufstand gegen die Heiden an. Er hetzte eine Volksmenge auf, die Hypatia aus ihrem Wagen zerrte. Was danach geschah, beschreibt Socrates Scholasticus in seiner Kirchengeschichte so:

Sie brachten sie in die Kirche, die Caesareum genannt wird. Dort wurde sie nackt ausgezogen und gesteinigt. Nachdem sie ihren Körper in Stücke gerissen hatten, brachten sie die zerfetzten Gliedmaßen an einen Ort, welcher Cinaron genannt wird, und verbrannten sie dort.

Jetzt waren die Christen an der Reihe, die Rolle der Verfolger zu übernehmen.

Dass das Römische Reich letztlich zusammenbrach, lässt sich auf mehrere Gründe zurückführen: Invasionen germanischer Stämme, Angriffe der Hunnen aus den mongolischen Steppen (siehe Seite 328), Widerstand der ersten Christen, Bleivergiftung, Krankheiten ... Historiker nennen für das endgültige Ende meist das Jahr 476 n. Chr., als der Germanenhäuptling Odoaker den letzten weströmischen Kaiser Romulus Augustulus absetzte. Odoaker selbst wurde aber wenig später von dem Ostgotenkönig Theoderich dem Großen gestürzt, einem anderen Germanen, der anschließend ganz Italien eroberte.

An der römischen Zivilisation war bemerkenswert, dass sie so lange überleben konnte, obwohl sie eigentlich auf Wachstum angewiesen war, um den unersättlichen Appetit ihrer herrschenden Klasse zu stillen. Nachdem es seit 65 n. Chr. keinen nennenswerten territorialen Zugewinn mehr erlebt hatte, bewies dieses antike Ancien Régime eine geniale Fähigkeit, trotz zunehmender Widrigkeiten an der Macht zu bleiben. Es stahl aus konkurrierenden Staaten hemmungslos die besten Ideen und technischen Neuerungen. Es unterdrückte rücksichtslos die Armen, indem es sie als Soldaten für seine Armee rekrutierte oder als Sklaven an Bauprojekten arbeiten ließ. Es lernte, wie man eine riesige Bevölkerung durch Massenunterhaltung und Propaganda unter Kontrolle hielt. Es beutete die natürlichen Bodenschätze aus. Und es vereinnahmte eine religiöse Minderheit als neue Staatsreligion und legte eine wütende Intoleranz gegenüber Nichtgläubigen an den Tag.

Der Aufstieg des Römischen Reiches

Römisches Reich ca. 116 n. Chr.

Das waren die Strategien, mit denen der Niedergang der römischen Macht hinausgezögert wurde. Ähnliche Taktiken wurden später mehrfach in unterschiedlicher Form wiederbelebt, anfangs in den zerstückelten Ländern Europas und in den trockenen Wüsten des Nahen Ostens, später aber auch in der ganzen Welt. Durch den Aufstieg und Fall des römischen Imperiums trat die Beziehung zwischen den Kulturen der Menschen und der Natur in eine Phase ein, in der die Voraussetzungen für eine neue Zeit geschaffen wurden.

KAPITEL 28

TRAUM-ZEIT

WIE MENSCHEN AUSSERHALB DES EINFLUSSBEREICHS DER ZIVILISATION LEBTEN UND SICH ALS WANDERNDE VIEHHIRTEN IHRE VEREHRUNG FÜR DIE NATUR, IHRE RESSOURCEN UND IHR SPIRITUELLES WOHLERGEHEN BEWAHRTEN

Rund ums Mittelmeer herrschten Chaos und Gewalt, und sowohl dort wie auch in Indien und China wuchs die Bevölkerung in großen Städten heran. In nahezu allen übrigen Teilen der Erde jedoch lebten die Menschen weiterhin wie früher. Von den rund 200 Millionen Menschen, die vor 2 000 Jahren lebten, pflegten einer Schätzung nach ungefähr 70 Millionen nach wie vor eine steinzeitliche Lebensweise.[1] Die meisten von ihnen waren außerhalb Europas und Asiens zu Hause. Grundlage ihres Daseins war die Überzeugung, dass ein Leben in und mit der Natur das Einzige ist, was für Wohlergehen und langfristiges Überleben wirklich eine Bedeutung hat.

Historisch betrachtet, ist das Leben in der Natur die solideste Daseinsform der Menschen. Über Jahrmillionen hinweg hatten sie gelernt, gemeinsam mit Tieren die Wälder der Wildnis zu bewohnen. Dies war die Lebensweise der widerstandsfähigsten und ältesten menschlichen Gesellschaften. In der Regel gründete sie sich nicht darauf, dass man sich gegen die Natur verteidigen oder ihre Kräfte zur Verbesserung des materiellen Lebensstandards ausnutzen musste. Ebenso lebte sie nicht davon, dass die Natur übermäßig ausgebeutet wurde. Heute sind solche altertümlichen Systeme nur an den äußersten Rändern der menschlichen Zivilisation noch erhalten geblieben, und das auch meist nur noch sehr bruchstückhaft. Um 476 n. Chr. jedoch, als das Römische Reich zusammenbrach, waren sie vielerorts noch quicklebendig.

Einer der ältesten natürlichen Lebensräume für Menschen befindet sich in Australien. Dass der Kontinent vor mehr als 40 000 Jahren vom Homo sapiens besiedelt wurde, wissen wir seit der

Entdeckung des »Mungo-Menschen«. Dieses schlecht erhaltene Skelett, das am 26. Februar 1974 am Boden eines ausgetrockneten Sees im australischen Bundesstaat New South Wales gefunden wurde, war ungefähr 163 Zentimeter groß und lag auf dem Rücken. Es war mit rotem Ocker bestreut, ein Zeichen, dass es damals bereits eine hoch entwickelte Bestattungstradition gab.

Die Frage, auf welchem Weg die Menschen nach Australien gelangten, ist bis heute heftig umstritten. Man weiß, dass Australien und Neuguinea während der letzten Eiszeit durch Landbrücken verbunden waren, neuere genetische Befunde lassen aber darauf schließen, dass die Menschen aus einem großen, halbkreisförmigen Gebiet einwanderten, das sich von Afrika über Indien, Japan, den Osten Russlands und sogar Nordamerika bis zu den näher gelegenen polynesischen Inseln und Neuguinea erstreckte.

Seit dem 16. Jahrhundert n. Chr., als europäische Eroberer erstmals mit den Jägern und Sammlern zuvor unbekannter Kontinente wie Amerika und Australien in Berührung kamen, wurden diese Menschen als Ureinwohner oder Aborigines bezeichnet. Das Wort »Aborigines« kommt von dem Lateinischen *ab* (»von«) und *origine* (»Anfang«). Heute herrscht oft die Vorstellung, die australischen Ureinwohner hätten nur in der Mitte des Kontinents gelebt, jenem letzten Überrest der großen Landmasse von Gondwana, die sich vor über 150 Millionen Jahren von Pangäa trennte. Aber bevor im 18. Jahrhundert die ersten Europäer ins Land kamen, lebten die Aborigines vorwiegend an der Küste in fruchtbaren Gebieten mit stärkeren Niederschlägen. Die Bevölkerungszahl blieb vor der Einwanderung der Europäer über Jahrtausende hinweg recht konstant und lag irgendwo zwischen 350000 und 750000.[2] Da sich so wenige Menschen über eine so große Fläche verteilten – es waren fast 15 Quadratkilometer pro Kopf, während heute im Durchschnitt 2,5 Menschen auf einem Quadratkilometer leben – bestand kaum ein Anlass, sich um knappe Ressourcen zu streiten.

Diese Menschen glaubten, alle Lebewesen besäßen einen gemeinsamen Geist – eine Überzeugung, die seit dem Anfang des 20. Jahrhunderts mit dem Schlagwort **»Traumzeit«** verbunden wird.[3] Danach sind Tiere die Vorfahren der Menschen und haben auch der Erde selbst die Form gegeben. Der Schöpfungsmythos der australischen Ureinwohner, »Der Traum« genannt, berichtet davon, wie das Land Gestalt annahm. Geologische Strukturen wurden als Spuren der Geister von Tieren gedeutet, die in alter Zeit durch das Land gestreift seien und es geheiligt hätten. Die folgende Schöpfungsgeschichte aus der Traumzeit stammt beispielsweise vom Volk der Jawoyn, das im Gebiet der Katherine-Schlucht im heutigen australischen Bundesstaat Northern Territory beheimatet ist:

Die ganze Welt schlief. Alles war still, nichts bewegte sich, nichts wuchs. Die Tiere schliefen unter der Erde. Eines Tages wachte die Regenbogenschlange auf und kroch zur Erdoberfläche. Sie schob alles beiseite, was ihr im Weg war. Dann wanderte sie durch das ganze Land, und als sie müde war, rollte sie sich zusammen und schlief. So hinterließ sie ihre Spuren. Nachdem sie überall gewesen war, kam sie zurück und rief die Frösche. Als sie herauskamen, waren ihre dicken Bäuche voller Wasser. Die Regenbogenschlange

Geister der Traumzeit und Bilder von gewundenen, uralten Schlangen in einer lebendigen, farbenprächtigen Malerei der australischen Ureinwohner.

kitzelte sie, und die Frösche lachten. Das Wasser floss aus ihrem Mund und füllte die Spuren der Regenbogenschlange. So sind Flüsse und Seen entstanden. Dann begannen Gras und Bäume zu wachsen, und die Erde füllte sich mit Leben.

Alle Dinge, belebte und unbelebte, teilen den gleichen Geist der Traumzeit. In der Überlieferung der Aborigines gibt es buchstäblich Tausende von Traumgeschichten, die alle Aspekte der Beziehung der Menschen zur Natur und zu anderen Lebewesen behandeln.

Die traditionelle Lebensweise der australischen Ureinwohner änderte sich über Jahrtausende hinweg kaum. Wie die Archäologen aber mittlerweile herausgefunden haben, setzte seit ungefähr 500 n. Chr. ein allmählicher Wandel ein, der durch den Kontakt mit anderen entstehenden Zivilisationen ausgelöst wurde. So brachten Händler aus Neuguinea beispielsweise um 1500 v. Chr. den Dingo mit, den australischen Wildhund. Die Tiere hatten auf das urtümliche Ökosystem Australiens beträchtliche Auswirkungen und waren vermutlich der Grund, warum mehrere Arten räuberischer Beuteltiere ausstarben. Die Aborigines machten die Hunde zu ihren Begleitern und domestizierten sie, sodass sie den Menschen bei der Jagd helfen konnten. Auch die Einführung von Aalreusen und Angelhaken aus Muschelschalen sowie die Entwicklung kleinerer, höher entwickelter Steinwerkzeuge trugen dazu bei, dass die Bevölkerung insgesamt wuchs und vielleicht bis zu eine Million Menschen umfasste, als 1788 die ersten europäischen Siedler eintrafen.

Höchstwahrscheinlich war der tiefe Respekt der australischen Ureinwohner vor allem Lebendigen und der geheiligten Erde der wichtigste Grund dafür, dass sie im Lauf ihrer 40 000-jährigen Geschichte mehrere gewaltige Klimaveränderungen überleben konnten.[4] Mit ihrer Anpassungsfähigkeit, ihrer Vorsicht und der behutsamen Nutzung natürlicher Ressourcen überstanden sie vor 20 000 Jahren, auf dem Höhepunkt der letzten Eiszeit, sogar eine schwere

Dürreperiode. Als anschließend die Gletscher abtauten, wurde Australien von der übrigen Welt getrennt, weil die Bass-Straße zwischen Australien und Tasmanien sowie der Sahul-Schelf, die Landbrücke nach Neuguinea, überflutet wurden.

Eine wichtige Überlebensstrategie bestand darin, dass die kleinen Sippen der Aborigines sich in mehrere Gruppen aufspalteten, die jeweils ein bestimmtes Tier oder eine Pflanze als ihr besonderes Totem verehrten. Zwischen Männern und Frauen einer Sippe entwickelte sich eine Reihe von Unberührbarkeitstabus. Damit war sichergestellt, dass Ehen nur zwischen verschiedenen Gruppen und nicht innerhalb einer einzelnen Gruppe geschlossen wurden, sodass es nicht zu potenziell gefährlichen Inzestverbindungen kam. Die Verehrung der natürlichen Ressourcen hatte auch zur Folge, dass einzelne Arten in Zeiten der Nahrungsknappheit nicht unabsichtlich durch Jagd oder Ernte ausgerottet wurden. Auf diese Weise verschafften sich die australischen Ureinwohner unter extremen Bedingungen die bestmöglichen Überlebenschancen, und durch die ehelichen Verbindungen zwischen den Gruppen entstand ein Netzwerk von Verpflichtungen, sodass eine Sippe sich um die andere kümmern und kostbare Ressourcen mit ihr teilen musste.

Totems und Tabus gab es nicht nur bei den Ureinwohnern Australiens. Tausende von Kilometern weiter nordöstlich, bei den Stämmen im südamerikanischen Amazonasdschungel, entwickelte sich ebenso eine in jeder Hinsicht erfindungsreiche, widerstandsfähige Lebensform im Einklang mit der Natur. Dort nutzte der Stamm der Huaorani die Ressourcen des Urwaldes auf eine verantwortliche Weise, die in unserer Zeit ihresgleichen sucht. Grundlage ihres Erfolges waren außergewöhnliche Erkenntnisse darüber, wie man Tiere, Pflanzen und insbesondere die Bäume vorsichtig nutzt, sodass sie ein einfaches Leben als Jäger und Sammler ermöglichen.

Für diese Menschen hatten die Tiere des Waldes nicht nur eine körperliche, sondern auch eine spirituelle Existenz. Nach ihrer Überzeugung musste sich der Geist eines Verstorbenen mit einer riesigen Python auseinandersetzen, die das Totenreich bewachte. Wer ihr zum Opfer fiel, kehrte als Geist eines Insekts oder eines anderen Tieres in die Welt zurück. Solche Glaubensüberzeugungen führten dazu, dass diese Menschen einen tiefen Respekt gegenüber nichtmenschlichen Lebewesen hegten, weil diese als wiedergeborene Menschen galten. Um sich zu ernähren, jagten sie nur ganz bestimmte Tiere, beispielsweise Affen und Vögel; das übrige Ökosystem beließen sie im Gleichgewicht mit einer ausreichenden Zahl von Raub- und Beutetieren, sodass sowohl die übermäßige Vermehrung als auch das Aussterben anderer Arten vermieden wurden.

Bestimmend für ihre Lebensweise war ein kompliziertes System aus Jagd- und Nahrungstabus: Unter anderem machten sie nie Jagd auf Hirsche, weil deren Augen zu stark denen eines Menschen ähnelten. Sich selbst hielten die Huaorani für Abkömmlinge einer Paarung zwischen einem Jaguar und einem Adler – deshalb wurden diese Tiere verehrt, und man stellte ihnen nicht nach. Nach dem Glauben des Stammes verwandelten sich die heiligen Männer, die Schamanen, während ihrer Trance in Jaguar-ähnliche Geister, sodass sie durch Gedankenübertragung mit ande-

ren, viele Kilometer entfernten Stammesangehörigen kommunizieren konnten.

Vor dem Hintergrund solcher Überzeugungen gingen die Huaorani bei der Jagd sehr vorsichtig zu Werke. Sie verwendeten dabei das Curare, ein starkes Gift, das aus der Pflanze Strychnos toxifera gewonnen wurde. Mit ihren Blasrohren, die sie aus dem Holz der Pfirsichpalme herstellten, konnten sie Tiere präzise und mit möglichst wenig Gewaltanwendung töten: Die Giftpfeile lähmten sehr schnell die Atemmuskulatur, was in kurzer Zeit zum Tod durch Ersticken führte.

Der Glaube, dass Tiere und Pflanzen wie Menschen eine Seele besitzen, ist unter dem Begriff **Animismus** bekannt. Es ist auffällig, wie weit verbreitet solche Überzeugungen waren, bevor die großen monotheistischen Religionen – Judentum, Christentum und Islam – Fuß fassten. Animistische Überzeugungen trugen zu einem großen Teil zu dem durchdachten, oftmals sehr von Bedacht geprägten Verhältnis zwischen Menschen und Natur bei, das man auch heute bei den meisten noch verbliebenen indigenen Völkern findet.

Strychnin, ein sehr wirksames Gift, wird von den Stämmen im Amazonasgebiet zur Jagd mit Pfeilen verwendet. Es tötet so schnell, dass das getroffene Tier kaum Schmerzen empfindet.

In der Wüste des südlichen Afrika repräsentieren die **Kalahari-Buschleute** den letzten Überrest einer Kultur, die mindestens seit 22 000 Jahren überlebt hat.[5] Einige von ihnen bemühen sich noch heute darum, auf dem Land ihrer Vorväter zu leben, obwohl die Regierung von Botswana seit den 1990er Jahren mehrmals versucht hat, sie zu vertreiben – ihre Jagdgründe sollen zu Touristenreservaten gemacht werden.

Sehr anschaulich dargestellt wurden die Notlage der Buschleute und ihre Lebensweise von dem in Südafrika geborenen Entdecker und Naturschützer Laurens van der Post (1906 bis 1996). Er produzierte 1956 die Fernsehserie LOST WORLD OF THE KALAHARI, die zwei Jahre später auch als Buch erschien (auf Deutsch unter dem Titel DIE VERLORENE WELT DER KALAHARI). Darin berichtet er von seinem Aufenthalt bei einem Stamm in der Kalahariwüste. Vorwiegend seinen Bemühungen war es zu verdanken, dass die damalige Kolonialverwaltung das Central Kalahari Game Reserve einrichtete, um die durch Bauern, Jäger und Industrie bedrohte Zukunft des Stammes zu sichern:

> *… dass es in seiner* [des Buschmannes] *Welt keine Geheimnisse zwischen der einen Daseinsform und der anderen gab … er war in dem Augenblick wieder vorhanden, von dem unsere europäischen Märchenbücher sagen: »Die Zeit, in der Vögel, Vierfüßer, Pflanzen, Bäume und Menschen eine gemeinsame Sprache sprachen und die ganze Welt Tag und Nacht von einem universalen Gespräch widerhallte wie die Brandung eines Korallenmeers.«*[6]

Post beschreibt hier nichts anderes als den Animismus. Die Verehrung der Buschleute für Tiere, die ihnen als heilig galten, findet ihren schönsten Ausdruck in ihren außergewöhnlichen Höhlenmalereien, beispielsweise im Wildgebiet Lapala im heutigen Botswana. Sie zeigen Visionen von Tiergöttern in der Welt der Geister, darunter Nashörner, Elefanten und Antilopen. Nach heutiger Kenntnis wurden diese Malereien von heiligen Männern in einem Zustand der spirituellen Trance geschaffen.

Zum Animismus gehört auch die Überzeugung, dass alle Lebensformen und Naturmaterialien durch eine unsichtbare Kraft oder einen Geist untrennbar miteinander verbunden sind. Einen gewaltigen Schatz detaillierter Erkenntnisse über indigene Gesellschaften und ihre animistischen Glaubensüberzeugungen trug der schottische Wissenschaftler Sir James Frazer (1854 bis 1941) zu Beginn des 20. Jahrhunderts in seinem Werk THE GOLDEN BOUGH (dt. DER GOLDENE ZWEIG) zusammen. Diese umfangreiche Untersuchung über Mythen und Religionen löste bei ihrem ersten Erscheinen große Empörung aus, weil sie beispielsweise die Zeitpunkte christlicher Feiertage wie Weihnachten, Ostern und Allerheiligen mit heidnischen Festen verglich.

Frazer sammelte im gesamten britischen Kolonialreich die Berichte vieler Hundert Missionare und Beamte, die durch ihre Arbeit zahlreiche indigene Stämme kennengelernt hatten oder über sie herrschten. Das Buch ist voll von Beispielen für animistische Überzeugungen: Sie bilden einen umfassenden spirituellen Klebstoff, der einst den gesamten Erdball zusammenhielt, von den keltischen Druiden in Europa bis zu den Aborigines in Australien. Amerikanische, afrikanische, nahöstliche, asiatische und polynesischen Stämme, ja sogar die Bewohner des Nordpolargebiets lassen einen ähnlichen Glauben an eine spirituelle Kraft erkennen, welche die gesamte Natur durchzieht.

Aus diesem Prinzip der tiefen Verbundenheit mit der Umwelt erwuchs auch die Idee, Gegenstände oder Talismane könnten für ein gutes oder schlechtes Schicksal sorgen. Frazer berichtet, wie ein polynesischer Häuptling sich weigerte, mit seinem heiligen Atem in ein Feuer zu blasen:

Es würde seine Heiligkeit auf das Feuer übertragen, von dort würde sie auf den Topf auf dem Feuer übergehen, der würde sie an das Fleisch im Topf weitergeben, von dort würde sie zu dem Mann gelangen, der das Fleisch isst, welches in dem Topf war, welches auf dem Feuer stand, in welches der Häuptling hineinblies; deshalb werde der Esser, der über alle diese Vermittler mit dem Atem des Häuptlings infiziert würde, mit Sicherheit sterben.

Auch wenn diese Vorstellung einer Übertragung durch Atem, Feuer, Topf und Fleisch vielleicht seltsam erscheinen mag, die Angst, man werde nach Berührung eines Häuptlings sterben, war unter animistischen Stämmen ein verbreitetes Tabu. Wie Frazer unter anderem berichtet, hielt der afrikanische Stamm der Cazembe in Angola seinen König für so heilig, dass niemand ihn berühren konnte, ohne von seiner heiligen Macht getötet zu werden. Da der Kontakt mit ihm aber manchmal unvermeidlich war, entwickelten sie ein Mittel, durch das der Sünder mit dem Leben davonkommen konnte:

Er kniet vor dem König nieder und berührt den Rücken der königlichen

Hand mit seinem eigenen Handrücken, dann schnippt er mit den Fingern; danach legt er seine Handfläche auf die Handfläche des Königs und schnippt wieder mit den Fingern. Diese Zeremonie wird vier- oder fünfmal wiederholt und wendet die unmittelbare Todesgefahr ab.

Tabus waren die ungeschriebenen Gesetze der Kulturen, in denen keine Notwendigkeit bestand, zu lesen oder zu schreiben. Das Verbot, den König zu berühren, trug zur Sicherung des Friedens und der Aufrechterhaltung der gesellschaftlichen Ordnung bei, weil es die Bedrohung gegenüber Priestern, Häuptlingen und Königen verminderte. Noch heute sind Berührungen des Königs in manchen Kulturen ein heikle Angelegenheit – das musste der damalige australische Premierminister Paul Keating im Jahr 1993 erfahren, als er die britische Königin Elizabeth II. zu Gast hatte und ihr vertraulich den Arm um die Taille legte.

Die meisten animistischen Völker hielten sich streng an das Tabu, Tiere oder andere Menschen zu töten, denn sie fürchteten, die Geister der Toten heraufzubeschwören, die nach ihrer Überzeugung die Lebenden heimsuchen oder dem Stamm eines Mörders ein schlimmes Schicksal bescheren konnten.

Auf der Insel Timor hielten die Stämme es manchmal für notwendig, gegeneinander Krieg zu führen – vielleicht aus Gründen der Selbstverteidigung oder weil es Streit um Ressourcen gab. Wenn die siegreichen Krieger eines Stammes nach Hause kamen, wurde ihr Befehlshaber in eine speziell hergerichtete Hütte eingesperrt, wo er während der folgenden zwei Monate eine körperliche und spirituelle Reinigung durchlaufen musste. In dieser Zeit war es ihm verboten, seine Frau aufzusuchen oder selbst etwas zu essen – ein anderer musste ihm die Nahrung in den Mund stecken. Mit Opfern bemühte man sich, die Seelen der toten Feinde zu besänftigen, deren Köpfe man mitgenommen hatte, um mit ihren Geistern in Verbindung treten zu können. Zu der Zeremonie gehörte auch ein Tanz, der von einem Lied begleitet war und von Frazer so beschrieben wurde:

»Sei nicht böse«, sangen sie, »denn dein Kopf ist hier bei uns; hätten wir weniger Glück gehabt, würden unsere Köpfe jetzt vielleicht in deinem Dorf zur Schau gestellt. Wir haben ein Opfer gebracht, um dich zu besänftigen. Dein Geist kann jetzt ruhen und uns in Frieden lassen …«

Solche verwickelten Gebräuche zeigen, dass Gewalt in der Regel nur das letzte Mittel war, und durch die Tabus verringerte sich die Gefahr, dass der Konflikt eskalierte – immerhin musste sich der Befehlshaber eines Feldzuges

Eine Abbildung aus dem Buch DER GOLDENE ZWEIG von James Frazer: Tiergeister steigen aus dem Boden auf, weil Menschen ein Tabu verletzt und Bäume gefällt haben.

einer langwierigen Reinigung von Körper und Seele unterziehen.

Bei Stämmen, die in so engem Kontakt mit der Natur lebten, wurde auch nichts zu Abfall. Das Volk der **Samen** lebt noch heute in Finnland, Norwegen und Schweden. Am Ende der letzten Eiszeit wanderten sie aus Mitteleuropa nach Norden, immer auf der Spur der Rentiere.

Um 500 v. Chr. hatten die Samen gelernt, wie man Rentiere domestiziert, und nun boten die Tiere ihnen praktisch alles, was sie zum Leben benötigten: Sie zogen Schlitten, lieferten aber auch Fleisch und Milch. Aus ihrer Haut stellte man Kleidung und Zelte her, die Knochen wurden zu Pfeilspitzen und Nadeln verarbeitet. Der Gesang der Samen, Joik genannt, war Vögeln und anderen Tieren gewidmet, und ihre mit Rentierfellen bespannten Trommeln waren mit einer Landkarte des Himmels verziert – vielleicht sollten damit die Götter verehrt werden, vielleicht diente es auch als Navigationshilfe.[7] Erst ungefähr seit 1500 n. Chr., als die Samen erstmals Steuern an die Staaten zahlen mussten, in denen sie beheimatet waren, wurde die übermäßige Jagd auf ihre Rentierherden zum Problem. Irgendwann zogen die meisten von ihnen an die Küste, wo sie sich ihren Lebensunterhalt auch mit Fischerei verdienen konnten. Heute führen nach Schätzungen noch rund 8000 Samen, etwa zehn Prozent ihrer gesamten Population, ein Nomadenleben als Rentierhirten.

Nichts wegzuwerfen, war auch für die Menschen auf der gegenüberliegenden Seite der Erdkugel ein wichtiges Prinzip. Sie lebten auf kleinen Inseln, die von einem endlosen, dunkelblauen Meer umgeben waren. **Polynesien** besteht aus mehr als 1000 Inseln. Sie sind aus den Spitzen erloschener Vulkane entstanden oder wurden von Korallen aufgebaut und verteilen sich über die riesige Weite des mittleren und südlichen Pazifik. Die Inseln in dem Dreieck zwischen Hawaii im Norden, Neuseeland im Südwesten und der Osterinsel im Südosten wurden um 1000 v. Chr. erstmals besiedelt. Die Archäologie kennt einen eigenständigen frühpolynesischen Keramikstil namens Lapita, der insbesondere durch zahnförmige Vertiefungen gekennzeichnet ist.

Raffinierte zahnförmig-geometrische Muster sind das typische Kennzeichen des Lapita-Keramikstils; sie zieren hier ein 3000 Jahre altes Terrakottafragment mit einem menschlichen Gesicht, das auf den Salomon-Inseln gefunden wurde.

Als Erstes wurden die Inseln im Osten besiedelt, darunter Neukaledonien, die Fidschi-Inseln, Samoa und Tonga. Aus Taiwan und Südchina kamen Austronesier und brachten eine Art »Überlebensgepäck« mit: domestizierte Schweine, Hühner und Hunde, aber auch Wurzelgemüse und Früchte wie Taro, Yamswurzel, Kokosnüsse und Bananen. Ihre Ernährung ergänzten sie durch Fische. Doch praktisch alles andere, was sie zum Überleben brauchten, darunter auch Werkzeuge, mussten aus den Steinen, Pflanzen und Tiergehäusen hergestellt werden, die auf den Inseln selbst zu finden waren.

Für Historiker und Wissenschaftler war es lange Zeit ein Rätsel, wie diese

Menschen sich weiter nach Hawaii und Neuseeland verbreiten konnten, bevor sie schließlich sogar zur Osterinsel gelangten, dem vielleicht am weitesten abgelegenen bewohnbaren Ort der Erde.[8] Der Wind wehte vorwiegend in der entgegengesetzten Richtung und machte den glücklichen Ausgang eines Schiffbruchs unwahrscheinlich; außerdem besteht ohnehin nur eine unendlich geringe Chance, nach einem Schiffbruch auf eine derart kleine, abgelegene Insel zu gelangen. Das Rätsel wurde zum Anlass für eine intensive Erforschung der altpolynesischen Navigationskunst. Nach heutiger Erkenntnis gelang es den Inselbewohnern vor allem durch eine enge Partnerschaft mit der Natur, in einem Kanu, das nur zwei Menschen Platz bietet, mehrere Tausend Kilometer weit über das Meer zu navigieren.

Am Anfang stand eine neue technologische Errungenschaft. Das Auslegerkanu bestand aus einem Rumpf, an dem mindestens zwei Schwimmer als Stützen befestigt waren. Auf diese Weise konnte auch ein kleines Boot bei rauer See viel besser an der Oberfläche bleiben. Das Proa, ein kleines Schiff, das nach den gleichen Prinzipien erbaut war wie das ursprüngliche polynesische Auslegerkanu, war noch bis weit ins 20. Jahrhundert hinein das schnellste Segelboot der Welt.

Hinzu kam die Kunst, sich der Natur als Lehrer und Leitfaden zu bedienen – eine Fähigkeit, die indigene Völker meisterhaft beherrschen. Nach Ansicht der Fachleute orientierten sich die Polynesier mit ihrer Navigation auf langen Strecken an den jahreszeitlichen Wanderungen der Vögel. An den Küsten mehrerer Inseln hat man Richtungsanzeiger entdeckt. Sie weisen in Richtung anderer, weit entfernter Inseln und orientieren sich an den Flugrouten der Vögel. Der Weg von Tahiti nach Hawaii, das ungefähr 500 n. Chr. erstmals besiedelt wurde, folgt dem Zug des Pazifischen Goldregenpfeifers und des Borstenbrachvogels, und der Langschwanzkuckuck leitete die Seefahrer vermutlich von den Cook-Inseln nach Neuseeland, wo Menschen um 1000 n. Chr. zum ersten Mal den Fuß an Land setzen.

Polynesische Seefahrer nahmen vermutlich auch Vögel mit, die wie der Fregattvogel eine nahe Küste anzeigen: Sie landen niemals auf Wasser, weil ihr Gefieder sich sonst vollsaugen würde, sodass sie sich nicht mehr in die Luft erheben können. Die Seeleute ließen einen solchen Vogel frei; wenn er nicht zum Boot zurückkehrte, wussten sie, dass Land in der Nähe war, und folgten der Richtung, die er eingeschlagen hatte.

Die Beobachtung von Vögeln war auch für die Buschleute in der Kalahari das Mittel, um die beliebten Bienenschwärme zu finden, die ihnen süßen Honig in üppigen Mengen lieferten. Glücklicherweise mochten die kleinen Vögel aus der Gruppe der Honiganzeiger den Honig ebenso gern wie sie. Die Buschleute brauchten nur den Vögeln auf der Spur zu bleiben, dann wurden sie zu den Bienenstöcken geführt, wo sie den Honig ernten konnten – wobei sie immer sorgfältig darauf achteten, dass sie die Beute mit den hilfreichen gefiederten Freunden teilten.[9]

Ressourcen zwischen allen Lebewesen zu teilen, ob Mensch oder Tier, war ein zentraler Bestandteil im Leben der animistischen Menschen. Einige besonders verbreitete Tabus waren keine Verbote, sondern sie verpflichteten zu Großzügigkeit. Der Stamm der Penan gehört auf **Borneo** zum Volk der Dayak. Diese Menschen beteiligten sich nach heutiger Kenntnis an der austronesischen Expansion, die sich um 1000 v. Chr. abspielte und zur Besiedelung Polynesiens führte. Ein charakteristisches Element ihrer Kultur ist das Gebot, stets klug zu teilen. Das Wort dafür lautet »Molong« und bedeutet eigentlich »nimm nie mehr als notwendig«. Im Zusammenhang mit einer Palme heißt »Molong«, dass man den Stamm vorsichtig erntet und dafür sorgt, dass der Baum sich aus der Wurzel heraus regenerieren kann. Es heißt auch, dass man auf einen Baum klettert, um die Früchte zu ernten, statt ihn zu fällen, oder dass man nur die größten Wedel der Rattanpflanze abschneidet, während man jüngere Schösslinge stehen lässt, damit sie in einem anderen Jahr die richtige Größe erreichen können. Wenn die Penan das Molong an einem Baum mit Früchten praktizieren, kennzeichnen sie ihn mit einem eingeschnittenen Zeichen, das »bitte teile klug« bedeutet. Das größte Tabu in der Gesellschaft der Penan ist »See Hun« – die Unterlassung des Teilens.[10]

Je schwieriger die Lebensumstände sind, desto großzügiger wird der Geist der Menschen. In Timbuktu, einer Stadt im heutigen Mali, die am Südrand der glühend heißen Sahara liegt, pflegen die Kamelzüchter noch heute eine uralte Tradition. Sie verlangt, dass man jedem Gast das gibt, was er braucht, selbst wenn es bedeutet, dass man die letzte Ziege schlachten muss, von deren Milch die eigenen Kinder leben, oder dass man den letzten Tropfen Trinkwasser mit einem anderen teilt.[11]

In manchen Kulturen wurden Bäume ebenso verehrt wie Tiere, und für solche Gesellschaften waren Wälder die heiligsten Stätten überhaupt. In Europa hatten die heidnischen Kelten ihre geweihten Orte, lange bevor das Christentum ihnen einen neuen, weit abstrakteren Gott zur Verehrung anbot. Die angelsächsischen **Kelten**, die aus dem Süden Skandinaviens, den Niederlanden und Norddeutschland nach Großbritannien eingewandert waren, beteten ihre Götter nicht in Tempeln an, sondern in Wäldern. Der römische Historiker Tacitus (gestorben 117 n. Chr.) berichtete: »Sie halten es für völlig unangemessen, die Götter in Mauern einzuschließen oder sie nach dem Ebenbild des Menschen darzustellen. Ihnen sind ganze Wälder und Haine heilig, und diese Zufluchtsorte benennen sie mit den Namen der Götter.«

Die angelsächsischen und normannischen Heiden kannten den Begriff »Wyrd«, von dem das heutige englische Wort »weird« abstammt. Er bezeichnete den animistischen Glauben an die Verbundenheit aller Dinge, durch den sich auch frühere Handlungen mit zukünftigen Ereignissen verknüpften. Yggdrasil ist eine riesige mythologische Esche, die in der nordischen Kosmologie die neun Welten verbindet. Ihr Stamm bildet die Achse der Welt. Unter einer ihrer Wurzeln liegt der heilige Brunnen Wyrd, und daneben ist die Heimstatt der drei Nornen, die das Wyrd in die Rinde des Baumes ritzen und ihn versorgen. Bäume wurden so tief verehrt, dass man den Göttern Menschen- und Tieropfer brachte, die an die Zweige von Bäumen gehängt wurden.

Belege für solche Rituale kamen 1950 ans Licht: Damals entdeckte man in einem dänischen Torfmoor den Mann von Tollund, eine gut erhaltene Leiche, die nach heutiger Kenntnis aus dem vierten Jahrhundert v. Chr. stammt. Der Mann hatte das Pech, dass er unter einem Klumpen Torf begraben wurde. Ein Strick aus zwei verflochtenen Lederstreifen war um seinen Hals gebunden und ringelte sich dann wie eine Schlange über die Schulter und den Rücken hinunter. In seinem Magen fand man größere Mengen eines berauschenden Pilzes namens Ergot (Mutterkorn). Aufgrund dieser Befunde nehmen manche Experten an, dass er im Rahmen eines Ritualopfers an einem Baum in der Nähe aufgehängt und später im Schlamm begraben wurde.

Während der Zeit des Römischen Reiches wanderten Keltenstämme von Deutschland nach Westen und ließen sich in Gallien, Wales und Irland nieder. Ihre Priester, die Druiden, hielten ihre Zeremonien häufig im Wald ab, denn auch ihnen waren die Bäume heilig.

Der Animismus war das natürliche globale Religionssystem der Menschen. Mündlich überlieferte Tabus verliehen Gesellschaften, die sich nicht mit der Bewirtschaftung des Landes herumschlugen, so viel Kraft, Flexibilität und Anpassungsfähigkeit, dass sie auch die schlimmsten Naturkatastrophen überleben konnten. Ihr Glaube an Dinge, die in den Augen der meisten modernen Menschen in den Bereich der Magie oder des Aberglauben gehören, erfüllte die indigenen Völker mit einem Geist, der Einfallsreichtum hervorbrachte und gleichzeitig auf die Bewahrung der Natur zielte. Die Vergeudung der natürlichen Ressourcen war ihnen ein Gräuel. Unsere moderne Gesellschaft dagegen begreift bisher höchstens ansatzweise, dass ein solcher Geist uns eigentlich zur zweiten Natur werden sollte.

Ist der Mensch von Tollund das gespenstische Überbleibsel eines religiösen germanischen Rituals, oder hatte er nur zu viele halluzinogene Pilze gegessen?

KAPITEL 29

»MAIS«TERHAFTES AMERIKA

WIE DIE MENSCHEN IN DER NEUEN WELT IHRE EIGENEN HOCHKULTUREN SCHUFEN, OHNE ETWAS ÜBER DIE KULTUREN EUROPAS, NORDAFRIKAS UND ASIENS ZU WISSEN, UND WIE SICH DABEI DER MANGEL AN GROSSEN TIEREN ALS TÖDLICHER NACHTEIL ERWIES

Stellen wir uns einmal vor, ein außerirdischer Wissenschaftler würde auf sein größtes Experiment hinunterblicken: den Planeten Erde. Mehr als drei Milliarden Jahre sind vergangen, seit er dort die ersten Samen des Lebens eingepflanzt hat. Jetzt haben sich buchstäblich Millionen verschiedene Lebensformen entwickelt, die alle lebendigen Systeme des Planeten aufrechterhalten und nutzen. So weit, so gut.

Ganz am Ende dieses gewaltigen Experiments, auf der 24-Stunden-Uhr eine Zehntelsekunde vor Mitternacht, stellt er in einem Teil der Welt etwas Merkwürdiges fest: Eine ganz bestimmte Spezies aufrecht stehender Menschenaffen namens Homo sapiens hat sich recht plötzlich eine ganz neue Lebensweise zu eigen gemacht. Diese Spezies beherrscht auf einmal die Kunst der Massenproduktion von Lebensmitteln und ist daran gegangen, Städte und Zivilisationen zu errichten. Dabei hat sie große natürliche Waldflächen gerodet, um Felder anzulegen, auf denen sie Nutzpflanzen anbauen und Tiere halten kann. Und das ist noch nicht alles: Das Experiment mit der Landwirtschaft hat zu einem explosionsartigen Bevölkerungswachstum geführt, das keine Anzeichen einer Abschwächung zeigt. Deshalb haben sich aus der Konkurrenz um Ressourcen und Macht viele neue technische und geistige Errungenschaften ergeben, aber auch Aggressionen und Gewalt. Vielleicht, so denkt sich der Außerirdische, wäre es eine gute Idee, auf der anderen Seite des Planeten ein Kontrollexperiment durchzuführen – einfach nur um festzustellen, ob dort noch einmal das Gleiche geschieht.

Rund 5 000 Jahre nachdem die Menschen der Natufien-Kultur und andere im Fruchtbaren Halbmond durch ungünstige Klimabedingungen gezwungen wurden, mit der Landwirtschaft zu experimentieren, brachten Gesellschaften von Jägern und Sammlern auch in Amerika ihre ersten Ernten ein. Sie hatten nicht die geringste Ahnung, dass Menschen auf der anderen Seite des Globus bereits gewaltige Hochkulturen aufgebaut hatten, die sich sowohl auf Nutzpflanzen wie Weizen, Gerste und Reis gründeten als auch auf Nutztiere wie Schweine, Schafe, Kühe und Ziegen. Theben, Jerusalem, Jericho und Babylon waren den Bewohnern Nord-, Mittel- und Südamerikas völlig unbekannt.

Diese Menschen hatten jahrtausendelang im Einklang mit der Natur gelebt und alles mit ihr geteilt. Die amerikanischen Ureinwohner standen vor mehreren schwierigen Herausforderungen, die ihren Versuch, eine Zivilisation aufzubauen, mehr als anderswo behinderten. Im südlichen und zentralen Mexiko, wo Flusstäler die richtigen Bodenverhältnisse für den Getreideanbau boten und das Klima eine jährliche Ernte begünstigte, existierte nur eine einzige Grasart, die sich domestizieren ließ. Der recht unansehnliche wilde Busch mit dem Namen »Teosinte« wuchs an den Ufern des Flusses Balsas. Wildformen von Weizen, Gerste oder Reis existierten in diesem Teil der Welt nicht.

Anfangs trug jede Teosinte-Pflanze nur fünf bis zehn Samen, die jeweils einzeln in einer harten Schale eingeschlossen waren. Mit dieser Konstruktion hatte die Natur dafür gesorgt, dass die Samen der Säure im Magen der Tiere widerstehen und über große Entfernungen verbreitet werden konnten. Die geduldigen Bewohner Mittelamerikas suchten Pflanzen mit besonders zahlreichen Samen und den weichsten Samenhüllen aus, und so gelang ihnen schließlich die Züchtung der Pflanze, die wir heute unter dem Namen **Mais** kennen. Rund 5 000 Jahre waren nötig, bis sie die unscheinbare Teosinte durch sorgfältige künstliche Selektion in eine Pflanze verwandelt hatten, deren nahrhafte Kolben sich für eine alljährliche Ernte eigneten.[1]

Um 1 100 v. Chr. hatten einige Menschen in Zentralmexiko den Versuch unternommen, in einer sesshaften Gesellschaft zu leben. Auf Getreidespeicher, Häuser und feste Siedlungen folgten terrassenförmig angelegte Felder und jährliche Ernten. Es war ein Leben im Kreislauf der Jahreszeiten, und die Nahrungsmittelproduktion reichte aus, um die früheren Jäger und Sammler zu Priestern, Herrschern und Handwerkern zu machen.

Die umfangreichen und langwierigen Bemühungen zur Züchtung einer Nutzpflanze, die sich leicht anbauen ließ, zahlten sich für diese Menschen und auch für die Nachwelt großartig aus. Die Anstrengungen der neuweltlichen Ackerbauern (auch hier waren es vorwiegend die Frauen, die sich mit Aussaat und Auswahl der besten Samen beschäftigten) führten am Ende zu einer Riesenzahl vielgestaltiger, sorgfältig herangezüchteter Nutzpflanzen. Die Liste der domestizierten Pflanzen ist erstaunlich lang: Sonnenblumen, Kürbisse, Erdnüsse, Paprikaschoten, Melonen, Bohnen, Zucchini, Auberginen und Avocados. Am bedeutsamsten sind heute vielleicht Tomaten, Kartoffeln und die Kakaobohnen zur Herstellung von Schokolade (das Wort kommt vom »Xocolatl« der Azteken). Insgesamt machen diese Nutzpflanzen, die alle ursprünglich aus Mittel- und Südamerika stammen, heute mehr als die Hälfte der weltweiten Lebensmittelproduktion aus.[2]

Die Ureinwohner Mittelamerikas entwickelten eine eigene, höchst leistungsfähige Anbaumethode, die unter dem Namen **»Die drei Schwestern«** bekannt wurde. Sie pflanzten Kletterbohnen und daneben hohe Maispflanzen, die den Bohnen als Stütze dienten. Im Gegenzug lieferten die Bohnen dem Mais zusätzlichen Stickstoff. Zwischen den Reihen pflanzten sie verschiedene Kürbissorten an, die mit ihren großen Früchten und haarigen Blättern ein Hindernis für Raubtiere darstellten, sodass die anderen Pflanzen nicht abgefressen wurden. Diese Menschen wussten über den Nutzen und die Verwendung ihrer Pflanzen so gut Bescheid, dass sie niemals zu viel Mais verzehrten, ohne vorher Kalk zuzusetzen – damit schützten sie sich vor der Hautkrankheit Pellagra (von deren Auswirkungen auf die späteren europäischen Siedler auf Seite 400 noch die Rede sein wird).

Die ersten Bauern unter den amerikanischen Ureinwohnern bauten auch Nutzpflanzen an, die man nicht essen konnte, wie beispielsweise Baumwolle. Sie diente ihnen zur Herstellung von Fischernetzen und Kleidung. Ebenso gewannen sie als Erste den Latexsaft aus den Gummibäumen, um daraus Gegenstände herzustellen, die bei ihren religiösen Ritualen eine wichtige Rolle spielten. Keine dieser Nutzpflanzen verbreitete sich außerhalb von Mittel- und Südamerika, bevor im 16. Jahrhundert die ersten Europäer einwanderten. Erstaunlicherweise kamen viele Nutzpflanzen, unter ihnen auch die Kartoffel, über den Umweg von Europa nach Nordamerika. Sie befanden sich im Gepäck der europäischen Einwanderer, die im 18. Jahrhundert das Land besiedelten (siehe Seite 401).

Die ersten sesshaften Menschen, die so etwas wie Geschichtsschreibung betrieben, lebten in Mexiko. Sie werden als **Olmeken** bezeichnet, was so viel wie »Gummimenschen« bedeutet. Anfangs sah ihre Zivilisation ganz ähnlich aus wie die der frühen Siedler in Ägypten und Mesopotamien, und auch ihre Errungenschaften waren nahezu die gleichen. Sie stellten Keramikgefäße zur Aufbewahrung ihrer landwirtschaftlichen Produkte her, und zur Beobachtung der Sterne bauten sie Tempel, die im Stil verblüffend den Zikkurats in Mesopotamien und den ägyptischen Pyramiden ähnelten. San Lorenzo, ihre älteste Stadt, wurde um 1200 v. Chr. in der Nähe des heutigen Mexico City errichtet und ungefähr 900 v. Chr. wieder aufgegeben; ihre Überreste lassen erkennen, dass hier eine Oberschicht eifrig Handel betrieben hatte. Die Bewohner stellten Statuen, Masken, Messer und andere Ziergegenstände aus Jade her, einem Halbedelstein, der im weit entfernten Guatemala abgebaut und gegen Mais eingetauscht wurde.

Dass San Lorenzo schließlich zerfiel, lag an einer Veränderung im Lauf der Flüsse, die vermutlich durch ein Erdbeben ausgelöst wurde. Es folgte der Aufstieg von La Venta, einer Tempelstadt, die von einer riesigen Pyramide beherrscht wurde. Sie lag weiter östlich, nicht weit von der Küste des Golfs von Mexiko, sodass die Menschen leichter Schildkrötenfleisch aus dem Meer gewinnen konnten.

Wie bei Ägyptern und Babyloniern, so entwickelten auch die Olmeken eine Leidenschaft für das Rechnen. Sie wurden dabei von dem Wunsch angetrieben,

Diese gewaltige, 20 Tonnen schwere Steinstatue der Olmeken wurde in La Venta gefunden, einer heiligen Stadt in der Nähe des Golfs von Mexiko, die von einer großen Pyramide beherrscht wurde.

die besten Zeitpunkte für Aussaat und Ernte zu bestimmen. Grundlage des Zahlensystems war die 20. Unter anderem vollbrachten die Olmeken auch die erstaunliche Leistung, als Erste die Zahl Null zu verwenden. Dies schuf die Möglichkeit, jede Zahl als Reihe von Symbolen auszudrücken, wobei die Null als Platzhalter diente.

Als Uhr nutzten sie den Himmel, und wie die Menschen in Mesopotamien und Ägypten, so glaubten auch die Olmeken, die Planeten würden von den Göttern bewegt. In ihrer Welt bewegte sich alles in Kreisläufen, die von Sonne, Mond und Planeten abhingen, insbesondere vom hellen »Morgenstern«, der Venus. Ihr Jahreskalender mit 365 Tagen (der aus 20 Monaten zu je 18 Tagen bestand, wobei fünf besondere Tage übrig blieben) war der genaueste der Welt. Nach heutiger Kenntnis waren die Olmeken auch die ersten Bewohner der Neuen Welt, die eine Schrift entwickelten. Kürzlich fand man bei Straßenbauarbeiten unter einem Trümmerhaufen einen großen Steinblock. Er zeigt 62 altertümliche Schriftsymbole, von denen manche vermutlich Nutztiere, Pflanzen, Insekten und Fische bezeichnen; der Fund stammt vermutlich aus der Zeit um 900 v. Chr.[3]

Aus Vulkangestein wurden riesige Steinköpfe herausgehauen. 17 solche Statuen hat man bisher gefunden, die meisten in der Nähe von San Lorenzo und La Venta. Mit einer Höhe von vier Metern und einem Gewicht von bis zu 40 Tonnen waren sie bei den Olmeken das Gegenstück zur ägyptischen Sphinx. Die Götter der Olmeken verkörperten jeweils bestimmte Bereiche der Natur und unterschieden sich nicht sonderlich von dem schakalköpfigen Anubis, dem Totengott der Ägypter. Es gab eine gefiederte Schlange und den Regengeist, der sich in den späteren mittelamerikanischen Hochkulturen als Quetzalcoatl (Azteken) und Chaak (Maya) wiederfindet. Schlangen hatten eine große Symbolkraft, denn man hielt sie für das Abbild einer Verbindung, die wie eine Nabelschnur zwischen der Erde und der spirituellen Welt bestand. Da die Schöpfungsmythen der Olmeken nicht erhalten geblieben sind, wissen wir aber kaum etwas über die Einzelheiten ihrer Religion.

Kunst, Wissenschaft, Kultur und Religion der Olmeken übten großen Einfluss auf andere Hochkulturen aus, insbesondere auf die **Maya**. Ihre Zivilisation entwickelte sich um 1000 v. Chr. südlich von den Olmeken auf der Halbinsel Yucatán. Zwischen 200 v. Chr. und 800 n. Chr. entstanden große Städte wie Tikal, Palenque, Copán und Calakmul, die es an Größe und Entwicklungsstand mit den Siedlungen in anderen Regionen der Welt aufnehmen konnten. In der Neuzeit blieb die Geschichte dieser Hochkulturen zunächst völlig unbekannt; erst 1839 machte sich der amerikanische Reisende und Schriftsteller John Lloyd-Stephens auf die Suche nach alten Ruinenstädten, die nach Berichten der einheimischen Mexikaner tief im Dschungel verborgen lagen. Zusammen mit seinem Begleiter, dem englischen Architekten Frederick Catherwood, entdeckte er eine ganze Reihe alter Mayastädte, darunter Copán und Palenque. Seither konnten die Historiker ein Bild davon zeichnen, was für Menschen diese Städte erbauten und was in ihnen vorging.

Leider war diese Aufgabe aber viel schwieriger, als es zunächst den Anschein hatte. Zwar fand man bis zu 10 000 Texte, die in Stein gehauen und auf Häusern verewigt waren, aber Zehntausende von kostbaren Büchern, die auf Papier aus der Rinde von Feigenbäumen geschrieben waren, gingen verloren. Die christlichen spanischen Invasoren, die Anfang des 16. Jahrhunderts nach Amerika kamen, hielten alle Schriften der amerikanischen Ureinwohner für Werke des Teufels, und ihnen ist es zu verdanken, dass heute von den vielen Tausend der auf Papier geschriebenen Texte (den sogenannten Codices) nur noch drei erhalten sind. Ein Priester, der Bruder Diego de Landa, beaufsichtigte persönlich die Vernichtung mehrerer Hundert Bücher und über 5 000 kostbarer Kunstwerke, die am 12. Juli 1562 im Rahmen einer Zeremonie verbrannt wurden. Über das Ereignis und seine Wirkungen auf die Einheimischen schrieb er später: »Wir fanden eine große Zahl von Büchern …, und da sie nichts enthielten, was man nicht als Aberglauben und Lügen des Satans bezeichnen müsste, verbrannten wir sie alle. Was sie [die Einheimischen] in einem erstaunlichen Maße bedauerten und was ihnen große Betrübnis bereitete.«[4]

Glücklicherweise wurde eines der kostbarsten noch erhaltenen Dokumente, das **POPOL VUH**, in den 1540er Jahren von einem unbekannten spanischen Missionar zu Papier gebracht.[5] Es berichtet über den religiösen Glauben der Einheimischen, der über viele Generationen hinweg mündlich überliefert worden war. Unter anderem macht es deutlich, wie stark die Nutzpflanzen bei den Maya das Fundament ihrer Vorstellungen über die Erschaffung der Welt bildeten. Danach entschieden sich drei göttliche Schöpfer in Form gefiederter Wasserschlangen, sich Gesellschaft zu verschaffen und zu diesem Zweck die Menschen zu formen. Anfangs versuchten sie es mit Schlamm, aber das funktionierte nicht. Dann verwendeten sie Holz, aber auch das war nicht erfolgreich. Schließlich wurden die »wahren Menschen« aus Mais modelliert: das Fleisch aus den weißen und gelben Körnern, die Arme und Beine aus Maismehl.

Dieser Schöpfungsmythos zeigt, warum sich die Hochkulturen Mittelamerikas am Ende ganz anders entwickelten als jene auf der entgegengesetzten Seite der Erdkugel. Das Leben ihrer Menschen hing völlig von Nutzpflanzen wie dem Mais ab, und das hatte einen einfachen Grund: Es gab keine großen Haustiere. Seit Menschen am Ende der letzten Eiszeit den amerikanischen Kontinent besiedelt hatten, lebten dort keine Tiere mehr, die größer waren als ein Truthahn (siehe Seite 136).

Anders als in den eurasischen Steppen gab es keine Hirtennomaden, die sich ihren Lebensunterhalt mit domestizierten Tierherden sicherten und ständig von Ort zu Ort zogen. Zu den Belastungen, die solche Völker für die sesshaften Kulturen des Nahen Ostens, Europas und Asiens bedeuteten, kam es in Amerika nicht. Ebenso existierte kein größeres militärisches Ungleichgewicht zwischen Wohlhabenden und Armen, denn niemand war in der Lage, sich zu Pferde schnell fortzubewegen und sich im Kampf der strategischen Vorteile von Überraschung, erhöhter Kampfposition und Geschwindigkeit zu bedienen.

Wagen wurden nie erfunden, denn es gab keine großen, für die Domestizierung geeigneten Tiere, die sie hätten ziehen können. Für das Rad hatte man keine Verwendung: Räder findet man zwar bei den Spielzeugen der amerikanischen Ureinwohner, im Leben der Erwachsenen wurden sie jedoch nicht verwendet. Keine Räder – das bedeutete auch: keine Zahnräder, keine Flaschenzüge, keine Tretmühlen und andere technische Mittel, mit denen Griechen und Römer ihre gewaltigen Leuchttürme, Wasserräder und Aquädukte bauten, um ihre Welt weniger anfällig für die unberechenbaren Kräfte der Natur zu gestalten.

Ohne den konkurrenzbedingten Rüstungswettlauf zwischen Nomaden und sesshaften Menschen, der in Europa und Asien Welle um Welle von Krieg und Zerstörung auslöste, lernten diese Menschen auch nie, wie man Eisen schmilzt. Ein so widerstandsfähiges Material war nicht notwendig. Gold und Silber besaßen sie im Überfluss, Kupfer ebenfalls. Diese weichen, flexiblen Materialien eigneten sich großartig zur Herstellung langlebiger Schmuckgegenstände und anderer Produkte, die der religiösen Verehrung und der Verherrlichung des Adels dienten.

Solche Unterschiede zwischen Neuer und Alter Welt wirkten sich im Laufe der Jahrhunderte immer stärker aus. Bevor Anfang des 16. Jahrhunderts die ersten spanischen Entdecker ins Land kamen, hatten die Bewohner Amerikas keine Ahnung, dass ihre Welt anderen militärisch unterlegen war. Ohne Pferde, Wagen und Räder befand sich das Verhältnis zwischen diesen Hochkulturen und der Natur auf einem einzigartigen Entwicklungsweg. Vielleicht kann man an der Geschichte Mittelamerikas ablesen, wie es mit der ägyptische Hochkultur weitergegangen wäre, hätte es 1674 v. Chr. nicht die Invasion der Hyksos gegeben, durch die dieses antike Volk widerstrebend in eine Welt hineingezogen wurde, in der es bereits das Rad gab (siehe Seite 171).

In der Geschichtsforschung galten die amerikanischen Ureinwohner lange Zeit im Wesentlichen als friedliche Menschen: Aus archäologischen Befunden wissen wir, dass die meisten größeren und kleineren Städte Mittelamerikas ungefähr bis 1000 n. Chr. nicht befestigt waren. Heute sieht es jedoch so aus, als habe die Lebensweise dieser Menschen auch eine düstere Kehrseite gehabt. Da sie nicht auf die Kraft von Tieren zurückgreifen konnten, waren sie ganz und gar von der alljährlichen Maisernte und anderen Nutzpflanzen abhängig, und traditionell war der König verpflichtet, die Götter dazu zu bringen, dass sie genügend Regen schickten. Die Herrscher waren also mit ihrer Politik darauf fixiert, die Verbindung zur Welt der Geister herzustellen und deren

Gunst zu erringen. Hierfür mussten Opfer gebracht werden.

Bei den Olmeken entwickelte sich eine einzigartige Form des Zwiegesprächs mit den Geistern, die eine gewaltsame Seite zeigt, gleichzeitig aber auch den historischen Ursprung der **sportlichen Konkurrenz** kennzeichnet. Im Mittelpunkt stand dabei ein Ballspiel namens »Ulama«. In den antiken Städten Mittelamerikas hat man Dutzende von prähistorischen Ballspielplätzen ausgegraben, deren Entstehung bis in die Zeit um 1400 v. Chr. zurückreicht. Der älteste von ihnen befindet sich in Paso de la Amada. Er ist ungefähr 80 Meter lang und acht Meter breit.

Mit solchen Markierungssteinen wurden die Ballspielfelder der Maya unterteilt; man erkennt einen Spieler mit Schutzkleidung.

Aus der gleichen Zeit hat man auch Gummibälle gefunden, die in heiligen Sümpfen zusammen mit anderen religiösen Gegenständen ausgezeichnet erhalten geblieben sind. Sie lassen darauf schließen, dass das Spiel religiösen Zwecken diente. Das Ziel bestand darin, den Ball durch einen von zwei senkrecht aufgestellten steinernen Ringen zu werfen, die sich an beiden Enden des Spielfeldes in bis zu sechs Metern Höhe befanden. Zwei Mannschaften aus jeweils zwei bis fünf Spielern durften zu diesem Zweck die Hüften, Oberschenkel, Unterarme und Köpfe einsetzen, den Ball aber weder mit den Händen noch mit den Füßen berühren. Zu ihrer Ausrüstung gehörten Hüftgürtel, Knieschoner, Kopfbedeckungen und Schutzmasken, die häufig mit symbolischen Figuren und Götterdarstellungen geschmückt waren. Das Spiel wurde zwar manchmal auch zum Vergnügen gespielt, die Meisterschaft fand aber in der Regel im Rahmen religiöser Feierlichkeiten statt. Dann wurden Wettbewerbe zwischen rivalisierenden Königreichen und Staaten ausgetragen, bei denen es ganz buchstäblich um Leben und Tod ging. Die Verlierer wurden rituell den Göttern geopfert; ihre Leichen bestattete man unter dem Spielfeld, und die Schädel dienten hin und wieder als Kern für die Herstellung neuer Gummibälle. Für die Maya und ihre Nachfolger, die Azteken, symbolisierte das Spiel den Kampf zwischen den Herrschern der Unterwelt und den Menschen der Erde.

Das größte bisher entdeckte Ballspielfeld liegt in der Maya-Tempelstadt Chichén Itzá. Dort zeigen Wandmalereien zwei Mannschaften unmittelbar nach dem »Schlusspfiff«. Der Führer der Siegermannschaft hält den abgeschnittenen Kopf des gegnerischen Mannschaftsführers in der Hand; aus dessen verstümmeltem Körper fließt das Blut in Form von Schlangen.

Manchmal dienten religiöse Sportereignisse dazu, anstelle eines Krieges Streitigkeiten zwischen rivalisierenden Königreichen beizulegen. Der unterlegene König zahlte dann den höchstmöglichen Preis, um die Götter zu besänftigen. Einer der drei erhaltenen Texte der mittelamerikanischen Ureinwohner, der Kodex Zouche-Nutall (1350), wird heute im Britischen Museum aufbewahrt. Er berichtet vom Ergebnis eines Wettkampfes, an dem sich ein Toltekenkönig mit dem prachtvollen Namen »Lord Acht Hirsche Jaguarklaue« beteiligte, ein ausgezeichneter Ballspieler. Mit seinen Fähigkeiten brachte er mehrere Städte und Staaten unter seine Kontrolle, aber 1115

n. Chr., als er 52 Jahre alt war, verließ ihn das Glück: Nun wurde sein Kopf in einen Ball verwandelt.

Die Könige und ihre Priester setzten alles aufs Spiel, um die Götter zu erfreuen und sicherzustellen, dass genügend Regen für die Nutzpflanzen fiel. Wie weit sie dabei gingen, zeigte sich auf entsetzliche Weise bei einer Reihe von Ausgrabungen, die 1895 begannen. In diesem Jahr kaufte der amerikanische Archäologe und Diplomat Edward Thompson für 75 Dollar eine Plantage in Mexiko, von der er wusste, dass sich auf ihr auch die Ruinen der heiligen Mayastadt Chichén Itzá befanden. Wie Arthur Evans, der mit Knossos berühmt wurde (siehe Seite 179), so widmete auch Thompson sein weiteres Leben zu einem großen Teil der Aufgabe, die Geheimnisse dieser antiken Stätte zu lüften, die mitten im mexikanischen Dschungel in Vergessenheit geraten war. Als er seiner archäologischen Leidenschaft nachging, stellten ihm die Einheimischen immer wieder nach; einmal wäre er fast in einer vergifteten Menschenfalle ums Leben gekommen.

Im Mittelpunkt seines Interesses stand die heilige Zenote, ein 90 Meter langes Wasserbecken, das nach Überzeugung der Maya den Zugang zur Welt der Geister darstellte – ein besonderer Ort, weil die Halbinsel Yucatán aus porösem Kalkstein besteht, sodass natürlich vorkommende Seen und Teiche äußerst selten sind.

Zwischen 1904 und 1911 bargen Thompson und seine Mitarbeiter mehr als 30 000 Gegenstände aus dem Becken. Anfangs suchten sie es mit Netzen ab, dann benutzen sie einige der ersten Taucheranzüge und hantierten in völliger Dunkelheit in 20 Metern Tiefe. Unter den Objekten, die sie dabei fanden, befanden sich Messer, Stöcke, Glocken, Teller, Krüge, kleine Menschenfiguren, Schmuck- und Ziergegenstände. Leider sind sie nicht alle erhalten geblieben: Viele Funde bewahrte Thompson in seinem Haus auf der Plantage auf, das 1920 von mexikanischen Revolutionären in Brand gesteckt wurde.

Wie Thompson feststellte, hatten die Maya viele dieser Gegenstände zerschlagen, weil sie die in ihnen wohnenden Geister töten wollte. Danach hatte man sie als Opfer für die Götter in den See geworfen. Unter seinen Funden befand sich auch ein Opfermesser mit einem geschnitzten Griff in Form zweier miteinander verschlungener Klapperschlangen; es diente dazu, Menschen bei lebendigem Leibe das Herz herauszuschneiden. Ein goldener Teller aus der Zeit um 900 n. Chr. zeigt einen Toltekenkrieger mit Adler-Kopfschmuck, der einen Maya-Gefangenen opfert. Sein Kostüm stellt einen herabstürzenden Raubvogel dar. In der linken Hand hält er das Opfermesser, mit der rechten greift er nach dem herausgeschnittenen Herzen des Opfers. Vier Helfer halten das Opfer über dem Opferstein fest. Einer von ihnen blickt uns, die Zeugen, unmittelbar an.[6]

In dem kleinen See fand Thompson auch die Knochen von über 40 **Menschenopfern**. Die Hälfte von ihnen war den Schätzungen zufolge zum Zeitpunkt ihres Todes jünger als 20 Jahre, und 14 waren vermutlich noch nicht einmal zwölf Jahre alt.[7] Je jünger das Opfer, so glaubten die Maya, desto mehr würden sich die Götter darüber freuen, denn jüngere Seelen galten als reiner. Während der Aztekenherrschaft (ungefähr 1248 bis 1521 n. Chr.) waren Kinderop-

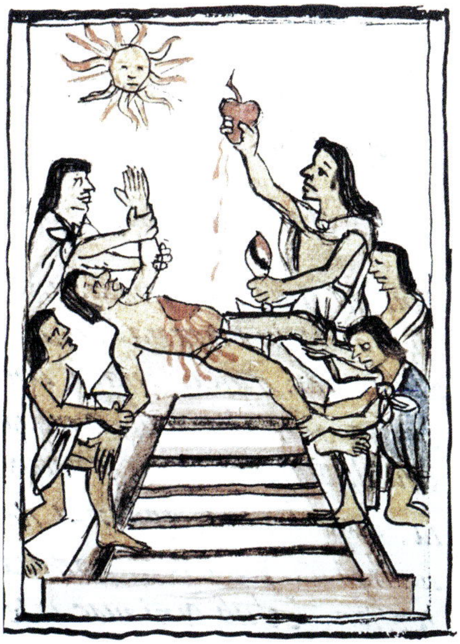

fer insbesondere in Dürrezeiten üblich. Brachte man dem Wassergott Tlaloc kein Opfer dar, würde es nicht regnen. Tlaloc forderte, dass die Erde mit den Tränen junger Menschen benetzt würde, damit Regen fallen könne. Deshalb sollen die Priester den Berichten nach die Kinder vor dem rituellen Opfer zum Weinen gebracht haben, manchmal indem sie ihnen die Fingernägel herauszogen.[8] Die völlige Abhängigkeit der Maya vom Regen war letztlich auch der Grund, warum es mit ihrer Kultur ungefähr 900 n. Chr. zu Ende ging. Immer größere Trockenheit, die durch die Auswirkungen von Waldzerstörung, Bodenerosion und Intensivlandwirtschaft noch verschlimmert wurde, führte zu Hungersnöten, Invasionen und gewalttätigen Konflikten mit Nachbarvölkern, bei denen es um die knappen natürlichen Ressourcen ging.[9]

Die **Azteken** bildeten 1428 n. Chr. ein Bündnis der drei Stadtstaaten Tenochtitlán, Texcoco und Tlacopán, das seinen Mittelpunkt in der mexikanischen Tiefebene hatte. Es war die letzte mittelamerikanische Hochkultur, bevor Anfang der 1520er Jahre die Europäer eindrangen. Das Reich erstreckte sich von Küste zu Küste, nur das Königreich Tlaxcala, ein kleines Gebiet im Südosten, gehörte nicht dazu. Diese Feinde der Azteken verbündeten sich 1521 mit den Spaniern und halfen ihnen, den Aztekenkönig Moctezuma zu schlagen. Damit war die Geschichte der unabhängigen amerikanischen Hochkulturen zu Ende (siehe Seite 367).

Die Kultur der Azteken stand völlig in der Tradition älterer mittelamerikanischer Bevölkerungsgruppen, ihr Leben wurde aber immer schwieriger, weil unter dem Einfluss des Klimawandels immer größere Dürre herrschte, während gleichzeitig andere Völker aus dem Norden einwanderten.[10] Der Zugang zu den verbliebenen Ressourcen stand als wichtigstes Motiv hinter dem Dreierbündnis der Azteken, das nun seine Bemühungen, die Götter auf seine Seite zu ziehen, verstärkte; dabei stieg die Zahl der Menschen- und Kinderopfer noch einmal erheblich an. Aztekenherrscher wie Auítzotl (1486 bis 1503) zogen sogar gegen Nachbarstaaten in den Krieg, nur um zusätzliche Gefangene machen zu können und sie für Menschenopfer zu verwenden (ein Konflikt, der in der Geschichte als »Blumenkrieg« bekannt ist).

In der prachtvollen Aztekenhauptstadt Tenochtitlán errichtete man neue Bauwerke. Die Stadt stand mitten in einem riesigen See auf einer Insel, die durch eine gewaltige, bewegliche Brücke mit dem Festland verbunden war. Diese bemerkenswerte Metropole befand sich auf dem Gebiet des heutigen Mexico City, der See wurde allerdings trocken-

Der spanische Mönch Bernardino da Sahagún (1499 bis 1590) beschrieb in einer Reihe illustrierter Bücher neben anderen Praktiken der Azteken auch ihre Gewohnheit, Menschenopfer darzubringen. In einem seiner Werke findet sich dieses grausige Bild.

Ein Lageplan der Azteken-hauptstadt Tenochtitlán. Die Stadt mit ihren Kanälen, Brücken und riesigen Pyramiden lag mitten in einem großen See.

gelegt, weil man Platz für moderne Gebäude schaffen wollte. Von der antiken Stadt, die 1521 von spanischen Invasoren zerstört wurde, ist kaum noch etwas übrig (siehe Seite 368).

Die Azteken glaubten, der Regen- und Fruchtbarkeitsgott Tlaloc sowie Huitzilopochtli, der Gott des Krieges und der Sonne, wären ihnen freundlicher gesinnt, wenn sie in der Mitte der Stadt eine 60 Meter hohe Pyramide errichteten. Auf der Spitze des riesigen, stufenförmigen Bauwerks hatte jeder der beiden Götter seinen eigenen Tempel. Bei dem Ritual, mit dem die Pyramide 1487 geweiht wurde, sollen laut Berichten mehrere Tausend Menschen geopfert worden sein – in der Hoffnung, die Götter würden mehr Regen schicken.[11]

Die Berichte über solche Taten verstärkten die Vorurteile der spanischen Invasoren, die diese Menschen und ihre Lebensweise für barbarisch, unzivilisiert und wild hielten. Die Opferpraxis diente ihnen als Rechtfertigung für ihren Völkermord im Namen des christlichen Gottes, der aus Sicht der Europäer den einzig wahren Zugang zum Glauben ermöglichte.

In Wirklichkeit jedoch hatten die meisten europäischen Eindringlinge kein echtes Interesse daran, die Seelen der Menschen zu retten. Ihre Aufmerksamkeit richtete sich vielmehr auf die riesigen Gold- und Silberschätze. Zum größten Teil befanden sich diese Reichtümer allerdings weiter im Süden. Dort hatte in aller Stille eine andere Lebensweise großen Einfluss erlangt, die schließlich mit dem Aufstieg des südamerikanischen Inkareiches ihren Höhepunkt erreichte.

In Südamerika entwickelten sich neue Hochkulturen entlang der Küste – im dicht bewaldeten Landesinneren von der Landwirtschaft zu leben, war einfach zu schwierig. In Peru waren die ersten Hochkulturen der Nazca (ca. 300 v. Chr. bis 800 n. Chr.) und der Mochica (ca. 100 bis 800 n. Chr.) in vielerlei Hinsicht von den gleichen Gewohnheiten geprägt wie die Kulturen in Mittelamerika. Aus den Flüssen, die von dem gewaltigen Andengebirge herabströmten, wurden Gold und Silber gewonnen und gegen Mais aus Mexiko eingetauscht. Die Handelsbeziehungen führten auch zu einem Austausch der religiösen Überzeugungen.

Von den Nazca stammen Darstellungen der Tiergötter, die noch heute als nahezu übermenschliche Kunstwerke gelten. Auf einer 500 Quadratkilometer großen Hochebene schufen diese Menschen Hunderte von exakt geraden Linien und geometrischen Mustern, indem sie den trockenen Sand und Kies peinlich genau zur Seite fegten. Blickt man vom Flugzeug auf die Landschaft, so erkennt man mehr als 70 riesige Bilder von Tieren, Insekten und Menschen, von denen manche bis zu 270 Meter lang sind. Am Boden sieht man nichts außer Linien im Staub. Wie konnten diese Menschen solche Kunstwerke (sogenannte Geoglyphen) schaffen, ohne dass sie von oben das Gesamtbild überblicken konnten? Dies ist eines der großen Rätsel der Geschichtsforschung. Das Spektrum der Theorien über ihren Zweck reicht von Markierungen für unterirdische Wasseradern bis zu Landebahnen für UFOs.

Der plausibelste Grund, warum die Nazca diese riesigen Bilder schufen, ist aber ein anderer: Wie für die Menschen Mittelamerikas, so stand auch für sie die Kommunikation mit den Göttern im Mittelpunkt von allem, was ihnen wichtig war. Die Abbildungen von Affen, Spinnen, Kolibris und Echsen dienten als Ehrenbezeugungen für die Götter, mit denen man ihnen für das Wasser dankte. Mitten in der Wüste erbauten die Nazca die Tempelstadt Cahuachi, von der man die Linien überblicken kann. Dort stehen noch heute 40 Grabhügel mit alten Lehmbauwerken. Immer neue Ausgrabungen liefern faszinierende Einblicke in die Lebensweise dieser Menschen; Reste von Keramikgegenständen zeigen unter anderem Köpfe als Trophäen, ein Hinweis, dass auch diese Menschen ihre Schöpfer mit grausigen Menschenopfern zu besänftigen suchten.

Wie haben sie das geschafft? Hier in einer Luftaufnahme eine riesige Darstellung einer Spinne, geschaffen von den Nazca.

An verschiedenen Nazca-Ausgrabungsstätten hat man insgesamt mehr als 100 rituell präparierte Köpfe gefunden.

Ungefähr zur gleichen Zeit wie die Nazca lebte auch das Volk der Mochica. Es bestand aus Bauern, die mit den lebhaften Malereien auf ihren Gefäßen eine ausgezeichnete Darstellung ihrer Lebensweise hinterlassen haben. Die Szenen zeigen Jagd, Fischerei, Bestrafung, Krieg, sexuelle Handlungen und komplizierte religiöse Rituale. Außerdem hat man Pyramiden gefunden, die mit den Überresten von Menschenopfern geweiht wurden – auch dies ein Versuch, sich die Gunst der Götter zu sichern.

Ihren Höhepunkt erreichten die antiken Hochkulturen an der südamerikanischen Küste mit dem Aufstieg der **Inka**. Waren sie anfangs nur ein Stamm im Gebiet von Cuzco gewesen, so erlangten sie im 12. Jahrhundert n. Chr. eine beherrschende Stellung. Mit starken Führungsgestalten und einem Kult, in dem die obersten Herrscher als Vertreter der Götter auf Erden angebetet wurden, bauten diese Menschen einen auf Tributzahlungen gegründeten Bundesstaat auf, in dem andere Stadtstaaten und Königreiche sich ihrer Oberherrschaft unterwarfen und im Gegenzug bei Schwierigkeiten mit Schutz und Hilfe rechnen konnten.

Anders als die Völker Mittelamerikas profitierten die Inka von einer Säugetierart, die so groß war, dass man sie domestizieren und ihre Kraft nutzbar konnte: den Lamas. Diese Lasttiere schufen die Möglichkeit für den Bau eines umfangreichen, mehr als 20000 Kilometer langen Straßen- und Wegenetzes, wobei manche Verkehrswege sogar die Anden in Höhen von bis zu 5 000 Metern überquerten. Eine der berühmtesten derartigen Straßen führt heute von dem Dorf Ollantaytambo nach Machu Picchu, einer Stadt im Gebirge, die um 1450 als luxuriöse Sommerresidenz der Inkakönige errichtet wurde. In der Neuzeit war sie völlig von der Welt abgeschnitten, bis der amerikanische Archäologe Hiram Bingham sie 1911 wiederentdeckte, nachdem Einheimische ihn hingeführt hatten. Bingham schrieb über Machu Picchu mehrere Bücher und sammelte mehr als 40 000 antike Fundstücke, die er zur Yale University in die USA schickte. Dort sollten sie sicher aufbewahrt werden, bis die Regierung Perus ihre Rückgabe verlangte. Dies geschah im Jahr 2006, und 2008 erklärte sich die Universität bereit, rund 4 000 Stücke an das neue Inkamuseum in Cuzco zu übergeben.

In dieser Region gab es weder Wagen noch Räder, stattdessen waren an den Hauptverkehrswegen in Abständen von ungefähr 25 Kilometern Läufer stationiert, die Botschaften in einem Staffelsystem sehr schnell weitergeben konnten und dabei Entfernungen von mehr als 200 Kilometern pro Tag überbrückten. Die Läufer trugen weder Papiere noch Pergament oder Tontafeln bei sich, sondern Seilstücke, auf denen die Nachrichten in Form komplizierter Knotenreihen codiert waren; diese symbolisierten Zahlen und sogar Sprachlaute. Die Knotensprache von Quipu ist bis heute nicht vollständig entschlüsselt.

Die von den Inkakaisern erbauten Straßen liefen in der Hauptstadt zusammen. Cuzco war für sie der Nabel der Welt. Im Jahr 1438 nahm sich der oberste Inka Pachacútec Yupanqui ein ehrgeiziges Expansionsprogramm vor. Mithilfe seines Sohnes Túpac brachte er große Teile Perus, Ecuadors und Chiles unter

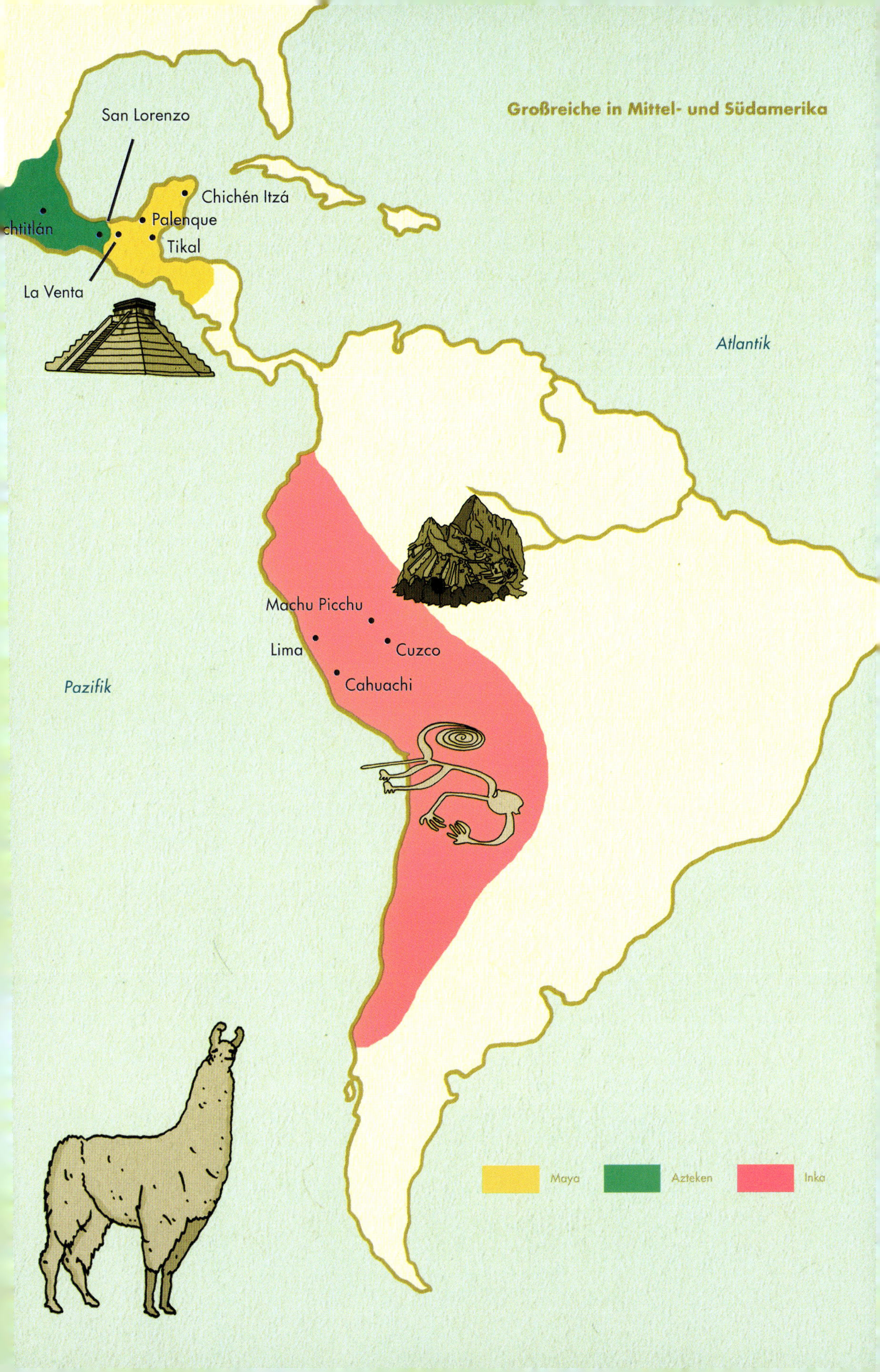
Großreiche in Mittel- und Südamerika
San Lorenzo
Chichén Itzá
chtitlán
Palenque
Tikal
La Venta
Atlantik
Machu Picchu
Lima
Cuzco
Cahuachi
Pazifik
Maya
Azteken
Inka

seine Kontrolle. Die beiden teilten das Reich in vier große Regionen auf, die jeweils einen eigenen Statthalter erhielten. Die meisten Menschen unterwarfen sich bereitwillig der Inkaherrschaft, denn sie sicherte ihnen in schlechten Zeiten eine ganze Reihe wichtiger Schutz- und Hilfeleistungen.

Im Inkareich hungerte niemand, und nichts deutet auf Armut hin. Wenn Straßen beschädigt waren oder Häuser zusammenbrachen, schickte der Statthalter der Region sofort Arbeitskräfte, die sie reparierten und wieder aufbauten. Eine landesweite Arbeiterschaft rekrutierte sich aus Männern zwischen 15 und 20 Jahren, die verpflichtet waren, fünf Jahre lang dem Staat und seinem Volk zu dienen. In allen wichtigen Siedlungen und Städten gab es staatliche Lagerhäuser, die in Notzeiten für die Menschen geöffnet wurden und ihnen Nahrung und Kleidung lieferten. Ihre Steuern konnten die Menschen bezahlen, indem sie Stoff webten oder Lebensmittel spendeten. Jedes Dorf hatte einen Aufseher, der die Warenproduktion der Bewohner überwachte; diese wurde teilweise an Ort und Stelle weiterverwendet, teilweise auch an die zentralen Lagerhäuser geschickt.

Hochzeiten fanden bei Dorffesten statt. Die Nachbarn hatten die Pflicht, den jung Vermählten ein kleines Haus zu bauen. Ehepaare genossen den Vorteil, dass sie im ersten Jahr keine Steuern bezahlen brauchten, was ihnen den Start in ihr gemeinsames Leben erleichtern sollte. Bekamen sie Kinder, wurde ihnen zwei weitere Jahre Steuerfreiheit gewährt. Ältere Bürger zahlten mit nachlassender Arbeitskraft weniger Steuern, und wenn sie nicht mehr für sich selbst sorgen konnten, erhielten sie von den zentralen staatlichen Lagerhäusern Lebensmittel, Kleidung und andere Hilfeleistungen.[12]

Die Inkakaiser wachten eifersüchtig über ihre Abstammungslinie und bestanden darauf, dass jeder männliche Erbe seine Schwester heiratete. Auf diese Weise konnte man den Glauben an eine ununterbrochene Abstammungslinien von den Göttern zu den Herrschern aufrechterhalten. Staatliche Inspektoren wählten hübsche, begabte Mädchen aus und schickten sie an den Königshof, wo sie in das Acllahuasi aufgenommen wurden, das »Haus der Sonnenjungfrauen«.

Die jungen Frauen kauten Mais, der auf diese Weise zu einem heiligen Getränk vergoren wurde. Bei den alljährlichen religiösen Festlichkeiten nahmen Tausende den Trank zu sich, um damit den Göttern eine Freude zu bereiten: Diese, so glaubte man, seien dann freundlich gesonnen und zufrieden, weil ihr dankbares Volk so glücklich war.

Neben der Königin (und Schwester) durfte jeder Kaiser sich so viele Ehefrauen wählen, wie er wollte. Zur Zeit des elften Inkakaisers gab es Tausende von Kinder, die ihn oder einen seiner Vorgänger zum Vater hatten; diese bildeten eine einzigartige Beamtenaristokratie, die eine enge Bindung zwischen Staat und Volk herstellte.

Wie der Pharao im alten Ägypten, so war auch der Inkakaiser ein Gott auf Erden. Sein Zahlungsmittel war das Gold, das man für die Exkremente der Götter hielt. Gold war göttlich, besaß es doch die gleiche Farbe wie der Sonnenschein. Es war leicht zu bearbeiten, und im Gegensatz zu Eisen oder auch Silber, das irgendwann eine schwarze Silbersulfidschicht ansetzt, bleibt es für alle Zeiten rein und hell. Diese Schätze übten schließlich im 16. Jahrhundert einen großen Reiz auf die europäischen Eroberer aus, deren Gier nach den Schätzen anderer Völker keine Grenzen kannte.

Weder der religiöse Fundamentalismus, der mit der Praxis der Menschenopfer seinen Höhepunkt erreichte, noch die Vorstellung vom Wohlfahrtsstaat, der in Notzeiten für alle seine Bürger sorgt, überlebte das Gemetzel der europäischen Invasoren. Die Religionen der Maya, Olmeken, Azteken und Inka gingen schnell in einer neuen Mischkultur auf, die sich nach der Invasion der spanischen Eroberer herausbildete. Ihre Städte verschwanden unter dem dichten Blätterdach des mexikanischen Dschungels und gerieten in Vergessenheit.

Nachdem Christoph Kolumbus 1492 die vermeintliche Ostküste Asiens »entdeckt« hatte, dauerte es nur eine Generation, bis die beeindruckende Macht des Azteken- und Inkareiches von einer Handvoll spanischer Abenteurer zerstört wurde. Wie diese Invasoren um die ganze Welt reisten, wonach sie suchten und warum sie so schnell die Völker dieser Großreiche besiegen konnten – das ist eine der ungewöhnlichsten Episoden der Menschheitsgeschichte. Sie beginnt an einem unerwarteten, unwirtlichen Ort: tief in den staubigen Wüsten Arabiens.

Eine Sonnenplatte, ein Lama und eine weibliche Figur, alle aus reinem Inkagold hergestellt. Kein Wunder, dass solche Schätze die Aufmerksamkeit der europäischen Eroberer erregten.

Teil 4

Die Welt wird global

Circa 570 bis heute

Göttliche Offenbarungen, die ein Mann in Mekka im heutigen Saudi-Arabien erlebt hatte, verbreiteten sich wie Staubkörner im Wind und verbanden große Teile Europas und Asiens zu einem einzigen, riesengroßen kulturellen Bereich. Wissenschaftliche Erfindungen aus China verbreiteten sich durch muslimische Kaufleute auf den gierigen, aber instabilen Märkten des europäischen Abendlandes. Das verlockende Schimmern von afrikanischem Gold und Gerüchte über neue Seewege nach Osten und Westen nahmen entdeckungsfreudige Seefahrer zum Anlass, das Schicksal Europas in die Hand zu nehmen. Durch technische Verbesserungen im Schiffbau verbreitete sich die europäische Kultur bis in alle Winkel des Globus und verband die Kontinente zu einem »Neu-Pangäa«.

Neuer Reichtum brachte neuen Krieg. In Europa zersplitterte die christliche Kirche durch die Reformation und wandelte sich zu einem Mosaik voneinander getrennter, aber ähnlicher Glaubensrichtungen, und die einzelnen Staaten stritten um die globale Vorherrschaft. Flüchtlinge und Pilger suchten jenseits der Meere ihr Glück und reihten sich unter jene ein, die außerhalb Europas auf den schnellen Reichtum hofften. Afrikanische Sklaven wurden nach Amerika gebracht und schufteten dort in den Plantagen. Nutzpflanzen, die man zuerst in der Neuen Welt angebaut hatte, veränderten die Essgewohnheiten in Europa und darüber hinaus.

Die Auswirkungen dieser hitzigen europäischen Expansion bekamen andere Kulturkreise ebenso wie die Natur schon bald zu spüren. Manche von ihnen, so die Russen, beteiligten sich an dem Wettlauf. Andere, wie die Osmanen, schlugen zurück und nahmen Europäer als Sklaven. Die Perser richteten Handelsstützpunkte ein, um Seide nach Europa zu verkaufen, und die Herrscher der autarken Staaten im Fernen Osten bemühten sich, allen kulturellen und geschäftlichen Kontakten mit dem Westen aus dem Wege zu gehen. Zur gleichen Zeit wurde die einheimische Bevölkerung Amerikas durch Krankheiten ausgelöscht, die europäische Abenteurer und ihre Haustiere über das Meer eingeschleppt hatten. Die amerikanischen Ureinwohner und die australischen Aborigines wurden zusammengetrieben und in Reservaten eingesperrt.

Bis 1800 hatte Europa, was technische Neuerungen anging, die Führungsrolle von China übernommen. Künstlich unter hohen Druck gesetzter Wasserdampf entwickelte sich für die Menschen zur ersten unabhängigen Energiequelle. Damit erweiterten sie die Grenzen, die ihnen die Naturkräfte der Erde setzten. Eine Fülle wissenschaftlicher und technischer Fortschritte beschleunigte die Eroberung der Natur. Dampfschiffe und Eisenbahn eröffneten neue Möglichkeiten zur Besiedelung zuvor unberührter Landschaften in Afrika und im Fernen Osten. Die Rohstoffe, die von dort nach Europa gelangten, trieben neue Maschinen an oder wurden zu Massenprodukten für den heimischen und ausländischen Markt weiterverarbeitet. Eine wachsende Zahl reicher europäischer und amerikanischer Glücksritter steuerte die Welt in einer Reihe globaler Konflikte, aus denen am Ende das Wirtschaftssystem des Kapitalismus als triumphaler Sieger hervorging.

In der bisher letzten Phase unserer Geschichte führt das unaufhaltsame Wachstum der Bevölkerungszahl, die sich mittlerweile der Sieben-Milliarden-Grenze nähert, zu einem ungeheuren Verlust an biologischer Vielfalt und natürlichem Kapital (in Form etwa von Kohle, Erdöl und Erdgas). Hinzu kommen die beunruhigenden Auswirkungen des Klimawandels. Es stellen sich düstere Fragen nach dem heutigen Verhältnis zwischen uns Menschen und unserem Planeten sowie nach der künftigen Koexistenz zwischen uns und den anderen Lebewesen.

KAPITEL 30

WELCHE OFFENBARUNG!

WIE MOHAMMED, EIN MANN AUS MEKKA, EINE REIHE VON VISIONEN EMPFING UND DEN ISLAM ALS EINE NEUE LEBENSFORM BEGRÜNDETE, DIE VERSPRACH, DIE FEHLER DER MENSCHHEIT ZU KORRIGIEREN

Mohammed war ein Prophet und der Begründer des Islam, einer Religion und Lebensweise, die auf den weiteren Verlauf der Menschheits- und Naturgeschichte weitreichende Auswirkungen hatte. Der Kaufmann aus Mekka empfing vor rund 1400 Jahren mehrere Visionen: Er sah, wie der Erzengel Gabriel das wahre, letzte Wort Allahs, des einen und allmächtigen Gottes, verkündete. Mohammeds Angehörige und seine Nachfolger schrieben diese Offenbarungen anschließend in einer Sammlung von Versen nieder, die heute als Koran bezeichnet wird. In unserer Zeit steht der Islam mit mehr als 1,3 Milliarden praktizierenden Gläubigen in der Liste der beliebtesten Weltreligionen an zweiter Stelle hinter dem Christentum (die Zahl der Christen liegt heute weltweit bei geschätzten 2,1 Milliarden).

Vor dem Aufstieg des Islam herrschte in Arabien eine pantheistische Religion. Die Kaaba, ein Schrein in der Stadt Mekka mitten in der arabischen Wüste, beherbergte 360 unterschiedliche Götter, für jeden Tag des Jahres einen. Jedes Jahr versammelten sich dort Nomadenstämme zur Pilgerfahrt, der Haddsch. Gewalttaten waren verboten. Die Kaaba galt als Schnittstelle zwischen Himmel und Erde. Das Symbol für diese Verbindung war ihr Grundstein, ein heiliger schwarzer Felsen, der als Meteorit von den Toren des Himmels herabgefallen war. Er befindet sich bis heute in der Kaaba, einem großen, würfelförmigen Bauwerk in der Al-Haram-Moschee in Mekka.

Mohammed wurde ungefähr 570 n. Chr. in Mekka geboren. Das Geschäft seiner Familie war der Transport von Waren wie Salz, Gold, Elfenbein und Sklaven, und als Beförderungsmittel dienten domestizierte Pferde und Kamele, deren

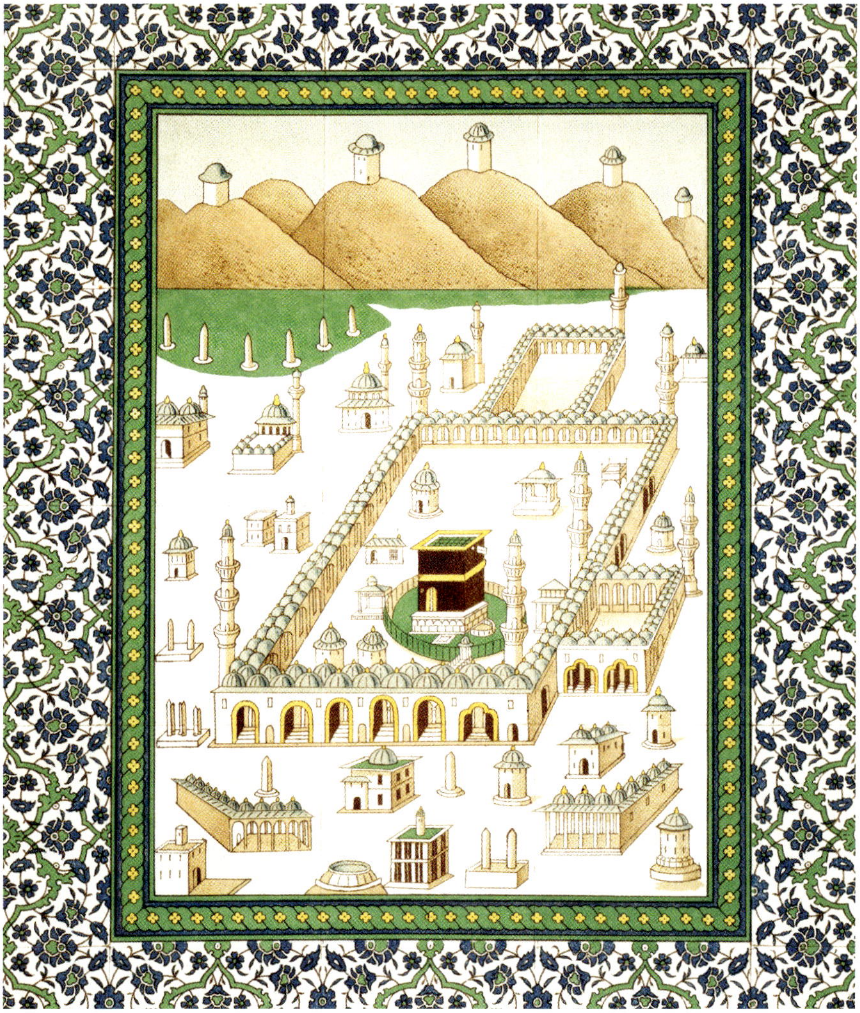

wilde Vorfahren einst aus Amerika eingewandert waren (siehe Seite 96). Als Junge erwarb er sich den Ruf der Aufrichtigkeit und Weisheit. Angeblich gelang es ihm, während des Wiederaufbaus der Kaaba, die zuvor durch Überschwemmungen beschädigt worden war, einen hitzigen Streit beizulegen.

Die vier großen Familien von Mekka konnten sich nicht einigen, welche von ihnen die Ehre haben sollte, den heiligen Grundstein an seinen Platz zu heben. Schließlich verständigte man sich darauf, dass der nächste Mensch, der den Tempel betrat, die Entscheidung treffen sollte – und dieser Mensch war Mohammed. Die Weisheit seines Urteilsspruchs erinnert an den König Salomo: Er zog seinen Mantel aus, legte den Stein darauf und wies die Familienoberhäupter an, jeweils eine Ecke des Mantels anzuheben und den Stein gemeinsam an seinen Platz zu tragen.

Mohammed war ein zutiefst unruhiger Charakter. Vielleicht lag es daran, dass er seinen Vater Abdullah nie ken-

Die Kaaba, ein schwarzes Bauwerk in der Mitte der Al-Haram-Moschee in Mekka, ist der heiligste Ort des Islam. Die Muslime auf der ganzen Welt wenden das Gesicht während ihrer täglichen Gebete in ihre Richtung.

Der Erzengel Gabriel, der auch die Jungfrau Maria besuchte, begleitet Mohammed zu der »entferntesten Moschee« in Jerusalem, von wo er in den Himmel aufstieg, um mit anderen Propheten zu sprechen.

nengelernt hatte: Dieser starb sechs Monate vor der Geburt des Sohnes auf einer Geschäftsreise. Vielleicht sind die Gründe auch bei seiner Mutter Amina zu suchen, die einer Krankheit zum Opfer fiel, als er erst sechs Jahre alt war. Möglicherweise war er auch durch das Leben als Kaufmann desillusioniert. Obwohl er allen Berichten nach eine glückliche Ehe führte, zog er sich mit ungefähr 40 Jahren aus dem Alltagsleben zurück und suchte Zuflucht in einer kleinen Höhle am Berg Hira in der Nähe seines Wohnortes. Dort hatte er die erste von vielen dramatischen, lebhaften Visionen, in denen der Erzengel Gabriel – derselbe Engel, der auch Abraham und Maria, der Mutter Jesu, erschienen sein soll – ihm die letzten, absolut wahren Worte Gottes verkündete.

Der Engel sagte zu Mohammed, es gebe nicht viele Götter, sondern nur einen, und der befinde sich nicht auf Erden, sondern im Himmel. Weiter erklärte er, Gott habe sein Wort zuvor schon viele Male durch andere Propheten verkündet, so durch Adam, Abraham, Mose, Jakob, Elia, Jesus und mehr als 50 andere, aber im Laufe der Zeit hätten die Menschen – teilweise durch Zufall, teilweise durch bewusste Täuschung – sein Wort verfälscht und daraus falsche Schlüsse gezogen. Deshalb hätten sie Religionen wie das Juden- und Christentum gegründet, die sich zwar auf die Wahrheit des einen Gottes gründeten, aber irregeleitet und falsch seien.

Nach den Worten des Engels war es ein Fehler, dass die Juden sich für Gottes einzig auserwähltes Volk hielten. Schließlich stammten die Araber ebenso von Abraham ab – allerdings nicht wie die Juden über Isaak, seinen zweiten Sohn (siehe Seite 221), sondern über dessen älteren Bruder Ismael. Die Christen seien im Unrecht mit ihrer Behauptung, Jesus sei Gottes Sohn, denn Gott sei göttlich und könne nicht Fleisch werden. Gott spreche vielmehr durch die Propheten, und er, Mohammed, sei der letzte von ihnen. Es werde auch kein »jüngstes Gericht« geben, bei dem Jesus oder ein anderer Messias (das Wort bedeutet »Retter« oder »Befreier« der Welt) auf die Erde zurückkehren werde, um Gericht zu halten. Nein, es existiere nur ein Gott, Allah, der Gott im Himmel, und dieser sei der einzige Richter.

Aber Mohammeds Visionen erschöpften sich nicht darin, lediglich die Fehler der anderen Religionen zu »korrigieren«. Sie lieferten auch die Grundlage für einen Verhaltenskodex, der die islamische Lebensweise definiert. Die **»Fünf Säulen«** des Islam sind ein einfaches, aber wirksames Glaubensbekenntnis: Bekenne deinen Glauben an Allah als den einzigen, einzig wahren Gott (und an Mohammed als seinen Propheten); bete fünfmal am Tag zu Allah; gib großzügig an die Armen; beachte alle religiösen Feiertage; und unternimm mindestens einmal in deinem Leben eine Pilgerfahrt nach Mekka.

Ungefähr seit 613 predigte Mohammed zunächst vor seinen Bekannten und Angehörigen, später vor allen Bürgern von Mekka. Sein einfacher, leicht verständlicher Glaube an einen einzigen Gott erschien vielen Menschen reizvoll, insbesondere den Armen und den Fremden. Als die Zahl seiner Anhänger wuchs, betrachteten ihn die Behörden in Mekka als Bedrohung für ihre eigene Macht. Gleichzeitig hatte Mohammed weitere Visionen. Im Jahr 620 erklärte Mohammed, der Erzengel Gabriel habe ihn mit auf eine Reise in die »entfernteste Moschee« genommen; nach Ansicht seiner Anhänger meinte er damit Jerusalem, von wo er gen Himmel aufgefahren sei, um mit den anderen Propheten zu sprechen.

An die Stelle, von der Mohammed in den Himmel gelangt sein soll, erinnerte später der fünfte umayyadische Kalif Abd al-Malik: Er errichtete zwischen 687 und 691 n. Chr. das älteste bis heute erhaltene islamische Bauwerk der Welt, den Felsendom.

Im Jahr 622 hatte Mohammed sich von seiner Familie in Mekka losgesagt und eine Einladung angenommen, eine Gemeinde in Medina zu führen, einer großen, landwirtschaftlich geprägten Oase, wo der Islam bereits Fuß gefasst hatte. Als er mit einer ganzen Karawane von Anhängern aus Mekka aufbrach, wurde die Macht seiner Botschaft sehr deutlich. Zum ersten Mal waren Menschen in Arabien bereit, ihre althergebrachte Treue zu Volk und Familie aufzugeben, um sich stattdessen einer neuen Glaubensrichtung anzuschließen, deren Kernstück nicht auf der belebten Erde lag, sondern in einem abstrakten Himmel. In Medina gab es eine große jüdische Gemeinde. Mohammed war überzeugt, diese Menschen würden sehr schnell ihren Irrtum einsehen und zum Islam übertreten, womit bewiesen werden könne, dass sein neuer, vervollkommneter Glaube die wahre Lebensweise für alle Menschen auf der Welt darstelle, ganz gleich, welcher Rasse oder Religion sie angehörten.

Zehn Jahre lang baute Mohammed eine Gemeinde treuer Gefolgsleute auf, die Juden weigerten sich allerdings hartnäckig, ihren eigenen Traditionen und heiligen Texten zu entsagen; dem Gedanken an einen nichtjüdischen Propheten standen sie nach wie vor höchst skeptisch gegenüber. Nach mehreren Konflikten mit den traditionellen Familien aus Mekka verdächtigten Mohammeds Anhänger die Juden von Medina des Verrats. Nach der »Grabenschlacht« im Jahr 627, bei dem Mohammeds treuer Vetter Ali den berühmtesten Anführer und Kriegshelden der Mekkaner getötet hatte, beschuldigten die Muslime von Medina einen jüdischen Clan des Verrats; sie töteten alle Männer der Gruppe, Frauen und Kinder wurden als Sklaven verkauft.

Angesichts der muslimischen Behauptungen, Jerusalem sei ihre heilige Stätte (weil Mohammed zusammen mit Gabriel von hier gen Himmel gefahren sei), und weil Mohammeds Hoffnung auf die Vervollkommnung und Vereinigung aller Gläubigen durch die offenkundige jüdische Hartnäckigkeit und ihren vermeintlichen Verrat zunichte gemacht wurde, entwickelten sich von Anfang an große Empfindlichkeiten zwischen dem jüdischen und dem islamischen Glauben.

Der militärische Sieg im Jahr 627 verschaffte Mohammed und seinen Anhängern das starke Bewusstsein, dass Gott auf ihrer Seite stand. Wer sich des neuen Glaubens nicht sicher gewesen war und einen Beweis forderte, hatte ihn nun. Im Jahr 630 wanderten 10 000 Anhänger von Medina nach Mekka, und die Stadt ergab sich kampflos. Mohammed zerstörte die alten Götterbilder in der Kaaba und machte die Stätte zu einem muslimischen Tempel, dem größten Heiligtum des gesamten Islam. Angesichts der Macht und des Eifers der Mohammed-Anhänger schlossen sich auch andere Stämme und Sippen in Arabien dem neuen einfachen Glauben an, der durch den Glauben an den einen wahren Gott die Erlösung im Himmel versprach. Nur zwei Jahre nach der Eroberung Mekkas klagte Mohammed erstmals über Kopfschmerzen und Schwächegefühle. Wenige Tage später war er tot. Er wurde neben der Moschee des Propheten in Medina bestattet.

Der Islam verbreitete sich wie ein Buschfeuer. Nur 100 Jahre nach Mohammeds Tod hatte sich seine machtvolle Botschaft in Ägypten, Palästina, Syrien und dem übrigen Nahen Osten durchgesetzt. Von dort verbreitete sie sich nach Persien, wo 651 das Herrscherhaus der Sassaniden gestürzt wurde. Der Einflussbereich des Islams erweiterte sich im Norden bis zur Küste des Schwarzen Meeres sowie im Süden bis ins heutige Pakistan.

Im Jahr 711 waren muslimische Krieger quer durch Nordafrika gezogen und in Südspanien eingedrungen; fünf Jahre später hatten sie die gesamte Iberische Halbinsel bis zu den Pyrenäen eingenommen. Im Jahr 732 kämpften sie in der Schlacht von Poitiers im Herzen Frankreichs, wo der fränkische Herrscher Karl Martell sie entgegen allen Erwartungen in der Schlacht von Tours durch einen wundersamen Sieg aufhielt. Mit seinen disziplinierten, gut ausgebildeten, professionellen Fußsoldaten konnte Martell die altgriechische Taktik der dicht gestaffelten Phalanx wiederbeleben (siehe Seite 238) und war damit den sehr beweglichen, leichten Reitertruppen und Bogenschützen der muslimischen Streitkräfte überlegen.

Nach Ansicht mancher Historiker, unter ihnen Edward Gibbon in seinem berühmten Werk VERFALL UND UNTERGANG DES RÖMISCHEN REICHES, wäre Europa heute möglicherweise islamisch, wenn Martell diese Schlacht nicht gewonnen hätte.

In Zentralasien, am anderen Ende der islamischen Welt, besiegte das neue islamische Herrscherhaus der Abbasiden bei der Schlacht am Talas im Jahr 751 die Chinesen, womit es sich die Herrschaft über das Gebiet bis nach Norden zum Aralsee sicherte. Durch diesen arabischen Sieg gelangte der Islam nach Zentralasien, wo er bis heute Bestand hat. Innerhalb von 150 Jahren nach Mohammeds Tod war der Islam die größte und am schnellsten wachsende Weltreligion.

Dass der Islam einen so auffälligen, machtvollen Auftritt auf der Bühne der Weltgeschichte hinlegen konnte, lag vor allem an der Einfachheit und der Kraft seiner religiösen Botschaft. Jeder konnte sich bekehren und zum Muslim werden. Gezwungen wurden die wenigsten. In der Regel wurde es den eroberten Völkern gestattet, weiterhin als Christen oder Juden zu leben, wenn sie es wünschten. Selbst polytheistische, schmanistische Religionen wurden toleriert. Allerdings mussten alle Nichtmuslime eine Steuer (Dschizya) zahlen. Steuervergünstigungen für die Bekehrten waren ein wichtiger Grund, warum der Islam schon bald nicht nur für die herrschende Klasse, sondern auch für die große Masse zur beliebtesten Religion wurde. Andererseits jedoch behinderten viele Herrscher aktiv den Übertritt, weil sie den Verlust wichtiger Einnahmen fürchteten; man muss also vermuten, dass die gewaltige Beliebtheit des Islam zu einem großen Teil auf die Anziehungskraft seiner eigentlichen religiösen Botschaft zurückzuführen war.

Die islamische Religion ist einfach zu verstehen. Sie erfordert nicht den Glauben an den Sohn eines jüdischen Zimmermanns als wundertätigen Sohn Gottes. Die komplizierte christliche Dreifaltigkeitslehre, die den himmlischen Gott mit einem auferstandenen toten Menschen und einer allmächtigen göttlichen Wesensform namens Heiliger Geist verschmolz, war ein Hindernis – der Islam kam gut ohne sie aus. Stattdessen versprach er seinen Anhängern über den **Koran** den direkten Zugang zu Gott, womit auch Priester oder heilige Sakramente nicht erforderlich waren.

Die Fünf Säulen des Islam erwiesen sich als einfache Lebensregeln, die jeder befolgen konnte, um sich damit die Hoffnung auf ein ewiges Leben zu sichern. Islamische Staaten konnte man auf der Grundlage von Gesetzen (Scharia) einrichten, die im Koran niedergeschrieben sind und einen Leitfaden für alle möglichen Lebenssituationen bilden, von der Ernährung bis zur Eheschließung. Gesetzliche Vorschriften sorgten für öffentliche Ordnung, und religiöse Rituale wie der Fastenmonat Ramadan wurden in der gesamten islamischen Welt eingehalten. Durch die fünf täglichen Gebete wurde der Gedanke an Allah, den einzig wahren Gott, in der gesamten Gemeinschaft den ganzen Tag über, von Sonnenaufgang bis Sonnenuntergang, aufrechterhalten. Eine derart regelmäßige, öffentliche Zurschaustellung der Anbetung trug mit dazu bei, dass die Menschen in Scharen zum Islam übertraten. Um 1200 waren von den rund sieben Millionen Bewohnern der Iberischen Halbinsel schätzungsweise 5,6 Millionen Muslime, und nahezu alle waren Einheimische, deren Familien freiwillig zum Islam übergetreten waren.[1] Bis 1600 sank diese Zahl auf ein Drittel – die Ursachen waren erzwungene Bekehrung zum Christentum, die Verbrennung arabischer Texte und die Vertreibung von Muslimen durch spanische Behörden, einschließlich der Inquisition, die Papst Sixtus IV. 1478 in Spanien eingeführt hatte.

Nach Mohammeds Tod begann sofort der Streit um die Frage, wer die Gemeinschaft der Muslime führen sollte. Da es keinen allgemein anerkannten Erben gab, kam es zu einer Spaltung, die bis auf den heutigen Tag Bestand hat. Die sunnitischen Muslime glaubten, Mohammed habe seine Besitzungen und damit auch seine Autorität der muslimischen Gemeinschaft in seinem

Auf dem kostbaren Papier, das in neu errichteten Fabriken in Bagdad hergestellt wurde, konnte man den Koran wie auf dieser Schriftrolle aus dem 19. Jahrhundert abschreiben und in der ganzen islamischen Welt verbreiten.

Die Ausbreitung des Islam
Die Macht der fünf täglichen Gebete wirbelte wie ein tanzender Derwisch durch den nahen Osten, Nordafrika und einige Teile Europas.

Die islamische Welt unter Mohammed (622–632 n. Chr.)

Neue Territorien unter den ersten vier Kalifen (632–661 n. Chr.)

Neue Territorien unter den Umayyaden-Kalifen (661–750 n. Chr.)

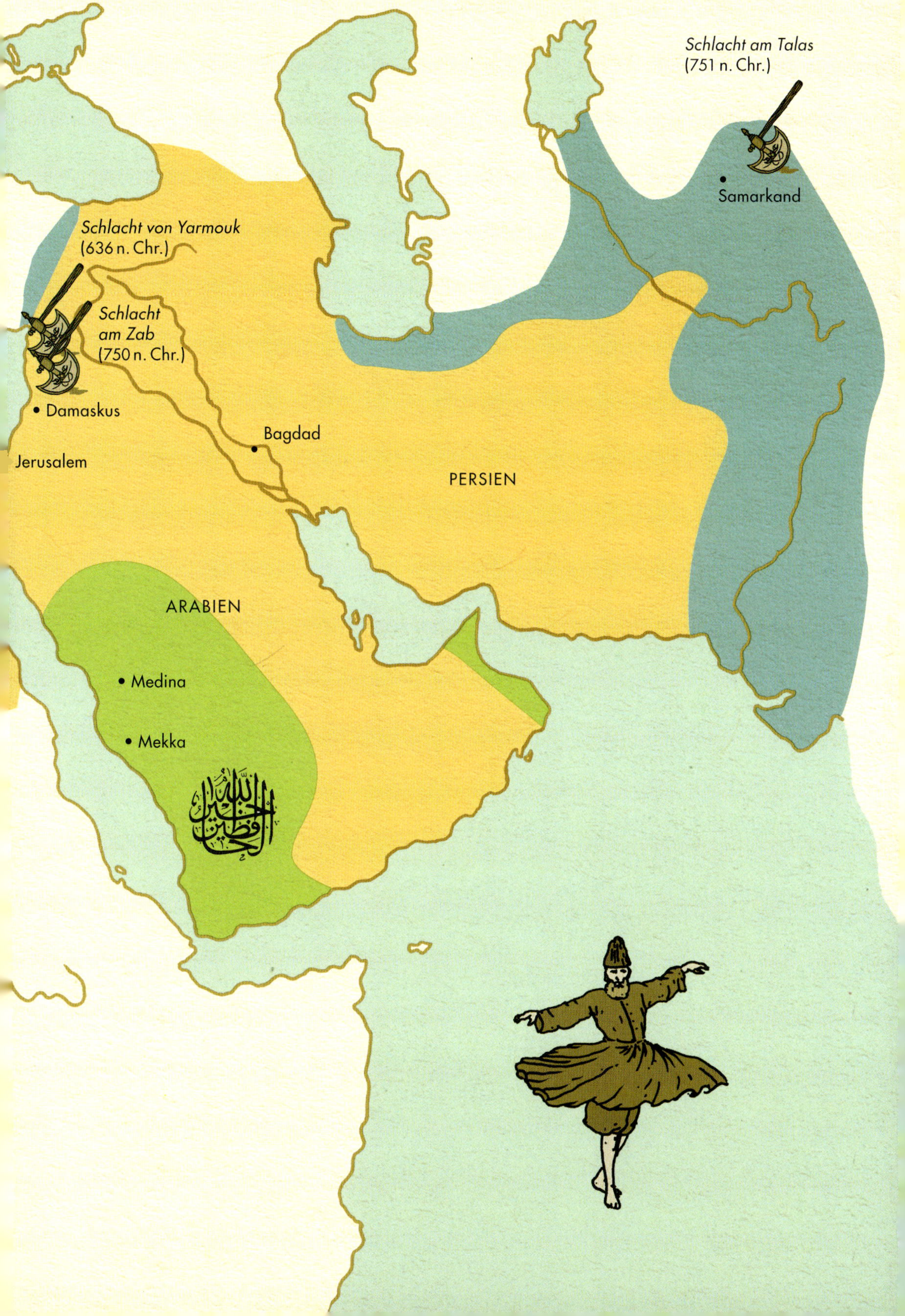
Schlacht am Talas
(751 n. Chr.)
Samarkand
Schlacht von Yarmouk
(636 n. Chr.)
Schlacht
am Zab
(750 n. Chr.)
Damaskus
Bagdad
Jerusalem
PERSIEN
ARABIEN
Medina
Mekka

Umfeld übertragen. Mit ihrer Anerkennung rechtfertigte Mohammeds enger Freund und Verbündeter Abu Bakr seinen Anspruch, zum **ersten islamischen Kalifen** und Mohammeds rechtmäßigem Nachfolger zu werden. Nach Ansicht der Schiiten dagegen hatte Bakr einen Staatsstreich organisiert. Der wahre Erbe des Propheten sei aufgrund der Blutsverwandtschaft Mohammeds Vetter und Schwiegersohn Ali, der später zum vierten Kalifen wurde. Seither leiten sunnitische Herrscher ihre Autorität stets aus der Wahl oder Bestätigung durch leitende Vertreter des Islam ab, während die Schiiten ihre politische und religiöse Legitimation aus der unmittelbaren Abstammung von Mohammed und seiner Familie beziehen.

Die Rivalitäten führten zu Wellen verbitterter, gewalttätiger Konflikte, die ihren Höhepunkt in mehreren »Fitna« fanden, muslimischen Bürgerkriegen mit Putsch und Mord. Durch solche Kämpfe verbreitete sich das neue Wort Gottes immer schneller. Aus Arabien kamen Männer voller politischer Ambitionen; sie verteilten sich in alle Richtungen und verkündeten Allahs Wort, wobei sie sich in der Frage nach Mohammeds rechtmäßigen Erben jeweils der Version bedienten, die ihrem eigenen Ehrgeiz am besten entgegenkam.

Einer der erfolgreichsten frühen sunnitischen Herrscher war vermutlich Umar ibn al-Chattab, der zweite Kalif (Herrschaft von 634 bis 644). Während seiner Regierungszeit erweiterten muslimische Kämpfer das islamische Großreich, indem sie die persischen Sassaniden bezwangen und von Byzanz die Kontrolle über Ägypten, Palästina, Syrien, Nordafrika und Armenien übernahmen. Die entscheidende Schlacht fand im August 636 in Jarmuk unweit von Damaskus statt: Nach sechstägigen erbitterten Kämpfen gelang es den muslimischen Streitkräften, die stark in der Unterzahl waren, die kaiserlich-byzantinische Armee zu umzingeln, sodass der Kaiser Herakleios keine andere Wahl hatte, als Syrien einschließlich Antiochia aufzugeben und besiegt nach Konstantinopel zurückzukehren.

Auch zwischen den rivalisierenden islamischen Herrscherhäusern gingen die Kämpfe unvermindert weiter. Die Abbasiden, die ihre Abstammung unmittelbar auf Mohammed zurückführten, besiegten 750 in der Schlacht von Zab das Umayyadenhaus aus Damaskus und richteten in Bagdad eine neue Hauptstadt ein.[2] Es war ein brutaler Umsturz. Nur ein einziges Familienmitglied der Umayyaden, der 24-jährige Prinz Abd ar-Rahman, überlebte das Gemetzel von Zab und flüchtete nach Süden den Euphrat entlang, wobei ihm die Häscher der Abbasiden dicht auf den Fersen waren. In ihrer Verzweiflung hatten er und sein Bruder Yahija sich in den Fluss geworfen, um das gegenüberliegende Ufer zu erreichen. Yahija jedoch war aus Angst zu ertrinken trotz aller Beschwörungen seines Bruders zurück geschwommen. Die Mörder hatten ihm den Kopf abgeschlagen und ihn als Trophäe mitgenommen; den Rest der Leiche ließen sie am Flussufer verwesen.

Abd ar-Rahman war durch diese Ereignisse so erschüttert, dass er schwor, die Herrschaft seiner Familie wiederherzustellen und die unrechtmäßigen Machthaber zu vertreiben. Seine Bemühungen führten ihn schließlich nach Al-Andalus (der muslimische Name für Spanien), wo er sich 756 zum Emir von Córdoba erklärte. Während der folgenden 250 Jahren baute dieser Zweig der Umayyadendynastie eine Kultur auf, die es in jeder Hinsicht mit dem Hof von Bagdad aufnehmen konnte und sich hartnäckig weigerte, die Vorherrschaft der Abbasiden anzuerkennen. Im Jahr 929 erklärte sich Abd ar-Rahmans Enkel Abd ar-Rahman III. zum Kalifen. Zu jener Zeit war Córdoba vermutlich die reichste, prächtigste und kultivierteste Stadt der islamischen Welt.

Nicht zuletzt durch solche Rivalitäten erweiterte der Islam seine religiöse und politische Macht. Das neue Wort Gottes fand auf dem Rücken von Pferden und Kamelen schnelle Verbreitung. Die meisten Araber waren Nomaden, die Waren und Sklaven durch staubige Wüsten transportierten. Als geschickte Reiter besaßen sie einen beträchtlichen militärischen Vorteil, gegen den sesshafte Gesellschaften häufig wehrlos waren. Noch furchteinflößender wurden die islamischen Truppen nach der Eroberung Persiens, als sie die hochgezüchteten, schweren Pferde der Perser übernahmen. Die in China erfundenen Steigbügel machten dazu einen berittenen Krieger erheblich wendiger, und er konnte längere, schwerere Waffen benutzen, ohne das Gleichgewicht zu verlieren.[3]

Ein weiterer Faktor, der den Islam begünstigte, war das Chaos nach dem Zusammenbruch des weströmischen Reiches. Das Machtvakuum, das in Spanien auf die Invasion germanischer Stämme wie der Vandalen und Westgoten folgte (siehe Seite 328), war ebenso groß wie die Schwäche in Persien und dem Nahen Osten nach jahrhundertelangen Kriegen zwischen Ost und West.[4] Durch die unaufhörlichen Konflikte entkräftet, wurde die prächtige persische Hauptstadt Seleukia-Ktesiphon im Jahr 637 nach längerer Belagerung eines der ersten Opfer der muslimischen Expansion; mit ihrer Unterwerfung fiel den islamischen Herrschern ein gewaltiger Schatz in die Hände, der ihnen den dringend benötigten finanziellen Rückhalt verschaffte.

Langfristig hatte die freiwillige, in den meisten Fällen dauerhafte Bekehrung von Millionen Menschen zum neuen Glauben des Islam weitreichende Auswirkungen auf das Verhältnis zwischen Mensch und Natur. Das Kernstück in Mohammeds religiöser Philosophie war der Gedanke, jede Vorstellung von einem Gott auf Erden müsse beseitigt werden. Die einzige Verbindung zwischen Erde und Gottheit war das unveränderliche, schriftlich fixierte Wort des **Koran**. Wälder, Tiere, Pflanzen, Gebirge, die Traumzeit – nichts davon war für den Islam ein Gegenstand der Verehrung. Selbst Wetter, Donner, Blitz und andere Naturkräfte waren als solche nicht heilig. Die Neigung, einen einzigen Gott nicht auf Erden, sondern im Himmel anzusiedeln, stammte ursprünglich von den Juden. Von Jesus als vorübergehender Ausnahme abgesehen, hatte auch das Christentum diesen Gedanken bekräftigt, und jetzt wurde er vom Islam zur Perfektion getrieben. Gott war nicht in den mitteleuropäischen Wäldern der Druiden oder in Poseidons stürmischem Meer zu finden, ebenso wenig in den Pyramiden Ägyptens oder auf den babylonischen Zikkurats. Alles, was man auf Erden über Gott wissen konnte, war ausschließlich in den vollkommenen, unveränderlichen Regeln enthalten, die Mohammed geäußert hatte und die später von seinen Nachfolgern in ihrem heiligen Buch niedergeschrieben wurden.

Anfangs lernte man die Verse des Koran entweder auswendig, oder sie wurden auf allem niedergeschrieben, was man gerade zur Hand hatte, von Steinen bis zu Stücken von Baumrinde. Als ein enger Vertrauter der ersten Kalifen den Auftrag erhielt, den gesamten Koran in einem einzigen, vollständigen Manuskript zusammenzustellen, protestierte er: »Berge zu versetzen« sei einfacher. Am Ende sammelte er Material aus »Pergamenten, Knochen, den Blattstängeln von Dattelpalmen und dem Gedächtnis von Männern, die es auswendig wussten«.[5]

Einen neuen Schub erhielt das religiöse Bedürfnis der islamischen Welt nach geschriebenen Worten durch die Einführung der **Papierherstellung**. Bis zur Mitte des achten Jahrhunderts war die Kunst der Papierherstellung ausschließlich im Fernen Osten bekannt (siehe Seite 312). Nachdem eine Gruppe arabischer Kämpfer jedoch 751 bei der Schlacht am Talas einige Chinesen gefangen genommen hatte, wurde das Rätsel gelüftet. Mit ihren Kenntnissen über die Papierherstellung trugen die Gefangenen dazu bei, dass die Methode sich auch außerhalb des Fernen Ostens durchsetzen konnte, und zwar in Samarkand, der Hauptstadt des heutigen Usbekistan. Im Jahr 794 war auch in der Abbasidenhauptstadt Bagdad eine Papierfabrik in Betrieb. Von dort verbreitete sich die Papierherstellung nach Damaskus, Ägypten und Marokko, womit das Papier an die Stelle von Papyrus, Seide, Holz und Pergament trat.

Das erste auf Papier geschriebene Buch, das im christlichen Europa bekannt wurde, war aus dem Papier einer Mühle hergestellt, die islamische Herrscher 1151 im spanischen Valencia errichtet hatten. Dieses Buch, eine religiöse Schrift mit dem Titel MISSALE DE SILOS, befindet sich heute in der Bibliothek des Klosters von Santo Domingo de Silos in der Nähe von Burgos in Spanien.

Durch die Massenproduktion von Büchern wurde es für die Schönschriftexperten einfacher, die poetischen Verse des Koran abzuschreiben und in der gesamten muslimischen Welt zu verbreiten. Seit ungefähr 900 n. Chr. lehrten die Sufis, islamische Mystiker aus Bagdad, der Koran könne dem Menschen zur unmittelbaren Erfahrung göttlicher Liebe verhelfen.[6] Die Abbasidenkalifen in Bagdad nahmen die Papierherstellung zum Anlass, altgriechische, persische und indische Texte aus Wissenschaft und Philosophie ins Arabische übersetzen zu lassen; sie hofften, damit werde ihre Sprache und Kultur bei dem kurz zuvor unterworfenen persischen Adel, dessen Geschichte bis in die hellenistische Zeit Alexanders des Großen zurückreichte, mehr Anerkennung finden. Musik, Dichtung, Literatur und die Vorstellung von höfischer Liebe vermischten sich nun in der Welt der Abbasiden mit den erstaunlichen Erkenntnissen griechischer und römischer Autoren über **Wissenschaft**, Medizin, Astronomie und Mathematik.

Herrscher wie Harun al-Raschid (Regierungszeit 786 bis 809) schickten Diplomaten nach Konstantinopel, wo sie griechische Texte erwerben sollten. Sein Sohn Al-Ma'mun (Regierungszeit 813 bis 833) soll es sogar zur Bedingung eines Friedensvertrages gemacht haben, dass die Byzantiner ihm ein Exemplar des ALMAGEST von Ptolemäus überließen. Dieses Werk über mathematische Astronomie, das ungefähr 150 n. Chr. verfasst worden war, erklärte in allen

Einzelheiten, wie man die Position von Sonne, Mond und Planeten für jeden beliebigen Tag in der Vergangenheit, Gegenwart oder Zukunft berechnen konnte. Es wurde für die islamischen Herrscher zum Standardwerk der Astronomie, und sie legten damit die Zeitpunkte für zukünftige religiöse Feste wie den Ramadan fest, die sich am Mondzyklus orientierten.[7]

Auch viele Tausend andere Texte wurden im »Haus der Weisheit«, einer riesigen Bibliothek im Bagdad der Abbasiden, ins Arabische oder Persische übersetzt. Die Kalifen lockten Übersetzer, Gelehrte und Philosophen aus der ganzen damals bekannten Welt an ihren Hof und forderten sie sogar zu Diskussionen über die Frage auf, wie sich die Arbeiten rationaler Philosophen wie Aristoteles mit Mohammeds göttlichen Offenbarungen vereinbaren ließen.

Solche Anstrengungen führten zur Entstehung der Mu'tazili, einer neuen muslimischen Denkschule, die auf der Grundlage der griechischen Philosophie ein rationales Fundament für den Islam schaffen wollte. Unter anderem versuchte die Mu'tazili die Frage zu beantworten, ob Gott auch das Böse erschaffen habe oder ob die Worte des Koran allegorisch oder wörtlich zu deuten seien.

Einer der ersten Philosophen, die im »Haus der Weisheit« ihre Studien betrieben, war Al-Kindi (801 bis 873). Er soll über 260 Bücher geschrieben haben, darunter 32 über Geometrie, 22 über Medizin, 22 über Philosophie, neun über Logik und zwölf über Physik.

Die Umayyadenkalifen hatten nie vergessen, wie ihr Herrscherhaus 750 in Damaskus brutal niedergemetzelt wurde, und waren weiterhin entschlossen, sich nicht von ihren Rivalen, den Abbasiden, überflügeln zu lassen. In ihrer Hauptstadt Córdoba in Al-Andalus wurden sie ebenfalls zu Schirmherren von Philosophen, Ärzten, Mathematikern und Wissenschaftlern, und verpflanzten dabei gleichzeitig die ganze nahöstliche Kultur nach Süd- und Mittelspanien. Fachleute reisten an und halfen, den Boden des Landes wieder fruchtbar zu machen. Dazu brachten sie arabische Kenntnisse über Bewässerungssysteme mit, die für das Überleben in der Wüste unentbehrlich sind. Man baute mehrere Tausend Kilometer lange »Qanats«, unterirdische Wasserleitungen, die seit ungefähr 900 n. Chr. das Wasser aus Gebirgsquellen auf die Felder leiteten. Orangen, Zitronen, Aprikosen, Maulbeerbäume, Bananen, Zuckerrohr und Wassermelonen – alles Nutzpflanzen, die man in Europa noch nie zuvor angebaut hatte – wurden aus dem Nahen Osten eingeführt und in Spanien erfolgreich herangezüchtet. Sogar der Reis wurde aus Indien mitgebracht, ohne ihn würde es Gerichte wie die spanische Paella heute nicht geben.[8]

Der landwirtschaftliche Reichtum führte dazu, dass die Bevölkerung der Stadt Córdoba bis 1000 n. Chr. auf 100 000 Menschen anwuchs. Nach Angaben des muslimischen Geschichtsschreibers Al-Maqqari, der allerdings auch gern mal übertrieb, besaß die Stadt 1 600 Moscheen, 900 öffentliche Bäder, 213 077 Privathäuser und 80 455 Läden!

Islamische Kaufleute brachten Gold und Elfenbein aus den Gebieten jenseits der Sahara mit, und die Handwerker von Córdoba fertigten daraus Münzen, Schmuck und andere Luxusgegenstände für den Kalifen und sein Gefolge. Angesichts der wachsenden Bevölkerung und des Wohlstandes dieser Stadt wurden Baumeister beauftragt, eine riesige

Moschee zu errichten und später zu erweitern, die Mezquita. Mit mehr als 1 000 Säulen aus Jaspis, Onyx, Marmor und Granit konnte sie bei den fünf täglichen Gebeten bis zu 40 000 Gläubige aufnehmen. Mit ihrer Grundfläche – sie war so groß wie vier Fußballfelder – war sie die zweitgrößte Moschee der Welt, bis christliche Eroberer sie im 16. Jahrhundert zu einer katholischen Kathedrale umwandelten. Als der spanische König Karl V. sah, welche Arbeit man in die Moschee gesteckt hatte, sagte er zu dem zuständigen Bischof: »Sie haben gebaut, was Sie oder andere überall bauen könnten, aber was Sie zerstört haben, war einzigartig in der Welt.«

Islamische Metropolen wie Bagdad, Kairo oder Córdoba waren wie schlagende Herzen: Sie pumpten Ideen und Erfindungen durch einen riesigen Körper, der durch einen gemeinsamen Glauben und die gemeinsame arabische Sprache zusammengehalten wurde. Sie sorgten dafür, dass Wissen aus weit entfernten Regionen, von China im Osten bis Frankreich im Westen, gesammelt und übernommen wurden, eine Entwicklung, die schließlich Europa zu einer Schicksalswende führte, weil sie den zukünftigen Entdeckern half, Hilfsmittel für die Eroberung der ganzen Welt zu entwickeln. Manche Ideen, beispielsweise das Wissen über die Papierherstellung, wurden durch Krieg weitergegeben, bei anderen erfüllte der Handel diesen Zweck.

Ungefähr um 1200 reiste der italienische Kaufmann Leonardo Fibonacci nach Algier in Nordafrika, um im Funduq, einer Handelsniederlassung, seines Vaters mitzuarbeiten. Dort erfuhr er zum ersten Mal, welche Leistungen man mit der Arithmetik vollbringen kann, wenn man nicht den altmodischen Abakus benutzt, sondern die **Zahlen** auf Papier schreibt. Die Idee war aus Indien nach Bagdad gelangt, wo die beiden Gelehrten Al-Kindi und sein Kollege Al-Chwarizmi (780 bis 850) im »Haus der Weisheit« Bücher auf dem neu erfundenen Papier geschrieben hatten. Darin hatten sie deutlich gemacht, wie man die bisherige Tradition, Zahlen mit Worten zu beschreiben, aufgeben und stattdessen Symbole von 1 bis 9 ver-

Das Innere der Mezquita in Córdoba, die von Emir Abd ar-Rahman I. auf den Grundmauern einer alten westgotischen Kathedrale errichtet wurde. Nach der Reconquista machten die Christen wieder eine Kathedrale daraus.

wenden konnte. Sie zeigten, wie sich durch richtige Anordnung der Symbole schnelle Berechnungen durchführen lassen, und nahmen außerdem das Symbol 0, das keinen Wert darstellte, hinzu. Mit diesen zehn Ziffern konnten sie nun jede beliebige Zahl schreiben.

Nachdem Fibonacci gesehen hatte, wie algerische Kaufleute das System benutzten, war er entschlossen, dessen gewaltige Vorteile auch seinen italienischen Kollegen zugänglich zu machen. Sein 1202 erschienenes Buch mit dem Titel LIBER ABACI erläuterte dem christlichen Abendland die neuen Zahlen. Es zeigte, welche Umwälzung die arabischen Zahlen für alle möglichen Dinge bedeuteten, von der Buchhaltung über Maß- und Gewichtsangaben bis zur Berechnung von Zinsen und zum Geldwechsel. Die Neuerung war so erfolgreich, dass die meisten italienischen Kaufleute und Bankiers innerhalb der nächsten 200 Jahre ihre alten Methoden aufgaben und sich völlig auf die Arithmetik sowie auf Tinte, Feder und Papier umstellten.

Aber nicht nur die Arithmetik verbreitete sich auf dem Weg über islamische Gelehrte bis ins christliche Abendland. Al-Chwarizmi zeigte mit seiner Abhandlung über al-Jabr (»Umsetzung«), wie man mithilfe linearer und quadratischer Gleichungen einen unbekannten Wert ermitteln kann. Als das Werk in Spanische übersetzt wurde, schrieb man das arabische Wort für »Ding« (Shay) als »xay«, weil der Buchstabe x im Spanischen wie »sch« ausgesprochen wird. Im Laufe der Zeit verkürzte man das Wort auf ein einfaches x, das auf diese Weise zum allgemein üblichen Symbol für einen unbekannten Wert wurde. Nachdem christliche Gelehrte wie Gerard von Cremona (1114 bis 1187) den Text in Toledo ins Lateinische übersetzt hatten, waren die Grundlagen für die moderne abendländische Physik gelegt. Heute ist die Algebra eine unverzichtbare Grundlage für die moderne Wissenschaft sowie alle technischen Projekte, ganz gleich, ob es um den Bau von Teilchenbeschleunigern oder um Wolkenkratzer geht.

Islamische Gelehrte bemühten sich ebenso leidenschaftlich wie die alten Griechen um die Ergründung der Naturgesetze, in der Biologie ebenso wie in Mathematik und Astronomie. Die moderne **Medizin** verdankt viele ihrer Anregungen arabischen Philosophen, und die wiederum ließen sich von altgriechischen Autoren wie Galen (129 bis 200 n. Chr.) inspirieren, einem kaiserlichen Leibarzt in Rom. Der scharfsinnige junge arabische Arzt Ibn Sina (980 bis 1037), auch Avicenna genannt, schrieb nicht weniger als 450 Bücher, nachdem er Galens Werke in der königlichen Bibliothek von Buchara, im heutigen Usbekistan, studiert hatte. Seine Werke DAS BUCH DER HEILKUNST und DER KANON DER MEDIZIN wurden an europäischen Universitäten für mehr als 500 Jahre zu Standardwerken: Sie beschrieben in allen Einzelheiten die Symptome und Ursachen von Krankheiten, ihre Behandlung mit den verschiedensten Arzneien sowie die Funktionen verschiedener Organe und Körperteile. In dem 14-bändigen KANON DER MEDIZIN wird sogar zum ersten Mal detailliert dargelegt, wie das menschliche Auge funktioniert und wie man den grauen Star entfernt.

Von ebenso großer Bedeutung für die Entwicklung der abendländischen Wissenschaft war Ibn al-Haitham (965 bis 1040), der mehr als 600 Jahre vor Isaac Newton die Gesetze der **Optik** aufklärte. Al-Haitham wurde in Bagdad ausgebildet, reiste aber später nach Spanien, und von dort gelangten seine Entdeckungen mithilfe christlicher Übersetzer in den lateinischsprachigen Westen.[9] Er wies nach, wie Lichtstrahlen durch Reflexion und Brechung von Gegenständen zurückgeworfen werden. Solche Erkenntnisse waren die Voraussetzung dafür, dass man später die Funktionsweise von Linsen verstehen konnte. Anhand einer lateinischen Übersetzung der Abhandlungen von Al-Haitham über Optik konnten abendländische Wissenschaftler das erste Teleskop konstruieren.

Aus zutiefst religiösen Gründen wollten die islamischen Herrscher neue Kenntnisse in der Wissenschaft der Navigation gewinnen. Mohammed hatte vorgeschrieben, dass alle Muslime sich zum Gebet nach Mekka verneigen sollten (anfangs gab Jerusalem die Richtung an, aber das wurde geändert, nachdem die Juden in Medina sich geweigert hatten, sich zum Islam zu bekehren), und deshalb mussten auch Moscheen so gebaut werden, dass der Gebetsschrein (Qibla) in die richtige Richtung wies. Nachdem der Islam sich über große Teile der Welt verbreitet hatte, wurde die Beantwortung der Frage, in welcher Richtung die Heilige Stadt lag, zu einer der wichtigsten wissenschaftlichen Herausforderungen.

Genau zu diesem Zweck diente in der gesamten islamischen Welt ein besonderes Instrument, das **Astrolabium**. Es wurde letztlich für die europäischen Entdecker ebenso wichtig wie der von China angeregte Kompass. Die Idee, ein Instrument zu konstruieren, das man in der Hand halten konnte, um damit anhand der Bahnen und der Höhe der Sterne am Nachthimmel die eigene Position festzustellen, ging schon auf die alten Griechen zurück, genauer gesagt auf Eratosthenes (276 bis 194 v. Chr.) und Hipparchos (190 bis 120 v. Chr.). Mithilfe trigonometrischer Tabellen baute der persische Wissenschaftler Muhammad al-Fazari (gestorben ca. 777 n. Chr.) das erste islamische Astrolabium. Sein Instrument funktionierte allerdings nur auf einem einzigen Breitengrad. Später wandelte der andalusische Wissenschaftler Al-Zarqali (1028 bis 1087 n. Chr.) das Instrument so ab, dass man es an jedem Ort der Welt benutzen konnte. Nachdem Gerard von Cremona seine Lehrbücher und astronomischen Tabellen im 12. Jahrhundert ins Lateinische übersetzt hatte, wurden sie für die christlichen Entdecker des frühen 15. Jahrhunderts zu einem unentbehrlichen Hilfsmittel bei der Navigation. Das erste europäische Astrolabium, von dem wir wissen, wurde 1492 in Lissabon von dem jüdischen Astronomen Abraham Zacuto (ca. 1450 bis ca. 1510) gebaut, dessen astronomische Tabellen auch Christoph Kolumbus auf seinen Seereisen zur Navigation benutzte (siehe Seite 360).

Im Zuge der Kriege zwischen der islamischen Welt und dem christlichen Abendland gelangten auch andere wichtige Neuerungen aus dem Osten nach Westen. Zwei davon, hochgezüchtete Streitrosse aus Persien und Steigbügel aus China, wurden von Karl Martell nach seinem unerwarteten Sieg bei Tours aufgegriffen; man kann also davon ausgehen, dass die mittelalterliche Ritterkultur Europas ihre Ursprünge in Persien hat und dann über das islamische

Der muslimische Gelehrte Avicenna (geboren 980 n. Chr.) bereitet vor seinen Studenten eine Arznei gegen die Pocken zu. Der leidende Patient sieht hoffnungsvoll zu …

Spanien im 11. Jahrhundert nach Frankreich gelangte.[10]

Als Wilhelm VIII. von Aquitanien bei der Belagerung von Barbastro im Jahr 1064 einige hübsche Sarazenensklavinnen gefangen nahm, gefielen ihm ihre Lieder so gut, dass sie ihn dazu anregten, seine eigene Liebesdichtung zu schreiben. Später wurde Wilhelm zum Begründer der französischen Troubadour-Tradition. Troubadours waren wandernde Sänger und Dichter, die christliche Kreuzfahrer mit ihren Liedern über Krieg, Romantik und höfische Liebe unterhielten. Wenn die Lieder der Troubadours den Beginn der abendländischen Musikgeschichte kennzeichnen, so hat auch diese ihren Ursprung letztlich in der islamischen Welt.

Die islamische Herrschaft in Europa, insbesondere in Spanien und Sizilien, gab schließlich den Anlass zu einem hitzigen Wettbewerb zwischen christlicher und muslimischer Kultur. Im Mittelpunkt stand dabei anfangs die Herrschaft über Jerusalem, das sowohl den Christen als auch den Muslimen heilig war, aber später eskalierten die Feindseligkeiten zu einem regelrechten Krieg, der Reconquista. Sie führte schließlich dazu, dass die Iberische Halbinsel unter christliche Herrschaft zurückkehrte.

Mohammeds erste Anhänger setzten den Gedanken vom heiligen Krieg oder »Dschihad« auf dramatische Weise um. Ihre Soldaten fegten im siebten Jahrhundert wie ein Feuersturm durch den Nahen Osten. Ihre Anregung bezogen sie dabei aus den tröstenden Worten des Koran: »Betrachte jene, die im Namen Allahs getötet werden, nicht als tot. Nein, sie sind lebendig bei ihrem

Das islamische Astrolabium war ein Hilfsmittel für Navigation und Astronomie; mit seiner Hilfe konnte man feststellen, in welcher Richtung Mekka lag und daraufhin Moscheen richtig ausrichten.

Herrn, und für sie wird gut gesorgt.« Im Jahr 1095 fasste der muslimische Gedanke, Kriege im Namen der Religion zu rechtfertigen, auch im christlichen Abendland Fuß: Den Soldaten wurden ihre Sünden vergeben, und der Vertreter Christi auf Erden, der Papst in Rom, versprach ihnen für ihre Tapferkeit die ewige Glückseligkeit. Nachdem die Kreuzfahrer in Europa den islamischen Begriff des heiligen Krieges übernommen hatten, schlug die Menschheit eine neue Richtung auf ihrem von Gewalt und Ausbeutung geprägten Weg zur Weltherrschaft ein.

Mohammeds hitzige Revolution stellte durch Krieg und Handel enge Verbindungen zwischen Europa, Nordafrika, dem Nahen Osten und China her. Wie ein wirbelnder Tanz der Derwische, der seinen Ursprung bei den Sufi-Mystikern Persiens hatte, fegten die kühnen Ideen und Erfindungen der frühislamischen Hauptstädte und Kalifen durch das riesige muslimische Universum und erfassten alle, die in Frieden oder im Krieg mit ihm in Berührung kamen. Als die europäischen Entdecker schließlich im 15. Jahrhundert selbst ihre großen Abenteuer auf den Meeren erlebten, hing ihr Schicksal von einem breiten Spektrum islamischer Errungenschaften ab, etwa von Schlachtrössern, Mathematik, Landkarten, Navigationsinstrumenten und Papier.

KAPITEL 31

PAPIER,

PRESSE UND PULVERDAMPF

WIE SICH WISSENSCHAFTLICHE ENTDECKUNGEN AUS CHINA MITHILFE DES ISLAM BIS NACH EUROPA VERBREITETEN, WOBEI EIN MONGOLENHÄUPTLING ENTWICKLUNGSHILFE LEISTETE UND DABEI DAS GRÖSSTE REICH ALLER ZEITEN SCHUF

Als Christoph Kolumbus Ende des 15. Jahrhunderts über den Atlantik segelte, hatte er ein ganz besonderes Buch dabei. Sollte sich nur ein Bruchteil dessen, was darin stand, als richtig erweisen, würde er bei einem erfolgreichen Verlauf seines Unternehmens zu einem sehr reichen Mann werden.

Das Buch war ein Reisebericht. Sein Verfasser, ein Italiener, hatte rund 200 Jahre zuvor insgesamt 17 Jahre am Hof des chinesischen Kaisers gelebt. Sein Name war **Marco Polo**. In dem Werk mit dem Titel IL MILIONE hatte er über China derart Unglaubliches berichtet, dass Kolumbus nun umso entschlossener war, einen neuen Weg zur anderen Seite der Welt zu finden. Er wollte den mühsamen, höchst gefährlichen Landweg von Europa nach Asien, auf dem man sich bis zu vier Jahre lang mit einer Karawane aus Kamelen, Pferden und Maultieren durch Wüsten und über Berge quälen musste, überflüssig machen.

Marco Polos Bericht über das Leben am Hof des chinesischen Kaisers versetzte die Menschen im mittelalterlichen Europa in blankes Erstaunen. Bis dahin hatte kaum einer von ihnen gewusst, dass diese Kultur überhaupt existierte. Ihre Paläste waren nach den Worten des Italieners »so großartig und fein, das man sich nichts Feineres vorstellen kann«. In ihrem Inneren befanden sich gewaltige, prächtige Säle, »alle ausgemalt und mit Arbeiten aus gehämmertem Gold geschmückt«. Und was die Möglichkeiten anging, Geld mit dem Gewürzhandel zu verdienen, so beschrieb Marco Polo ein Wunderland voller Ingwer, Zimt, Gewürznelken und »anderen Kräutern, welche nie in unsere Länder gelangen«.

Gewürze wie der Pfeffer erzielten im mittelalterlichen Europa sehr hohe Preise (siehe Seite 347). Ein Kilo Pfeffer, das 1511 im Fernen Osten für ein Gramm Silber zu haben war, ließ sich in Europa für bis zu 30 Gramm Silber weiterverkaufen. Die Verlockung des billigen Pfeffers war anfangs für die Portugiesen das Motiv, einen neuen Seeweg in den Fernen Osten zu suchen.[1]

Kolumbus' Exemplar von Marco Polos Buch ist bis heute erhalten. Darin hatte er die Passagen unterstrichen, die ihm am wichtigsten erschienen: »Perlen, Edelsteine, kostbare Stoffe, Elfenbein, Pfeffer, Nüsse, Muskat, Gewürznelken und eine Fülle anderer Kräuter …«[2]

Kolumbus wollte auf einer westlichen Route zur anderen Seite der Welt gelangen, denn er ging davon aus, dass er dort irgendwann auf die Ostküste Chinas treffen musste. Nur in zwei Fragen war er ein wenig unsicher: Wie lange würde es dauern, das magische Land zu erreichen? Und lag irgendetwas zwischen der Südküste Spaniens und der Ostküste Chinas?

Der Reichtum der Kultur, den Marco Polo kennengelernt hatte und nach dem Kolumbus strebte, gründete sich eigentlich kaum auf etwas anderes als auf dem **Papier**. Was wir heute für ein selbstverständliches, alltägliches Naturprodukt halten, war ursprünglich ein chinesisches Erzeugnis. Trotz vieler Handelsbeziehungen hielten die Chinesen das Geheimnis der Papierherstellung über mehr als 600 Jahre geheim. Erst als arabische Reiter bei der Schlacht am Talas im Jahr 751 einige Chinesen gefangen nahmen (siehe Seite 298), wurde das Geheimnis gelüftet, und auch danach dauerte es noch mehrere Hundert Jahre, bevor sich in Europa die Papiermühlen verbreiteten.[3]

Mit ihren Kenntnissen in der Papierherstellung konnten die Chinesen die technisch am höchsten entwickelte

Marco Polo auf der Reise. Die katalanische Karte zeigt den Entdecker mit seinen Brüdern auf dem anstrengenden Landweg der Seidenstraße, der in einer Richtung bis zu vier Jahre in Anspruch nahm.

Die Erfindung eines neuen Verfahrens zur Papierherstellung aus der Rinde von Maulbeerbäumen ließ den Wohlstand in China weiter wachsen.

Kultur der Welt aufbauen. Vielleicht war ihre Verehrung für das Papier eine Reaktion auf die brutale Bücherverbrennung, die der paranoide absolutistische Kaiser Qin Shi Huang im Jahr 213 v. Chr. angeordnet hatte – es war derselbe, der sich die Armee der Terrakottakrieger herstellen ließ, die ihn im Jenseits beschützen sollte (siehe Seite 206). Kurz nach seinem Tod kam ein neues Herrscherhaus an die Macht, die **Han-Dynastie**. Ihre Kaiser herrschten mehr als 400 Jahre (206 v. Chr. bis 220 n. Chr.) nahezu ununterbrochen und vereinigten China mithilfe einer neuen, einheitlichen Kultur. Ihr Kernstück bildeten die Anfänge einer kaiserlichen Bürokratie, die später zur größten der Welt werden sollte. Begründet wurde sie von Kaiser Wu (141 bis 87 v. Chr.), und in ihrem System war das Bücherstudium ein entscheidender Faktor, der über den Aufstieg in der staatlichen Hierarchie entschied.

Durch Wus Reformen wurden die Beamten des Hofes dazu verpflichtet, die klassischen Werke von Konfuzius (siehe Seite 202) zu studieren. Daraus lernten sie, dass die Loyalität gegenüber dem Staat das Allerwichtigste war. Im Jahr 140 v. Chr. befahl Wu das erste kaiserliche Examen der Welt: Hundert Beamtenstellen wurden aufgrund der Leistungen in einer **wissenschaftlichen Prüfung** vergeben. Die meisten Kandidaten waren einfache Leute, die keine Beziehungen zum Adel hatten. Zum ersten Mal vermochten sich Menschen aus dem ländlichen Kernland Chinas, die kein Geld und keine privilegierte Herkunft vorweisen konnten, Positionen in der Regierung zu sichern – vorausgesetzt, sie waren klug genug. Solche Positionen brachten Reichtum, Privilegien und Einfluss mit sich. Wer die Prüfung bestand, verschaffte sich selbst, seiner Familie und seinem Dorf großes Ansehen. Und als wollte Wu dieses Prinzip noch einmal bekräftigen, ernannte er mehrere Gelehrte aus der ersten Prüfungsrunde als seine besonders vertrauenswürdigen Berater.

Diese einfache Idee hatte für die Leistungsfähigkeit der chinesischen Verwaltung gewaltige Auswirkungen. Zur Zeit des Kaisers He (Regierungszeit 88 bis 106 n. Chr.) waren Schreibutensilien zu einem unentbehrlichen Hilfsmittel der staatlichen Verwaltung geworden. Als nun ein kluger kaiserlicher Beamter namens Cai Lun eine grundlegend neue

Methode zur Herstellung eines billigen, vielseitigen Schreibmaterials erfand, nahm Kaiser He dies sehr wohlwollend zur Kenntnis. Er war von Cai Luns Verfahren, bei dem Pflanzenfasern, in der Regel aus der Rinde von Maulbeerbäumen, eingeweicht und beim Trocknen zu dünnen Blättern gepresst wurden, so beeindruckt, dass er ihn mit großem Reichtum und einem Adelstitel belohnte.

Nach und nach benutzten die Chinesen das günstig zu verarbeitende Wunder der Natur zu allen möglichen Zwecken, vom Einwickeln kostbarer Gegenstände bis zur Herstellung von Regen- und Sonnenschirmen. Tapeten, Drachen, Teebeutel, Spielkarten und Laternen – alle diese Gegenstände erschienen zum ersten Mal in China auf der Bildfläche. Selbst die moderne Gewohnheit, Toilettenpapier zu verwenden, hat in China ihren Ursprung. Es wird erstmals 851 von einem arabischen Reisenden erwähnt, der nach China kam. Er berichtete: »Die Chinesen nehmen es mit der Reinlichkeit nicht genau und waschen sich nicht mit Wasser, wenn sie ihr Geschäft verrichtet haben, sondern sie wischen sich nur mit Papier ab.«[4]

Als das Wissen über die Papierherstellung auf dem Weg über den Islam ungefähr um 1200 nach Europa gelangte, benutzte man als Rohstoff keine Baumrinde, sondern Lumpen. Aus Holz hergestelltes Papier setzte sich erst im 19. Jahrhundert durch, als man die Gewinnung der Pflanzenfasern mithilfe dampfgetriebener Papiermaschinen automatisieren konnte.

Auf Papier basierende Eignungsprüfungen wurden zunehmend zum Rückgrat der chinesischen Regierungsbürokratie. Wissenschaftliche Leistungen machten den kaiserlichen Hof zu einem chinesischen Schmelztiegel der Kreativität. Zhang Heng, der oberste Astrologe des Han-Kaisers An (Regierungszeit 106 bis 125 n. Chr.) leistete Pionierarbeit in der hydraulischen Technik, indem er ein rotierendes mechanisches Modell für Erde, Sonne, Mond, Planeten und Sterne konstruierte. In der mit Wasser betriebenen Apparatur sorgte ein raffiniertes System von Zahnrädern dafür, dass sich die Himmelskörper mit unterschiedlicher Geschwindigkeit bewegten. Du Shi, ein anderer Beamter, nutzte 31 n. Chr. Wasserräder zum Antrieb mechanischer Bälge, die Luft in die Hochöfen zur Eisenherstellung bliesen und die Temperatur so stark ansteigen ließen, dass man das Gusseisen zu Stahl veredeln und daraus bessere landwirtschaftliche Gerätschaften herstellen konnte. Eisen, Stahl und Salz waren mittlerweile zu Monopolgütern geworden, die unter der Kontrolle reicher Herrscherfamilien standen. Diese beschäftigten Tausende von armen Bauern, von denen viele gezwungen waren, ihre angestammten Ländereien zu verlassen und in Sümpfen, Fabriken oder Bergwerken zu arbeiten.

Zur Zeit der Sui-Dynastie (581 bis 618 n. Chr.) war die Kluft zwischen Arm und Reich so groß geworden, dass die chinesischen Herrscher eingreifen mussten, damit der Volksaufstand nicht zum Bürgerkrieg wurde. Durch die Reformen der Kaiser Wen und Yang wurde das Land wieder an die Armen verteilt. Außerdem stieg die landwirtschaftliche Produktion durch die Fertigstellung des großen Kanals, der die beiden Flusstäler von Jangtse und Gelbem Fluss verband. Eine neue, stabilere Münzwährung wurde geschaffen, und durch den Bau der ersten Chinesischen Mauer verbesserte sich die Verteidigung gegen Invasoren aus dem Norden.

Aber solche Reformen erforderten hohe Steuern und harte Arbeit, was die Armen noch stärker belastete. Um sich ernähren zu können, benötigte China eine große Bevölkerung, denn zur Versorgung der arbeitsintensiven Reisfelder war eine Riesenzahl armer Bauern notwendig. Nachdem die Han-Dynastie 220 n. Chr. gestürzt war, bildeten Unruhen und Rivalitäten zwischen Herrscherhäusern mehr als 350 Jahre lang das beherrschende Element der chinesischen Politik. Weiter verschärft wurde die Belastung der Armen durch die Notwendigkeit, eine ständig wachsende Zahl von Soldaten zu ernähren. In der Volkszählung von 609 n. Chr. wurde eine Bevölkerungszahl von ungefähr 50 Millionen ermittelt, und die meisten befanden sich in einer verzweifelten Lage.

Das Papier rettete die chinesische Kultur vor ständigen Kriegen und inneren Unruhen. Mit seiner Hilfe konnten die Sui-Kaiser und ihre Nachfolger aus der **Tang-Dynastie** (618 bis 907 n. Chr.) das System der kaiserlichen Prüfungen ausweiten und den Armen die Hoffnung auf Wohlstand, Privilegien und Ansehen bieten – vorausgesetzt, ihre Familien brachten Söhne hervor, die etwas im Kopf hatten. Die ursprüngliche Idee des Kaisers Wu, eine Bürokratie voller Gelehrter aufzubauen, wurde von den Tang-Herrschern wiederbelebt, und der Wettbewerb unter den Armen, die in den Prüfungen bestehen wollten, verstärkte sich gewaltig.

Jetzt durften sich alle männlichen Bürger bewerben, nicht nur diejenigen, die von den vorhandenen Regierungsbeamten empfohlen wurden. Buddhistische Mönche wurden von den Gemeindeverwaltungen dafür bezahlt, dass sie für die Armen auf dem Land beteten und sie unterrichteten. Der Lehrplan wurde erweitert und schloss nun alles Mögliche ein, von militärischer Strategie bis zum bürgerlichen Recht, von der Landwirtschaft bis zur Geografie. Durch alles zog sich natürlich die konfuzianische Ethik der Loyalität und des Gehorsams gegenüber dem Staat: Sie bot allen Kandidaten, ob erfolgreich oder nicht, eine sehr wirksame Form der kulturellen Orientierung.

Mit einer erfolgreich bestandenen Prüfung konnte man sich sogar einen Platz im Himmel sichern. Die Tang-Herrscher führten ihre Abstammung auf Lao-Tse zurück, den Begründer des Taoismus, der ungefähr zur gleichen Zeit wie Konfuzius, im dritten oder vierten Jahrhundert v. Chr., gelebt hatte (siehe Seite 218). Im taoistischen Pantheon der himmlischen Götter herrschte eine Hierarchie, die sich exakt in der Bürokratie des kaiserlichen China und seinem System der Prüfungen widerspiegelte. Die Seelen der Menschen wurden als Gottheiten befördert oder zurückgestuft, je nachdem, was sie auf Erden geleistet hatten. Die Ernennungen nahm der Jadekaiser vor, der oberste Gott, der über alle Lebensbereiche von Menschen und Tieren herrschte.

In der Prüfung durchzufallen, war die schlimmste Enttäuschung, die man erleben konnte – und diese Erfahrung war mehr als wahrscheinlich, denn häufig bestanden noch nicht einmal fünf Prozent der Kandidaten. Und manche Menschen nahmen die schlechte Nachricht wahrlich schlecht auf.

Zu den Unglücklichen, die das kaiserliche Examen nicht bestanden, gehörte auch Huang Chao. Er verlor daraufhin jegliches Vertrauen in die Gerechtigkeit der chinesischen Gesellschaft und verkaufte Salz auf dem Schwarzmarkt. Seine Abneigung steigerte sich zur Wut, und nun sammelte er regierungsfeindliche Anhänger um sich: enttäuschte Bauern und Kaufleute, die kurz zuvor schwer unter Hungersnot und Dürre gelitten hatten. Um das Jahr 880 lehnte sich die zusammengewürfelte Armee des Herrn Chao gegen die Tang-Herrschaft auf. Die Folge war ein erbitterter Bürgerkrieg, der neun Jahre andauerte. Im Jahr 880 plünderten die Aufständischen die Hauptstadt Chang'an, und der gesamte kaiserliche Hof musste flüchten. Für kurze Zeit richtete Chao eine neue Verwaltung ein. Vier Jahre später konnten die Tang zwar die Stadt zurückerobern, aber Zhu Wen, ein früherer Befehlshaber in Chaos Armee, sorgte 907 schließlich für den endgültigen Zusammenbruch der Dynastie.

Die Reaktion des Huang Chao war allerdings eine Ausnahme. Im Allgemeinen war das System der kaiserlichen Prüfungen für die Tang-Herrscher ein Erfolg, indem es den Armen die Aussicht auf einen staatlichen Arbeitsplatz eröffnete. Außerdem hatte es zur Folge, dass die besten Köpfe des Landes in den Staatsdienst gingen. Das Unternehmen auszuweiten, erwies sich jedoch als Problem. Massenhaft produziertes Papier war zwar dank Cai Luns Erfindung billig, für Bücher galt das aber nicht. Bis ungefähr 800 n. Chr. musste jedes einzelne Exemplar von einem geduldigen, geschickten und gebildeten Menschen – in der Regel einem buddhistischen Mönch – mit der Hand geschrieben werden.

Die Ausbreitung des Buddhismus von Indien nach China ging einher mit einer Erfindung, die in den Augen mancher Fachleute die zweitwichtigste nach dem Papier war: dem **Buchdruck**. Bücher, die mit dem Verfahren des Block- oder Holztafeldrucks in Massen hergestellt wurden, gab es erstmals in China; das wissen wir dank einer bemerkenswerten Entdeckung des ungarischen Archäologen Aurel Stein, der in der ersten Hälfte des 20. Jahrhunderts über 40 000 Kilometer zu Pferde und zu Fuß durch unwirtliche Wüsten, Hochebenen und Gebirge zurücklegte, weil er mehr über die frühen Kulturen Zentralasiens in Erfahrung bringen wollte.

Die Mühe lohnte sich. Seine schönste Entdeckung machte Aurel Stein in den »Höhlen der Tausend Buddhas«, die sich in einer Oase am Rand der Taklamakan-Wüste im Nordwesten Chinas befinden (siehe Karte Seite 208). Dort stieß er auf 492 Tempel, in den Stein gehauen von Pilgern, Mönchen und Reisenden, die auf der **Seidenstraße** unterwegs waren, jener uralten Handelsroute, die der Han-Kaiser Wu 138 v. Chr. eingerichtet hatte (siehe Seite 313). Über die Seidenstraße konnten Kaufleute von der chinesischen Hauptstadt Chang'an bis zur Ostküste des Mittelmeeres ziehen, die Reise dauerte allerdings häufig in einer Richtung bis zu vier Jahren, und oft wurde die Route durch räuberische Nomaden aus den Steppen Eurasiens blockiert.

Mehrere Berichte über römische Abgesandte in China sind überliefert. Glaubt man dem HOU HANSHU, einer Geschichte der Han-Dynastie, so schickte der römische Kaiser Antonius Pius einen Konvoi über die Seidenstraße, der 166 n. Chr. schließlich in der chinesischen Hauptstadt ankam. Dort wurden Weihrauch aus dem Abendland und afrikanisches Elfenbein gegen chinesische Seide eingetauscht.

Nachdem den Tang-Herrschern im Westen ihres Reiches einige Eroberungen gelungen waren, öffneten sie 639 n. Chr. die Seidenstraße neu, und ungefähr zur gleichen Zeit wurden auch viele dieser buddhistischen Tempel erbaut.

Als Stein 1907 die Höhlen erreichte, hörte er Gerüchte über einen gewaltigen Schatz alter Dokumente, die kürzlich in einem Versteck hinter einer Tempelmauer gefunden worden seien. Ein zurückhaltender taoistischer Priester namens Wang Tao-shih hatte die Aufgabe eines selbst ernannten Wächters übernommen und die Schätze in einem Lagerraum eingeschlossen. Stein konnte den Priester überzeugen, ihm den winzigen Raum zu zeigen, der nicht mehr als drei mal drei Meter maß: Er war vom Boden bis zur Decke mit kostbaren Manuskripten vollgestopft. Die Papiere waren offenbar einige Jahrhunderte zuvor von Mönchen weggeworfen worden, nachdem der massenhafte Druck von Büchern handgeschriebene Schriftrollen überflüssig gemacht hatte. Hier lagen, in der trockenen Luft der zentralasiatischen Wüste hervorragend erhalten, Tausende von unversehrten antiken Texten, manche davon aus dem fünften Jahrhundert v. Chr. Nach wochenlangen, vorsichtig diplomatischen Verhandlungen gelang es Stein, bis zu 40 000 dieser Dokumente zu kaufen. Im Gegenzug leistete er einen großzügigen Beitrag zur weiteren Restaurierung der Tempel.

Das größte Juwel in Steins neu erworbenen Schatz, das heute im Britischen Museum in London aufbewahrt wird, ist das weltweit älteste bekannte, vollständige, datierte, gedruckte Buch. Der buddhistische Text mit dem Titel DIAMANT-SUTRA trägt das Druckdatum 868 n. Chr. – er entstand also gegen Ende der Tang-Dynastie. Das Buch besteht aus sieben weißen Papierbogen, die zu einer Rolle von etwas über fünf Metern Länge zusammengeklebt sind. Es wurde nach dem Holzschnittverfahren hergestellt: Die Papierbogen wurden auf Holzblöcke gedrückt, in die man zuvor Worte und Bilder eingeschnitzt hatte. Diese Form der Buchherstellung erforderte zwar hoch entwickelte handwerkliche Fähigkeiten zum Schnitzen der Holzblöcke, aber wenn diese einmal vorhanden waren, konnte man mit ihnen eine nahezu unbegrenzte Zahl von Kopien herstellen.

Das DIAMANT-SUTRA ist der älteste gedruckte und datierte Text, den man kennt (868 n. Chr.).

China war nicht der einzige Staat im Fernen Osten, in dem sich die Künste von Buchdruck und Papierherstellung entwickelten. Papier gab es seit 604 auch in Korea und seit 610 in **Japan**. Ungefähr seit jener Zeit orientierte sich die aufsteigende japanische Kaiserfamilie der Yamato am Vorbild des chinesischen Hofes, und Papier diente ihnen zur Aufzeichnung einer neuen Generation von Schöpfungsmythen. Darin führte das Kaiserhaus seinen Ursprung auf den alten schamanistischen Sonnengott Shinto zurück.[5] Auch die japanischen Kaiser führten auf der Grundlage des Papiers ein neues Rechtssystem ein: Ihr Taiho-Kodex (701 n. Chr.) orientierte sich nach chinesischem Vorbild am konfuzianischen Ideal des Gehorsams gegenüber dem Staat. Der chinesische Einfluss jener Zeit zeigte sich auch in der neuen japanischen Hauptstadt, die 710 in Nara errichtet wurde: Sie ahmte nahezu exakt das Schachbrettmuster der chinesischen Hauptstadt Chang'an nach.

Den größten Schub erhielt das Goldene Zeitalter der wissenschaftlichen und technischen Neuerungen in China jedoch mit der Gründung der

Song-Dynastie durch den Kaiser Taizu, der sich 960 des Thrones bemächtigte. Nach dem Bericht des SONG SHI, einer 1345 verfassten Geschichte der Dynastie, hielt er bei einer Siegesfeier vor seinen Militärbefehlshabern eine Ansprache, die erstaunlicherweise bereits an ein modernes Bekenntnis zu einer nachhaltigen Staatsführung erinnert:

Das Leben des Menschen ist kurz. Glück besteht darin, den Wohlstand und die Mittel zu besitzen, um sich des Lebens zu freuen, und um dann in der Lage zu sein, den gleichen Wohlstand auch seinen Nachkommen zu hinterlassen.

Als eine seiner ersten Amtshandlungen erweiterte Taizu das Konzept der kaiserlichen Gelehrtenbürokratie noch weiter. Am Ende seiner Regierungszeit 976 n. Chr. unterzogen sich jedes Jahr rund 30 000 Kandidaten den Prüfungen der kaiserlichen Verwaltung, und alle hatten zuvor bereits eine Vorprüfung (Jinshi) bestanden. Gegen Ende des 11. Jahrhunderts war die Zahl auf 80 000 gestiegen, am Ende der Song-Dynastie (1279) erreichte sie 400 000; auf diese Weise entstand eine große intellektuell gebildete Bevölkerungsgruppe.

Die Druckpressen liefen heiß: Über 500 klassische konfuzianische Texte, Wörterbücher, Enzyklopädien und Geschichtsbücher wurden in Tausende von Holzblöcken geschnitzt und bildeten das massenhaft hergestellte Studienmaterial für die Kandidaten.[6] In ganz China wurden mindestens 1 000 Schulen gegründet, die ihren Schülern bei der Vorbereitung auf die Verwaltungsprüfung halfen.

Dass das kulturelle und wissenschaftliche Leben in der Song-Zeit einen solchen Aufschwung nahm, lag nicht nur am Buchdruck. Nach der Ausweitung der Reisproduktion hatte sich die chinesische Bevölkerung 1102 bereits mehr als verdoppelt und lag nun bei über 100 Millionen.[7] Die traditionelle Währung aus Seidenballen oder Kupfermünzen war schwer zu transportieren, in der Menge begrenzt und teuer in der Herstellung. Deshalb kam die chinesische Regierung in den zwanziger Jahren des 12. Jahrhunderts auf ihre Lieblingserfindung zurück: Sie setzte den Holzschnittdruck ein, um Jiaozi herzustellen, die nach heutiger Kenntnis ersten Banknoten der Welt. Innerhalb von zehn Jahren hatte man mehrere staatliche Gelddruckereien eingerichtet, in denen viele Tausend Arbeiter beschäftigt waren.

Die Idee, Papiergeld zu drucken, wäre für die Europäer faszinierend gewesen. Bei ihnen sollte es noch Jahrhunderte dauern, bevor etwas Ähnliches wie Banknoten auftauchten. Der erste westliche Staat, der Geldscheine ausgab, war Schweden im Jahr 1661, gefolgt von Amerika (Massachusetts) 1690, Frankreich 1720, Russland 1768, Sachsen 1772, England 1797 und Preußen 1806.

Marco Polo war von der Fähigkeit der chinesischen Kaiser, Papiergeld herzustellen, völlig verblüfft:

Er lässt jedes Jahr eine solche Riesenmenge Geldes herstellen, welches ihn nichts kostet, dass es in seinem Betrag allen Schätzen der Welt gleichkommen muss. Papierstücke werden mit einer solchen Ehrerbietung und Autorität herausgegeben, als bestünden sie aus reinem Gold oder Silber … Wenn alles ordnungsgemäß vorbereitet ist, bestreicht der leitende Beamte das ihm anvertraute Siegel mit roter Farbe und drückt es auf das Papier, sodass die Form des Siegels rot darauf haften bleibt. Dann ist das Geld echt. Jeder, der es fälscht, wird mit dem Tode bestraft.

Aber 1127 kam es zur Katastrophe. Die erfindungsreiche Song-Regierung wurde von den Jurchen zu Fall gebracht, einer Horde von Pferdezüchtern aus der Mandschurei, die ein Doppelspiel spielten, nachdem sie 1125 die Liao, einen gemeinsamen Feind, besiegt hatten. Ihr Sieg über die Song, bei denen sie die Mauern der Hauptstadt mit neu entwickelten Belagerungsmaschinen stürmten, führte zu einer Spaltung Chinas: Im Norden herrschten nun die Jurchen (die zur Jin-Dynastie wurden), eine südliche Region blieb unter der Herrschaft der Song, die sich über den Jangtse nach Süden geflüchtet und in Lin'an eine neue Hauptstadt eingerichtet hatten.

Diese Ereignisse lösten einen Rüstungswettlauf von gewaltigen Ausmaßen aus. Die Song-Herrscher zogen die besten Köpfe unter ihren Gelehrten heran: Sie sollten sich auf jede nur denkbare Weise um technische Überlegenheit in der Kriegsführung bemühen, damit im Falle zukünftiger Angriffe der Erfolg gewährleistet war. Ihre Anstrengungen führten unmittelbar zur Entwicklung der weltweit ersten Feuerwaffen.

Schon während der Tang-Dynastie, ungefähr um 850 n. Chr., hatten taoistische Mönche aus Holzkohle, Schwefel und Mineralerzen ein erstes primitives **Schießpulver** gemischt. Später waren die heiligen Männer von ihren kaiserlichen Herrschern beauftragt worden, ein Elixier für das ewige Leben zu finden, aber im Laufe ihrer Experimente stießen sie auch auf eine Kombination chemischer Substanzen, die, wie sie warnend erklärten, katastrophale Wirkungen haben konnte:

Einige erhitzten Schwefel, gemischt mit Rubinschwefel, Salpeter und Honig; die Folge waren Rauch und Flammen, sodass ihre Hände und Gesichter verbrannt wurden, und sogar das ganze Haus, in welchem sie gearbeitet hatten, brannte nieder.[8]

Solche Worte müssen jene ermutigt haben, die darauf aus waren, Macht über andere Menschen auszuüben. Das erste bekannte Bild einer in Benutzung befindlichen Feuerwaffe stammt von ungefähr 950 n. Chr. Eine seidene Fahne, die in den **Höhlen der Tausend Buddhas** gefunden wurde, lag viele Jahre unbeachtet in einem Pariser Museum, bis sie 1978 schließlich wiederentdeckt wurde. Sie zeigt, wie sich eine Armee von Dämonen bemüht, den Buddha vom Streben nach Erleuchtung abzubringen. Unter den Waffen, die sie dabei verwenden, ist auch eine Feuerlanze: ein langer Pfahl in den Händen eines Dämons, der einen Kopfschmuck mit drei Schlangen trägt. An einem Ende der Waffe befindet sich ein Zylinder, aus dem Flammen schlagen. Darunter, weiter rechts, erkennt man eine Gestalt, durch deren Augen und Mund sich eine Schlange windet. Sie steht im Begriff, eine kleine Bombe oder Granate zu werfen, aus der ebenfalls Flammen austreten (s. Abb. S. …).[9]

Auf der Grundlage solcher Hinweise konnten die klugen Köpfe am Hof der südlichen Song-Dynastie (1127 bis 1179) eine ganze Reihe leistungsfähiger neuer Waffen konstruieren. Das Spektrum reichte dabei von Katapultbomben und Kanonen bis zu Flammenwerfern. Erstmals ernsthaft angewandt wurden sie 1161 bei zwei Schlachten am Jangtse, der die Grenze zwischen den Herrschaftsgebieten der Jin und Song bildete. Die Streitkräfte der Jin drohten nach Süden vorzustoßen und damit den schlimmsten Albtraum der Song Wirklichkeit werden zu lassen.

Nach einer Geschichte der Jin-Dynastie, dem JIN SHI, wurde Zheng Jia, der als Jin-Admiral in der Schlacht von Tangdao im Einsatz war, von dem Vorgehen der Song völlig überrascht:

Zheng Jia wusste nichts über die Seewege [zwischen den Inseln] *oder über die Verwaltung von Schiffen, und er glaubte nicht, dass der Feind* [die Song] *in der Nähe war. Aber ganz plötzlich tauchten sie auf, und da sie uns unvorbereitet vorfanden, warfen sie Geschosse aus brennbarem Schießpulver auf unsere Schiffe. Als Zheng Jia nun sah, wie alle seine Schiffe in Flammen aufgingen und er kein Mittel zum Entkommen hatte, sprang er ins Meer und ertrank.*

Während der nächsten 100 Jahre sicherten sich die südlichen Song mit ihren Waffen die uneingeschränkte Herrschaft zu Lande und zur See.

Der Umzug der Song nach Süden hatte noch andere wichtige Folgen. Im Jahr 1132 gaben Beamte des kaiserlichen Hofes die Anweisung, die erste ständige Seestreitmacht Chinas aufzubauen. Sie hatten erkannt, dass der Jangtse unter strategischen Gesichtspunkten für sie nun gewissermaßen die Chinesische Mauer darstellte. Seit 1130 gehörten Katapulte, die Schießpulverbomben werfen konnten, zur Standardausstattung aller Schiffe. Eine neue Generation von Schaufelradschiffen, die von Menschen in Tretmühlen angetrieben wurden und auf jeder Seite bis zu 11 Schaufeln besaßen, sorgten unter den beengten Bedingungen der Kriegsführung auf einem Fluss für eine drastische Verbesserung der Wendigkeit. Bis 1203 hatte man viele dieser Kriegsschiffe zusätzlich mit eisernen Panzerplatten verstärkt.

Mit ihrer Seestreitmacht brachten die südlichen Song das südchinesische Meer völlig unter ihre Kontrolle. Zuvor hatten dort die Cholas dominiert, eine hinduistische Tamilendynastie, die zwischen dem 10. und 13. Jahrhundert in Südindien und Sri Lanka herrschte. Der Handel mit dem Ausland war für die Song lebenswichtig, denn das gebirgige Gelände im Süden Chinas eignete sich für eine ausgedehnte Landwirtschaft weniger gut als der Norden. Da der Handel über die Seidenstraße sich fest in den Händen der Jin befand, war der Seehandel eine Grundvoraussetzung für das Überleben ihrer Zivilisation.

Solche äußeren Bedingungen führten zur Entstehung der ersten Investmentportfolios und damit zu einer Form der Geldanlage, wie sie in der modernen kapitalistischen Welt weit verbreitet ist. Statt ihr gesamtes Geld in ein einziges Handelsunternehmen zu stecken, arbeiteten die chinesischen Kaufleute in Gilden zusammen und verteilten ihr Geld auf unterschiedliche Expeditionen; ging dann eine davon schief, bedeutete dies für niemanden (natürlich mit Ausnahme der Mannschaft) die völlige Katastrophe. Einer historischen Quelle zufolge erwiesen sich solche Arrangements als höchst gewinnbringend: »Sie investieren 10 bis 100 Ketten Bargeld und machen regelmäßig Gewinne von mehreren Hundert Prozent.«[10]

Die Waren wurden auf Dschunken transportiert, die über den Indischen Ozean bis zum Persischen Golf segelten. Diese Schiffe waren mit Tungöl abgedichtet, mit wasserdichten Schotten versehen (sodass sie nicht sinken konnten, wenn an einer Stelle ein Schaden eintrat) und am Heck mit einem Ruder zur Verbesserung der Manövrierfähigkeit ausgestattet. Manche wurden durch eine Kombination aus Segeln und Rudern angetrieben und fassten eine gewaltige Ladung sowie mehrere Hundert Menschen.

Die Seeleute führten das kostbarste Navigationsinstrument mit sich, das es gab: einen **Kompass**. Die Idee, eine Nadel durch Reiben an Seide magnetisch zu machen und sie dann in einen Strohhalm zu stecken, der auf Wasser schwamm, war in China schon mindestens seit dem ersten Jahrhundert nach Christus bekannt.[11] Im Jahr 1044 beschrieb das WUJING ZONGYAO, ein Handbuch über Militärtechnik aus der Song-Dynastie, wie man mithilfe dieser Kenntnisse ein nach Süden weisendes Instrument bauen konnte, das den Soldaten bei schlechtem Wetter und in dunklen Nächten die Orientierung erleichtert. (Dasselbe Buch enthält auch ein Rezept für die Herstellung von Schießpulver.) Der größte Durchbruch jedoch gelang einige Jahre später: Shen Kou, ein kaiserlicher Beamter, der 1061 die staatliche Prüfung bestanden hatte, verfasste eine genaue Anleitung, wie man eine Kompassnadel magnetisch macht und sie dann an einem seidenen Faden befestigt, sodass man sie zur Navigation verwenden kann.[12] Sein Kompass war bekanntermaßen schon seit 1111 auf chinesischen Schiffen in Gebrauch.[13]

Möglich wurden solche erstaunlichen technischen Fortschritte durch den Austausch von Kenntnissen an einem Kaiserhof, der mithilfe von Papier, Drucktechnik und Büchern einen vielschichtigen Wissensschatz kultiviert hat-

Höllenfeuer: Dieses Bild, auf dem Buddha von Dämonen mit Flammenwerfern und Brandbomben angegriffen wird, stammt ungefähr von 950 n. Chr. und ist die älteste bekannte Darstellung von Feuerwaffen.

te. Indem die Menschen in der chinesischen Kultur das Schießpulver nutzbar machten und mit Magnetnadeln bei jedem Wetter rund um die Uhr navigieren konnten, verstärkten sie ihre Macht über die Natur beträchtlich.[14] Aber keine Dynastie bleibt für alle Zeiten bestehen, ganz gleich, welchen technischen Erfindungsreichtum sie aufbringt. Vermutlich lag es an den Kreisläufen der Natur, dass das Herrscherhaus der Song im Jahr 1279 endgültig zusammenbrach.

Für sesshafte chinesische Herrscher kam die Gefahr in der Regel aus dem Norden – das war der Grund, warum die erste Große Mauer (die ursprünglich im 5. Jahrhundert v. Chr. in der Zeit der streitenden Reiche erbaut und später durch mehrere Herrscherhäuser einschließlich der Tang und der nördlichen Song verstärkt wurde) eine so große strategische Bedeutung besaß. Nomaden wie die Jurchen waren ausgezeichnete Reiter, die Tausende von Tieren gezüchtet hatten, um sie zu verkaufen oder mit ihrer Hilfe Krieg zu führen. Die Perser und Griechen wussten nur allzu gut, was ihnen bevorstand (siehe Seite 220f.), wenn die Umweltbedingungen in den öden Steppen Eurasiens rauer wurden: Horden von Invasoren strömten von Osten und Norden heran und verdrängten jede Kultur, die ihnen im Weg stand.

Dieses Mal war nicht Trockenheit die Ursache der großen Nomadenwanderung. Zwischen 1000 und 1200 wurde das Klima wärmer, und die Niederschläge nahmen zu, sodass mehr Menschen in den weiten Ebenen ein Hirtendasein führen konnten.[15] Aber in der Steppe gibt es enge Grenzen für die Zahl der Menschen, die sich dort ausreichend ernähren können. Was die Kalorienproduktion je Hektar angeht, sind pflanzliche Lebensmittel den tierischen Produkten ungefähr um das Zehnfache überlegen. Menschen, die von Schaf-, Ziegen- und Pferdeherden leben, brauchen viel mehr Platz als solche, die sich von selbst angebauten Nutzpflanzen ernähren.[16]

Seit ungefähr 1200 n. Chr. kühlte sich das Klima ab. Im Nordatlantik schob sich das Packeis südlich bis nach Island vor, und die Gletscher Grönlands vergrößerten sich. (Dieser Klimawandel markiert den Beginn der sogenannten kleinen Eiszeit. Die kalten Winter und die unberechenbaren Sommer setzten sich bis in die Mitte des 19. Jahrhunderts fort.) Wie man aus der Analyse von Sauerstoffisotopen aus grönländischen Eisbohrkernen weiß, zeigten sich die Anzeichen der Abkühlung zuerst in hohen geografischen Breiten.

Zu den ersten Opfern der Kälte dürften die **mongolischen Reiter** gehört haben, die zwischen 1205 und 1225 nach Süden drängten. Bitterkalte arktische Luft war nach Mittelasien vorgedrungen und brachte verheerende Wirkungen mit sich. Die Steppen, die nach langjährigen verstärkten Niederschlägen mit mehr Tieren und Menschen bevölkert waren als je zuvor, reichten einfach nicht mehr aus. In dem kühleren Klima lieferten sie als Weideland nicht die erforderlichen Erträge. Die Bewohner der Steppen hatten wahrscheinlich nur eine Wahl, wenn sie ihre Bevölkerungszahl und Lebensweise aufrechterhalten wollten: Sie mussten sich zusammentun und neue, fruchtbare Landstriche erobern. Und sie hatten Glück: Sie fanden genau den Mann, der ihnen helfen konnte. Sein Name war **Dschingis Khan**.

Der Sohn eines Nomadenhäuptlings wurde ungefähr 1160 geboren und lernte schon in frühester Jugend, wie man auch unter harten Bedingungen überlebt. Nachdem sein Vater von einem Nachbarstamm vergiftet worden war, erklärte sich der kleine Dschingis zum neuen Häuptling der Sippe. Die aber wollte nicht von einem Kind regiert werden und vertrieb ihn mitsamt seiner Familie. Nachdem Dschingis seinen Halbbruder – vermutlich wegen Lebensmitteldiebstahl – mit einem Giftpfeil ermordet hatte, sicherte er sich schnell die Stellung als Haushaltsvorstand. Der glückliche Durchbruch gelang ihm durch die Großzügigkeit seines Kinderfreundes Toghrul, den die Jin-Dynastie 1197 offiziell als Herrscher (Wang Khan) mehrerer mongolischer Stämme anerkannt hatte. Als Dschingis' Ehefrau Börte von einem rivalisierenden Stamm entführt wurde, lieh Toghrul ihm 20 000 Krieger, damit er sie retten konnte – was Dschingis tatsächlich gelang.

Bis 1206 hatte Dschingis zahlreiche rivalisierende Mongolenstämme – Merkiten, Ujguren, Keraiten und Tataren – mit einer Mischung aus Diplomatie, Charisma und Führungsqualitäten vereinigt. Berücksichtigt man allerdings den Klimawandel, lässt sich sein Aufstieg auch einfach damit erklären, dass er der richtige Mann am rechten Ort zur rechten Zeit war. Damit die Bevölkerung von rund 200 000 Nomaden überleben konnte, war eine koordinierte Expansion notwendig.

Dschingis Khan war ein ausgezeichneter Militärplaner und legte viel Wert auf Disziplin. Von seinen Leuten verlangte er Härte, Engagement und Loyalität. Er organisierte seine Streitkräfte nach dem Dezimalsystem in Einheiten von 10, 100, 1 000 und 10 000 Mann. Wer in der Schlacht gute Leistungen zeigte, rückte in einen höheren Rang auf. Feigheit wurde nicht hingenommen. Jede Zehnergruppe hatte einen Führer, der dem Befehlshaber der nächsthöheren Ebene unterstand. Wenn ein Soldat desertierte, wurde seine ganze Einheit hingerichtet. Wenn eine Zehnergruppe desertierte, wurde die ganze Hundertschaft mit dem Tode bestraft.

Die mongolische Armee war weitgehend autark. Die Angehörigen der Soldaten reisten mit, sodass die ganze Streitmacht eine große Reisegruppe bildete, und es bestand – anders als in der Armee Alexanders des Großen (siehe Seite 246) – kein Grund oder Anreiz, nach Hause zurückzukehren. Ihre Militärstrategie spiegelte den Instinkt der Nomaden bei der Jagd auf Tierrudel wider. Die mongolischen Streitkräfte schwärmten in einer Reihe aus, umzingelten ein ganzes Gebiet und drangen dann von allen Seiten bis zur Mitte vor, wobei sie die Gegner zusammentrieben, sodass keiner entkommen konnte.

Sorgfältige Planung bei militärischen Beratungen (Kurultai) und eine hervorragende Fähigkeit, mit schnellen Pferden die Lage zu erkunden, führten umgehend zum Erfolg. Die ersten Opfer waren die Jin, die Feinde der südlichen Song. Dschingis erklärte ihnen 1211 den Krieg und drang mit zwei Armeen aus jeweils 50 000 Bogenschützen vor, musste dabei allerdings feststellen, dass er die Städte der Jin nicht erobern konnte. Daraufhin sicherte er sich die Hilfe chinesischer Ingenieure und islamischer Krieger, die von den Byzantinern gelernt hatten, Belagerungsmaschinen und riesige Katapulte (Trebuchets) zu bauen. Solche Maschinen konnte Dschingis wenig später auch selbst herstellen, wobei er Bäume und anderes Material aus der Umgebung benutzte.[17]

Dschingis Khan zieht einen langen schwarzen Dolch und kämpft im chinesischen Gebirge. Darstellung in einem Manuskript aus dem 14. Jahrhundert.

Wenn Dschingis gegen eine feindliche Stadt vorrückte, stellte er diese jedes Mal vor eine einfache Wahl: Unterwerfung oder Tod. Er war ein Mann, auf dessen Wort man sich verlassen konnte. Gegenüber stolzen Herrschern, die Widerstand leisteten, kannte er keine Gnade. Stimmte ein Herrscher dagegen der Unterwerfung zu, wurden seine Untertanen verschont, von ihnen wurde allerdings im Gegenzug absolute Loyalität erwartet. Als sich ein Herrscher in der Oasenstadt Turfan, die heute in der autonomen Region Chinas liegt, 1209 der mongolischen Herrschaft unterwarf, ließ Dschingis Khan nicht nur die Bewohner – die Uiguren – am Leben, sondern gab ihnen überdies die Möglichkeit, zu tragenden Elementen in der Bürokratie der Mongolen zu werden und den bis dahin ungebildeten Nomaden das Schreiben und Lesen beizubringen.

Im Jahr 1213 waren die Mongolen bis zur Chinesischen Mauer vorgedrungen, und zwei Jahre später standen sie im Herzen Nordchinas. Die Jin-Hauptstadt Yanjing (das heutige Peking) wurde 1215 erfolgreich belagert und erobert.

Nachdem Dschingis die Jin unterworfen hatte, erregte eine offenbar nicht provozierte Beleidigung des islamischen Herrschers von Choresmien seinen Zorn. Dessen Reich erstreckte sich von der Westgrenze Chinas bis zum Kaspischen Meer. Im Jahr 1219 sammelten sich die mongolischen Armeen an der Ostgrenze der islamischen Welt. Auch hier wurde jede Stadt vor die Wahl gestellt: Unterwerfung oder Tod. Bis 1223 befand sich ganz Choresmien unter mongolischer Kontrolle. Wie immer, so wurde auch hier Widerstand unbarmherzig bestraft. Als Dschingis die Grenzstadt Otrar einnahm, ließ er nicht nur die Bewohner hinrichten, sondern goss dem überheblichen Statthalter, der die Unterwerfung abgelehnt hatte, dazu noch geschmolzenes Silber in Ohren und Augen.

Anschließend brach Dschingis in den Norden Russlands auf. Dort teilten sich seine Streitkräfte in zwei Gruppen, von denen die eine Georgien, die andere die Krim eroberte. Auf dem Rückweg in die Mongolei besiegten sie eine russische Armee, die von sechs Prinzen geführt wurde, darunter der Herrscher von Kiew. Die Prinzen wurden hingerichtet, indem man sie unter einer Plattform zu Tode quetschte, auf der die mongolischen Feldherren ihr Siegesmahl einnahmen.

Im Jahr 1225 kehrte Dschingis nach China zurück, wo er erneut gegen die Jin kämpfte und sie unterwarf. Wenig später starb er – wie dies geschah, weiß niemand genau. Manchen Berichten nach fiel er vom Pferd. Eine andere Legende besagt, er sei von einer schönen Prinzessin der Tanguten ermordet worden, die ihn kurz vor dem Liebesakt mit einem Messer, welches sie in ihrem Mieder verborgen hatte, kastrierte – angeblich wollte sie sich damit für den Mord an ihren Landsleuten rächen.

Bei Dschingis' Tod erstreckte sich das mongolische Reich von der chinesischen Ostküste bis zum Kaspischen Meer. Seine Kinder konnten es noch weiter ausdehnen: Sie errichteten Herrschaftsgebiete in Russland, Sibirien und Zentralasien.[18] Im Jahr 1241 standen ihre Armeen bereit, um Westeuropa einzunehmen; zuvor hatten sie bei der Schlacht von Muhi südwestlich des Flusses Sajó im heutigen Ungarn die polnischen, deutschen und ungarischen Streitkräfte besiegt.

Das Mongolenreich war die größte zusammenhängende Zivilisation aller Zeiten. Seine Expansion in Europa wurde 1242 nur durch den Tod des Dschingis-Nachfolgers Ögedei Khan aufgehalten, denn die Tradition schrieb vor, dass die Führer der Mongolen eine große Ratsversammlung abhalten mussten, um die Ernennung des nächsten Großkhans zu bestätigen. Also zogen sie sich eine Zeit lang zurück, um sich auf einen neuen Führer zu einigen, und Europa blieb verschont.

Angesichts der gewaltigen militärischen Erfolge der Mongolen konnte sich selbst die Song-Dynastie mit ihrem Schießpulver nicht ewig halten. Möngke Khan, Dschingis' Enkel und später der vierte Großkhan, drang in Korea ein und unternahm bei einem Feldzug, mit dem er China wiedervereinigen wollte, erste Angriffe auf die Song. Aber das Schicksal wendete sich: Gerade als sein Bruder Chülegü im Begriff stand, Syrien zu erobern und damit den Weg zu den ungeheuren Reichtümern Ägyptens freizumachen, stürzte ein Felsbrocken von einer Klippe und tötete Möngke. Dieser stand gerade kurz davor, die Streitkräfte der Song im westchinesischen Chonqing anzugreifen. (Anderen Quellen zufolge kam er durch Kanonenfeuer oder eine andere Verwundung ums Leben.) Wieder mussten sich die Mongolenführer versammeln, um über die Nachfolge des Großkhans zu entscheiden. Anschließend drangen ihre Streitkräfte aber nicht mehr nach Westen vor, sodass in Ägypten und Europa keine Invasion drohte.

Der letzte Großkhan, auch er ein Enkel von Dschingis, hieß Kublai. Er besiegte schließlich die Song. Das Geheimnis des Schießpulvers war mittlerweile in mongolische Hände gelangt und wurde damit auf beiden Seiten genutzt.[19]

Letzten Widerstand leisteten die Song im März 1279 in der Schlacht von Yamen. Ihr Admiral hatte mehr als 1 000 Schiffe zusammengezogen, um damit die Bucht von Hongkong gegen die mongolischen Streitkräfte abzuriegeln. Aber die Chinesen passten nicht auf und wurden überrumpelt; schließlich blieb es einem loyalen Beamten des Hofes überlassen, dafür zu sorgen, dass der letzte Kaiser, der neunjährige Zhao Bing, auf keinen Fall dem Feind in die Hände fiel. Als der Beamte sah, dass alles verloren war, griff er nach dem Jungen und sprang mit ihm ins Meer. Eine Woche später schwammen Hunderttausende von Leichen auf dem Wasser, unter ihnen auch die des kleinen Kaisers.[20]

Nachdem Kublai Khan die Yuan-Dynastie begründet hatte, baute er in den Nähe des heutigen Peking eine neue Hauptstadt namens Zhongdu, und China war wieder vereinigt. Das Spektrum seiner Ressourcen und technischen

Das Mongolenreich

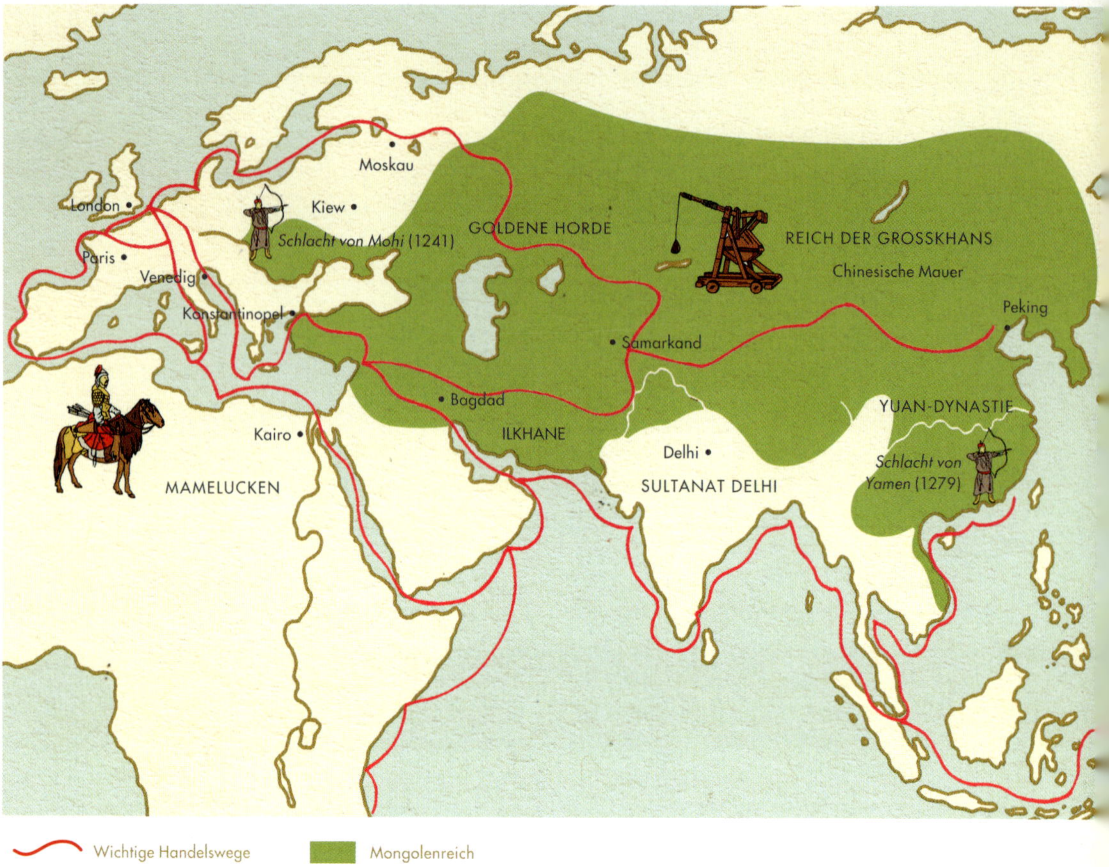

Möglichkeiten war breit, es reichte von Gewürzen, Seide und Papiergeld über Bücher, Schießpulver und Feuerwaffen bis zu gepanzerten Kriegsschiffen, dem Kompass und Stahl. Wenn Europäer wie Marco Polo zu Besuch kamen, mussten sie einfach beeindruckt sein. Mit Erfindungsreichtum, Gelehrsamkeit, Macht, Reichtum und Pracht stand diese Kultur in krassem Gegensatz zu der Kultur der Europäer, bei denen sich ein Klima der Verzweiflung breitgemacht hatte. Mehr als tausend Jahre nach dem Zerfall des Römischen Reiches lag der Kontinent größtenteils in Trümmern – eine Wildnis aus Krankheit, Hungersnot und Krieg.

Das größte zusammenhängende Weltreich wurde durch die unermüdlichen Eroberungen eines Nomadenhäuptlings und seiner ebenso rührigen Nachkommen geschaffen.

KAPITEL 32

MITTELALTERLICHE MISERE

WIE DAS CHRISTLICHE EUROPA, EINGEKREIST VON ISLAMISCHEN KULTUREN, UNÜBERWINDLICHEN WÜSTEN UND ENDLOSEN OZEANEN, DURCH PEST, INVASIONEN UND HUNGERSNOT IM ELEND VERSANK

Konnte der Flügelschlag eines Schmetterlings in China viele Tausend Kilometer entfernt in Europa einen tausendjährigen Sturm auslösen? Seit Anfang des 20. Jahrhunderts beschäftigen sich Wissenschaftler mit der sogenannten Chaostheorie: Danach kann eine scheinbar winzige Veränderung in einem Teil der Welt dramatische Ereignisse herbeiführen, die einen weit entfernten anderen Teil schwer und unter Umständen sogar auf Dauer schädigen.

Ungefähr so etwas spielte sich anscheinend im mittelalterlichen Europa ab. Es begann zu der Zeit, als das Römische Reich seinen endgültigen Niedergang erlebte. Der »Schmetterling« könnte demnach ein militärischer Sieg gewesen sein, den die chinesische Han-Dynastie um 100 n. Chr. über die Xiongnu errang, einen mongolischen Stamm aus dem Norden. Heute gibt es kaum noch Anhaltspunkte dafür, was diesem Nomaden- und Reitervolk widerfuhr, nachdem es von den Streitkräften der Han nach Westen vertrieben wurde. Wir wissen nur, dass im vierten Jahrhundert n. Chr. eine Armee chinesisch aussehender Krieger am Schwarzen Meer eintraf. Große Kessel, die Archäologen an Flussufern ausgruben, sehen genauso aus wie jene, die von den Stämmen der Xiongnu im Westen Chinas benutzt wurden. Glaubt man den Berichten frühbyzantinischer Autoren, so lässt auch das Aussehen Attilas, des berühmten Anführers dieser Armee, auf eine Herkunft aus dem Osten schließen: »Er war kurz von Statur, mit breiter Brust und großem Kopf; seine Augen waren klein, sein Bart dünn und von Grau gesprenkelt; seine flache Nase und die dunkle Gesichtshaut zeigten die Spuren seiner Herkunft.«[1]

Die **Hunnen**, wie sie genannt wurden, drangen im 4. Jahrhundert n. Chr. in Europa ein. Sie waren skrupellose Krieger und verfügten über leistungsfähige technische Kampfmittel. Ihre kleinen und leichten, aus verschiedenen Materialien zusammengesetzten Bogen waren berühmt für Schnelligkeit und Reichweite – sie eigneten sich ideal für die Verwendung zu Pferde. Das Geheimnis lag in ihrem Material, das ihnen die größtmögliche Flexibilität und Schusskraft verlieh: das starke, aber biegsame Horn der Wasserbüffel, jener Tiere, die auf den Reisfeldern des Fernen Ostens die Pflüge zogen.

Im Jahr 406 n. Chr. sorgte der Schmetterlingseffekt für eine große Niederlage. Die Bogenschützen der Hunnen hatten am Nordufer des Schwarzen Meeres bereits die Stämme der Goten vertrieben, die sich daraufhin nach Westen gewandt und 378 n. Chr. in der Schlacht von Adrianopel die römischen Truppen besiegt hatten. Nach Ansicht mancher Historiker löste dieses Ereignis den endgültigen Zusammenbruch des Weströmischen Reiches aus.[2]

Am 31. Dezember 406 überquerte ein furchterregendes Bündnis aus germanischen und asiatischen Stämmen bei Mainz den zugefrorenen Rhein und drang nach Westeuropa vor. Die Hunnen gelangten in Frankreich bis nach Orléans (451 n. Chr.) und in Italien bis nach Ravenna; zur gleichen Zeit strebten die Westgoten aus dem Osten Deutschlands in das Nervenzentrum: 410 n. Chr. eroberten sie Rom, bevor sie in Südfrankreich und Spanien ihr eigenes Reich errichteten. Nach ihnen kamen die Vandalen, auch sie ein Stamm aus dem Osten Deutschlands, der weiter nach Spanien zog und von dort in Nordafrika bis nach Karthago gelangte, wo er eine Flotte aufbaute. Dann segelten die Vandalen über das Mittelmeer und drangen in Sizilien, Sardinien, Korsika und Malta ein, bevor sie 455 wiederum einen verheerenden Angriff auf Rom unternahmen.

Das Elend Europas war kein vorübergehender Rückschlag. Der byzantinische Kaiser **Justinian I.** (Herrschaftszeit 527 bis 565) unternahm von seiner neuen »römischen« Hauptstadt Konstantinopel aus einen groß angelegten Versuch, Recht und Ordnung wiederherzustellen und das zerstückelte Territorium des Römischen Reiches erneut zu vereinigen. Er schickte seine Armeen und Feldherren nach Spanien, Italien und Nordafrika, wo sie die von den Reiternomaden besetzten Ländereien zurückfordern sollten. Außerdem musste er sich im Osten immer wieder mit Angriffen der alten persischen Widersacher auseinandersetzen. Teilweise hatte Justinian Erfolg: Er stellte die rechtliche Basis des Römischen Reiches wieder her, vertrieb die Vandalen aus Nordafrika und besiegte 552 bei Ravenna die Ostgoten, einen weiteren Germanenstamm.

Aber der Erfolg war nicht von Dauer. Drei Jahre nach Justinians Tod kam eine weitere Welle von Reitern aus dem Norden: die Langobarden, ursprünglich ein Volk aus dem Baltikum, das sich in Deutschland nicht weit von der Donau niedergelassen hatte. Im Jahr 561 hatten sie sich als Herrscher Italiens durchgesetzt, eine Position, die ihnen über 200 Jahre lang erhalten blieb. Justinians Er-

Der Hunne Attila (406 bis 453 n. Chr.) war in der Spätphase des Römischen Reiches ein gefürchteter Feind. Er kam bis nach Orleans in Gallien, bevor er schließlich 451 in der Schlacht von Châlons geschlagen wurde.

oberungen in Afrika und Spanien wurden am Ende von islamischen Kriegern überrollt, die 732 bereits ganz Spanien und die Hälfte Frankreichs besetzt hatten. Dass sie auch das übrige Westeuropa eroberten, wurde durch den fränkischen Feldherrn Karl Martell verhindert (siehe Seite 298). Die Franken waren durch ihren Gründer Chlodwig I. (gestorben 511), der zum politischen Schirmherren des Papstes aufstieg, bereits frühzeitig zum Christentum bekehrt worden. Heute halten viele Historiker Chlodwig für den Gründer Frankreichs.

Das frühchristliche Europa entging knapp der kompletten Katastrophe, als Konstantinopel, die neue kaiserliche Hauptstadt, nur mit Mühe von einer Eroberung durch den Islam verschont blieb. Im Jahr 718 rückten mehr als 80 000 muslimische Krieger von Damaskus aus gegen die Stadt vor, wobei sie von rund 1 800 Schiffen unterstützt wurden. Dass die Belagerung fehlschlug, lag an einem Naturereignis. Der Winter 717/18 war der kälteste seit Menschengedenken, und nach den Berichten eines zeitgenössischen Historikers forderte er den muslimischen Streitkräften so große Entbehrungen ab, dass ihnen nichts anderes als der Kannibalismus blieb.

Der Hauch des Todes griff nach ihnen. Der Hunger bedrohte sie so sehr, dass sie die Leichen der Toten verspeisten, aber auch die Exkremente und den Schmutz der anderen. Sie waren gezwungen, sich gegenseitig zu töten, damit sie etwas zu essen hatten. Sie suchten nach kleinen Steinen und aßen sie, um ihren Hunger zu stillen. Sie aßen den Müll von ihren Schiffen.[3]

Hunger, Krankheit und Kälte retteten die große Stadt Konstantinopel und verhinderten, dass Europa völlig von der großen Welle der islamischen Eroberungen überrollt wurde, die Mohammed mit seinen Lehren losgetreten hatte – nach Ansicht mancher Historiker war auch dies ein Augenblick von »makrohistorischer Bedeutung«.[4]

Im Lauf weniger Hundert Jahre war das einstmals so mächtige römische Reich zu Ruinen verfallen. Im 7. Jahrhundert ging die Bevölkerung Europas stark zurück: Hatte sie 500 n. Chr. noch bei ungefähr 27,5 Millionen gelegen, so waren es 150 Jahre später nur noch 18 Millionen.[5]

Noch schlimmer wurde das Ganze, als die **Beulenpest** unter den Europäern zum ersten Mal größeren Tribut forderte.[6] Die Krankheit wütete seit 541/42 im Oströmischen Reich und erschwerte Justinians Bemühungen, die kaiserliche Herrschaft wiederherzustellen. In Konstantinopel starben an einem einzigen Tag schätzungsweise 5 000 Menschen, und insgesamt dürfte die Krankheit bis zu 40 Prozent der Stadtbevölkerung das Leben gekostet haben. Sie verbreitete sich über große Teile Europas und kostete während der nächsten 300 Jahre in mehreren großen Epidemien insgesamt schätzungsweise 25 Millionen Menschen das Leben. Felder wurden aufgegeben, die Wälder rückten wieder vor, und die Wirtschaft befand sich in steilem Niedergang. Außerhalb königlicher Höfe war das Leben in Europa zwischen 350 und 750 n. Chr. äußerst unangenehm, höchst brutal und für den Einzelnen in der Regel recht kurz.

Sündenböcke zu finden, war nicht schwer. Das Spektrum der Erklärungsangebote reichte von dem Hunnen Attila, der den Anlass für die Invasionen der Germanen gegeben hatte, bis zu Jesus Christus, dem Sohn Gottes, der den

Menschen die Erlösung versprochen hatte und es sich nun anscheinend anders überlegte. Zu den beliebtesten geistigen Strömungen jener Zeit gehörte der Arianismus, eine Spielart des Christentums, die Christi Bedeutung unterschwellig herunterspielte: Sie unterstellte, Christus könne dem allmächtigen Gott nicht gleichgestellt sein, weshalb die katholische Vorstellung von der Heiligen Dreifaltigkeit ein Irrtum sei.[7]

In unserer Zeit macht man vor allem die zufälligen, unberechenbaren Kräfte der Natur für das damalige Elend verantwortlich. Ein gewaltiger Vulkanausbruch auf der indonesischen Insel Krakatau, der nach neuesten Befunden 535 oder 536 n. Chr. stattfand, schleuderte vermutlich viele Tausend Tonnen Asche in die oberen Atmosphärenschichten und sorgte damit für dramatische Klimaschwankungen. Möglicherweise war die Sonne monatelang verdunkelt, was zu Überschwemmungen, Hungersnot, Dürre und Unwettern führte. Die Untersuchung von Jahresringen und Eisbohrkernen bestätigt, dass die Temperaturen in diesen Jahren stark schwankten.[8]

Schließlich erwachte Stück für Stück wieder die Hoffnung, eine Zentralmacht könne ganz Europa schützen. Dies war vor allem den Erfolgen der Franken unter **Karl dem Großen** zu verdanken. Der König des fränkischen Reiches knüpfte an den Sieg an, den sein Großvater Karl Martell 732 gegen die Araber errungen hatte, und erweiterte das fränkische Herrschaftsgebiet auf das ganze heutige Frankreich sowie bis nach Italien. Anfang des 9. Jahrhunderts hatte er die Langobarden zurückgedrängt und die Macht des Papstes in Rom wiederhergestellt. Am 25. Dezember 800 wurde Karl der Große von Papst Leo III. in Aachen zum Kaiser des Heiligen Römischen Reiches gekrönt. Leo bekräftigte noch einmal, der Papst sei der Vertreter Christi auf Erden, ein Anspruch, den Papst Leo I. 451 beim Konzil von Chalcedon zum ersten Mal erhoben hatte. Die Kombination aus dem geistlichen Führungsanspruch des Papstes und der politischen Macht eines neu eingesetzten römischen Kaisers schufen die Möglichkeit, Ordnung und Gleichgewicht in Europa wiederherzustellen, ganz ähnlich, wie es der Song-Dynastie in China gelungen war.

Wie um die Erholung Europas zu feiern, wurde sogar das Wetter wieder besser. Die kalten, harten Winter gehörten während dieser »mittelalterlichen Warmphase« der Vergangenheit an (siehe Abbildung). Zwischen 800 und 1300 n. Chr. herrschten ähnlich milde Temperaturen wie heute. Weintrauben gediehen in nördlichen Breiten bis nach Großbritannien, und das Eis zog sich zurück, sodass sich neue Seewege nach Nordwesten eröffneten.

Nach dem Zusammenbruch der mittelalterlichen Wirtschaft mussten starke neue Herrscher wie Martell und Karl der Große sich des Tauschhandels bedienen, um Truppen aufzustellen und die zentrale Herrschaft mit Gesetz und Ordnung wiederherzustellen. Dabei kamen ihnen das mildere Klima und die allmähliche Wiederkehr eines landwirtschaftlich geprägten Wohlstandes zugute. Die Herrscher konnten Militärdienst als Gegenleistung für die Vergabe von Ländereien erwarten, die durch Bewirtschaftung zu einer Einkommensquelle werden konnten. Ritter, wie sie zuvor aus Persien gekommen waren, bildeten in Europa die neuen kaiserlichen Elitetruppen, aber sie auszurüsten, war teuer. Pferde und Rüstungen zu kaufen und

Klimaveränderungen im mittelalterlichen Europa

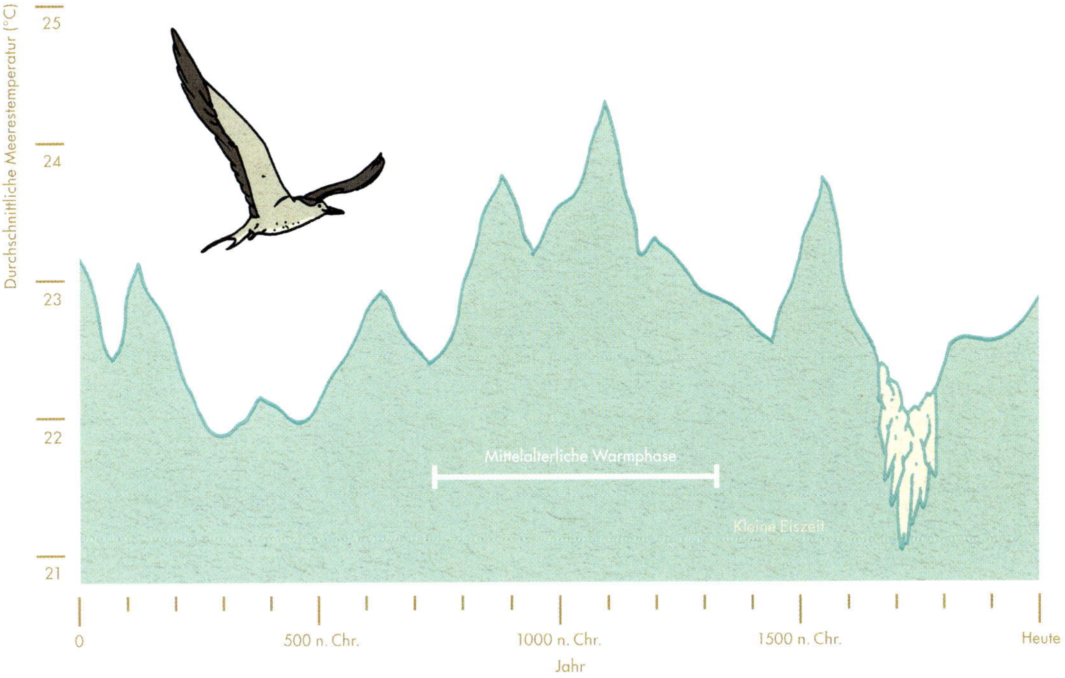

Das Auf und Ab der Temperaturen im Atlantik spiegelt die klimatischen Schwankungen in Europa wider.

instand zu halten, war mit hohen Kosten verbunden, und nur Personen mit ausreichenden Einnahmen konnten sich die Teilnahme leisten. Deshalb war es notwendig, Land im Austausch gegen militärische Dienstleistungen zu verteilen.

Dieses neue politische System, **Feudalismus** genannt, erlebte wiederum einen beträchtlichen Rückschlag durch einen kleinen Schmetterling auf der anderen Seite der Erdkugel. Die Nutzung eiserner Steigbügel für Pferde hatte ihren Ursprung irgendwann im 3. Jahrhundert n. Chr. in China. Nach Europa kamen die Steigbügel vermutlich mit den Awaren, einem Volk von Reiternomaden aus Zentralasien. Sie verbreiteten sich im Norden bis zu den baltischen Stämmen im heutigen Litauen und gelangten in den Westen durch islamische Krieger, die über Konstantinopel bis nach Spanien und Frankreich vorrückten. Nachdem die Steigbügel zur Zeit Karls des Großen auch in den Armeen der fränkischen Könige in Gebrauch gekommen waren, gewannen sie großen Einfluss auf die militärischen Möglichkeiten der Herrscher und ihre berittenen Untergebenen, die dadurch eine neue Form der gesellschaftlichen und militärischen Kontrolle ausüben konnten.

Durch die Steigbügel vermochten berittene Krieger die Kraft ihrer Tiere in vollem Umfang auszunutzen, weil »Pferd und Reiter zu einer einzigen Kampfmaschine verschmolzen wurden, die eine zuvor nicht gekannte Gewalt ausüben konnte«. Damit wuchs ihre Fähigkeit, den Feinden Schaden zuzufügen, gewaltig an. »Es machte berittene Stoßtrupps möglich, eine umwälzende neue Kampftechnik.«[9], so ein Experte. Männer mit Pferden und Steigbügeln entwickelten sich nun zu eigenständigen, mächtigen Herrschern. Ritter und

Ein mittelalterlicher Ritter, die Füße fest in den Steigbügel verhakt. Italienische Schachfigur aus dem 11. Jahrhundert.

Grundbesitzer, die durch den Treueeid und die Feudalverträge über die Vergabe von Ländereien in Armeen eingebunden waren, stellten mit ihrer Macht eine gewisse Ordnung wieder her.

Aber diese Entwicklung führte auch zu Spannungen zwischen lokalen Herrschern und der Zentralmacht. Karl der Kahle (Herrschaftszeit 840 bis 877), ein Enkel Karls des Großen, ordnete 864 mit einem Edikt die Zerstörung aller privaten Bauwerke in Frankreich an, die ohne seine Genehmigung errichtet worden waren. Kurz nach dem Ende seiner Herrschaft setzte eine große Welle des Burgenbaues ein, unter anderem weil Ritter und Landbesitzer sich vor den eindringenden **Wikingern** schützen wollten, die ebenfalls mit Pferden und Steigbügeln ausgerüstet waren. Burgen verstärkten die lokale Macht, die durch den Feudalismus auf viele Einzelpersonen und ihre Familien verteilt worden war. Dies führte letztlich dazu, dass das wiedererwachte Heilige Römische Reich geschwächt wurde, ein Zustand, der auf Jahrhunderte hinaus das Wesen der europäischen Politik prägte.

Karl der Große war nicht der Einzige, der in Europa eine neue Autorität durchsetzen konnte. Schon seit den 790er Jahren nutzten auch die Wikinger mit ihren Überfällen die verbesserten Klimaverhältnisse und brachten dabei wichtige neue Kenntnisse in der Seefahrt mit. Die Langboote der Wikinger kamen an jeden Ort, an den die Wasserwege und ihre seemännischen Fähigkeiten sie brachten.

Die Wikinger waren die Chamäleons der mittelalterlichen Welt: im einen Augenblick Kaufleute, im nächsten Piraten und wenig später Eroberer. Für die abenteuerlustigen Männer waren Handel und Überfälle zwei Seiten derselben Medaille. Bis 839 waren sie über das umfangreiche Netz natürlich verbundener Flüsse bis tief ins Herz Europas vorgedrungen. Sie ließen sich an der Donau nieder und gelangten bis nach Kiew und darüber hinaus; dort bezeichneten sie sich als Rus – das Wort stammt wahrscheinlich von dem altnordischen Begriff »Rods«, der so viel wie »Männer, die rudern« bedeutet. Islamischen Quellen zufolge unterwarfen sie die slawischen Völker, die für sie zu einem reichhaltigen Reservoir für Sklaven wurden; diese wurden über ein Handelsnetz verkauft, das sich über das Schwarze Meer bis ins islamische Bagdad erstreckte (der Name »Slawen« hat seinen Ursprung möglicherweise in der Tatsache, dass sie von den Rus als Sklaven verkauft wurden).

Ein persischer Historiker berichtete: »Sie peinigen die Slawen und fahren mit ihren Schiffen zu ihnen; sie bringen sie als Sklaven fort und … verkaufen sie. Sie haben keine Felder, sondern leben einfach von dem, was sie vom Land der Slawen bekommen.«[10]

Im Jahr 845 segelte der Wikingerhäuptling Ragnar mit einer Flotte von über 120 Schiffen und 5 000 Mann die Seine hinauf und nahm Paris ein. Er verließ die Stadt erst wieder, nachdem er von dem fränkischen Herrscher Karl dem Kahlen die fantastische Summe von 7 000 Pfund Silber erhalten hatte. Seine nächste Station war die andere Seite des Ärmelkanals, aber in England wurde die Sache persönlicher. Nachdem Ragnar 865 Northumberland erobert hatte, wurde er von dem König Aelle II. gefangen genommen, und der ließ ihn in eine Grube voller Giftschlangen werfen. Seine Söhne Ivar der Knochenlose und Ubbe waren darüber so erbost, dass sie im folgenden Jahr mit einer großen Armee über die Nordsee fuhren, York eroberten und den König Aelle gefangen nahmen. Er wurde zum Tode verurteilt und der Legende nach mit der traditionellen Zeremonie der Wikinger hingerichtet, dem »Blutadler-Ritual«.[11] Man legte die Wirbelsäule mit einem Messer frei und brach jede einzelne Rippe, bis die Knochen herausragten wie die ausgebreiteten Flügel eines Adlers; dann wurde die Lunge herausgerissen, und am Ende wurde Salz in die klaffende Wunden gestreut.

Anschließend zogen die blutrünstigen Metzger weiter nach Süden und ermordeten unterwegs den Angelsachsenkönig Edmond. (Die Angelsachsen, die ursprünglich aus Norddeutschland stammten, hatten nach und nach Teile der britischen Inseln besiedelt. Sie gehörten ursprünglich zu den germanischen Völkern, die gegen Ende des Römischen Reiches für die Legionen angeworben worden waren, um auf die Insel vorzudringen und die dortige Bevölkerung zu unterwerfen.) Der Mord an dem König wurde zum Auslöser für die später sagenumwobenen Kriege um die Macht über ganz England, in denen Alfred der Große gegen die Vettern der Wikinger kämpfte, die Dänen.

Die erfolgreichste Wikingersiedlung Europas befand sich in der Nähe von Rouen. Dort integrierten sich die Wikinger in die fränkische Kultur und übernahmen sowohl den Feudalismus als auch das Christentum. Sie wurden unter dem Namen **»Normannen«** bekannt – der Begriff geht ursprünglich auf das Wort »Nordmänner« zurück. Ihr berühmtester Herrscher, William I. der Normandie, baute auf der Grundlage von Feudalbeziehungen, Pferden und Steigbügeln eine Armee auf. Mit den nautischen Kenntnissen, die er von seinen Wikingervorfahren übernommen hatte, unternahm William siegessicher einen Versuch, England zu erobern. Den Anfang machte 1066 die Schlacht von Hastings.

Der Feudalismus lebte von erfolgreichen Eroberungen. Die Könige vergaben die neu eingenommenen Ländereien an ihre Ritter und Adligen, die ihnen im Gegenzug Waffen und Personal für weitere Eroberungen und Kriege zur Verfügung stellten. Um seine Herrschaft in England zu festigen und von Anfang an seinen Reichtum deutlich zu machen, ordnete William der Eroberer, wie er nun genannt wurde, eine umfassende Vermessung seines neuen Königreiches an. Das Ergebnis war das berühmte DOMESDAY BOOK von 1086.

Über dieser einzigartige Momentaufnahme des Lebens im mittelalterlichen England brüten die Historiker schon seit vielen Jahren. Es berichtet in allen Einzelheiten über das Leben von mehr als 265 000 Menschen, von Bauern, Müllern und Schmieden bis zu Töpfern, Hirten und Sklaven. Es zeigt, dass 20 Prozent des Landes dem König und seiner Familie gehörten, 26 Prozent waren Eigentum der Kirche, und die restlichen 54 Prozent verteilten sich auf ungefähr 190 Mitglieder der Aristokratie, von denen zwölf insgesamt 25 Prozent besaßen. Erst kürzlich konnten Naturschützer mit Hilfe des DOMESDAY BOOK abschätzen, wie sich die Landwirtschaft im Mittelalter auf die natürliche Landschaft auswirkte, denn Williams Beauftragte erkundigten sich natürlich auch danach, wie viel Wald, Weiden und Ackerflächen jeder einzelnen Person gehörten. Die Analyse brachte verblüffende Ergebnisse.

Offensichtlich waren zu jener Zeit bereits erstaunliche 85 Prozent der ländlichen Gebiete Englands gerodet worden, weil man sie als Weideland für Haustiere oder als Acker für den Nutzpflanzenanbau benötigte.[12] Um eine solche Großproduktion möglich zu machen, betrieb man ungefähr 5 624 Wassermühlen, die in 3 000 verschiedenen Gemeinden das Getreide mahlten. Die verbliebenen Wälder und Waldlandschaften Englands standen unter strenger Kontrolle: Viele von ihnen waren ausdrücklich dem König zum Gebrauch und zur Jagd vorbehalten, auch dies ein Zeichen, dass bereits eine beträchtliche Waldzerstörung stattgefunden hatte.

Durch die Einführung neuer Technologie aus dem fernen Osten hatte sich das Schicksal der Landwirtschaft in Europa nach und nach gewendet, was letztlich dazu führte, dass große natürliche Waldflächen zerstört wurden. Der **Pflug** aus Metall wurde in China ungefähr seit 100 v. Chr. verwendet. Diese Gerätschaften wiesen im Vergleich zu denen, die in Europa gebräuchlich waren, einen wichtigen Unterschied auf: Sie liefen auf Rädern – vermutlich entstanden sie aus abgewandelten Pferdewagen. Ein Pflug mit Rädern konnte eine wesentlich schwerere Pflugschar bewegen und in dichteren Boden eindringen, ohne dass das Ziehen für die Tiere zu anstrengend wurde. Ein weiterer angenehmer Aspekt war die Entwicklung des Kummetgeschirrs für Pferde – es stammte ursprünglich von Hirten aus der asiatischen Wüste und war die Abwandlung eines hölzernen Rings, mit dem Gepäck auf dem Rücken von Kamelen befestigt wurde. Jetzt konnte man die Felder mit Pferden anstelle von Ochsen pflügen, was den Vorgang erheblich beschleunigte.[13]

Zu Beginn des 9. Jahrhunderts schnitten schwere Pflüge mit Rädern, die von Pferden in gut funktionierenden Geschirren gezogen wurden, mit senkrechten und waagerechten Pflugscharen durch den dichten Lehmboden, was zu einer gewaltigen Ausweitung der Anbauflächen führte. In Verbindung mit der Erkenntnis, dass sich die landwirtschaftlichen Erträge durch einen jährlichen Fruchtwechsel weiter steigern ließen, kam dies einer landwirtschaftlichen Revolution gleich. Auf die Umwelt hatte dies dramatische Auswirkungen. War Europa noch 500 n. Chr. zu ungefähr 80 Prozent von Wäldern bedeckt gewesen, so hatte sich dieser Anteil bis 1300 auf weniger als die Hälfte reduziert.[14]

Beschleunigt wurde der Wandel durch die Ausbreitung des Christentums, denn diese Glaubensrichtung gründete sich auf die Forderung an

Normannische Eroberer: Der normannische Herzog William I. ersticht 1066 in der Schlacht von Hastings den englischen König Harold II. Später führte er im DOMESDAY BOOK Aufzeichnungen über sein neues Königreich.

Adam, das Land zu bestellen, um für die Erbsünde zu büßen. Die Heiden verehrten Bäume – sie waren heilige Stätten für sie. Christen taten das nicht. Mönchsorden wie die Benediktiner (die 529 n. Chr. in Italien gegründet wurden) und die Zisterzienser (gegründet 1098 in Frankreich) wurden deshalb auch als »Stoßtrupps« der Rodung und Waldzerstörung bezeichnet.[15]

Die Klöster, die in England, Frankreich, Deutschland, Italien, Spanien und Portugal gegründet wurden, verbreiteten nicht nur das Wort Gottes, sondern sie vermehrten auch in großem Umfang den Reichtum der Kirche, indem sie Wälder rodeten und ihre Ländereien als Ackerflächen verpachteten. Zwischen 1098 und 1371 wurden in Europa mehr als 700 Zisterzienserklöster gegründet; jedes davon war ein »Ausgangspunkt für Rodung und Landwirtschaft«, womit man einer Mode folgte, deren Vorreiter Karl der Große selbst gewesen war – er hatte erklärt: »Überall da, wo Menschen zu der Aufgabe fähig sind, soll ihnen Wald gegeben werden, damit sie ihn niederlegen und so unsere Besitzungen vergrößern.«[16]

Die christlichen Herrscher wollten ihren neuen, durch Landwirtschaft gewonnenen Reichtum auch durch Monumentalbauwerke repräsentiert sehen. Aus Steinbrüchen wurde das Material für viele Hundert prächtige christliche Abteien und Kathedralen gewonnen. Jedes dieser Gebäude verschlang Millionen Tonnen Stein: Die Kathedrale von Amiens in Frankreich, die 1266 fertiggestellt wurde, konnte 10000 Gläubige aufnehmen, was der gesamten Bevölkerung der Stadt entsprach. Sie ist noch heute die größte Kathedrale Frankreichs.

Mehr Nahrung bedeutete mehr Menschen. Um 1000 n. Chr. war die Bevölkerung Europas auf mehr als 37 Millionen angewachsen, und bis 1340 hatte sie sich noch einmal auf 74 Millionen verdoppelt.[17] Ein derart dramatischer Anstieg von Reichtum, Lebensmittelproduktion und Bevölkerung ließ die Notwendigkeit, neue Länder zu erobern und zu besiedeln, noch größer werden. Den spektakulärsten Weg wählten die Wikinger: Sie nutzten das wärmere Klima und die geringere Vereisung der Ozeane aus, um einen neuen Seeweg von Norwegen nach Island zu erkunden, das 874 von Ingólfur Arnarson erstmals besiedelt wurde. Seit 982 folgte dann die Besiedelung Grönlands. Nach der Legende von Erik dem Roten erhielt die Insel diesen Namen, weil er mehr Menschen dorthin locken wollte. Die Wikinger gelangten sogar als erste Europäer nach Nordamerika: Dort bauten Erik der Rote und sein Sohn 1006 eine kleine Siedlung.

Im Jahr 1960 entdeckten norwegische Archäologen bei L'Anse aux Meadows an der Spitze Neufundlands die Überreste eines Wikingerdorfes. Diese Siedlung, die fast 500 Jahre vor Kolumbus und seiner Reise von 1492 entstand, kennzeichnet den ersten Versuch der Europäer, Amerika zu besiedeln; aus irgendeinem Grund zogen sie sich aber wenig später wieder zurück. Nach einer Legende der Wikinger kam es zur Katastrophe, nachdem die Siedler versucht hatten, gute Beziehungen zu den Einheimischen aufzubauen (die sie als »Skraelings« bezeichneten). Zu diesem Zweck hatten sie deren Häuptlinge in ihr neues Dorf zu einem Umtrunk mit Milch eingeladen. Da die Einheimischen aber keine domestizierten, Milch erzeugenden Säugetiere kannten, erkrankten die Häuptlinge wegen ihrer Lactoseintoleranz. Daraufhin vermuteten sie eine Vergiftung und trieben ihre neuen Nachbarn wieder hinaus aufs Meer.

Der heidnische Drang nach Westen wurde noch übertroffen durch die Verlockungen orientalischer Reichtümer, von denen sich christliche Ritter auf ihren **Kreuzzügen** angezogen fühlten. Bis 1095 waren in Rom mehrere Bitten aufeinanderfolgender byzantinischer Kaiser um militärische Unterstützung gegen die vordringenden muslimischen Streitkräfte eingegangen, die 1071 in der Schlacht von Manzikert eine byzantinische Armee besiegt hatten. Daraufhin forderte Papst Urban II. ein gemeinsames europäisches Handeln mit dem Ziel, die heilige Stadt Jerusalem zu befreien. Er hoffte, dies würde dazu beitragen, die päpstliche Macht auch für die Ostkirche von Konstantinopel zu sichern.

Sein Appell fiel auf fruchtbaren Boden. Während der vorangegangenen 100 Jahre hatten christliche Ritter in Spanien gegen die Muslime gekämpft und sie nach Süden gedrängt. Weiter angefacht wurde ihre Begeisterung durch Papst Alexander II., der 1063 den christlichen Rittern, die in Spanien im Kampf gegen die Muslime gefallen waren, die Vergebung aller Sünden versprach. Im Jahr 1085 hatten europäische Ritter die strategisch wichtige Stadt Toledo belagert und befreit, womit nahezu die Hälfte Spaniens wieder in christliche Hände gelangte. Die Bibliotheken der

Stadt enthielten viele wichtige arabische Übersetzungen altgriechischer Texte (siehe Seite 307). Sie konnten nun von den Christen ins Lateinische übersetzt werden, und damit lüftete man viele Geheimnisse der griechischen Naturwissenschaft, Geografie, Mathematik, Astronomie und Philosophie, die in der Zeit der Anarchie nach dem Untergang der letzten Reste Roms in Vergessenheit geraten waren.

Papst Urban erweiterte das Versprechen der irdischen Vergebung auf alle europäischen Krieger, wenn sie gemeinsame Sache machten und das Heilige Land von den muslimischen Ungläubigen befreiten. Die Reaktion war überwältigend. Es gibt in der gesamten Geschichte der europäischen Kultur kein besseres Beispiel dafür, wie das Ideal einer gemeinsamen Sache an den Realitäten scheiterte. Was vielversprechend begann, führte im Lauf der nächsten 200 Jahre in die Katastrophe.

Der Erste Kreuzzug (1096 bis 1099) verlief erfolgreich: Jerusalem wurde zurückerobert und seine vorwiegend muslimische Bevölkerung zum größten Teil ermordet. Nach wiederholten muslimischen Angriffen endete ein zweiter Feldzug (1147 bis 1149) damit, dass christliche Ritter Europas ersten Massenmord an den Juden begingen. Diese Morde galten nicht als Verbrechen, sondern wurden als eine gerechte Vergeltung an dem Volk betrachtet, das sich durch die Kreuzigung Christi schuldig gemacht hatte. Saladin, der muslimische Kalif Ägyptens, eroberte 1187 Jerusalem zurück und lieferte den europäischen Herrschern damit einen Grund, sich erneut zusammenzuschließen. Im Jahr 1189 unterstützte ein beispielloses Bündnis der Könige von England (Richard I.) und Frankreich (Philipp II.) sowie des Kaisers des Heiligen Römischen Reiches und deutschen Königs (Friedrich Barbarossa) den Papst Gregor VIII.; gemeinsam marschierten sie wieder einmal als christliche Kämpfer, um das Heilige Land zu befreien.

Der Feldzug war kein Erfolg. Friedrich ertrank 1190 beim Überqueren eines Flusses, und Philipp erkrankte an Ruhr, woraufhin er mit seiner Armee nach Frankreich zurückkehrte, bevor sie Jerusalem erreicht hatte. Sein Ausscheiden schürte das Misstrauen zwischen Engländern und Franzosen; Richard I. meinte dazu: »Es ist eine Schande und Undankbarkeit gegenüber meinem Herrn, wenn er weggeht, ohne das Geschäft vollendet zu haben, das ihn hierher gebracht hat.« Richard selbst schloss mit Saladin einen Waffenstillstand, nachdem er erkannt hatte, dass seine Streitkräfte für eine Rückeroberung Jerusalems nicht stark genug waren. Auf dem Heimweg wurde er von Herzog Leopold V. von Österreich gefangen genommen, und der übergab ihn als Kriegsgefangenen an Heinrich IV., den neuen Kaiser das Heiligen Römischen Reiches. Seine Freiheit erlangte Richard erst wieder, nachdem das englische Volk 150 000 Mark aufgebracht hatte, was damals mehr als dem doppelten Jahreseinkommen des ganzen Landes entsprach. Er starb kurz nach seiner Freilassung 1199, nachdem ihn ein Pfeil in den Arm getroffen hatte.

Im Jahr 1204 schließlich, beim letzten Kreuzzug, wurde die halbherzige Gemeinsamkeit der Europäer endgültig zunichtegemacht. Dieses Mal kamen die christlichen Streitkräfte nicht einmal in die Nähe Jerusalems. Stattdessen hielten sie sich an die reiche byzantinische Stadt

Konstantinopel – ihre Bewohner waren Christen, zu deren Schutz sie ursprünglich ausgerückt waren. Was nun geschah, wurde oft als einer der schändlichsten Vorgänge in der Geschichte des Christentums bezeichnet. Die angeblichen Streiter im Namen Christi eroberten die Stadt, stahlen ihre Schätze, vergewaltigten die Frauen und vertrieben die Bewohner.

Nach Angaben des zeitgenössischen byzantinischen Historikers Niketas Choniates benutzten sie die zerbrochenen Überreste religiöser Gefäße als Koch- und Trinkgeschirr:

Alle Arten kostbaren Materials, welches von der ganzen Welt bewundert wurde, wurde in Stücke gebrochen und unter die Soldaten verteilt.

Auf den Thron des Bischofs setzten sie eine Prostituierte:

Eine gewisse Hure, welche ihre Schuld teilte, eine Priesterin der Furien, eine Dienerin der Dämonen, eine Herstellerin von Zaubersprüchen und Giften, welche Christus beleidigte, saß auf dem Sitz des Patriarchen, sang ein obszönes Lied und tanzte häufig.

Schließlich wurde die verbliebene Bevölkerung angegriffen:

In den Gassen, in den Straßen, in den Tempeln hörte man Klagen, Weinen, Lamentieren, Bekümmernis, das Stöhnen von Männern, das Schreien von Frauen, Verwundung, Vergewaltigung, Gefangennahme, die Trennung derer, die am engsten vereint waren. Kein Ort blieb ungeschoren, alle Stellen überall waren von den gleichen Verbrechen angefüllt. Oh unsterblicher Gott, wie groß ist die Bekümmernis der Menschen, wie groß das Elend![18]

Um 1200 war der gesamte europäische Kontinent überbevölkert und von Feindschaften geprägt. Alle Versuche, auf der Grundlage des päpstlichen Christentums oder einer Wiederbelebung der kaiserlichen Autorität Karls des Großen eine stabile Zentralgewalt zu schaffen, waren fehlgeschlagen. Hier entstand nichts, was der chinesischen Papierbürokratie entsprochen hätte. Nichts konnte wie das staatliche Hilfssystem der Inka die Länder verbinden, denn wegen des Bedarfs der Könige an berittenen Kriegern wurde kostbares Land den Rittern und Adeligen übergeben, die in ihrem Herrschaftsgebiet von ihren Festungen aus beinah unbegrenzte Macht ausübten.

Bis 1337 hatte sich die mittelalterliche Realität eines stark zerstückelten, gleichzeitig aber vollständig militarisierten Europas gefestigt. Nun begann ein verheerender, **hundertjähriger Krieg**, in dessen Verlauf die englischen Könige in einem heldenhaften Kampf die Besitzungen ihrer normannischen Vorfahren in Frankreich zurückerobern wollten. Mit der Unterstützung Tausender von Bogenschützen, die sich sehr leistungsfähiger Langbogen bedienten, drangen englische Ritter weit auf französisches Territorium vor, angetrieben von der Aussicht auf neue feudale Lehensgebiete in dem eroberten Land.

Aber die ersten warnenden Anzeichen eines bevorstehenden, schrecklichen Wandels waren bereits unübersehbar. Als sich nun die Bevölkerungszahl der 80-Millionen-Grenze näherte, war das mittelalterliche Europa einer starken Belastung ausgesetzt. Trotz der umfangreichen Waldzerstörung und aller Neuerungen – Pferde, Pflüge und Fruchtwechsel – konnte die Landwirtschaft nur eine begrenzte Zahl von Menschen ernähren.[19] Es bedurfte nur dreier aufeinanderfolgender feuchtkalter Sommer, um das gesamte Europa nördlich der Alpen und der Pyrenäen in die Knie zu zwingen. Das Getreide wurde nicht reif, es gab kein Viehfutter mehr, und Salz – das einzige Mittel, mit dem man Fleisch haltbar machen konnte – war knapp, weil Salzwasser bei der feuchten Witterung nicht verdunsten konnte. In manchen Regionen stiegen die Brotpreise um mehr als 320 Prozent. Nur die reichsten Grundbesitzer konnten sich noch etwas zu essen leisten; selbst der englische König Edward II. konnte für sein Gefolge kein Brot beschaffen, als er im August 1315 das Land bereiste.

Überleben konnte nur, wer unentbehrliche Zugtiere schlachtete und Saatgut aß, das eigentlich im nächsten Jahr für die Aussaat gebraucht wurde. Für Moral und öffentliche Ordnung brachte dies entsetzliche Folgen hervor. Kinder wurden ausgesetzt und mussten selbst für sich sorgen (hier hat das Märchen von Hänsel und Gretel seinen Ursprung), alte Menschen ließ man zugunsten der übrigen Familie verhungern, und in der unterernährten, geschwächten Bevölkerung breiteten sich schon bald Krankheiten aus. In vielen größeren und kleineren Städten starben zwischen 10 und 25 Prozent der Bevölkerung. Die durchschnittliche Lebenserwartung lag 1276 bei 35 Jahren, bis 1325 war sie um ein Drittel gesunken.[20]

Und das Schlimmste stand noch bevor. Seit 700 Jahren war Europa von den Schrecken der Pest verschont geblieben, aber jetzt war der mittelalterliche Kontinent anfällig für eine neue Krankheitswelle. Traditionell werden Ratten für die Ausbreitung des **»Schwarzen Todes«** verantwortlich gemacht, der Europa zwischen 1347 und 1351 heimsuchte, in Wirklichkeit waren die Menschen selbst ebenso dafür verantwortlich. Wieder einmal hatte eine europäische Katastrophe ihren Ausgangspunkt in China. Die Pest ging Anfang der 1330er Jahre von der Provinz Hubei aus und verbreitete sich in den 1350er Jahren in acht weiteren Provinzen. Nach Westen gelangte sie vermutlich mit mongolischen Kaufleuten, die über die Seidenstraße reisten.

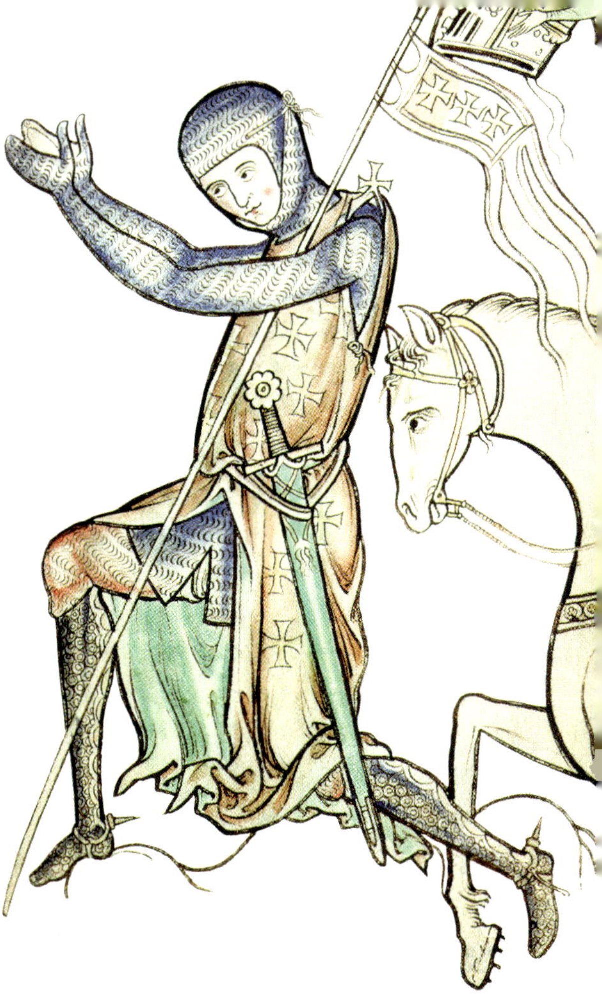

Ein Kreuzritter kniet nieder und legte seinen Treueeid ab. Aus dem Westminster-Psalter (12. Jahrhundert).

Was nun geschah, ist eine Schreckensgeschichte, wie sie sich in diesem Ausmaß weder zuvor noch danach ein zweites Mal ereignete. Im Jahr 1346 mussten die Truppen des Jani Beg, der von 1342 bis 1357 Befehlshaber und Khan der Goldenen Horde war, ihre

Belagerung des Hafens Kaffa auf der Krim abbrechen, weil bei ihnen die Pest ausgebrochen war. Sie reagierten darauf mit dem ersten und wohl gefährlichsten Einsatz biologischer Waffen in der gesamten Weltgeschichte. Begs wenige überlebende Soldaten legten die Leichen ihrer Toten auf Katapulte und schleuderten sie über die Mauern der Stadt, sodass die genuesischen Verteidiger sich ansteckten. Die meisten von ihnen waren bereits gestorben, als die Überlebenden nach Hause segelten. Es überlebten gerade noch so viele, dass sie die tödliche Krankheit weiterverbreiten konnten. Im Lauf der nächsten drei Jahre forderte sie in Europa über 40 Millionen Todesopfer – mehr als die Hälfte der gesamten Bevölkerung.

Im Jahr 1400, nach mehreren Krankheitswellen, war die Bevölkerung Englands von sieben auf nur noch zwei Millionen geschrumpft. Die Bevölkerung vieler europäischer Städte ging um bis zu 70 Prozent zurück; die beengten, unhygienischen Verhältnisse boten ideale Voraussetzungen für die Ausweitung der Epidemie. In jüngerer Zeit versucht man mit zwei neuen Theorien zu erklären, wie es zu einer solchen Katastrophe kommen konnte. Sie wecken Zweifel an der lange Zeit verbreiteten Ansicht, die Pest sei durch Ratten und Flöhe verbreitet worden. War möglicherweise eine Form des Milzbrandes oder vielleicht sogar ein hochansteckendes Virus wie Ebola für die grausigen Todesfälle durch innere Blutungen verantwortlich?[21] Was die Ursachen auch gewesen sein mögen, die Folgen waren katastrophal und wirkten lange nach. Zwischen 1348 und 1375 sank die durchschnittliche Lebenserwartung in Europa auf nur noch knapp über 17 Jahre.

Für die Überlebenden hatte sich die Welt völlig verändert. Die Bauern wurden nicht mehr unterdrückt, sondern ihre Zahl war jetzt so gering, dass sie höhere Erlöse fordern konnten. Bekamen sie das Verlangte nicht, waren sie

Die Pest dezimierte die Bevölkerung Europas erheblich. Nach Ansicht mancher Experten hätte die Epidemie die ganze Welt um ein Haar in eine neue Eiszeit gestürzt.

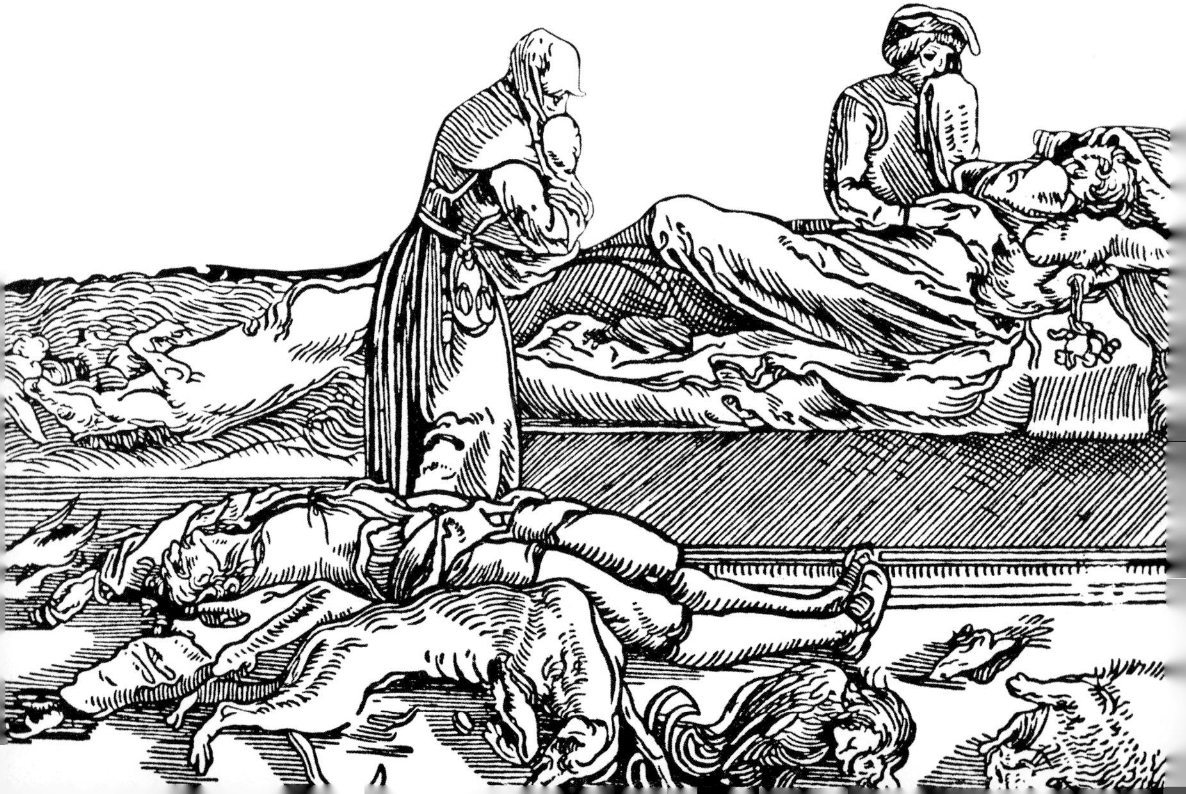

durchaus in der Lage, anderswo bessere Abmachungen auszuhandeln. Die Bauernaufstände von 1358 in Frankreich (die »Jacquerie«) und 1381 in England (unter Führung von Wat Tyler) hatten ihre Ursachen in der neuen Dynamik zwischen Reichen und Armen, die sich im Gefolge der Pest entwickelt hatte. Größere soziale Beweglichkeit, eine Veränderung in der politischen Repräsentation und sogar einen Wandel der Kleidermode kann man auf die Pest zurückführen. Die Reichen setzten in ihrer Panik eine Reihe von Luxusgesetzen durch, in denen vorgeschrieben wurde, was für Kleidung die Menschen tragen sollten und welche Hunderassen oder Greifvögel sie besitzen durften. Mit alledem sollten die reich gewordenen Bauern daran gehindert werden, sich über ihren sozialen Stand zu erheben.

In der englischen Sprache lassen sich viele Unterschiede zwischen Schreibweise und Aussprache auf die neue soziale Beweglichkeit zurückführen, die auf die Pestepidemien folgte. Das Wort »make« wurde vor der Epidemie »mak« ausgesprochen, und für »feet« sagte man »fet«. Als die Bauern nach der Dezimierung der Landbevölkerung in großer Zahl in die Städte abwanderten, wurden die Vokale länger. Durch das plötzliche Zusammentreffen vieler regionaler Dialekte entwickelte sich eine neue Aussprache, und die ist der Grund für die Unterschiede zwischen mittelalterlichem und modernem Englisch. Ähnliche Veränderungen spielten sich ungefähr zur gleichen Zeit auch in Deutschland und Holland ab.

Mittlerweile wird in der Wissenschaft sogar die Frage aufgeworfen, ob Krankheitsepidemien wie die Pest auch **Klimaveränderungen** verursacht haben könnten. Untersuchungen zum Kohlendioxidgehalt der Atmosphäre, die man an Eisbohrkernen aus Grönland vorgenommen hat, zeigen für die Zeit zwischen 1350 und 1500 einen deutlichen Rückgang von 283 auf 276 Parts per Million. In Verbindung damit kam es in dem gleichen Zeitraum auch zu einem Temperaturrückgang, der schon seit längerer Zeit unter dem Namen »Kleine Eiszeit« bekannt ist. Diese Abkühlung könnte ihre Ursache zum Teil darin haben, dass die Bevölkerung durch die Pest stark zurückging, was wegen der Verringerung der landwirtschaftlichen Produktion, von Holzfeuern und Waldzerstörung auch zu einem Rückgang des Kohlendioxidgehalts in der Atmosphäre geführt haben könnte.

Eine Studie legt die Vermutung nahe, dass das Weltklima durch solche Effekte sogar an der Schwelle zu einer weiteren größeren Eiszeit stand – diese war eigentlich längst überfällig, wird heute womöglich aber durch den großen Ausstoß der Treibhausgase, die seit Beginn des modernen Industriezeitalters zwischen 1750 und 1800 in die Atmosphäre gelangen, auf unbegrenzte Zeit hinausgeschoben (siehe Seite 493).[22]

Durch den schnellen Bevölkerungsrückgang veränderte sich auch die mittelalterliche Kriegsführung, und das System des Feudalismus wurde geschwächt. Es waren einfach nicht mehr genug Bauern übrig, die als Soldaten für große Konflikte wie den Hundertjährigen Krieg zur Verfügung gestanden hätten. Stattdessen sahen sich englische Könige wie Heinrich V. (Herrschaftszeit 1413 bis 1422) gezwungen, Söldner zu bezahlen oder sogar eigene ständige Armeen zu rekrutieren. Beides erforderte vom Volk mehr Geld und mehr Steuern, was in den Ratsversammlungen zu Tauschgeschäften führte: Für das Geld zur Kriegsführung gab es im Gegenzug Zugeständnisse an Macht, Privilegien und Prestige.

Die europäischen Herrscher brauchten unbedingt neue Kampfmethoden, die ohne Heerscharen von Bogenschützen auskamen, deren Beherrschung des Langbogens ein jahrelanges Training und gewaltige körperliche Kraft voraussetzte. Dieses Dilemma bildete das ideale Umfeld, in dem Chinas letztes, tödliches Geheimnis auf der Bühne des mittelalterlichen Europas seinen Auftritt bekam.

Das Schießpulver war im Westen seit 1267 bekannt. Damals erschien ein Rezept im OPUS MAIUS des englischen Philosophen Roger Bacon, einem Werk, das alle möglichen Themen behandelt, von Mikroskopen und Teleskopen bis zu Astrologie und Schießpulver:

Gewisse Erfindungen beeinträchtigen das Hörvermögen in einem solchen Maße, dass weder eine Stadt noch eine Armee sie ertragen kann, wenn sie nachts plötzlich und mit ausreichender Geschicklichkeit in Gang gesetzt werden. Mit solchem Lärm ist kein Donnerschlag zu vergleichen. Einige von diesen verbreiten auch für das Auge solchen Schrecken, dass das Aufblitzen der Wolken es unvergleichlich viel weniger stören… ein Beispiel dafür haben wir in jenem Kinderspielzeug, das in vielen Teilen der Welt hergestellt wird, nämlich einem Instrument, so groß wie ein menschlicher Daumen. Durch die Kraft des Salzes, welches Salpeter heißt, wird beim Platzen des kleinen Gegenstandes, nämlich eines kleinen Stücks Pergament, ein so entsetzlicher Lärm verursacht, dass wir es lauter wahrnehmen als einen scharfen Donner, und der Blitz übertrifft das größte Leuchten der Blitze, die den Donner begleiten.[23]

Englische Kriegsherren wurden 1342 bei der Belagerung von Algeciras in Spanien auf das Schießpulver aufmerksam. Dort setzten islamische Krieger gegen die christlichen Invasoren eine primitive Kanone ein, die bemerkenswerte Wirkungen erzielte. Ein spanischer Historiker berichtete: »Die Belagerten richteten unter den Christen mit den von ihnen abgeschossenen eisernen Kugeln großen Schaden an.«[24] Die englischen Earls von Derby und Shrewsbury befanden sich am Schauplatz des Geschehens, und es ist durchaus denkbar, dass sie die Technologie nach England brachten. Dort probierte man sie 1346 in der Schlacht von Crécy gegen die Franzosen erstmals aus.

Innerhalb der folgenden 100 Jahre verschafften **Kanonen** und **Schießpulver** den europäischen Herrschern, die sich die neuen Errungenschaften leisten konnten, eine völlig neue Macht. Handfeuerwaffen versetzten auch ungeübte Bauern schon bald in die Lage, aus großer Entfernung andere Menschen zu töten. Die von Hungersnot und Krankheit ausgelöste Verzweiflung machte einer neuen Katastrophe Platz: Sie steckte in dem neu eingeführten Schwarzpulver, das die Burg eines Ritters innerhalb kurzer Zeit in eine Geröllhalde verwandeln konnte.

Feudalismus und Rittertum des Mittelalters wurden jetzt durch die Macht der Gewehre verdrängt. In Osteuropa baute man zur gleichen Zeit Kanonen, die so groß waren, dass 50 Ochsen sie ziehen und eine Mannschaft von gut 700 Mann sie abfeuern mussten, und verkaufte sie an den Meistbietenden. Urban der Ungar (der nicht mit dem Papst gleichen Namens identisch war) war nach heutiger Kenntnis der erste Waffenhändler der Welt. Nachdem der byzantinische Kaiser Konstantin XI. ihm erklärt hatte, seine Dienste seien zu teuer, verkaufte er die Technologie an die gegnerischen islamischen Streitkräfte unter Führung des türkischen Sultans Mehmed II.

Fast 750 Jahre waren vergangen, seit die islamischen Streitkräfte zum letzten Mal versucht hatten, die große Kaiserstadt Konstantinopel einzunehmen, die über die gewinnbringenden Handelswege ins Schwarze Meer wachte. Im Frühjahr 1453 hatte sich erneut eine Streitkraft von 80 000 muslimischen Soldaten vor den gewaltigen Mauern der Stadt versammelt. Dieses Mal hielt das Wetter sie nicht auf. Gewaltige, acht Meter lange Kanonen aus Kupfer und Zinn wurden auf eine Stelle ungefähr eine Meile außerhalb der Stadt gerichtet. Riesige Kugeln aus Stein und Marmor, von denen manche aus der Plünderung altgriechischer Tempel stammten, prasselten erbarmungslos und mit solcher Kraft auf die Mauern von Konstantinopel herab, dass sie sich beim Einschlag zwei Meter tief in den Boden bohrten.[25] Am 28. Mai hatten die Türken schließlich eine Bresche in die Stadtmauer geschlagen, sodass ihre Soldaten die Stadt stürmen konnten. Wie es Sitte war, belohnte Mehmed seine Leute mit der Genehmigung, drei Tage lang zu plündern.

Als die Nachricht über den Fall Konstantinopels am 29. Juni nach Venedig und eine Woche später nach Rom gelangte, war die christliche Welt wie vor den Kopf geschlagen. Wieder einmal lag das mittelalterliche Europa am Boden. War es zuvor schon durch Krankheit, Entvölkerung, Schießpulver und Kriege von innen heraus geschwächt gewesen, so war nun auch seine kostbare, uralte Hauptstadt endgültig den Heiden in die Hände gefallen.

Erfolg duftet süß: Sultan Mehmed II. eroberte Konstantinopel, nachdem er sich zuvor die Dienste eines ungarischen Waffenhändlers gesichert hatte.

KAPITEL 33

SCHATZ-SUCHE

WIE ALLE SESSHAFTEN GESELLSCHAFTEN MIT EINER MISCHUNG AUS HANDEL, HARTER ARBEIT UND DIEBSTAHL AUF IHRE EIGENE WEISE DAS GLÜCK SUCHTEN

Der Überlebensinstinkt ist so alt wie das Leben selbst. Für die Stämme, die in der Wildnis Amerikas, Australiens, Indonesiens oder Afrikas zu Hause waren, lag der Schlüssel zu einem guten Leben in einem Dasein, das sich im Einklang mit der Natur abspielte: Man schonte die Ressourcen, wanderte von Ort zu Ort, und sorgte immer dafür, dass die Bevölkerungszahl stabil blieb. Sesshafte Gesellschaften, die auf Landwirtschaft und Handel angewiesen waren, standen vor einer anderen Herausforderung. Erfolg bedeutete für sie, dass man sich Wohlstand sicherte – er war unentbehrlich zur Ernährung von Menschen, die selbst nicht an der Nahrungsproduktion beteiligt waren wie Könige, Priester, Gefangene, Kaufleute, Künstler und Sklaven im Haushalt. Ohne Wohlstand ging ihre Welt zu Bruch.

In meinen Augen gibt es mindestens sieben Wege, sich Wohlstand zu verschaffen. Man kann ihn gewinnen, erben, verdienen, erspielen, erpressen, heranzüchten oder finden. Als die osmanischen Türken 1453 durch die Mauern von Konstantinopel brachen, waren die Kulturen, die auf der Rangliste des weltweiten Wohlstands ganz oben standen, entweder islamisch oder chinesisch. Das christliche Europa dagegen befand sich am unteren Ende.

Islamische Kulturen verschafften sich ihren **Reichtum** in der Regel durch Verdienen oder Raub. Beide Wege ergaben sich ganz natürlich aus ihrem Ursprung als Nomaden, die aus der arabischen Wüste stammten und für den Transport von Waren wie Salz, Sklaven und Gold von einer Oase, Stadt oder Siedlung zur anderen sowohl vom Verkäufer als auch vom Käufer ihren Anteil fordern konnten. Pferde und Kamele verschafften ihnen häufig militärische Vorteile, und deshalb war auch Diebstahl eine profitable Alternative.

Mitte des 14. Jahrhunderts war die ägyptische Hauptstadt **Kairo**, die 910 von der islamischen Dynastie der Fatimiden gegründet worden war, durch den mit Handel erworbenen Reichtum zu einer der größten Städte der Welt geworden. Die Fatimiden waren schiitische Muslime und leiteten ihre Autorität aus ihrer unmittelbaren Abstammung von Mohammeds Tochter Fatima ab.

Von Ägypten aus konnten islamische Kaufleute die Handelswege, die China und Indien zu Lande mit dem Mittelmeerraum und Europa verbanden, hervorragend kontrollieren. Dies erwies sich insbesondere als gewinnbringend, wenn Alternativrouten wie die Seidenstraße durch Krieg oder Krankheitsepidemien blockiert waren. Die Möglichkeiten für ein angenehmes Leben erwiesen sich als so verlockend, dass die Bevölkerung Kairos im 14. Jahrhundert auf die atemberaubende Zahl von 500 000 Menschen angestiegen war – damit war die Stadt mehr als 15-mal so groß wie das damalige London. In welchem Umfang dort Handel betrieben wurde, stellte der große Reisende und Rabbiner Jacob Saphir im 19. Jahrhundert fest: Im Lagerraum einer Synagoge in der Stadt vergraben, fand er mehr als 300 000 hervorragend erhaltene Dokumente. Für die Zeit von 950 bis 1250 sind mehr als 450 verschiedene Formen des Handels verzeichnet, die von 35 000 Kaufleuten betrieben wurden; die Routen reichten im Osten bis nach Indien und im Westen bis nach Sevilla.

Der muslimische Reisende Ibn Battuta (1307 bis 1377) trieb sich während seines Lebens in fast allen Regionen der damals bekannten Welt herum, von Westafrika bis nach Ägypten und von der Türkei bis nach Indien und China. Er hielt sich 1326 während einer Pilgerreise nach Mekka einen Monat lang in Kairo auf, wobei seine Beschreibung keinen Zweifel daran lässt, dass dort mittels der Kontrolle über die Handelswege gewaltige Reichtümer aufgehäuft wurden. Hier lag der Schlüssel zum wachsenden Wohlstand des Islam: »Eine ununterbrochene Reihe von Basaren zieht sich von der Stadt Alexandria bis nach Kairo … Städte und Dörfer reihen sich an den Ufern des Nils ohne Unterbrechung aneinander und haben in der bewohnten Welt nicht ihresgleichen.«[1]

Zu jener Zeit herrschten in Ägypten die Mamelucken, islamische Sklavensoldaten aus den türkischen Steppen, die ursprünglich von Saladin rekrutiert worden waren und sich den Kreuzfahrern aus dem Abendland entgegenstellen sollten. Nachdem ihre Dynastie 1250 durch einen Militärputsch an die Macht gekommen war, gelangte sie mit dem Handel zu großem Wohlstand. In dem zentralen Kaufmannsviertel von Kairo, wo es buchstäblich Tausende von Läden gab, drängten sich Menschen, Kamele und Esel.

Dreißig verschiedene Märkte hatten sich auf unterschiedliche Branchen spezialisiert: Es gab Märkte für Metzger, Goldschmiede, Edelsteinhändler, Kerzenmacher, Zimmerleute, Schmiede und Sklavenhändler. Die Funduqs wie jener, den der italienische Mathematiker Fibonacci in Tunis besuchte (siehe Seite 306), waren Läden für begehrte Waren aus dem Orient wie Pfeffer, Gewürznelken, Baumwolle, Segeltuch, Wolle und Seide. Dort feilschten reiche islamische Kaufleute mit Kunden, die eifrig bemüht waren, Konsumgüter für das christliche Abendland einzukaufen. Eine Vorstellung vom Umfang dieses Handels vermittelt ein Funduq, das im 12. Jahrhundert für syrische Kaufleute gebaut wurde: Es besaß über den Lagerräumen 360 Unterkünfte, die bis zu 4000 Gäste gleichzeitig aufnehmen konnten.

Praktisch überall, wo sich neue Geschäftsgelegenheiten ergaben, entwickelten sich islamische Kulturen. Kaufleute aus Arabien brachten Dromedare mit, die in der Sahara mehr als zehn Tage ohne Wasser überleben konnten, und schufen damit erstmals die Möglichkeit, das in Westafrika abgebaute Gold gefahrlos über große Strecken zu transportieren. Sie brachten das Gold entweder in östliche Richtung, wo es dann die Schiffsreise in den Mittleren Osten antrat, oder in nördlicher Richtung durch die Wüste an die Mittelmeerküste und nach Europa.

Aber nicht nur durch Handelswaren wie das Gold wurden die muslimischen Kaufleute reich. Großen Gewinn brachten auch die Stoßzähne von Elefanten, die man im Inneren des Kontinents getötet hatte. Das Elfenbein wurde über den Hafen von Mombasa, an der Küste des heutigen Kenia gelegen, zu den Märkten im Osten transportiert. Chinesische Kunsthandwerker schätzten es als Material, aus dem man Bilder des Buddha und taoistischer Gottheiten schnitzen konnte. Im 19. Jahrhundert verwendeten sie ihre Fähigkeiten für die Herstellung von Elfenbeinpfeifen zum Opiumrauchen (Näheres über die Opiumsucht in China auf Seite 470). Vor Beginn des Elfenbeinhandels lebten in Afrika nach Schätzungen rund zehn Millionen Elefanten, eine Zahl, die heute auf weniger als eine halbe Million gesunken ist.

Ergänzt wurde der muslimische Gold- und Elfenbeinhandel durch den Export afrikanischer Sklaven nach Arabien, wo die Wirtschaft wie im alten Rom auf importierte, kostenlose Arbeitskräfte angewiesen war. Selbst nachdem die Briten im 19. Jahrhundert den Sklavenhandel verboten hatten (siehe Seite 454), wurden Dorfbewohner in Zentralafrika gefangen genommen und barfuß in Karawanen nach Mombasa an der Küste des heutigen Kenia getrieben. Die Überlebenden transportierte man dann mit dem Schiff nach Arabien. Zwischen 650 und 1900 wurden nach heutiger Kenntnis zwischen 11 und 18 Millionen Sklaven aus Schwarzafrika nach Osten verschifft, nur geringfügig mehr als die schätzungsweise 12 bis 14 Millionen, die von Europäern seit dem 16. Jahrhundert in westlicher Richtung nach Amerika geschafft wurden.[2]

Das islamische Königreich Mali (1235 bis 1645) wuchs mithilfe des Gold- und Salzhandels zu einem der ersten mächtigen afrikanischen Staaten heran. Sein berühmter König Mansa Musa machte 1324, zwei Jahre früher als Ibn Battuta, auf einer Pilgerreise nach Mekka in Kairo Station. Aber es war kein gewöhnlicher Besuch. Er hatte eine Karawane von mehr als 100 Kamelen bei sich, die ausschließlich mit Gold beladen waren, und nach seiner Ankunft in Kairo ging er auf einen der wohl größten Einkaufsbummel aller Zeiten. Nach Angaben des zeitgenössischen Historikers Al-Umari verschafften er und sein Gefolge den Kaufleuten von Kairo unermessliche Gewinne mit Kaufen und Verkaufen, Geben und Nehmen. »Sie tauschten Gold ein, bis sie seinen Wert in Ägypten hinabdrückten, sodass die Preise sanken.«[3] Mansa war dem Reiz des Einkaufens in Kairo derartig verfallen, dass ihm nach Al-Umaris Angaben irgendwann das Geld ausging. Um die Heimreise zu bezahlen, musste er ein Darlehen aufnehmen.

Die Kartelle der mittelalterlichen arabischen Kaufleute, die Zugang zu kostbaren Rohstoffen besaßen, funktionierten ganz ähnlich wie die heutigen Ölkartelle. Mit seiner Kontrolle über wertvolle Warenströme war der mittelalterliche Islam die OPEC seiner Zeit: Er schöpfte ungeheure Gewinne ab und trieb die Preise für die europäischen Verbraucher in die Höhe. Ein Kilo Pfeffer war in Malakka, in der Nähe des Anbaugebiets auf den indonesischen Gewürzinseln, ein Gramm Silber wert. Wenn man es nach Kairo transportiert hatte, wurde es für bis zu 14 Gramm Silber an Kaufleute aus Venedig geliefert. Diese verkauften es dann für 18 Gramm an andere europäische Kaufleute, und wenn es schließlich bei den Verbrauchern in den Hauptstädten des christlichen Europa ankam, wurden 20 bis 30 Gramm Silber dafür bezahlten. Den größten Gewinn machten also die islamischen Kaufleute, und ein gewisser Anteil ging auch an abendländische Händler in Italien. Den hohen Preis bezahlten letztlich die Bewohner des mittelalterlichen Europa, deren Taschen ohnehin leer waren.[4]

Eine andere, von manchen islamischen Herrschern bevorzugte Strategie bestand darin, Reichtümer nicht durch Handel zu verdienen, sondern sie sich durch Plünderung zu verschaffen. Das taten insbesondere diejenigen, die ihre Herrschaftsgebiete dem Chaos nach den Invasionen des Mongolenhäuptlings Dschingis Khan verdankten. Anfang des 14. Jahrhunderts waren viele dieser Herrscher zum Islam konvertiert, der angestammten Religion ihrer unterworfenen Völker. Usbek Khan beispielsweise, der von 1313 bis 1341 die Macht über die Goldene Horde besaß und der Vater von Jani Beg war, erklärte den Islam zur Staatsreligion. Ein anderer Mongole, der zum Islam konvertierte, war Mahmud Ghazan (gestorben 1304), der siebte Herrscher der Ilkhanat-Abteilung des Mongolenreiches im heutigen Iran.

Timur, auch Tamerlan genannt, war ein rücksichtsloser Krieger und Plünderer. Er hatte das Ziel, das Mongolenreich wieder zu vereinigen.

Als ein besonders gefürchteter Dieb galt **Timur** (1336 bis 1405), der auch unter dem Namen Tamerlan bekannt war. Er betrieb rücksichtslos die Wiedervereinigung des mongolischen Reiches und begann damit in seiner Heimatstadt Samarkand in Zentralasien. Nachdem er 1383 Persien erobert hatte, marschierte er 1398 nach Nordindien, wo er laut seinen Memoiren die Stadt Delhi plünderte und über 100 000 Menschen gefangen nahm, von denen 10 000 innerhalb einer einzigen Stunde der Kopf abgeschnitten wurde.

Diese ungläubigen Hindus wurden geschlachtet, ihre Frauen und Kinder, ihr Eigentum und ihre Güter wurden zur Beute der Sieger. Ich verkündete im ganzen Lager, jeder Mann, der ungläubige Gefangene habe, solle sie dem Tode überantworten, und wer die Anweisung missachtete, sollte selbst hingerichtet und sein Eigentum dem Informanten gegeben werden. Alle Güter und Geldmittel und der Schatz wurden zur Beute meiner Soldaten.

Wie Dschingis, so stand auch Timur zu seinem Wort. Als er Delhi im Januar 1399 verließ, nahm er 90 Elefanten mit, die mit Edelsteinen und Juwelen beladen waren. Die Reichtümer wurden nach Samarkand gebracht, und dort gab er zum Lob Allahs den Bau einer gewaltigen Moschee in Auftrag. Nach Ansicht der Historiker handelte es sich dabei um die riesige Bibi-Khanum-Moschee, die mit den in Indien erbeuteten Schätzen erbaut wurde. Der übereilte Bau führte später zu starken Schäden, und 1897 waren nach einem Erdbeben nur noch Ruinen übrig. Im Jahr 1974 begann man jedoch mit dem Wiederaufbau, und heute steht an dem Ort eine neue Moschee, in der Anklänge an die ursprüngliche Gestaltung zu erkennen sind.

Timurs Streben nach Reichtum kannte keine Grenzen. Im Jahr 1402 eroberte er Bagdad, wo er 20 000 Einwohner ermorden ließ; anschließend besiegte er die Osmanen in der Türkei und nahm ihren Kaiser Bayezid gefangen. Er starb schließlich auf einem Feldzug in China, wo er die mongolische Dynastie des Kublai Khan wiederherstellen wollte. Diese war nach einer nur allzu bekannten chinesischen Tradition einem Bauernaufstand zum Opfer gefallen, durch den 1368 die Ming-Dynastie an die Macht gekommen war. Timurs Gewaltorgien forderten nach Schätzungen insgesamt 17 Millionen Todesopfer.[5]

Der türkische Sultan Bayezid I. wird vor Timur gebracht, nachdem man ihn 1402 in der Schlacht von Ankara gefangen nahm. Manchen Berichten nach sperrte Timur ihn in einem Käfig als Trophäe ein oder benutzte ihn sogar als Fußschemel.

Timur war weder der erste noch der letzte islamische Herrscher, der nach den Reichtümern Indiens strebte. Das Land war seit Anfang des 13. Jahrhunderts immer mehr unter muslimischen Einfluss geraten – schon damals ließ sich Mohammed von Ghor, der Herrscher einer Provinz in Afghanistan, von dem Reichtum der einzigartigen Diamantvorkommen anlocken. Seine Feldzüge führten zur Entstehung des ersten Sultanats von Delhi (1206 bis 1526), das später von Babur, einem Nachfahren Timurs, eingenommen wurde; Babur gründete 1526 nach der Schlacht von Panipat das islamische Mogulreich (»Mogul« stammt von »Mongolen«). Bis zum 18. Jahrhundert, als europäische Kaufleute die

Macht übernahmen, blieb Indien dann ein weitgehend friedliches, tolerantes Land. Seine islamischen Sultane lebten von ihrem Reichtum und finanzierten damit den Bau einiger der großartigsten bis heute erhaltenen Denkmäler der Welt, darunter das Taj Mahal.

Zentralpersien dagegen blieb nach Timurs Eroberung mehr als 100 Jahre lang im Bürgerkrieg gefangen. Wiederhergestellt wurde die Ordnung schließlich von den **Safaviden**, deren Herrschaft 1502 von dem Schiiten Schah Ismail begründet wurde. Er eroberte das heutige Aserbaidschan, den Iran und große Teile des Irak. Ismail, der seine Abstammung unmittelbar auf den Propheten Mohammed zurückführte, setzte eine machtvolle Spielart des Sufi-Mystizismus durch. Dichtung und die Imame – religiöse Führer – sollten den unmittelbaren Kontakt zu Gott ermöglichen. Im Laufe der nächsten 200 Jahre stellten seine Nachfolger die islamische Kontrolle über die Seidenstraße wieder her. Mit dem Textilien- und Gewürzhandel konnte man viel Geld verdienen, und so wurden die Perser unter den Safaviden reich.

Die Strategie, mit der sich das mittelalterliche **China** seinen Wohlstand sicherte, zielte in eine andere Richtung. Seine Herrscher zogen es vor, den Reichtum des Landes durch besondere Zucht- und Anbaumethoden wachsen zu lassen oder durch Erpressung zu beschaffen. Kublai Khan hatte 1274 und 1283 zweimal kurz versucht, Japan zu erobern, aber beide Feldzüge wurden auf dem Meer durch entsetzliche Unwetter vereitelt. In China verließ man sich lieber auf die landwirtschaftliche Produktion von Waren wie Reis, Papier und Seide, die für die angestammte Kultur des Landes unentbehrlich waren. Die beträchtlichen technologischen Kenntnisse setzte man ein, um Schutzgelder von Nachbarstaaten zu erpressen.

Da die Mongolen im innersten Kern ihres Wesens Nomaden aus der Steppe waren, ist es vermutlich nicht verwunderlich, dass ihre Missachtung der landwirtschaftlichen Notwendigkeiten Chinas letztlich zum Niedergang ihrer Dynastie, der Yuan, führte. Im Jahr 1368 setzte sich ein junger Bauer namens Zhu Yuanzhang an die Spitze eines erfolgreichen Aufstands gegen das Herrscherhaus. Dabei hatte er die Unterstützung von mehreren Hunderttausend gleichermaßen verärgerten Anhängern aus der Landbevölkerung: Alle waren wütend über aufgegebene Bewässerungsprojekte und über eine Inflation, die durch die vom Kaiser angeordnete übereifrige Ausgabe von Papiergeld außer Kontrolle geraten war. Als sie den Befehl erhielten, entlang des Gelben Flusses beim Bau von Deichen zu helfen, hatten sie endgültig genug.

Der Führer der Rebellen krönte sich selbst zum Kaiser Hongwu (Herrschaftszeit 1368 bis 1398) und begründete die Ming-Dynastie. Mit seinen Reformen sorgte er dafür, dass das Wachstum der Landwirtschaft auf viele Jahre hinaus einen ausreichenden Wohlstand sicherte. Hongwu beschlagnahmte große Ländereien und verteilte sie an die arme Landbevölkerung, die er außerdem ermutigte, eigene, autarke landwirtschaftliche Gemeinden aufzubauen. Ein neues Verwaltungssystem sollte den Bauern eine gerechte Besteuerung sichern, die ihnen genug zum Leben übrig ließ. Bewässerungssysteme und Wassergräben wurden wiederhergestellt, um die Qualität der Böden zu gewährleisten; wer Ödland bebaute, erhielt Steuernachlässe, und ein neues Gesetzbuch, das Ta Ming-Lu, schaffte die Sklaverei ab, die über so lange Zeit hinweg zu gewaltigem Elend unter den Armen geführt hatte. (Im Jahr 1384 wies ein kaiserliches Edikt die Beamten an, Kinder zurückzukaufen, die von ihren Eltern als Sklaven verkauft worden waren, weil diese sich verzweifelt bemüht hatten, eine gerade zu Ende gegangene Hungersnot zu überleben.)

Nachdem mit einer solchen Landwirtschaftspolitik der Reichtum Chinas gesichert und Bauernaufstände abgewendet waren, widmete sich der dritte Ming-Kaiser Yongle (Herrschaftszeit 1403 bis 1424), ein Sohn von Hongwu, einer anderen traditionellen Quelle des chinesischen Wohlstands und damit gleichzeitig auch der Sicherheit nach außen: Er sammelte Schutzgeld bei Nachbarstaaten ein. Solche Zahlungen wurden durch Erpressung erzwungen, die Chinesen bezeichneten sie allerdings lieber als Tribut, was freilich nicht mehr als ein anderer Name für den gleichen Sachverhalt ist.

Yongle finanzierte den Bau der größten, eindrucksvollsten Kriegsflotte, die die Welt bis dahin gesehen hatte. Zum Admiral ernannte er Zheng He, einen Sufi-Muslim, den mongolische Kämpfer im Alter von elf Jahren gefangen genommen und kastriert hatten. Eunuchen galten schon seit langem als die loyalsten Beamten, weil sie selbst nicht in der Lage waren, eine Kaiserdynastie zu begründen.

Zwischen 1405 und 1433 schickte die chinesische Regierung sieben **Schiffsexpeditionen** auf die Reise. Sie wollte die restliche bekannte Welt mit ihrer Macht beeindrucken und Geld sowie kostbare Geschenke als Gegenleistung für den Frieden eintreiben. Je größer die Streitmacht, so ihre Überlegungen, desto größer mussten auch die Gewinne sein. An dem ersten Vorstoß beteiligte sich die erstaunliche Zahl von 317 Schiffen, auf denen rund 28 000 Seeleute und Soldaten mitfuhren. Den Quellen zufolge hatten manche Schiffe bis zu neun Masten und waren damit die mit Abstand größten Wasserfahrzeuge, die man bis dahin überhaupt gesehen hatte. Ibn Battuta, der 1347 in China gewesen war, beschrieb luxuriöse Schiffe mit vier Decks und bis zu zwölf Segeln: »Eine Kabine hat Kammern und einen Abtritt, der vom Benutzer verschlossen werden kann …«

Mit einer Länge von fast 200 Metern waren diese Schiffe so groß wie die ersten Flugzeugträger des 20. Jahrhunderts. Zusätzliche Unterstützung leisteten Versorgungsschiffe, die Pferde, Soldaten oder Trinkwasser transportierten.

Die ersten drei Expeditionen führten nach Asien, Indien und Ceylon. Die vierte segelte in den Persischen Golf und nach Arabien, die fünfte, sechste und siebte wagten sich mindestens bis zur Küste Ostafrikas vor.[6] Bei den dortigen Herrschern tauschten sie chinesische Seide und Porzellan gegen alle möglichen Waren, von Gold, Gewürzen und Tropenholz bis zu Zebras, Giraffen und anderen exotischen Tieren, die schließlich den Weg in den Zoo der Ming-Kaiser fanden. Von überallher kamen Tributzahlungen. Auf dem Rückweg von der vierten Reise wurde Zheng He von mehr als 320 Abgesandten verschiedener Staaten begleitet, die dem chinesischen Kaiser am Hof der Ming ihre Aufwartung machen und Geschenke überreichen wollten.

Viele Soldaten, die Zheng He auf seinen Reisen folgten, waren Sufi-Muslime wie er. Deshalb verbreitete sich der Islam auch an den Küsten Südostasiens, wo Zheng in wichtigen Hafenstädten auf Java, Malaya und den Philippinen zahlreiche Gemeinden chinesischer Sufi-Muslime gründete; den Anstoß gaben dabei stets seine eigenen Soldaten.

Zhen He starb 1434 auf rätselhafte Weise – während seiner letzten Reise wurde er irgendwann vermisst. Die nachfolgenden Vorgänge sind den Historikern ein Rätsel. Statt aus ihrer gewaltigen Seemacht Kapital zu schlagen, verkehrten die nächsten Ming-Kaiser die chinesische Außenpolitik offenbar ins Gegenteil. Schiffbauprojekte wurden eingestellt und Werften aufgegeben, und die riesige Flotte, mit der Zheng He seine Expedition unternommen hatte, ließ man in aller Stille in den Häfen verrotten. Welcher geistig gesunde Herrscher gibt einen solchen Vorteil auf? Wieso riskierte man, dass muslimische, japanische und westliche Mächte die Seeherrschaft übernahmen und die kostbaren Handelsrouten für sich sicherten?

Im Jahr 1445 bedrohte die Mongolenhorde der Oiraten einmal mehr die Nordgrenze des chinesischen Reiches. Dies nahmen mehrere aufeinander folgende Ming-Kaiser zum Anlass, alle staatlichen Mittel in den Bau einer neuen Chinesischen Mauer zu stecken, die weiter südlich lag als das erste, von Qin Shi Huang zwischen 220 und 200 v. Chr. errichtete Bauwerk. Mit dem Bau wurde 1368 begonnen; in der Mitte des 15. Jahrhunderts beschleunigten sich die Arbeiten beträchtlich. Zum Eckpfeiler der chinesischen Außenpolitik wurde nun eine 6400 Kilometer lange Mauer, die von mehr als einer Million Soldaten bewacht wurde und dazu dienen sollte, Fremde fernzuhalten. Während der Arbeiten an dem bis heute größten von Menschen geschaffenen Bauwerk aller Zeiten kamen nach Schätzungen zwischen zwei und drei Millionen Menschen ums Leben.

Vor dem Hintergrund der traditionellen chinesischen Strategie für die Sicherung von Wohlstand erscheint der plötzliche Politikwechsel von den Seemachtambitionen zur Errichtung eines Schutzwalls gegen die uralte mongolische Bedrohung aus dem Norden ebenso naheliegend wie konsequent. Traditionell stellten die Chinesen Dinge wie Porzellan oder Papier her, sie bauten Reis an oder züchteten Seidenraupen. Kaufleute, die zur See fuhren, waren sie von Natur aus nicht. Ihre zentralisierte Regierung funktionierte, weil sie die gewaltigen Mittel des Staates stets dort einsetzte, wo sie am dringendsten gebraucht wurden.

* * * * *

Im christlichen **Europa** interessierte man sich kaum für die Große Mauer in China. Nach der Hungersnot und den Pestepidemien des 14. Jahrhunderts war es der am wenigsten erfolgreiche Kontinent der zivilisierten Welt, und niemand besaß eine klare Vorstellung davon, wie man seine Wirtschaft in Gang bringen konnte. Europa war in einer verzweifelten Lage: Alle bisher gewählten Wege zur Schaffung eines Wohlstandes, mit dem es seine Zivilisation hätte sichern können, hatten in schrecklichen Fehlschlägen geendet.

Die Bemühungen, Wohlstand durch Landwirtschaft zu erreichen, hatte mit der großen Hungersnot einen dramatischen Rückschlag erlitten, und die Pest

Suleiman der Prächtige, hier gefolgt von Dienerinnen, drang 1521 in Ungarn ein und hätte vermutlich auch Wien eingenommen, wenn das Wetter es erlaubt hätte.

hatte ebenfalls beträchtlich zum Elend beigetragen. Reichtum von anderswo zu stehlen, hatte sich nach der Katastrophe der Kreuzzüge als wenig vielversprechend erwiesen – der größte Triumph war 1204 die Plünderung Konstantinopels gewesen, der angesehensten europäischen Stadt. Eine weitere naheliegende Strategie bestand darin, Reichtum durch Handel zu *verdienen*. Aber das Mittelmeer war, abgesehen von seiner Nordküste, mittlerweile ein islamisches Meer. Wie man am Pfefferpreis leicht ablesen konnte, war ein Handel zum eigenen Vorteil unter solchen Bedingungen nahezu unmöglich.

Dennoch schufen Dichter, Philosophen, Künstler und Bildhauer wie Dante, Petrarca, Michelangelo und Leonardo da Vinci zwischen 1300 und 1500 zahlreiche Werke, die heute als die besten künstlerischen und literarischen Leistungen Europas gelten. Während dieser Jahre strömten Geld und Reichtum in einem Umfang auf die italienische Halbinsel, wie man es seit der Blütezeit des Römischen Reiches nicht mehr erlebt hatte. Mit dem Aufstieg wohlhabender adliger Mäzene namens Medici, Sforza, Visconte, Este, Borgia und Gonzaga wurde die Landschaft im Norden Italiens mit reichen Stadtstaaten überzogen – von Venedig im Osten bis zur Westküste, dazwischen Florenz, Siena, Pisa, Genua, Ferrara und Mailand.

Hier, am südlichen Ende Europas, zahlte sich die Abhängigkeit von Mohammeds Welt aus. Das Italien der Renaissance war der europäische Brückenkopf für das weltweite islamische Handelssystem. Kostbare griechische und römische Texte, die im christlichen Abendland verloren gegangen waren, wurden aus arabischen Exemplaren zurückübersetzt, die man in Städten wie dem spanischen Toledo aufbewahrt hatte. Nach Italien gelangten sie jetzt durch Kaufmannsfamilien, die in Orten wie Kairo zu ihrem Reichtum gelangt waren. Mäzene, beispielsweise die Medici, die ihr Vermögen verdienten, indem sie anderen Europäern überhöhte Preise für Wolle und Textilien abverlangten, gründeten Banken und führten die doppelte Buchführung ein. Grundlage waren dabei die arabischen Zahlen, die der aus Pisa stammende Kaufmann Fibonacci aus dem islamischen Tunis nach Italien gebracht hatte. Selbst Dante, der am meisten gefeierte abendländische Dichter jener Zeit und vielleicht auch aller Zeiten, konstruierte den Himmel, das Fegefeuer und die Hölle in seinem Epos DIE GÖTTLICHE KOMÖDIE nach der islamischen Vorstellung von den neun Schichten des Universums, die zuerst im 9. Jahrhundert von Philosophen im »Haus der Weisheit« in Bagdad zu Papier gebracht worden war.[7]

Eine solche Anhäufung von Reichtum in diesem kleinen Teil Europas wurde zur Anregung für neue Gedanken und künstlerische Ausdrucksformen und für eine Neugier auf die Natur, die durch die Wiederentdeckung antiker Autoren wie Aristoteles und Platon vertieft wurde. Aber der italienische Schmelztiegel aus Reichtum und Mäzenatentum, der auf den Handel mit dem Islam angewiesen war, konnte allein keine Strategie für das zukünftige Wohlergehen der Menschen in ganz Europa liefern. Ein paar Großfamilien, die durch ihre Stellung am Ende der Handelsketten einer anderen Kultur reich geworden waren, bildeten keine sichere Grundlage für dauerhafte Sicherheit. Der italienische Pomp verstärkte nur den Neid anderer europäischer Nationen, die sowohl durch die fehlgeschlagenen Kreuzzüge als auch durch die Einführung des Schießpulvers aufgestachelt waren und nun noch mehr danach strebten, die Schätze Italiens für sich selbst zu vereinnahmen. Zwischen 1494 und 1559 kämpften Frankreich, Spanien, das Heilige Römische Reich, England, Schottland, Venedig, der Kirchenstaat und das Osmanische Reich um Italien. Am Ende dieser Auseinandersetzungen war Spanien auf Kosten Frankreichs zur beherrschenden Macht in Italien aufgestiegen.

Seit 1453 verschlimmerte sich die verzweifelte Situation Europas durch die islamische Eroberung Konstantinopels. Mit ihr waren große Teile des Balkans, darunter Serbien und Griechenland, in islamische Hände gefallen, und die Bewohner wurden zum Islam bekehrt. (In Regionen wie Bosnien leben noch heute viele Muslime.) Wirtschaftlich zogen die islamischen Mächte ihre Schlingen immer weiter zu: Die kostbaren europäischen Silberminen in Serbien und Griechenland, die den größten Teil des Nachschubs für das traditionelle Münzgeld lieferten, befanden sich jetzt tief im Feindesland.

Als hätten die islamischen Kräfte nicht schon genug Einfluss auf die Entwicklung des europäischen Wohlstands gehabt, erhöhte der osmanische Sultan Selim I. (Regierungszeit 1512 bis 1520) den Druck noch weiter: Er drang in Ägypten ein und schnitt zu Lande historische Handelswege in den Osten ab. Sein Nachfolger Suleiman der Prächtige (Herrschaftszeit 1520 bis 1566) besetzte 1521 Ungarn, und nachdem er 1526 die Schlacht von Mohács gewonnen hatte, versammelten sich die muslimischen Armeen vor den Toren **Wiens**.

Nur durch einen zufälligen Eingriff der Natur, der an die Rettung Konstantinopels mehr als 800 Jahre zuvor erinnerte (siehe Seite 329), wurde Suleiman gezwungen, seine Truppen zurückzuziehen: Ein besonders harter Winter rettete die Stadt.

Aber während die Kälte den Bewohnern Wiens vorübergehend eine Atempause verschaffte, erwies sie sich für einen anderen potenziellen Weg der Europäer zum Reichtum als tödlich. Die abenteuerlustigen Wikinger, die in Grönland Siedlungen mit insgesamt ungefähr 5 000 Bewohnern eingerichtet hatten, konnten dort nach dem Einbruch der Kleinen Eiszeit nicht mehr überleben. Die sinkenden Temperaturen ließen diese erste Phase der europäischen Entdecker-Seefahrt zu Ende gehen. Das letzte Schiff, das nach heutiger Kenntnis von Norwegen zu den Siedlungen im Osten Grönlands segelte, landete dort 1406, offenbar weil es auf dem Weg nach Island vom Kurs abgekommen war. Im Jahr 1410 kehrte es nach Norwegen zurück. Über das weitere Schicksal der Wikingergemeinde, die 450 Jahre an Europas abgelegenstem Außenposten überlebt hatte, ist nichts Sicheres bekannt. Man nimmt an, dass die Menschen verhungerten, nachdem sie ihre natürlichen Ressourcen wegen der extremen Kälte übermäßig ausgebeutet hatten.[8]

Europa war umzingelt und saß in der Falle. Im Norden lag das Eis, im Westen ein Ozean, der so groß war, dass man ihn nicht überwinden konnte, und im Osten und Süden regierten die »Ungläubigen« – muslimische Herrscher, die nur nach ihren eigenen Bedingungen Handel trieben und die europäische Wirtschaft streng unter Kontrolle hielten. Im Jahr 1451 konnte nur noch ein Wunder den Kontinent retten. Aber gerade zu dem Zeitpunkt, als die lange versprochene Wiederkehr Christi und die Rettung seines auserwählten Königreiches auf Erden am dringendsten gebraucht wurden, entlarvte man seinen irdischen Stellvertreter, den Papst, als Scharlatan und Betrüger: Wie sich herausstellte, war er verantwortlich für die vermutlich größte Fälschung der Geschichte.

Jahrhundertelang hatten die **Päpste** von Rom aus die sogenannten Kirchenstaaten im Norden Italiens regiert, die ihnen im 8. Jahrhundert, zur Zeit Pippins, des Vaters Karls des Großen, zugesprochen worden waren. Die Rechtfertigung dafür, dass ein angeblich geistlicher Stellvertreter Gottes solche irdische Macht ausübte, bezog man aus einem antiken Dokument mit dem Titel KONSTANTINISCHE SCHENKUNG. Danach war Kaiser Konstantin I. kurz nach seiner Bekehrung zum Christentum an Lepra erkrankt, konnte aber dank seines neuen Glaubens vom damaligen Papst Silvester I. (Amtszeit 314 bis 335 n. Chr.) auf wundersame Weise geheilt werden. Aus Dankbarkeit vertraute Konstantin den westlichen Teil seines Reiches den Päpsten in Rom an. Jahrhundertelang rechtfertigten die Päpste mit der KONSTANTINISCHE SCHENKUNG nicht nur ihre unmittelbare Herrschaft über die Gebiete in Norditalien, die sie von Pippin und später von seinem Sohn Karl erhalten hatten, sondern sie beanspruchten auch alle möglichen anderen Vergünstigungen für sich: von dem Recht, eigene Privatarmeen aufzustellen und in ganz Westeuropa Steuern zu erheben, bis zur Ernennung nicht nur ihrer eigenen Bischöfe, sondern auch der Könige und Kaiser.[9]

In einer Abhandlung, die 1439/40 verfasst wurde, wies der Sprachforscher Lorenzo Valla aus Florenz schlüssig nach, dass das kostbare Dokument des Papstes eine raffinierte Fälschung war. Valla bewies zweifelsfrei, dass die lateinischen Worte in dem Schriftstück aus einer späteren Zeit stammten – vermutlich wurden sie im 8. Jahrhundert ungefähr zu der Zeit formuliert, als Pippin dem Heiligen Stuhl die ersten Kirchenstaaten zusprach. In dem verzweifelten Bestreben, die Wahrheit zu vertuschen, unternahm das Papsttum alles, was in seiner Macht stand, um die offizielle Veröffentlichung von Vallas Abhandlung zu verhindern. Doch 1517 geriet der brisante Beweis für den päpstlichen Betrug endgültig in die Hände christlicher Protestler; das Schriftstück war mit der kurz zuvor erfundenen Druckpresse in großer Zahl vervielfältigt worden und wurde nun in der ganzen Welt bekannt.

Die Fälschung war nicht das Einzige, was die Autorität des Stellvertreters Christi auf Erden untergrub. Die Renaissancepäpste waren berüchtigt für ihre empörend ausschweifende, verwerfliche Lebensweise. Der krasseste Fall war Papst Alexander VI. (1492 bis 1503), der unter anderem deshalb zweifelhafte Berühmtheit erlangte, weil er mit mehreren Geliebten eine ganze Reihe illegitimer Kinder hatte. Ihren Höhepunkt erreichte seine Vorliebe für ausschweifende Orgien und Tänze mit dem berüchtigten »Kastanienballett«, das auf Einladung seines Sohnes Cesare am 30. Oktober 1501 im Vatikan, dem Sitz des Papstes in Rom, stattfand. Nach dem Essen wurden die Gäste, unter ihnen Angehörige des Klerus, von 50 speziell ausgewählten Prostituierten aufgefordert, die Kleidung abzulegen und nackt auf dem Fußboden herumzukriechen, um dort Kastanien aufzuheben. Nach diesem bizarren Ritual nahm eine Orgie ihren Lauf, bei der nach den Worten eines Zeremonienmeister »Preise – seidene Jacken, Schuhe, Hüte und andere Kleidungsstücke – an die Männer vergeben wurden, die bei den Prostituierten den größten Erfolg hatten«.[10]

Angesichts derart unheiliger Vertreter kann es nicht verwundern, dass die Hoffnung auf die Rettung Europas nicht auf dem römischen Papsttum ruhte. Die Päpste waren tief in Verruf geraten, dass es dem Dominikanermönch **Girolamo Savonarola** 1492 gelang, die Bevölkerung von Florenz in hektische Wut über die Missetaten der katholischen Kirche zu versetzen. Nachdem er auf einer Welle der moralischen Empörung an die Macht gelangt war, begründete er nach der französischen Invasion des Jahres 1494 in Florenz für kurze Zeit eine neue Republik. Entschlossen, den Ausschweifungen und Orgien in der Stadt ein Ende zu machen, ließ er Haus für Haus von allen Gegenständen säubern, die mit moralischer Nachlässigkeit in Verbindung gebracht wurden, darunter Spiegel, kosmetische Produkte, obszöne Bilder, heidnische Bücher, Skulpturen nackter Menschen und das Zubehör für Glücksspiele. Alles, was dabei gefunden wurde, ließ er auf dem größten Platz der Stadt auf einen Haufen werfen und als »Fegefeuer der Eitelkeiten« anzünden.

Savonarolas Versuch, die Gnade Christi durch moralische Reinigung heraufzubeschwören, war gleichermaßen kurzlebig wie unwirksam. Bis 1498 hatte sich die Macht wieder zu den reichsten Familien der Stadt verlagert. Papst Alexander VI. erließ eine Exkommunikationsanweisung, und Savonarola sowie seine führenden Anhänger wurden der Ketzerei angeklagt, gefoltert und schließlich an derselben Stelle verbrannt, an der sie zuvor ihr spektakuläres Fegefeuer entzündet hatten. Nach dem Bericht eines Beobachters namens Luca Landucci wurden ihre verkohlten Überreste mehrere Male zerstückelt und noch einmal verbrannt, sodass nicht einmal mehr das kleinste Stück Knochen übrig blieb. Auf diese Weise wollte man verhindern, dass Anhänger sich die Stücke aneigneten und zu Reliquien erklärten.[11]

Das mittelalterliche Europa war politisch zersplittert, es lag physisch und ideologisch mit sich selbst im Krieg, und auf allen Seiten war es so umzingelt, dass kein nahe liegender Ausweg zu erkennen war. In solchen Zeiten mussten selbst die verschrobensten Zukunftsideen das Interesse zumindest einiger Herrscher wecken. Als nun ein portugiesischer Würdenträger sein Interesse bekundete, auf eine große Schatzsuche zu gehen und die Quelle des westafrikanischen Goldes von Mansa Musa zu finden, hörte man ihm mit großer Aufmerksamkeit zu.

Prinz Heinrich (auch unter dem Namen **Heinrich der Seefahrer** bekannt) wurde in die portugiesische Königsfamilie hineingeboren. Er war der dritte Sohn des Königs Johannes I. und beschäftigte sich während eines großen Teils seines Lebens mit der Schatzsuche. Zum ersten Mal wurde sein Interesse geweckt, als die Flotte seines Vaters 1415 den wichtigen muslimischen Handelshafen Ceuta in Nordafrika eroberte. Muslimische Piraten hatten jahrelang die portugiesische Küste unsicher gemacht und Dorfbewohner entführt, um sie auf den lukrativen islamischen Sklavenmärkten Nordafrikas zu verkaufen. Ceuta war die afrikanische Endstation für das Gold, das die muslimischen Kamelkarawanen durch die Sahara transportierten. Heinrich wollte einen Weg zu diesem Gold finden, ohne dazu die Wüste durchqueren zu müssen. Vielleicht, so dachte er, könne man sich dann neuen Reichtum verschaffen, ohne dass dessen größter Teil in den Taschen der muslimischen Kaufleute verschwand.

Mit diesem Ziel im Auge gründete er an der Südküste Portugals ein neues Dorf, das später Vila do Infante (»Stadt des Prinzen«) genannt wurde. Dort konnten Entdecker ihre Schiffsexpedition vorbereiten. Wenig später merkte er, dass sich Karavellen – ein Typ leichter, wendiger Schiffe – für die Erkundung der Küsten am besten eigneten und dass man mit dem dreieckigen Lateinsegel, das auf arabischen Booten gebräuchlich war, gegen den Wind kreuzen konnte. Auf diese Weise kamen seine Schiffe auch dann voran, wenn der Wind sie nicht in die richtige Richtung trieb.

Heinrich wollte auf die andere Seite der Sahara gelangen, indem er der westafrikanischen Küste nach Süden folgte. Auf jener Reise zeichnete er neue Seekarten, die als Leitfaden für zukünftige Expeditionen dienen sollten. Sein Ausgangspunkt war der kleine natürliche Hafen Lagos – der Ort ist heute ein beliebtes Touristenziel an der Algarve.

Die erste größere Schwierigkeit bestand darin, das Kap Bojador in südlicher Richtung zu umrunden, ein Vorgebirge im Westen der Sahara unmittelbar südlich des heutigen Marokko. Es war bis dahin der südlichste Punkt, den man im mittelalterlichen Europa kannte. Zehn Jahre und 15 Versuche waren erforderlich, bis Heinrich die Landzunge umrunden konnte; wegen ihrer gefürchteten Strömungen und starken Winde war sie als Wohnort der Seeungeheuer bekannt. Im Jahr 1434 schließlich bemerkte Gil Eanes, einer von Heinrichs Kapitänen, dass man einfach so weit aufs Meer hinausfahren musste, bis das Land nicht mehr zu sehen war; dort wehten günstigere Winde, und die Schiffe wurden weiter nach Süden getrieben.

Im Jahr 1443 hatten portugiesische Seeleute die Bucht von Arguin an der Atlantikküste des heutigen Mauretanien erreicht; dort errichteten sie später eine mächtige Festung. Damit waren sie am Südrand der Sahara angelangt. Seit 1444 liefen jedes Jahr Dutzende von Schiffen aus dem Hafen Lagos aus und segelten in die afrikanischen Regionen südlich der Sahara. Einen ersten echten Nutzen brachten die Reisen 1452 in Form von Sklaven und Gold, die von Europäern unmittelbar über das Meer transportiert wurden, ohne dass man sich der muslimischen Zwischenhändler und ihrer Landwege bedienen musste. Als sie eintrafen, konnte man in Portugal die ersten Goldmünzen prägen, die sehr zutreffend als »Cruzados« bezeichnet wurden.

War dies der Beginn einer neuen Strategie, eine Antwort für das verzweifelte Streben der Europäer nach Wohlstand? Bot das Unternehmen eines Prinzen vom Südwestrand des Kontinents tatsächlich die Aussicht, sich von der Tyrannei der islamischen Kaufleute zu befreien? Wenn man Gold und Sklaven unmittelbar von der westafrikanischen Küste beschaffen konnte – welche anderen Reichtümer lagen dann noch in der unbekannten Welt jenseits des weiten blauen Meeres?

Damit stehen wir an der Schwelle der letzten 500 Jahren in der Geschichte unserer Welt. Es ist ein so winzig kleiner Zeitabschnitt, dass er auf der 24-Stunden-Uhr der gesamten Weltgeschichte nur eine Hundertstelsekunde vor Mitternacht ausmacht. In diesem winzigen Augenblick warten noch schreckliche Katastrophen auf die Welt und ihre Lebewesen. Ihre Urheber waren vor allem einige zu allem entschlossene europäische Abenteurer, die sich von ihrer Gier auf immer neue Schätze in die größte globale Krise der Menschheit treiben ließen. Die neue strategische Vision, die in Portugal ihren Anfang genommen hatte, verbreitete sich in den neu entstehenden Staaten Europas wie ein Virus. Welcher von ihnen am Ende auch die Vorherrschaft erringen sollte, eines war sicher: Die besten Aussichten auf zukünftige Erfolge boten sich, wenn man zum Herrscher über die Meere wurde.

In Flammen aufgegangen wie in seinem »Fegefeuer der Eitelkeiten«: Savonarolas Hinrichtung war für die wohlhabende Elite von Florenz und ihre päpstlichen Hilfstruppen das Signal, an die Macht zurückzukehren.

KAPITEL 34

»EINE SEEFAHRT, DIE IST …«

WIE EINIGE SEEFAHRER EINE NEUE WELT ENTDECKTEN, WIE SICH IHRE ANKUNFT FÜR DIE DORTIGEN ALTEN KULTUREN ALS TÖDLICH ERWIES UND WIE ES IN EUROPA ZU EINEM HITZIGEN WETTBEWERB ZWISCHEN RIVALISIERENDEN NATIONEN KAM

Potosí ist die höchstgelegene Stadt der Welt. In den bolivianischen Anden gelegen, 3967 Meter über dem Meeresspiegel, müsste es eigentlich ein Paradies mit sauberer Luft und kühlen Gebirgsbächen sein. In Wirklichkeit ist der einstmals idyllische Gebirgsort heute eine der am stärksten verschmutzten Regionen der Welt. Das Wasser ist zu Säure geworden, das Land ist unfruchtbar, Nutzpflanzen wachsen nicht mehr, und das Gebirge ist von Giftmüll übersät, der unter anderem Cadmium, Quecksilber, Chrom und Blei enthält.

Hoch über der Stadt ragt der Gipfel des Cerro Rico auf, bei den Einheimischen bekannt unter dem Namen »der Berg, der Menschen frisst«. In ihm befanden sich früher die reichsten Silbervorkommen der Welt. Sie wurden von Tausenden von Sklaven abgebaut, manche von ihnen amerikanische Ureinwohner, andere Afrikaner, die von den spanischen Entdeckern nach der Gründung des Ortes im Jahr 1546 importiert wurden. Die Sklaven kamen aus allen Gegenden, in denen man Arbeitskräfte erbeuten konnte – aus dem nicht weit entfernten südlichen Peru, aber auch von der Westküste Afrikas und sogar von Pazifikinseln.[1] Mit den Füßen trampelten sie über das pulverisierte Silbererz und vermischten es mit tödlichem Quecksilber zu einem giftigen metallischen Brei. Wenn man dann das Quecksilber verbrannte, wurden Giftwolken frei, die sich schließlich in den Gebirgsbächen lösten und auch deren Wasser vergifteten. Zwischen 1556 und 1783 wurden mit diesem Verfahren über 45 000 Tonnen reines Silber aus dem Berg gewonnen; der größte Teil davon reiste mit dem Schiff direkt nach Europa.

Wie viele Männer, Frauen und Kinder an diesem gottverlassenen Ort an Erstickung, Vergiftung und Überarbeitung starben, weiß niemand genau; ihre Gesamtzahl wurde auf ungeheuerliche acht Millionen geschätzt.[2] Erwachsene Sklaven mussten häufig über eine Woche ununterbrochen in den Bergwerken arbeiten, bevor sie wieder ans Licht kommen durften. Kinder dienten wie Maultiere dazu, das Silbererz aus den dunklen, engen Schächten zu holen, die für Tiere nicht breit genug waren. Auch in unserer Zeit fordert die vergiftete Luft noch ihren Tribut. Die Lebenserwartung der Bergarbeiter, die hier tätig sind und heute Zink abbauen, liegt bei weniger als 40 Jahren.[3]

Die Tragödie von Potosí im weit entfernten Südamerika nahm ihren Lauf, weil europäische Schatzsucher zwischen 1450 und 1650 Glück hatten. Als Heinrich der Seefahrer seine erste Beute – afrikanische Sklaven und Gold – nach Hause brachte, wandelte sich in Portugal die Meinung. Investitionen in Expeditionen an die afrikanische Westküste führten zu erstaunlichen Ergebnissen. Auf einer solchen Reise wurde der Entdecker **Bartolomeu Diaz** 1488 von einem heftigen, 13 Tage andauernden Sturm weit nach Süden abgetrieben. Nachdem das Meer sich wieder beruhigt hatte, segelte er nach Osten und rechnete damit, dort auf Land zu stoßen. In Wirklichkeit hatte er aber bereits die Südspitze Afrikas umrundet. Da er nicht mehr genau wusste, wo er sich befand, nahm er Kurs nach Norden und fuhr an der Ostküste des heutigen Südafrika bis zum Great Fish River. Auf seiner Rückreise im Mai 1488 sah Diaz als erster Europäer die Südspitze Afrikas. Er erkannte, dass sich hier ein bisher unbekannter Seeweg zu

Ein Berg, der Menschen frisst: Die Gier der Europäer nach südamerikanischen Schätzen, mit denen man Kriege finanzieren und sich ein schönes Leben machen konnte, führte zur Versklavung und zum Tod vieler Millionen Ureinwohner.

den Gewürzanbaugebieten Indiens und des Fernen Ostens eröffnete, auf deren Transportwegen muslimische Kaufleute so lange das Monopol besessen hatten. König Johannes II. von Portugal, der bereits mit afrikanischem Gold und Sklaven große Gewinne erzielt hatte, taufte das neue Vorgebirge auf den Namen »Kap der Guten Hoffnung«.

Nun rief König Johannes die besten Gelehrten, Mathematiker und Kartografen seines Königreiches zusammen und gab unter absoluter Geheimhaltung eine ganze Reihe neuer Erkundungszüge in Auftrag. Einer davon, der unter dem Kommando von Duarte Pacheco Pereira stand, fand nach heutiger Kenntnis ein unbekanntes Land im Westen (Brasilien), was Johannes zu der Schlussfolgerung veranlasste, der schnellste Weg zu den Reichtümern des Ostens müsse jenseits des Kaps der Guten Hoffnung liegen.

Die Frage, wie viel man am Hof von Johannes II. über Brasilien und die Entfernungen zwischen Portugal und Indien über die östliche und westliche Route wusste, ist noch heute ein Rätsel. Zum Teil liegt das daran, dass solche Kenntnisse als Staatsgeheimnisse behandelt wurden, viele Dokumente des Königshofes wurden aber auch bei dem verheerenden Erdbeben zerstört, das 1755 große Teile Lissabons vernichtete.

Solche geheimen Kenntnisse waren wahrscheinlich der Grund, warum König Johannes die Vorschläge des prahlerischen genuesischen Seemannes **Christoph Kolumbus** zurückwies, der 1485 und dann noch einmal 1488 an seinen Hof kam. Kolumbus behauptete, er könne in den Osten gelangen, wenn er in westlicher Richtung über den Atlantik segelte. Dann forderte er die Ernennung zum »Großadmiral der Ozeane«. Außerdem wollte er Gouverneur aller Länder werden, die er entdeckte, und ein Zehntel aller Einnahmen, die in diesen Ländern erzielt wurden, sollten ihm gehören.

Kolumbus' selbstsichere Behauptung, der einfachste Weg in das China Marco Polos und zu den Gewürzen Indiens führe in westlicher Richtung über den Atlantik, stützte sich auf eine grundlegend falsche Berechnung. Nachdem er die Werke der antiken phönizischen Entdecker und arabischer Kartografen studiert hatte, gelangte er zu dem falschen Schluss, die Entfernung von den europäischen Küsten nach Asien betrage nur 3 600 Kilometer (in Wirklichkeit misst die Strecke von Spanien nach China, wenn man in westlicher Richtung fährt, rund 24 000 Kilometer).[4] Kolumbus hatte allen Grund, sich eine möglichst kurze Reise zu wünschen, denn kein Schirmherr würde ein Unternehmen finanzieren, bei dem die Reisezeit es unmöglich machte, ausreichend Lebensmittel und Trinkwasser für die Mannschaft mitzunehmen.

Im Jahr 1492 hatte Kolumbus mit seinen Bemühungen, finanzielle Unterstützung für sein Vorhaben zu finden, endlich Erfolg. Die spanischen Herrscher Ferdinand und Isabella, die mit ihrer Heirat die Regionen von Kastilien und Aragon vereinigt hatten, vertrieben in diesem Jahr die Muslime endgültig aus Granada, sodass nun ganz Spanien

Kolumbus trifft Einheimische, die ihm Freundschaftsgeschenke anbieten. Da er keine Schätze fand, zettelte er später Konflikte an, um Ureinwohner als Sklaven gefangen zu nehmen und auf diese Weise spätere Expeditionen zu finanzieren.

ein einziges katholisches Königreich bildete. Da das Land jetzt aber nicht mehr auf den in Gold gezahlten Tribut der Mauren von Granada zurückgreifen konnte, und da außerdem ganze Banden bewaffneter christlicher Kreuzritter unbedingt neue Länder erobern wollten, fiel der Gedanke an eine Entdeckungsreise nach Übersee auf fruchtbaren Boden. Am wichtigsten war dabei der Wunsch der spanischen Regierung, neue Wege zu den Reichtümern des Ostens zu finden und sich damit nicht nur dem Würgegriff der muslimischen Kaufleute zu entziehen, sondern auch den Portugiesen und ihren Entdeckungsreisen an der afrikanischen Goldküste Konkurrenz zu machen. Damit verfolgten nun Portugal und Spanien, zwei der größten europäischen Mächte, die gleichen strategischen Ziele: Sie wollten ihr Wirtschaftswachstum mit Entdeckungen in Übersee finanzieren und sich damit dem Zugriff der Osmanen auf das vorwiegend islamisch dominierte Mittelmeer entziehen.

Kolumbus gilt häufig als der erfolgreichste frühe europäische Seefahrer und als Entdecker Nordamerikas. In Wirklichkeit war er weder das eine noch das andere. Bei keiner seiner vier Expeditionen wurde Gold oder Silber in nennenswerten Mengen entdeckt, und das einzige Festland, dass er erreichte, war auf seiner vierten und letzten Reise ein Abschnitt Mittel- und Südamerikas.

Sein Ziel, in den Osten zu gelangen, verwirklichte er nie, aber er behauptete bis zu seinem Tod, er habe Teile des asiatischen Festlandes entdeckt; in Wirklichkeit muss er jedoch bereits gewusst haben, dass dies nicht stimmte.

Die Reichtümer, die Kolumbus seinen Begleitern von Anfang an versprochen hatte, stellten sich nie ein. Dies führte in den ersten Kolonien, die er auf Hispaniola (auf der sich heute unter anderem die Dominikanische Republik befindet) einrichtete, zu großer Unzufriedenheit. Angesichts der unerfüllten Erwartungen wurde seine Stellung als Gouverneur der Insel zu einer Farce, und er verlor die Macht über seine Untertanen.

Im Jahr 1494, am Ende seiner zweiten Reise, war Kolumbus verzweifelt bemüht, eine Quelle des Reichtums zu finden und damit die Schirmherren und Geldgeber seiner Expedition zufriedenzustellen; deshalb befahl er noch auf der Insel Hispaniola, 1600 Einheimische gefangen zu nehmen. Rund 550 besonders gut aussehende Ureinwohner ließ er nach Kastilien bringen, wo sie als Sklaven verkauft wurden. 200 Gefangene starben auf der Reise vermutlich an Unterkühlung.[5]

Einheimische zu Sklaven zu machen und damit die Geldgeber zu befriedigen, war für die frühen Entdecker wie Kolumbus besonders schwierig: Oft erwiesen sich die Bewohner der neu entdeckten Länder als ausgezeichnete Gastgeber. Kolumbus' erste Berichte über den Stamm der Taino in Hispaniola waren voll des Lobes:

Sie sind so freundlich, großzügig und liebenswürdig, dass ich Euer Hoheit versichern kann, dass es keine besseren Menschen und kein besseres Land in der Welt gibt. Sie lieben ihre Nächsten wie sich selbst, ihre Sprache ist die süßeste und sanfteste der Welt, und immer sprechen sie mit einem Lächeln. Sie gehen nackt herum, Männer und Frauen gleichermaßen, wie ihre Mütter sie geboren haben. Aber glauben Sie mir, sie haben eine sehr gute Moral, und der König hält die prächtigsten Zeremonien mit solcher Würde ab, dass es eine Freude ist, das alles zu sehen.[6]

Aber da Kolumbus auf seinem beiden ersten Reisen keine bedeutenden Quellen für Gold oder Silber gefunden hatte, konnte er seine dritte Expedition nur dadurch finanzieren, dass er Ureinwohner in Kastilien als Sklaven verkaufte. Und dank einer Vorschrift, die von Königin Isabella selbst erlassen wurde, konnten Sklaven nur dann legal verkauft werden, wenn man sie als Kriegsgefangene festgenommen hatte. Vor diesem Hintergrund ist nachvollziehbar, warum die guten Beziehungen zwischen den europäischen Entdeckern und den amerikanischen Ureinwohnern sich schon bald verschlechterten.

Mindestens in zweierlei Hinsicht jedoch waren Kolumbus' Reisen ein Erfolg. Zunächst einmal lüftete er das Geheimnis der Winde auf dem Atlantik, die europäischen Schiffen die Überquerung des Ozeans in nordwestlicher Richtung und die Rückkehr in östlicher Richtung ermöglichten. Und zweitens war seine Entdeckung des Landes im Westen der Beginn einer großen historischen Konkurrenz zwischen Spanien und Portugal mit dem Ziel, den gesamten Erdball zu erkunden und zu kartieren. Beide Länder wollten den Handel stärken, indem sie die von ihnen zur Kolonie erklärten Länder ausbeuteten und sich Zugang zu kostbaren Rohstoffen wie Gold, Silber und Gewürzen oder zu billigen Arbeitskräften in Form von Sklaven verschafften. Im Jahr 1494 wurde der Vertrag von Tordesillas unterzeichnet. Was darin festgelegt wurde, hört sich heute unglaublich an: Man teilte die Welt entlang einer Linie, die 370 Wegstunden westlich der Kapverdischen Inseln mitten im Atlantik von Norden nach Süden verlief, in zwei Hälften auf. Alles, was östlich dieser Linie entdeckt wurde, sollte zu Portugal gehören, alles im Westen davon zu Spanien. Damit verfolgten zwei europäische Staaten erstmals eine eindeutig formulierte Globalisierungsstrategie, die ausdrücklich darauf angelegt war, die Herrschaft über die ganze Welt zu ihrem eigenen, ausschließlichen Nutzen zu sichern. Zur Besiegelung des Abkommens gab Papst Julius II. 1506 sogar eine Päpstliche Bulle heraus, in der er der Abmachung den göttlichen Segen erteilte.

Als Erster bestätigte **Amerigo Vespucci**, ein Sklaven- und Juwelenhändler aus Florenz, dass das Land im Westen zu einem neuen Kontinent gehörte. Er unternahm 1499 und 1502 mindestens zwei Expeditionen und stieß dabei auf die Ostküste Südamerikas. Mehrere Berichte über die Reisen veröffentlichte er in seinem Werk MUNDUS NOVIS (»Neue Welt«); seine Beschreibung der Einheimischen, die er wie Kolumbus als nackt schildert, stand im Widerspruch zu der damals allgemein verbreiteten Überzeugung, das Leben außerhalb der bekannten Welt sei ein Fantasiebereich mit Ungeheuern und Wilden.

Einer der beliebtesten spätmittelalterlichen Reiseberichte war TRAVELS von Sir John Mandeville, geschrieben zwischen 1357 und 1371. Das Buch kannte Christoph Kolumbus ebenso wie Amerigo Vespucci. Mandeville beschrieb eine ganze Reihe von Ungeheuern, die jenseits der Grenzen der bekannten Welt leben sollten, darunter der riesige, einäugige Cyclopes, der einbeinige Sciapodes und die furchterregenden Anthropophagi, die den Mund auf der Brust trugen.

Bilder wie dieses (Kupferstich von von Theodor de Bry, 1562) tauchten in europäischen Reiseberichten auf und sollten zeigen, wie sich die nackten Ureinwohner als Kannibalen an Menschenfleisch gütlich taten.

Konnte es wirklich sein, dass nicht Ungeheuer, sondern richtige Menschen in angeblich paradiesischer Unschuld lebten? Waren sie irgendwie dem Fluch der Erbsünde entronnen? Und wenn ja, wie?

Leider ließ sich der Gedanke, diese Einheimischen seien die vergessenen, unverdorbenen Nachkommen Adams, nicht mit dem sehr weltlichen Wunsch vereinbaren, den Mangel an Schatzfunden auf den ersten Expeditionen auszugleichen. Die Berichte der ersten europäischen Entdecker waren bis 1507 von so manchen Redakteuren und Auftraggebern verfälscht worden und besagten nun, die Länder im Westen seien eine rechtmäßige Quelle für Sklaven.

Bilder, die zusammen mit Vespuccis zweitem Reisebericht erschienen, zeigen eine Landkarte des südamerikanischen Kontinents, der nach dem italienischen Entdecker mit dem Namen »Amerika« bezeichnet wird. Außerdem sieht man darauf eingeborene Kannibalen, die sich am Fleisch menschlicher Beine, die auf einem Rost gegrillt werden, gütlich tun. Das Vorbild hatte Heinrich der Seefahrer schon in den dreißiger Jahren des 15. Jahrhunderts geliefert, als er seine afrikanischen Sklaven als »wilde Menschen aus den Wäldern« bezeichnete. Als Vespucci und Kolumbus nach späteren Reisen über den Kannibalismus einiger Stämme amerikanischer Ureinwohner (insbesondere der Kariben) berichteten, sorgten sie für Aufregung. Vespucci behauptete, die Kannibalen würden sich mit gefangenen Frauen paaren, »und wenn sie dann nach einiger Zeit die satanische Wut überkommt, schlachten sie die Mütter und Kinder und fressen sie auf«.[7]

Stimmte das? Oder hatte Vespucci seine Berichte ausgeschmückt, damit sie seinem wichtigsten Geldgeber und früheren Arbeitgeber Gianatto Berardi besser gefielen? Dieser, ein italienischer Sklavenhändler, hatte sich zusammen mit einem Syndikat aus Adeligen und Bankiers aus Genua für die spanische Erforschung des Atlantiks eingesetzt. Diese Gruppe war es auch, die Kolumbus am Hof von Kastilien in einem so vorteilhaften Licht darstellte.[8]

Der Transport und Verkauf vorwiegend afrikanischer **Sklaven** war für die muslimischen Kaufleute seit Jahrhunderten ein profitables Geschäft gewesen (siehe Seite 346). Die europäischen Atlantikentdecker fanden jedoch für die Sklaven sehr schnell einen neuen Verwendungszweck als Arbeitskräfte in der Landwirtschaft. Im Jahr 1419 entdeckten zwei portugiesische Kapitäne, die in Diensten Heinrichs des Seefahrers standen, die bis dahin unbewohnte Atlantikinsel Madeira. Heinrich kam auf die Idee, die Inseln durch Anbau von Zuckerrohr zur Mehrung des Reichtums zu nutzen – die Pflanze, die islamische Kalifen von Córdoba (siehe Seite 305) aus Südostasien nach Spanien eingeführt hatten, war so kostbar wie ein Gewürz.

Die Zuckerproduktion ist sehr arbeitsintensiv, das Zuckerrohr muss von Hand gepflanzt werden. Mit dem reichhaltigen Nachschub billiger afrikanischer Sklaven sorgte Heinrich dafür, dass die Zuckerproduktion in Madeira seit ungefähr 1450 zu einem neuen Modell für die Schaffung von Reichtum wurde: Wertvolle Nutzpflanzen, die im richtigen Klima angebaut und von kostenlosen Arbeitskräften gepflegt wurden, erwiesen sich als äußerst gewinnbringend. Es dauerte nicht lange, dann hatten alle Entdecker, die ihre Unternehmungen zu einem echten finanziellen Erfolg machen wollten, die Methode übernommen. Kolumbus selbst führte das Zuckerrohr auf seiner zweiten Reise in der Karibik ein, jener Expedition, bei der er auch erstmals die Einheimischen versklavte.

Im Jahr 1500 hatte sich Madeira von einer autarken Gemeinschaft aus ungefähr 500 Siedlern in eine Kolonie verwandelt, die sich mit einer Bevölkerung von 20 000 Menschen – in ihrer Mehrzahl Sklaven – ausschließlich dem Zuckerrohranbau widmete. Zwischen 1450 und 1500 transportierten die Portugiesen mehr als 150 000 Sklaven in ihre Überseegebiete.[9]

Während einerseits der Sklavenhandel für europäische Investoren höchst reizvoll war, übte andererseits der Gedanke, die Seelen dieser armen Teufel zu retten, auf die christliche Kirche eine ebenso große Anziehungskraft aus. Vielleicht konnte man ja durch die Erkundung der Meere endlich eine Verbindung zum sagenumwobenen Reich des Priesterkönigs Johannes herstellen? Dieser christliche König war angeblich irgendwann kurz nach dem Tod Jesu im Land der Heiden gestrandet. Schon die europäischen Kreuzfahrer hatten jahrhundertelang nach seinem Königreich gesucht. Als die Ritter des fünften Kreuzzuges in Ägypten von den Invasionen des Dschingis Khan im Jahr 1221 erfuhren, glaubten sie, er sei vielleicht der legendäre Priesterkönig.

Weltkarten und Heldenberichte der ersten Entdecker wurden für deutsche Verleger, die kurz zuvor erstmals in

Europa eine Druckpresse mit beweglichen Metalllettern entwickelt hatten, zu einem Verkaufsschlager. Das Verdienst, um 1450 diese folgenschwere Erfindung gemacht zu haben, wird traditionell Johannes Gutenberg zugeschrieben, die erste Apparatur mit beweglichen Lettern erdachte aber nach heutiger Kenntnis der chinesische Erfinder Bi Sheng schon um 1040: Seine Lettern bestanden aus Porzellan. Bewegliche Lettern aus Metall tauchten in Korea um 1230 zum ersten Mal auf.

In Asien setzte sich das System aber nie durch, weil der Druck einer Sprache mit Tausenden von Schriftzeichen einfach zu schwierig ist. In Verbindung mit einem alphabetischen System aus nur 26 Symbolen jedoch bedeuteten die Lettern, die sich immer neu anordnen und zu Druckplatten verbinden lassen, eine Umwälzung für die massenhafte Produktion von Druckerzeugnissen. Vespuccis MUNDUS NOVIS erschien zwischen 1504 und 1506 in 23 Auflagen und wurde damit zum HARRY POTTER seiner Zeit.

Die Nachrichten über die Abenteuer von Kolumbus und Vespucci verbreiteten sich schnell. Auch die Herrscher anderer Länder finanzierten nun eigene Expeditionen. Einer von ihnen war Heinrich VII. von England, der dem Seefahrer John Cabot aus Genua eine Reise genehmigte; finanziert wurde sie von Kaufleuten aus Bristol. Cabot wollte in den Osten gelangen, indem er nach Westen segelte und einen Seeweg nördlich des heutigen Kanada erkundete. Diese Route war nach seinen Berechnungen schneller und kürzer als die, welche Kolumbus weiter südlich eingeschlagen hatte. Er erreichte 1496 auch die Ostküste Kanadas, im folgenden Jahr jedoch, während seiner zweiten Reise, verschwand er unter mysteriösen Umständen auf hoher See. Die Nordwestpassage, nach der er suchte, war im Sommer 2007 aufgrund der globalen Erwärmung zum ersten Mal befahrbar (siehe Seite 493).

Zur gleichen Zeit bemühten sich die Portugiesen hektisch weiter um eine Route in den Osten, hatten sie doch aufgrund des Abkommens mit Spanien die Sicherheit, dass sie – zumindest vorerst – auf alles, was sie entdeckten, berechtigten Anspruch erheben konnten.

Der erste portugiesische Seefahrer, der nach Indien gelangte, war **Vasco da Gama**: Er traf am 14. Mai 1498 in Kalikut ein. Mit seiner Reise bewies er, dass die Route rund um Afrika den schnellsten und einfachsten Seeweg in den Osten darstellte. Da er den indischen Kaufleuten auf seiner ersten Reise peinlicherweise so gut wie nichts für ihre Seide und Gewürze anbieten konnte, musste er das Land schnell wieder verlassen: Eine verärgerte muslimische Menge machte sich über ihn lustig, weil er nichts Wertvolles als Bezahlung mitgebracht hatte. Im Jahr 1502 machte sich da Gama in Begleitung von 20 Kriegsschiffen erneut auf den Weg. Diesmal brachte er mithilfe einer Kombination aus Piratenüberfällen und Nötigung eine Menge Seide und Gold mit nach Hause. Seine Reise verschaffte Portugal die ersten direkten Exklusivrechte für den Handel mit Indien, und die früheren Vereinbarungen mit überbezahlten muslimischen Kaufleuten, die den Landweg nahmen, wurden gekündigt. Nach einem Überfall auf ein muslimisches Schiff, das auf dem Heimweg von Mekka war, schloss da Gama die 380 Männer, Frauen und Kinder, die sich an Bord befanden, in

den Laderaum ein und setzte das Schiff in Brand. Die Episode war ebenso brutal wie symbolträchtig. Die indischen Herrscher begriffen schnell.

* * * * *

Portugiesische Entdecker richteten Siedlungen an den Küsten des arabischen Golfes, Indiens und Indonesiens ein und gelangten sogar bis nach Japan. Goa, Hormus, Malakka, Kochi, die Molukken und Nagasaki wurden zu ihren Handelsstützpunkten. Nachdem sie der osmanischen Flotte in der Schlacht von Diu vor der Westküste Indiens im Februar 1509 eine verheerende Niederlage bereitet hatten, waren sie die uneingeschränkten Herrscher der Meere.

In dieser Schlacht besiegten die portugiesischen Streitkräfte nicht nur die osmanische Flotte, sondern auch die Venezianer, die sich mit den Türken zusammengetan hatten, um die Quelle ihres Reichtums zu schützen – dieser war schließlich vom Handel mit den Muslimen abhängig. Das Bündnis zwischen Venedig und den Türken ging auf einen 1503 unterzeichneten Friedensvertrag zurück, der venezianischen Kaufleuten auf osmanischem Gebiet neue wirtschaftliche Vorrechte sicherte.

Die portugiesischen Kaufleute konnten nun nicht nur ihre eigenen exklusiven Handelsbeziehungen nach Asien einrichten, sondern sie waren auch als Transporteure zwischen den verschiedenen Häfen des Ostens tätig, womit sie zusätzlich Geld verdienten.

Ebenso wichtig war die Entdeckung Brasiliens durch den Portugiesen Pedro Cabral am 22. April 1500. Ob er absichtlich dorthin segelte oder durch einen Sturm abgetrieben wurde, ist bis heute umstritten; in jedem Fall waren aber die Küstenregionen dieses Landes legitimes portugiesisches Territorium, lagen sie doch knapp östlich der Linie, die im Vertrag von Tordesillas festgeschrieben war. Die Siedler begannen, mit dem damals üppig vorhandenen Brasilholz zu handeln, dem das Land seinen Namen verdankte. Man fällte die Bäume wegen ihres kostbaren roten Farbstoffes, mit dem man Luxustextilien und Samt färben konnte. (Bis zum 18. Jahrhundert waren nahezu alle Brasilholzbäume gefällt, und heute sind die Brasilholzbäume eine vom Aussterben bedrohte Art.) Seit den 1530er Jahren traten Zuckerrohrplantagen, die von einheimischen Sklaven bearbeitet wurden, als wichtigste Einnahmequelle der portugiesischen Kolonialherren an die Stelle der Rodungen; damit verstärkte sich der neue Trend, Nutzpflanzen auf einer Seite der Welt anzubauen und sie dann auf die andere zu transportieren.

Weiter nördlich waren die spanischen Eroberer nach ihrem kürzlich errungenen Sieg über die Muslime von Granada darauf aus, ihr Vermögen durch

Vasco da Gama fuhr mit seiner Karavelle um die Südspitze Afrikas in die Gewürzanbaugebiete des Fernen Ostens, wo er sich mit harter Hand gegen die dort ansässigen muslimischen Kaufleute und Herrscher durchsetzte.

Eroberungen in anderen Ländern weiter zu vergrößern. Hernán Cortés und Francisco Pizarro nutzten die von Kolumbus eingerichteten Siedlungen auf Hispaniola und Kuba als Ausgangspunkte für einige der verheerendsten europäischen Eroberungsfeldzüge aller Zeiten; es waren Abenteuer, die zur völligen Auslöschung der mittel- und südamerikanischen Azteken- und Inkareiche führten.

Wie gelang es einigen Hundert berittenen spanischen Männern, innerhalb weniger Jahre nach ihrer ersten Landung an der amerikanischen Küste ganze Imperien zu stürzen, zu denen insgesamt schätzungsweise 25 Millionen Menschen gehörten?[10] Lange Zeit glaubten die Historiker, die Reiche der Azteken und Inka müssten eine sehr geringe Bevölkerungszahl gehabt haben, und nur deshalb hätten es die spanischen Soldaten so einfach gehabt, die Macht zu übernehmen. Man vermutete, dass es sich um primitive Gesellschaften handelte, die dicht am Existenzminimum lebten, und dass diese Menschen sich mit primitiven Gewehren und stählernen Schwertern leicht besiegen ließen. Als jedoch Ende des 19. und Anfang des 20. Jahrhunderts klar wurde, wie groß und hoch entwickelt ihre Imperien waren, wurde das Thema zum Gegenstand immer neuer Spekulationen, Umdeutungen und Diskussionen.

Die historischen Aufzeichnungen über die tatsächlichen Geschehnisse wurden vorwiegend von den siegreichen Eroberern selbst verfasst und sind deshalb gegenüber den Einheimischen voreingenommen. Es sieht aber so aus, als hätten Cortés, Pizarro und ihre Krieger den Erfolg einer tödlichen Mischung aus Glück, Durchtriebenheit und Naturkräften zu verdanken gehabt.

Als **Hernán Cortés** im Frühjahr 1519 auf der Halbinsel Yucatán landete, hatten seine elf Schiffe insgesamt 110 Seeleute, 530 Soldaten, einen Arzt, einen Zimmermann, ein paar Frauen und einige Sklaven an Bord. Mit ihnen widersetzte er sich dem in letzter Minute ergangenen Befehl des spanischen Gouverneurs von Kuba, seine Mission aufzugeben. Der Gouverneur Diego Velázquez de Cuéllar widerrief Cortés' Auftrag, kurz bevor dieser nach Mexiko aufbrach, denn er fürchtete, Cortés werde seine Ankunft nur als Ausgangspunkt für Invasion und Eroberungen nutzen. Als Ersatzbefehlshaber wurde der Kapitän Luis de Medina eingesetzt, aber den ließ Cortés ermorden, bevor er im Hafen eintraf.

Ein zweites Mal hatte Cortés Glück, weil sich in seiner Besatzung ein Spanier befand, der bei einer früheren, 1511 gestarteten Expedition Schiffbruch erlitten hatte. Gerónimo de Aguilar war von den einheimischen Azteken gefangen genommen worden und hatte während der vorangegangenen acht Jahre als Sklave bei ihnen gelebt, wobei er ihre Sprache und ihre Sitten kennengelernt hatte. Außerdem hatte Cortés eine hübsche junge Einheimische namens Malintzin gefangen genommen, die nicht nur die Aztekensprache Nahuatl beherrschte, sondern auch die Sprache der Maya, die auf der mexikanischen Halbinsel gesprochen wurde. Mit diesen beiden Dolmetschern konnte Cortés sich bei allen verständlich machen, die ihm auf seiner Suche nach dem Gold über den Weg liefen.

Malintzin wurde später Cortés' Geliebte und ließ sich auf den Namen Doña Marina taufen. Sie war auch als La Malinche bekannt. Mit Cortés hatte sie einen Sohn, der zu einem der ersten Mischlinge oder »Mestizos« wurde. Bei den Mexikanern gilt sie heute als die Verkörperung des Verrats, aber auch als Mutterfigur.

Mit dem wichtigen Hilfsmittel einer reibungslosen Verständigung konnte Cortés ein Militärbündnis mit den beiden einheimischen Kulturen der Totonaken und Tlaxcalteken aushandeln. Dass beide Völker kurz zuvor gewalttätige Angriffe ihrer Feinde, der Azteken, erlebt hatten, war zum Teil auf den Klimawandel zurückzuführen. Die »Blumenkriege« wurden durch die schwere Dürre in der Region ausgelöst, welche die Azteken veranlasste, bei den Nachbarstämmen nach Gefangenen zu suchen, die man den Göttern bei der Bitte um Regen als Opfer darbringen konnte (siehe Seite 282).

Unterstützt von 3000 einheimischen Kriegern, rückte Cortés auf Cholula vor, die heilige Stadt der Azteken. Doña Marina warnte ihn vor einem von den Bewohnern geplanten Hinterhalt, also nahm Cortés die Stadt ein, ermordete ihre Bürger und steckte die Häuser in Brand. Die Nachricht verbreitete sich schnell. In dem Bestreben, einem ähnlichen Schicksal zu entgehen, verbündeten sich die Einheimischen aus der Region mit Cortés, oder sie gingen ihm geflissentlich aus dem Weg. Drei Monate später, im November 1519, stand der Spanier mit seiner Armee endgültig vor der prächtigen Hauptstadt des Aztekenreiches.

Tenochtitlán, das mitten in einem See erbaut war und Zugänge über drei getrennte Dämme besaß, war eine sagenumwobene, künstliche Welt aus Kanälen, Gehwegen und Brücken – ein Venedig Mittelamerikas. Kanus transportierten Waren und Menschen unter den Brücken hindurch und über ein riesiges Netz aus fünf miteinander verbundenen Seen. Zwei Terrakotta-Aquädukte, jeder sechs Kilometer lang, leiteten das Badewasser aus nahe gelegenen Quellen ins Stadtzentrum – wie die Römer, so waren auch die 200 000 Bewohner von Tenochtitlán große Liebhaber entspannender Bäder. In der Regel gingen sie zweimal täglich ins Wasser und reinigten sich mit Seife, die man aus den Wurzeln einer Pflanze namens »Copalxolotl« herstellte. Schwangere Frauen und reiche Bürger erfreuten sich sogar des Luxus der »Temazcalli«, einer Sauna in igluähnlichen Bauwerken, in denen

Der Conquistador Hernán Cortés und seine einheimische Geliebte, die auf den Namen Doña Marina getauft wurde. Ihre Mehrsprachigkeit trug entscheidend zum Erfolg seiner Invasion bei.

Arzneikräuter auf erhitztes Vulkangestein gelegt wurden und lindernde, entspannende oder heilende Dämpfe abgaben. Durch die Stadt zogen sich drei Hauptstraßen, die jeweils in einen der Dämme zum Festland mündeten. Im Zentrum standen 45 öffentliche Gebäude, darunter Schulen, Tempel und – am wichtigsten von allen – ein heiliger Ballspielplatz.

Zu der Zeit, als Cortés in das Aztekenreich eindrang, wurde dieses von einem König namens **Moctezuma** beherrscht, der für seine Gastfreundschaft bekannt war. Er konnte es sich leisten. Sein Palast hatte mehr als 100 Schlafzimmer, jedes davon mit eigenem Bad. Auf dem Gelände befanden sich zwei Zoos, ein botanischer Garten und ein Aquarium, Einrichtungen, die von mehr als 300 Bediensteten instand gehalten wurden. Nachts schwärmten rund 1 000 Reinigungskräfte in den Straßen der Stadt aus. Abfälle wurden von Booten eingesammelt, und sogar die Exkremente der Menschen wurden wiederverwertet und an die Bauern als Dünger verkauft. Als Cortés im Winter 1519 dort eintraf, war Tenochtitlán eine der größten Städte der Welt und – abgesehen von dem traditionell unersättlichen Bedürfnis nach Menschenopfern – vielleicht auch die am höchsten zivilisierte.

Eineinhalb Jahre nach Cortés Ankunft war Tenochtitlán und mit ihm der Schlüssel zur gesamten Hochkultur der Azteken in spanische Hände gefallen. Nachdem Moctezuma den Spanier und seine Armee als Gäste willkommen geheißen hatte – nach einer Theorie glaubte der Aztekenherrscher, die Spanier seien Götter und würden eine alte Prophezeiung seines Volkes erfüllen – fand er sich wenig später in seinem

Moctezuma, der letzte Aztekenkönig, in einer Darstellung aus Italien. Seine großzügige Gastfreundschaft gegenüber den spanischen Abenteurern sollte sich später als verhängnisvoll erweisen.

eigenen Palast als Gefangener wieder. Als Preis für seine Freiheit verlangte Cortés eine Riesenmenge Gold. Als die Wochen verstrichen und die Schätze in Schatullen der Spanier flossen, machte sich in der Stadt ein immer stärkerer Widerwille gegen Cortés' Krieger, ihre einheimischen Verbündeten und die gewaltige Lösegeldforderung breit. Ein halbes Jahr nach Beginn der Besetzung, während eines religiösen Festes der Azteken, gerieten die Spanier in Panik: Nach spanischen Berichten hegten sie den Verdacht, dass die Einheimischen ein Mordkomplott geschmiedet hatten. Daraufhin legten sie vorbeugend einen Hinterhalt, und an dem Abend, als die Feierlichkeiten ihren Höhepunkt erreichten, wurden Hunderte von Azteken ermordet. Cortés war zu diesem

Zeitpunkt gerade unterwegs, um gegen spanische Truppen zu kämpfen, die der wütende, von ihm zuvor hintergangene Gouverneur von Kuba geschickt hatte, um ihn festzunehmen. Jetzt eilte er in die Stadt zurück, um die Ordnung wiederherzustellen. Nachdem die neu hinzugekommenen spanischen Soldaten seine Berichte über Reichtümer und Gold vernommen hatten, wechselten die meisten von ihnen die Seiten, was seine Streitkräfte weiter anwachsen ließ.

Die wütenden Azteken befanden sich jetzt in einem regelrechten Aufstand. Sie warfen Steine und Speere auf ihren Marionettenkönig Moctezuma, den Cortés in dem Bemühen, die Unruhen zu besänftigen, auf einem Balkon zur Schau stellte. Einige Tage später war der König tot. Über die genauen Todesursachen gibt es unterschiedliche Berichte. Möglicherweise wurde er von den Spaniern getötet, die ihn mittlerweile für eine Belastung hielten. Vielleicht hatte auch einer seiner erniedrigten Untertanen einen Treffer gelandet.

Angesichts der zunehmenden Feindseligkeit der Azteken fürchteten die Spanier seit Anfang Juli 1520 wieder zunehmend um ihr Leben. In einem verzweifelten Versuch, ihre Haut zu retten, schlichen sie sich eines Nachts bei völliger Dunkelheit aus der Stadt, aber als sie den Damm überquerten und sich nur noch wenige Meter vor dem rettenden Festland befanden, wurden sie entdeckt. Die nun folgende, wütende Schlacht forderte auf beiden Seiten Hunderte von Todesopfern: Die ganze Episode wird heute als »La Noche Triste« (»die traurige Nacht«) bezeichnet. Viele Spanier ertranken im See, unter Wasser gezogen vom Gewicht des Goldes, das sie bei sich trugen. Cortés und die meisten seiner Befehlshaber konnten sich den Weg freikämpfen und erreichten schließlich auf der anderen Seite des Sees die sichere Zuflucht ihrer einheimischen Verbündeten vom Stamm der Tlaxcalteken.

Seinen neuen Gastgebern versprach der gerissene Cortés, sie könnten sich als Gegenleistung für ihre Loyalität den höchsten Preis, die Stadt Tenochtitlán, ohne Tributzahlung aneignen, sobald sie gefallen sei. Aber jetzt griff auch die Natur selbst ein. Unter den Azteken machte sich eine Krankheit breit: die Pocken, die vermutlich von einem afrikanischen Sklaven eingeschleppt wurden. Er könnte zu der Streitmacht gehört haben, die der Gouverneur von Kuba ausgeschickt hatte, um Cortés festzusetzen, und kam vermutlich in den Kämpfen während der Flucht aus Tenochtitlán ums Leben.

Ansteckende Krankheiten wie Pocken, Masern, Typhus und Grippe haben ihren Ursprung in großen Säugetieren, unter anderem in Kühen, Schweinen und Schafen.[11] Nachdem die Tiere domestiziert wurden, übersprangen die Erreger die Artgrenzen und entwickelten sich bei Menschen zu neuen, bisweilen tödlichen Formen weiter. Da es solche Säugetiere in Amerika nicht gab, hatte sich bei den dortigen Ureinwohnern, anders als bei Europäern, auch keine Immunität gegen derartige Infektionen entwickelt.

Durch die Epidemie kamen innerhalb eines Jahres ungefähr 40 Prozent der Aztekenbevölkerung ums Leben. Angesichts der Krankheit und der Belagerung durch Cortés' Armee, die Tenochtitlán von der Lebensmittel- und Wasserversorgung abschnitt, kam die Stadt schließlich zu Fall. Während der Belagerung, die 80 Tage dauerte, fanden nach Schätzungen bis zu 240 000 Azteken den Tod. Am 13. August 1521 kapitulierte der neue Aztekenkönig Cuauhtémoc und lieferte sich selbst den Spaniern als Geisel aus. Er wurde ins Gefängnis geworfen, gefoltert und später auf Anordnung von Cortés hingerichtet.

Insgesamt hatten 200 000 Einheimische auf Seiten der Spanier gekämpft, aber obwohl ihre Hilfe unentbehrlich gewesen war, löste Cortés sein Versprechen, sie zu belohnen, nicht ein. Aus Angst vor weiteren Aufständen tötete er stattdessen ihre Könige. Tenochtitlán wurde geplündert und bis auf die Grundmauern niedergebrannt. Wenig später legte man an seiner Stelle die ersten Fundamente für das moderne Mexico City.

Jetzt war der Weg frei für die Besiedelung und Eroberung der ganzen Region durch die Spanier. Für Neuspanien, wie man es jetzt nannte, wurde 1524 ein Vizekönig ernannt. Im Laufe der nächsten 60 Jahre hatte die militärische Überlegenheit der Spanier in Verbindung mit den Pocken verheerende Folgen für die Bevölkerung der Ureinwohner. Spanische Soldaten, die in der mittlerweile über ganz Mexiko verbreiteten Armee gedient hatten, wurden mit Teilen des neu eroberten Landes bezahlt. Dieses System der »Encomienda«, das man schon 1498 auf Hispaniola eingeführt hatte, wurde jetzt auf alle neu eroberten Territorien ausgeweitet. Es bedeutete, dass man den Einheimischen ihr Land wegnahm und sie zu den Sklaven ihrer neuen Herren machte. Erst 1791 wurde diese Vorgehensweise abgeschafft. Silberminen wie die von Potosí entdeckte

Azteken und spanische Streitkräfte treffen bei der Schlacht um Tenochtitlán aufeinander. Ohne Hilfe der einheimischen Feinde der Azteken und ohne den natürlichen Fluch der Pocken hätte Cortés nie den Sieg davontragen können.

Atahualpa, der letzte souveräne Inkakaiser, wurde 1533 von spanischen Invasoren hingerichtet, nachdem er in eine raffinierte Falle gegangen war.

man 1546 auch in Zacatecas im Norden von Mittelmexiko, und das führte zu einer weiteren Einwanderungswelle spanischer Siedler, die schnell reich werden wollten. Um sich Sklaven als Arbeitskräfte zu verschaffen, überfielen sie einheimische Dörfer.

Zur gleichen Zeit versuchte **Francisco Pizarro**, der ein Cousin zweiten Grades von Cortés war, ein wenig weiter südlich ebenfalls sein Glück. Er hatte 1529 die königliche Genehmigung für die Eroberung Perus erhalten, und als die Kräfte der Natur in Form ansteckender europäischer Krankheiten über die einheimische Bevölkerung hinwegfegten, verbesserten sich seine Erfolgsaussichten schnell. Im Frühjahr 1532 landete Pizarro mit einer kleinen Streitmacht an der Küste des heutigen Ecuador. Als Vizekönig des neuen spanischen Königs kam er mit dem Auftrag, sich den Reichtum des mächtigen Inka-Sonnenreiches zu sichern.

Das Inkareich war durch die Pocken bereits erheblich geschwächt; 1526 waren der König Huayna Cápac und ein großer Teil seines Hofstaates an der Krankheit gestorben. Ihr Tod stürzte das Reich in einen Bürgerkrieg zwischen seinen Söhnen **Atahualpa** und Huáscar; als Pizarro eintraf, herrschte also bei den Inka bereits großes Chaos.

Das ist eine Erklärung dafür, warum Pizarro mit nur 106 Fußsoldaten, 62 Reitern und drei Kanonen eine Inkaarmee besiegen konnte, die nach Schätzungen 80 000 Mann stark war. Angesichts einer derart unglaublichen Übermacht bediente sich Pizarro einer Taktik, die er von seinem Vetter Cortés gelernt hatte: Am 16. November 1532 lockte er Atahualpa und seine Anhänger in eine Falle. Über einen Dolmetscher (auch er ein Glücksfund) wurde die Vereinbarung getroffen, dass spanische Abgesandte auf dem Hauptplatz einer Bergstadt namens Cajamarca mit dem König zusammentreffen sollten, um Geschenke und Freundschaftsbezeugungen auszutauschen.

Atahualpa verließ seine gewaltige Armee, die außerhalb der Stadtmauern ein Lager bezogen hatte. Als er sich dem Marktplatz der Stadt näherte, begleitete ihn ein kleines Gefolge aus Adligen und Konkubinen. Als Zeichen der Freundschaft und des Vertrauens ließ er seine Waffen zurück. Unsere Kenntnisse über das, was nun geschah, stammen aus schriftlichen Berichten der Spanier. Sie behaupten, man habe dem König eine Bibel gegeben und ihm befohlen, seiner heidnischen Religion zu entsagen und das Wort Jesu Christi anzuerkennen. Als Atahualpa die Bibel verwirrt zu Boden fallen ließ, tauchten rund um den Platz Pizarros Leute auf und drangen zu Pferde auf ihn ein, während gleichzeitig eine Kanone abgefeuert wurde. Der Überraschungsangriff löste Panik aus. Der König und sein Gefolge hatten noch nie Pferde gesehen oder Gewehrfeuer gehört. Viele unbewaffnete Inka wurden ermordet, den König selbst nahm man gefangen und schloss ihn in einen kleinen steinernen Raum ein.

Auf diese Weise führerlos geworden, flüchtete die Armee der Inka in heller Panik. Während der nächsten Monate wurde Atahualpas »Lösegeldzimmer« mit Schätzen gefüllt, weil man glaubte, dies werde am Ende zu seiner Freilassung führen. Als man ihn aber wegen zwölf angeblicher Verbrechen anklagte, darunter Aufstand gegen die Spanier, Götzenverehrung und der Mord an seinem Bruder Huascar, war sein Schicksal besiegelt.

Nach achtmonatiger Gefangenschaft wurde Atahualpa aus seiner Kammer gezerrt, an einen Pfahl gebunden und aufgefordert, sich vor den versammelten Conquistadoren auf einen Stuhl zu setzen. Durch eine Zwangstaufe blieb es ihm erspart, bei lebendigem Leib als Ketzer verbrannt zu werden. Glaubt man dem Tagebuch eines Spaniers, weinte der Inkakönig und appellierte an Pizarro, dieser solle sich um seine beiden Söhne und seine Tochter kümmern. Die übrigen Adligen und Frauen der Inka, die noch in seiner Begleitung waren, begannen ebenfalls zu schluchzen und warfen sich auf den Boden. Man legte Atahualpa ein Seil um den Hals, und mit einer kräftigen Drehung an beiden Enden wurde er erdrosselt. Sein Leichnam blieb die ganze Nacht auf dem Platz, in sitzender Haltung auf dem Stuhl und an einem Pfahl festgebunden. Sein Kopf hing nach einer Seite, seine Arme und Beine waren von Blut bedeckt.[12]

Wie in Mexiko, so wechselten auch hier die Stämme, die bisher zu den führerlosen Inka gehalten hatten, die Seiten und halfen den Spaniern bei der Eroberung der Hauptstadt Cuzco. Pizarro setzte dort einen Marionettenkönig ein, aber der starb wenig später an den Pocken, die noch immer unter den Einheimischen wüteten.

Nun wurde in Cuzco eine spanische Stadt errichtet, und Pizarro gründete Lima als die Hauptstadt des spanischen Reiches in Südamerika. Der Ort war vom Meer aus leicht zu erreichen. In den folgenden zehn Jahren litt die spanische Eroberung aber unter Kämpfen zwischen den Conquistadoren, in deren Verlauf schließlich auch Pizarro ums Leben kam. Am Abend des 26. Juni 1541 tötet ihn eine Bande von zwölf Männern im Auftrag seines Erzrivalen Diego de Almagro, der glaubte, man habe ihn um seinen rechtmäßigen Anteil an dem Schatz aus Atahualpas Lösegeldzimmer gebracht. Nachdem die Mörder mehrere Male auf Pizarro eingestochen hatten, soll der Eroberer Perus auf dem Fußboden zusammengebrochen sein und mit seinem eigenen Blut ein Kreuz gezeichnet haben, während er Jesus Christus um Gnade anflehte.

Pizarro war vermutlich nicht der Einzige, der am Ende wegen seiner Taten gegenüber den Inka Gewissensbisse bekam. Mansio Serra de Leguizamon, ein Soldat aus seinen Streitkräften, schrieb 1589 ein Testament und adressierte es an den König Pilipp II. von Spanien. Es zeigt, wie sich angesichts der entsetzlichen Geschehnisse bei manchen Conquistadoren das Gewissen regte. Leguizamons letzte Gedanken kreisten um das Schicksal seiner Seele, und er schrieb die bewegenden Worte:

Entdeckungsreisen der Europäer
Die europäischen See- und Kaufleute ließen die Muskeln spielen, kartierten die Meere und eroberten abgelegene Inseln.

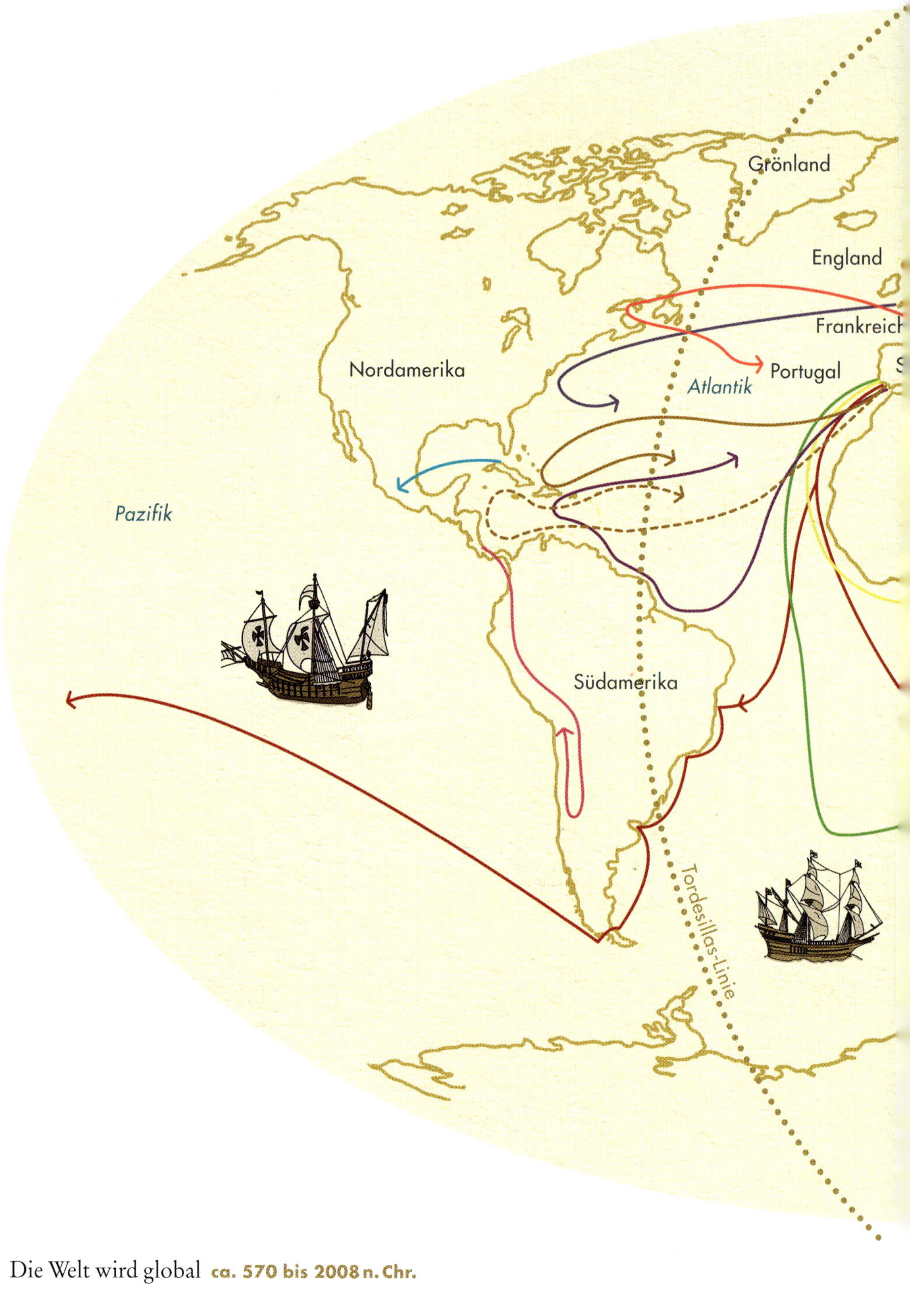

Diaz 1487–1488
Columbus 1492
Columbus 1493–1494
da Gama 1497–1498
Cabot 1497–1498
Vespucci 1501–1502
Cortés 1519
Magellan 1519–1522
Pizarro 1531
Cartier 1534–1541
Nordpolarmeer
Sibirien
Russland
China
Japan
Pazifik
Arabien
Indien
Philippinen
Afrika
Indischer Ozean
Australien
Kap der
Guten Hoffnung

Es sollte seiner höchst Katholischen Majestät zur Kenntnis gebracht werden, dass wir diese Region in einer Ordnung vorfanden, in der es keinen Dieb gab, keinen boshaften Mann und keinen Ehebrecher ... auch gab es keine unmoralischen Menschen, sondern sie waren zufrieden und ehrlich in ihrer Arbeit ... ich wünsche, dass Eure Katholische Majestät verstehen mögen, dass der Beweggrund, welcher mich zu dieser Aussage bewegt, der Frieden meines Gewissens ist, und die Schuld, welche ich teile. Denn wir haben durch unser bloßes Verhalten ein solches Staatswesen zerstört, an welchem diese Einheimischen sich erfreuten! Sie waren so frei vom Begehen von Verbrechen, dass der Indianer, welcher in seinem Haus den Wert von 100 000 Pesos in Silber oder Gold besaß, dieses offen ließ und nur einen kleinen Stock quer über die Tür steckte als Zeichen, dass er nicht zuhause war ... Jetzt aber haben sich diese Einheimischen durch das schlechte Beispiel, welches wir ihnen in allen Dingen gegeben haben, in Menschen verwandelt, die nicht oder nur sehr wenig Gutes tun, was Eurer Majestät Gewissen so berühren sollte, wie es meines berührt als eines der ersten Eroberer und Entdecker, und als etwas, das der Linderung bedarf.[13]

Wie viele amerikanische Ureinwohner in diesem Chaos aus Krieg, Krankheit und Sklaverei, das die spanische Invasion in Mexiko und Peru begleitete, ums Leben kamen, weiß niemand genau. Schätzungen reichen von zwei bis zu 100 Millionen. Über 90 Prozent von ihnen fielen vermutlich den europäischen **Krankheiten** zum Opfer, die damit den Lauf der Menschheitsgeschichte dramatisch veränderten und den Weg für die europäischen Kolonialmächte freimachten.

Bis 1546 hatten die Eroberer nicht nur in Mexiko, sondern auch in Peru die alten Silberquellen der Azteken und Inka entdeckt. In den Silberminen von Potosí arbeiteten jetzt Sklaven, und die neuen Reichtümer wurden in riesigen Mengen nach Hause zu der wachsenden Großmacht Spanien gebracht.

In Europa machten sich die spanischen Erfolge in der Neuen Welt und die portugiesische Vorherrschaft im Handel mit dem Fernen Osten immer stärker bemerkbar. **Karl V.**, ein Enkel von Ferdinand und Isabella, trat ein goldenes Erbe an: Es umfasste nicht nur das Königreich Spanien, sondern auch Gebiete in Italien, Österreich und den Niederlanden. Als er 1519 zum Kaiser des Heiligen Römischen Reiches gewählt wurde, kam auch Deutschland zu seinem Machtgebiet hinzu. Angesichts der erstaunlichen Siege von Cortés und Pizarro waren die italienischen Bankiers nun mehr denn je bereit, Karl mit Geld auszustatten und Schätze aus der Neuen Welt als Sicherheit zu akzeptieren. Das Geld steckte Karl in seine Armeen, mit denen er überall in Europa Krieg führte, um seine Besitzungen zu einem zusammenhängenden katholischen Gebiet zu vereinigen.

Nachdem Karls Schatullen bereits mit den Reichtümern aus Übersee gefüllt waren, gab ihm eine weitere gute Nachricht zusätzlichen Auftrieb. Der portugiesische Kapitän **Ferdinand Magellan**, der in Karls Diensten stand, war Richtung Westen über den Atlantik gesegelt, um die Gewürzinseln des Ostens zu finden; dabei hatte er ein Geheimnis gelüftet, das einigen Mitgliedern seiner Mannschaft ermöglichte, als Erste den ganzen Erdball zu umsegeln.

Nach einer epochalen dreijährigen Reise kehrten im Jahr 1521 18 Angehörige von Magellans ursprünglicher, 270-köpfiger Mannschaft, unter ihnen ein zahlender Tourist namens Antonio Pigafetta, schließlich mit dem Schiff VICTORIA nach Spanien zurück. Ihre Kabinen waren vollgestopft mit kostbaren Gewürznelken und anderen Spezereien – insgesamt waren es 26 Tonnen.[14]

Magellan selbst schaffte es nicht bis nach Hause. Nachdem er auf der Pazifikinsel Mactan einen Angriff auf eine Gruppe Einheimischer angezettelt hatte, wurde er von ihnen mit Speeren und Schwertern in Stücke gehackt.

Aber die abgekämpften Überlebenden auf der VICTORIA brachten eine Information mit, die viel wertvoller war als Nelken und andere Gewürze: Atlantik und Pazifik sind im Süden durch eine Meerenge (die später als Magellanstraße bezeichnet wurde) verbunden. Von nun an war es nicht mehr nötig, durch die gefährlichen Gewässer an der Südspitze Südamerikas zu segeln.

Aufgrund solcher Reisen wusste Karl nun um die wahre Ausdehnung der Landflächen auf der Erde. Die einstmals verborgenen Kontinente waren nunmehr auf den königlichen Landkarten eingetragen. Er kannte die genaue Größe der Erde, die schnellsten Seewege und die Richtung der Passatwinde, mit denen Kaufleute und Entdecker nach Norden, Süden, Osten und Westen segeln konnten. Was bedeutete dieses Wissen für seinen Ehrgeiz? Träumte er davon, der christliche Kaiser der ganzen Welt zu werden?

Welche Fantasien er auch gehabt haben mag, eines war sicher: Eine europäische Macht konnte von jetzt an nur noch Erfolg haben, wenn sie sich die Vorherrschaft auf den Meeren sicherte. Damit entwickelte sich für Europa sehr schnell eine neue strategische Richtung. Die Nationen mit den stärksten Flotten hatten bewiesen, dass sie Reichtümer aus allen Regionen der Erde heranschaffen konnten, ob sie nun aus anderen Reichen gestohlen waren, auf Plantagen im Ausland angebaut oder aus dem Boden hervorgeholt wurden. Einheimische Völker und Gefangene konnte man als Sklaven für sich arbeiten lassen, sei es in den Minen von Potosí oder in den Zuckerplantagen Brasiliens. Hier zeichnete sich ein Ausweg aus dem Elend des mittelalterlichen Europa ab – eine Lösung für Nahrungsknappheit, eine Befriedigung des Bedürfnisses nach Reichtum und ein Gegenmittel gegen die gefährliche Einkreisung durch die Ungläubigen.

KAPITEL 35

GIBT ES HIER EIN BIER?

WIE EUROPÄISCHE KAUFLEUTE UND RELIGIONSFLÜCHTLINGE IN ÜBERSEE ZU PIONIEREN EINER NEUEN LEBENSWEISE WURDEN UND AUF DIE IDEE KAMEN, GEWINNBRINGENDE NUTZPFLANZEN ANZUBAUEN, WOBEI WENIGE VON IHNEN SEHR REICH UND VIELE ANDERE SEHR ARM WURDEN

An einem kalten Tag im Frühjahr 1621 wurde eine Gruppe von 47 englischen Pilgern und ihren Familien in einen verzweifelten Kampf ums Überleben verwickelt. Ein halbes Jahr zuvor hatten sie mit ihrem Schiff, der MAYFLOWER, eine traumatische Reise von Plymouth über den Atlantik hinter sich gebracht. Aber seit sie im Nordosten Amerikas an Land gegangen waren, hatte die Katastrophe sie heimgesucht. Mehr als die Hälfte der Reisegruppe war an Krankheiten oder Hunger gestorben, und auch für die Übrigen waren die Aussichten düster. Das Land war im weiten Umkreis verlassen und öde. Lebensmittel und anderes Material wurden beängstigend knapp, und das Einzige, was sie auf der Welt besaßen, waren ein paar Holzhütten, die sie sich auf dem felsigen Untergrund gebaut hatten. Da sie nicht vergessen wollten, woher sie gekommen waren, tauften sie ihre neue Heimat auf den Namen Plymouth.

Man stelle sich ihre Überraschung vor, als an jenem hellen Morgen im März plötzlich ein junger, hoch gewachsener, gut aussehender amerikanischer Ureinwohner mitten in ihr Lager gelaufen kam und in gebrochenem Englisch sagte: »Willkommen, Freunde! Gibt es hier ein Bier?«

Was war in diese Pilger gefahren, dass sie Europa verließen und 5 000 Kilometer entfernt, auf der anderen Seite des Meeres, das Leben ihrer Familien aufs Spiel setzten? Wie kam es, dass dieser amerikanische Ureinwohner Englisch sprach? Warum wollte er ein Bier? Die Antworten auf solche Fragen liefern einen großen Teil der Erklärung dafür, was sich auf der Welt während der folgenden 200 Jahre abspielte, nachdem die ersten Weltumsegler im September 1522 mit Mühe und Not wieder den spanischen Hafen Sevilla erreicht hatten.

⁂ ✻ ⁂ ✻ ⁂

Die englischen Pilger waren über das Meer gekommen, weil Europa durch eine ganze Reihe bösartiger Religionskriege in Atem gehalten wurde. In Florenz hatten Savonarolas Klagen über den Missbrauch des Papsttums 1494 zu einer Revolution geführt (siehe Seite 355), aber die blieb noch eine begrenzte, norditalienische Angelegenheit. Nur 23 Jahre später jedoch, als Martin Luther seine 95 Thesen an die Tür der Schlosskirche in Wittenberg nagelte, sah die Welt bereits ganz anders aus. Dank Gutenbergs neu erfundener Druckpresse hatten mittlerweile die Herrscher in ganz Europa – von Deutschland, Holland und England bis nach Frankreich, Schweden und Dänemark – erfahren, welchen Reichtum man erwerben konnte, wenn man mit Sklaven, Gewürzen und Edelmetallen aus Übersee handelte.

Jede Ausrede, mit der man das kurz zuvor reich gewordene Spanien daran hindern konnte, die Vorherrschaft zu erringen, fiel auf fruchtbaren Boden. Die neidischen Konkurrenzmächte hatten ein gemeinsames Ziel, auch wenn ihre Einigkeit von Egoismus motiviert war und auf tönernen Füßen stand: Die Versuche Karls v., sein Erbe zu vereinigen, mussten um jeden Preis vereitelt werden. Der Schlüssel zu zukünftigem Wohlstand lag darin, Spaniens Seeherrschaft Konkurrenz zu machen, und das bedeutete, dass man ihm den Zugang zu lebenswichtigen Seehäfen in Nordeuropa verwehren musste.

Die offenkundigste Anhäufung von Reichtum, die es in Europa gab, lag zwar in Norditalien, aber weiter nördlich hatte ein anderes Handelsbündnis ständig an Macht und Einfluss gewonnen. Rund um die Ostsee lagen die Städte Danzig, Riga, Hamburg und Lübeck, die seit dem 13. Jahrhundert eine Handelsvereinigung bildeten, die Hanse. Durch den Handel mit profanen, aber notwendigen Produkten wie Wolle, Bauholz, Getreide und Fisch hatten diese Hafenstädte sich im Laufe der Zeit einen beträchtlichen Wohlstand erworben. Nach einem Krieg (1438 bis 1441), mit dem das Handelsmonopol der Hanse beendet worden war, hatten in Amsterdam ansässige

Britische Einwanderer erkunden im Winter 1620/21 von ihrem Schiff MAYFLOWER aus die nordamerikanische Küste.

niederländische Kaufleute einen großen Teil des früheren hanseatischen Reichtums für sich vereinnahmt. Wenn die Macht auf den Meeren eine entscheidende Voraussetzung für zukünftigen finanziellen und politischen Erfolg darstellte, war die Kontrolle über die Holzlieferungen, die zum Bau schlagkräftiger Flotten gebraucht wurden, der Schlüssel dazu.

Schon 1520 litten große Teile Europas unter einem chronischen Mangel an geeignetem Holz. Venedig war geschwächt, weil man über Jahrhunderte hinweg Wälder für den Schiffbau abgeholzt hatte, um sich die Vorherrschaft im Mittelmeerraum zu sichern. Jetzt war die Stadt gezwungen, in Handelsbeziehungen mit den Herrschern an der Küste Dalmatiens einzutreten, wo es noch die großen Fichten gab, die zum Bau der Schiffe gebraucht wurden.

Um die Reichtümer auf der anderen Seite des Atlantiks anzuzapfen, brauchte man neue Schiffstypen. Die Masten mussten hoch und so kräftig sein, dass sie auf hoher See dem Wind standhalten konnten; die Schiffe mussten so groß sein, dass sie schwere, eiserne Kanonen tragen konnten, und ihre Widerstandskraft musste für monate- oder sogar jahrelange Seereisen ausreichen. Verrottete, undichte Wasserfahrzeuge würden entweder von selbst sinken oder von den Gegnern versenkt werden. Das Holz für den Bau geeigneter Schiffe wuchs in den Eichenwäldern Südenglands und rund um die Ostsee. Aber nicht in Spanien. Karl v. konnte sich zwar seinen Nachschub in Übersee sichern, er wusste aber, dass seine Konkurrenten mit hohem Tempo eigene Flotten aufbauten.

Seine Rivalen durch Vereinigung seines Reiches von Italien bis zu den Niederlanden unschädlich zu machen, wurde für ihn zum vordringlichsten Ziel. Zusätzlich eröffnete sich damit die Möglichkeit, die Kontrolle über kostbare Rohstoffe zu gewinnen und damit weiteren Reichtum zu erwerben. Die Bemühungen, seine ererbten Herrschaftsgebiete im Norden und Süden zu vereinigen, wurden zu einer Besessenheit, von der seine Familie, die Habsburger, und das spanische Imperium sich nie wieder ganz erholten.

Zwischen 1494 und 1530 tobte zwischen den europäischen Mächten ohnehin bereits ein Konflikt, in dem Spanien und Frankreich mehrere Kriege um den Reichtum Italiens führten. Ihren Höhepunkt erreichten die Auseinandersetzungen, als Papst Clemens VII. die Seiten wechselte und nun Frankreich unterstützte, weil er fürchtete, Karl könne in der Region zu großen Einfluss gewinnen. Im Jahr 1527 marschierte Karls kaiserliche Armee nach Rom und besetzte die Stadt. Clemens kam nach Zahlung eines hohen Lösegeldes nur knapp mit dem Leben davon. Von diesem Augenblick an hielt der Papst es für das Beste, den Kaiser nicht mehr zu provozieren. Als nun der englische König Heinrich VIII. seine Scheidung von Karls Tante Katharina von Aragon verlangte, lehnte Clemens VII. energisch ab.

Es war eine folgenschwere Entscheidung. Heinrich, ein hitziger Charakter, war empört und erklärte sich selbst anstelle des Papstes zum Oberhaupt der englischen Kirche. Dies diente ihm dann als Rechtfertigung, um die Reichtümer der Kirche zu plündern. Mehr als 800 Abteien und Klöster, die über Jahrhunderte die Wälder gerodet hatten und dadurch wohlhabend geworden waren, wurden im Rahmen der berühmten »Auflösung der englischen Klöster« beschlagnahmt. Und was machte Heinrich mit dem Geld? Er ließ eine Flotte bauen. Als er 1547 starb, konnte die englische Royal Navy bereits 75 schwer bewaffnete Schiffe vorweisen.[1]

Mittlerweile hatte sich die Empörung über die Verfehlungen der römischen Kirche in ganz Europa zu einer richtiggehenden religiösen Spaltung ausgeweitet, die unter dem Namen **Reformation** bekannt wurde. Verschärft wurde dieser Prozess einerseits durch Luthers Protest gegen die Ablasszahlungen an die Kirche, welche die Menschen leisten mussten, damit ihnen ihre Sünden vergeben wurden, und andererseits durch die massenhaft gedruckte und verbreitete Beweisführung von Lorenzo Valla, wonach sich der päpstliche Anspruch auf Gebiete in Italien auf eine Lüge gründete (siehe Seite 355). Der wortgewaltige Luther erklärte, nur der Glaube an Jesus werde die Menschen von ihren Sünden retten, nicht aber die Zahlung von Steuern oder »gute Taten« nach den Vorschriften der katholischen Kirche. Andere Reformatoren, unter ihnen der französische Theologe Johannes Calvin (1509 bis 1564) glaubten, es habe bereits ein Auswahlprozess stattgefunden, womit im Voraus bestimmt sei, welche Seelen letztlich in den Himmel kommen. Daran, so Calvin, könne man auch mit noch so vielen Steuerzahlungen nichts ändern.

Zwischen Karls Königreichen im Süden – Spanien und Italien – und seiner niederländischen Heimat lagen Gebiete, die unter der Herrschaft deutscher Fürsten standen und sich im Norden bis zur Ostsee erstreckten. Offiziell waren diese Fürsten gegenüber Karl, der ja Kaiser des Heiligen Römischen Reiches

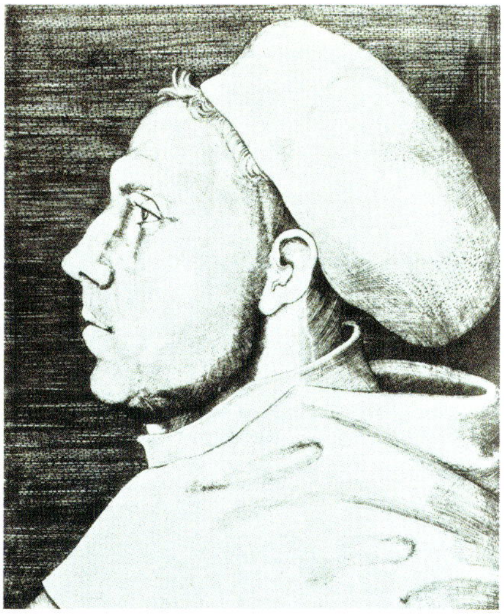

Der römisch-katholische Priester Martin Luther protestierte so lautstark gegen den Kirchenstaat in Rom, dass der Papst ihn exkommunizierte. Dies führte zu einer Kirchenspaltung.

war, zur Loyalität verpflichtet, aber einige von ihnen unterstützten Luther und seine Anhänger: Sie erkannten, dass der protestantische Glaube dem bewaffneten Widerstand gegen die immer bedrohlichere kaiserliche Autorität eine nützliche religiöse Rechtfertigung verleihen konnte.

Im Jahr 1529 wurde Luther von Papst Leo x. zum Häretiker erklärt und exkommuniziert. Der Kurfürst von Sachsen schützte ihn aber vor der Festnahme. Mit Karls Unterstützung hielt der Papst 1545 das Konzil von Trient ab, eine große Versammlung, mit der die Kirchenspaltung überwunden werden sollte; zu diesem Zweck sollte die katholische Kirche in einigen Aspekten reformiert werden und beispielsweise den Geistlichen eine geeignete Ausbildung angedeihen lassen. Die Führungsrolle in dieser Bildungsoffensive übernahm eine neue Bewegung frommer katholischer Missionare, die Jesuiten, die von dem früheren Ritter Ignatius von Loyola gegründet worden war. Diese »Soldaten Christi«, die dem Papst absoluten Gehorsam geschworen hatten, wollten die Botschaft der reformierten katholischen Kirche auf der ganzen Welt verbreiten. Aber es war zu spät. Obwohl 18 Jahre lang geredet wurde, konnte das Konzil nicht verhindern, dass ganze Länder und ihre Herrscher eigene, abgespaltene Kirchen gründeten.

Im Aufstieg der protestantischen Kirchen spiegelten sich die wachsende Unabhängigkeit und das Selbstvertrauen der neu entstehenden europäischen Mächte wider, insbesondere jener, die in enger Verbindung zu den wertvollen Handelswegen und Rohstoffen im Norden standen. Dank der Leistungen der ersten Entdecker sahen sie nun die Gelegenheit, durch den Überseehandel reich zu werden. John Cabot hatte die Kaufleute von Bristol bereits mit seiner Reise nach Nordamerika beeindruckt, und der französische Seefahrer Jacques Cartier unternahm in den 1530er Jahren im Auftrag des französischen Königs Franz I. mehrerer Expeditionen nach Kanada; dort sah er unter anderem als erster Europäer den St.-Lorenz-Strom.

Nach Karls Abdankung 1556 erreichten die Bemühungen der Habsburger, seine spanischen und nordeuropäischen Besitzungen zu vereinigen, ihren Höhepunkt. Zwischen Spanien und den 17 niederländischen Provinzen tobte 80 Jahre lang (1568 bis 1648) ein Krieg, den Karls Sohn und Nachfolger, der Kaiser Philipp II., begonnen hatte.

Aber dank der Reformation waren Aufstände gegen die kaiserliche Herrschaft jetzt viel einfacher zu rechtfertigen. Jede Seite konnte den allmächtigen Gott der Christen für sich beanspruchen und behaupten, sie allein verträte die einzig wahre Kirche. Es war der passende religiöse Konflikt für einen Kontinent, der bereits sprachlich und politisch zerstückelt war. Die entstehenden Nationen stürzten sich Hals über Kopf in eine gewalttätige Konkurrenz um den Zugang zu den weltweiten Ressourcen. Holland, Dänemark und Schweden wurden zu den glühendsten Vertretern des Protestantismus. Frankreich schwankte wie ein Fähnchen im Wind zwischen katholischem und reformiertem Glauben, und eine Zeit lang (1562 bis 1598) versank das Land in einem verzweifelten Religionskrieg, der Hunderttausende von Menschen das Leben kostete. Beigelegt wurde er erst, als der protestantische König Heinrich IV. sich bereit erklärte, zum Katholizismus überzutreten.

England hatte zwar schon frühzeitig die Verbindung zu Rom abgebrochen, aber die Frage, welchem Glauben man sich anschließen sollte, suchte auch dort bis weit ins folgende Jahrhundert hinein die Politik heim. Anfangs schwang das Pendel in Richtung der katholischen Seite: »Bloody Mary«, die Frau des Königs Philipp II. von Spanien, ließ während ihrer Herrschaftszeit (1553 bis 1558) wohlhabende Protestanten verfolgen, vor Gericht stellen und als Ketzer auf dem Scheiterhaufen verbrennen. Als dann aber ihre protestantische Halbschwester Elizabeth I. (Herrschaftszeit 1558 bis 1603) an die Macht kam, ging man pragmatischer vor. Sie eröffnete einen Mittelweg mit einer anglikanischen Kirche, die möglichst viele religiöse Neigungen ihrer Untertanen abdeckte. Nach ihr fachte der Katholik Charles I. (Herrschaftszeit 1625 bis 1649) jedoch die religiösen Leidenschaften im Land erneut an, und dies war auch eine entscheidende Ursache für den englischen Bürgerkrieg von 1642 bis 1651, der mit Charles' Hinrichtung endete. Jetzt übernahm eine radikale puritanische

Regierung die Macht; ihr Leiter Oliver Cromwell war ein Parlamentsreformer, der in seinen eifrigen Bemühungen um religiöse Reinheit das Weihnachtsfest abschaffte und das Tanzen verbot. Seine zehnjährige Regierungszeit endete 1660 mit der Wiedereinsetzung der Monarchie unter Charles II.; von nun an schloss sich England, das mittlerweile mit dem calvinistischen Schottland vereinigt war, endgültig der protestantischen Seite an.

Solche kriegerischen Streitigkeiten waren unglaublich teuer. Seit etwa 1560 strömte Silber aus Mexiko und Peru nach Spanien, aber dort blieb es nicht lange. Durch den Handel mit Feuerwaffen, Flotten und Söldnern in Umlauf gekommen, wurde das Silber aus den Minen von Potosí in ganz Europa zur Grundlage einer neuen Wirtschaftsordnung, die sich auf Münzgeld gründete. Vor den Küsten der Karibik kreuzten **Piraten** aller Nationalitäten, die eifrig darauf aus waren, sich ihren Anteil an den Reichtümern der Neuen Welt zu sichern, und viele von ihnen wurden zu Hause zu Nationalhelden. Sir Francis Drake, der 1581 als erster britischer Weltumsegler zum Ritter geschlagen wurde, ist in Spanien bis heute als »el Dragon« in Erinnerung geblieben – er war in der Karibik einer der erfolgreichsten Piraten.

Philipp II. war wegen der aus Spanien abfließenden Reichtümer so besorgt, dass er 1588 eine gewaltige Flotte gegen England in Bewegung setzte. Dahinter stand die Überlegung, dass sich die Piraterie durch eine richtiggehende Invasion ihrer Heimatgebiete leichter eindämmen ließ als durch den Versuch, in der fernen Karibik die eigenen Schiffe zu verteidigen. Der Überlieferung nach war es vor allem dem Wetter zu verdanken, dass England vor den 130 Schiffen, die Philipp geschickt hatte, gerettet wurde. In Wirklichkeit lagen die militärischen Vorteile zur See mittlerweile eher bei nordeuropäischen Nationen wie Großbritannien und den Niederlanden. Ihre kleineren, wendigen Schiffe aus besserem Holz konnten die großen, schwerfälligen spanischen Fahrzeuge gut ausmanövrieren. Militärische Neuentwicklungen wie die auf vierrädrigen Untergestellen montierten Schiffskanonen waren schon seit der Zeit Heinrichs VIII. in Gebrauch und ermöglichten zwischen den einzelnen Schüssen ein viel schnelleres, effizienteres Nachladen. In Spanien dagegen fassten solche Verbesserungen nie Fuß. Acht Schiffswracks der spanischen Armada wurden von Historikern und Archäologen genau untersucht, und dabei stellte sich heraus, dass die meisten von ihnen noch beträchtliche Munitionsvorräte an Bord hatten.[2]

Der achtzigjährige Krieg gegen die Spanier war für die Niederländer ein gewaltiger Anreiz, sich mit neuen Taktiken die Vorherrschaft auf den Meeren zu sichern. Die mit 40 Kanonen ausgestatteten 300-Tonnen-Fregatten, die im nordholländischen Hoorn gebaut wurden, eigneten sich ideal für Fernreisen, mit denen man den spanischen Flotten ihre Schätze abnehmen konnte. In den 1630er Jahren verfolgten diese Schiffe eine neue Taktik; sie drehten sich und schossen ihre Kanonen in einer Breitseite auf den Feind ab. Sehr nachdrücklich zeigte sich die Überlegenheit dieser »Linienschiffe«, wie sie schon bald genannt wurden, 1639 in der Seeschlacht bei den Downs im Ärmelkanal, wo die niederländische Flotte 40 von 53 spanischen Schiffen versenkte. Oliver Cromwells republikanische Regierung erkannte sehr schnell die strategische

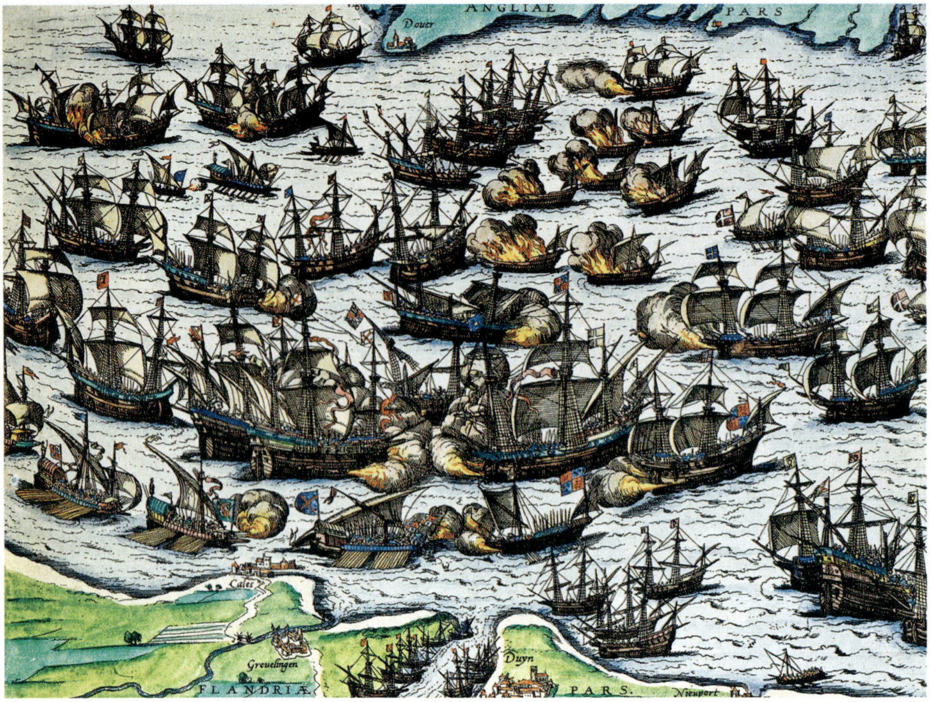

Niederlage der Armada: Spanische Schiffe sinken im Mai 1588 vor Plymouth, England.

Bedeutung von Schiffen, die auf weit entfernten Meeren erfolgreich kämpfen konnten. Im Jahr 1649 gab Cromwell den Bau von 77 neuen Fregatten in Auftrag, womit die Macht der britischen Royal Navy erheblich gestärkt wurde.

Nachdem Spanien anfangs mit seinem Imperium in Übersee so große Erfolge gehabt hatte, verschob sich nun durch militärische Aufrüstung und Religionskriege das Machtgleichgewicht in Europa.

In seinem verzweifelten Bemühen, neue Mittel zur Finanzierung seiner endlosen Kriege in Europa zu beschaffen, genehmigte Philipp II. in krasser Verletzung des Vertrages von Tordesillas eine Expedition, die von Mexiko in westlicher Richtung über den Pazifik führen sollte. Sie führte dazu, dass Spanier sich 1565 auf einer Gruppe von mehr als 7 000 Inseln niederließen, die nun nach dem spanischen König als Philippinen bezeichnet wurden. Von dort kamen kostbare Gewürze wie Nelken und Muskat, die als Kräuterarzneien für europäische Verdauungsstörungen und als Schmerzmittel für reiche Menschen mit Zahnschmerzen sehr geschätzt wurden. Insgesamt 333 Jahre, von 1565 bis 1898, standen die Philippinen unter spanischer Herrschaft.

Trotz derart einträglicher Besitzungen war Spanien 1598, als Philipp II. starb, bankrott. Sein Reichtum hatte sich über die Krieg führenden Staaten Europas verteilt. Das Land hatte bei Banken in Genua und Augsburg so viele Kredite aufgenommen, dass 40 Prozent der gesamten spanischen Einnahmen allein für Zinszahlungen aufgewendet werden mussten. Die Preise waren mit dem Zustrom amerikanischen Silbers stark angestiegen, und statt die Reichtümer in lokale Branchen zu stecken und damit weiteren Wohlstand zu produzieren, hatte Philipp mit seinem kriegerischen Erbe dafür gesorgt, dass Spanien nun eine europäische Macht im Niedergang war.

Nach einem weiteren verheerenden, dreißigjährigen Krieg zwischen 1618 und 1648 waren Spaniens verzweifelte Versuche, sich die Macht in Nordeuropa zu sichern, endgültig gescheitert. Im **Westfälischen Frieden**, der 1648 geschlossen wurde, erkannten die Spanier widerwillig die Unabhängigkeit der Niederlande und den Aufstieg Schwedens zur Weltmacht an, und man einigte sich endgültig auf ein internationales System, das die Souveränität der einzelnen europäischen Nationalstaaten sichern sollte. Es wurde bindend anerkannt, dass Fragen von Religion, Steuern, Politik und Außenbeziehungen in den Zuständigkeitsbereich der nationalen Regierungen fielen und nicht eines Heiligen Römischen Kaisers oder der katholischen Kirche in Rom.

Damit war Europas neuer Weg festgeschrieben: Der Kontinent war in selbstständige nationale Bruchstücke zerlegt, die im globalen Wettbewerb um die Sicherung des Reichtums aus Übersee jeweils die Politik verfolgten, die ihren individuellen Interessen am besten diente. Im Westfälischen Frieden wurde die europäische Politik für die nächsten 300 Jahre vorgezeichnet.

Das war der Grund, warum die Pilger von Plymouth Rock über das Meer gefahren waren: Ihre englische Heimat wurde von Religionskriegen zerrissen, und sie hofften auf ein besseres Leben in der Fremde. Anfangs waren sie nach Holland geflüchtet, aber später hatten sie um die Genehmigung nachgesucht, nach Amerika zu segeln. Dort, so ihre Hoffnung, konnten sie ihre Identität, Sprache und Kultur erhalten und ausbauen, und da sie ihre reformierte protestantische Religion mitgenommen hatten, wollten sie auch als Missionare tätig werden. In den nächsten 20 Jahren, während in England der Bürgerkrieg zwischen Protestanten und Katholiken weiterging, ließen die puritanischen Pilger ihre Zahl weiter wachsen. Bis 1642 waren rund 21 000 englische Puritaner nach Nordamerika ausgewandert.

* * * * *

Der amerikanische Ureinwohner, der am 16. März 1621 in das Lager der christlichen Siedler kam, hieß Samoset. Sein gebrochenes Englisch hatte er von englischen Fischern gelernt, die an die Küsten Nordamerikas gekommen waren, um dort ihre Netze mit Kabeljau zu füllen. Samoset erklärte, er habe einen Freund namens Squanto, der sogar noch besser Englisch spräche – er habe die Sprache gelernt, nachdem Engländer ihn zweimal gefangen genommen hätten. Das zweite Mal war er in die Gefangenschaft eines Kapitäns namens Thomas Hunt geraten, der Fische, Mais und Sklaven holen und in Spanien verkaufen wollte. Nach einer langen Reise konnte Squanto aus Spanien entkommen und nach England flüchten. Als er 1619 schließlich wieder nach Hause kam, musste er feststellen, dass eine Krankheit seinen Stamm heimgesucht hatte. Die meisten seiner Freunde und Angehörigen waren tot.

Die europäische Besiedlung Nordamerikas wurde zum Teil zwar auch von dem Wunsch nach religiöser Freiheit vorangetrieben, der Hauptgrund war aber wie für Hunt die Aussicht auf schnellen Reichtum durch den Handel. Um 1600 vereinnahmten britische, niederländische und französische Abenteurer eifrig immer neue Gebiete an der amerikanischen Küste und machten sie zu Siedlungen. Mit königlicher Genehmigung wurden Unternehmen gegründet, weil man damit die Zuweisung der Territorien koordinieren und Startkapital in Form von Schiffen und Ausrüstung zur Verfügung stellen wollte. Im Gegenzug erwartete man von den Siedlern, dass sie alle Schätze oder Produkte exportierten, die sie fanden, seien es nun Fische, Mais oder Sklaven.

Der englische Entdecker Sir Walter Raleigh, ein Günstling der Königin Elizabeth I., versuchte schon 1584 zum ersten Mal, in Nordamerika eine englische Kolonie zu gründen. Zu Ehren der vielfach gefeierten Keuschheit seiner Königin taufte er das Gebiet, das er gefunden hatte, auf den Namen **Virginia**. Als aber die ersten Siedler kein Gold fanden, gaben sie auf und fuhren wieder nach Hause. An einem zweiten Kolonisierungsversuch beteiligten sich drei Jahre später mehr Bauern und ihre Familien, aber auch sie verschwanden innerhalb weniger Jahre auf rätselhafte Weise von der Bildfläche – sie waren entweder dem Hunger oder misstrauischen Einheimischen zum Opfer gefallen. Die Pilger aus Plymouth dagegen hatten Glück: Samoset und seine Freunde waren anders. Sie halfen den englischen Siedlern, die ersten Nutzpflanzen anzubauen, und zeigten ihnen, an welchen Stellen man Aale und andere Fische am besten fangen konnte.

Im Jahre 1606 wurde der Virginia Company eine königliche Charta verliehen; darin erhielt sie ausdrücklich den Auftrag, neue Investitionen für die Besiedelung Amerikas zu erschließen. Zum Anführer der Siedler wurde Captain John Smith ernannt, ein Soldat aus Alford in Lincolnshire, und der gründete 1607 die Kolonie Jamestown. Zwei Jahre später folgte die Besiedelung der Bermudas. Wie man eine Rendite für die Investitionen erzielen konnte, bewies ein Bauer namens John Rolfe aus Norfolk: Er kam auf die Idee, Tabak anzubauen. Dazu brachte er die ersten Samen einer süßen, essbaren Sorte der Pflanzen aus Trinidad mit und legte an den Ufern des James River eine Plantage an. Die Aussicht, durch den Verkauf von Tabak reich zu werden, lockte neue Investitionen und weitere Siedler an.

Rolfe wurde nach London eingeladen, und dort wurde er zusammen mit seiner frisch angetrauten Ehefrau **Pocahontas** – die Tochter eines Häuptlings der amerikanischen Ureinwohner war kurz zuvor getauft worden und hieß jetzt Rebecca – von der Virginia Company der Öffentlichkeit präsentiert wie heute zwei Popstars. Sie hatten ihr erstes Kind bei sich, und sogar der König gewährte ihnen eine Audienz. An ihnen konnten zukünftige Siedler selbst sehen, wie attraktiv die Einheimischen waren und wie leicht man sie zähmen und zum christlichen Glauben bekehren konnte. Die Besiedelung der Neuen Welt wurde jetzt nicht nur als Weg zum Reichwerden angepriesen, sondern auch als christliche Pflicht, das Wort Gottes zu verkünden und den Einheimischen die Zivilisation zu bringen. Seit 1619 wurde das neue »Headright System« eingeführt: Man bot jedem Siedler 50 Acres (rund 20 Hektar) Land und eine kostenlose Schiffsreise in die Kolonien; als Gegenleistung mussten die Auswanderer vier bis sieben Jahre auf den Tabakfeldern arbeiten.

Kurz nachdem die beiden sich auf die Rückreise gemacht hatten, wurde Pocahontas (alias Rebecca Rolfe) sehr krank. Vermutlich hatte sie eine Lungenentzündung, eine Tuberkulose oder die Pocken. Sie wurde an Land gebracht und

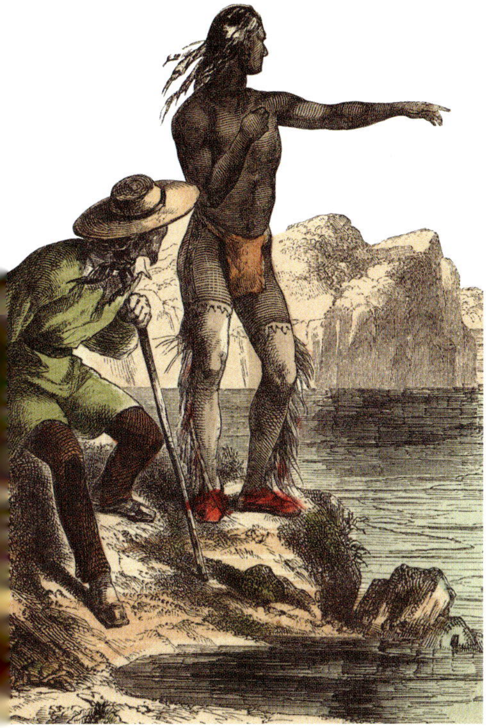

starb in Gravesend in Kent, wo sie in der Gruft der Kirche St. George's beigesetzt wurde.

Obwohl ihr Besuch so anregend und ermutigend gewirkt hatte, reichte die Zahl der Siedler aus England einfach nicht aus, um die Tabakplantagen in Virginia und die Zuckerplantagen auf den Bermudas in vollem Umfang auszubeuten. Die amerikanischen Ureinwohner zu versklaven, erwies sich als unklug, denn ihre Beziehungen zu den Siedlern waren ohnedies bereits angespannt und eskalierten häufig zu gewalttätigen Scharmützeln. Viele Einheimische flüchteten nach Westen in die ruhige, noch unbekannte Mitte des Kontinents. Ohnehin nahm ihre Zahl durch die ständigen Epidemien der Pocken und anderer europäischer Erkrankungen ständig ab.

Gegen Ende des Jahrhunderts beseitigte man den Arbeitskräftemangel in den britischen, französischen und niederländischen Kolonien mit einer neuen Methode, welche die Portugiesen in Madeira und dann die spanischen Siedler in Mexiko und Südamerika bereits vorexerziert hatten. Kaufleute aus Europa betrieben einen **»Dreieckshandel«**: Sie beluden ihre Schiffe mit Produkten wie Zucker, Tabak, Pelze und Holz aus Amerika und brachten sie nach Europa, um sie dort mit Gewinn zu verkaufen. Dann segelten sie zur Küste Westafrikas, wo die Stammesführer ihnen gefangene Feinde als Sklaven verkauften, und transportierten die Menschen unter entsetzlichen Bedingungen in die Plantagen der Neuen Welt. Die Bezahlung für die Stammesführer erfolgte in der Regel in Form von Gewehren oder Schießpulver, was diese in die Lage versetzte, weitere einheimische Rivalen zu versklaven.

Afrikanische Sklaven erzielten auf Auktionen in Amerika hohe Preise, denn nur mit ihrer unbezahlten Arbeit konnte man gewinnbringend weitere Plantagen einrichten.

In der Kolonie Jamaika, die Großbritannien 1655 von Spanien erobert hatte, kamen 1713 bereits acht Sklaven auf jeden Weißen. Die Tabakplantagen wuchsen so schnell, dass die jährlichen Exporte nach London, die 1619 noch bei 22 000 Pfund gelegen hatten, bis 1700 auf 22 Millionen Pfund angewachsen waren. Französische Siedler legten im Süden des nordamerikanischen Kontinents Baumwollplantagen an und tauften ihre erste Siedlung auf dem Festland nach dem berühmten König Ludwig XIV. auf den Namen Louisiana. Neufrankreich, wie die Region nun genannt wurde, entwickelte sich zu einem riesigen, zunehmend besiedelten Land, das sich beiderseits des Mississippi nach Nor-

Squanto hatte sein Englisch bei Fischern gelernt, die ihn gefangen genommen und nach Europa gebracht hatten. Er war einer von mehreren amerikanischen Ureinwohnern, die den ersten englischen Siedlern beim Anbau von Nutzpflanzen halfen.

den erstreckte. Auf der französischen Karibikinsel Haiti wurden Zuckerplantagen eingerichtet, und in den Siedlungen weiter im Norden, in Quebec und entlang des St.-Lorenz-Stroms, handelte man mit Pelzen. Jetzt hatten europäische Kaufleute den alleinigen Zugang zu einem breiten Angebot neuer Handelswaren, die sie auf ihren Heimatmärkten und in anderen Ländern verkaufen konnten, ohne dass sie zuvor durch die Hände fremder Zwischenhändler gingen.

In **Nordamerika** war die europäische Besiedlung im Wesentlichen ein Konkurrenzunternehmen zwischen Frankreich und Großbritannien; die Briten sicherten sich dabei ihre Position durch die Übernahme der niederländischen und schwedischen Siedlungen, unter ihnen seit 1674 auch Neu-Amsterdam, das nun in New York umbenannt wurde. Die Übergabe war ein Ergebnis des dritten englisch-niederländischen Krieges (1672 bis 1674), der mit dem Vertrag von Westminster endete.

Seine Fortsetzung fand der Zusammenbruch des niederländischen Überseeimperiums mit der »glorreichen Revolution«, durch die der holländische Prinz Wilhelm von Oranje und seine Ehefrau Maria 1688 auf den englischen Thron kamen. Von nun an wurden die niederländischen Kaufleute zunehmend aufgefordert, ihre Handelsgeschäfte nicht mehr in Amsterdam, sondern in London abzuwickeln. Viele niederländische Schiffe hatten englische Seeleute als Kapitäne. Seit ungefähr 1720 unterboten dann die portugiesischen Zuckerplantagen in Brasilien – deren Einrichtung durch den Import von mehr als zwei Millionen afrikanischen Sklaven möglich gemacht worden war – die Preise, die niederländische Kaufleute mit dem Zucker aus ihren Stützpunkten im Fernen Osten erzielen konnten, womit für Holland eine weitere Geldquelle entfiel.

Neue Gelegenheiten zur Besiedelung Nordamerikas machten auch englische Abenteurer ausfindig. Einer von ihnen, George Fox (1624 bis 1691), gründete die »Gesellschaft der Freunde«, eine neue, antiklerikale religiöse Bewegung, die auch unter dem Namen Quäker bekannt ist. Fox reiste viel in den amerikanischen Kolonien herum und knüpfte gute Beziehungen zu den Stämmen der Einheimischen, die er als »liebevoll« und »respektvoll« beschrieb. Sein Freund William Penn (1644 bis 1718), der in der englischen Grafschaft Kent in der Eisenindustrie gearbeitet hatte, gründete 1677 die Kolonie Pennsylvania; den Anfang machten dabei 200 Siedler aus Dörfern im englischen Hertfordshire, die sich rund um die neue Kleinstadt Burlington niederließen.

Penn erhielt sein Land als Ausgleich für ein Darlehen von 16 000 britischen Pfund, das sein Vater der englischen Krone gegeben hatte. Die von ihm eingesetzte lokale Regierung mit gewählten Vertretern, Religionsfreiheit und Geschworenengerichten prägte viele spätere amerikanische Institutionen. Angezogen von der Toleranz, die in der Gründungscharta der Siedlung festgeschrieben war, kamen französische, deutsche und jüdische Siedler nach Pennsylvania. Die Kolonie wuchs schnell heran, und statt sich Land durch Eroberung gewaltsam anzueignen, kaufte sie es von den amerikanischen Ureinwohnern. Penn soll beispielsweise für ein Landstück in der Nähe von Philadelphia mehr als 1 200 britische Pfund bezahlt haben; der Vertrag mit den Einheimischen wurde dabei im Schatten einer Ulme unterzeichnet.

Kurz nach Penns Tod waren insgesamt 13 britische Kolonien gegründet worden; die letzte war Georgia im Jahr 1732.

⁂ ✱ ⁂ ✱ ⁂

Dass Samoset sich erkundigte, ob die Pilger ein Bier für ihn hätten, hatte einen besonderen Grund: Im Lauf seiner Begegnungen mit den englischen Fischern vor der nordamerikanischen Küste wurde ihm offenbar ein neues Getränk angeboten, das zwar ein wenig süchtig machte, aber ganz nach seinem Geschmack war. Die **exotischen neuen Handelswaren** aus den Ländern in Übersee führten auch in Europa zu einer Veränderung der Geschmacksvorlieben und machten die dortigen Menschen genau wie Samoset mit einer Fülle neuer Aromen und Geschmackseindrücke bekannt.

Seit Marco Polo sein berühmtes Reisetagebuch verfasst hatte, war die Fantasie von Kolumbus und anderen Entdeckern immer wieder durch den Gedanken beflügelt worden, man könne dem Elend Europas durch Nutzung der in Übersee gefundenen natürlichen Schätze ein Ende bereiten. Ihr Erfolg schuf in Europa einen neuen Geschmack für den Luxus. Hauptstädte wie London, Paris oder Amsterdam füllten sich mit reichen Kaufleuten, und die trugen die kulturelle Renaissance, die bereits in den Stadtstaaten Norditaliens stattgefunden hatte, weiter: Sie kauften großartige Werke der Kunst, Musik, Bildhauerei und Architektur oder gaben sie in Auftrag.

Edle Weine und Süßigkeiten fanden immer weitere Verbreitung; möglich gemacht wurde dies durch billigen Zucker aus den Überseeplantagen. Selbst arme Menschen wurden süchtig nach Rauch- oder Schnupftabak, und damit wurde der Kontinent zum weltweiten Zentrum für weiche Drogen. Ein weit gereister Schweizer Arzt, der sich selbst Paracelsus nannte, soll das Laudanum erfunden haben, ein Schmerzmittel, das aus Opium von den Mohnfeldern Asiens zubereitet wurde. Später, im 19. Jahrhundert, wurde es zum beliebtesten Rauschgift Europas.

Heiße Schokolade – ein Getränk aus Kakaobohnen, die in Mittelamerika wild wachsen – hatte Cortés erstmals bei seinem Aufenthalt am Hofe Moctezumas kennengelernt. Im Jahr 1544 trank man sie bereits am spanischen Königshof, und 100 Jahre später waren die Menschen in Frankreich, England und anderen Ländern Westeuropas geradezu süchtig nach ihrem köstlichen Geschmack. Französische Siedler legten in der Karibik Kakaoplantagen an, die Spanier taten das Gleiche auf den Philippinen. Die Naturprodukte führten zu neuen Geschmacksrichtungen, und die Nachfrage führte zu mehr Plantagen. Neue Märkte öffneten sich.

Der Zuckerverbrauch wuchs in Großbritannien zwischen 1650 und 1800 um 2 500 Prozent und lag am Ende bei 20 englischen Pfund (etwa neun Kilogramm) pro Kopf und Jahr. Außerdem gab es um 1800 mehr als 62 000 zugelassene Teegeschäfte. Tee war in so großen Mengen verfügbar, dass allein die Läden in London an jedem beliebigen Tag des Jahres 1784 mehr als 146 Tonnen davon in ihren Regalen hatten.[3]

Obwohl die medizinische Wissenschaft um 1800 noch nicht nennenswert vorangekommen war, ließen eine höhere Lebenserwartung, neuer Wohlstand und bessere Lebensmittel die europäische Bevölkerung wieder einmal dramatisch wachsen: Hatte sie 1600 noch bei 89 Mil-

Eine Frau aus Mexiko stellt im 16. Jahrhundert Schokolade her. Die Schokolade, die ihren Ursprung in Amerika hat, veränderte mit ihrem köstlichen Aroma die Geschmacksempfindungen nicht nur in Europa.

lionen gelegen, so waren es 200 Jahre später bereits 146 Millionen.[4]

Mit den neuen, verfeinerten Geschmacksrichtungen verstärkte sich auch der Glaube, die Menschen seien vielleicht doch etwas anderes als alle übrigen Lebensformen und ihnen überlegen. Verstärkt wurde diese alte Idee auch durch die Bibel, die jetzt in massenhaft gedruckten Ausgaben in der jeweiligen Landessprache zur Verfügung stand, sodass jeder sie lesen konnte. Protestantische Prediger bestätigten eifrig, man könne es schon dem ersten Buch des Alten Testaments, der Genesis, entnehmen: Gott habe den Menschen erschaffen, damit er sich die ganze Welt mit allen Geschöpfen und den Schätzen der Natur untertan machte. Nachdem Gott die ersten sechs Tage der Schöpfung darauf verwendet hatte, alles für die Ankunft der Menschen vorzubereiten, stand es nach den Vorstellungen eines Johann Calvin außer Frage, dass all diese Dinge um des Menschen willen erschaffen worden seien.[5]

Die religiöse Behauptung, die Naturschätze der Erde seien für die Menschen da, wurde in den Anfängen des abendländischen, empirisch-naturwissenschaftlichen Denkens philosophisch untermauert. Schon 1543 hatte der polnische Astronom **Nikolaus Kopernikus** (1473 bis 1543) in einem umwälzenden Buch nachgewiesen, dass die Erde um die Sonne kreist – womit die traditionelle religiöse Vorstellung, die Erde stehe im Mittelpunkt von Gottes Schöpfung, untergraben wurde. Der Mensch war jetzt nicht mehr der Endpunkt einer langen, göttlichen Seinskette, sondern die Welt war ein Teil eines viel größeren mechanischen Systems aus Planeten und Sternen, und diese rotierten nach physikalischen Gesetzen, die griechische Philosophen wie Thales von Milet und Aristarchos von Samos bereits in vorchristlicher Zeit formuliert hatten (siehe Seite 235).

Kopernikus' Theorien, die durch die Beobachtungen des italienischen Astronomen Galileo Galilei (1564 bis 1642) bestätigt wurden, führten zu einer Wiederbelebung des Interesses an der naturwissenschaftlichen Denkweise der alten Griechen, in der das Wissen über das Universum im Mittelpunkt aller philosophischen und wissenschaftlichen Betrachtungen standen. Der englische Philosoph **Francis Bacon** (1561 bis 1626), der als einer der Gründerväter der modernen Naturwissenschaft gilt, brachte die neue, humanistische Sichtweise sehr deutlich zum Ausdruck:

Denn die ganze Welt arbeitet im Dienste des Menschen zusammen, und es gibt nichts, woraus er nicht Nutzen und Früchte zieht … insofern, dass alle Dinge sich anscheinend um die Angelegenheiten des Menschen drängen und nicht um ihre eigenen.[6]

Moralische Argumente über das Recht der Europäer, die Naturschätze in Übersee auszubeuten, vertrat auch sehr nachdrücklich der niederländische Philosoph Hugo Grotius (1583 bis 1645): In seinem 1609 erschienenen Buch MARE LIBERUM (»Das freie Meer«) erklärt er, das offene Meer sei internationales Territorium, und alle Staaten, die zur Ausbeutung der Ressourcen in Übersee in der Lage seien, hätten auch das natürliche Recht dazu.

Der größte Philosoph, der das neu gewonnene europäische Selbstvertrauen feierte, war **René Descartes** (1596 bis 1650). Nach Überzeugung dieses französischen Denkers, Mathematikers und Naturwissenschaftlers kann man Erkenntnisse über die Funktionsweise der Natur gewinnen, indem man sie in kleine Teile zerlegt, die man durch Beobachtung und vernünftiges Überlegen verstehen kann. In unmittelbarer Anlehnung an Aristoteles (siehe Seite 241) brachte Descartes seine Ansicht zum Ausdruck, dass nur Menschen einen Geist besitzen; alle anderen Dinge, ob lebendig oder unbelebt, waren demnach nur Maschinen, die man ohne Gefühle oder Skrupel manipulieren, sezieren und ausnutzen kann. »Ich sehe keinen Unterschied zwischen den von Handwerkern gebauten Maschinen und den verschiedenen Körpern, welche die Natur allein zusammensetzt«, schrieb Descartes.[7]

Descartes' Vertrauen in die einzigartige Fähigkeit der Menschen, die Natur zu verstehen, wurde hervorragend ergänzt durch die Ansichten anderer Pioniere der modernen abendländischen Naturwissenschaft. Einer von ihnen war der Engländer **Isaac Newton** (1643 bis 1727). Fast 2 000 Jahre nachdem Aristoteles über die unveränderlichen Gesetze der Natur und ihre Herrschaft über das Universum geschrieben hatte, sah es endlich so aus, als habe Newton die tatsächliche Funktionsweise der physikalischen Welt entschlüsselt. Mit seinen drei Bewegungsgesetzen konnte er die Bewegungen aller Dinge quantitativ erfassen und erklären, von den Umlaufbahnen der Planeten um die Sonne bis zur Bewegung eines Apfels, der vom Baum fällt. Gott, so schien es nun, war nur der Konstrukteur einer bemerkenswerten Maschine. Als Einzige waren die Menschen mit der Verstandeskraft gesegnet, mit der sie herausfinden und verstehen konnten, wie diese Maschine funktionierte; dazu brauchten sie nur sorgfältig zu beobachten und sich mit Experimenten und wissenschaftlichen Analysen zu beschäftigen.

Europa nahm jetzt die Position des fortschrittlichsten Kontinents ein. Und

Cogito ergo sum: René Descartes reduzierte mit seiner Philosophie die Natur auf den Status einer Maschine und bestärkte, wie der biblische Schöpfungsbericht, die Vorstellung, der Mensch sei ihr Herr und Gebieter.

der mächtigste Staat in diesem Kontinent war gegen Ende des 17. Jahrhunderts Frankreich. Sein König **Ludwig XIV.** (Regierungszeit 1643 bis 1715) erfreute sich eines Reichtums und einer Macht, wie man sie in diesem Umfang seit den dekadentesten Zeiten des alten Rom nicht mehr gekannt hatte. Die Reichtümer Spaniens befanden sich jetzt zum größten Teil in den Händen anderer Länder – den Höhepunkt bildete die ungeheure Mitgift von 500 000 Gold-Écus, die Ludwig für die Eheschließung mit Maria Theresia von Spanien von ihrem Vater, Philipp IV. von Spanien, als Gegenleistung für den Frieden erhalten sollte. Am Ende war Philipp so bankrott, dass er nicht zahlen konnte, und sie musste alle zukünftigen Ansprüche auf den spanischen Thron aufgeben.

Unter Ludwigs Finanzminister **Jean-Baptiste Colbert** nahm Frankreichs Reichtum weiter zu. Colbert siedelte im Land verschiedene neue Industriezweige an, um das Geld in Frankreich zu halten und nicht wie das spanische Silber an konkurrierende Nationen abfließen zu lassen. In Lyon wurde die Seidenherstellung eingeführt, aus dem italienischen Murano kamen Glasbläser, aus Flandern die Weber, aus Schweden die Eisengießer und aus Holland die Schiffbauer. Waren, die man in Frankreich nicht anbauen oder herstellen konnte – Kaffee, Schokolade, Baumwolle, Farbstoffe, Pelze, Pfeffer und Zucker – wurden aus den französischen Überseekolonien importiert. Colbert verfolgte ausschließlich das Ziel, Frankreich durch wirtschaftliche Tätigkeit zu bereichern. Straßen und Schifffahrtswege wurden verbessert, und man baute den 240 Kilometer langen »Canal du Midi«, der bis heute die Stadt Toulouse mit dem Mittelmeer verbindet.

Colbert verstärkte die französische Seestreitmacht; als Ruderer für die Schiffe rekrutierte er Sklaven aus weit entfernten Regionen wie der Türkei, Russland, Afrika und Nordamerika. Zur Unterstützung der einheimischen Hersteller wurden Importwaren mit einer Einfuhrsteuer belegt, Produkte des eigenen Landes dagegen blieben steuerfrei.

Französischen Arbeitern war es verboten, auszuwandern, und wenn ein französischer Seemann in den Diensten einer anderen Nation stand, wurde er mit dem Tode bestraft. Viele Aspekte der neuen Methoden, mit denen Europas Herrscher sich ein gutes Leben sicherten, fasste Colbert mit zwei berühmten Aussprüchen zusammen:

Es ist einzig und allein die Menge des Geldes in einem Staat, die über seine Größe und Macht bestimmt.

Die Kunst der Steuererhebung besteht darin, die Gans so zu rupfen, dass man die größtmögliche Menge an Federn erhält, während sie gleichzeitig möglichst wenig zischt.

Als Colbert 1683 starb, hatten sich die Jahreseinnahmen Ludwigs XIV. verdreifacht. Der riesige Palast, den er zwischen 1684 und 1710 in Versailles an der Stelle einer früheren Jagdhütte errichten ließ, war für den König und sein Gefolge Wohnort und Arbeitsplatz. Beim Bau von fünf Kapellen, einem sagenumwobenen Spiegelsaal (Spiegel gehörten damals zu den teuersten Gegenständen, die ein Mensch überhaupt besitzen konnte) und sogar einem eigenen, von 3 000 Kerzen erleuchteten Opernhaus wurde an nichts gespart. Die Räumlichkeiten wurden mit Kunstwerken aus der ganzen Welt ausgeschmückt. Der Königsthron aus massivem Silber stand auf einem kostbaren Perserteppich, und diamantenbesetzte Vasen prangten neben unbezahlbaren chinesischen und japanischen Porzellangegenständen. Der Palast war so riesig, dass große Teile des französischen Adels dort unter den wachsamen Augen des Königs wohnen konnten. Ludwigs Prachtschloss wurde im gesamten Abendland zu einem Gegenstand des Neides. Um es ihm gleichzutun, baute man überall in Europa Paläste.[8] Der künstlerische Geschmack wurde so verfeinert, wie es neuerdings in Speisen und Getränken der Zucker tat, dem Europa einen großen Teil seines Reichtums zu verdanken hatte.

Religionskriege, die Versklavung der amerikanischen Ureinwohner durch opportunistische Fischer aus dem Ausland und ein großer Umschwung in Einstellungen und Geschmack – all das erklärt, warum Samoset auf Englisch fragte, ob seine neuen Nachbarn ein Bier für ihn hätten. Aber während die Pilgerväter von Plymouth mit freundlichem Lächeln willkommen geheißen wurden, hatte das neue globale Kalkül der Europäer allmählich immer dramatischere Auswirkungen auf die restliche Welt.

KAPITEL 36

NEU-PANGÄA

WIE NUTZPFLANZEN ABGEERNTET UND TRANSPORTIERT, TIERE GEZÜCHTET UND AUSGEBEUTET WURDEN, ALLES UM DIE LAUNEN EINER EINZIGEN, WELTWEIT VERBREITETEN UND MEISTENS ZIVILISIERTEN SPEZIES ZU BEFRIEDIGEN

Blättern wir schnell noch einmal 250 Millionen Jahre zurück: Auf der Erde gab es nur eine einzige große Landmasse, den Superkontinent Pangäa, der von einem einzigen riesigen Ozean umgeben war. Damals sah das Leben ganz anders aus als heute. Die Dinosaurier beherrschten den Globus, die Evolution der Säugetiere stand noch bevor, und der Ursprung der Menschen lag noch rund 247 Millionen Jahre in der Zukunft (siehe Seite 68).

Aber seltsamerweise sieht die Erde heute wieder immer mehr so aus wie damals, als die 24-Stunden-Uhr der Erdgeschichte eine Stunde und 15 Minuten vor Mitternacht anzeigte. Da nur eine einzige Landmasse vorhanden war, hatten die Dinosaurier die Welt des Lebendigen vom Nord- bis zum Südpol ungehindert dominieren können. Dank der Erfolge von Entdeckern und Seefahrern besaßen die Menschen seit Anfang des 16. Jahrhunderts ähnliche Möglichkeiten. Schiffe dienten als Brücken zwischen ansonsten isolierten Regionen, und mit ihrer Hilfe sorgten die Europäer unwissentlich dafür, dass auf der Erde wieder ähnliche Bedingungen herrschten wie vor einigen Hundert Millionen Jahren.

Durch die Seefahrtabenteuer der europäischen Entdecker entstand ein künstliches Pangäa, und das führte dazu, dass sich ein eigentlich langsam ablaufender natürlicher Prozess gewaltig beschleunigte. Im Maßstab der 24-stündigen Erdgeschichte ereignete sich dieses plötzliche Zusammenrücken der Kontinente in der letzten Hundertstelsekunde vor Mitternacht. (Würde man es der Natur überlassen, müssten wahrscheinlich weitere 150 Millionen Jahre vergehen, bevor die Platten der Erdkruste sich so weit angenähert haben, dass wieder ein Superkontinent entsteht – und das wäre in unserem 24-Stunden-Maßstab fast eine ganze Stunde!) Eine solch plötzliche, welterschütternde Entwicklung musste zwangsläufig für alle Lebensformen auf der Erde dramatische Folgen haben.

Die erste Phase des rapiden Wandels setzte ein, als Europäer immer häufiger über die Meere segelten und seit etwa 1550 neue Gebiete kolonisierten. Seit der Mitte des 18. Jahrhunderts begann dann eine zweite, aggressivere Phase (siehe Seite 405). Heute gibt es kaum noch einen Teil der »Vor-Pangäa-Welt« von 1550, der nicht von den Einflüssen der Menschen betroffen wäre.

Den offenkundigsten Effekt erzielten die Menschen durch die **Zerstörung der natürlichen Waldlandschaften**. Diese Entwicklung begann bereits vor 10 000 Jahren, als die ersten menschlichen Kulturen auf der Bildfläche erschienen. Aber durch die Strategie der Europäer, in Konkurrenz zueinander neue Kolonien zu erobern und auf der ganzen Welt Handelsstützpunkte einzurichten, trat diese Entwicklung in eine neue, weit radikalere Phase ein. Zwischen 1650 und 1749 verschwanden in Europa zwischen 18,4 und 24,6 Millionen Hektar Wald.[1] Es waren nicht nur das Kochen und das Heizen, die einen ständigen Nachschub an Brennholz zur Energie- und Wärmegewinnung erforderten, sondern vor allem Schiffbau, Eisenverarbeitung, Salzgewinnung und Landwirtschaft. Verschärft wurde das Problem, weil es keine koordinierte Wiederaufforstung gab, mit der man die Versorgung zukünftiger Generationen hätte sichern können.

Unter den Befehlshabern der britischen Marine war man sich schon seit ungefähr 1640 darüber im Klaren, dass die Vorräte der richtigen Holzsorte zum Bau robuster Schiffsmasten schnell zur Neige ging. Sir William Monson, ein angesehener Admiral, der eine ganze Reihe historischer Berichte über den Zustand der britischen Marine schrieb, äußerte schon frühzeitig eine prophetische Warnung:

An allen Arten von Holz, die zum Schiffbau gehören, werden wir schon in kurzer Zeit einen großen Mangel verspüren. Denn das Holz liegt jetzt in England völlig darnieder, und nicht anders ist es zunehmend auch in Irland. Wenn Seeleute sterben, und solange es Schiffe und Seefahrt gibt, wird ihre Zahl bald zunehmen und ihr Tod wird vergessen sein; wenn aber unser Holz aufgebraucht und erschöpft ist, wird es die Zeit von drei oder vier Generationen brauchen, bevor es wieder heranwächst und genutzt werden kann.[2]

Zum Teil hatten solche Befürchtungen ihre Ursache in den Anforderungen des Schiffbaus selbst. Für ein großes Kriegsschiff von 1 000 Tonnen waren zwischen 1 400 und 2 000 Eichen erforderlich, jede mindestens 100 Jahre alt. Zum Wachsen brauchten diese Bäume eine Fläche von 20 Hektar oder mehr. Eichen verwendete man, weil sie widerstandsfähig gegen Verrottung sind und weil sie sich mit ihrer von Natur aus gebogenen Form ideal für den Bau von Schiffsrümpfen eignen. Ebenso unentbehrlich waren Fichten; man brauchte sie für die Masten und als Lieferanten für das Harz, aus dem man Pech und Teer zum Abdichten herstellte.[3] In Europa wuchsen sie vorwiegend rund um die Ostsee. Staaten wie Großbritannien, Holland, Spanien und Frankreich waren also darauf angewiesen, zur Instandhaltung ihrer Flotten Fichtenholz aus der Ostseeregion zu importieren.

Im Jahr 1756 kaufte Großbritannien von Russland das Recht, alljährlich bis zu 600 000 Bäume fällen und importieren zu dürfen, alles nur zur Deckung des Bedarfs seiner schnell wachsenden Royal Navy.[4] Das Holz für die spanische Marine, die 1588 mit ihrer Armada gegen England kämpfte, stammte zum größten Teil aus Polen. Und die Portugiesen bauten ihre Schiffe im 16. Jahrhundert vorwiegend mit Teakholz aus Goa oder mit südamerikanischem Brasilholz.

Eine weitere Belastung für die urtümlichen Wälder waren Eisen- und Glasherstellung, Ziegelstein- und Keramikproduktion sowie die Salzgewinnung, alles Verfahren, die holzbefeuerte Schmelz- oder Brennöfen erforderten. Um 1500 wurden in Europa nach Schätzungen jedes Jahr 40 000 Tonnen Eisen hergestellt, bis 1700 hatte sich diese Menge auf 145 000 Tonnen mehr als verdreifacht. In London wurde nach dem Großbrand von 1666 ein neues Gesetz zum Schutz gegen zukünftige Brände erlassen: Danach durften Häuser nicht mehr aus Holz bestehen, sondern sie mussten aus Ziegeln und Steinen erbaut werden. Paradoxerweise ließ dies den Holzverbrauch ansteigen, denn zum Betrieb der Brennöfen für so viele Ziegelsteine benötigte man riesige Mengen an Brennholz.

Gewaltige weitere Holzmengen erforderte die Herstellung von Holzkohle und Pottasche, mit denen man in den Hochöfen für ausreichende Temperaturen sorgte. Um 1500 verbrauchte die Eisenindustrie in Deutschland jährlich mehr als 10 000 Tonnen Holzkohle, und zur Herstellung von einer Tonne Pottasche brauchte man 1000 Tonnen Holz. Um 1662 flossen ungeheuerliche drei Millionen Tonnen Holz pro Jahr in die russische Pottascheproduktion. Auch die Salzgewinnung durch Verdampfen von Salzwasser erforderte gewaltige Holzmengen. Im Jahr 1720 waren in der russischen Region Kama bereits alle Bäume gefällt, und man musste Holz über mehr als 300 Kilometer herantransportieren, um die Siedepfannen der 1 200 Salzfabriken in der Region zu erhitzen.[5]

Glücklicherweise stand Holz für den Bau von Schiffen sowie für die Herstellung von Holzkohle und Pottasche in den nordamerikanischen Kolonien noch im Überfluss zur Verfügung. Da es in Europa so wertvoll war, wurde es für die ersten Siedler zu einer unentbehrlichen Einnahmequelle. Durch die europäische Nachfrage wurde also die Waldzerstörung in das gesamte Neu-Pangäa exportiert. Im Jahr 1652 fällte man in New Hampshire die ersten Kiefern, um sie als Masten für britische Kriegsschiffe zu verwenden. 50 Jahre später war Holz zur profitabelsten Handelsware der Kolonie geworden. Schon 1696 baute man britische Kriegsschiffe direkt in Nordamerika, weil geeignetes Holz in Europa sehr knapp war. Bis 1750 waren östlich der Appalachen bereits die meisten Wälder abgeholzt, und 1775 war der Vorrat an großen Kiefern, die man für Schiffsmasten brauchte, auch in Nordamerika erschöpft. Nun war die Royal Navy gezwungen, minderwertiges Holz aus der Gegend von Riga zu importieren.

Eine weitere Triebkraft für die Waldzerstörung in Nordamerika war der Bedarf der europäischen Siedler an Weideland für die Nutztiere, die sie zur Sicherung ihrer eigenen Versorgung mitgebracht hatten und die sich nun schnell vermehrten. Christoph Kolumbus brachte 1492 acht Schweine nach Hispaniola. Mit den Expeditionen der

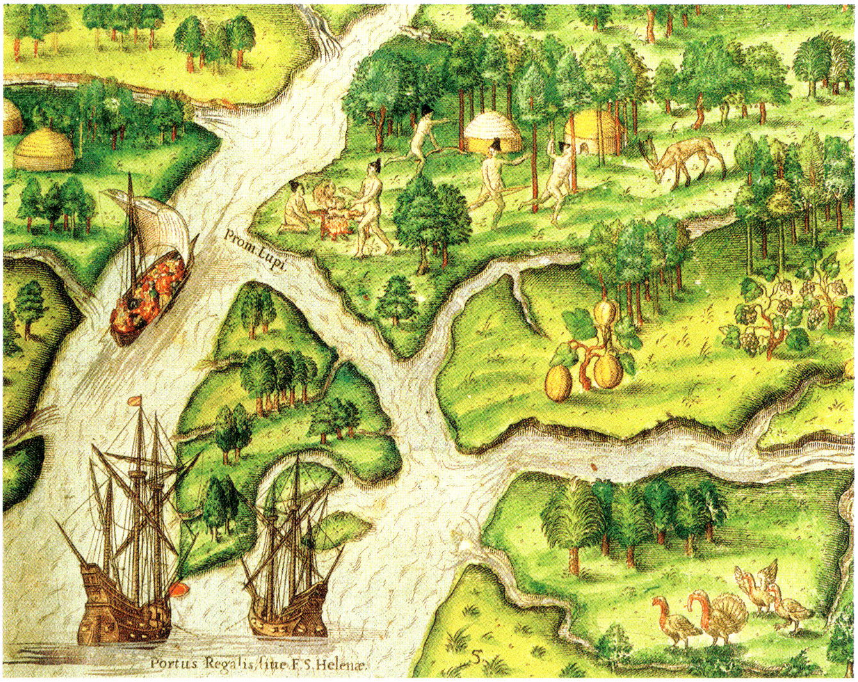

Brückenköpfe von Neu-Pangäa: Europäische Siedler landen 1591 auf der Insel Jamaika. Ihre Schiffe sind voller Vorräte, die sie von Übersee mitgebracht haben, um zu überleben. Die Insel wurde zum Zufluchtsort für die britischen Piraten in der Karibik.

Conquistadoren verbreiteten sie sich schnell in Mexiko, wo ihre Zahl in der Wildnis nach den Worten der Spanier schließlich »infinitos« war.

Im Jahr 1493, auf seiner zweiten Reise, nahm Kolumbus einige Kühe und Pferde mit. 50 Jahre später weideten gewaltige Rinderherden in weit entfernten Regionen wie Florida, Mexiko und Peru. Die grasbewachsenen südamerikanischen Pampas erwiesen sich als ideales Weideland, und bis 1700 bestanden die Herden nach Schätzungen aus rund 50 Millionen Tieren. Hausschafe wurden in den 1540er Jahren erstmals nach Mexiko gebracht. Sie vermehrten sich so stark, dass es 1614 allein in der Region um Santiago de Chile bereits 640 000 von ihnen gab. Verwilderte **Pferde** wanderten von Mexiko in die großen Ebenen des nordamerikanischen Mittelwestens, wo die amerikanischen Ureinwohner sie erneut domestizierten. Damit ermöglichten sie den noch vorhandenen Stämmen, die in ihrer Mehrzahl auf der Flucht vor den europäischen Siedlern ins Innere des Kontinents ausgewichen waren, eine völlig neue Lebensweise.[6]

Die amerikanischen Ureinwohner hatten es nicht nötig, Wald zu zerstören und Weideland für Haustiere zu schaffen: Bevor die ersten Europäer kamen, gab es solche Haustiere nicht. Jetzt war Amerika von den Prärien im Norden bis zu den Pampas im Süden von neuen Huftieren bevölkert: Ziegen, Schafe, Maultiere, Pferde, Schweine und Rinder, alle aus Europa und Asien eingeführt. Diese Tiere verhinderten auch, das Bäume nachwuchsen: Sie grasten die jungen Schösslinge ab und zertrampelten das Land. Innerhalb von 250 Jahren hatte die Rodung der Wälder zur Schaffung von Weideland zusammen mit den Verwüstungen durch die endlosen, mitreisenden Herden zur Folge, dass die amerikanische Landschaft entblößt und bis zur Unkenntlichkeit verändert wurde.

Die **Krankheiten**, die so viele Gruppen der amerikanischen Ureinwohner auslöschten, hatten ihren Ursprung in diesen Haustieren, die mit europäischen und asiatischen Kulturen schon seit etwa 10 000 Jahren zusammengelebt hatten. Ungefähr 65 Krankheiten der Menschen gehen von Hunden aus, mehr als 50 von Rindern, 46 von Schafen und Ziegen, und 42 (darunter die Grippe) von Schweinen. Aber eine Brücke hat immer zwei Richtungen. Über die Syphilis, eine Geschlechtskrankheit, wurde in Europa erstmals 1494 berichtet, als die französische Armee nach Italien eindrang. Nach Europa kam sie vermutlich durch Seeleute, die von Kolumbus'erster Expedition zurückkehrten und sich die Krankheit durch allzu intime Kontakte mit den Frauen der amerikanischen Ureinwohner zugezogen hatten. Im Jahr 1498, nach den Reisen von Vasco da Gama, hatte sich die Syphillis auch nach Indien verbreitet, und 1505 war sie bereits in China angelangt.[7]

Von den Krankheiten, die sich nun über die ganze Welt verteilten, waren nicht nur Menschen betroffen. Die amerikanische Reblaus (Phylloxera), die ursprünglich an den wilden Weinreben der Rocky Mountains zu Hause war, wurde 1850 unwissentlich mit Schiffen nach Europa gebracht. Sie breitete sich in den Weinbergen Europas schnell aus, sodass der Weinherstellung schließlich der völlige Zusammenbruch drohte. Erst durch den Import amerikanischer Rebstöcke, die gegen die Krankheit immun waren, konnten die europäischen Winzer ihre Weinberge wiederherstellen. Auch dies ist also eine Ironie der Geschichte: Edle französische Weine haben ihre Wurzeln seit rund 150 Jahren in einem amerikanischen Import.

Die ökologischen Auswirkungen von Neu-Pangäa machten sich nicht nur in Amerika bemerkbar. Im Jahre 1606 betraten europäische Seeleute erstmals den **australischen Kontinent**: Damals ging der niederländische Seefahrer Willem Janszoon an der Westküste der Halbinsel Cape York, im Norden des heutigen australischen Bundesstaates Queensland, an Land – manche Historiker vermuten allerdings, dass die Portugiesen bereits früher dort gewesen waren. Den Anstoß zu ersten europäischen Siedlungen gab aber erst die Expedition des britischen Kapitäns James Cook im Jahr 1770. Er taufte das von ihm entdeckte Gebiet auf den Namen New South Wales, und in Port Jackson, dem heutigen Sydney, wurde im Januar 1788 eine Sträflingskolonie eingerichtet.

Wie in Amerika, so lebten auch in Australien und Neuseeland bis zur Ankunft der Europäer keine Huftiere. 100 Jahre später jedoch war Australien von 100 Millionen Schafen und acht Millionen Rindern bevölkert. Noch größere Folgen hatte die Einführung neuer Tiere zu Jagdzwecken oder zur Pelzgewinnung. Nachdem ein Viehzüchter namens Thomas Austin 1859 in Australien einige europäische **Hauskaninchen** in die Wildnis entlassen hatte, vermehrten sich diese Tiere, die hier keine natürlichen Feinde besaßen, bis sie schließlich zu Millionen das Getreide und die gesamte Pflanzenwelt verwüsteten. Das Problem verschlimmerte sich so stark, dass man zwischen 1902 und 1907 von der Nord- bis zur Südküste Westaustraliens einen 1 600 Kilometer langen Zaun baute, um ihre Ausbreitung aufzuhalten. In den 1920er Jahren hatten die Kaninchen die

Barriere überwunden. Um 1950 lebten in Australien schätzungsweise 500 Millionen Wildkaninchen, und nun führte man zu ihrer Bekämpfung absichtlich die Krankheit Myxomatose aus Brasilien ein. Anfangs hatte sie auf die Kaninchenbestände verheerende Auswirkungen, aber schon wenig später wurden viele Tiere dagegen immun, und die Sterblichkeit sank auf weniger als 25 Prozent.

Biologische Arten, die auf einstmals isolierte Kontinente eingeschleppt wurden, haben die Vielfalt der Tier- und Pflanzenarten in den Ökosystemen der Erde beträchtlich vermindert. Als man beispielsweise 1810 auf der Insel St. Helena im Südatlantik die ersten Ziegen einführte, starben 22 der 33 einheimischen Pflanzenarten durch Überweidung aus. Auch europäische Pflanzen fassten häufig in den Lebensräumen der Neuen Welt Fuß, wobei ebenfalls einheimische Arten ausgelöscht wurden. In der Region von Buenos Aires in Argentinien gediehen 1877 bereits 157 verschiedene europäische Pflanzenarten; 50 Jahre später war nur noch ein Viertel der Pflanzen in den Pampas einheimischen Ursprungs.[8]

Die bei weitem größten ökologischen Auswirkungen auf die Pflanzenwelt hatte die Einführung neuer Nutzpflanzen. Der Anbau pflanzlicher Produkte für den Export wurde zum wirtschaftlichen Rückgrat der europäischen Kolonien: Tabak aus der Karibik, Zuckerrohr aus Asien und Amerika, Baumwolle aus Nordamerika, Gummi aus Südamerika, Kaffee aus Afrika und Schokolade aus Mexiko. Solche Pflanzen erforderten nicht nur die Rodung weiterer Waldflächen, sondern führten in vielen Fällen auch zu einer schnellen Erschöpfung des Bodens, was wiederum eine weitere Expansion in bisher ungenutzte Gebiete nach sich zog.[9] Tabak konnte man in der Regel nur drei- oder viermal ernten, dann wurde die Anbaufläche aufgegeben, und man konnte sie erst nach 20 oder 30 Jahren erneut nutzen. In der Zwischenzeit wurden weitere Ländereien gerodet.

Noch mehr Ressourcen aus dem Wald forderte die Weiterverarbeitung der Pflanzen. Zucker musste zu Sirup eingekocht werden, der erst bei starker Hitze Kristalle bildete. Die Abholzung von Bäumen als Brennstoff für die Zuckermühlen zerstörte mehr Waldflächen als die Rodung für den Anbau von Zuckerrohr. Als Engländer zum ersten Mal die Insel Barbados besiedelten und zu einer Kolonie für den Zuckeranbau machten, erhielten die kräftigen Holzfäller aus England die Anweisung, »mit Arbeitswerkzeugen die Wälder niederzulegen und den Boden zu roden«. Später importierten die Briten dann afrikanische Sklaven, die jeweils ungefähr 1,2 Hektar Wald pro Jahr roden mussten. Im Jahr 1665 standen auf der Insel, die ursprünglich von Küste zu Küste mit Wäldern bedeckt war, nur noch auf den Gipfeln einzelne Bäume. Der gleiche Wandel hatte bis 1672 auch auf den Nachbarinseln St. Kitts, Nevis und Montserrat stattgefunden.[10] Mindestens ebenso schädlich für die Waldbestände war und ist bis heute die Notwendigkeit, Tabakblätter durch Erhitzen zu trocknen.

Während einerseits die Nutzpflanzen, die in Amerika für den Export angebaut wurden, zu einem gewaltigen Wandel der Landschaft führten, hatten andererseits auch domestizierte Pflanzen, die in die Gegenrichtung wanderten und in Europa oder Asien angebaut wurden, ebenso weitreichende Wirkungen. In Mittelamerika hatten die einheimischen Frauen über Jahrtausende hinweg mühsam die wilde Teosinte domestiziert und zu Mais herangezüchtet (siehe Seite 278), und in Peru wurden bis zu 300 Kartoffelsorten angebaut. Dank Neu-Pangäa konnten nun auch Europa und große Teile Asiens von diesen nahrhaften Pflanzen profitieren.

Der **Mais** wurde von den Spaniern nach Europa gebracht und entwickelte sich schnell zu einer wertvollen Nutzpflanze, die im gesamten Mittelmeerraum vorwiegend als Futtergetreide für das Vieh angebaut wurde. In Nordeuropa fasste er wegen des kühlen Klimas während der Kleinen Eiszeit (ca. 1350 bis 1850) erst nach 1850 Fuß, als wieder wärmere Klimabedingungen herrschten. Im Süden Chinas jedoch wurde er schon seit ungefähr 1550 erfolgreich angebaut. Zwischen 1400 und 1770 nahm die chinesische Bevölkerung explosionsartig von 70 Millionen auf 270 Millionen zu – ein Anstieg von fast 400 Prozent. Die Anbauflächen zur Ernährung dieser immer größeren Zahl von Menschen wuchsen von 25 Millionen auf 63 Millionen Hektar, und große Teile davon verwendete man für den sehr nährstoffreichen Mais, der im Gegensatz zum Reis auch auf höher gelegenem, trockenem Boden gedieh. Damit trug er beträchtlich dazu bei, dass man immer neue Flächen rodete und für den Getreideanbau nutzbar machte.[11]

Ökologisch forderte das alles einen hohen Preis. Die Hügellandschaften Chinas, in denen nun keine Bäume mehr wuchsen, waren der Bodenerosion ausgesetzt, sodass die Nutzpflanzen bei starkem Regen vernichtet wurden. Ein Gelehrter vom Hofe der Ming berichtete:

Vor der Herrschaft von Cheng Te (1506 bis 1521) waren die südöstlichen Abhänge von üppigen Wäldern bedeckt, aber dann, zu Beginn der Herrschaft von Ch'i Chiaching (1522 bis 1566) wurden die Berge im Süden abgeholzt, ohne dass man sie ein Jahr ruhen ließ ..., und in Ackerland verwandelt. Wenn jetzt der Himmel einen Sturzbach schickt, hält nichts das fließende Wasser auf – seine wütenden Wellen schwellen in die Höhe und durchbrechen die Ufer. Deshalb verlor der Distrikt Ch'i sieben Zehntel seines Reichtums.[12]

Auch in Westafrika entwickelte sich der Mais seit ungefähr 1600 zu einer wichtigen Nutzpflanze. Mit seinen höheren Erträgen verdrängte er die dort heimische Hirse. Aber die schnelle Einführung des Maises in neuen Regionen der Erde blieb nicht ohne Auswirkungen auf die Gesundheit der Menschen. Seit Anfang des 18. Jahrhunderts rätselten abendländische Ärzte und Wissenschaftler über das Krankheitsbild und die Ursachen der Pellagra, einer oftmals tödlichen Hautkrankheit, die erstmals in den spanischen Maisanbaugebieten aufgetreten war. Man glaubte, der Mais müsse giftig sein oder die Krankheit übertragen. Erst 1926 entdeckte man, dass der Verzehr von zu viel Mais zu einem Vitaminmangel führt, den man leicht beheben kann, wenn man der Nahrung eine alkalische Substanz wie Kalk oder auch Bäckerhefe zusetzt. Zuvor waren aber bereits Tausende von Menschen an der Krankheit gestorben; ein Schwerpunkt war der Südwesten Nordamerikas, wo die Krankheitssymptome zu einer Wiederbelebung des Vampirglaubens führten: Menschen, die an Pellagra leiden, entwickeln häufig eine Lichtüberempfindlichkeit.[13]

Die **Kartoffel** wurde von einem Spanier, der ungefähr um 1570 aus Südamerika nach Hause kam, in Europa eingeführt. Da sie einen hohen Nährwert hat und sich leicht anbauen und ernten lässt, sorgte sie schließlich für einen tief greifenden Wandel der europäischen Ernährungsgewohnheiten. Aber die Kartoffel galt zunächst als wenig ansprechende Frucht, und der europäische Snobismus verhinderte, dass sie sich schnell durchsetzte: Schließlich war sie das Lieblingsgericht der Andenbewohner, und die galten bei den Spanien allgemein als »Wilde«. In Europa machte sich die Vorstellung breit, die Kartoffel sei nur als Tierfutter geeignet, was zur Folge hatte, dass sie an Tiere verfüttert oder gerade einmal bei den ärmsten landwirtschaftlichen Arbeitskräften auf den Tisch kam.

Diese Haltung änderte sich seit Mitte des 17. Jahrhunderts. Im Jahr 1662 schlug beispielsweise ein Bauer aus der englischen Grafschaft Somerset in einem Brief an die Londoner Royal Society vor, Kartoffeln anzubauen und England auf diese Weise für die Zukunft vor einer Hungersnot zu schützen. Dennoch wurden die Knollenfrüchte noch viele Jahre lang vorwiegend als Viehfutter genutzt.

Ihren eigentlichen Siegeszug trat die südamerikanische Kartoffel in Europa an, als die irischen Bauern, die häufig unter Nahrungsknappheit zu leiden hatten, sie für sich entdeckten. Von dort gelangte sie wieder über den Atlantik in die nordamerikanischen Kolonien, wo man sie seit 1718 ebenfalls als Viehfutter anbaute. Um 1800 waren Kartoffeln aber dann selbst bei den Reichen zu einem gesellschaftsfähigen Lebensmittel geworden. Irland war mittlerweile völlig von der Kartoffel abhängig. Als in den dreißiger Jahren des 19. Jahrhunderts an

Kartoffeln galten als Viehfutter und Nahrung für die Armen, weil sie von den Ureinwohnern der Neuen Welt stammten.

Irland, hier in Gestalt der Erin, bemüht sich, den Wolf von der Tür zu vertreiben. Die Menschen litten während der Kartoffelfäule großen Hunger.

der Ostküste Nordamerikas eine Pilzkrankheit die Nutzpflanzen befiel, breiteten sich die Sporen der Erreger mit dem Wind sehr schnell bis nach Peru aus. Dort hätte die Krankheit zum Stillstand kommen können. Aber die Samen der Katastrophe gelangten mit Schiffen auch auf die andere Seite des Atlantiks. Bis 1845 war die Kartoffelfäule – vermutlich mit Schiffstransporten von Düngemitteln oder peruanischen Kartoffeln – nach Deutschland, Belgien England und schließlich nach Irland gelangt, wo ihre Ausbreitung zu einem völligen Zusammenbruch der Lebensmittelversorgung führte.[14]

Während der **Kartoffelfäule-Epidemie** der Jahre 1846 bis 1849, als die Kartoffelernte dreimal hintereinander völlig ausfiel, starben in Irland nach heutigen Schätzungen über eineinhalb Millionen Menschen an Hunger, Krankheiten und Mangelernährung. Über eine Million weitere verließen Irland, weil sie in den amerikanischen Kolonien oder in Australien auf ein besseres Leben hofften. In vielen großen Städten der amerikanischen Ostküste, so in Boston, New York und Philadelphia, waren mehr als 25 Prozent der Bevölkerung irischer Herkunft. In den Augen mancher Historiker kommt die Tatsache, dass die britische Regierung der leidenden irischen Bevölkerung keine nennenswerte Hilfe zuteil werden ließ, einem Völkermord gleich. Seit dem Vereinigungsgesetz von 1800 war Irland ein Teil Großbritanniens.

Über Hunderte von Kilometern hinweg waren die Kartoffelfelder schwarz, als hätte auf ihnen ein Feuer gewütet. Die Pflanzen hatten sich in einen giftigen Brei verwandelt. Für die Menschen bedeutete das ungeheures Leid. Der Kapitän Wynne, ein Augenzeuge, berichtete:

Man sah Massen von Frauen und kleinen Kindern, welche sich auf den Feldern verteilten. Die Mütter, halb nackt, zitterten in Schnee und Schneematsch und stießen Rufe der Verzweiflung aus, während ihre Kinder vor Hunger schrieen.[15]

In Südamerika hatten die Einheimischen mehrere Hundert verschiedene Kartoffelsorten angebaut, aber nur vier davon waren nach Europa gelangt. Diese mangelnde biologische Vielfalt war ein Grund dafür, dass ein einziger Pilz derart umfangreiche Zerstörungen anrichten konnte.

Als immer mehr Europäer – als Abenteurer, Unternehmer, Flüchtlinge oder Gefangene – in die neuen Kolonien am anderen Ende der Welt strömten, waren viele Tierarten, deren Evolution Zigmillionen Jahre gedauert hatte, gefährdet oder bereits ausgestorben. Besonders bedroht waren flugunfähige Vögel. Der berühmte zutrauliche Dodo, ein auf Mauritius heimischer enger Verwandter der Tauben, fiel den portugiesischen (und später niederländischen) Invasoren zum Opfer, die seit 1505 auf die Insel gekommen waren. Nicht nur hungrige Menschen erschlugen die Vögel, weil sie etwas zu essen brauchten. Die von den Siedlern eingeschleppten Hunde, Schweine, Katzen und Ratten fraßen die Eier und brachten ihre Nester durcheinander. Schließlich zerstörten die Menschen mit dem Wald auch den Lebensraum der Vögel, und das führte dazu, dass ungefähr 1700 der letzte Dodo starb.

Pelztiere waren bei Jägern schon spätestens seit römischer Zeit als Lieferanten für die Herstellung warmer Kleidungsstücke beliebt. Nachdem insbesondere die Wikinger dafür gesorgt hatten, dass die Bestände an Hermelinen, Bibern und Füchsen in Europa mehr oder weniger erschöpft waren, eröffnete man die Jagd auf neue Tiere. Sie war einer der wichtigsten Gründe, warum die Europäer im Westen quer durch Nordamerika und in östlicher Richtung durch Sibirien bis an die Küste des Nordpazifik vorstießen. Im kühlen Klima der Kleinen Eiszeit wurden Pelze in Europa seit dem 15. Jahrhundert zunehmend zu einer wichtigen Handelsware.

Die europäische Nachfrage nach Pelzen veranlasste die russischen Kosaken, das extrem unwirtliche und zuvor unerforschte Innere **Sibiriens** zu erobern. Das westrussische Nowgorod wurde zu einem Zentrum für den Export von Eichhörnchenfellen: Um 1400 wurden dort bereits jedes Jahr 500 000 Felle exportiert. Da man aber für einen einzigen Pelzmantel mehrere Hundert Eichhörnchenfelle brauchte, war die Nachschubmenge schon 50 Jahre später auf die Hälfte gesunken, denn die Tiere wurden in Mengen gefangen, die keine Nachhaltigkeit ermöglichten. Die spanischen Biber, einst die wichtigsten Lieferanten für europäische Biberfelle, waren um 1600 bereits so gut wie ausgestorben.

Auf Drängen reicher Kaufleute wie der Familie Stroganow zogen die Kosakenbauern aus Südosteuropa quer durch Sibirien, fingen Pelztiere und tauschten die Felle auf den europäischen Märkten gegen Gewehre ein. Ihre Nachkommen wurden schließlich zur tragenden Säule der kaiserlich russischen Armee. In den 1640er Jahren erreichten russische Entdecker die Pazifikküste. Der russische Kosak Semjon Deschnjow stieß 1648 auf einen der letzten unbekannten Verkehrswege von Neu-Pangäa: die Meerenge zwischen Alaska und Asien. Sie wurde später nach dem dänischen Seefahrer Vitus Bering (1681 bis 1741) benannt, der kurz vor seinem Tod in Alaska landete und diese Region Nordamerikas dem Herrschaftsgebiet der russischen Kaiser einverleibte – 1867 wurde sie dann für 7,2 Millionen Dollar an die Vereinigten Staaten verkauft.

Zur beliebtesten Handelsware der Region wurden Otterfelle: Zwischen 1750 und 1790 tötete man mehr als 250 000 dieser Tiere. Die einheimische Bevölkerung zahlte Steuern in Form von Pelzen an die russischen Kosaken, und die schickten die Felle über eigens gebaute Straßen nach Moskau, wo sie gegen Waffen getauscht wurden. Im

Früher konnte er nicht fliegen, heute ist der ausgestorben: Der Dodo war eines der ersten Opfer, als Europäer ihre Kolonien anlegten und domestizierte Tiere in neue Regionen brachten.

19. Jahrhundert erlebte der gewinnträchtige sibirische Pelzhandel dann jedoch durch übermäßige Jagd und die stark sinkende Zahl von Füchsen, Hermelinen und Zobeln einen steilen Niedergang.

Da Pelztiere in Europa und im Westen Russlands zu Beginn des 16. Jahrhunderts so knapp waren, wurde der Handel mit Tierhäuten in den neu gegründeten nordamerikanischen Kolonien zu einem großen Geschäft.

Schon seit 1534 hatten französische Siedler in Nordamerika Biberfelle mit der einheimischen Bevölkerung getauscht. Wegen der niedrigen Geburtenrate der Biber war die Nachfrage aber nur schwer zu befriedigen, und wenn die Jäger den Bestand in einer Region vernichtet hatten, wanderten sie weiter landeinwärts. Rund um den Hudson River und New York waren Biber um 1610 noch weit verbreitet, bis 1640 waren sie aber aus der Region so gut wie verschwunden. Am St.-Lorenz-Strom richteten konkurrierende britische und französische Pelzjäger befestigte Handelsstützpunkte ein und versuchten zusammen mit den einheimischen Stämmen, sich gegenseitig zu überbieten.

In den 1630er Jahren begann eine Reihe gewalttätiger Konflikte; zuvor hatten niederländische und britische Kaufleute die Felle mit Feuerwaffen bezahlt und so die Irokesen, ein Bündnis verschiedener Stämme amerikanischer Ureinwohner, mit europäischen Gewehren ausgestattet. Als die Biberbestände in den traditionellen Gebieten der Irokesen beiderseits des Hudson River zur Neige gingen, drängten die Einheimischen weiter nach Norden zum St.-Lorenz-Strom, wo die Tiere noch in großer Zahl vorhanden waren. Damit gerieten sie aber in unmittelbaren Konflikt mit anderen Stämmen, insbesondere mit den Algonkin und ihren französischen Verbündeten. Was nun folgte, war ein grausiger Vorgeschmack auf die Vorgänge, die sich im 19. Jahrhundert in Afrika abspielen sollten: Von habgierigen europäischen Kaufleuten angefachte Meinungsverschiedenheiten wurden von den einheimischen Stämmen mit Feuerwaffen ausgetragen.

Bei den Überfällen der Irokesen, die von ihren niederländischen und britischen Handelspartnern unterstützt wurden, kamen zwischen 1614 und 1660 Tausende von Algonkins und viele französische Siedler ums Leben. Nach einer kurzen Friedensperiode flammte der Krieg 1683 wieder auf, angeheizt diesmal durch das höchst aggressive Vorgehen des neuen französischen Gouverneurs Louis de Buade bei der Biberjagd.[16]

De Buade schränkte gezielt die traditionellen Rechte der einheimischen Pelztierjäger ein und förderte dagegen Europäer, die als »Coureurs des bois« (»Waldläufer«) bezeichnet wurden. Dies führte zu einer starken Dezimierung der Tierbestände. Allein der französische Hafen La Rochelle importierte 1743 die Felle von 127 000 Bibern, 30 000 Mardern, 12 000 Ottern, 110 000 Waschbären und 60 000 Bären aus Neufrankreich (diesen Namen trugen die französischen Kolonien in Nordamerika von 1604 bis 1763; ihre Hauptstadt war Quebec am St.-Lorenz-Strom).

Bis 1850 waren viele Tierarten durch die Jagd ausgestorben. Wie in Sibirien, so ging jetzt auch in Kanada die Ausbeute an Tierfellen stark zurück. Als schließlich auf der ganzen Welt nicht mehr genügend Pelze von Wildtieren zur Verfügung standen, ging man dazu über, Pelztiere auf Farmen zu züchten.

Aus solchen Betrieben stammen heute 80 Prozent aller Pelze. Das gleiche Schicksal ereilte auch Robben, Walrosse und Wale: Ihre Bestände nahmen ungefähr seit 1500 ebenfalls stark ab, weil die Menschen einen so unstillbaren Appetit auf Häute, Stoßzähne und Tran hatten. Im Jahr 1456 konnte man Atlantik-Walrosse noch in der Themse beobachten; heute gibt es weltweit nur noch 15 000 von ihnen.

Nachdem Europa ein Neu-Pangäa geschaffen hatte, ging die Vielfalt der Arten zurück, und viele waren von ihrem Überleben bedroht. Krankheiten, Nutzpflanzen, Menschen und Kulturen waren untrennbar miteinander verflochten und sorgten in der globalen Ökologie für einen gewaltigen Wandel. Die Waldzerstörung, die schon mit dem Aufstieg der ersten Hochkulturen eingesetzt hatte, beschleunigte sich und trat in eine neue, höchst aggressive Phase ein. Was die Menschen zu jener Zeit noch nicht wussten: Die Fähigkeit der weltweiten Ökosysteme, gefährliche Treibhausgase wie das von Nutztieren erzeugte Methan und das von Bäumen absorbierte Kohlendioxid zu regulieren, stieß allmählich an ihre Grenzen. Die heiße, stickige, kohlendioxidreiche Welt, in der die Dinosaurier des alten Pangäa vor rund 200 Millionen Jahren gelebt hatten, wurde durch die europäischen Entdecker in der frühen Neuzeit wiederbelebt.

Der Handel, bei dem Produkte von Jagd, Fischerei und Landwirtschaft gegen Edelmetalle, Waffen und Schießpulver getauscht wurden, musste auf die außereuropäischen Kulturen zwangsläufig ebenso große Auswirkungen haben wie auf deren natürliche Umwelt. Die Reaktionen dieser Menschen auf die schöne neue Welt, in der die europäischen Staaten untereinander um die Ausbeutung der Naturschätze konkurrierten, prägten die nun folgenden 350 Jahre der Erdgeschichte – die letzte Hundertstelsekunde vor Mitternacht.

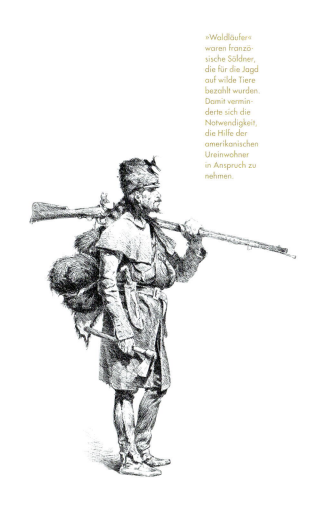

»Waldläufer« waren französische Söldner, die für die Jagd auf wilde Tiere bezahlt wurden. Damit verminderte sich die Notwendigkeit, die Hilfe der amerikanischen Ureinwohner in Anspruch zu nehmen.

KAPITEL 37

GEMISCHTE GEFÜHLE

WIE VERSCHIEDENE KULTUREN AUF EUROPÄISCHE GESCHÄFTSLEUTE UND SOLDATEN REAGIERTEN, DIE UNBEDINGT EINTRÄGLICHEN HANDEL BETREIBEN WOLLTEN

Was würden wir tun, wenn plötzlich aus heiterem Himmel ein Wikinger in voller Kampfmontur vor unserer Tür stünde? Würden wir ihm die Tür vor der Nase zuschlagen? Höflich mit ihm reden? Ihn vielleicht auf eine Tasse Kaffee einladen und darum bitten, dass er zunächst einmal den Helm mit den Hörnern, den eisernen Schild und die lange, spitze Lanze ablegt? Wie einzelne Menschen, so reagieren auch Staaten unterschiedlich auf plötzlich, unerwartete Veränderungen. Deshalb musste die Strategie, mit der die Europäer nach der Welt griffen, bei den vielen betroffenen Kulturen ganz unterschiedliche Reaktionen auslösen. An manchen Orten wurden sie freundlich aufgenommen, an anderen stießen sie auf Gleichgültigkeit bis hin zur offenen Feindschaft.

Zwei Kulturen, die dem brodelnden europäischen Schmelztiegel besonders nahestanden, befanden sich von Europa aus gesehen im Osten und Südosten: Russland und die Türkei.

Die **Rus**, die von Wikingerkaufleuten und -kriegern abstammten (siehe Seite 332), hatten um 1000 n. Chr. rund um Kiew ein beeindruckendes Königreich aufgebaut. Leider wurde ihr Imperium aber durch die mongolischen Invasionen unter Führung von Dschingis Khan (siehe Seite 322) nahezu vollständig zerstört. Im Gefolge dieser Eroberungen entstand eine Reihe kleinerer Staaten, die sich zu einem lockeren Bündnis, der Goldenen Horde, zusammentaten. Nur in Nowgorod im Nordwesten entgingen die Russen der Unterwerfung, weil es ihnen gelang, Handelsbeziehungen zur Hanse zu knüpfen.

Da sich zwischen dem russischen Großfürsten Alexander Newski (1220 bis 1263) und Sartaq Khan (gestorben

1256), dem Sohn des Großkhans der Goldenen Horde, eine tiefe Freundschaft entwickelt hatte, erhielten die Russen einen Landstrich östlich von Moskau als Geschenk. Als die Macht der Mongolen im 14. Jahrhundert schwand, dehnte Alexanders Nachfolger Iwan III. (»der Große«, Regierungszeit 1462 bis 1505) diese Territorien auf die dreifache Größe aus und verband sie dabei mit dem wertvollen Handelsstützpunkt Nowgorod. Nachdem Konstantinopel 1453 an die muslimischen Osmanen gefallen war, schrieb ein christlicher Mönch namens Philotheus an Iwan einen Brief, in dem er erklärte, es sei mit großer Gewissheit Gottes Wille, dass Moskau der Mittelpunkt eines dritten Römischen Reiches werde.

Nachdem die Expansion in Sibirien mit den Vorstößen der Kosaken immer weiter vorangekommen war, wurden Pelze nun zu Millionen über Nowgorod gehandelt, und Europa lieferte im Gegenzug Feuerwaffen und Schießpulver. Iwan IV. (»der Schreckliche«, 1547 bis 1584) hatte mittlerweile einen mächtigen Staat aufgebaut, der eine eigene Armee und Zugang zu gewaltigen natürlichen Reichtümern besaß. In dem Bestreben, die Prophezeiung eines neuen Rom Wirklichkeit werden zu lassen, erklärte Iwan sich selbst zum Zaren – das Wort ist eine russische Abwandlung des alten römischen Kaisertitels »Caesar«. Seine Macht erklärte er für absolut.

Eine umfassende russische Antwort auf die wachsende wirtschaftliche und militärische Macht der europäischen Staaten gab es aber erst zur Regierungszeit **Peters I.** (»der Große«, Regierungszeit 1672 bis 1725). Peter herrschte über eine Landmasse, die dreimal so groß war wie Europa, aber nur ein Viertel seiner Bevölkerung aufwies. Er entschloss sich, sein Reich so gut wie möglich an die europäische Entwicklung anzuschließen und Handelsbeziehungen über die Ozeane hinweg aufzubauen. Zunächst gewann er einen 21-jährigen Krieg gegen Schweden und übernahm von ihm die Kontrolle über die nordeuropäischen Küstenstaaten, die Russland den wert-

Der russische Zar Peter der Große beaufsichtigt den Bau seiner prächtigen neuen Hauptstadt St. Petersburg, die im europäischen Stil errichtet wurde.

vollen Zugang zur Ostsee verschafften. Im Jahr 1703 erbaute er direkt an der Ostsee und damit an den Toren Europas seine eindrucksvolle neue Hauptstadt St. Petersburg. Die Stadt diente als Umschlagplatz für die mit dem Handel gewonnenen Reichtümer und beherbergte eine moderne Marineflotte, einen Königshof nach europäischem Vorbild und einen Regierungsapparat, der die Institutionen anderer europäischer Hauptstädte unmittelbar nachahmte.

Auf einer großen Rundreise durch Europa studierte Peter den Schiffbau in Amsterdam, er besichtigte als Gast des Königs William III. das Hauptquartier der britischen Royal Navy in Greenwich bei London, und nach Malta schickte er eine Abordnung, die sich über die dortige Ausbildung zur Kriegsführung informieren sollte. Er war so erpicht darauf, seinen Adligen den europäischen Geschmack beizubringen, dass er sogar eine Steuer von jenen erhob, die sich weigerten, ihren Bart abzurasieren.

Russland hatte sich also entschlossen, dem Klub jener europäischen Nationen beizutreten, die sich an dem weltweiten Wettbewerb um die Rohstoffe beteiligten. Mit Pelzen als wichtigster Einnahmequelle und einer Armee, die mithilfe dieser Einnahmen mit den neuesten Waffen ausgerüstet wurde, hatte Peter seinen russischen Herrschaftsbereich bis 1720 zu einem Imperium ausgebaut, das im Begriff stand, auf der Bühne des neuen Pangäa eine beträchtliche Macht zu erlangen.

* * * * *

Weiter im Süden wussten die türkischen **Osmanen** nicht so genau, wie sie darauf reagieren sollten, dass ihnen Europa auf triumphale Weise ihre traditionelle Kontrolle über den Handel abnahm. Als Suleiman der Prächtige 1566 starb, unternahm das Osmanische Reich im gesamten Mittelmeerraum eine Reihe sehr erfolgreicher Piratenüberfälle. Christen wurden an den Küsten Italiens und Spaniens gefangen genommen und über die islamischen Hafenstädte am Schwarzen Meer als Sklaven verkauft. Muslimische Korsaren, die von Stützpunkten wie Tunis und Algier an der afrikanischen Nordküste operierten, entführten nach heutiger Kenntnis zwischen 1530 und 1780 mehr als eine Million europäische Christen.[1] Viele von ihnen mussten in Steinbrüchen oder als Ruderer auf osmanischen Galeeren arbeiten.

Sklaven als Soldaten einzusetzen, war eine alte islamische Gewohnheit. Saladin, der große Eroberer zur Zeit der christlichen Kreuzzüge, befehligte Armeen aus Sklavensoldaten, die sich irgendwann auflehnten und 1250 als Dynastie der Mamelucken die Herrschaft über Ägypten übernahmen (siehe Seite 345). Die Osmanen verfuhren genauso, nachdem sie Ägypten 1517 von den Mamelucken zurückerobert hatten. Kleine christliche Jungen wurden vom Balkan entführt und als loyale Sklavensoldaten bei Hofe gehätschelt, wo sie die persönliche Leibgarde des Sultans bildeten. Diese Rekruten, Janitscharen genannt, bildeten das Rückgrat der osmanischen Armee. Sie wurden zwar zum Militärdienst gezwungen, erhielten aber ihre Bezahlung immer noch in bar, und das zu einer Zeit, als die meisten europäischen Mächte in solchen Dingen auf die Beute von erfolgreichen Feldzügen zurückgriffen – das war einer der Gründe, warum die kaiserlichen Truppen Karls V. im Jahr 1527 Rom eroberten (siehe Seite 380). Die Janit-

scharen stiegen in vielen Fällen in relativ hohe gesellschaftliche Ränge auf und erhielten Privilegien als Lohn für ihre Loyalität. Ein Kind zu haben, das zu den Janitscharen gehörte, wurde für Familien zu einer hohen Ehre. Seit den 1440er Jahren wurden diese Elitetruppen auch mit Feuerwaffen ausgerüstet und entwickelten sich zu technischen Experten.

Wie kam es aber, dass es den Osmanen dennoch nicht gelang, dem Aufstieg der europäischen Macht etwas entgegenzusetzen? Nachdem sie schon 1529 kurz davor gestanden hatten, **Wien** einzunehmen (was nur durch den bitterkalten Winter verhindert wurde), belagerten 1683 wiederum mehr als 180 000 islamische Soldaten die Hauptstadt der Habsburgerkaiser. Dieses Mal wurden sie im letzten Augenblick zurückgeschlagen, weil europäische Verstärkung unter Führung des polnischen Königs Jan III. Sobieski eintraf.

Dass es den Osmanen nicht gelang, nach Westeuropa vorzudringen, lag unter anderem daran, dass die türkischen Streitkräfte nicht mehr mit den militärischen Neuerungen mithalten konnten, die auf der turbulenten Bühne der europäischen Kriege entwickelt worden waren. Die 300 Kanonen der Osmanen waren veraltet und zeigten angesichts der neuen, verstärkten Stadtmauern von Wien keine entscheidende Wirkung. Die verspätete Anwendung von Alternativtaktiken, beispielsweise der Tunnelbau unter den Stadtmauern, erwies sich als aufwendig und ließ den europäischen Verstärkungstruppen Zeit für ihren Anmarsch.

Weiter geschwächt wurden die Osmanen durch die zunehmenden Meinungsverschiedenheiten zwischen Muslimen unterschiedlicher Traditionen. Der Khan der Krim zum Beispiel, der die Aufgabe hatte, den türkischen Streitkräften den Rücken freizuhalten, griff die Polen nicht an, die über das Gebirge vorrückten; der Grund: Er fühlte sich von Kara Mustafa, dem osmanischen Oberbefehlshaber, brüskiert. Als die Osmanen sich noch bemühten, von einer Seite in die Stadt vorzudringen, während sie auf der anderen von der polnischen Kavallerie angegriffen wurden, mussten sie schließlich fliehen. Zurück blieb ihr großartig aufgebautes Lager mit 40 000 Zelten, die in ordentlichen, geraden Reihen beiderseits enger Gassen aufgestellt waren – eine reiche Beute für die kaiserlichen Soldaten aus Europa.

Einer Wiener Legende zufolge lernte die Stadt zum ersten Mal den Kaffee kennen, als europäische Soldaten die türkischen Zelte einnahmen und dort auf Säcke mit Kaffeebohnen stießen. Auch das Croissant soll aus der gleichen Zeit stammen: Wiener Bäcker, die zu nachtschlafender Zeit arbeiteten, lösten Alarm aus, als sie den Tunnelbau der angreifenden Türken bemerkten. Mit den Croissants wurde der Beitrag der Bäcker zum Sieg gefeiert. Der islamische Halbmond, dem sie sowohl die Form als auch den Namen verdanken, ist als

Die Janitscharen, in der Regel christliche Untertanen, trugen spezielle Uniformen und waren für den Schutz des Sultans und seines Haushalts zuständig.

muslimisches Symbol dem christlichen Kreuz oder dem jüdischen Davidstern vergleichbar.

Schon 16 Jahre später war ganz Ungarn wieder in europäischer Hand. Die osmanischen Türken, die zur See immer noch nicht mit den Europäern konkurrieren konnten, brachten auch zu Lande nie wieder die Kraft auf, europäische Streitmächte herauszufordern.

Als Ereignis, bei dem die Seemacht der Osmanen endgültig zerstört wurde, nennen manche Historiker die Seeschlacht von Lepanto. Am 7. Oktober 1571 versenkte ein Bündnis aus venezianischen, päpstlichen und spanischen Flotten während einer fünfstündigen Schlacht vor der westgriechischen Küste mehr als 200 türkische Schiffe. Drei Jahre später jedoch hatten die Türken ihre Flotte wieder aufgebaut, und wenig später eroberten sie Tunesien von Spanien zurück. Zu Beginn des 17. Jahrhunderts unternahmen sie einen Ausflug in den Atlantik; 1617 eroberten sie Madeira, und 1655 stießen sie sogar bis zur Insel Lundy im Bristolkanal vor. Dort betrieben muslimische Piraten während der nächsten fünf Jahre einen florierenden Stützpunkt, von dem aus sie Überfälle an der britischen Küste und auf den Schifffahrtsrouten im Atlantik unternahmen.

Aber mit der Geschwindigkeit und Leistungsfähigkeit der militärischen Neuentwicklungen in Europa konnten die Osmanen nicht mehr mithalten. Die »Linienschiffe«, die in den Niederlanden entwickelt worden waren und später von der britischen und französischen Marine nachgebaut wurden, machten Kleinholz aus den türkischen Rudergaleeren, die aus der Seefahrertradition des Mittelmeerraums stammten und sich nicht für die Passatwinde über dem Atlantik eigneten.

Nachdem durch das Eingreifen des polnischen Königs Jan III. Sobieski 1683 die Belagerung Wiens beendet worden war, blieben auf den Feldern rund um die Stadt viele türkische Zelte zurück.

Die Luntenschlossmusketen, die in Europa seit ungefähr 1480 in Gebrauch waren, bedienten sich eines neuen Mechanismus zum Abfeuern: Das Schießpulver wurde nun automatisch gezündet, sodass der Schütze die Waffe mit beiden Händen festhalten und damit die Treffgenauigkeit verbessern konnte. Das Schießpulver selbst wurde durch das neue Herstellungsverfahren des Körnens zuverlässiger und leistungsfähiger.

Die fest angestellten Sklavensoldaten der Osmanen in neuen Techniken der Kriegsführung auszubilden, gestaltete sich häufig schwieriger als in den Söldnerarmeen Europas, und die Verbreitung der Kenntnisse über die neuesten technischen Errungenschaften verlangsamte sich auch dadurch, dass die islamischen Kulturen nur widerwillig die europäische Revolution der Massenproduktion gedruckter Bücher übernahmen, für die Gutenberg Pionierarbeit geleistet hatte. Islamische Schriftgelehrte offenbarten die Wahrheit Gottes durch das *geschrie-*

bene Wort. Etwas zu drucken, war häufig tabu.

Der wichtigste Grund dafür, dass die Osmanen dem stetigen Aufstieg Europas nichts entgegenzusetzen hatten, stammte jedoch aus dem Islam selbst. Mohammeds ursprüngliche Vorstellung von einer religiös und politisch einheitlichen Glaubensrichtung wurde fast von Anfang an durch Zersplitterung und Rivalitäten untergraben. Als Europa einen Weg gefunden hatte, um sich dem wirtschaftlichen Würgegriff der Osmanen zu entziehen, war die Vorstellung von einem einzigen, mächtigen Kalifat, das über ein Universum aus loyalen Muslimen herrschte, so veraltet wie unrealistisch. Eine neue Bedrohung für die osmanische Macht ging von den persischen Safaviden (1502 bis 1722) aus, die unter Schah Ismail I. einen großen Aufstieg erlebten. Meinungsverschiedenheiten über die Deutung der islamischen Lehre eskalierten zu bewaffneten Konflikten zwischen den osmanischen Sunniten und den schiitischen Safaviden: Jede der beiden Seiten beanspruchte für sich die politische und religiöse Legitimität, während die Gegenseite als ungläubig gebrandmarkt wurde.

Im Gegensatz zu den Osmanen zeigten sich die **Safaviden** aufgeschlossen gegenüber der Kultur und den neuen Kenntnissen aus Europa. Schah Abbas (Herrschaftszeit 1587 bis 1629) organisierte seine Streitkräfte neu und bildete sie nach europäischem Vorbild aus, wobei er sich auch der Dienste zweier britischer Militärberater versicherte. Robert und Anthony Sherley reformierten die Safavidenarmee und führten festen Sold, strenge Ausbildung und Feuerwaffen ein. Im Jahr 1622 hatte Abbas die Stadt Bagdad von den Osmanen zurückerobert und der Region durch den Wiederaufbau von Tempeln sowie die Einrichtung einer neuen Hauptstadt in Isfahan eine dauerhafte schiitische Identität gesichert.[2] Er errichtete Handelsstützpunkte in Bahrain und Hormus am Persischen Golf, die ihm den Anschluss an die einträglichen Handelsrouten der niederländischen und englischen Ostindien-Kompanien verschafften.

Auf diese Zeit geht auch der heutige Machtkampf im Irak zurück: Schiitische Nachkommen des Schah Abbas ließen sich in und um Bagdad nieder, bevor die Stadt 1638 von den sunnitischen Osmanen zurückerobert wurde. Die Stämme der Kurden saßen damals wie heute zwischen den Stühlen der verfeindeten muslimischen Streitkräfte.

Die Safaviden, die kulturellen Ahnherren des modernen Iran, übernahmen erfolgreich die europäische Neigung zum Luxus und bauten eine Industrie zur Herstellung kostbarer Seidenteppiche auf. Diese verkaufte Abbas über armenische Kaufleute und unter Umgehung der osmanischen Türken nach Europa. Aus Respekt vor der kulturellen Tradition Europas gestattete er den armenischen Siedlern sogar, in Isfahan eine eigene christliche Kathedrale, die Erlöserkirche, zu erbauen. Der König von Polen hatte 1602 von den armenischen Kaufleuten eine Reihe persischer Teppiche erworben, in die jeweils speziell seine Insignien eingewebt waren. Wenig später waren Perserteppiche in den europäischen Adelshäusern das kostbarste Luxusgut – ein solches Stück lag auch im Palast von Versailles unter dem Thron Ludwigs XIV. (siehe Seite 392).

✻✻✻✻✻

Während die Safaviden die Möglichkeiten nutzten, die sich durch die europäische Expansion boten, ließ sich die dritte große islamische Macht, die **indischen Moguln**, von der Ankunft portugiesischer Kaufleute und jesuitischer Missionare nicht im Geringsten aus der Ruhe bringen. Unter Akbar dem Großen (Herrschaftszeit 1556 bis 1605) tauschten die Europäer mit den islamischen Herrschern Indiens regelmäßig Geschenke aus, darunter Musikinstrumente wie die Pfeifenorgel, die nach Angaben von Akbats Biograf große Aufregung verursachte:

Es war wie eine Kiste von der Größe eines Mannes. Darin sitzt ein Europäer und spielt die Saiten; zwei andere legen ihre Finger auf fünf Pfauenflügel, und dann kommen alle möglichen Töne heraus. Und da der Kaiser so erfreut war, kamen die Europäer in jedem Augenblick in roten und gelben Gewändern und verfielen von einer Ausschweifung in die andere. Die Menschen waren bei der Zusammenkunft erstaunt über dieses Wunder, und tatsächlich ist es unmöglich, seiner Beschreibung mit der Sprache Gerechtigkeit widerfahren zu lassen.[3]

Akbar nahm die jesuitischen Missionare an seinem Hof freundlich auf und lud sie ein, an seinen allwöchentlichen religiösen Diskussionen im Haus der Anbetung teilzunehmen, das sich in seiner neu erbauten Hauptstadt Fatehpur Sikri nicht weit von Agra befand. Zur Teilnahme an diesen Veranstaltungen wurden Vertreter aller Glaubensrichtungen aufgefordert, darunter Muslime, Sufis, Jains, Buddhisten, Hindus, Christen, Zoroastriker und Juden. Alle vertraten dort ihre Ansichten über die richtige Religion. Am Ende bemühte sich Akbar, die besten Elemente in eine eigene, neue Religion einzubauen, die unter dem Namen »Göttlicher Glaube« (Din-i Ilahi) bekannt wurde; er hatte die ernsthafte Hoffnung, damit zukünftigen Generationen die religiöse Einheit zu bescheren. Aber Akbars ehrenwerte Versuche waren zum Scheitern verurteilt. Insbesondere für orthodoxe Muslime war die ganze Idee unannehmbar, und mit Akbar starb auch sein Streben nach einer einzigen Weltreligion.

Akbars Sohn Jahangir (Regierungszeit 1605 bis 1627) verschaffte britischen Kaufleuten der **Honourable East India Company** den ersten großen Durchbruch. Eine diplomatische Mission unter Leitung von Sir Thomas Roe führte 1615 dazu, dass der Herrscher einen Brief an James I. schrieb und den Briten darin die »ewige« Erlaubnis erteilte, auf dem indischen Festland Handelsstützpunkte zu errichten; als Gegenleistung bat er um exotische Geschenke aus Europa:

Ich habe alle meine Gouverneure und Kapitäne angewiesen, Ihren Kaufleuten Freiheit nach ihren eigenen Wünschen zu gewähren; nach Belieben zu verkaufen, zu kaufen und in Ihr Land zu transportieren. Zur Bestätigung unserer Liebe und Freundschaft bitte ich Euer Majestät, Ihre Kaufleute anzuweisen, dass sie in ihren Schiffen alle möglichen Raritäten und reichen Waren mitbringen, welche in meinen Palast passen, und dass Sie so freundlich sein mögen, mir Ihre königlichen Briefe bei jeder Gelegenheit zu senden ... auf dass unsere Freundschaft wechselseitig und ewig sein möge ...[4]

Daraufhin bauten die Briten erste Siedlungen in Surat (1612) und dann in Madras (1639). Bis 1649 hatte die Ostindienkompanie 23 Handelsstützpunkte

Pracht der Juwelen: Der Pfauenthron war das Symbol für die Macht der Moguln. 1739 wurde er von persischen und afghanischen Invasoren gestohlen.

eingerichtet; später kamen noch Bombay (1668) und Kalkutta (1690) hinzu.

Dass das britische Vermögen sich weiter vermehrte, war nicht zuletzt der Begabung von William Hamilton zu verdanken, der bei der Gesellschaft als Arzt tätig war. Er heilte 1715 auf wundersame Weise eine Geschwulst in der Leiste des Großmoguls Farrukh Siyar. Später im gleichen Jahr trug er auch dazu bei, den Kaiser von einer schweren Krankheit der Verdauungsorgane zu befreien. Farrukh Siyar war darüber so begeistert, dass er Hamilton einen Elefanten, ein Pferd, 5 000 Rupien, zwei Diamantringe, eine Garnitur goldener Knöpfe und – das Schönste von allem – Kopien seiner medizinischen Instrumente aus massivem Gold schenkte. Für Hamiltons Arbeitgeber war wichtiger, dass die Gesellschaft das Recht erhielt, 30 neue Dörfer zu kaufen, womit sie ihren Einfluss auf Kalkutta erheblich ausweiten konnte; außerdem erhielt sie die Genehmigung, die ersten Siedlungen in Bengalen einzurichten (das später zum britischen Zentrum des Opiumanbaus für den Export nach China wurde). Zu allem Überfluss war der Großmogul nun so gesund, dass er die Tochter des Raja von Jodhpur heiraten konnte, und darüber war er so erfreut, dass er den britischen Handel für alle Zukunft von Steuern befreite.

Nun strömten indische Waren nach Großbritannien, darunter Baumwolle, Indigofarbstoff, Seide und Tee. Noch wichtiger war, dass man in Indien einen bedeutenden Bodenschatz entdeckte: Salpeter, eine unentbehrliche Zutat für die Herstellung von Schießpulver; dieser Fund war für Großbritannien von größtem Belang, wenn das Land auf der internationalen Bühne der europäischen Kriege bestehen wollte. In nur zwei Jahren, 1672 und 1673, lieferte Sir John Banks, ein britischer Geschäftsmann aus Kent und Gouverneur der Ostindien-Kompanie, mehr als 900 Tonnen indischen Salpeter zur Versorgung der königlichen Armee an die Schießpulverfabriken in Surrey.

Dass die Moguln schließlich zu Fall kamen, lag nicht nur an den Europäern, sondern auch daran, dass sie zunehmend von der Mehrheit der indischen Hindus isoliert waren. In den Reichtümern, die für gewaltige Grabmale wie das Taj Mahal aufgewandt wurden, zeigte sich die Trennung zwischen den konkurrierenden Traditionen der muslimischen Bestattung und der hinduistischen Einäscherung, ein Unterschied, den selbst das uralte Kastensystem kaum überwinden konnte. Während der fünfzigjährigen Herrschaft des Mogulkaisers Aurangzeb Alamgir (Regierungszeit 1658 bis 1707) sicherten sich die lokalen hinduistischen Herrscher ihre Macht. Aurangzebs Versuch, Hindus zwangsweise zum Islam zu bekehren, erreichte genau das Gegenteil, und dann trugen noch persische und afghanische Invasoren zu dem Elend bei, indem sie 1739 Delhi eroberten. Während der Belagerung unter Führung des iranischen Herrschers Nadir Schah (Herrschaftszeit 1736 bis 1747) wurde der symbolträchtige, äußerst wertvolle Pfauenthron der Mogulkaiser gestohlen und nach Persien gebracht.[5]

Mehrere Jahrzehnte nach dem Sturz der islamischen Mogulherrschaft besiegte der britische Kolonialpolitiker Robert Clive in der Schlacht von Plassey (1757) den Herrscher von Bengalen, wobei er die Handelsstützpunkte in Kalkutta als Brückenkopf nutzte. Der bengalische Herrscher Siraj Ud-Daulah (der bei den Briten meist als »Sir Roger Dowlett« bekannt war, weil sie seinen richtigen Namen nicht aussprechen konnten) ergab sich trotz der Unterstützung französischer Streitkräfte, nachdem sein Armeebefehlshaber desertiert und auf die Seite der Briten gewechselt war.

Der 1763 geschlossene Vertrag von Paris schrieb, ähnlich wie fast 300 Jahre zuvor der Vertrag von Tordesillas, einen neuen rechtlichen Rahmen für die europäische Kolonialherrschaft in der ganzen Welt fest. Dieses Mal waren Spanien, Frankreich und Großbritannien beteiligt. Das Abkommen schuf die internationale Rechtsgrundlage für die Ausbeutung des hinduistischen Indien durch die britische Ostindien-Kompanie. Diese war im Wesentlichen bis 1857 tätig, dann wurde Indien nach einem gescheiterten Volksaufstand formal dem britische Empire einverleibt.

* * * * *

Weiter im Osten, in **Japan**, fiel die erste Reaktion auf zwei portugiesische Abenteurer, die 1543 auf dem Weg nach China vom Kurs abgekommen und auf die Inseln verschlagen worden waren, so dramatisch wie bizarr aus. Als die Entdecker ihre Gewehre zogen und eine fliegende Ente in der Luft abschossen, kaufte ein vorbeikommender japanischer Adliger ihnen die Feuerwaffen ab und ließ seinen Waffenschmied exakte Kopien herstellen. Schon 1553 gab es in Japan pro Kopf mehr Feuerwaffen als in jedem anderen Land der Welt.[6]

Solche Neuerungen schufen die Möglichkeit, auch ungebildete Bauern als tödliche Kämpfer in die Armeen der japanischen Feudalherren aufzunehmen. Die großen, mit Feuerwaffen ausgerüsteten Bauernarmeen sorgten für einen Wandel in der japanischen Politik. Der Feudalherrscher Toyotomi Hideyoshi (1536 bis 1598) brachte so viele Streitkräfte hinter sich, dass er Japan mit der Macht des Schießpulvers unter einer kaiserlichen Autorität vereinigen konnte. Gegen Ende seines Lebens machte er seinen Traum wahr, im China der Ming einzumarschieren: Seine Truppen landeten in Korea, das auf ihrem Weg lag. Anfangs hatte Hideyoshi Erfolg: 1592 nahm er Seoul ein, aber seine Flotte wurde von dem chinesischen Admiral Yi Sun-sin versenkt. Da nun der Nachschub abgeschnitten war und seine Truppen an Land von den Streitkräften des chinesischen Kaisers aufgehalten wurden, hatte Hideyoshi keine andere Wahl, als sich nach Japan zurückzuziehen. Aber wie es sich für einen echten Samurai gehört, gab er nicht auf. Bei seinem zweiten Versuch stieß er 1597 ebenfalls auf heftigen Widerstand; als Hideyoshi dann im folgenden Jahr starb, erhielten seine Truppen den Rückzugsbefehl.

Das Debakel der ersten japanischen Versuche, mithilfe europäischer Waffen ein asiatisches Großreich aufzubauen, hinterließ tiefe Narben. Nach der Schlacht von Sekigahara gelangte 1600 die neue Dynastie der Tokugawa-Shogune an die Macht. Ihr gelang es, das Land von 1603 bis 1867 zu einigen; die Phase ist als Edo-Periode bekannt – der Name geht auf das prächtige kaiserliche Schloss zurück, das 1636 fertiggestellt wurde und im Zentrum des heutigen Tokio stand.

Tokugawa Ieyasu, der erste Führer der neuen Dynastie, wollte Japan vom Krebsgeschwür der Gewalt befreien, das seit dem Eintreffen der ersten Portugiesen 1543 so viele Unruhen und Zerstörungen verursacht hatte. Feuerwaffen waren nun verboten, ihr Besitz wurde mit dem Tode bestraft. Ein 1614 erlassenes Dekret verwies alle Christen des Landes, und mit einem neuen Gesetzeswerk, dem Buke Shohatto, sollte der Adel gesäubert und seine Moral wiederhergestellt werden. Die Gesetze schrieben vor, dass die Samurai, der militärische Adel Japans, sich den edlen Beschäftigungen von Schwertkunst, Bogenschießen, Reiten und Literatur widmen sollten. Der Ausbau ihrer Schlösser wurde verboten, Ehen zwischen Adligen bedurften der Genehmigung, es waren einheitliche Uniformen zu tragen, und die Samurai sollten bescheiden leben.

Eine Zeit lang setzte sich der Handel mit der Außenwelt in einem System der Sondergenehmigungen noch fort. Europäische Kaufleute führten Silber, Diamanten, Kupfer und Schwerter aus Japan aus, und als Tauschware diente meist die hoch geschätzte chinesische Seide.

Über eine bemerkenswerte Ausnahme von dem Misstrauen der Shogune gegenüber europäischen Kaufleuten berichtet die ungewöhnliche Geschichte des englischen Seemanns William Adams (1564 bis 1620). Nach mehreren Schiffbrüchen im Südatlantik und einer Seereise von mehr als 19 Monaten landete Adams' Schiff schließlich in Japan. Er ließ sich dort nieder und wurde wenig später zu einem der wichtigsten Berater des Kaisers; unter anderem zeigte er den Japanern, wie man Schiffe im westlichen Stil baut, und er half ihnen, ihr System des Seehandels zu verwalten und unter Kontrolle zu halten. Später wurde Adams von den Shogunen zum ersten ausländischen Samurai aller Zeiten ernannt.

Hideyoshis fehlgeschlagene Liebäugelei mit der europäischen Feuerwaffenkultur führte zu **Autarkiebestrebungen** in Japan. Im Jahr 1635 schlossen die Shogune für die Außenwelt alle Tore ins Land. Ausländern wurde die Einreise verboten, und Japaner durften das Land nicht verlassen. Wer eine dieser beiden Vorschriften übertrat, wurde mit dem Tode bestraft.

Autarkie ist zweifellos der Ruin aller, die nach globalen Märkten streben. Die japanische Politik konnte sich immerhin mehr als 200 Jahre lang halten. Sie endete erst am 8. Juli 1853 mit der Ankunft des amerikanischen Kommodore Matthew Perry: Er bedrohte die japanische Hauptstadt mit seinen riesigen 10 000-Pfund-Paixhan-Kanonen, die auf eisengepanzerten Kriegsschiffen montiert waren und Granaten über eine Entfernung von mehr als drei Kilometern auf Tokio abschießen konnten.[7]

Perry verlangte von den Japanern, sie sollten ihr Land für den Handel mit dem Westen öffnen. Ein Jahr später

kam er mit noch stärkerer militärischer Unterstützung zurück und zwang die Shogune zur Unterzeichnung eines Handelsabkommens. In den folgenden knapp 100 Jahren sollte sich Japans erzwungener Wiedereintritt in den hektischen globalen Wettlauf zu einer völligen Katastrophe ausweiten (siehe Seite 444).

Vorerst jedoch hatte die Tatsache, dass die japanische Armee auf koreanischem Boden westliches Schießpulver verwendet hatte, noch eine andere Folge: Die Joseon-Dynastie (1392 bis 1910) verbot den Europäern noch bis in die 1880er Jahre jeglichen Handel in koreanischen Häfen, was dem Land im Westen den Spitznamen »Einsiedlerkönigreich« einbrachte.

Die gespenstisch aussehende Flotte des Kommodore Perry lief 1853 mit ihren schwarzen Schiffen in der Bucht von Edo ein. Sie zwang die japanischen Shogune, ihre Märkte für den Handel mit dem Westen zu öffnen.

*****

In **China** reagierte man auf die ersten europäischen Kaufleute und ihre Feuerwaffen vorwiegend mit herablassender Gleichgültigkeit. Die ersten portugiesischen Entdecker bemühten sich um den Aufbau von Handelsrouten (Jorge Alvarez versuchte es 1513, und Fernão Perez de Andrade unternahm 1517 einen zweiten Versuch), aber jedes Mal schnitten ihnen kaiserliche Truppen den Weg ab. Im Jahr 1535 erhielten portugiesische Kaufleute die Genehmigung, an der Mündung des Perlenflusses einen Handelsstützpunkt zu errichten, und 1557 hatten sie eine kleine Siedlung in Macao aufgebaut, die bis 1685 den wichtigsten Knotenpunkt für den Handel zwischen dem Westen und China darstellte.

Zunächst jedoch wehrte Koxinga (1624 bis 1662), ein loyaler Marinebefehlshaber der Ming-Dynastie, erfolgreich einen niederländischen Anspruch auf Taiwan ab, indem er 1662 die Insel besetzte. Trotz der Aufstände, die 1644 zum Sturz der Ming und zum Aufstieg der Qing-Dynastie führten, konnte China, an dessen Küsten sich keine nennenswerten europäischen Kolonien befanden, jetzt allen größeren Eingriffen der europäischen Staaten widerstehen.

Aber auch dieser Zustand war nicht von Dauer. Trotz der eng begrenzten Handelsbeziehungen trieb der Wind von Neu-Pangäa auch China in unbekanntes Fahrwasser. Das Papiergeld, dass Marco Polo noch so bewundert hatte, war bis

1600 in zu großen Mengen gedruckt und damit entwertet worden. Ersatz – harte Währung in Form von Silbermünzen – kam aus Japan auf den Rotsiegelschiffen und mit spanischen Galeonen, die Münzen aus den peruanischen Minen von Potosí über den Pazifik transportierten. Ein Schwarzmarkt, auf dem Piraten und Schmuggler mit Kaufleuten aus dem Westen gemeinsame Sache machten, setzte sich über das kaiserliche Verbot des Überseehandels hinweg und ebnete auf beunruhigende Weise den Weg, um Chinas Wirtschaft von ausländischem Silber abhängig zu machen.

Dass China letztlich doch noch vom Westen abhängig wurde, lag auch an einer Krise in der Energieversorgung, die durch die umfangreiche Waldzerstörung und das starke Bevölkerungswachstum ausgelöst worden war. Dass die Bevölkerung so stark zunahm, hatte seine Gründe größtenteils in dem nahrhaften südamerikanischem Mais. Seit 1685 betrieb die chinesische Regierung in Guangzhou einen offiziellen Handelshafen für europäische Nationen (England, Holland, Frankreich, Dänemark, Schweden und Russland). Seit den 1830er Jahren wurde kein anderes Zahlungsmittel als Silber mehr angenommen, weil man verzweifelt versuchte, die Versorgung mit Münzgeld zu sichern und damit der leidenden Wirtschaft des Landes unter die Arme greifen wollte.

Die Direktoren der britischen Ostindien-Kompanie, die nun selbst um die Sicherheit ihrer Silberversorgung fürchteten, entwickelten daraufhin eine Strategie für eine neue Form der Bezahlung. Dabei verfielen sie auf die Idee, die Chinesen zur Sucht zu verführen, indem sie ihnen einen stetigen Nachschub an Opium verkauften. Das Rauschgift wurde in Indien hergestellt und im Austausch gegen Tee in großen Mengen über die chinesische Grenze geschmuggelt. Als die Qing-Dynastie den Handel 1838 verbieten wollte, erklärte Großbritannien den Krieg (siehe Seite 471).

Obwohl sich viele Kulturen im Fernen Osten Mühe gaben, ihre Selbstständigkeit zu sichern, indem sie ihre Tore für europäische Kaufleute und die Heerscharen ihrer christlichen Missionare verschlossen, konnte am Ende niemand mehr die Brücken von Neu-Pangäa einreißen.

Heilung oder Unheil? Die Opiumpflanze war medizinisches Schmerzmittel (Morphium), Ursache von Drogensucht und Kriegsgrund.

KAPITEL 38

ES LEBE DIE FREIHEIT!

WIE KRASSE UNGLEICHHEIT ZWISCHEN DEN MENSCHEN ZU AUFSTÄNDEN IM NAMEN DER FREIHEIT FÜHRTE UND WIE WEGEN EINES GEFÜHLS, EINER FAHNE ODER EINES LIEDES RIESIGE ARMEEN AUFGESTELLT WURDEN

Nachdem die europäischen Herrscher und Kaufleute nun auf hoher See das Sagen hatten, konnten sie sich die ersehnten Reichtümer endlich beschaffen. Zwischen 1650 und 1800 lieferten Sklavenarbeit und der Verkauf leicht herzustellender Waffen und Munition den europäischen Kaufleuten sowohl Bargeld als auch exotische Lebensmittel, Gewürze, Seide, Tee, Kaffee und Schokolade. All das stand aber in der Regel nicht der gesamten Bevölkerung zur Verfügung – wie hätten die Menschen es bezahlen sollen? Die breite Masse litt wie bisher an Hunger, Armut und Krankheiten.

Der Luxus am Hofe Ludwigs XIV. in Versailles (siehe Seite 392) fand seinen Widerhall auch in den Ausschweifungen üppig gekleideter katholischer Geistlicher, insbesondere des Kardinals Richelieu (1585 bis 1642), der wie kaum ein anderer in der Geschichte dazu beitrug, eine zentralisierte Macht im Namen eines Königs zu festigen. Dabei häufte er selbst ein derart gewaltiges Vermögen an, dass er bei seinem Tod eine der größten Kunstsammlungen ganz Europas hinterließ. Untergebracht war sie in einem prächtigen Palast, den er mitten in Paris erbaut hatte. Kaum geringer als der Reichtum der europäischen Könige und Kardinäle war auch der neu erworbene Wohlstand der Kaufleute und Piraten.

Einer der erfolgreichsten Freibeuter aller Zeiten war Henry Every, geboren 1653 in Plymouth. Ihm gelang eines der größten Piratenstücke aller Zeiten. Im Jahr 1694, nach einer langen Reise über den Indischen Ozean, feuerte sein Schiff, die Fancy, eine Kanone auf das Flaggschiff des indischen Mogulkaisers Aurangzeb ab und zerschmetterte den Hauptmast. Nach zweistündigem Kampf

Mann gegen Mann ergab sich das indische Schiff. An den mehreren Hundert Indern, die dabei gefangen genommen wurden, verübten die Piraten den Berichten nach schreckliche Gräueltaten. Angeblich begingen viele Frauen Selbstmord, um der Schändung zu entgehen. Everys Beute bestand aus 500 000 Gold- und Silbermünzen. Wie es mit dem Piratenkapitän und dem Geld weiterging, weiß niemand genau; klugerweise zog er sich aus dem Blickfeld der Öffentlichkeit zurück. Der indische Kaiser war so wütend, dass er damit drohte, den Briten ihre Handelsrechte zu entziehen.

Durch die Aussicht auf einen Verlust zukünftiger Einnahmen aufgeschreckt, forderten die Direktoren der Ostindien-Kompanie König William III. auf, einen Mann zu benennen, der den Indischen Ozean von habgierigen angelsächsischen Piraten säubern konnte. Aber für den berühmten Kapitän William Kidd, den der König mit der Aufgabe beauftragt hatte, erwiesen sich die Gewinne, die man mit der Piraterie erzielen konnte, als allzu verlockend: Auch er machte nun die Meere unsicher. Im Mai 1701 wurde Kidd, den man einmal wegen Mordes und fünfmal wegen Piraterie verurteilt hatte, auf dem Execution Dock in Wapping bei London gehenkt.

In Europa wuchs die Kluft: Auf der einen Seite standen Herrscher, Geistliche und zu Piraten gewandelte Kaufleute, auf der anderen ihre von Armut geplagten Untertanen. Weiter verschlimmert wurde diese **Ungleichheit** durch die erbarmungslosen Konflikte sowohl innerhalb Europas als auch zunehmend auf der ganzen Welt. Der Dreißigjährige Krieg (1618 bis 1648), in dem die entstehenden europäischen Nationen um ihre Eigenständigkeit gegenüber der traditionellen kaiserlichen Macht des Heiligen Römischen Reiches kämpften, kostete auf dem Gebiet des heutigen Deutschland nach manchen Schätzungen mehr als die Hälfte der männlichen Bevölkerung das Leben. Nur 100 Jahre später wurden ähnlich große Verwüstungen in die Welt exportiert: 1754 begann der Siebenjährige Krieg, den der britische Staatsmann und Historiker Winston Churchill einmal als den ersten richtigen Weltkrieg bezeichnete.

Der meisterhafte Pirat Henry Every raubte dem indischen Kaiser 500 000 Gold- und Silbermünzen – um dann klugerweise unterzutauchen.

Dank Neu-Pangäa gelangten diese Auseinandersetzungen über die Meere hinweg auch in die nordamerikanischen Kolonien und sogar nach Indien. Aus den brutalen Konflikten, die europäische Mächte nun in der ganzen Welt austrugen, ging Großbritannien als mächtigster Nationalstaat der Welt hervor; Grundlage seiner Macht war die Überlegenheit auf den Meeren.

Wie konnte ein gnädiger, gerechter christlicher Gott eine solche Welt zulassen? Wenn Jesus Christus Wunder wirken konnte, warum gestattete er dann solche Ungerechtigkeiten, Kriege und Leiden? Unter europäischen Denkern und Politikern gewann eine neue Philosophie an Beliebtheit: Danach hatte eine göttliche Macht das Universum zwar ursprünglich erschaffen, man konnte sie aber für Eingriffe in einzelne Abläufe nicht verantwortlich machen. Diese Vorstellung, die unter dem Namen »Deismus« bekannt wurde, lehnte übernatürliche Ereignisse, Wunder und jeden Gedanken an eine göttliche Offenbarung ab.

Solche Ideen verbanden sich mit den Beobachtungen von Naturwissenschaftlern wie Kopernikus, Galilei oder Newton: Sie wiesen nach, dass die Naturgesetze keine göttlichen, sondern rationale und logische Grundlagen hatten. Und die nun allgemein verfügbaren Werke aus der griechischen Antike, beispielsweise die POLITIK von Aristoteles, weckten bei vielen Denkern die Vermutung, Vernunft und Logik seien auch auf die Funktionsweise der Gesellschaft anzuwenden. Vielleicht konnte eine wissenschaftlich begründete Gesellschaftsordnung zu einem besseren, menschlicheren Leben für alle führen – und nicht nur für die Könige, Geistlichen und Kaufleute, die ihre luxuriöse Lebensweise entweder mit göttlicher Autorität oder mit dem Recht des Stärkeren begründeten.

Der Freiheitsbegriff – das heißt die Vorstellung, dass Menschen nicht nur selbst entscheiden, wie sie regiert werden wollen, sondern dass sie dabei auch durch individuelle Rechte und Gesetze geschützt werden – ist fast so alt wie die gesamte schriftlich aufgezeichnete Menschheitsgeschichte. Die Gesetze eines Hammurabi (siehe Seite 160), der Zylinder des Kyros (siehe Seite 226) und die Edikte von Ashoka (siehe Seite 217) sind nur einige der vielen Fundamente, auf denen die Idee von allgemeiner Freiheit und Gerechtigkeit aufbaute. Angesichts der ungeheuren Ungerechtigkeiten, die das System des Welthandels in der frühen europäischen Neuzeit mit sich brachte, besann man sich auf die vorchristlichen Konzepte der griechischen Demokratie und des römisch-republikanischen Denkens.

Der Gedanke, dass eine Regierung ihre Macht nicht von Göttern erhält oder mit Waffengewalt erringt, sondern von den Bürgern übertragen bekommt, stammte schon aus der Antike; wiederbelebt wurde sie von mittelalterlichen Religionsgelehrten wie dem Franzosen Jean Gerson (1363 bis 1429): Er schlug vor, eine Bischofsversammlung solle das Recht erhalten, den Papst notfalls auch abzusetzen. **Niccolò Machiavelli** (1469 bis 1527) wandte die gleichen Überlegungen in Italien, dem traditionellen europäischen Vorposten islamischen Reichtums, auf die weltliche Politik von Stadtstaaten wie Mailand, Florenz, Pisa und Venedig an. Am bekanntesten wurde Machiavelli durch eine kurze Abhandlung, die er 1513 verfasste, um sich in Florenz bei der wiedererstarkten Familie der Medici beliebt zu machen. Mit DER FÜRST (IL PRINCIPE) schuf er eine Rechtfertigung dafür, dass Herrscher sich ihre Macht mit allen notwendigen Mitteln sicherten. Sein Hauptwerk jedoch waren die dreibändigen ABHANDLUNGEN ÜBER DIE ERSTEN ZEHN BÜCHER DES TITUS LIVIUS (DISCORSI SOPRA LA PRIMA DECA DI TITO LIVIO), eine Untersuchung über die römische Republik, zu der Savonarola mit seiner Republik in

Florenz den Anlass geliefert hatte. Darin erteilte er Ratschläge, wie man auf der Grundlage der Zustimmung und Kontrolle durch das Volk eine Form der bürgerlichen Selbstverwaltung errichten konnte.

Der Erfolg der religiösen Forderungen von Martin Luther zeigte, dass die Macht geschriebener Worte einen Wandel herbeiführen konnte. Nachdem nun in allen Städten Europas und in den amerikanischen Kolonien die Druckpressen ratterten, wurden Worte zu einem Brennstoff, der das Feuer revolutionärer Freiheitsgedanken anfachte. Konnte man sich vorstellen, dass sich die Feder von nun an als ebenso mächtig erweisen würde wie das Schwert?[1]

Der englische Philosoph **Thomas Hobbes** (1588 bis 1679) entwickelte während des in seinem Land tobenden Bürgerkriegs (1642 bis 1649) die Vorstellung, politische Macht lasse sich nicht von Gott, sondern aus den rationalen Naturgesetzen ableiten. Die Menschen, so Hobbes, geben ihre Macht im Interesse ihrer Selbsterhaltung freiwillig an einen Herrscher ab. Die wilden Jäger und Sammler hatten nach seinen Worten ein »hässliches, brutales und kurzes« Leben geführt. Bei Menschen in einer zivilen Geselsellschaft sei es dagegen nur natürlich, dass sie sich aus Gründen des Selbstschutzes der Macht eines Monarchen unterwarfen.

Auch andere europäische Philosophen verknüpften Theorien über die universellen Naturgesetze, wie Isaac Newton sie formuliert hatte,[2] mit neuen politischen Regeln für eine bessere Gesellschaftsordnung. Als das britische Parlament 1688 den niederländischen Prinzen Wilhelm von Oranje anstelle des katholischen Königs James II. zum Herrscher erklärte, war die Zeit reif: Es galt zu entscheiden, wer das Recht hatte, die Herrscher eines Landes zu ernennen oder zu entlassen.

Im Jahr 1689 verabschiedete das englische Parlament die Bill of Rights, die erste Menschenrechtscharta der Welt. Sie schrieb eine Reihe »unveräußerlicher« Rechte fest, die ihren Ursprung in den Naturgesetzen hatten und die niemand einem Menschen wegnehmen durfte. Dazu gehörten der Vorrang der vom Parlament verabschiedeten Gesetze, die Meinungsfreiheit und das Recht, Waffen zur Selbstverteidigung zu tragen. Der englische Philosoph **John Locke** (1632 bis 1704) schlug eine Regierungsform vor, die sich auf einen »Gesellschaftsvertrag« zwischen Menschen, die aufgrund ihrer Naturrechte souverän waren, und ihren Herrschern gründete. Was dabei am wichtigsten war: Nach Lockes Ansicht konnte das Volk, das den Herrschern ihre Autorität verlieh, ihnen die Macht auch wieder entziehen.

Mit Lockes 1689 erschienenen ZWEI ABHANDLUNGEN ÜBER DIE REGIERUNG (TWO TREATISES ON GOVERNMENT) begann eine Epoche, die wir heute als Aufklärung bezeichnen. Jetzt wurde die Vorstellung von der Volkssouveränität in Europa und seinen Kolonien zu einer wichtigen neuen politischen Kraft. Anders als Hobbes war Locke überzeugt, dass alle Menschen gleich geboren seien und dass niemand das natürliche Recht besitze, »Leben, Gesundheit, Freiheit oder Besitz« eines anderen zu schädigen.

Dass Menschen ein Recht auf Eigentum haben, begründete Locke damit, dass sie dafür gearbeitet hätten. Die persönliche Freiheit war für ihn ein unveräußerliches Naturrecht, das alle Menschen

Die Kolonisierung Amerikas (ca. 1750)
Die europäischen Großmächte hatten den amerikanischen Kuchen unter sich aufgeteilt, bevor ein Revolutionskrieg in Nordamerika (1775–1783) und Unabhängigkeitsbewegungen in Mittel- und Südamerika (1804–1822) sie wieder verdrängten.

für sich in Anspruch nehmen konnten, um ihr Privateigentum zu schützen. Wenn Regierungen dieses Recht missachteten, ergab sich daraus die logische Folgerung, dass die Menschen berechtigt waren, die Macht wieder in ihre eigenen Hände zu nehmen.

In Nordamerika, wo Frankreich nach dem grausigen Siebenjährigen Krieg (1756–1763) vorübergehend seine Kolonien verloren hatte, fielen solche revolutionären Ideen auf fruchtbaren Boden. Großbritannien stieg zur weltweit mächtigsten Nation auf, gestützt von seiner Vorherrschaft zur See. Die amerikanischen Siedler sträubten sich gegen die britischen Kolonialsteuern, mit denen die durch den Konflikt aufgehäuften gewaltigen Schulden abgetragen werden sollten, während sie gleichzeitig ihren eigenen Kampf gegen die enteigneten Ureinwohner führten.

Noch größer wurde die Unzufriedenheit, als die britische Regierung es ablehnte, bei größeren Zusammenstößen wie dem Aufstand von Pontiac (1763 bis 1766), mit dem die Einheimischen sämtliche europäischen Siedler aus Ottawa vertreiben wollten, ausreichende Streitkräfte zur Verfügung zu stellen. Die britischen Offiziere im Fort Pitt waren derart verzweifelt, dass sie auf die gleiche Taktik zurückgriffen, die Jani Beg, der Befehlshaber der Goldenen Horde, schon 400 Jahre zuvor bei Kaffa angewandt hatte (siehe Seite 339). In der Hoffnung, die Einheimischen durch einen Krankheitserreger zu vernichten, griff man sie mit Decken an, die mit stark ansteckendem Pockenmaterial bestrichen waren. Aber dieses Mal blieb die biologische Kriegsführung weitgehend ohne Wirkung.

Der britische König George III. wollte 1765 die Kosten des Krieges wieder hereinholen und belegte alle juristischen Dokumente, Zeitungen, Broschüren und Spielkarten aus Amerika mit einer Steuer. Die Siedler in den Kolonien, die im britischen Parlament kaum vertreten waren, setzten sich gegen diese »Stempelgebühr« so umfassend zur Wehr, dass sie innerhalb eines Jahres wieder abgeschafft wurde. Fast niemand hatte sie bezahlt. Zu allem Überfluss traten dann auch noch Unternehmen wie die Ostindien-Kompanie im Londoner Parlament erfolgreich dafür ein, dass die Steuern, die ihre Agenten in den Kolonien für Tee bezahlen mussten, aufgehoben wurden. Auf diese Weise konnten sie ihren Rivalen, den amerikanischen Schmuggelkaufleuten, den Wind aus den Segeln nehmen: Diese hatten sich geweigert, chinesischen Tee von der Kompanie zu kaufen.

Auch dies empfanden die Siedler in den Kolonien als große Ungerechtigkeit. Ihre Wut führte dazu, dass sich eine Gruppe von ihnen am Abend des 16. Dezember 1773 als amerikanische Ureinwohner verkleidete, sich auf zwei Handelsschiffe der Ostindien-Kompa-

Pontiac, Häuptling der Ottawa, berät mit seinen Stammesältesten, wie man die britischen Streitkräfte am besten von den angestammten Ländereien der Ureinwohner vertreiben kann.

nie begab und 45 Tonnen Tee im Wert von rund 10 000 britischen Pfund in den Hafen von Boston warf. Die britische Regierung reagierte auf diese sogenannte Boston Tea Party mit drakonischen Maßnahmen: Sie schloss den Hafen, bis der gesamte Schaden beglichen war. Weitere juristische Einschränkungen besagten, dass britische Beamte, denen Fehlverhalten vorgeworfen wurde, von nun an zu Hause in London und nicht an Ort und Stelle vor Gericht gestellt werden mussten, wobei die Kolonien aber die Kosten zu tragen hatten. Damit wurde weiteres Öl ins Feuer gegossen. Im Jahr 1776 fühlten sich schließlich alle 13 amerikanischen Kolonien so benachteiligt, dass sie ein Bündnis bildeten und ihre **Unabhängigkeit von Großbritannien** erklärten.

Dass es den Gründervätern des amerikanischen Revolutionskrieges gelang, einen eigenen, von Großbritannien unabhängigen Staat zu gründen, hatten sie vorwiegend den Schießpulverlieferungen und Kriegsschiffen aus Frankreich zu verdanken. Ihren Aufstand rechtfertigten sie mit Argumenten von Autoren, die sich John Locke zum Vorbild genommen hatten. Anhänger des deistischen Zeitgeistes wie Benjamin Franklin, John Adams und Thomas Jefferson wurden zu den wichtigsten Architekten der Erklärung über unveräußerliche Menschenrechte, die nach ihrer Auffassung in Großbritannien derart ausgehöhlt waren, dass die Gründung eines neuen, unabhängigen Staates nicht nur gerechtfertigt, sondern unter den Augen des »Gottes der Natur« sogar eine Pflicht war.

Jefferson, der später zum dritten Präsidenten der Vereinigten Staaten gewählt wurde, schrieb sogar eine eigene, gekürzte Version der Bibel, die erst 1895, lange nach seinem Tod, erschien. Darin entfernte er alle Berichte über die Wunder Jesu und andere übernatürliche Ereignisse. Für Deisten wie Jefferson war Jesus ein Mensch, der ein gutes ethisches Vorbild gegeben hatte, aber er war *nicht* der Sohn Gottes (ein Widerhall der arianischen Überzeugungen – siehe Seite 330).

Der nach Amerika ausgewanderte Engländer Thomas Paine (1737 bis 1809) vertrat in einer wortgewaltigen Streitschrift die Ansicht, die amerikanische Unabhängigkeit entspreche schlicht und einfach dem »gesunden Menschenverstand«. Mittlerweile spielte die Druckpresse für die Verbreitung neuer Gedanken eine enorm wichtige Rolle: Innerhalb von drei Monaten, nachdem Paines Schrift im Januar 1776 erschienen war, hatte man in den amerikanischen Kolonien bereits mehr als 120 000 Exemplare davon verkauft. Dadurch entstand ein mächtiges gemeinsames Bewusstsein für den legitimen Widerstand. Unter anderem führte Paine als Begründung für die erforderliche Unabhängigkeit der Vereinigten Staaten von Amerika (von ihm stammte auch die Idee, die neue Nation »Vereinigte Staaten« zu nennen) ein Verbot an, nach dem die Amerikaner mit keinem Land Handel treiben durften, mit dem England sich gerade im Krieg befand. Damit waren die Siedler in ihren Möglichkeiten, von den natürlichen Reichtümern ihres Landes zu profitieren, eingeschränkt. Das Mutterland hatte also gesetzwidrig in die Rechte eingegriffen, die diese Personen über ihr Privateigentum ausüben durften, und folglich hatte es den Gesellschaftsvertrag gebrochen. Angesichts eines solchen Eingriffs in die persönliche Freiheit, so Paine, sei die Revolte berechtigt, und die politische Macht liege wieder beim Volk.

Thomas Jefferson nahm die Gedanken von Paine und Locke in seinen Entwurf für die Unabhängigkeitserklärung der Vereinigten Staaten auf, die am 4. Juli 1776 veröffentlicht wurde. In ihrer Präambel, noch vor der Verurteilung des Missbrauchs britischer Macht, wurde kühn erklärt:

Wir halten diese Wahrheiten für ausgemacht, dass alle Menschen gleich erschaffen wurden, dass sie von ihrem Schöpfer mit gewissen unveräußerlichen Rechten begabt wurden, worunter Leben, Freiheit und das Streben nach Glückseligkeit sind.

Die **Bill of Rights** der Vereinigten Staaten, die 1791 nach den Revolutionskriegen erschien, schrieb das Prinzip der persönlichen Freiheit in einer Reihe von zehn Ergänzungen zur Verfassung der neuen Nation fest. Der erste dieser Verfassungszusätze verbietet dem Kongress beispielsweise die Verabschiedung jedes Gesetzes, das »die Einführung einer Staatsreligion zum Gegenstand hat«.[3] Der zweite Zusatzartikel garantiert das Recht, Waffen zu tragen,[4] und der fünfte schreibt vor, dass niemand vor Gericht zur Aussage gegen sich selbst gezwungen werden oder »des Lebens, der Freiheit oder des Eigentums ohne vorheriges ordentliches Gerichtsverfahren nach Recht und Gesetz beraubt werden« dürfe.

Die Persönlichkeitsrechte zum Schutz und zur Nutzung des Privateigentums bildeten nun den Grundstein des amerikanischen Denkens. Manche Themen jedoch, mit denen man sich damals ebenfalls hätte beschäftigen müssen, wurden unter den Teppich gekehrt. Trotz der wortgewaltigen Eröffnungsaussage in der Unabhängigkeitserklärung, wonach »alle Menschen gleich erschaffen« seien, war die amerikanische Gesellschaft noch nicht so weit, dass sie auch praktizierte, was sie predigte.

Mehrere Gründerväter stammten aus Staaten, in denen die Sklavenarbeit die Grundlage des Wohlstands darstellte. Auf dem Mount Vernon, George Washingtons riesigem Anwesen in Virginia, arbeiteten mehr als 100 Sklaven. Am Ende seiner beiden Amtszeiten als erster US-Präsident (1789 bis 1797) hatte sich diese Zahl mehr als verdreifacht. Thomas Jefferson litt wegen der Sklaverei mehrfach unter Gewissensbissen, aber auch er besaß ein Anwesen, auf dem mehrere Dutzend Sklaven auf den Feldern schufteten und seine Profite mehrten. Als Jefferson in seinem ersten Entwurf der Unabhängigkeitserklärung die britische Billigung der Sklaverei als »wider die Natur des Menschen gerichtet« geißelte, wurden ihm diese Worte von den Abgesandten aus South Carolina und Georgia gestrichen.

Zwischen der Rhetorik und der wahren Bedeutung der Worte, alle Menschen seien »gleich erschaffen«, blieb eine gewaltige Kluft bestehen. Frauen, Sklaven und insbesondere die amerikanischen Ureinwohner, in deren Tradition die Vorstellung von individuellem Landbesitz überhaupt nicht vorkam, waren in Wirklichkeit in den Augen der amerikanischen Gründerväter alles andere als gleichberechtigt. Dass man es versäumte, die Sklaverei ausdrücklich zu verbieten, trug später zum Ausbruch eines verbitterten Bürgerkriegs bei, der nahezu eine Million Todesopfer forderte (siehe Seite 454).

Aber von der Begeisterung über die neu gewonnene Unabhängigkeit beflü-

Negersklaven blicken zu ihrem Herrn und Meister George Washington auf, der von 1789 bis 1797 erster Präsident der Vereinigten Staaten war. Sie arbeiteten auf seinem Anwesen Mount Vernon in Virginia.

gelt, wandte sich die Aufmerksamkeit in den Vereinigten Staaten von Amerika nach Westen. Die Bürger, für die das Recht zum Tragen von Feuerwaffen nun ein unveräußerlicher Teil der verfassungsmäßigen Freiheit war, stießen immer weiter in Neuland vor. Im Jahr 1804 gingen Meriwether Lewis und William Clark mit finanzieller Unterstützung des amerikanischen Kongresses auf eine Expedition, welche die Pazifikküste zum Ziel hatte. Mit ihren Entdeckungen gaben sie den Anlass zur Ausdehnung der Vereinigten Staaten nach Westen, die schließlich dazu führte, dass die Ureinwohner in besondere Reservate abgedrängt wurden (siehe Seite 457). Außerdem folgten verheerende Konflikte mit rivalisierenden spanisch-mexikanischen Siedlern.

*****

In Frankreich verursachte die Empörung über die Ausschweifungen des Königs und seines Hofstaats, aber auch über die Privilegien der katholischen Kirche, einen Revolutionseifer, der ebenso leidenschaftlich war wie in den Vereinigten Staaten. Nur drei Jahre nachdem die Amerikaner ihre Unabhängigkeit von Großbritannien erklärt hatten, waren auch verärgerte Franzosen entschlossen, ihre eigene Vorstellung von Freiheit in die Tat umzusetzen.

Diese Vorstellungen sahen allerdings in Frankreich ganz anders aus als in Amerika. Menschenrechte an Grundbesitz zu binden, war für die Volksmassen, die am Abend des 14. Juli 1789 die Gefangenen aus der Pariser Bastille befreiten, weitaus weniger wichtig. Sie kämpften nicht gegen eine weit entfernte Kolonialmacht oder die wütenden Stämme enteigneter Ureinwohner. Ihr Kampf zielte vielmehr darauf, dass alle Menschen etwas zu essen bekamen und dass das Land von den übermäßigen Privilegien des Königs, der Adligen und der Geistlichen befreit wurde. Freiheit, Gleichheit und Brüderlichkeit wurden zu ihren Schlachtrufen, und alles, was dem im Wege stand, wurde hinweggefegt.

Der Vordenker solcher hohen Ideale war ein Mann, der für seine Zeit eine wahrhaft radikale Philosophie vertrat. **Jean-Jacques Rousseau** (1712 bis 1778) war kein Franzose, sondern von Geburt ein Bürger aus Genf, der zum Katholizismus übergetreten war und sich auf diese Weise eine gute Ausbildung gesichert hatte. Im Jahr 1754, nachdem er seine Ausbildung abgeschlossen hatte, kehrte er zum Calvinismus seiner Kindheit zurück.

Im Gegensatz zu Hobbes war Rousseau überzeugt, der Mensch sei im Naturzustand fürsorglich und mitfühlend, und diese guten Eigenschaften seien auf ein instinktives Gefühl der Unabhängigkeit zurückzuführen. Verdorben wurde der Mensch demnach erst durch bestimmte gesellschaftliche Zustände (die sich nach Rousseaus Ansicht als Folge des Bevölkerungswachstums entwickelt hätten). Indem er etwas besitzen wollte und sich mit anderen in seiner Umgebung verglich, hatte er seine natürliche, positive Selbstliebe (Amour de soi) in unnatürlichen Stolz (Amour propre) verwandelt. Primitive Menschen, die in der Wildnis ohne organisierte Gesellschaft lebten, waren frei von Habgier und Neid. Mit der Entwicklung von Landwirtschaft, Privateigentum und ausgefeilten gesellschaftlichen Hierarchien hatte dieser Zustand jedoch Ungerechtigkeit und Konflikten Platz gemacht. Die Gesellschaft, so Rousseau, basiere auf einem ungerechten Vertrag, mit dem sich die Reichen ihre unverdienten Vorteile sichern und zugleich die Armen entrechten wollten. Deshalb sei Ungleichheit kein Bestandteil des ursprünglichen Naturzustands der Menschen, sondern ein Element einer neuen Gesellschaftsform.

Im weiteren Verlauf beschrieb Rousseau einen veränderten Gesellschaftsvertrag als Grundlage einer veränderten Gesellschaft, in der diese künstliche Ungleichheit beseitigt wurde. In seinem 1762 erschienenen Werk mit dem Titel VOM GESELLSCHAFTSVERTRAG legte er dar, wie sich die Menschen gemeinsam von der Tyrannei der Wenigen befreien, die angeblich göttliche Macht der Könige und Geistlichen abschütteln und selbstständig werden können. Vom Volk selbst gemachte Gesetze, so meinte er, würden die Menschen befreien. Da er gleichzeitig davon ausging, dass Privateigentum die Wurzel allen Übels ausmache, hätte der Unterschied zwischen Rousseaus Vorstellung von Freiheit und den Ideen, die man sich in den Vereinigten Staaten von Amerika zu eigen gemacht hatte, wohl kaum größer sein können. Und damit nicht genug: Rousseau wandte sich gezielt gegen Versammlungen von Volksvertretern und erklärte, Gesetze müssten unmittelbar vom Volk beschlossen werden – wie man dieses Konzept in einem so großen Land wie Frankreich in die Praxis hätte umsetzen sollen, ist allerdings schwer zu erkennen. Mit Handys und SMS könnte man heute der Verwirklichung von Rousseaus Ideen vielleicht ein Stück näherkommen …

Trotz alledem lieferte Rousseau mehr als genug moralische Munition, mit der die unzufriedene französische Landbevölkerung ihren Aufstand unter den Schlagworten von **»Liberté, Égalité, Fraternité«** rechtfertigen konnte. Viele einfache Leute standen 1789 nach mehreren Missernten und einer schweren Dürre kurz vor dem Hungertod.[5] Auch die »Dîme«, eine von der allmächtigen katholischen Kirche verhängte Getreidesteuer, trug zu ihrer Wut bei. Der Kontrast zwischen der ärmlichen Lebensweise der Bauern und dem Luxus der Adeligen am Versailler Hof Ludwigs XVI. wurde irgendwann unerträglich. Als der König den Bauern wiederum neue Steuern auferlegte, um die Kosten für seine Kriege zu decken, führte die Wut im Volke dazu, dass Colberts Gans (siehe Seite 393) vollständig gerupft war und ihr Zischen zu einem Grollen heranwuchs.

Als der König sich einverstanden erklärte, die alten »Generalstände« einzuberufen – eine angeblich repräsentative Versammlung, die seit über 150 Jahren nicht mehr getagt hatte – mündete die allgemeine Empörung in die **Revolution**. Jacques Necker, Finanzminister und Führer des selbst ernannten »Dritten Standes« (der Erste Stand waren die Geistlichen, der Zweite Stand der Adel, der Dritte Stand alle anderen) verlangte, die Versammlung solle eine neue französische Verfassung entwerfen. Obwohl Ludwig XVI. sich bemühte, die Versammlung zu sabotieren (er ließ die Türen des Saales verschließen), legten die Abgeordneten in einer benachbarten Halle, in der sonst Ballsportarten betrieben wurden, einen Eid ab: Ihre Nationalversammlung, wie sie sich jetzt nannten, sollte nicht auseinandergehen, bevor man sich auf eine neue Verfassung geeinigt habe.

Aufständische stürmen die Pariser Bastille. Die Französische Revolution richtete sich gegen die Privilegien von Adel und Königshaus.

Jetzt ging alles sehr schnell. Nachdem Necker vom König entlassen worden war, stürmte eine Volksmenge am 14. Juli 1789 die Bastille, ein Symbol der Unterdrückung durch das Königshaus. Was für die Rebellen vorteilhaft war: Dort befand sich auch ein großes Lager mit Schießpulver und Waffen. Im August schaffte die Nationalversammlung alle Sonderrechte und Privilegien der Adligen, Geistlichen, Städte, Provinzen und Unternehmen ab. Die »Erklärung der Menschen- und Bürgerrechte«, die am 26. August veröffentlicht wurde, war zwar nach dem Vorbild der amerikanischen Bill of Rights formuliert, die französische Vorstellung von Freiheit unterschied sich aber deutlich davon: Die Abschaffung der Ungerechtigkeiten zwischen verschiedenen Menschengruppen war etwas anderes als der Schutz für Grundbesitzer.

Wie in Amerika, so blieb die Frage nach den Rechten von Frauen und Sklaven auch hier außen vor. Erst 1946 wurde der Eröffnungssatz der französischen Erklärung (»Die Menschen werden frei und gleich an Rechten geboren und bleiben es«) juristisch auch auf Frauen ausgeweitet. Die französischen Sklaven, die in den Zuckerplantagen der Karibik arbeiteten, fanden in den Worten der Erklärung dennoch einen gewissen Trost. Und obwohl die Sklaverei nicht ausdrücklich verboten wurde, galt die Erklärung sehr bald auch für die afrikanischen Arbeiter auf Haiti (damals Saint-Domingue genannt), das zu jener Zeit dank der Arbeitskraft von rund 500 000 afrikanischen Sklaven bis zu 40 Prozent der Weltzuckerproduktion lieferte. Nach 13-jährigen Konflikten befreiten sie die Insel schließlich von der französischen Unterdrückung. Durch ihren Sieg entstand 1804 die erste schwarze Republik der neueren Geschichte, und Haiti wurde nach den Vereinigten Staaten von Amerika zur zweiten befreiten Kolonie.

Die neuen Vorstellungen von Freiheit, Gleichheit und Brüderlichkeit fanden auch anderswo in Neu-Pangäa Verbreitung. Der Kolumbianer Antonio Nariño übersetzte die französische Erklärung 1794 ins Spanische und verteilte sie in Mittel- und Südamerika – ein Verbrechen, für das er von der spanischen Inquisition zu zehn Jahren Haft verurteilt wurde. Nachdem er zwei Jahre seiner Strafe verbüßt hatte, konnte er aus dem Gefängnis in Cádiz entkommen. Er flüchtete nach Frankreich, von dort nach London und schließlich ins heimatliche Südamerika, wobei er weiterhin Ideen über die Unabhängigkeit Lateinamerikas verbreitete. Am 20. Juli 1810 erklärten die Bürger Kolumbiens (das damals Neu-Granada hieß) ihre Unabhängigkeit von Spanien. Nachdem ihr Anführer Simón Bolívar 1819 in der Schlacht von Boyacá (mit britischer Unterstützung) die spanischen Streitkräfte besiegt hatte, wurde die kolumbianische Unabhängigkeit verwirklicht, und wenig später fiel auch die Hauptstadt Bogotá den Unabhängigkeitskämpfern in die Hände. Jetzt erklärte ein amerikanisches Land nach dem anderen sich für unabhängig: Venezuela 1811, Argentinien 1816, Mexiko, Guatemala, El Salvador, Honduras, Nicaragua und Costa Rica 1821, Brasilien schließlich 1822.

Die Idee der Unabhängigkeit im Namen der Freiheit verbreitete sich in ganz Amerika fast ebenso schnell wie die Pocken, die mehr als 300 Jahre zuvor mit den ersten Europäern auf den Kontinent gekommen waren. An einem Ende von Neu-Pangäa konnte sich nichts mehr ereignen, ohne dass es auch am anderen Ende weitreichende Folgen hatte.

Sklaven auf der Insel Haiti beim Baumwollpflücken. Nach der Französischen Revolution wurde die Insel von der Kolonialherrschaft unabhängig.

In Frankreich verkehrte sich das idealistische Streben nach Gleichberechtigung schnell ins Gegenteil. Zehn Jahre lang wütete ein verbitterter Bürgerkrieg; in diese Zeit fällt auch die berüchtigte **»Terrorherrschaft«** (Juni 1793 bis Juli 1794) mit der vielfach praktizierten Anwendung einer neuen Art der mechanischen Hinrichtung, die unter anderem von Joseph-Ignace Guillotin[6] entwickelt worden war: Der nach ihm benannte Apparat trennte am 25. April 1792 zum ersten Mal den Kopf eines Opfers vom Körper. Diese Art der Hinrichtung muss man fast als human bezeichnen im Vergleich zum Blutadler-Ritual der Wikinger (siehe Seite 333), der Verbrennung auf dem Scheiterhaufen, dem Herausreißen der Eingeweide oder der Abtrennung des Kopfes durch mehrere laienhaft ausgeführte Axthiebe.

Jeder, der in den Verdacht geriet, republikfeindliche Ansichten zu hegen, wurde zum Tod durch die Guillotine verurteilt. Zu den Opfern gehörten auch

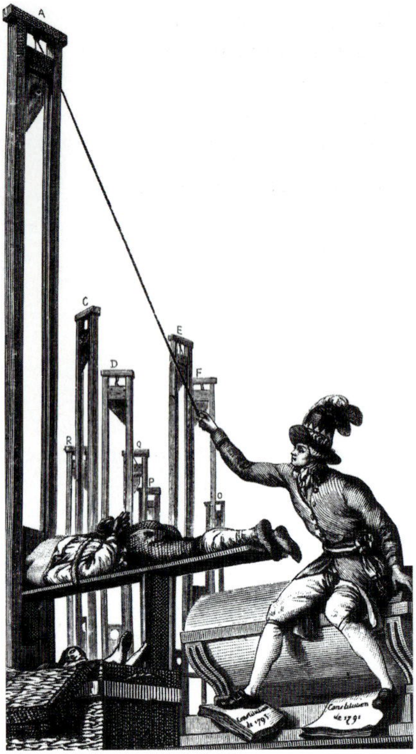

Der Revolutionsführer Robespierre als Henker. Politische Karikatur aus der Zeit der Französischen Revolution.

Ludwig XVI. im Januar und seine österreichisch-habsburgische Ehefrau Marie Antoinette im Oktober 1793. Unter der Aufsicht des »Wohlfahrtsausschusses« und seines Vorsitzenden Maximilien Robespierre kamen über 18 000 Menschen ums Leben, viele davon durch die Guillotine und in der Mehrzahl der Fälle wegen »Verbrechen gegen die Freiheit«. Die Verurteilten wurden auf einem offenen hölzernen Wagen durch die johlende Menge zur Hinrichtung gefahren. Um die Vorherrschaft kämpften zwei Gruppen von radikalen Liberalen, die Girondisten und die Jakobiner. Beide ließen möglichst viele Führungsgestalten der jeweiligen Gegner hinrichten, wenn das Pendel der Macht gerade einmal in ihre Richtung schwang.

Einer von denen, die unter die Messerschneide der Guillotine gerieten, war der Chemiker und Adlige Antoine Laurent de Lavoisier. Er hatte zuvor 20 Jahre lang dafür gesorgt, dass die Salpeterproduktion im eigenen Land drastisch wuchs, und so die französische Fähigkeit zur Herstellung von Schießpulver gestärkt. Damit hatten die Franzosen gegenüber den Briten mit ihren üppigen indischen Quellen aufgeholt. Als einer der Ersten setzte Lavoisier dem Schießpulver auch Pottasche zu, was die Explosion verstärkte, und er schuf finanzielle Anreize für Bauern, damit diese ihre Salpeterproduktion (durch Mischen von Mist, Erde, Stroh, Kompost und Holzasche) erhöhten.[7]

Vor allem Lavoisier – der später als »Vater der Chemie« bezeichnet wurde, weil er die Bedeutung des Sauerstoffs bei der Verbrennung erkannte – war es zu verdanken, dass die Freiheit in den Vereinigten Staaten nach wenigen Konfliktjahren erreicht war. Die französische Salpeterproduktion, die dank seiner Arbeiten mittlerweile stark angewachsen war, dürfte für die Frage, ob sich die Freiheit durchsetzen würde, entscheidend gewesen sein, denn die amerikanischen Siedler verfügten kaum über eigene Möglichkeiten, Schießpulver herzustellen. Aber während Lavoisiers Leistungen der Sache der Freiheit am anderen Ende der Welt halfen, wurden sie zu Hause verurteilt. Als privilegierter Aristokrat, der im Ancien Régime des Königs eine bedeutende Rolle gespielt hatte, war er vorbelastet. Am 8. Mai 1794 holperte der hölzerne Wagen mit Lavoisier über das Kopfsteinpflaster von Paris.

Im Jahr 1795 wurde ein neues französisches Parlament aus 500 gewählten Vertretern und 250 Senatoren eingesetzt. Die Exekutivgewalt lag bei einem Komitee von fünf Direktoren. Aber wie so vielen Herrschern vor ihnen, so schlug auch diesen Männern bald der Hass des Volkes entgegen, und sie konnten ihre Ziele nur noch mit verfassungswidrigen Mitteln erreichen. Am 9. November 1799 schließlich griff die Armee mit einem dramatischen Putsch ein. Ihr General hatte mit einem gewissen Erfolg die Invasionsversuche anderer europäischer Mächte abgewehrt. Nachdem er nun mit eigenen Augen deutlich gesehen hatte, was die Ideale von Freiheit und Gleichheit in der Praxis bedeuteten, wollte er die Ordnung wiederherstellen und den französischen Nationalstolz erneuern. Sein Name war **Napoleon Bonaparte**.

In den anderen großen Staaten Europas herrschte bei Königen, Adligen, im Klerus und bei Kaufleuten Empörung über die Entwicklungen in Frankreich. Da sie zweifelsohne ein Interesse daran hatten, dass ihre eigenen Köpfe mit dem Körper verbunden blieben, wollten sie sicherstellen, dass sie von einer Revolution im französischen Stil verschont blieben. Dennoch dauerte es nicht lange, bis sich die herrschenden Schichten Europas auf ihre Weise der Dreiheit aus Freiheit, Gleichheit und individuellen Rechten bedienten, um ihre eigene Macht zu stärken.

Zunächst einmal wurde es für die Herrscher einfacher, große Armeen zu rekrutieren. Seit ungefähr 1530 hatten Feuerwaffen die Möglichkeit geschaffen, Bauern nach einer Ausbildung von wenigen Tagen zu Fußsoldaten zu machen. Aber die Armeen blieben klein, denn je größer sie waren, desto mehr kosteten sie. Solange sich ein Land nicht im Krieg befand, war eine stehende Armee reine Geldverschwendung. Nachdem sich bei den Menschen jedoch die Vorstellung durchgesetzt hatte, dass sie selbst der Souverän waren, wurde es einfacher, die Volksmassen zu begeistern und zu bewaffnen. Die individuelle Freiheit erwies sich als so machtvolle Vorstellung, dass man einfache Menschen mit ihrer Hilfe von der Pflicht überzeugen konnte, um einer Idee willen zu sterben, oder auch wegen der Farben auf der Nationalfahne oder der Melodie einer Nationalhymne. Wenn Herrscher – ganz gleich, ob sie ihre Stellung einer adligen Herkunft, dem Geld oder der Wahl durch das Volk verdankten – die Beherrschten davon überzeugen konnten, dass *ihr* Land für Freiheit eintrat, wurde es zur patriotischen Pflicht jedes Einzelnen, dieses Land zu verteidigen. Damit waren die Ideen von Wehrpflicht und Wehrpflichtigenarmee geboren.

Die Französische Republik verabschiedete 1798 ein Gesetz, in dessen erstem Artikel es heißt: »Jeder Franzose ist Soldat und verpflichtet sich zur Verteidigung der Nation.« Napoleon gelang es auf geniale Weise, Frankreich für die Verteidigung der neuen Prinzipien zu mobilisieren, und als erster europäischer Staatsmann führte er die Armee von Wehrpflichtigen ein. Die Idee fasste schnell Fuß. Auf dem Höhepunkt der napoleonischen Kriege (1804 bis 1815) gelang es dem französischen Kaiser – so nannte Napoleon sich jetzt -, bis zu 1,5 Millionen Soldaten zu rekrutieren, die meisten davon aus Frankreich. Am Ende der Kriege standen rund 900 000 napoleonische Soldaten einer Streitmacht von ungefähr einer Million aus einem Bündnis gegnerischer europäischer Staaten gegenüber. In einem solchen Maßstab war bis dahin noch niemals Krieg geführt worden.

Als Napoleon 1812 in Russland einmarschierte, hatte er 600 000 Mann bei sich, ungefähr die Hälfte davon Franzosen. Bei seinem winterlichen Rückzug waren bereits 370 000 gestorben, die meisten davon durch Kälte, Krankheit und Hunger; weitere 200 000 waren in Gefangenschaft geraten. Dennoch hatte Napoleon schon ein Jahr später seine Armee wieder von 27 000 auf 400 000 Mann ausgebaut.

*****

Der Kampf des Guten gegen das Böse, der Freiheit gegen die Tyrannei, leitete ein neues Zeitalter der Volkshelden und der Propaganda ein. Nachdem Admiral Horatio Nelson 1805 in der Schlacht von Trafalgar die französische Flotte besiegt hatte, widmete ihm die britische Regierung mitten in London eine Statue und einen Platz, um die Menschen immer wieder an diesen Helden zu erinnern, der ihnen bei der Verteidigung ihres Landes gegen die Tyrannei vorangegangen war. Nationale Idole wie Nelson oder auch der britische General Wellington, der Napoleon 1815 in der Schlacht von Waterloo endgültig schlug, wurden mit einem Staatsbegräbnis geehrt und an den heiligsten Orten ihrer Länder beigesetzt.[8]

Neben der Angst vor einer Revolution nach französischem Vorbild standen die Herrscher in Europa vor einem weiteren Problem: Wie sollten sie sich von den wirtschaftlichen Verwerfungen erholen, nachdem sie ihre Kolonien verloren hatten? Frankreich hatte Haiti abgeben müssen und aus Geldmangel einen großen Teil seiner übrigen Kolonien im Westen aufgegeben.

Die französische Kolonie Louisiana verkaufte Napoleon 1803 für 15 Millionen Dollar an die Vereinigten Staaten, um mit dem Geld den Krieg gegen Großbritannien zu finanzieren. Das abgetretene Gebiet umfasste nicht nur den heutigen US-Bundesstaat Louisiana, sondern es erstreckte sich von der Südküste bis zur kanadischen Grenze im Norden.

Dank der lateinamerikanischen Unabhängigkeitsbewegungen (siehe Seite 429) zerfiel auch das spanische Überseeimperium, während Napoleons Armee im Verlauf der Kriege auf der Iberischen Halbinsel (1808 bis 1814) in Spanien einmarschierte. Zur gleichen Zeit konnten die Briten nicht mehr exklusiv auf den Nachschub aus den Plantagen in dem mittlerweile unabhängigen Nordamerika zurückgreifen.

Eine Lösung bestand darin, in anderen Regionen **neue Kolonien** zu erschließen. Dabei war Napoleon anfangs besonders schnell. Er eroberte 1798 Ägypten, um dort französische Handelsinteressen zu sichern und möglichst die britischen Routen nach Indien zu blockieren. Nachdem er aber auch in Syrien und im Libanon einmarschiert war, wurde er von einem Bündnis aus Briten und Osmanen aufgehalten (während dieses Feldzugs fanden seine Soldaten den Stein von Rosetta, siehe Seite 154).

Die Briten festigten währenddessen ihre Position in Indien und erweiterten 1813 das Einflussgebiet ihrer Ostindien-Kompanie fast auf den gesamten Subkontinent. Nach der Eroberung Burmas erhielten sie Zugriff auf viele Tausend Quadratkilometer mit kostbarem Hartholzwald, sodass sie einen Ausgleich für die verlorenen Holzlieferungen aus Nordamerika schaffen konnten. Singapur wurde 1824 durch ein Abkommen mit den Niederlanden zur britischen Kolonie, und von dort begann 1826 eine Reihe von Expansionsfeldzügen an der Küste Malayas. Und da die Briten nun

Machthungrig, und entschlossen, Recht und Ordnung wiederherzustellen: Napoleon stellte als erster Europäer eine Armee von Wehrpflichtigen auf und brachte mit den Ideen von Patriotismus und Freiheit eine neue Dimension in die Kriegsführung ein.

auch keine verurteilten Verbrecher mehr als Lohnarbeiter nach Nordamerika schicken konnten, wandten sie ihre Aufmerksamkeit nach Süden, um dort einen anderen Ort für die vielen Menschen zu finden, die in den überfüllten englischen Gefängnissen eingesperrt waren. Zwischen 1788 und 1868 verwandelten regelmäßige Schiffsladungen mit britischen Häftlingen den riesigen Kontinent Australien, auf dem zuvor schätzungsweise eine Million Ureinwohner relativ ungestört gelebt hatten, zu einem weiteren Satelliten des europäischen Neu-Pangäa.[9]

Aber solche Maßnahmen bedeuteten keine Lösung für das Problem, wie man den Handel mit früheren Kolonien wie Amerika gestalten sollte, die sich nicht mehr ausbeuten ließen. Darüber hinaus besaßen die Vereinigten Staaten, die nun ihre Waren an den Höchstbietenden auf der ganzen Welt verkaufen konnten, mit ihren Millionen von Sklaven einen gewaltigen wirtschaftlichen Vorteil. Dank der unermüdlichen Bemühungen der Quäkerbewegung und strenggläubiger Christen wie William Wilberforce (1759 bis 1833) verbot das britische Parlament 1807 den Sklavenhandel im gesamten britischen Empire. Bis 1833 hatte Großbritannien dann nicht nur den Sklavenhandel, sondern auch die Sklaverei als solche im Empire für illegal erklärt. Insgesamt zahlte die Regierung Entschädigungen von 20 Millionen Pfund an Sklavenbesitzer wie den Bischof von Exeter, der für seine 665 Leibeigenen insgesamt 12 700 Pfund erhielt – womit der Preis für die Freiheit auf noch nicht einmal 20 Pfund pro Kopf festgelegt wurde. Das britische Parlament besetzte damit die Rolle als Vorreiter der Freiheit, und in dem Bemühen, gleiche wirtschaftliche Voraussetzungen zu schaffen, verfolgte die britische Außenpolitik nun das Ziel, ihre Handelspartner zur Nachahmung zu veranlassen.

Im Jahr 1815 zahlte die britische Regierung den portugiesischen Behörden 750 000 Pfund für die Abschaffung des Sklavenhandels, und zwei Jahre später erhielten die Spanier 400 000 Pfund, damit sie die Sklaventransporte nach Kuba, Puerto Rico und Santo Domingo einstellten. Zwischen 1807 und 1860 trug das Westafrika-Geschwader der Royal Navy zur Durchsetzung der Vorschriften bei, indem es mehr als 1 600 Schiffe aufbrachte und bis zu 150 000 afrikanische Sklaven befreite.[10]

Zur Wiederherstellung gewinnbringender Handelsbeziehungen mit früheren Kolonien trug auch der schottische Professor **Adam Smith** (1723 bis 1790) mit seinen Schriften bei. In seinem Werk WOHLSTAND DER NATIONEN – EINE UNTERSUCHUNG SEINER NATUR UND SEINER URSACHEN (AN INQUIRY INTO

THE NATURE AND CAUSES OF THE WEALTH OF NATIONS, 1776) formulierte er eine neue Wirtschaftsphilosophie. Er vertrat die Ansicht, manche Länder seien von Natur aus in der Herstellung bestimmter Waren leistungsfähiger als andere. Ein Land mit warmem, trockenem Klima eignet sich beispielsweise besonders gut für die Produktion von Rohstoffen wie Baumwolle. Kann es ungehindert Handel mit einem Gebirgsland treiben, in dem viel Regen den Antrieb von Wassermühlen zur Fertigung von Kleidungsstücken ermöglicht, geht es beiden Ländern besser.

Durch die Forderung nach Beseitigung von Monopolen, Steuern und Zöllen erweiterte Smith die Freiheitsidee auf den Handel zwischen Staaten. Wenn die Nachfrage nach einem bestimmten Produkt in einer solchen Wirtschaftsordnung höher ist als das Angebot, steigt der Preis und damit auch die Gewinnspanne für die Produzenten. Das, so Smith, ist ein Anreiz zur Herstellung von Produkten, die von den Verbrauchern gefordert werden. Der gleiche Gedanke gilt auch umgekehrt: Ist das Angebot an einem Produkt zu hoch, sinkt der Preis, die Gewinne gehen zurück, und die Produzenten stellen stattdessen andere Produkte her. Smith' Metapher von der »unsichtbaren Hand« beschreibt den freien Markt als ein System, das sich selbst korrigiert und die Anforderungen des Marktes selbst bestimmt.

Die von Smith geforderte wirtschaftliche Freiheit wurde zum Kernstück einer neuen Wissenschaftsdisziplin, der Wirtschaftswissenschaft. Ein Kapitalismus auf der Grundlage des freien Handels zwischen verschiedenen Staaten war ein direkter Angriff auf den Protektionismus, der die Grundlage der europäischen Großmächte bis dahin gebildet hatte – in diesem System stammte Reichtum ausschließlich aus den »privaten« Kolonien eines Landes. In einer Welt, in der neue aufstrebende Nationen wie die Vereinigten Staaten kaum eigene Kolonien besaßen, gewann die Idee eines Kapitalismus mit freien Märkten beträchtlich an Reiz.

Dass der Kapitalismus am Ende weltweit die Vorherrschaft übernahm, lässt sich nicht nur auf revolutionäre Konflikte um Freiheit und Unabhängigkeit zurückführen; eine weitere Ursache waren auch Eroberungen ganz anderer Art. Die wissenschaftliche und industrielle Revolution fielt nicht weniger heftig aus als die politische in Amerika und Frankreich, aber sie richtete den Blick fest auf die Eroberung nicht der Menschen, sondern der Natur.

KAPITEL 39

AFFEN-KRAM

WIE SICH DIE SPEZIES MENSCH VON NATÜRLICHEN EINSCHRÄNKUNGEN BEFREITE, INDEM SIE EINE EIGENE, UNABHÄNGIGE, TRANSPORTABLE ENERGIEQUELLE ZU BEHERRSCHEN LERNTE, UND WIE DIE MENSCHLICHE BEVÖLKERUNG ÜBER JEDES MASS HINAUS ANWUCHS

Sind Menschen grundlegend anders als Tiere? In dieser Frage sind die Meinungen heute anscheinend sehr geteilt. Manche Menschen sind felsenfest überzeugt, wir seien etwas ganz Besonderes und sogar Überlegenes. Zu dieser Ansicht gelangen sie vielleicht aufgrund der Tatsache, dass kein anderes Tier jemals versuchte, Artgenossen zum Mond zu schicken und wieder zurückzuholen – und das auch noch erfolgreich. Nach Ansicht anderer hat Charles Darwin mit seinen 1859 erstmals veröffentlichten Erkenntnissen bewiesen, dass die Menschen durch die Evolution aus Tieren hervorgegangen sind und dass zwischen Menschen und Affen im Grunde nicht viel mehr als ein quantitativer Unterschied besteht – oder genauer gesagt: ein Unterschied in der Gehirngröße. Menschen, so sagen sie, können vielleicht gut Dinge erfinden, während andere Tiere dazu nicht in der Lage sind. Aber war die Herstellung der Atombombe wirklich eine kluge Idee? Und wie steht es mit dem Klimawandel und der globalen Erwärmung? Wenn es die Schuld der Menschen ist, dass Eiskappen abschmelzen, dass der Meeresspiegel steigt, dass sich die Niederschlagsverteilung ändert und möglicherweise entsetzliche Dürren demnächst Hunderten von Millionen Menschen das Leben kosten werden – von anderen Arten ganz zu schweigen –, dann sind die Menschen vielleicht doch nicht so klug.

Solche Themen stehen im Mittelpunkt der derzeitigen Diskussionen über das Verhältnis des Menschen zur Natur. Wird die Zukunft des Lebens auf der Erde am besten gesichert, wenn der Mensch seinen Erfindungsreichtum benutzt, um die großen Probleme von Klimawandel, Energieknappheit und verringerter biologischer Vielfalt anzugehen, und wenn er dann auch die Verantwortung dafür übernimmt? Oder sollte die Menschheit zu einer ruhigeren, weniger aufwendigen Lebensweise zurückkehren und der Natur wieder ihre traditionelle Rolle überlassen, die Lebenserhaltungssysteme unseres Planeten zu regulieren und ins Gleichgewicht zu bringen? Von Antworten auf solche Fragen hängen nahezu alle wichtigen Entscheidungen ab, vor denen Naturwissenschaftler, Politiker und Öffentlichkeit in unserer zivilisierten Welt stehen.

Zu Beginn dieser wohl grundsätzlichsten aller Diskussionen vor 200 Jahren hatten die meisten Menschen keinen Zweifel daran, dass die Menschheit etwas Besonderes ist und über allen anderen biologischen Arten steht.

Die meisten Anhänger von Judentum, Christentum und Islam glaubten, Gott habe den Menschen die Vorherrschaft über alle anderen Lebensformen übertragen.[1] Und seit es Gewehre und Schießpulver gab, besaßen sie auch die Mittel, diese Macht auszuüben. Nachdem die Europäer enge Verknüpfungen zwischen den einst getrennten Kontinenten hergestellt und mit ihren Schiffen künstlich gezüchtete Nutzpflanzen und Tiere von einem Teil der Welt zum anderen transportiert hatten, sah es so aus, als habe sich der Mensch die Natur vollständig untertan gemacht.

In den meisten Regionen der Erde lebte mittlerweile eine große Bevölkerung, und wenn eine Gruppe wie in Amerika durch Krankheiten nahezu ausgelöscht wurde, brachte der Nachschub aus Afrika und Europa schnell Ersatz. Die Zahlen sagen alles: Schon 1802 war die Weltbevölkerung trotz Krieg, Krankheitsepidemien und Naturkatastrophen auf eine Milliarde Menschen angestiegen; damit war sie in weniger als 2000 Jahren um mindestens 500 Prozent gewachsen. Den stärksten Anstieg verzeichnete Asien. Dort hatten der Reis, der seit ungefähr 1100 in Indien und China zweimal im Jahr geerntet wurde, und der aus Südamerika eingeführte Mais (siehe Seite 400) zu einem wahren Bevölkerungsboom geführt: Ungefähr 64 Prozent der Weltbevölkerung lebten auf dem Kontinent. In Europa waren es ungefähr 21 Prozent, in Afrika 12 Prozent, in Südamerika 2,3 Prozent und in Nordamerika 0,7 Prozent.

Im Jahr 1798 veröffentliche der englische Wirtschaftswissenschaftler **Thomas Malthus** (1766 bis 1834) eine Abhandlung, in der er eine unmittelbar bevorstehende Katastrophe prophezeite. Nach seiner Auffassung würde die Menschheit im Laufe der folgenden 50 Jahre so stark anwachsen, dass es nicht mehr genug Nahrung geben würde. In seinem ESSAY ON THE PRINCIPLE OF POPULATION formulierte Malthus das Problem, dass die Bevölkerung weitaus schneller wuchs als die weltweite Lebensmittelproduktion. Wenn Kriege und andere Katastrophen die Bevölkerungszahl nicht ausreichend dezimierten, würde die Natur diese Aufgabe durch Krankheiten und Hungersnot übernehmen, bis das Gleichgewicht zwischen Bevölkerung und Lebensmittelproduktion wiederhergestellt sei:

Die Kraft der Bevölkerung ist der Fähigkeit der Erde, den Lebensunterhalt für den Menschen zu produzieren, so stark überlegen, dass der vorzeitige Tod in dieser oder jener Form das Menschengeschlecht heimsuchen muss. Die Boshaftigkeiten der Menschheit sind tätige, fähige Vollstrecker der Entvölkerung. Sie sind die Vorreiter in der großen Armee der Zerstörung, und oftmals vollenden sie das grausige Werk auch selbst. Wo sie aber in diesem Vernichtungskrieg versagen, schreiten Missernten, Epidemien, Pestilenz und Seuchen in schrecklichem Einklang fort und fegen Tausende und Zehntausende hinweg. Sollte der Erfolg noch unvollständig sein, folgt unmittelbar danach eine gigantische, unausweichliche Hungersnot, und mit einem mächtigen Schlag wird die Bevölkerung der Nahrung auf der Welt gleichgemacht.

Für viele Menschen in Europa und Amerika bedeutete Malthus' Aufsatz einen großen Schock. Sie glaubten aus religiösen Gründen, der Mensch habe dank seines überlegenen Geistes einen besonderen Platz auf der Erde, und eine göttliche Seele mache ihn zu etwas ganz anderem als alle übrigen Lebewesen. Aber wenn Malthus nun recht hatte? Es war fast, als seien seine düsteren Warnungen eine direkte Herausforderung an die kreativsten Köpfe Europas und seiner amerikanischen Ableger, dafür zu sorgen, dass sie sich nicht verwirklichten.

Jahrhundertelang hatte **China** weltweit die Führungsrolle bei technologischen und wissenschaftlichen Neuerungen innegehabt. Buchdruck, Schießpulver und Kompass, drei Erfindungen, die nach Ansicht des Philosophen Francis Bacon die moderne Welt entscheidend prägten, stammten aus dem Osten. Aber die Welle von Erfindungen, mit denen man die Grenzen der Natur sprengen wollte, kam diesmal nicht aus Asien. Wer hatte wohl in China schon einmal von einem Engländer namens Thomas Malthus gehört?

Seit Mitte des 15. Jahrhunderts hatte sich China jeder Annäherung des Westens verweigert. Die Ausweitung der Märkte nach Übersee stand nicht auf der Tagesordnung seiner Regierungen. Seit dem Aufstieg der Qing-Dynastie im Jahre 1644[2] verfolgte man eine einfache Strategie: Man sicherte die Grenzen gegen Invasionen und andere ausländische Einflüsse, sorgte dafür, dass die Tributzahlungen der Nachbarn regelmäßig flossen, und vor allem verhinderte man, dass die große bäuerliche Bevölkerung einen Regierungswechsel forderte. Ohne den Druck durch äußere Feinde, unter dem noch die Song gelitten hatten, konnten die Qing den Armen in den ländlichen Gebieten Chinas eine ebenso eintönige wie konservative Botschaft vermitteln: Studiert die Werke des Konfuzius, der Gehorsam gegenüber Familie und Staat gelehrt hat, und wenn ihr Glück habt, bekommt ihr eine gut bezahlte Stellung als kleiner Beamter in unserem riesigen Behördenapparat. Ansonsten müsst ihr eben beim Reisanbau bleiben.

Der Unterschied zu **Großbritannien** hätte um 1800 größer nicht sein

Darwin wurde zum Gegenstand des Spottes, weil er die Ansicht geäußert hatte, die Vorfahren des Menschen seien Menschenaffen gewesen. Diese Karikatur erschien 1871 in dem Magazin THE HORNET.

können. Der kleine, von Natur aus durch das Meer geschützte Inselstaat stand jetzt im Mittelpunkt eines weltweiten Netzes aus Schiffsflotten, Märkten und Kolonien. Ein kleiner Rückschlag hier und da, beispielsweise der Verlust der amerikanischen Kolonien, wurde durch den Erwerb neuer Territorien an anderer Stelle (Burma, Malaysia, Singapur, Australien) ausgeglichen. Als die britischen Holzbestände durch Schiffbau, Eisenproduktion, Bier- und Glasherstellung, Ziegelsteinbrennerei und Salzgewinnung zur Neige gingen und eine chronische Energiekrise drohte, fand man einen anderen Energielieferanten in Form der Kohle. Schon 1800 hatten sich die meisten Industriezweige in Großbritannien von Holz oder Holzkohle auf Koks und Kohle als Brennmaterial umgestellt.[3] Da der magische schwarze Brennstoff unter dem Boden von Tyneside, Yorkshire, Lancashire und South Wales in scheinbar unbegrenzten Mengen zu finden war, gehörte die britische Energiekrise nun wohl endgültig der Vergangenheit an.

Eine weitere Herausforderung für die Kreativität war das Verbot des Sklavenhandels, das 1807 erlassen wurde. Nun strengten sich die erfindungsreichsten Köpfe des Landes an, um die Sklavenarbeiter durch Maschinen zu ersetzen. Einen beträchtlichen Schub bekamen ihre Bemühungen durch ein System, in dem Einzelne durch neue Ideen reich werden konnten. Patente, die Erfindern für einen gewissen Zeitraum ein Monopol auf den Verkauf ihrer Ideen garantierten, wurden in England erstmals 1623 von James I. vergeben.[4] Schon 1714 wahren Erfinder verpflichtet, ihre Konstruktionen als Gegenleistung für die Gewährung des Monopols zu veröffentlichen, was kreative Köpfe dazu brachte, ihre Ideen bekanntzumachen und gleichzeitig neue, nützliche Erfindungen zu entwickeln.

In diesem Umfeld, das **Innovationen und Unternehmergeist** begünstigte, erfand der Barbier Richard Arkwright (1732 bis 1792) aus Bolton eine revolutionäre neue Methode zur Herstellung von Textilien, und damit entstand die erste wassergetriebene Baumwollweberei der Welt. Arkwrights Fabrik, die 1781 in dem Dorf Cromford in Derbyshire den Betrieb aufnahm, bedeutete für die Textilherstellung eine Umwälzung: Dünne, kräftige Fäden wurden gesponnen und dann sofort in einen automatischen, wassergetriebenen Webstuhl geführt. Trotz einer Reihe von Meinungsverschiedenheiten über die berechtigten Ansprüche an der Erfindung war Arkwright bei seinem Tod 1792 ein wohlhabender Mann: Sein Vermögen wurde auf 500 000 englische Pfund geschätzt. Damit war er aus dem Nichts zu einem der reichsten Menschen der Welt geworden.

Bei allem Erfindungsreichtum war aber auch Arkwrights Webstuhl auf eine natürliche Energiequelle angewiesen. Er konnte nur an einem geeigneten, schnell fließenden Bach oder Fluss arbeiten. Seit Beginn der Menschheitsgeschichte bis ungefähr zum Jahr 1800 unterlag alles, was mit der Beziehung des Menschen zur übrigen Welt zu tun hatte, den von der Natur vorgegebenen Systemen. Energie stammte unmittelbar aus den natürlichen Prozessen – entweder aus dem Leben der Tiere und Menschen selbst oder aus den lebenserhaltenden natürlichen Kreisläufen von Wind und Wasser.

Die **Energie** zur Fortbewegung an Land kam aus den Beinen von Menschen oder Tieren. Eine Alternative bestand darin, mit Booten die Flüsse zu befahren oder Schleppkähne von Tieren über von Menschen angelegte Kanäle zu ziehen. In Großbritannien nahm man seit Mitte des 18. Jahrhunderts ein großes Kanalbauprojekt in Angriff, ursprünglich um die Kohle einfacher von den Bergwerken zu den Märkten im ganzen Land transportieren zu können. Wenn ein Pferd einen Schleppkahn über einen Kanal zog, konnte es zehnmal mehr Gewicht transportieren als wenn es einen Wagen auf einer Straße fortbewegte. Zwischen 1760 und 1820 wurden quer durch Großbritannien mehr als 100 Kanäle gebaut.

Bei Seereisen war man auf die natürliche Windkraft angewiesen. Wenn Seeleute um 1800 in den Rossbreiten – einer Region in der Nähe des Äquators, in der häufig Windstille herrscht – in der Flaute saßen, mussten sie einfach warten, bis Hilfe kam oder bis sich das Wetter änderte, selbst wenn der Aufenthalt in dem heißen, stickigen Wetter bedeutete, dass Menschen starben.

An Land hatte man die Windkraft erfolgreich mit Windmühlen genutzt, die vom alten Rom bis zum kaiserlichen China in Gebrauch waren. In den Niederlanden liegen heute bis zu 60 Prozent der Landflächen unterhalb des Meeresspiegels, und dass man sie dem Ozean abringen konnte, war hauptsächlich der Windkraft zu verdanken. Im 16. Jahrhundert standen in Holland mehr als 8 000 Windmühlen, die zu allen möglichen Zwecken genutzt wurden – von der Entwässerung des Landes bis zum Heben von Ausrüstungsgegenständen aus Bergwerken, vom Walken der Textilien bis zur Lederverarbeitung, vom Mahlen des Getreides und dem Körnen von Schießpulver bis zum Walzen von Kupferplatten.[5]

Die natürliche Energie von ungehindert bergab fließendem Wasser nutzte man in Regionen, die über hohe Niederschläge und schnell fließende Flüsse verfügten. Die Römer besaßen Wassermühlen zum Mahlen von Getreide, die Chinesen betrieben damit die Blasebälge ihrer Hochöfen, und die Europäer zersägten damit Baumstämme. Um 1800 führten mechanische Erfindungen wie Arkwrights Webstuhl dazu, dass Regionen in der Nähe schnell fließender Flüsse industrialisiert wurden. In einer solchen Gegend lag Manchester: Es wurde zur ersten Industriestadt der Welt und erhielt in England den Beinamen »Cottonopolis«.

Es war der Zusammenhang, dass manche Regionen über mehr natürliche Energie verfügten als andere, der Adam Smith auf seine radikalen Gedanken zur freien Marktwirtschaft gebracht hatte (siehe Seite 433).[6]

Die **Automatisierung**, die durch die Wasserkraft möglich wurde, führte zu Fließbändern für die Massenproduktion, und Gruppen von Arbeitern wurden dazu ausgebildet, tagaus, tagein immer wieder die gleichen Handgriffe auszuführen. Jetzt konnte man Produkte schneller, billiger und in größerer Stückzahl herstellen als je zuvor. Während ein Handwerker viele Tätigkeiten beherrschen musste, um ein Produkt fertigzustellen, wobei er in seiner Werkstatt rumorte und Zeit mit der Suche nach den richtigen Werkzeugen für verschiedene Herstellungsstadien verbrachte, führte der Fließbandarbeiter in rascher Abfolge immer und immer wieder eine einzige, einfache Tätigkeit aus. Hierfür war so gut wie keine Qualifikation notwendig, und es wurde keine Zeit vergeudet.

Der Wechsel von qualifizierter Arbeit zur Massenproduktion bedeutete eine so gewaltige Umwälzung, dass für viele Menschen, deren Familien und Nachbarn seit Generationen eine traditionellen Lebensweise gepflegt hatten, eine Welt zusammenbrach. In Großbritannien wurden Gruppen, die sich einem solchen Wandel widersetzten, nach ihrem mythischen Anführer Ned Ludd als »Ludditen« bezeichnet. Seit 1811 protestierten qualifizierter Arbeiter in Nottingham dagegen, dass sie durch Maschinen ersetzt werden sollten: Sie gingen auf die Straße und lieferten sich Schlachten mit der englischen Armee. In York fand 1813 ein Massenprozess gegen Ludditen statt, der mit 17 Hinrichtungen wegen Verbrechen gegen Maschinen endete (Industriesabotage galt als Kapitalverbrechen). Dutzende weitere wurden in die australischen Strafkolonien deportiert.

Nicht nur in Großbritannien fasste der Gedanke der Massenproduktion Fuß. Eli Whitney (1765 bis 1825), ein genialer Mechaniker aus dem US-Bundesstaat Massachusetts, machte sich mit den Prinzipien der Massenproduktion vertraut, als er während des amerikanischen Revolutionskrieges in der Nagelfabrik seines Vaters arbeitete.

In den kurz zuvor unabhängig gewordenen Vereinigten Staaten, wo man besorgt den eskalierenden Konflikt zwischen Großbritannien und Frankreich unter Napoleon beobachtete, hatte man schon 1798 erkannt, dass man Waffen zur Sicherung der neu gewonnenen Freiheit brauchte. Zur Verblüffung der Kongressabgeordneten führte Whitney vor, wie er aus einem einzigen Haufen von austauschbaren Einzelteilen zehn Gewehre zusammensetzen konnte. Die Politiker waren so beeindruckt, dass sie mit ihm einen Vertrag über die Produktion von 10 000 Musketen schlossen.

Indem Whitney die Zahl der Einzelteile verringerte, ließen sich die Produktionskosten seiner Gewehre beträchtlich senken, und im Reparaturfall konnte ein fehlerhafter Mechanismus schnell durch ein Ersatzteil aus den Vorratslagern der Armee ausgetauscht werden.

Angelernte Arbeitskräfte mussten in Verbindung mit Maschinenwerkzeugen nur noch schablonenhafte Tätigkeiten ausführen und lösten damit die Handwerker ab, die mit Geschicklichkeit und erlernten Fähigkeiten maßgefertigte Produkte herstellten. Das Zeitalter der standardisierten Massenware begann. Whitneys wassergetriebene Rüstungsfabrik stellte später Gewehre unter Leitung eines anderen amerikanischen Erfinders her: Samuel Colt (1814 bis 1862) hatte sich die Konstruktion einer neuartigen Repetierfeuerwaffe patentieren lassen, die als Revolver bezeichnet wurde. Dank seiner Erfindung konnten die amerikanischen Soldaten im mexikanisch-amerikanischen Krieg (1846 bis 1848) und dann auch die Abenteurer des kalifornischen Goldrausches (1848 bis 1855) im vollen Galopp vom Pferd aus Kugelsalven abfeuern.

Das gleiche Verfahren mit austauschbaren Teilen, für das Whitney Pionierarbeit geleistet hatte, wurde 1850 auch zur Massenproduktion von Colts eingesetzt. Als Samuel Colt 1862 starb, war er ebenfalls ein sehr reicher Mann: Allein sein Grundbesitz hatte einen Wert von ungefähr 15 Millionen Dollar.

Mit der **Massenproduktion** begann auch das moderne Konsum- und

Wegwerfverhalten. Seit der Steinzeit, als der Homo habilis seine ersten Gerätschaften herstellte (siehe Seite 115), besaßen die Menschen stets eine starke emotionale Bindung zu den Werkzeugen und Gegenständen, die sie in ihrem Alltagsleben benutzten. Mit dem Aufstieg der Massenproduktion ließ diese Zuneigung nach. Hatte man zuvor Besitztümer aufbewahrt, weil sie handgefertigt waren und vielleicht über Generationen hinweg weitergegeben wurden, so ging von einzelnen Gegenständen, die von Maschinen in großen Stückzahlen hergestellt wurden, kaum noch eine dauerhafte Bindungswirkung aus. Deshalb – und im Gegensatz zu den Instinkten der Jäger und Sammler (siehe Seite 129) – entwickelte sich die Gewohnheit, Gegenstände vor dem Ende ihrer möglichen Nutzungszeit wegzuwerfen und defekte Gerätschaften durch neue zu ersetzen, statt sich der Mühe einer Reparatur auszusetzen.

Aber Schiffe, Windmühlen, Wasserräder, Kanäle und die Massenproduktion in den neu eingerichteten Fabriken setzten immer noch die Fähigkeit der Menschen voraus, sich die Kräfte der Natur nutzbar zu machen. Selbst in den ersten **Dampfmaschinen**, die der Engländer James Watt 1769 konstruierte, lieferte die Luft der Atmosphäre mit ihrem Gewicht eine begrenzte Menge von Energie, mit der man Wasser aus Bergwerken abpumpen konnte.[7] Wenn die Menschheit verhindern wollte, dass Malthus' düstere Prophezeiungen Wirklichkeit wurden, musste sie neue Wege finden, um sich von den Einschränkungen der Natur zu befreien.

Welche Umwälzung die potenzielle Macht des Menschen über die Natur mit sich bringen würde, wurde erstmals 1801 deutlich, als der Erfinder Richard Trevithick (1771 bis 1833) aus Cornwall seine Dampfmaschine »Puffing Devil« unter Dampf setzte. Diese Maschine griff nicht mehr auf die natürlichen Kräfte der Erde zurück. Sie nutzte unter hohem Druck stehenden Dampf, weshalb man sie auf einem Schienenstrang setzen und ohne die Mithilfe von Schwerkraft, Atmosphäre, Wind oder Wasser einen Wagen ziehen lassen konnte. Das Einzige, was man dazu brauchte, waren die Rohstoffe aus der Erde mit ihrem hohen Energiegehalt: Kohle, Öl und Erdgas – Überreste früherer Lebewesen. Wenn man Holz oder Kohle in der sauerstoffhaltigen Atmosphäre verbrannte, konnte man Wasser in einem Druckkessel erhitzen und verfügte so über eine vollkommen unabhängige, transportable Kraftquelle.

Von nun an konkurrierten Natur und Menschen um die begrenzten Ressourcen der Erde. Die Natur nutzte sie zur Schaffung, Erhaltung, Weiterent-

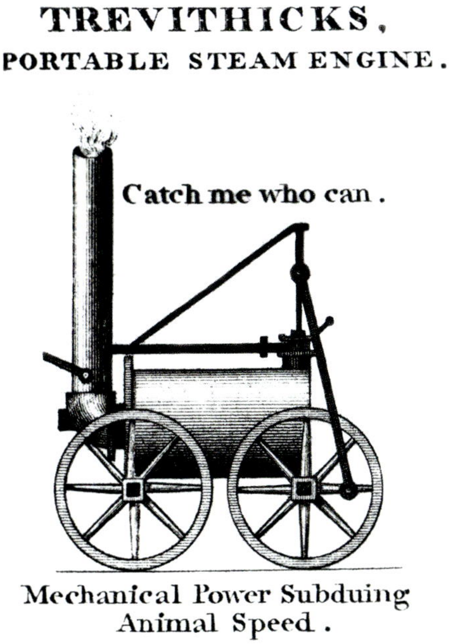
TREVITHICKS,
PORTABLE STEAM ENGINE.
Catch me who can.
Mechanical Power Subduing
Animal Speed.

Unter hohem Druck stehender Dampf befreite die Menschen von den Beschränkungen der natürlichen Energie. Nun begann ein Wettlauf um die Erschließung der unterirdischen Energiequellen.

wicklung und Wiederverwertung von Lebensräumen, von biologischen Arten und Lebensformen, die Menschen jedoch schufen sich mit ihrer Hilfe eine komfortable Lebensweise und steigerten ihre Zahl über alle natürlichen Grenzen hinaus.

Am 14. Oktober 1829 fand in Rainhill in der Nähe von Liverpool ein Wettbewerb statt: Man wollte die Dampfmaschine finden, die am besten in der Lage war, Menschen und Güter auf einem neu erbauten Schienenstrang zwischen der »Baumwollstadt« Manchester und dem Meer zu transportieren.

Der Sieger war die Lokomotive ROCKET von Robert Stephenson. In ihr sorgte ein Kessel mit vielen Röhren für eine möglichst hohe Dampfkraft, außerdem konnte sie 50 Meilen ununterbrochen laufen und eine Ladung von bis zu 13 Tonnen mit einer Geschwindigkeit von zwölf Meilen in der Stunde transportieren; unbeladen erreichte sie eine Spitzengeschwindigkeit von 29 Meilen in der Stunde.

Die **Eisenbahn** veränderte die Landschaft Europas und Amerikas. Bis 1890 zogen sich Schienenstränge kreuz und quer durch die Lande und boten einen bequemen, schnellen, zuverlässigen Personentransport, dessen Fahrplan sich unabhängig von den natürlichen Gegebenheiten nach den Bedürfnissen der Menschen richtete. Seit 1847 wurden in ganz Großbritannien die Uhren synchronisiert, weil auch die Eisenbahn ihren Fahrplan an der Zeit von Greenwich ausrichtete. Bis zur Mitte des 19. Jahrhunderts war es in Großbritannien üblich gewesen, auf Reisen von Westen nach Osten alle 24 Stunden 15 Minuten zuzugeben, um die Unterschiede der Ortszeit auszugleichen. »Bradshaws Railway Guide« gab im Januar 1848 erstmals einen synchronisieren Fahrplan in »Greenwich Mean Time« an.

In den Vereinigten Staaten ermöglichte die Eisenbahn die umfassende Erkundung und Ausbeutung der gewaltigen Flächen im Landesinneren, wobei sich neue Gebiete für Plantagen und Bergbau eröffneten. Im Jahr 1869 ging die erste transkontinentale Eisenbahnlinie in Betrieb; damit war nun die Atlantikküste im Osten mit dem Pazifik im Westen verbunden. In den Augen vieler Beobachter war sie der krönende Abschluss der Präsidentschaft von Abraham Lincoln, der vier Jahre vor ihrer Fertigstellung ermordet worden war (siehe Seite 455). Schon 1890 war das Eisenbahnnetz der Vereinigten Staaten ungefähr 370 000 Kilometer lang. Parallel dazu entwickelten sich Netze in Russland, Europa und anderen Regionen der Erde, beispielsweise in Indien und Südafrika. Damit war der Transport auf dem Landweg in allen Ländern gesichert, die am Welthandel teilnahmen.

Die Dampfkraft machte **Elektrizität** möglich. Nach Pionierarbeiten amerikanischer, französischer, italienischer und deutscher Wissenschaftler und der Entwicklung des ersten Stromleitungssystems durch den amerikanischen Erfinder Thomas Edison wurde elektrische Energie in die Netze der verschiedenen Länder eingespeist. Edison, der zuvor eine billige, für die Massenproduktion geeignete Glühlampe entwickelt hatte, richtete 1882 das erste Stromnetz Amerikas ein: 59 Kunden in New York erhielten einen elektrischen Anschluss. Im gleichen Jahr nahm in London ein Dampfkraftwerk seinen Betrieb auf und lieferte Energie für nahe gelegene Straßenlampen und Privathäuser.

Noch heute werden bis zu 86 Prozent der gesamten Elektrizität von Dampfturbinen erzeugt, die mit Kohle, Öl, Erdgas oder Kernkraft beheizt werden. Die Elektrizität ließ das erste weltweite Telegrafennetz entstehen; es wurde anfangs mit Energie aus chemischen Batterien betrieben, die man in Frankreich schon seit 1810 erprobt hatte. 1866 verlegte man auf dem Meeresboden das erste Transatlantikkabel zwischen Großbritannien und den Vereinigten Staaten. Dies wurde möglich durch die Entwicklung dampfgetriebener Schiffe, die man mittlerweile bei der britischen Marine in Dienst gestellt hatte.[8] Bis 1900 wurden alle bewohnten Kontinente durch elektronische Kommunikationsnetze verbunden.

Konkurrenz erhielt die Dampfkraft mit der Entwicklung eines weiteren künstlichen, transportablen Krafterzeugungssystems: dem **Verbrennungsmotor**. Die deutschen Wissenschaftler Nikolaus Otto und Gottlieb Daimler entwickelten 1876 einen Viertakt-Motor, der Benzin, eine weiterverarbeitete Form des Erdöls, als Brennstoff nutzte. Es bildete mit Luft ein explosives Gemisch, mit dem man ein leichteres, schnelleres Fortbewegungsmittel konstruieren konnte. Schon drei Jahre später hatte Carl Benz die ersten Motoren hergestellt, die ein vierrädriges Automobil antrieben.

In den Vereinigten Staaten baute Ransom Olds 1902 die erste Autofabrik, und Henry Ford wandte seit 1910 in seinem Unternehmen die Methoden der Massenproduktion an. Regierungen, die Handel und Transport fördern wollten, bauten die Straßennetze aus und wurden zu weiteren Anstrengungen gedrängt, weil die Menschen ihrer persönlichen Freiheit Ausdruck verleihen wollten, indem sie selbst an jeden beliebigen Ort fuhren. Knapp 100 Jahre später gab es auf der Welt ungefähr 590 Millionen Autos, davon 140 Millionen in den Vereinigten Staaten und 55 Millionen in Japan.[9]

Kleine, leistungsfähige Motoren, die Autos antreiben konnten, wurden wenig später auch an Flugapparate montiert. Dadurch eröffnete sich für die Menschen ein weiterer Weg, um mit ihrer Mobilität die natürlichen Grenzen zu überwinden.

Orville Wright steigt in sein Flugzeug, das 1903 den ersten erfolgreichen Motorflug absolvierte. Sein Bruder Wilbur schaut zu.

Orville und Wilbur Wright gelang 1903 in der Nähe von Kitty Hawk in North Carolina der erste kontrollierte, motorgetriebene Flug.[10] **Flugzeuge** wurden zu einem unentbehrlichen militärischen Hilfsmittel, denn sie ermöglichten die Luftaufklärung und den Bombenabwurf aus großer Höhe. Luftkämpfe Mann gegen Mann fanden erstmals im Ersten Weltkrieg (1914 bis 1918) statt und machten die Kampfpiloten zu den Rittern der Moderne. Das Musterbeispiel war Manfred von Richthofen, der »Rote Baron«, der mehr als 80 Gegner getötet haben soll; alle wurden im Luftkampf mit einem am Bug des Flugzeugs montierten Maschinengewehr abgeschossen. Der Krieg führte dazu, dass die Methoden der Massenproduktion sehr schnell auch in die Flugzeugherstellung Eingang fanden. Während des Zweiten Weltkrieges (1939 bis 1945) wurden in den Vereinigten Staaten in nur fünf Jahren fast 300 000 Militärflugzeuge gebaut.[11]

Der englische Erfinder Frank Whittle erhielt 1930 ein Patent für ein neues Flugzeug-Antriebssystem; dies führte zur Entwicklung des Düsentriebwerks, das nach dem Zweiten Weltkrieg allmählich die Verbrennungsmotoren ablöste. Jetzt rückten die Kontinente so eng zusammen, dass man in noch nicht einmal einem Tag auf die andere Seite des Erdballs reisen konnte.

Wie die Kohle, so liegen auch die **Ölvorkommen** in der Regel unter der Erde. Sie entstanden aus den Überresten früherer Lebewesen, die unter dem Druck von Sedimenten standen, welche sich über Zigmillionen Jahre hinweg über ihnen ablagerten. Teilweise dringt das Erdöl von selbst an die Oberfläche, wo es im Rahmen der natürlichen Wiederverwertungsprozesse von Bakterien abgebaut wird. Die ersten Ölbohrungen der Neuzeit fanden in den 1850er Jahren statt, weil man Brennstoff (Kerosin) für Lampen gewinnen wollte. Die Produktion blieb während des gesamten 19. Jahrhunderts gering; erst die Erfindung des Verbrennungsmotors sorgte für einen Wandel. Im Jahr 1879 produzierten die Vereinigten Staaten 19 Millionen Barrel Öl im Jahr; 2005 lag die weltweite Produktion bei fast 83 Millionen Tonnen *am Tag*.

Die letzte Energieform schließlich kommt auf der Erde nicht natürlich vor, wird aber vom Menschen aus den Bausteinen des Universums erzeugt; Pionierarbeit dafür leistete einer der bedeutendsten Wissenschaftler aller Zeiten: Albert Einstein (1879 bis 1955). Das aus Deutschland stammende Genie formulierte 1905 eine Reihe neuer Theorien und leitete damit eine Umwälzung unserer Erkenntnisse über jene Gesetze ein, die über das physikalische Universum bestimmen. Isaac Newtons Theorien über Bewegung und Schwerkraft (siehe Seite 391) gelten zwar für große Objekte, aber wie Einstein erkannte, versagen sie im Maßstab der Atome. Entscheidend war vor allem seine Erkenntnis, dass die Kraft, die in den Atomen für den Zusammenhalt ihrer Bausteine sorgt, eine ungeheure, bisher ungenutzte Energiequelle darstellt. Wie Einstein berechnete, steckt in einem einzigen Atom eine Energie, die seiner Masse multipliziert mit dem Quadrat der Lichtgeschwindigkeit (300 000 Kilometer pro Sekunde) entspricht: $E = mc^2$.

Als Erste lernten die Einwohner der japanischen Städte Hiroshima und Nagasaki die schreckliche Wirkung dieser gewaltigen, nahezu übernatürlichen Energie kennen: Im August 1945 warf die amerikanische Luftwaffe über ihren Städten zwei Atombomben ab, von denen jede im ersten Augenblick bereits 70 000 Menschen tötete. Viele Tausend weitere starben an der unsichtbaren, aber tödlichen Welle radioaktiver Strahlung, die in den folgenden Jahren auf sie einwirkte. Im Jahr 1951 zeigte ein Versuchsreaktor im US-Bundesstaat Idaho, wie man die **Atomkraft** auch zu friedlichen Zwecken nutzen kann. Damit war nachgewiesen, dass man auch mit Kernenergie Wärme erzeugen kann, um Wasser verdampfen zu lassen und Elektrizität zu produzieren.

Moderne Verkehrsmittel, globale Kommunikation und Elektrizität schufen für den Menschen ganz neue Möglichkeiten, Waren und Dienstleistungen zu produzieren und durch die ganze Welt zu transportieren. Daraus erwuchsen für Millionen Menschen beispielloser materieller Wohlstand und uneingeschränkte persönliche Freiheiten. Ein großer Teil dieser Entwicklung lief aber ab, ohne dass Rücksicht auf die Natur und andere Lebensformen genommen wurde.

Ebenso bedeutsam war die Entdeckung des deutschen Wissenschaftlers Friedrich Wöhler (1800 bis 1882), dass man Substanzen, die von den Lebewesen produziert werden, auch im Labor künstlich nachbauen kann. Wöhler wollte 1828 eigentlich die Verbindung Ammoniumcyanat herstellen, erzeugte dabei aber durch einen Zufall plötzlich etwas anderes. Als er merkte, worum es sich handelte, mochte er seinen Augen kaum trauen. Seinem Freund und Lehrer, dem schwedischen Chemiker Jöns Jakob Berzelius, berichtete er: »Ich kann sozusagen mein chemisches Wasser nicht halten und muss Ihnen sagen, dass ich Harnstoff machen kann, ohne dazu Nieren oder überhaupt ein Tier, sei es Mensch oder Hund, nötig zu haben.«

Die wissenschaftliche Welt war verblüfft. Bisher hatte man geglaubt, eine grundlegende »Lebenskraft« mache den Unterschied zwischen belebter und unbelebter Materie aus. Eine natürliche Substanz wie Harnstoff im Labor aus unbelebten Stoffen herzustellen, galt als nahezu unmöglich.

Wöhlers Entdeckung kennzeichnet die Geburtsstunde der **organischen Chemie**, und mit ihr eröffnete sich ein zweiter Weg zu Kenntnissen darüber, wie Menschen die Materialien der Natur zu ihren eigenen Zwecken nutzen können. Der »Modellierton« des Lebens besteht vor allem aus zwei Elementen: Kohlenstoff und Wasserstoff. Diese können sich mit Spuren anderer Elemente wie Sauerstoff zu einer fast unendlichen Vielfalt von Molekülketten, Spiralen und Ringen verbinden, die den vielgestaltigen Stoff der Lebewesen bilden.[12] Zu den reichhaltigsten Quellen für solche Zutaten gehört Rohöl. Ausgehend von Wöhlers Entdeckung, lernte die Menschheit nun, diesen Ton zu formen – vorerst zwar noch nicht zur Herstellung neuer Lebewesen, aber zur Synthese neuer nützlicher, aber unnatürlicher Materialien.

In den 180 Jahren, seit Wöhler zufällig den Harnstoff synthetisierte, haben Menschen aus Erdöl oder seiner gasförmigen Entsprechung, dem Erdgas, unzählige neue Substanzen und Materialien hergestellt. Zu den bedeutendsten derartigen Produkten gehören die künstlichen Düngemittel. Nachdem die Briten im Ersten Weltkrieg Deutschland vom Nachschub mit Chilesalpeter abgeschnitten hatten, sah es zunächst so aus, als müsse der Feind sich wegen des Mangels an Schießpulver ergeben. Die beiden deutschen Wissenschaftler Fritz Haber und Carl Bosch entwickelten jedoch ein neues Verfahren, mit dem man Ammoniak künstlich aus Stickstoff und Wasserstoff erzeugen konnte. Ammoniak konnte nicht nur bei der Schießpulverherstellung den Salpeter ersetzen, sondern er eignete sich auch hervorragend als Kunstdünger. Heute werden jedes Jahr mehr als 100 Millionen Tonnen Kunstdünger produziert und auf den Feldern der ganzen Welt ausgebracht. Das Haber-Bosch-Verfahren sichert nach Berechnungen ungefähr 40 Prozent der heutigen Weltbevölkerung ihren Lebensunterhalt – das sind derzeit rund drei Milliarden Menschen.[13]

Fast ebenso wichtig war die Entwicklung künstlicher **Pestizide und Herbizide**. Das Dichlordiphenyltrichlorethan (DDT) wurde schon 1874 von dem deutschen Chemiker Othmar Zeidler erstmals synthetisiert, aber dass es unter den Insekten einen Massenmord anrichten kann, entdeckte der Schweizer Wissenschaftler Paul Hermann Müller erst 1939.

Sehr schnell wurde DDT weltweit zum am häufigsten verwendeten Insektizid. Dann aber, 1962, machte die amerikanische Biologin Rachel Carson in ihrem Buch DER STUMME FRÜHLING deutlich, welche verheerenden Auswirkungen das Mittel auf die Umwelt hat. Nachdem das DDT nun in die Nahrungskette gelangt war, ergaben sich langfristig für die Gesundheit der Menschen so entsetzliche Aussichten, dass viele Regierungen nicht untätig bleiben wollten. Obwohl handfeste wissenschaftliche Beweise fehlten, war Carsons Vision von einem Frühling ohne singende Vögel so beunruhigend, dass sie die moderne Umweltschutzbewegung entstehen ließ. DDT wurde in 82 Staaten verboten, seither sind allerdings andere künstliche Chemikalien an seinen Platz getreten.

Die amerikanische Chemieindustrie setzte zum Gegenschlag an und warf Carson hysterische Angstmache vor. Robert White-Stevens, ein Sprecher der Branche, sagte damals: »Wenn die Menschheit sich den Lehren von Miss Carson anschließen wollte, müssten wir ins Mittelalter zurückkehren, und Insekten, Krankheiten und Gewürm würden wieder die Vorherrschaft auf der Erde übernehmen.«[14] Damit war die Diskussion zwischen denen, die alle Bemühungen des Menschen um die Eroberung der Natur befürworteten, und denen, die eher die Gefahren in der Überschreitung der natürlichen Grenzen sehen, endgültig losgebrochen – und sie wurde immer hitziger.

Thomas Midgley, ein Ingenieur aus Beaver Falls in Pennsylvania, entwickelte 1921 eine neue organische Verbindung namens Tetraethylblei. Er arbeitete bei dem Konzern General Motors, wo man feststellte, dass Automotoren sanfter liefen, wenn man die neue Substanz dem Benzin zusetzte. Aber Midgley bemerkte an sich selbst sehr schnell die Auswirkungen einer Bleivergiftung, und 1923 spürte er, dass er seine Arbeit unterbrechen musste. Er schrieb: »Nach einjähriger Arbeit mit organischem Blei stelle ich fest, dass meine Lunge in Mitleidenschaft gezogen ist und dass ich sämtliche Arbeiten einstellen muss, um mich gut mit frischer Luft zu versorgen.« Bleivergiftung führt nachgewiesenermaßen zu Schlaflosigkeit, Gewichtsverlust und Lernstörungen – oder, wie schon die Römer zu ihrem Leidwesen feststellen mussten, zu vorzeitiger Alterung (siehe Seite 259).

Erst 50 Jahre später, seit 1976, stellten die US-Mineralölkonzerne die Herstellung verbleiten Benzins allmählich ein, und 1986 war diese Entwicklung in Amerika und Europa im Wesentlichen abgeschlossen. Einige Jahre später stellte sich in einer wissenschaftlichen Untersuchung heraus, dass die Konzentration des giftigen Bleis im Blut der Menschen in der Folgezeit um 78 Prozent gesunken war.[15] In vielen Teilen Südamerikas, Asiens und des Nahen Ostens jedoch wird verbleites Benzin bis heute produziert und legal vertrieben.

Unter allen Erfindern der Welt hatte Midgley vielleicht das größte Pech. Nach dem Debakel mit dem Tetraethylblei wurde er versetzt – offensichtlich wollte man vermeiden, dass er weiteres Unheil anrichtete. Jetzt suchte er nach einem neuen Kühlmittel für Haushaltsgeräte. Dabei erfand er die Synthese der Fluorchlorkohlenwasserstoffe (FCKWs), und schon wenig später wurden diese Verbindungen auf der ganzen Welt in Kühlschränken und Spraydosen verwendet. Was Midgley, der 1944 starb, jedoch nicht wusste: Diese von Menschen hergestellten Chemikalien richten in den oberen Schichten der Erdatmosphäre große Schäden an.

FCKW-Moleküle zerstören die Ozonschicht der Erde, sodass die potenziell tödliche, Krebs erzeugende Ultraviolettstrahlung der Sonne bis zur Erdoberfläche vordringen kann. Die Gefahr war so groß, dass sich die meisten Länder 1987 im Protokoll von Montreal darauf einigten, die FCKW-Produktion einzustellen. Jetzt muss die Natur das **»Ozonloch«** über den Polkappen schließen, das Midgleys Chemikalien gerissen haben. (Ironie des Schicksals: Das FCKW-Verbot verschärfte nach heutiger Kenntnis die Gefahr der globalen Erwärmung, denn diese Chemikalien sorgen in den oberen Atmosphärenschichten wenigstens für einen gewissen Schutz gegen Infrarotstrahlung.)

Auch Kunststoffe synthetisierten die Menschen aus dem öligen Rohmaterial. Radio- und Fernsehgeräte, Küchengeräte, Schmuck und viele andere Produkte wurden aus Bakelit hergestellt – der Name erinnerte an den belgischen Wissenschaftler Leo Baekeland, der den Kunststoff 1907 erfand. Bakelit war widerstandsfähig und ließ sich leicht in jede beliebige Form bringen, die Herstellung war billig, und mit seiner isolierenden Wirkung eignet es sich gut für die Verwendung in Elektrogeräten. Das Bakelit stand am Beginn einer ganzen Epoche der Plastikmaterialien, die in der modernen Konsumwelt sehr schnell eine beherrschende Rolle einnahmen. Zwischen dem Ersten und dem Zweiten Weltkrieg gab es, was Vielfalt und Verwendung von **Kunststoffen** anging, zahlreiche Neuentwicklungen: Polystyrol, PVC, Nylon, Kunstkautschuk und Plastiksprengstoff, um nur einige zu nennen.

Solche Materialien werfen aber ein großes Problem auf: Da sie von Menschen für Menschen entwickelt wurden, haben sie in den natürlichen Ökosystemen eigentlich keinen Platz und keine Funktion. Naturprodukte werden im Laufe der Zeit abgebaut und zerfallen, sodass die Rohstoffe auf der Erde unendlich oft wiederverwertet werden können, ohne dass die Umwelt im Müll versinkt. Die meisten synthetischen Materialien und Kunststoffe sind nicht biologisch abbaubar, und häufig kann man sie nicht einmal wiederverwerten.

Eine Zeitungsanzeige aus dem Jahr 1932 verherrlicht das weltweite Verkehrswesen, und die Krönung von allem ist Charles Goodyears vulkanisiertes Gummi, aus dem man billig Autoreifen herstellen konnte.

Sehr deutlich wird dieses Problem des unnatürlichen Abfalls an einem Verfahren, das der amerikanische Erfinder Charles Goodyear 1839 entwickelte. Er setzte Naturkautschuk starker Hitze aus und mischte ihn mit Schwefel; damit erzeugte er vulkanisiertes Gummi, eine neue Substanz, die in der Natur nicht vorkommt, sich aber ausgezeichnet zur Herstellung elastischer, luftdichter Verschlüsse eignet. Damit konnte sie dazu beitragen, die Leistung der Dampfmaschinen und ähnlicher Apparaturen zu steigern. Später stellte sich heraus, dass das elastische, haltbare Gummi ein ausgezeichnetes Material für die Herstellung von Fahrrad- und Autoreifen darstellt. Aber da vulkanisiertes Gummi nicht biologisch abbaubar ist, existiert heute ein Berg von abgenutzten Autoreifen, und niemand weiß, wie man sie wieder loswerden soll. Der Lagerbestand an Altreifen war in Europa 2007 auf drei Milliarden und in den Vereinigten Staaten auf sechs Milliarden gewachsen, und jedes Jahr kommen 300 Millionen weitere hinzu.

Und noch auf einem dritten Gebiet haben sich die Menschen in den letzten 200 Jahren von den natürlichen Grenzen befreit: bei den direkten künstlichen Eingriffen in die Lebensprozesse. Ausgehend von den Pionierarbeiten des Engländers Edward Jenner (1749 bis 1823) entwickelte der französische Wissenschaftler Louis Pasteur (1822 bis 1895) das Verfahren der Impfung: Man spritzte den Menschen künstlich abgeschwächte Krankheitserreger und regte auf diese Weise ihren Organismus dazu an, eine Abwehr gegen eine mögliche spätere Ansteckung aufzubauen. Durch solche Impfungen hatte man die Pocken 1979 auf der ganzen Welt ausgerottet; es war vielleicht der größte Triumph des Menschen über eine der hartnäckigsten, verheerendsten natürlichen Seuchen.

Die Voraussetzungen für direkte **Eingriffe in das Erbgut von Lebewesen** schuf die britische Biophysikerin Rosalind Franklin (1920 bis 1958): Mithilfe ihrer Röntgenaufnahmen von DNA konnten James Watson und Francis Crick 1953 den Aufbau dieses wichtigsten biologischen Polymers aufklären. Mit ihren Arbeiten entschlüsselten sie das Steuerungssystem aller lebenden Zellen, das der Evolution ihre Richtung vorgibt. Damit sind wir beim Aufstieg der modernen Wissenschaft der Gentechnik.

Seither haben Wissenschaftler das Leben im Reagenzglas durch Klonen von Zellen kopiert; gentechnisch abgewandelte Nutzpflanzen wachsen kräftiger und schneller; Krankheiten bekämpft man mit entsprechenden Medikamenten und Therapieverfahren. Einen Höhepunkt bildete das 1990 begonnene und 2000 abgeschlossene Human-Genomprojekt: Sein Ziel war, sämtliche Gene, die einen Menschen entstehen lassen, zu entschlüsseln. Damit verschaffte es den Wissenschaftlern einen Schlüssel, um die innersten Geheimnisse der Evolutionsmechanismen offenzulegen.

Die Errungenschaften der modernen Menschen scheinen zu bestätigen, dass wir tatsächlich ganz anders sind als alle sonstigen biologischen Arten. Welches Lebewesen hat es schon geschafft, in die uralten Systeme der Natur einzugreifen, sie abzuwandeln, mit ihnen in Konkurrenz zu treten und sie schließlich für sich zu vereinnahmen? Und was Thomas Malthus' düstere Warnungen angeht: Als er 1834 starb, hatte die **Weltbevölkerung** gerade die Marke von einer Milliarde überschritten. Bis 1928 war sie auf zwei Milliarden gewachsen, 1961 waren es drei Milliarden, 1974 vier Milliarden, 1987 fünf Milliarden und 1999 sechs Milliarden. Jedes Mal, wenn eine Milliarde Menschen hinzukommt, vergeht bei der derzeitigen Wachstumsgeschwindigkeit nur noch die halbe Zeit, bis es wieder eine Milliarde mehr sind.[16]

Eine stark gesunkene Kindersterblichkeit ist von einer deutlich längeren Lebenserwartung begleitet. Die Ursachen für diese Entwicklung sind Kunstdünger, Medikamente, verbesserte hygienische Verhältnisse, fossile Brennstoffe, industrialisierte Städte, Massenproduktion, organische Chemie und Impfungen. Im Jahr 2006 wuchs die Weltbevölkerung *jeden Tag* um rund 210 000 Menschen.[17]

Malthus hatte recht. Das alles hätte nicht geschehen können, wenn man der Natur ihren Lauf gelassen hätte.

Der Anstieg der Weltbevölkerung

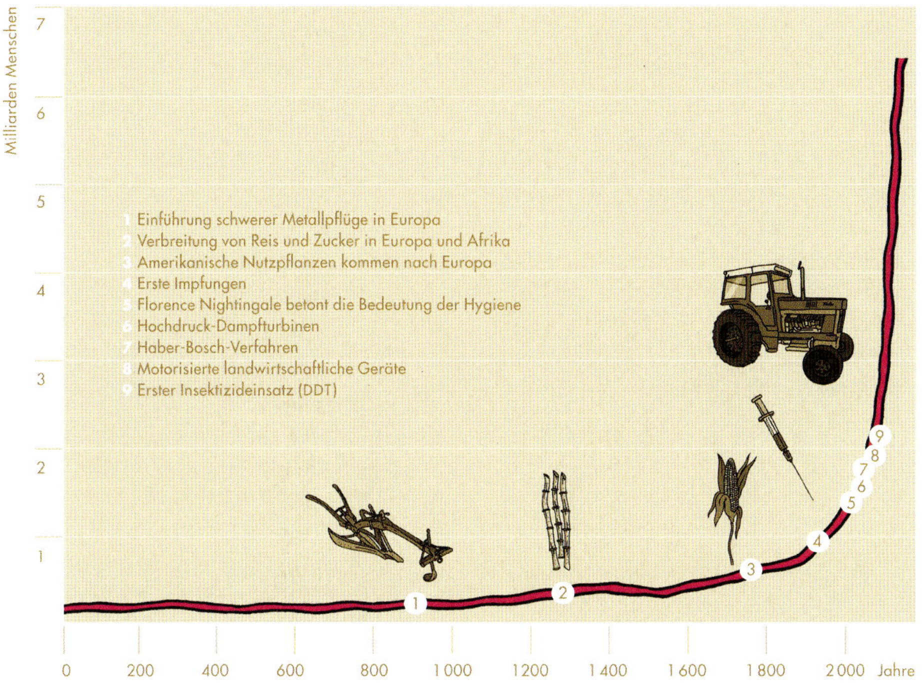

Seit der Mensch die Natur in großem Umfang manipulieren kann, ist die Weltbevölkerung dramatisch angestiegen.

KAPITEL 40

DIE RASSE DES WEISSEN MANNES

WIE DIE MENSCHEN AUS DEM WESTEN ZU DER ÜBERZEUGUNG GELANGTEN, SIE SEIEN VON NATUR AUS ALLEN ANDEREN LEBEWESEN ÜBERLEGEN, UND WIE SIE DARAUS DIE PFLICHT ABLEITETEN, DIE GANZE WELT IHRER LEBENSWEISE UNTERZUORDNEN

Cecil Rhodes war ein britischer Imperialist, Bergbaubaron und südafrikanischer Politiker mit völlig ungezügeltem Ehrgeiz. Ihm war klar, dass die Entwicklung von Eisenbahnen, Dampfschiffen und industrieller Massenproduktion ein ganz neues Zeitalter der Überlegenheit des Menschen über die Natur eingeläutet hatte. Er träumte von einer Eisenbahnlinie zwischen Kapstadt an der Südspitze Afrikas und Alexandria am Mittelmeer. Aber anders als etwa Alexander der Große wollte Rhodes nicht nur die Welt, ihre Menschen und ihre Reichtümer erobern. Wie um einen prophetischen Vorgeschmack von dem Wettlauf in den Weltraum zu geben, der ein halbes Jahrhundert nach seinem Tod einsetzen sollte, formulierte er Ziele, die über die Erde hinauswiesen. In seinem Testament schrieb er:

Die Welt ist nahezu vollständig vergeben, und was noch übrig ist, wird aufgeteilt, erobert und kolonisiert. Ich denke an diese Sterne, die wir nachts über unseren Köpfen sehen, an diese gewaltigen Welten, welche wir nie erreichen können. Wenn ich könnte, würde ich die Planeten vereinnahmen; daran denke ich oft. Zu sehen, wie sie so klar und doch so weit entfernt sind, macht mich traurig.

Imperialistische Vorstellungen wie diese verwandelten zwischen 1850 und 1930 die ganze Welt. Befreit von den Beschränkungen der Naturkräfte, konnten Dampfschiffe ungeachtet der Windrichtung überall hinfahren, die Eisenbahn transportierte Güter mit hoher Geschwindigkeit, ohne dass die Kraft von Menschen oder Tieren notwendig war, und Industrielle konnten von ungelernten Arbeitern und automatisch arbeitenden Maschinen aus künstlichen und natürlichen Materialien billige Fer-

tigprodukte in nahezu unbegrenzter Menge herstellen.

Die britische Industrie behielt ihre Führungsrolle nicht lange. Bis 1870 hatten Frankreich und die Vereinigten Staaten von Amerika aufgeholt, und ihre Fabriken produzierten nun alles Mögliche, von Töpfen und Pfannen bis zu Kleidung, Schiffen und Waffen. Auch neue Staaten wie Italien (das Anfang der 1860er Jahre vereinigt wurde) und das 1871 gegründete Deutsche Reich traten dem Klub der aufstrebenden Nationen bei. Die Entwicklung verlief jedes Mal ähnlich: Kaufleute wurden mit den Gewinnen neuer Unternehmungen reich, während unter ihren Arbeitern die Unzufriedenheit über geringe Bezahlung, schlechte Arbeitsbedingungen und mangelnden politischen Einfluss schwelte. Freiheit, Gleichheit und Brüderlichkeit blieben leere Worte. Die wahre Macht lag bei den Cliquen der Aristokraten und Kaufleute, die in den Parlamenten das Sagen hatten, oder bei imperialistischen Zaren und autokratischen Königen. Die Geschichte darüber, wie diese Staaten die übrige Welt unter sich »vergaben«, ist ungewöhnlich und hat ein bleibendes Trauma hinterlassen.

Afrika war bis ungefähr 1850 zu 90 Prozent von den europäischen Staaten unberührt geblieben. Dann aber minderte ein neues Verfahren zur großindustriellen Herstellung des Medikaments Chinin aus dem südamerikanischen Chinarindenbaum (der Name leitet sich von »Quina« ab, das in der Sprache der Inka die Rinde bezeichnet) die Gefahr, an der in Afrika verbreiteten tödlichen Malaria zu erkranken. Seit den 1850er Jahren war Chinin bei Europäern in großem Umfang in Gebrauch.

Der britische Imperialist Cecil Rhodes wollte die ganze Welt kolonisieren. Unter anderem plante er 1892, eine Telegrafenverbindung von Kapstadt nach Kairo aufzubauen.

Außerdem machten neue Eisenbahnlinien den Abbau von Rohstoffen wie Kupfer, Diamanten und Gold im Landesinneren logistisch und finanziell praktikabel. Die europäischen Großmächte merkten, was der natürliche Reichtum Afrikas ihnen alles liefern konnte: Kapital (Diamanten und Gold) zur Bezahlung ihrer neuen Maschinen; Rohstoffe (Baumwolle und Kautschuk), mit denen man die Maschinen füttern konnte; und Märkte für ihre Fertigprodukte (Kleidung, Tee, Kaffee, Schokolade und Waffen).

Die Geheimnisse weiträumiger Gebiete im Inneren Afrikas lüftete der schottische Missionar und Entdecker David Livingstone zwischen 1852 und 1856. Er sah als erster Europäer die Victoriafälle und benannte sie als treuer Untertan nach seiner Monarchin. Wenig später strömten nach Livingstones Vorbild zahlreiche europäische Entdecker, Siedler, Abenteurer und Kaufleute mit Unterstützung ihrer Regierungen auf den Kontinent. Im Jahr 1939 gab es kaum ein afrikanisches Land, das nicht von einer europäischen Macht oder zum Nutzen der Europäer (beziehungsweise im Falle Liberias der Amerikaner) regiert wurde.[1]

In den Vereinigten Staaten war man zur gleichen Zeit quer durch den Kontinent bis zum Pazifik vorgestoßen, und nachdem man 1846 bis 1848 mit Mexiko Krieg geführt hatte, kamen neue Bundesstaaten wie Texas und Kalifornien hinzu. Der australische Kontinent befand sich seit 1859 vollständig in der Hand britischer Siedler, und die verbliebenen Ureinwohner waren in das heiße, staubige Landesinnere abgedrängt worden. Auch in Neuseeland wurde 1840 eine europäische Kolonie gegründet, nachdem man mit den Ureinwohnern, den Maori – polynesischen Entdeckern, die zwischen 800 und 1300 n. Chr. auf die Inseln eingewandert waren – den Vertrag von Waitangi ausgehandelt hatte.

Dieses Abkommen, das am 6. Februar 1840 von Vertretern der britischen Krone und den Maorihäutlingen unterzeichnet wurde, garantierte sowohl den britischen Siedlern als auch den Maori das Recht auf Grundbesitz. Wegen seiner Versionen in verschiedenen Sprachen gibt es bis heute Auseinandersetzungen um den Besitz der Landflächen: Nach Ansicht der Maori verletzte die britische Krone immer wieder die zweite Vertragsklausel, die den Maori »ausschließlichen und ungestörten Besitz ihrer Ländereien und Anwesen, Wälder, Fischgründe und anderen Eigentums« garantierte. Noch heute versucht eine »New Zealand Crown Commission«, die Meinungsverschiedenheiten beizulegen.

In Europa und Amerika war es im 19. Jahrhundert einer ganzen Reihe von Autoren nicht entgangen, dass die Erfindungen, die nun die Welt so tief greifend veränderten, offenbar alle dem Genie weißer Menschen europäischer Abstammung entsprungen waren – sie stammten von Briten, Franzosen, Deutschen, Italienern oder Amerikanern. Samuel George Morton (1799 bis 1851), ein Professor für Anatomie an der University of Pennsylvania, sammelte im Laufe seines Lebens Hunderte von Menschenschädeln aus der ganzen Welt, um mit ihrer Hilfe zu klären, wo die scheinbare geistige Überlegenheit der Europäer ihre Ursachen hatte. Er behauptete, er könne die geistigen Fähigkeiten der verschiedenen Menschenrassen aufgrund des durchschnittlichen Schädelvolumens einschätzen: Je größer das Gehirn, so erklärte er, desto größer sei auch die Intelligenz.

In seinem 1839 erschienenen Buch CRANIA AMERICANA erklärte Morton, das durchschnittliche Schädelvolumen von Weißen betrage 87 Kubikzoll (ungefähr 1425 Kubikzentimeter), bei Schwarzen dagegen betrage es nur 78 Kubikzoll (1278 Kubikzentimeter). Die amerikanischen Ureinwohner lagen mit 82 Kubikzoll (1344 Kubikzentimetern) dazwischen. Einige Jahrzehnte später behauptete Paul Broca, der Gründer der Anthropologischen Gesellschaft in Paris, er könne Mortons Befunde bestätigen. In seinen eigenen Untersuchungen hatte er die Gehirne von Angehörigen verschiedener Rassengruppen nach der Obduktionen gewogen.[2]

Trotz Charles Darwins Theorie, wonach alle Menschen von einem gemeinsamen afrikanischen Vorfahren abstammen (siehe Seite 125), erschienen immer neue »wissenschaftliche« **Theorien über die natürliche Überlegenheit des weißen Mannes**. Im Jahr 1899 behauptete William Ripley, ein Sozialanthropologe am angesehenen Massachusetts Institute of Technology, es gebe drei getrennte europäische Rassengruppen, die er als teutonisch, mediterran und alpin bezeichnete. Solche Forschungsarbeiten regten später den amerikanischen Rechtsanwalt Madison Grant dazu an, seinen Bestseller THE PASSING OF THE GREAT RACE (erschienen 1916) zu verfassen. Darin behauptete er, die Überlegenheit der europäischen Rasse habe ihren Ursprung in der natürlichen Selektion unter den nordischen Menschen, die sie in die Lage versetzt hätte, den harten nordeuropäischen Winter zu überleben. Im weiteren Verlauf empfahl er ein staatliches Programm zur systematischen Zwangssterilisierung, um die Ausbreitung des schwarzafrikanischen Menschenbestandes in nordamerikanischen Städten zu verhindern:

Das Individuum selbst kann zu Lebzeiten von der Gemeinschaft ernährt, erzogen und beschützt werden, aber der Staat muss durch Sterilisierung dafür sorgen, dass die Abstammungslinie mit dem Menschen selbst endet, sonst werden zukünftige Generationen unter dem Fluch einer zunehmenden Belastung mit fehlgeleiteter Sentimentalität leiden … Ein strenges System der Selektion durch Beseitigung derer, die schwach oder ungeeignet sind – die mit anderen Worten ein soziales Versagen darstellen – würde die ganze Frage innerhalb von 100 Jahren lösen und uns auch in die Lage versetzen, jene unerwünschten Elemente loszuwerden, die unsere Gefängnisse, Kliniken und Irrenhäuser bevölkern.[3]

Bis 1937 waren allein in den Vereinigten Staaten mehr als 1,6 Millionen Exemplare von Grants Buch über den Ladentisch gegangen.

Sensationslustige Europäer und Amerikaner hatten eine Fülle von Gelegenheiten, die scheinbare Unterlegenheit anderer Rassen mit eigenen Augen zu sehen. In den 1870er Jahren stellten **Menschenzoos** afrikanische Nubier und amerikanische Inuit neben wilden Tieren zur Schau. Man fand sie bei Ausstellungen in Hamburg, Antwerpen, Barcelona, London, Mailand, New York und Warschau, wo sie bis zu 300 000 Besucher anlockten. Die Pariser Weltausstellung wurde 1889 von erstaunlichen 28 Millionen Menschen besucht. Eine ihrer wichtigsten Attraktionen war ein »Negerdorf«, in dem 400 afrikanische Ureinwohner wohnten. Bei anderen Ausstellungen in Marseille (1906 und 1922) und Paris (1907 und 1931) wurden Ureinwohner in Käfigen und häufig nackt ausgestellt.

In seiner Eigenschaft als Leiter der zoologischen Gesellschaft von New York beriet Madison Grant im Jahr 1906 den Bronx Zoo, der einen kongolesischen Pygmäen namens Ota Benga ausstellen wollte. Er wurde zusammen mit einem Orang-Utan in einem Käfig untergebracht, weil man das fehlende entwicklungsgeschichtliche Bindeglied zwischen Menschenaffen und echten Menschen vorführen wollte. Die Beschriftung an dem Käfig lautete:

Der afrikanische Pygmäe »Ota Benga«. Alter 23 Jahre, Größe 4 Fuß 11 Inch, Gewicht 103 Pfund. Mitgebracht vom Kasai River, Freistaat Kongo, Südliches Zentralafrika, von Dr. Samuel P. Verrer. Besichtigungszeit jeden Nachmittag im September.

Tief sitzender Rassismus war einer der Gründe für den verheerenden amerikanischen Bürgerkrieg (1861 bis 1865), der fast zum unwiderruflichen Zerbre-

Bestseller: Harriet Beecher Stowes ONKEL TOMS HÜTTE fiel bei den Amerikanern in den Nordstaaten auf fruchtbaren Boden. Die meisten von ihnen hielten die Sklaverei in den Südstaaten für gesetzwidrig, sündig und böse.

chen der Union geführt hätte. Die Stellung der amerikanischen Sklaven war umstritten, seit die Unabhängigkeitserklärung 1776 festgestellt hatte, dass »alle Menschen gleich erschaffen« sind (siehe Seite 425). Als Großbritannien 1807 den Sklavenhandel abschaffte und 1833 die Sklaverei im gesamten Empire verbot, erhöhte sich der Druck, eine Änderung herbeizuführen, auch in anderen Ländern. In Amerika hatten die Nordstaaten durch die **Abschaffung der Sklaverei** wenig zu verlieren, denn dort hatte mit britischer Hilfe eine schnelle Industrialisierung stattgefunden. Ganz anders sah es auf den Baumwoll-, Tabak- und Zuckerplantagen im Süden aus, wo kostenlose Sklavenarbeit für die Weißen die Grundlage ihrer Lebensweise bildete. Obwohl die US-Verfassung im Hinblick auf die Gleichberechtigung aller Menschen eindeutige Aussagen machte, galt die Frage, ob Sklaverei legal ist, als Angelegenheit der einzelnen Staaten und nicht der Bundesregierung. Elf Südstaaten lehnten es ab, die Sklaverei zu verbieten, und bei der Rechtfertigung ihres Standpunktes kam es zu fantasiereichen geistigen Verrenkungen.

»Freiheit ist ohne Sklaverei nicht möglich!«, war das Schlagwort der einfachen Weißen im Süden. Ein Leben ohne Sklaven war für sie gleichbedeutend mit der Aussicht, selbst Sklaven zu werden.[4] In den 1850er Jahren drehte sich die amerikanische Politik fast ausschließlich um dieses eine Thema. Die Nordstaaten, denen die Sklaverei größtenteils ein Gräuel war, ließen sich in ihrer Selbstgerechtigkeit von Büchern wie ONKEL TOMS HÜTTE bestätigen, das Harriet Beecher Stowe, eine Lehrerin aus Connecticut, 1852 verfasst hatte. Darin beschreibt sie, welche Erniedrigung und Ungerechtigkeit die Sklaven im Süden erleiden mussten. Der Roman wurde zu einem der größten Bestseller des 19. Jahrhunderts.

Je stärker die Bevölkerung der Nordstaaten wuchs, desto mehr erhöhte sich im Süden der Druck, die Sklaverei zu verbieten. Weiter angeheizt wurde die Diskussion durch die Frage, ob neue Bundesstaaten als »Sklavenstaaten« oder »freie Staaten« aufgenommen werden sollten. Als Abraham Lincoln, ein Mann aus dem Norden, 1861 Präsident wurde, bildeten elf Südstaaten unter Führung von South Carolina eine eigene Konföderation und erklärten ihren Austritt aus der Union.

In der 1861 veröffentlichten »Texas Declaration of Causes for Secession« wurde den Nordstaaten vorgeworfen, sie setzten sich für die »entwürdigende Doktrin von der Gleichheit aller Menschen unabhängig von Rasse oder Hautfarbe ein – eine Doktrin, die im Konflikt mit der Natur, im Gegensatz zu den Erfahrungen der Menschheit und in Verletzung der einfachsten Offenbarungen göttlichen Rechts vertreten wird«. Die afrikanische Rasse, so hieß es weiter, werde »zu Recht als minderwertige, abhängige Rasse betrachtet und behandelt«.[5]

Als die Konföderation eine neue Regierung einsetzte, erklärte ihr Vizepräsident Alexander Stephens im Brustton der Überzeugung:

Sie [die Nordstaaten] *stützen sich auf die Annahme der Gleichheit aller Rassen. Das war ein Fehler … Unsere neue Regierung gründet sich genau auf die gegenteilige Idee; sie begründet ihr Fundament und selbst ihren Grundstein auf die große Wahrheit, dass der Neger dem weißen Mann nicht gleich ist; dass die Sklaverei – die Unterordnung unter die überlegene Rasse – sein natürlicher und normaler Zustand ist.*[6]

Zwischen April 1861 und dem Frühjahr 1865 kamen in dem erbitterten **amerikanischen Bürgerkrieg** nahezu eine Million Menschen ums Leben, unter ihnen auch der Präsident Lincoln selbst: Er wurde am 15. April 1865 von dem fanatischen Konföderierten John Wilkes Booth während eines Theaterbesuchs aus nächster Nähe ermordet. Am Ende trugen die Nordstaaten dank ihrer überlegenen Industrie und Technologie den Sieg davon. Vier Millionen schwarzafrikanische Sklaven erhielten die Freiheit, und der US-Verfassung wurden drei weitere Zusatzartikel hinzugefügt: Diese verbieten die Sklaverei (13. Verfassungszusatz), garantieren den Schwarzen die Staatsbürgerschaft (14.) und gestehen allen Männern – aber nicht den Frauen – unabhängig von Rasse, Hautfarbe oder Religionszugehörigkeit das Wahlrecht zu (15.). Nach einer schmerzhaften »Umbauphase« im Süden waren bis 1877 alle Staaten der früheren Konföderation wieder in die Union zurückgekehrt.

Ein Soldat, der im amerikanischen Bürgerkrieg für den Erhalt der Union kämpft, pflanzt während der Belagerung von Vicksburg, Mississippi, eine Fahne auf.

Dennoch blieb die Vorstellung von der Überlegenheit der Weißen bestehen. Der Oberste Gerichtshof der Vereinigten Staaten stellte 1883 in einem Urteil fest, der Kongress sei nicht befugt, Rassendiskriminierung durch Privatpersonen oder große Unternehmen für illegal zu erklären. Dies war für viele frühere schwarze Sklaven ein Anlass, den Süden des Landes zu verlassen.[7] Urteile aus den Jahren 1896 und 1908 erlaubten die Rassendiskriminierung nach dem Grundsatz, dass öffentliche Einrichtungen »getrennt, aber gleich« sein sollten. In Wirklichkeit bedeutete das, dass viele US-Bundesstaaten bis zur Bürgerrechtsbewegung der 1960er Jahre ein Apartheidsystem betrieben, in dem Schwarze nicht die gleichen Schulen besuchen

Mitglieder des Ku-Klux-Klan marschieren 1923 mit der amerikanischen Fahne, um die Rassentrennung zu verteidigen.

durften wie Weiße. Sie durften nicht mit Weißen in einem Taxi sitzen und öffentliche Gebäude nicht durch die gleichen Türen betreten. Sie mussten aus eigenen Wasserhähnen trinken, eigene Toiletten benutzen, sich auf eigenen Friedhöfen bestatten lassen und sogar vor Gericht auf eine eigene Bibel schwören. Aus öffentlichen Restaurants und Bibliotheken blieben sie ausgeschlossen, und den Zutritt zu öffentlichen Parks verwehrten ihnen Schilder mit der Aufschrift »Für Neger und Hunde verboten«.

Nach der Abschaffung der Sklaverei 1865 bildeten sich sehr schnell weiße Bürgerwehrgruppen wie der Ku-Klux-Klan, die im Geheimen tätig waren und Gewalttaten begingen. Insbesondere versuchten sie, die Schwarzen durch Einschüchterung davon abzuhalten, von ihrem Wahlrecht Gebrauch zu machen.

Der Ku-Klux-Klan bildete sich 1915 neu. Den Anlass gab der Film THE BIRTH OF A NATION von D. W. Griffith, der größte Kino-Kassenschlager seiner Zeit. Darin wurde der ursprüngliche Klan romantisch verklärt und als Retter dargestellt, der nach dem Bürgerkrieg die Weißen vor der Gewalt der Farbigen bewahrt habe.

Kaum besser erging es angesichts der stetig wachsenden kommerziellen Interessen der Vereinigten Staaten den **amerikanischen Ureinwohnern**, soweit sie die von den europäischen Siedlern mitgebrachten Krankheiten überlebt hatten. Die Amerikaner europäischer Abstammung glaubten, sie würden durch die Ausweitung ihres Territoriums nach Westen den Willen Gottes erfüllen, eine Vorstellung, die als »Manifest Destiny« bekannt war. Der Gedanke wurde während des spanisch-amerikanischen Krieges (1898) wiederbelebt, an dessen Ende Puerto Rico, die Philippinen und Guam unter US-Herrschaft kamen.

Der Kongress hatte 1862 den »Homestead Act« erlassen. Dieses Gesetz garantierte jedem weißen Amerikaner das Eigentumsrecht an bis zu 160 Acres (knapp 65 Hektar) unerschlossenem Land im Westen, wenn der neue Besitzer es kultivierte, für mindestens fünf Jahre darauf wohnte und ein Haus mit einer Fläche von mindestens 12 mal 14 Fuß (3,60 mal 4,20 Meter) baute. Bis 1900 hatten weiße Siedler rund 600 000 Ansprüche auf Flächen von insgesamt mehr als 30 Millionen Hektar angemeldet. Große, rechteckige Grundstücke, durch Feldwege abgegrenzt und in der Mitte mit einem einzelnen Haus bebaut, prägen noch heute in vielen Regionen die Landschaft in der Mitte und im Westen der Vereinigten Staaten.

Durch diese energische Siedlungstätigkeit wurden die Ureinwohner zwangsläufig immer stärker an die Ränder abgedrängt. Man richtete besondere Reservate ein, wo die ursprüngliche Bevölkerung weiterhin ihre eigene Lebensweise praktizieren konnte, die sich oft von jener der weißen Europäer grundlegend unterschied.

Samoset, der freundliche Einheimische, dem die Pilgerväter 1621 begegnet waren (siehe Seite 385), gehörte zum Stamm der Wampanoag, bei dem die Arbeit familienweise organisiert war. Im Frühjahr sammelten sich die Familiengruppen zum Angeln, im frühen Winter zur Jagd und im Sommer zum Getreideanbau. Jungen lernten im Wald, wie man jagt, Mädchen wurden von frühester Jugend an in der Feldarbeit geschult und lernten, wie man das »Wetu« der Familie, ein tragbares, rundes oder ovales Haus, auf- und abbaut. Häufig wurden Frauen zu Stammesführerinnen ernannt, weil sie für die wichtigste Tätigkeit der Gruppe verantwortlich waren: die Lebensmittelproduktion. Monogamie, Polygamie sowie Ehescheidung waren zulässig, denn die Treue zu Stamm und Sippe besaß einen höheren Stellenwert als die Ehe.

Ohne Bedarf an Sklaven, Privateigentum oder juristische Institutionen wurden sie sehr schnell zu Fremden im eigenen Land. Nachdem man im Januar 1848 bei Sutter's Mill in Kalifornien Gold gefunden hatte, strömte eine Flut von Siedlern aus der ganzen Welt an die Westküste der Vereinigten Staaten. Innerhalb von zehn Jahren versuchten rund 300 000 Goldsucher hier ihr Glück. San Francisco wuchs explosionsartig: Seine Bevölkerung stieg allein im Jahr 1849 von 1 000 auf 25 000. Dampfschiffe, Eisenbahnlinien, Landwirtschaft, Schulen, Wohnhäuser, Kirchen und Straßen veränderten die Landschaft. Am stärksten litten die Ureinwohner an der Westküste durch Krankheiten, Hunger und die Angriffe weißer Bürgerwehren. Ihre Zahl, die 1845 noch bei schätzungsweise 150 000 gelegen hatte, war 30 Jahre später auf nur noch 30 000 gesunken. Kies, Schlamm und giftige Chemikalien, die bei der Goldgewinnung verwendet wurden, töteten die Fischbestände und zerstörten die Lebensräume.

Weiter im Osten erging es den Ureinwohnern kaum besser. Der Präsident Andrew Jackson verabschiedete 1830 in Zusammenarbeit mit dem Kongress den Indian Removal Act. Darin wurden die Ureinwohner zur Unterzeichnung von Verträgen aufgefordert, durch die sie in Reservate westlich des Mississippi verbannt werden sollten. Theoretisch handelte es sich dabei um freiwillige Übereinkünfte, aber wenn die Stämme dem Umzug nicht zustimmten, folgten unausweichlich militärische Konflikte wie die drei Kriege gegen die Seminolen in Florida (1817 bis 1858).

Am Ende dieser Konflikte gab es in Florida nur noch schätzungsweise 100 amerikanische Ureinwohner. Mit einer Mischung aus Bestechung und Zwangsmaßnahmen sorgten die US-Behörden schließlich dafür, dass auch sie endgültig vertrieben wurden.

Im Vertrag von New Echota wurden 1835 mehr als 17 000 Cherokee gezwungen, Georgia gegen eine Geldzahlung zu verlassen. Obwohl 15 000 von ihnen in einer Petition an den Kongress forderten, den Vertrag für nichtig zu erklären, wurden sie im Mai 1838 von Soldaten in Lagern zusammengetrieben und in den Westen deportiert. Auf dem langen Treck nach Oklahoma kamen 4 000 von ihnen ums Leben. Ihre Vertreibung ist heute als »Weg der Tränen« bekannt.

Viele Tränen vergossen auf der anderen Seite der Welt auch die australischen Ureinwohner, als britische Siedler ihre Position festigten. Die Bevölkerung der **Aboriginies** ging zwischen 1788 und 1900 nach Schätzungen durch Krankheiten, Landverlust und Gewalttaten um mehr als 90 Prozent zurück. Der presbyterianische Geistliche John Lang ließ in seiner unverblümten, 1834 verfassten HISTORY OF NEW SOUTH WALES keinen Zweifel daran, was sich abspielte:

An den Händen jener Personen guten Leumunds in der Kolonie New South Wales klebt so viel schwarzes Blut, dass alles Wasser von New Holland [Australien] *nicht ausreichen würde, um die unauslöschlichen Flecken abzuwaschen.*

Mit seinen radikalen Vorstellungen von einem freien, unabhängigen, demokratisch regierten Australien war Lang seiner Zeit weit voraus. Völlig ins Abseits gerieten solche Ideen, als Edward Hargraves 1851 in Australien Gold entdeckte. Die Nachricht löste eine neue europäische Einwanderungswelle aus, und die führte dazu, dass die Bevölkerung Australiens, die 1851 bei 431 000 gelegen hatte, zwei Jahrzehnte später auf 1,7 Millionen gewachsen war. Straßen, Eisenbahnlinien und Telegrafenverbindungen folgten schnell. Wie in Amerika, so fanden sich die Ureinwohner auch hier in einer verwirrenden, beängstigenden Welt wieder. Der größte Teil der Todesfälle war europäischen Krankheiten wie Pocken, Grippe, Masern und Geschlechtskrankheiten zu verdanken, aber schätzungsweise 20 000 Aborigines standen den europäischen Weißen im Weg und wurden von ihnen umgebracht.

Ihre traditionelle Lebensweise als Jäger und Sammler war nun immer weniger praktikabel: Riesige Weideflächen wurden abgezäunt, und die kostbaren Wasserstellen im Landesinneren wurden zum Monopol der importierten Rinder, Kaninchen und Schafe. Diese fraßen die üppige Vegetation, die zuvor die Lebensgrundlage für die einheimische Tierwelt gebildet hatte. Die Ureinwohner waren darauf angewiesen, als Bergarbeiter, Perlentaucher oder auf den Rinder- und Schaffarmen zu arbeiten. Als Bezahlung erhielten sie häufig nur Nahrung und Kleidung.

Viele weiße europäische Siedler hofften, die Kultur der Aborigines werde mit der Zeit ganz verschwinden. Zwischen 1869 und 1969 machten christliche Missionare mit Unterstützung der australischen Regierung systematisch Kinder der Ureinwohner zu Schützlingen des Staates: Sie wurden gewaltsam in Internierungslager oder Waisenhäuser gebracht und dort getrennt von ihren Eltern zu Landarbeitern oder Hausangestellten ausgebildet. Um ihre angestammte Kultur auszulöschen, verbot man ihnen, eine andere Sprache als Englisch zu sprechen. Nach einer 1997 veröffentlichten staatlichen Untersuchung wurden zwischen 1910 und 1970 mehr als 100 000 Kinder der Ureinwohner gewaltsam ihren Eltern weggenommen. Der Bericht räumt freimütig ein, welches Schicksal diese »gestohlenen Generationen« erlitten, und gelangt zu dem Schluss:

Diese Übergriffe haben bis heute Auswirkungen auf das tägliche Leben der indigenen Bevölkerung. Sie waren ein Akt des Völkermordes mit dem Ziel, die Familien, Gemeinschaften und Kulturen der Einheimischen auszulöschen, die für das kostbare, unveräußerliche Erbe Australiens von lebenswichtiger Bedeutung sind.[8]

Mittlerweile ist die Bevölkerung der Aborigines vorwiegend aufgrund einer besseren Immunität gegenüber europäischen Krankheiten von ihrem Tiefstwert von 90 000 im Jahr 1930 wieder auf schätzungsweise 458 920 im Jahr 2005 gewachsen.[9] Aber die grausige Vergangenheit hat ihren Tribut gefordert. Zu den großen Problemen, vor denen ihre Gemeinschaft heute steht, gehören Arbeitslosigkeit, Alkoholsucht, Diskriminierung, Drogenmissbrauch, Kriminalität und Depressionserkrankungen.

Nicht weniger dramatisch verlief die Eroberung des Inneren Afrikas durch die Europäer. Südlich der Sahara war der Kontinent zu Beginn des 19. Jahrhunderts ein Mosaik aus bis zu 3 000 eigenständigen Menschengruppen, die sich über 1 500 verschiedener Sprachen bedienten. In großen Teilen Afrikas dominierten verschiedene Gruppen der Bantu. Sie waren Bauern und Hirten, die sich im Laufe der Jahrhunderte von ihrer ursprünglichen Heimat in Westafrika verbreitet und dabei Jäger und Sammler wie die Buschleute (Khoisan) und Pygmäen verdrängt hatten. Diese Menschen führten jetzt in Dörfern ein mehr oder weniger jungsteinzeitliches Leben; ihren Lebensunterhalt sicherten sie sich mit verschiedenen Formen der Hirse sowie mit domestizierten Rindern und Schafen. In manchen Regionen südlich der Sahara, beispielsweise in Mali, hatte der Landtransport von Salz, Sklaven und Gold dazu geführt, dass der Islam Fuß fasste.

Das erste europäische Land, das größere Invasionen unternahm, war Frankreich im Jahr 1830. Seine Truppen drangen in **Algerien** ein, das damals ein Vasallenstaat des schwachen Osmanischen Reiches war. Die algerische Regierung war empört, weil Frankreich seine gewaltigen Schulden für Getreidelieferungen, die es bereits 1796 während Napoleons Italienfeldzuges erhalten hatte, nicht zurückzahlen wollte. Der enttäuschte algerische Herrscher Hussein Dey griff daraufhin den französischen Botschafter mit einem Fächer an. Der Übergriff galt als ausreichender Anlass für eine französische Invasion, die sich über 17 Jahre hinzog.

Im Jahr 1834 herrschten französische Truppen über eine Bevölkerung von drei Millionen Muslimen, und Thomas Bugeaud, der erste Generalgouverneur der Kolonie, ließ neue Straßen für den Transport von Waren bauen, die nach Europa exportiert werden sollten. Ganz ähnlich wie zur gleichen Zeit in Nordamerika, so hatten sich bis 1848 auch hier über 100 000 Menschen in einem fremden Territorium niedergelassen. Sie bebauten das Land und verdienten ihren Lebensunterhalt mit dem Export der wertvollen, gleichzeitig aber billig zu produzierenden Baumwolle, die von afrikanischen Zwangsarbeitern geerntet wurde. Ein französischer Oberstleutnant, der in Algier Dienst tat, offenbarte 1843 in einem Brief an einen Freund seinen wahren Eindruck vom Zweck der Besetzung:

Alle Bevölkerungsgruppen, die unsere Bedingungen nicht akzeptieren, müs-

Gerangel um Afrika (1880–1914)

Wie ein reicher Kontinent aufgeteilt wurde und anderswo den Wohlstand mehrte.

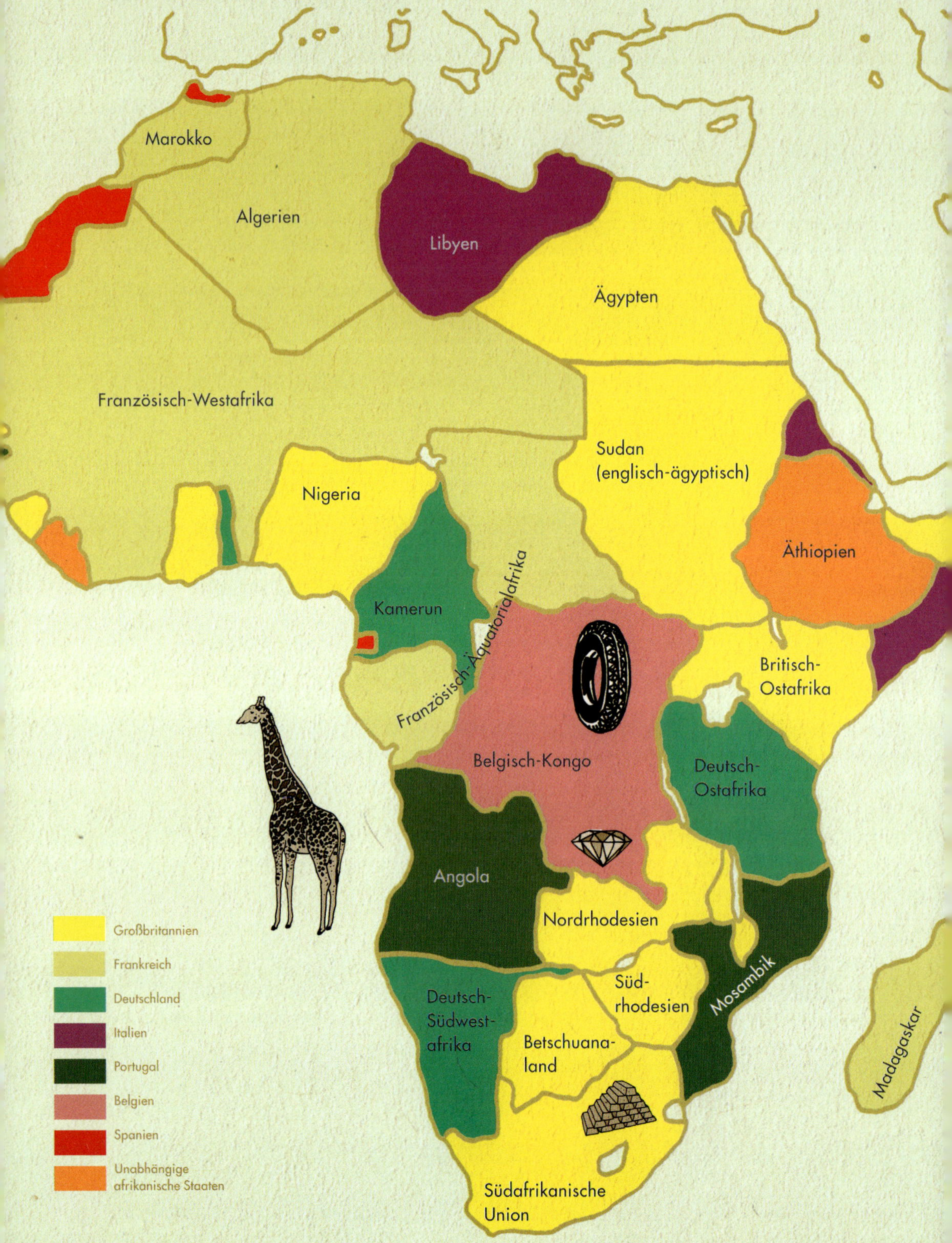

sen ausgeraubt werden. Alles muss ohne Ansehen des Alters oder Geschlechts besetzt und verwüstet werden; wo die französische Armee ihren Fuß hingesetzt hat, darf kein Gras mehr wachsen. Ich persönlich warne alle guten Militärs: Wenn sie versuchen, mir einen lebenden Araber zu bringen, erhalten sie einen Schlag mit der flachen Seite des Säbels. So, mein lieber Freund, müssen wir Krieg gegen alle Araber führen: Töte alle Männer über 15 Jahren, nimm alle ihre Frauen und Kinder und schicke sie auf die Marquesasinseln oder sonst wohin. Mit einem Wort: Vernichte alles, was nicht vor unseren Füßen kriecht wie ein Hund.[10]

Bismarck fegt die unabhängigen deutschen Kleinstaaten in das große Reich hinein – und verschob damit das Machtgleichgewicht in Europa.

Bis 1843 hatten Bugeauds 100000 französische Soldaten den arabischen Widerstand endgültig gebrochen und Algerien bis zu seiner Unabhängigkeit 1962 für Europa zu einem der größten kolonialen Lieferanten für Getreide und Rohstoffe gemacht.

Nach dieser ersten erfolgreichen Invasion europäischer Streitkräfte in Afrika begann zwischen den anderen Staaten Europas ein Wettrennen, in dem jeder sich möglichst viel Land, Arbeitskräfte, Waren und Märkte sichern wollte. In den 1870er Jahren wurde der Bedarf des zunehmend industrialisierten Europa erneut zur Triebkraft für eine hektische Kolonisierung, die später als »Wettlauf um Afrika« bekannt wurde.

Weiter angeheizt wurde der Wettlauf, als eine neue Macht auf der europäischen Bühne erschien: das **Deutsche Reich**. Am 1. September 1870 wurde Frankreich in der Schlacht von Sedan durch deutsch-preußische Streitkräfte gedemütigt: Sie umzingelten Kaiser Napoleon III. mit seiner Armee und nahmen ihn gefangen. Nach dem Deutsch-Französischen Krieg (1870 bis 1871) herrschte Deutschland unangefochten über den Rhein, an dem wichtige Industrieregionen lagen und der als Verkehrsweg von großer Bedeutung war.

Durch den Sieg beflügelt, vereinigten sich 25 deutsche Kleinstaaten unter Führung des preußischen Ministerpräsidenten und späteren Reichskanzlers Otto von Bismarck zu einer einzigen mächtigen Nation. Wilhelm I. von Preußen wurde am 18. Januar 1871 zum Kaiser des neuen Deutschen Reiches gekrönt. Wie der Titel andeutet (»Kaiser« ist die deutsche Form von »Cäsar«; die russische Entsprechung lautet »Zar«), trat Wilhelm damit in die Fußstapfen seiner Vorgänger, den Kaisern des Heiligen Römischen Reiches.

Afrikas Schicksal als Arena der europäischen Kolonisierung wurde 1884/85 auf einer von Bismarck organisierten Konferenz in Berlin besiegelt. Bei dieser Zusammenkunft einigten sich die europäischen Großmächte darauf, den Kontinent wie eine Melone unter sich aufzuteilen. Um eine nur nominelle Kolonisierung zu verhindern, mussten Besitzansprüche durch eine ordnungsgemäße Kolonialverwaltung untermauert werden, die das Land wirtschaftlich nutzbar machte. Fehlte sie, so die Vereinbarung, konnte eine andere europäische Großmacht das fragliche Land rechtmäßig für sich beanspruchen.

Mit solchen Regeln hatten die europäischen Großmächte alle Voraussetzungen für die schnelle, umfassende Entstehung dessen geschaffen, was wir heute als **Dritte Welt** bezeichnen. Den Begriff prägte der französische Wirtschaftswissenschaftler Alfred Sauvy. Er lehnte sich dabei an den Begriff des Dritten Standes (Tiers État) an, mit dem die einfachen Leute während der Französischen Revolution versucht hatten, das Machtgleichgewicht zwischen sich und den Adligen (dem Zweiten Stand) und der Kirche (dem Ersten Stand) wiederherzustellen. Wie der Dritte Stand, so schrieb Sauvy, hat auch die Dritte Welt nichts, aber »sie will auch jemand sein«.

Um das Land »wirtschaftlich nutzbar zu machen« baute man entweder Nutzpflanzen wie Kaffee, Kakao, Gummibäume, Baumwolle und Zucker an, um damit Handelserlöse zu erzielen, oder man gewann Bodenschätze wie Kupfer, Diamanten und Gold, um damit in Europa die Industrie zu finanzieren und mit Nachschub zu versorgen. In beiden Fällen wurden Menschen und Boden des besetzten Afrika zur Produktion von Waren gezwungen, die sich vorwiegend für den Export in andere Länder eigneten. Den Afrikanern blieb es versagt, in Strategien zur Ernährung und Erhaltung ihrer eigenen wachsenden Zivilisation zu investieren. Das Erbe dieser vorwiegend europäischen Politik (Liberia stand zwar unter der Kontrolle der Vereinigten Staaten, die kommerzielle Ausbeutung der Kautschukplantagen lief dort aber nicht weniger unbarmherzig ab), die sich in manchen Fällen über mehr als ein Jahrhundert fortsetzte, sind heute Armut und Hunger in großen Teilen Afrikas.

In Afrika gab es so viel Land und Schätze zu plündern, dass sogar kleine Länder wie Belgien schnell reich wurden. Der belgische König **Leopold II.** (Regierungszeit 1865 bis 1909) richtete den Freistaat Kongo als sein privates Anwesen ein, und sein Anspruch wurde von den anderen Staaten auf der Konferenz von Berlin anerkannt. Im Jahr 1881 erweiterte Leopold seinen Besitz beträchtlich: Er vereinnahmte die Region Katanga mit ihren reichen Bodenschätzen, nachdem seine Streitkräfte den dortigen König Msiri ermordet hatten. Der Kopf des Herrschers wurde abgeschnitten und auf einem Pfahl aufgespießt. Dass sein Nachfolger daraufhin bereitwillig einen Friedensvertrag unterschrieb, braucht nicht besonders betont zu werden. Allein durch dieses neue Territorium kam zu Leopolds Privatbesitz eine Fläche hinzu, die 16-mal so groß war wie Belgien.

Zwischen 1885 und 1908 übte Leopolds Regierung gegenüber der einheimischen Bevölkerung blanken Terror aus. Die Afrikaner wurden gezwungen, Kautschuk und Elfenbein für den Export zu produzieren. Seine Armee, die Force Publique, terrorisierte die Menschen und sorgte dafür, dass jeder Einzelne eine festgelegte Quote an Kautschuk oder Elfenbein zu einem festen Preis ablieferte. Wer sich entschloss, Jagd auf wilde Elefanten zu machen und damit die Elfenbeinquote zu erfüllen, wurde rücksichtslos ausgebeutet. Man kaufte den Afrikanern das wertvolle Material für 82 Centimes pro Pfund ab, um es in

Liverpool für 12,50 Francs weiterzuverkaufen – für Leopold ein Gewinn von mehr als 1500 Prozent.[11]

Ausgerüstet mit modernen Waffen, die man aus England bezog, folterte Leopolds Force Publique die Einheimischen, nahm Geiseln und vergewaltigte die Frauen. Von der Force Publique rekrutierte schwarze Soldaten durften Einheimischen, die ihre Kautschukquoten nicht erfüllten, die rechte Hand abschneiden. Sie konnten sogar ganze Körbe mit geräucherten Menschenhänden einsammeln, die dann von den örtlichen Beamten als Ersatz für die Erfüllung der offiziellen Kautschukquote akzeptiert wurden. Prämien wurden nach der Zahl der eingesammelten Hände gezahlt.[12]

Seit den 1890er Jahren wuchs die Nachfrage nach Kautschuk stark an, und damit stiegen auch Leopolds Profite. Der Grund war die Einführung der luftgefüllten Autoreifen; ihr Erfinder John Dunlop eröffnete 1889 in Dublin seine erste Fabrik. Die »unsichtbare Hand« von Adam Smith' Marktkräften (siehe Seite 434) sorgte dann allerdings dafür, dass die neue Nachfrage überall in den weltweiten Kolonien neue Kautschukplantagen entstehen ließ, so auch in Südamerika und den von Großbritannien beherrschten Territorien Südostasiens. Deshalb sanken die Kautschukpreise, was den Druck auf die Bevölkerung des Kongo erhöhte, mehr Latex zu niedrigeren Kosten zu produzieren. Die Brutalität nahm zu. Anfang des 20. Jahrhunderts jedoch schlug der Schiffsexpedient Edmund Morel in Liverpool Alarm: Trotz einer Reihe raffinierter Vertuschungsmanöver war ihm aufgefallen, dass Schiffe, die mit einer Ladung Kautschuk aus dem Kongo gekommen waren, mit Riesenmengen von Gewehren und Munition nach Afrika zurückkehrten. Nach späteren Schätzungen kamen in den 20 Jahren, in denen der Kongo als Privatanwesen des Königs Leopold verwaltet wurde, bis zu fünf Millionen Einheimische ums Leben. Als der König 1909 starb, hinterließ er ein Privatvermögen von 80 Millionen US-Dollar.

Auch nachdem die belgische Regierung im November 1908 die Verwaltung übernommen hatte, blieb der Kongo weltweit eine der reichhaltigsten Quellen für kostbare Rohstoffe wie Diamanten, Kupfer, Kobalt, Zinn, Zink und Uran. Seine Minen lieferten die Mittel für den Bau langer Eisenbahnstrecken durch Zentralafrika, wobei die Gewinne über das 1906 gegründete belgische Unternehmen Union Minière du Haut Katanga nach Europa flossen. Schon 1919 wurden jedes Jahr 22 000 Tonnen Kupfer exportiert. Die Luba, die in der Region Katanga zu Hause waren, hatten früher ein mächtiges Königreich beherrscht und waren als hervorragende Holzschnitzer bekannt. Jetzt leisteten sie Zwangsarbeit in den Kupferminen, die sich in belgischem Besitz befanden.

Das afrikanische Abenteuer des kleinen Belgien verblasst jedoch gegenüber dem Ehrgeiz des aufstrebenden Deutschland. Um das Ansehen der neuen Nation zu steigern, brauchte man Kolonien. Bis 1900 war Deutschland in Afrika zur drittgrößten europäischen Macht aufgestiegen, und sein Kolonialreich umfasste 14 Millionen afrikanische Untertanen. Die größten Gebiete lagen im heutigen Ruanda, Burundi, Botswana, Kamerun und Togo. Deutsch-Südwestafrika (das heutige Namibia) kam 1884 hinzu, und dort ließen sich Deutsche in großer Zahl nieder; angezogen wurden sie von der Aussicht, Diamanten und Kupfer abzubauen oder Getreide zu züchten. Im Jahr 1917 herrschten rund 100 000 Deutsche über ungefähr 160 000 afrikanische Buschleute, die sich auf die Stämme der Herero und Nama verteilten. Aufstände gegen die deutsche Herrschaft führten zwischen 1904 und 1907 dazu, dass beinah 50 Prozent der Nama und rund 80 Prozent der Herero ums Leben kamen; die meisten von ihnen verhungerten, nachdem sie in die Wüste geflüchtet waren. Ansonsten wurden ihre Brunnen von den Besatzungstruppen vergiftet.[13]

* * * * *

Mitte des 19. Jahrhunderts verschob sich in Europa das heikle Machtgleichgewicht nicht nur deshalb, weil das Deutsche Reich neu auf der Bildfläche erschienen war. So war etwa der russische Zar Nikolaus I. entschlossen, die osmanischen Türken zu besiegen und ihre Hauptstadt Istanbul einzunehmen, um seinen Einflussbereich nach Süden bis zu den strategisch wichtigen Handelswegen des Mittelmeerraumes auszuweiten. Großbritannien fürchtete, dadurch die Kontrolle über die Handelsroute in seine indischen Besitzungen zu verlieren, und führte 1854 einen Präventivschlag. Es belagerte die Hafenstadt Sewastopol auf der Krim. Nach einem Jahr – die Belagerung wurde auch von Frankreich, den Osmanen und Italien unterstützt – wurde der Hafen eingenommen. Nach dem Ende des Krieges musste Russland 1856 einen demütigenden Friedensvertrag unterschreiben, mit dem seine Marine aus dem Schwarzen Meer verbannt wurde.

Zu den vielen Schlachten, die während des **Krimkrieges** geschlagen wurden, gehörte auch ein vielfach gefeierter Kampf des Menschen gegen die Natur. Gruppen von Krankenschwestern, die von Florence Nightingale geleitet und von der in Jamaika geborenen Mary Seacole unterstützt wurden, gelangten zu einer wichtigen Erkenntnis: Mit peinlicher Sauberkeit und Hygiene kann man die Zahl der Infektionen bei verwundeten Soldaten drastisch senken.

Italien wurde für seine loyale Unterstützung der britischen, französischen und österreichischen Verbündeten mit der Anerkennung seiner Vereinigung belohnt. Damit war Europa wiederum um eine Nation reicher, die in Afrika die koloniale Feuertaufe bestehen wollte. Italien annektierte Eritrea (1882), Somaliland (1899), Libyen (1911) und schließlich Abessinien (das heutige Äthiopien, 1936–1941).

Im Mittelpunkt der britischen Kolonialpolitik in Afrika stand die Furcht um die Handelsrouten, die schon den Krimkrieg ausgelöst hatte. Der Premierminister Benjamin Disraeli kaufte 1875 Anteile am Suezkanal, den französische Ingenieure 1869 im Auftrag der islamischen Herrscher Ägyptens neu erbaut hatten, sodass Dampfschiffe nun in einem Bruchteil der Zeit, die man für die lange, mühsame Reise um das Kap der Guten Hoffnung benötigte, in den fernen Osten gelangen konnten.[14]

Das zweite große Ziel der Briten war die Kontrolle über das südliche Afrika – ursprünglich wollte man damit die Schifffahrtsroute nach Indien und China schützen. Niederländische Siedler, die sich als **Buren** bezeichneten, hatten sich 1652 erstmals dort niedergelassen und die Kolonie zu einer Versorgungsstation für ihre Schiffe gemacht, die in den Fernen Osten reisten. Die Bri-

Zulukrieger überwältigen 1879 in der Schlacht bei Isandlwana die britischen Streitkräfte. Der Sieg war aber nur von kurzer Dauer: Wenige Monate später wurde Richard Gatlings Maschinengewehr eingeführt.

ten übernahmen 1806 nach der Schlacht vom Blaauwberg von den Niederländern die Kontrolle über die Kapkolonie (das heutige Südafrika) und sorgten so dafür, dass sie während der Napoleonischen Kriege nicht in französische Hände fallen konnte. Die Buren waren über ihre neuen Herrscher nicht gerade begeistert, insbesondere als 1833 im gesamten britischen Empire die Sklaverei abgeschafft wurde: Einheimische als Sklaven zu halten, gehörte zu ihrer Tradition und Lebensweise. Innerhalb von zwei Jahren begaben sich 12 000 Buren auf den »Großen Treck« ins Landesinnere, wo sie ihre eigenen, unabhängigen Sklavenhalterstaaten Natal, Oranjefreistaat und Transvaal gründeten. Nachdem in Kriegen mit afrikanischen Ureinwohnern viel Blut vergossen worden war, lösten sie sich von der britischen Herrschaft. In der Schlacht am Blood River fielen 1838 rund 3 000 Zulus den Feuerwaffen der Buren zum Opfer. In den Berichten heißt es, das Blut der Toten habe den Fluss rot gefärbt.

In den 1820er Jahren kamen britische Siedler zu Tausenden ins Land. Viele von ihnen hatten die Absicht, Zuckerplantagen anzulegen. Auch sie kamen mit der einheimischen Bevölkerung in Konflikt. Die Zulus stellten eine so leistungsfähige Streitmacht, dass sie den Briten 1879 in der Schlacht bei Isandlwana sogar ohne Feuerwaffen eine demütigende Niederlage beibrachten: Über 1 400 Soldaten, die unter britischem Befehl standen, wurden umzingelt und getötet. Ein halbes Jahr später hatten die Briten ihre Machtposition in der Schlacht bei Ulundi wiederhergestellt; zu verdanken war dies unter anderem dem Einsatz der Gatling-Gewehre, einer frühen Form von Maschinengewehren mit rotierender Trommel, die in Amerika erfunden worden waren und fast endlos eine Kugel nach der anderen abschießen konnten.

Ihr Erfinder Richard Gatling schrieb an einen Freund, er hoffe, dass seine Erfindung dem Frieden dienen würde: »Mir kam der Gedanke, wenn ich eine Maschine – ein Gewehr – erfinden könnte, welches durch sein schnelles Feuer einen einzigen Mann in die Lage versetzt, in der Schlacht den Dienst von hundert zu versehen, dass dies in erheblichem Maße die Notwendigkeit großer Armeen beseitigen würde und dass sich infolgedessen auch die Auswirkungen von Schlachten und Krankheiten stark vermindern müssten.«

Einer solchen Feuerkraft hatte selbst eine Armee von 50 000 Zulukriegern mit kurzen Speeren und lederbezogenen Schilden nichts entgegenzusetzen.

Als man 1886 in Transvaal Gold entdeckte, verschärften sich die Spannungen zwischen Buren und Briten. Nahezu über Nacht wuchs die neue Stadt Johannesburg aus der trockenen südafrikanischen Buschlandschaft. Wenig später war sie von Goldsuchern überschwemmt, und einer von ihnen, **Cecil Rhodes**, schuf mit der British South Africa Company einen der reichsten Bergbaukonzerne aller Zeiten.[15] Mit einer königlichen Charta aus London ausgestattet, hatte Rhodes 1895 einen eigenen Staat aus dem Boden gestampft, der zu seinen Ehren den Namen Rhodesien erhielt und aus dem heutigen Simbabwe und Sambia bestand. Hinter seinem Ehrgeiz stand eine einzigartige Rücksichtslosigkeit bei der Ausbeutung Afrikas:

Wir müssen neue Länder finden, aus denen wir leicht Rohstoffe gewinnen können, während wir dort zur gleichen Zeit die billige Sklavenarbeit nutzen, die in Form der Eingeborenen zur Verfügung steht. Darüberhinaus bilden die Kolonien einen Abladeplatz für überschüssige Güter, die in unseren Fabriken produziert werden.[16]

Gebremst wurde der britische Ehrgeiz in Südafrika jedoch durch Paul Kruger, den Burenpräsidenten von Transvaal: Er belegte Dynamit – ein unent-

Hunderte von toten Briten in einem Graben nach der Schlacht von Spion Kop während des Zweiten Burenkrieges (1899 bis 1902).

behrliches Hilfsmittel für Goldsucher – auf den von ihm kontrollierten Gold- und Diamantenfeldern mit einer Steuer und verweigerte Fremden das Recht, in Angelegenheiten der Region mit abzustimmen. Als britische Beamte 1899 dagegen protestierten, erklärten die Buren den Krieg.

Der Burenkrieg tobte bis zum April 1902 und zwang die Briten zur Entsendung von 250 000 Soldaten. Mehr als 22 000 von ihnen kamen während der Kämpfe ums Leben, dazu 7 000 Buren und ungefähr 20 000 Afrikaner. Weitere 28 000 Buren-Zivilisten starben vermutlich unter den entsetzlichen Bedingungen der britischen »Concentration Camps«, in denen sie inhaftiert waren, durch Hunger, Mangelernährung und Krankheiten.

Cecil Rhodes' Traum, eine Eisenbahnlinie von Kapstadt nach Alexandria zu bauen, war typisch für die Einstellungen der Europäer: Ihr Glaube an die eigene Überlegenheit über die Natur einschließlich anderer »Rassen« war mittlerweile so tief verwurzelt, dass es undenkbar erschien, ihn in Frage zu stellen. Rhodes starb am 26. März 1902 nach langer Krankheit in Bulawayo. In seinem Testament findet sich folgender Gedanke: »Ich behaupte, dass wir die beste Rasse der Welt sind, und je mehr von der Welt wir bewohnen, desto besser ist es für das Menschengeschlecht.«

Im 19. Jahrhundert erzielte Europa seine finanziellen und materiellen Gewinne auf Kosten der einheimischen Bevölkerung in Afrika, Amerika und Australien. Großartige Bauwerke wie der Königspalast in Brüssel stehen noch heute prächtig da, errichtet von König Leopold II. mit seinen Gewinnen aus kongolesischem Elfenbein und Kautschuk. In der zweiten Hälfte des 20. Jahrhunderts, als die meisten afrikanischen Staaten ihre politische Unabhängigkeit erhielten, waren diese Länder größtenteils ausgelaugt: Ihre Rohstoffe waren erschöpft, ihre Wirtschaft durch Kredite geknebelt und ihre Bevölkerung durch Handelsabkommen zur Armut verurteilt. Und noch schlimmer: Die Menschen waren aus dem traditionellen Gefüge der Stämme und ethnischen Gruppierungen herausgerissen, wohnten in neu abgegrenzten Kolonialterritorien und waren mit westlichen Gewehren bewaffnet. Die europäische Kolonialherrschaft des 19. und 20. Jahrhunderts verlängerte das Elend Afrikas, das mit der Nachfrage nach Sklaven durch die muslimische Welt im Osten und durch Amerika im Westen begonnen hatte.

Die Krönung des Ganzen war die imperialistische Ideologie der Europäer, die, wie man am Musterbeispiel Cecil Rhodes deutlich erkennt, eine nicht zu überbietende Selbstgerechtigkeit kultivierte. Nur vor diesem Hintergrund konnte Rudyard Kipling, einer der am höchsten gepriesenen britischen Dichter jener Zeit, folgende Verse zu Papier bringen:

Ergreift die Bürde des Weißen Mannes – / schickt die Besten aus, die ihr erzieht – / Bannt eure Söhne ins Exil / den Bedürfnissen euerer Gefangenen zu dienen; / in schwerem Geschirre aufzuwarten / verschreckten wilden Leuten – / euren neugefangenen verdrossenen Völkern, / halb Teufel und halb Kind.[17]

KAPITEL 41

ZURÜCK IN DIE ZUKUNFT

WIE MANCHE MENSCHEN SICH DER AUSBREITUNG DER WESTLICHEN ZIVILISATION WIDERSETZTEN UND STATTDESSEN ZU EINER VERMEINTLICH NATÜRLICHEN, TRADITIONELLEN ORDNUNG ZURÜCKKEHREN WOLLTEN, UND WIE SOLCHE VERSUCHE IN DEN MEISTEN FÄLLEN KATASTROPHALE FOLGEN HATTEN

In der berauschenden Atmosphäre eines von Revolutionen geschüttelten Europa schrieb der jüdisch-deutsche Gesellschaftsphilosoph und Wirtschaftstheoretiker Karl Marx (1818 bis 1883) sein berühmtes KOMMUNISTISCHES MANIFEST. Seine Schrift forderte die kapitalistischen Eliten in Europa unverblümt heraus. Marx schwebte eine Gesellschaftsordnung vor, die das Ende der fatalen, jahrhundertealten Ungleichheit zwischen Arm und Reich herbeiführen sollte.

Im Jahr 1848 führte eine Reihe katastrophaler Missernten und insbesondere die Kartoffelfäule, die Irland, Belgien und Deutschland heimsuchte, zu Volksaufständen in Italien, Frankreich, den deutschen Kleinstaaten und Polen sowie im Reich der Habsburger. Die Ursachen lagen nach Marx' Überzeugung klar auf der Hand. Die Menschheitsgeschichte, so erklärte er, sei eine lange Reihe von Kämpfen zwischen Reich und Arm. Im Zeichen der Industrialisierung wurde dieser Kampf nun zwischen kapitalistischen Geschäftsleuten (der Bourgeoisie) und verarmten Fabrikarbeitern (dem Proletariat) ausgefochten. Aber jetzt stand die Ideologie des ständigen Wirtschaftswachstums, auf die sich in Europa und Amerika die gesamte Strategie gründete, auf der Kippe. Der bevorstehende Zusammenbruch des Kapitalismus, so Marx, werde auf der ganzen Erde zu einer neuen Gesellschaftsordnung führen, in der man Gleichberechtigung und wahre Freiheit für die große Masse erreichen könne, wenn sich die Arbeiter auf der ganzen Welt vereinigten.

Marx erklärte, die ausschließlich gewinnorientierte Industrie sei ebenso brutal wie ethisch verwerflich:

Sie [die Bourgeoisie] *hat ... an die Stelle der zahllosen verbrieften und wohlerworbenen Freiheiten die eine gewissenlose Handelsfreiheit gesetzt. Sie hat, mit einem Wort, an die Stelle der mit religiösen und politischen Illusionen verhüllten Ausbeutung die offene, unverschämte, direkte, dürre Ausbeutung gesetzt.*

Der Kapitalismus habe zur Auflösung der traditionellen Werte der Familie geführt:

Die Bourgeoisie hat dem Familienverhältnis seinen rührend-sentimentalen Schleier abgerissen und es auf ein reines Geldverhältnis zurückgeführt.

Die Notwendigkeit ständigen Wirtschaftswachstums habe einen unstillbaren Hunger nach Eroberungen auf der ganzen Welt geweckt:

Das Bedürfnis nach einem stets ausgedehnteren Absatz für ihre Produkte jagt die Bourgeoisie über die ganze Erdkugel. Überall muß sie sich einnisten, überall anbauen, überall Verbindungen herstellen.

Eine solche Globalisierung, so meinte Marx, untergrabe die Selbstgenügsamkeit der Menschen und schaffe Produkte, die niemand braucht, zur Befriedigung von Bedürfnissen, die künstlich geweckt werden:

An die Stelle der alten ... Bedürfnisse treten neue, welche die Produkte der entferntesten Länder und Klimate zu ihrer Befriedigung erheischen.

Billige, auf der anderen Seite des Globus massenhaft hergestellte Waren treiben andere Kulturen unausweichlich ins Netz des Kapitalismus und schaffen eine Spirale der Abhängigkeit und Naturausbeutung:

Die wohlfeilen Preise ihrer Waren ... [zwingen] *alle Nationen, die Produktionsweise der Bourgeoisie sich anzueignen, wenn sie nicht zugrunde gehen wollen; sie zwingt sie, die sogenannte Zivilisation bei sich selbst einzuführen ... Mit einem Wort, sie schafft sich eine Welt nach ihrem eigenen Bilde.*

In ländlichen Gebieten machen sich Industriestädte breit, die Bevölkerung wächst und gibt althergebrachte Lebensweisen auf:

Die Bourgeoisie hat das Land der Herrschaft der Stadt unterworfen. Sie hat enorme Städte geschaffen, sie hat die Zahl der städtischen Bevölkerung gegenüber der ländlichen in hohem Grade vermehrt und so ... das Land von der Stadt ... abhängig gemacht.

Die Errungenschaften des Kapitalismus waren nach Marx' Überzeugung entstanden, weil die Menschheit den Sieg über die Natur errungen hatte:

Unterjochung der Naturkräfte, Maschinerie, Anwendung der Chemie auf Industrie und Ackerbau, Dampfschiffahrt, Eisenbahnen, elektrische Telegraphen, Urbarmachung ganzer Weltteile, Schiffbarmachung der Flüsse, ganze aus dem Boden hervorgestampfte Bevölkerungen ...

Die heutigen Diskussionen um die Armut in der Dritten Welt, um die ungleiche Verteilung des Wohlstands, gesellschaftliche Auflösungserscheinungen, besessenes Konsumverhalten und

Karl Marx war überzeugt davon, dass der Kapitalismus mit seinen freien Märkten nur eine vorübergehende Phase darstellt, die irgendwann von einem gerechteren System abgelöst wird.

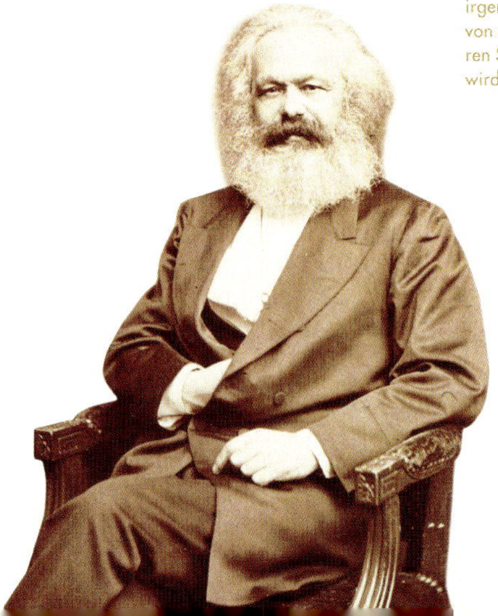

die Umweltschäden, die durch die rücksichtslose Ausbeutung der natürlichen Ressourcen entstanden sind – all das geht unmittelbar auf Karl Marx und die Debatten um seine Ideen zurück.[1] Seine Gegner waren die Imperialisten und Kapitalisten Europas und Nordamerikas, deren tief verwurzelter Glaube an wissenschaftlichen und industriellen Fortschritt auf die altgriechischen und römischen Philosophen zurückging und die entschlossen waren, ihre wirtschaftlichen Rezepte in der ganzen Welt umzusetzen.

*****

Kurz nachdem Marx sein weitsichtiges Manifest verfasst hatte, brach in China der größte Bürgerkrieg aller Zeiten aus. Während des **Taiping-Aufstands** starben zwischen 1850 und 1871 schätzungsweise 20 Millionen Menschen, zwanzigmal so viele wie während des amerikanischen Bürgerkriegs, der zur gleichen Zeit tobte.

Trotz aller Anstrengungen des Qing-Herrscherhauses, sich von ausländischen Eingriffen abzuschotten, war der europäische Einfluss in China um 1850 bereits deutlich spürbar. Einerseits waren westliche Missionare eifrig damit beschäftigt, ganze Gruppen der chinesischen Gesellschaft zum Christentum zu bekehren, und andererseits überwanden Kaufleute das offizielle Handelsembargo mit einer Mischung aus illegalem Schmuggel und Kanonenbootdiplomatie.

Tee, Seide und Porzellan waren in Europa höchst begehrte Handelswaren. Sie warfen jedoch ein Problem auf. Grundlage der chinesischen Gesellschaft war eine Philosophie der Selbstversorgung. Das Land war seit Mitte des 15. Jahrhunderts nicht auf Hochseeflotten oder den Handel mit weit entfernten Kolonien angewiesen gewesen. Lebensmittel und Luxusgüter wurden im Land selbst produziert. Genau das erklärte der chinesische Kaiser persönlich in einem Brief an den englischen König George III., den er 1793 als Antwort auf eine britische Forderung nach Handelsbeziehungen schrieb:

Ihr, oh König, lebte weit entfernt jenseits der großen Meere … der Unterschied zwischen unseren Sitten und Moralgesetzen und Euren ist so tief greifend, dass unsere Gebräuche und Traditionen auf Eurem Boden niemals gedeihen könnten … Ich habe für die Waren Eures Landes keine Verwendung. Deshalb besteht keine Notwendigkeit, die Waren fremder Barbaren im Tausch gegen unsere eigenen Produkte ins Land zu bringen …[2]

Eine derart selbstzufriedene Autarkie provozierte bei den Imperialisten heftige Reaktionen. Wenn die Chinesen keine westlichen Waren haben wollten, musste man etwas tun, damit sie danach verlangten.

Beamte der Honourable East India Company kamen auf den alles andere als ehrenwerten Gedanken, Drogen zu schmuggeln. Man baute ein raffiniertes System auf: Britische Kaufleute kauften in Kanton chinesischen Tee und gaben Kreditbriefe an chinesische Kaufleute aus; diese Papiere konnten dann gegen **Opium** eingelöst werden, das bengalische Agenten von Kalkutta ins Land schmuggelten. Zwischen 1715 und 1860 wurden Tausende von Tonnen Opium, die auf den Mohnfeldern Bengalens gewachsen waren, im Austausch gegen Seide, Tee und Porzellan nach China transportiert. Dieser Tauschhandel war ein Meisterstück des Erfindungsreichtums. Die Briten brauchten ihre Waren nicht mit kostbarem Silber zu bezahlen, sondern ihnen diente stattdessen vor Ort angebautes Opium als Währung. Gleichzeitig war das Problem der chinesischen Selbstversorgung durch eine neu erzeugte Abhängigkeit von einer stark süchtig machenden Droge gelöst.

Obwohl der Handel mehrfach verboten wurde, gerieten bis 1810 auch Beamte des chinesischen Kaiserhofes immer stärker unter den Einfluss des Opiums. In ihrer Verzweiflung erließ die Qing-Zentralregierung die Anweisung, in allen Häfen Zollrazzien durchzuführen, um damit den verheerenden Wirkungen der Droge Einhalt zu gebieten:

Opium richtet Schaden an. Opium ist ein Gift, das unsere guten Sitten und unsere Moral untergräbt. Sein Gebrauch ist vom Gesetz verboten. Jetzt wagt der gemeine Mann Yang, es in die Verbotene Stadt zu bringen. Damit tritt er das Gesetz tatsächlich mit Füßen![3]

Es nützte nichts. In den 1820er Jahren strömten jedes Jahr mehr als 900 Tonnen Opium aus Bengalen nach China. Im Jahr 1838 führte die kaiserliche Regierung die Todesstrafe für jeden ein, der beim Handel mit der Droge gefasst wurde. Als die Briten die Einstellung der Transporte ablehnten, verhängte die chinesische Regierung über sie ein Handelsembargo. Zwei Jahre später traf eine britische Flotte mit dem erklärten Ziel ein, die Chinesen zur Rücknahme des Embargos zu zwingen. Ihre Kanonen richteten in den Kleinstädten und Dörfern entlang der fruchtbaren Jangtse-Ufer schreckliche Verwüstungen an. Nachdem die Briten auch die Boote der kaiserlichen Steuereinnehmer aufgebracht hatten, waren die Chinesen 1842 gezwungen, um Frieden zu bitten. Durch einen Vertrag wurden die Handelsbeziehungen wieder aufgenommen, Hongkong wurde an die Briten abgetreten, und christliche Missionare durften unbehelligt auf chinesischem Boden predigen.

Rückblickend betrachtet, richteten diese ahnungslosen Boten Gottes mehr Unheil an als alle Mohnfelder Indiens zusammen. Hong Xiuquan, ein bekehrter Christ (auch er ein Revolutionär, der mehrmals in den kaiserlichen Prüfungen durchgefallen war) war 1850 von den Lehren der Missionare so begeistert, dass er sich zu dem lange verloren geglaubten Bruder Jesu Christi erklärte. Der mit einer charismatischen Ausstrahlung ausgestattete Xiuquan sammelte eine riesige Bauernarmee hinter sich und forderte die Qing-Regierung heraus, die mittlerweile – vorwiegend dank der Briten – verarmt war. Zwischen 1853 und 1864 bauten Xiuquan und die rasch wachsende Zahl seiner Anhänger in Südchina einen Konkurrenzstaat mit der Hauptstadt Nanjing auf. Das »Himmlische Königreich des Großen Friedens« setzte die christliche Bibel an die Stelle der Lehren von Konfuzius. Zum ersten Mal wurden Frauen und Männer gleichberechtigt behandelt. Opium, Glücksspiel, Tabak und Alkohol waren verboten.

Aber nachdem der göttliche Führer der Bewegung in seiner neuen Hauptstadt Fuß gefasst hatte, verlor er das Interesse an Politik und entschloss sich stattdessen, mehr Zeit mit seiner großen Familie in seinem privaten Harem zu verbringen. Großbritannien nutzte 1856 den chinesischen Bürgerkrieg als Gelegenheit, um erneut in den Krieg zu ziehen, und in diesem »Zweiten Opiumkrieg« wurde der Hafen Guangzhou angegriffen. Der Konflikt endete 1860 mit der Besetzung Pekings durch westliche Streitkräfte, und die chinesische Regierung, die im Süden des Landes immer noch gegen Xiuquans Rebellen kämpfte, wurde zur Unterzeichnung eines neuen Abkommens gezwungen. Dieses erklärte den Import von Opium für legal, gab ausländischen Kriegsschiffen das Recht, den Jangtse zu befahren, schrieb die Einrichtung elf neuer Häfen für den Handel mit Großbritannien, Frankreich, Russland und den Vereinigten Staaten vor und verlangte eine hohe Reparationszahlung für die entgangenen britischen Gewinne. Wie hatten sich doch die Zeiten geändert, seit der chinesische Kaiser 1793 voller Selbstvertrauen seinen Brief an George III. zu Papier gebracht hatte! Jetzt unterstützten französische und britische Streitkräfte die ins Schlingern geratene Qing-Regierung, und 1864 machten sie dem Aufstand gemeinsam ein Ende. Mit dem Taiping-Aufstand war eine der schwersten Auseinandersetzungen der Menschheitsgeschichte geführt worden, zwischen 20 und 30 Millionen Menschen hatten ihr Leben verloren.

✣ ✱ ✣ ✱ ✣

Nicht weniger dramatisch reagierte **Japan** nach dem bösen Erwachen, das die Kriegsschiffe des Kommodore Perry verursacht hatten (siehe Seite 415). Ein kurzer Bürgerkrieg (der Boshin-Krieg, 1868–1869) brach aus, und eine Gruppe unzufriedener Adliger, die sich nicht damit abfinden wollten, dass der Shogun die amerikanischen Forderungen nach Handelsbeziehungen erfüllt hatte, stellten mit einem Militärputsch die kaiserliche Macht wieder her. Das neue Meijin-Regime war entschlossen, nicht die gleiche Demütigung hinzunehmen wie China, der alte Konkurrent und Meister. Sein 1868 eingeführter, fünfteiliger Eid sprach von dem »internationalen Streben nach Wissen zur Stärkung der Grundlagen der kaiserlichen Herrschaft«. Die japanische Regierung vollzog eine erstaunliche Kehrtwendung und warb 3 000 ausländische Experten an, die dem Volk Englisch, verschiedene Wissenschaften und Technik beibringen sollten. Sie schickte Studenten in die ganze Welt, damit sie die westliche Lebensweise kennenlernten, und gründete die ersten großen Industrieunternehmen Mitsui und Mitsubishi. Die Produktion begann mit der Veredelung von Textilien, und das erste japanische Industriegebiet entstand. Es war eine »schöne neue Welt« nach westeuropäischem Vorbild, die sich dort im Fernen Osten entwickelte.

Bis 1895 waren die japanischen Herrscher zu einer aggressiven, auf Expansion ausgerichteten Außenpolitik übergegangen. Grundlage war dabei ihre neue, durch Industrialisierung gewonnene militärische Stärke. In den Jahren 1894 und 1895 kämpften japanische Streitkräfte in Korea erfolgreich gegen China, obwohl dieses sich nach der Demütigung durch die westlichen Großmächte um »Selbststärkung« bemüht hatte. Japan spielte jetzt das Spiel des Westens. Es setzte die Unabhängigkeit Koreas von China durch, zwang China, die Kontrolle über Taiwan aufzugeben, strich eine große Zahlung in Form von Silber ein und sicherte sich am Jangtse wertvolle Handels- und Produktionsrechte.

Nur zehn Jahre später setzte Japan die ganze Welt in Erstaunen: Es besiegte die russischen Streitkräfte, die nach Süden vorgestoßen waren, um sich an

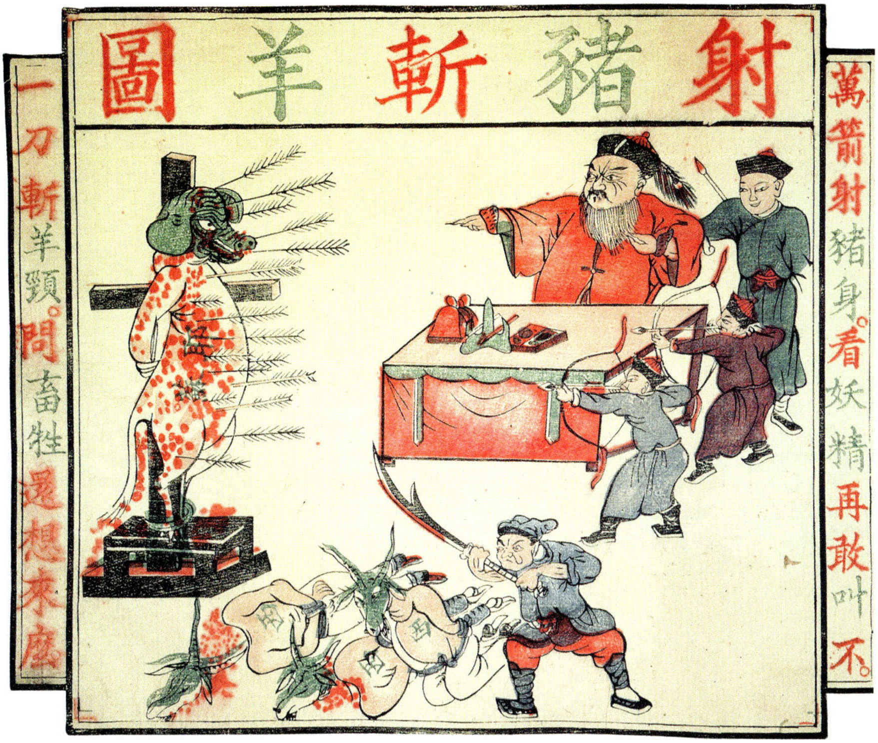

Das Schwein (Jesus Christus) wird erschossen, und die Schafe (Christen) werden enthauptet: Das Bild symbolisiert die antiwestlichen Gefühle, die 1900 zum Boxeraufstand führten.

der Pazifikküste einen ganzjährig nutzbaren Seehafen zu sichern. Am 27. Mai 1905 vernichtete die japanische Marine in der Schlacht bei Tsushima mit einem nächtlichen Überraschungsangriff die russische Flotte. Damit hatte sich Japan endgültig als Großmacht etabliert. Als es Korea 1910 offiziell annektierte, war aus dem mächtigen Klub der imperialistischen Staaten so gut wie kein missbilligendes Murmeln zu hören.

China war zur gleichen Zeit vom Krieg ausgelaugt und hatte sich immer noch nicht von den Wirkungen des Opiums erholt. Deshalb wurde es für die kolonialistischen Geier zu einer leichten Beute. Frankreich hatte sich bis 1887 im Fernen Osten ein eigenes Imperium aufgebaut und sowohl Vietnam als auch Kambodscha (das damalige Indochina) dem chinesischen Einfluss entzogen. Zehn Jahre später besetzten deutsche Streitkräfte auf dem Festland die strategisch wichtige Küstenregion von Kiautschou. Zur gleichen Zeit hatten die Japaner Korea unter ihre Kontrolle gebracht.

Das alles ist eine Erklärung dafür, warum in China zwischen 1899 und 1901 erneut ein verheerender Aufstand losbrach. Traditionsbewusste Landbewohner, die sich selbst als **Boxer** bezeichneten, wollten ihr Heimatland vom verderblichen Einfluss des Westens und seiner fremdartigen kapitalistischen Kultur befreien. Ihre Streitkräfte besetzten im Juni 1900 die kaiserliche Hauptstadt Peking, töteten Zehntausende chinesischer Christen und nahmen mehrere Tausend Ausländer aus dem Westen, die in der Stadt lebten, als Geiseln. Diesen eilte nun eine internationale Streitmacht mit

20000 Soldaten aus acht Staaten (Österreich, Frankreich, Deutschland, Italien, Japan, Großbritannien, Russland und den Vereinigten Staaten) zu Hilfe. Im August hatte diese Armee die Boxer geschlagen, aber dann spielte sich etwas ab, was auf gespenstische Weise an die Katastrophe des Vierten Kreuzzugs erinnerte (siehe Seite 337): Das Bündnis vorwiegend europäischer Nationen plünderte nun selbst die Hauptstadt Peking, setzt ihre Paläste in Brand und zwang den Kaiser mit seiner Gemahlin zur Flucht.

Gerechtfertigt wurde diese Brutalität in der berühmt-berüchtigten »Hunnenrede« des deutschen Kaisers Wilhelm II. Er erklärte am 27. Juli 1900 gegenüber seinen Soldaten: »Wie vor tausend Jahren die Hunnen unter ihrem König Etzel sich einen Namen gemacht …, so möge der Name Deutschland in China in einer solchen Weise bestätigt werden, daß niemals wieder ein Chinese es wagt, etwa einen Deutschen auch nur scheel anzusehen.«[4]

Der Preis für die internationale »Rettungsaktion« wurde auf 67,5 Millionen britische Pfund festgesetzt, die als Reparationen, zahlbar in kostbarem Silber, durch die kaiserliche Regierung Chinas aufgebracht werden mussten. Das Geld wurde unter den acht Nationen des Militärbündnisses aufgeteilt. Eine solche Summe konnte China nur aufbringen, indem es der Landbevölkerung neue Steuern auferlegte. Die Folge: Nach zehn Jahren war die kaiserliche chinesische Regierung so geschwächt und wurde von ihrem Volk so gehasst, dass es in einem Volksaufstand schließlich gelang, die 2000 Jahre alte Institution des Kaisertums zu stürzen und im Januar 1912 die Republik auszurufen. Nach weiteren Jahrzehnten des Bürgerkriegs und der Invasionen wurde die junge Republik selbst am 1. Oktober 1949 zum Gegenstand der Machtübernahme der kommunistischen Partei unter ihrem Vorsitzenden Mao Zedong.

* * * * *

Zumindest im Fernen Osten hatten sich Marx' Prophezeiungen, was den Weg des Kapitalismus und den Aufstieg des unterdrückten Proletariats anging, auf geradezu gespenstische Weise bewahrheitet. In seiner europäischen Heimat gaben seine Gedanken den Anlass zu ähnlichen Revolutionen, deren Auswirkungen sich als nicht weniger weitreichend erwiesen.

Das Streben der breiten Masse nach einer gerechteren Lebensweise brach sich während des **Ersten Weltkriegs** Bahn. Der »Große Krieg«, wie er genannt wurde, spielte sich zwischen 1914 und 1918 vorwiegend in Europa ab und richtete nur geringfügig geringere Schäden an als der Taiping-Aufstand in China: Am Ende waren 18 Millionen Menschen tot, 22 Millionen hatten Verletzungen erlitten, und auch acht Millionen Pferde waren ums Leben gekommen.

Es begann damit, dass der Erzherzog Franz Ferdinand, der Erbe des Kaiserthrons der Habsburger, am 28. Juni 1914 in Sarajevo von einem serbischen Studenten ermordet wurde. Was als kurzer Rachefeldzug des Kaiserreiches Österreich-Ungarn gegen Serbien geplant war, entwickelte sich zu einem Machtkampf zwischen den Staaten eines aus dem Gleichgewicht geratenen Europa.

Den vereinigten Streitkräften aus Deutschland, Österreich-Ungarn und dem Osmanischen Reich stand eine Allianz aus Großbritannien, Frankreich und

Russland gegenüber, zu der 1917 noch die Vereinigten Staaten hinzukamen. Ein gigantischer Kampf um die Vorherrschaft in Europa und seinen Überseekolonien begann. Und vor diesem Hintergrund konnten Volksrevolutionen an Fahrt gewinnen; zuerst brach **Russland 1917** zusammen. Die militärische Demütigung, die das Land im Osten durch Japan und im Westen durch Deutschland erleben musste, hatte die Autorität des Zaren Nikolaus II. geschwächt. Ein Mangel an Reformen und der hartnäckige Widerstand des Zaren gegen eine Teilung der Macht führten zur völligen Entfremdung zwischen seiner Regierung und dem russischen Volk. Inflation, Lebensmittelknappheit und wirtschaftlicher Ruin schufen die Voraussetzungen für einen Aufstand. Die schnelle Industrialisierung hatte dazu beigetragen, dass die Stadtbevölkerung stark angewachsen war, ohne dass sich aber ihre Lebensqualität verbessert hatte.[5]

Als die Frauen von Petrograd im Februar 1917 gegen die Brotknappheit protestierten, lösten sie einen umfangreichen, von der Unzufriedenheit getragenen Aufstand aus. Im März wurde Zar Nikolaus zur Abdankung gezwungen. Jetzt hielt der radikale Politiker Wladimir Iljitsch Lenin die Zeit für gekommen, heimlich aus der Schweiz, wo er im Exil gelebt hatte, nach Russland einzureisen. Die Deutschen gestatteten ihm in einem versiegelten Zug die Durchreise: Sie wollten sichergehen, dass seine revolutionären Ideen sich in ihrem eigenen Land nicht breitmachten, welches nach einem dreijährigen, verheerenden Krieg ebenfalls am Rand des Zusammenbruchs stand.

Ende September hatten Lenin und seine bolschewistische Revolutionsarmee unter Führung von Leo Trotzki offiziell in Russland die Macht übernommen. Anschließend handelte Lenin mit Deutschland einen Frieden aus, dessen Bedingungen in Russland vielfach als äußerst ungünstig angesehen wurden.

Der Vertrag von Brest-Litowsk wurde am 3. März 1918 von Russland und den Achsenmächten (Deutschland, Österreich-Ungarn, Bulgarien und dem Osmanischen Reich) unterzeichnet. Er bestätigte die Unabhängigkeit Finnlands, Estlands, Lettlands, der Ukraine, Litauens und Polens; betroffen war ungefähr ein Drittel der Bevölkerung, die bis dahin unter russischer Kontrolle gestanden hatte.

Im Mai 1918 wurden der Zar und seine Familie, die seit der Abdankung unter Hausarrest gestanden hatten, kaltblütig ermordet – ob der Befehl vor Ort erteilt wurde oder von höherer Stelle kam, weiß niemand. Jetzt brach zwischen der »Roten Armee« der marxistischen Bolschewisten und den monarchistischen »Weißen«, die von Großbritannien, Frankreich, den USA und Japan unterstützt wurden, ein Bürgerkrieg aus. Im Juni 1923 übernahmen die Bolschewisten schließlich die Kontrolle über das ganze Land, nachdem sie endgültig die japanischen Truppen aus Sibirien vertrieben hatten. Das weltweit erste Experiment mit dem Kommunismus nahm seinen Fortgang. Dabei versprach die moderne Technik zu einer magischen Zutat zu werden, die den marxistischen Traum von der Gleichheit der Klassen zu realisieren half. Lenin schrieb:

Wir müssen den Bauern zeigen, dass die Organisation der Industrie auf der Grundlage einer modernen, fortgeschrittenen Technik und der Elektrifizierung, welche eine Verbindung zwischen Stadt ern ihre landwirtschaftlichen Überschüsse verkauften; auf diese Weise wollte er einen Anreiz schaffen, mehr Getreide anzubauen und Russland damit zu einer wohlhabenden Gesellschaft zu machen, die sich die technischen Mittel für die Verwirklichung des Traums von der klassenlosen Gesellschaft leisten konnte. Bis 1928 hatte sich die landwirtschaftliche und industrielle Produktion in Russland vollständig von den Schäden erholt, die Weltkrieg und Bürgerkrieg angerichtet hatten.

Lenin – hier auf einem Plakat von 1924 – verfolgte leidenschaftlich die Idee, die Kluft zwischen Reichen und Armen zu schließen.

Aber Lenin war 1924 gestorben, und sein Nachfolger Josef Stalin (1878 bis 1953) verfolgte ganz andere Vorstellungen. Mit der Säuberung der Kommunistischen Partei während der 1930er Jahre strebte er eine totale Diktatur an. Seine seit 1928 aufeinanderfolgenden Fünfjahrespläne verwandelten zwar die Sowjetunion von einem rückständigen Bauernstaat in eine der wichtigsten Industriemächte der Welt, aber Millionen Menschen starben an Hunger, weil Stalin zwischen 1932 und 1934 bei den Bauern das Getreide und andere Lebensmittel beschlagnahmen ließ, nachdem er sämtliche landwirtschaftlichen Produkte zu Staatseigentum erklärt hatte.

und Land herstellt, der Trennung zwischen Stadt und Land ein Ende bereiten wird. Sie wird es möglich machen, das kulturelle Niveau auf dem Land zu heben und selbst in den abgelegensten Winkeln des Landes Rückständigkeit, Unwissen, Armut, Krankheit und Barbarei zu überwinden.[6]

Gesundheitsversorgung für alle, gleiche Rechte für Frauen und allgemeine Bildung – diese Forderungen bildeten die Kernpunkte von Lenins sozialistischem Ideal. Aber Russland mit seiner vorwiegend bäuerlich-ländlich geprägten Gesellschaft verfügte noch nicht über die industriellen Voraussetzungen für die Einführung eines »idealen« Sozialismus. Deshalb musste man seit 1921 eine neue Wirtschaftspolitik verfolgen. Lenin ließ zu, dass die Bau-

Stalins Industrialisierungspolitik war weit entfernt von Lenins Idealvorstellung einer klassenlosen, gleichberechtigten Gesellschaft. Unter Stalin entwickelte sich die Kommunistische Partei zu einem rücksichtslosen Herrschaftsapparat, der alles unterdrückte, was seine Macht bedrohte. Wer Widerstand leistete, wurde hingerichtet oder nach Sibirien ins Arbeitslager verbannt. In solchen »Gulags« lebten 1939 schätzungsweise 1,3 Millionen Menschen.

✣ ✱ ✣ ✱ ✣

Weiter südlich versuchte ein anderer Mann seine Ideale durchzusetzen und damit die Uhr der Geschichte ein Stück zurückzudrehen. In Afrika und Asien verfolgten immer stärkere Strömungen das Ziel, sich politisch von der europäischen Kolonialherrschaft unabhängig zu machen. Mohandas Karamchand Gandhi (bekannt als »Mahatma« – »große Seele«, 1869 bis 1948) entwickelte auf der Grundlage des »Ahimsa« (Gewaltlosigkeit), eines der vier Grundprinzipien des Jainismus (siehe Seite 215), die Kunst des zivilen Ungehorsams. Nachdem er in Südafrika, wo er als Anwalt tätig gewesen war, einen Feldzug gegen die Rassendiskriminierung angeführt hatte, kehrte Gandhi nach Indien zurück und übernahm dort die Führung des Indischen Nationalkongresses. Im Mittelpunkt seiner Philosophie standen die Gleichberechtigung der Frauen, die Verteilung von Land an die Armen und das Prinzip der sich selbst versorgenden, lokalen Gemeinschaften von Vegetariern (Ashrams), die importierte Waren aus Übersee ebenso ablehnten wie den Export von Rohstoffen für die Kolonialmächte. Gandhis Ideen führten zu einem der kühnsten Versuche, die Entwicklung von Neu-Pangäa zurückzudrängen.

In einer Hinsicht hatte Gandhis Bewegung Erfolg: Sie führte zur Unabhängigkeit Indiens, die 1947, nach dem Zweiten Weltkrieg, von den Briten gewährt wurde. Aber sein Streben nach einem harmonischen Zusammenleben der Rassen und einer auf Gewaltlosigkeit gegründeten Gesellschaft war vergeblich. Offenbar konnten Muslime und Hindus nicht nebeneinander leben, ohne dass sie durch Unterdrückung in

Mohandas Gandhi setzte sich für gewaltlosen politischen Widerstand ein und versuchte, den Wunsch der Menschen nach handgefertigten Gütern wiederzubeleben. Schließlich aber fiel er den Kräften der religiösen Intoleranz zum Opfer.

Schach gehalten wurden. Die britische Aufteilung Indiens, in deren Verlauf mehr als eine halbe Million Menschen durch Gewalt zwischen den verschiedenen Glaubensgemeinschaften starben, führte zur Entstehung des neuen muslimischen Staates Pakistan. Die beiden Staaten werden seither immer wieder von religiösen Auseinandersetzungen und politischen Konflikten heimgesucht, ein Rückschritt in die vorbritische Zeit der Trennung von Moguln und Hindus.

Am 30. Januar 1948 wurde Gandhi während eines Spaziergangs auf dem Grundstück seines Hauses in Neu-Delhi erschossen. Der Täter, ein radikaler Hindu namens Nathuram Godse, warf ihm vor, er habe dem neu gegründeten Staat Pakistan zu viele Zugeständnisse gemacht. Mit Gandhi starben offenbar auch die hinduistischen Ideale der Gewaltlosigkeit und der sich selbst versorgenden lokalen Gemeinschaften. Das Ashram-Konzept mit regionaler Lebensmittelproduktion und ökologischer Lebensweise wurde allerdings in jüngerer Zeit infolge der Diskussionen über den Klimawandel wiederbelebt (siehe Seite 493).

Während Gandhi seinen Feldzug für die Rückkehr zur traditionellen indischen Lebensweise organisierte und Lenin für den Aufbau eines neuen, klassenlosen Russland kämpfte, brach das Osmanische Reich endgültig zusammen: 1918 wurde Istanbul von den westeuropäischen Mächten besetzt. Damit wurde der Nahe Osten zur Beute der Siegermächte Frankreich und Großbritannien, die nach einem Geheimabkommen, das sie während des Ersten Weltkrieges geschlossen hatten, den Löwenanteil der Gebiete unter sich aufteilen.[7] Frankreich übernahm die Macht im heutigen Syrien und Libanon, Großbritannien herrschte über den Irak und Palästina. In der Balfour-Erklärung machten die Briten im November 1917 deutlich, dass sie die Schaffung eines Nationalstaats für das jüdische Volk in Palästina unterstützten.

Auf das anatolische Kernland des Osmanischen Reiches erhoben griechische, italienische und armenische Nationalisten Anspruch. Dies führte zu einem verbitterten internationalen Konflikt und Bürgerkrieg, der 1923 beigelegt wurde, nachdem türkische Nationalisten unter Mustafa Kemal (1881 bis 1938, heute unter dem Namen Atatürk oder »Vater der Türken« bekannt) einen Sieg errungen hatten. Nach verbitterten Kämpfen setzten seine Truppen die nationale Unabhängigkeit der **Türkei** durch, die im Juli 1923 von den Weltmächten im Vertrag von Lausanne offiziell anerkannt wurde.

Heute gilt Atatürk in der Türkei als Nationalheld. Ganz ähnlich wie die Meiji mit ihrer Restauration in Japan, so führte auch er westliche Kleidung ein, industrialisierte das Land, förderte die Rechte der Frauen und sorgte für eine säkulare Politik, die einen Schutz gegen den wachsenden islamischen Fundamentalismus darstellen sollte. Im benachbarten Griechenland jedoch beschreiben ihn die Schulbücher als Mörder und Verräter, der den Griechen ihr antikes Erbe vorenthielt, denn Konstantinopel (Istanbul) sei in der Geschichte stets eine christliche Stadt gewesen. Einen noch schlechteren Ruf genoss Atatürk in Armenien: Dort soll er an einem Völkermord mitgewirkt haben, in dessen Verlauf 1,5 Millionen christliche Armenier zwischen 1915 und 1917 gewaltsam aus dem Osten des Osmanischen Reiches deportiert wurden, wobei schätzungsweise 500 000 von ihnen ums Leben kamen.

Dass die Osmanen gewaltsam eine ganze ethnische Gruppe vertrieben hatten, um die Reinheit ihrer Religion und Rasse zu verbessern, blieb auch einem Mann nicht verborgen, der mit seinem Aufstieg zur Macht nicht nur fast das kommunistische Experiment beendet, sondern um ein Haar auch das ganze kapitalistische System ins Wanken gebracht hätte. **Adolf Hitler** wollte keine Welt der marxistischen Gleichberechtigung, und sein Ziel war auch kein Weltreich, das sich auf den Überseehandel stützte. Stattdessen wollte er die Gesellschaft auf ihre vermeintlich natürlichen Grundprinzipien zurückführen.

Adolf Hitler (1889 bis 1945) war ein Veteran des Ersten Weltkriegs und fühlte sich von der politischen Führung in Deutschland im Stich gelassen. Wie viele in der deutschen Armee war er der Ansicht, dass seine Regierung 1918 einer demütigenden Waffenstillstandsvereinbarung zugestimmt hatte. Im Versailler Vertrag, der am 28. Juni 1919 unterzeichnet wurde, übernahm Deutschland die volle Verantwortung für den Ersten Weltkrieg (Artikel 231) und wurde im Anschluss zu Reparationszahlungen mit der ungeheuren Summe von 269 Milliarden Reichsmark in Gold verpflichtet.

Während Hitler sich von einem Angriff der britischen Streitkräfte bei Ypern erholte, erhielt er die Nachricht über die deutsche Kapitulation:

Ich war auf das äußerste erregt … Während es mir um die Augen wieder schwarz ward, tastete und taumelte ich zum Schlafsaal zurück, warf mich auf mein Lager und grub den brennenden Kopf in Decke und Kissen … Was folgte, waren entsetztliche Tage und noch bösere Nächte.[8]

Nach Hitlers Überzeugung hatten nicht zuletzt die Arbeiter mit ihren Streiks in den deutschen Munitionsfabriken die Niederlage mit herbeigeführt. Dafür waren in seinen Augen sozialistisch-jüdische Marxisten verantwortlich, Menschen wie Rosa Luxemburg, die in Polen geborene jüdische Revolutionärin, die in Deutschland die Kommunistische Partei mitbegründet hatte, und ihr Kollege Karl Liebknecht, der in Deutschland im Januar 1919 eine marxistische Revolution anzuzetteln versuchte. Noch im gleichen Monat wurden Luxemburg und Liebknecht von rechtsgerichteten Soldaten ermordet. Seine Gedanken brachte Hitler Mitte der 1920er Jahre in einem Buch mit dem Titel MEIN KAMPF zu Papier, als er wegen seines erfolglosen Münchener Putschversuchs eine Gefängnisstrafe verbüßte:

Die jüdische Lehre des Marxismus lehnt das aristokratische Prinzip der Natur ab … [Sie] *bestreitet die Bedeutung von Volkstum und Rasse und entzieht der Menschheit damit die Voraussetzung ihres Bestehens und ihrer Kultur.*

Doch Hitler war nicht nur über die angeblich zersetzende innenpolitische Tätigkeit der deutschen Juden erbost. Nach seiner Überzeugung trugen beispielsweise auch jüdische Bankiers Schuld, weil sie mit ihrem Gewinnstreben den Aufstieg der kapitalistischen Großmächte befördert hatten. Ihretwegen, so Hitler, sei Deutschland in den Krieg hineingezogen worden, der so schrecklich geendet habe. Anschließend sei Deutschland gezwungen worden, seine Schuld einzugestehen und gewaltige Reparationszahlungen zu leisten, die man nur aufbringen konnte, wenn man Darlehen von jüdischen Bankiers, namentlich in den Vereinigten Staaten, erhielt. Angesichts der erdrückenden Belastungen sah Hitler keine Aussicht auf eine Erholung der deutschen Wirtschaft und meinte:

Der Kampf gegen das internationale Finanz- und Leihkapital ist zum wichtigsten Programmpunkt des Kampfes der deutschen Nation um ihre wirtschaftliche Unabhängigkeit und Freiheit geworden.

Aber welche Alternative hatte Hitler im Kopf? In MEIN KAMPF wird es deutlich: Der gleiche Gedanke an Rassenüberlegenheit, der mit der »Bürde des weißen Mannes« (siehe Seite 467) zum Motiv für den europäischen Kolonialismus wurde, führte auch zu Hitlers System der Eugenik. Dieses Gedankengebäude befürwortete gezielte Menschenzüchtung, und die Nazis machten daraus eine Politik des Völkermords:

So wie die Natur ihre größte Aufmerksamkeit nicht auf die Erhaltung des Bestehenden, sondern auf die Züchtung des Nachwuchses, als dem Träger der Art, konzentriert, so kann es sich auch im menschlichen Leben weniger darum handeln, bestehendes Schlechtes künstlich zu veredeln, was bei der Veranlagung des Menschen zu neunundneunzig Prozent unmöglich ist, als darum, einer kommenden Entwicklung gesündere Bahnen von Anfang an zu sichern.

Es waren die gleichen Grundsätze, die auch der amerikanische Zoologe Madison Grant schon zu Beginn des 20. Jahrhunderts vertreten hatte (siehe Seite 453). Hitler hatte den großen Plan, die Grenzen des europäischen Neu-Pangäa zurückzudrängen und mit aller Konsequenz zur Philosophie des antiken Sparta zurückzukehren, wo ein reiner Rassenbestand zu nationaler Sicherheit und gesellschaftlichem Wohlergehen beigetragen hatte (siehe Seite 239). Aber die Uhr auf diese Weise zurückzudrehen, erforderte gewaltige Eingriffe.

Zwischen 1919 und 1933, in der Zeit der Weimarer Republik, hatte die deutsche Regierung versucht, eine soziale Demokratie aufzubauen. Dass dies nicht gelang, lag an wirtschaftlichen Schwierigkeiten, an parteipolitischer Zersplitterung, teilweise aber auch an Versuchen wie denen des Reichskanzlers Heinrich Brüning (Regierungszeit 1930 bis 1932), die Wirtschaft durch Beschneidung der Arbeiterrechte zu stärken. Die Wahl im Juli 1932 verschaffte Hitlers Nazipartei eine Mehrheit, und nach einigen machtpolitischen Ränkespielen wurde Hitler am 30. Januar 1933 zum Reichskanzler ernannt. Unmittelbar danach wurde deutlich, was es hieß, wenn er seine Ideen in die Praxis umsetzte.

Hitler wusste, dass die Bevölkerung seines Landes genau wie die aller anderer Staaten stetig anstieg. Langfristig brauchte Deutschland nach seiner Überzeugung mehr Platz, weil die Industrialisierung zu einer Überbevölkerung des Kernlandes geführt habe. Deshalb hatte die Expansion nach Osten für ihn oberste Priorität. Die Wiederbelebung der eigenen Wirtschaft und die Beschaffung neuer Gebiete waren durch eine massive Wiederbewaffnung zu erreichen, mit der Deutschlands Nachbarn eingeschüchtert und gegebenenfalls zu territorialen Zugeständnissen gezwungen werden sollten.

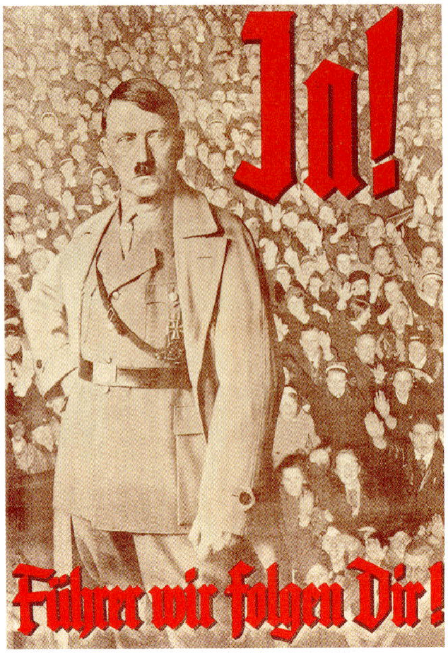

Adolf Hitler war ein rücksichtsloser Kriegsherr, der das wiederherstellen wollte, was er für die natürliche Weltordnung hielt.

Zur Umsetzung seiner Pläne führte Hitler ein totalitäres Regime ein. Mit den in der Verfassung vorgesehenen Notverordnungen setzte er alle demokratischen Spielregeln außer Kraft und verbot die Oppositionsparteien. Als Nächstes baute er eine Geheimpolizei auf, die für die Einschüchterung und Beseitigung der Gegner sorgte. Erstaunlicher und weniger bekannt ist, dass die Nationalsozialisten auch Gesetze gegen Tierquälerei einführten. Der enge Zusammenhang zwischen der Naziideologie und der Vorstellung einer natürlichen Weltordnung, in der nur die Geeignetsten überleben, führte auch dazu, dass Tiere einen eigenen juristischen Status erhielten.

Hitler war Vegetarier, und auch sein Henker Heinrich Himmler gestand einmal, er könne die Jagd auf Tiere nicht leiden. Gesetze, die 1933 erlassen wurden, schafften die Unterscheidung zwischen wilden Tieren und Haustieren ab, und das Sezieren bei lebendigem Leib wurde verboten. Hermann Göring sprach eine Warnung aus, die in unmittelbarem Widerspruch zur westeuropäisch-cartesianischen Tradition stand (siehe Seite 391): Wer dabei erwischt würde, dass er Tiere wie unbelebte Gegenstände behandelte, sollte ins Gefangenenlager wandern.

Der Nationalsozialismus sah sich selbst als ein Bündnis zwischen Menschen arischer Abstammung und den Kräften der Natur: Danach arbeitete die überlegene Rasse im Namen der Natur daran, das Gleichgewicht in einer Welt wiederherzustellen, die durch die »Untermenschen« und ihre falschen weltpolitischen Weichenstellungen geschädigt worden war.[9] Eine solche Politik war langfristig angelegt. Die Planung für zukünftige Generationen bildete ein Kernstück von Hitlers politischer Überzeugung. Die natürliche Rassenüberlegenheit wiederherzustellen, würde Hartnäckigkeit erfordern und bedeuten, dass man erst einmal Leiden in Kauf nehmen musste. Man glaubte, dies sei man zukünftigen Generationen schuldig.

Seit 1933 nahm Hitler unter Mitarbeit führender Vertreter der deutschen Medizinerschaft ein Programm der Massensterilisierung in Angriff. Bis 1945 hatte man mehr als 400 000 Menschen gegen ihren Willen unfruchtbar gemacht, um sie so aus dem Ablauf der biologischen Vererbung auszuschließen. Körperlich schwache, homosexuelle und religiöse Menschen, aber auch solche mit gemischter ethnischer Herkunft und Kriminelle sollten durch solche Maßnahmen aus der Gesellschaft verschwinden.

Eine Erweiterung dieses Programms war die sogenannte Aktion T4: Zwischen 1939 und 1941 wurden schätzungsweise zwischen 75 000 und 250 000 Menschen wegen geistiger oder körperlicher Behinderung ermordet. Später, in der zweiten Hälfte des Zweiten Weltkrieges, entwickelte sich daraus der **Holocaust**, wie er heute genannt wird. Zwischen neun und elf Millionen Menschen wurden in Gaskammern getötet, die meisten von ihnen Juden, aber auch Christen, Homosexuelle und Kriegsgefangene sowie Polen, Sinti und Roma. Der systematische Völkermord war der Gipfel der Bemühungen des Naziregimes, den Rassenbestand zu säubern und die Uhr in eine Zeit zurückzudrehen, als die Menschen angeblich noch genetisch rein gewesen waren.

Die Verwirklichung der Theorien von Eugenik und Rassenhygiene, die vor dem Zweiten Weltkrieg auch in den USA vielerorts Anhänger hatten, hinterließ wegen des beispiellosen Leidens, das sie verursacht hatte, tiefe, dauerhafte Narben in der gesamten, zunehmend globalisierten Zivilisation der Menschen. Insgesamt starben im Zweiten Weltkrieg nach Schätzungen mehr als 62 Millionen Menschen. Damit war er der verheerendste Konflikt der gesamten Menschheitsgeschichte.

In Wirklichkeit waren diese Toten die Opfer zweier Kriege, und man kann mit einigem Recht behaupten, dass diese Kriege letztlich auf den unaufhaltsamen Aufstieg des globalen Kapitalismus zurückzuführen sind. Der erste Krieg, Hitlers beispielloser Feldzug in Europa, war ein Aufstand gegen eine angebliche jüdische Verschwörung, die aus Gewinnsucht die ganze Welt unter ihre Kontrolle bringen wollte. Das, so glaubte er, müsse man verhindern, damit sich die natürliche Ordnung der Menschheit nicht für alle Zeiten ins Gegenteil verkehrte. Der zweite Krieg spielte sich im Fernen Osten ab, wo die Begeisterung der Japaner für die Nachahmung der westlichen Industrialisierung und ihre großartigen Leistungen auf diesem Gebiet mit der chinesischen Unfähigkeit zur Umsetzung wirksamer Reformen zusammenfielen.

Japan wollte den Fernen Osten auf ganz ähnliche Weise kolonisieren, wie Europa es mit Afrika getan hatte. Man wollte sich den sicheren, dauerhaften Zugang zu den Rohstoffen sichern, die für ein weiteres Wirtschaftswachstum notwendig waren. Dabei wollte man nicht auf die habgierigen westlichen Mächte angewiesen sein, deren Kolonien sich bereits auf die ganze Welt verteilten. Dies bedeutete, dass man den riesigen landwirtschaftlichen Reichtum und die Bodenschätze Chinas unter Kontrolle bringen musste, das seit 1927 vor allem aufgrund sowjetischer und japanischer Eingriffe unter einem weiteren verbitterten Bürgerkrieg litt.

Im Jahr 1931 drang Japan in die nordostchinesische Provinz der Mandschurei ein und installierte dort ein Marionettenregime. Im Jahr 1937 folgte mit 350 000 Soldaten eine große Invasion in China, und gleichzeitig begann ein Luftkrieg mit der Bombardierung von Städten im ganzen Land. Der japanische Vormarsch wurde aber Mitte 1938 aufgehalten, weil die Chinesen unter ihrem nationalistischen Führer Chiang Kai-shek ihren Widerstand verstärkten. Bis 1940 herrschte in dem Krieg auf dem chinesischen Festland ein Patt, und Japan geriet durch Wirtschaftssanktionen der Westmächte immer stärker unter Druck: Diese kontrollierten über ihre Kolonien in Indien, Burma, den Philippinen, Malaysia, Indonesien und Singapur den Nachschub an Energie und Erdöl.

Während die Großmächte in Europa durch den Kampf gegen Hitler abgelenkt waren, trat Japan am 7. Dezember 1941 mit einem Überraschungsangriff auf die amerikanische Pazifikflotte in Pearl Harbour auf Hawaii in den Weltkrieg ein. Die Japaner hofften, die westlichen Staaten würden die Eröffnung einer zweiten Front um jeden Preis vermeiden wollen und deshalb ihre Sanktionen aufheben, sodass Japan freie Hand bekäme, seine Eroberung Chinas abzuschließen. Stattdessen war es nun von allen Seiten umzingelt: Die Vereinigten Staaten erklärten Japan den Krieg und sicherten sich letztlich im Sommer 1945 durch den Einsatz von **Atomwaffen** den Sieg.

Zu dieser Zeit war Hitlers Herrschaft bereits vorüber. Seine Pläne waren unter anderem deshalb fehlgeschlagen, weil die Zeit sich nicht zurückdrehen lässt. Sein Experiment führte zu nichts. Es löste nur weitere Kriege, Gewalttätigkeiten und Morde aus. Die Zerstörung hatte ein gewaltiges Ausmaß. Ihre Nachwirkungen führten im letzten Teil unserer Geschichte zu einem dramatischen Wandel.

KAPITEL 42

HEXEN-TANZ

WIE DIE GANZE WELT, GESTÜTZT DURCH WISSENSCHAFTLICHE ANSTRENGUNGEN, DURCH EIN EINZIGES, GLOBALES FINANZ- UND HANDELSSYSTEM VERBUNDEN WURDE. KÖNNEN DIE ERDE UND IHRE LEBENDIGEN SYSTEME DEN STETIG WACHSENDEN ANFORDERUNGEN DER MENSCHEN NOCH GERECHT WERDEN?

»Wann kommen wir drei uns wieder entgegen, / Im Blitz und Donner oder im Regen?« Drei Hexen tanzen um einen brodelnden Kessel und murmeln Zaubersprüche, mit deren Hilfe sie in die Zukunft blicken können.[1] Ein windiges, baumloses, ödes Moor bildet den Hintergrund für diese Eröffnungsszene der Tragödie MACBETH von Shakespeare. Sie handelt von einem Mann, der König werden will, aber ebenso gut passt sie als Hintergrund für die letzten 60 Jahren seit dem Zweiten Weltkrieg – die letzte Tausendstelsekunde vor Mitternacht auf unserer 24-Stunden-Uhr der Erdgeschichte. Innerhalb dieses winzigen Zeitraums hat sich sowohl für die Menschen als auch in der Natur so viel verändert, dass auch noch so viele Bücher nicht annähernd die ganze Geschichte erzählen könnten.

Um uns dennoch ein wenig Durchblick zu verschaffen, werden die Hexen jetzt die Geister von drei Denkern aus der Vergangenheit heraufbeschwören. Die prophetischen Erkenntnisse dieser drei Denker schärfen den Blick auf die großen und aller Voraussicht nach zukunftsbestimmenden Probleme unserer Zeit.

*****

Der Geist von Karl Marx sucht jeden heim, der an die Überlegenheit und Klugheit jenes von Menschen entwickelten Wirtschaftssystems glaubt, das wir als Kapitalismus bezeichnen. Marx hielt den Kapitalismus lediglich für einen notwendigen Übergangszustand, der eines Tages einer gerechteren Gesellschaftsordnung Platz machen würde.

In den drei ersten Juliwochen des Jahres 1944 hielten mehr als 700 Bankiers aus den 44 Staaten, die sich gegen Hitlerdeutschland verbündet hatten, in Bretton Woods tief in einem Wald im

US-amerikanischen Bundesstaat New Hampshire ein Geheimtreffen ab. Sie wollten ein leistungsfähiges Finanzsystem entwickeln, das nicht nur die Schäden der beiden verheerenden Weltkriege reparierte, sondern auch die Gefahr weiterer Konflikte möglichst verringerte.

Was die Hauptursachen der beiden Kriege anging, waren sich die Bankfachleute einig. Die Industrienationen hatten die heilige Lehre des freien Handels außer Acht gelassen, die Adam Smith ursprünglich im 18. Jahrhundert formuliert hatte, und sich stattdessen in einen Teufelskreis aus merkantilem Protektionismus begeben, indem sie ihre Kolonien als sichere Quelle für Rohstoffe (in denen Waren hergestellt wurden) und als Märkte (zum Verkauf) benutzten. Mehrere Wirtschaftsblöcke konkurrierten um die globale Vorherrschaft, und das führte insbesondere in schlechten Zeiten zwangsläufig zu Konflikten.

Eine solche schlechte Zeit begann mit dem Zusammenbruch der Aktienmärkte im Jahr 1929, der die große Weltwirtschaftskrise der 1930er Jahre einleitete. Statt koordinierter Rettungsmaßnahmen vieler Zentralbanken beschränkten sich die noch bestehenden Kolonialreiche auf die Grenzen ihrer eigenen Handelsnetze – ein Beispiel war der Sterling-Bereich des britischen Empire. Wenn eine Wirtschaftskrise über Großbritannien hereinbrach, litten die Kolonien besonders darunter, weil die Warenströme ins Mutterland blockiert waren. Ebenso litten die Arbeiter in den Fabriken des industrialisierten Mutterlandes, denn nun konnten sich nur noch die wenigsten Verbraucher auf den Märkten in Übersee ihre Fertigprodukte leisten. Die Spirale der Arbeitslosigkeit in den industrialisierten Ländern führte zu sozialen Unruhen, die nur durch umfangreiche staatliche Eingriffe beigelegt werden konnten; dies war, wie etwa in Deutschland, häufig mit einer militärischen Wiederbewaffnung verbunden und führte letztlich zum Weltkrieg.

Das System von Bretton Woods war darauf angelegt, Marx zu widerlegen. Der Kapitalismus wurde nicht verdammt, sondern er erforderte ein einziges, weltweites System, das den freien Austausch von Kapital und Waren ohne staatliche Kontrollen und Steuern ermöglichte. Unter den veränderten Bedingungen der Nachkriegszeit wurden imperialistische Staaten, deren wirtschaftliche Stärke sich bisher auf die Kolonien gestützt hatte, dazu gedrängt, die einstmals abhängigen Gebiete in die Unabhängigkeit zu entlassen und einen Rahmen der internationalen finanziellen Zusammenarbeit zu schaffen. Freihandelsabkommen sollten dafür sorgen, dass Smith' »unsichtbare Hand« der Marktkräfte, die Angebot und Nachfrage regelte, den einzelnen Staaten die Möglichkeit der wirtschaftlichen Erpressung nahm.

Darüber hinaus hielt man es für notwendig, dass die Regierungen für ihre Bürger ein soziales Sicherungsnetz einrichteten, das den Lebensunterhalt für Arbeitslose, die medizinische Versorgung der Armen und staatliche Leistungen für ältere und behinderte Menschen sicherte. Man entwickelte Wohlfahrtsstaaten, die wirtschaftliche Härten für ihre Bewohner so weit abmilderten, dass Volksaufstände im Stil der französischen, chinesischen, russischen oder deutschen Revolution unwahrscheinlich wurden. Eine weitere wichtige Reform war die allgemeine Einführung des Frauenwahlrechts; sie war in Großbritannien und anderen Ländern bereits zwischen den Kriegen erfolgt: Dort hatte man nach langjährigem Druck von Frauenrechtlerinnen, die als »Suffragetten« bezeichnet wurden, bereits 1928 das Wahlrecht auf alle Frauen ab 18 Jahren ausgedehnt. Das riesige Indien folgte 1950, nachdem es seine politische Unabhängigkeit erlangt hatte. Zuletzt wurde das Wahlrecht für Schwarze in den Vereinigten Staaten nach dem 1964 verabschiedeten Civil Rights Act gestärkt, und in der Schweiz dürfen Frauen seit 1971 wählen. In Südafrika erhielten die Schwarzen das Wahlrecht, nachdem das rassistische Apartheidsystem 1994 beendet war.

60 Jahre nach dem Zweiten Weltkrieg beherrschten weltweit **freier Handel, Wohlfahrtsstaaten** und **demokratische Regierungen** auf der Grundlage des allgemeinen Wahlrechts die politischen Systeme der westlichen Welt. Die Grundsätze des Kapitalismus und des freien Welthandels wurden in einem System des globalen Austausches festgeschrieben, dessen wichtigster Vorreiter die seit 1995 aktive Welthandelsorganisation ist. Im Jahr 2007 hatte sie 123 Mitgliedsstaaten, und die meisten noch verbliebenen Wirtschaftsmächte – beispielsweise Russland, Libyen, die Ukraine, Iran, Irak, Äthiopien, Algerien und Afghanistan – stehen in der Warteschlange.

Dass es so lange dauerte, hatte einen wichtigen Grund: Die Sowjetunion und China traten dem Bretton-Woods-Abkommen nicht bei. Nachdem Japan 1945 kapituliert hatte, wurde die politische Unabhängigkeit Chinas sehr schnell von einem kommunistisch/marxistischen Regime vereinnahmt, das von Stalins Sowjetunion gestützt wurde. Im Oktober 1949 erklärte sich Mao Zedongs »Volksrepublik China« zum Einparteienstaat. Die unterlegenen politischen Gegner der Kommunisten, die Kuomintang unter Chiang Kai-shek, flüchteten nach Taiwan und sind dort bis heute als bekehrte Kapitalisten eng an das westliche Lager gebunden.

Von 1945 bis 1991 bildeten China und die Sowjetunion eigene Wirtschaftsblöcke, die dem kapitalistischen Westen Konkurrenz machten. Es waren geschlossene, zentral verwaltete Systeme, die durch eine gewaltige Militärmacht gestützt wurden. Durch die Doktrin der »wechselseitig gesicherten Zerstörung« trugen Atomwaffen letztlich dazu bei, dass der Frieden zwischen dem kommunistischen Osten und dem kapitalistischen Westen während des gesamten Kalten Krieges, wie er genannt wurde, erhalten blieb.

Während dieser Zeit kam es dennoch immer wieder zu gefährlichen Situationen, die ohne weiteres in einen Weltkrieg hätten münden können. Dazu gehören der Koreakrieg (1950 bis 1953), die Kuba-Raketenkrise von 1962, der Vietnamkrieg (1964 bis 1975) und die sowjetische Invasion in Afghanistan (1979).

Seit 1985 jedoch löste sich die Sowjetunion (UdSSR) aufgrund der wirtschaftlichen Stagnation allmählich auf, und ihre Satellitenstaaten in Osteuropa sowie die baltischen Staaten (Litauen, Lettland und Estland) ergriffen die Gelegenheit zu größeren politischen und gesellschaftlichen Freiheiten, die der reformorientierte sowjetische Staatschef Michail Gorbatschow (1985 bis 1991) ihnen bot. Nach einem fehlgeschlagenen Staatsstreich brach das Imperium 1991 endgültig zusammen, und frühere Sowjetrepubliken erklärten ihre

Unabhängigkeit – im Dezember 1991 hatten 14 der 15 Sowjetrepubliken das Protokoll von Alma Ata unterzeichnet und sich damit von der Union losgesagt. Am Weihnachtstag des gleichen Jahres trat Gorbatschow als Staatschef der UdSSR zurück; er erklärte sein Amt für erloschen, und Russland wurde eine Art kapitalistische Demokratie. Am 1. Mai 2004 schließlich wurden sieben frühere Ostblockstaaten (Estland, Lettland, Litauen, Polen, die Tschechische Republik, die Slowakei und Ungarn) offiziell in die Europäische Union aufgenommen. Am 1. Januar 2007 kamen Rumänien und Bulgarien hinzu.

China ist zwar noch heute ein kommunistischer Einparteienstaat, durch die Wirtschaftsreformen, die der Parteivorsitzende Deng Xiaoping seit 1978 einführte, rückte es jedoch näher an das kapitalistische Wirtschafts- und Handelssystem heran, eine Entwicklung, die 2001 mit der Aufnahme in die Welthandelsorganisation ihren Höhepunkt fand. Heute ist das kommunistische China die größte Wachstumsregion des Kapitalismus. Mit dem Vorteil einer fast unbegrenzten Zahl billiger Arbeitskräfte ist die chinesische Wirtschaft zur zweitgrößten und am schnellsten wachsenden Volkswirtschaft der Erde aufgestiegen; ihre durchschnittliche jährliche Wachstumsrate liegt bei neun Prozent. Heute ist China auf dem Weg, die Vereinigten Staaten als Spitzenreiter des globalen Kapitalismus zu überholen.

In der Zwischenzeit hatten die imperialen Mächte Europas ihre **früheren Kolonien** in die Freiheit entlassen. Das ging manchmal friedlich vonstatten, manchmal auch nicht. Manche Staaten brauchten Jahre, bis sie auf eigenen Füßen standen – insbesondere wenn zu ihrer Bevölkerung, wie im von Frankreich kontrollierten Algerien, Tausende von Siedlern aus dem Mutterland gehörten.[2]

Die Staaten des Nahen Ostens wandelten sich nicht nur durch ihre neu gewonnene politische Unabhängigkeit, sondern auch dadurch, dass man unter ihren Wüstenböden gewaltige **Rohölvorkommen** entdeckte.

In den 1930er Jahren nutzte der britische Diplomat Jack Philby seine enge Freundschaft zu dem arabischen Herrscher Ibn Saud, um den Vereinigten Staaten ein höchst wertvolles Geschenk zu machen. Nachdem das Osmanische Reich am Ende des Ersten Weltkrieges zusammengebrochen war, hatte Ibn Saud die heiligen muslimischen Städte Mekka und Medina erobert und ein neues Königreich gegründet, dass er nach sich selbst benannte: Saudi-Arabien wurde am 20. Mai 1927 durch den Vertrag von Dschidda international anerkannt. Im Wesentlichen durch Philbys Einfluss wurde US-amerikanischen Ölkonzernen das Exklusivrecht eingeräumt, in der saudischen Wüste nach Öl zu suchen.

Bereits 1938 hatte die Suche erste Erfolge gebracht. Wenig später war Aramco – das Unternehmen, das von der amerikanischen Mineralölindustrie gegründet worden war, um die Vorkommen in Saudi-Arabien auszubeuten – der größte Ölkonzern der Welt. Er machte 1950 derart gewaltige Gewinne, dass Ibn Saud einen Anteil von 50 Prozent forderte – anderenfalls drohte er mit der Verstaatlichung des Unternehmens. Am Ende entschädigte die US-Regierung die Aktionäre von Aramco für die entgangenen Gewinne mit einer Steuervergünstigung, die als »Golden Gimmick« bezeichnet wurde und dem Betrag ent-

Die Entwicklung der Ölproduktion

Anstieg und Rückgang der jährlichen Ölproduktion in Vergangenheit, Gegenwart und Zukunft.

sprach, den das saudische Regime abgezweigt hatte.[3]

Durch die Öldollars, die in den Nahen Osten strömten, veränderte sich der Einfluss der selbstständigen Monarchen in der Region. Gefestigt wurde ihre Macht auch, weil sie den Wahabismus unterstützten, eine strenge Form des sunnitischen Islam. Er wurde im 18. Jahrhundert als Reformbewegung von Muhammad ibn Abd-al-Wahhab gegründet und hatte die Reinigung des Islam zum Ziel. Später wurde der Wahabismus vom Haus Saud übernommen, das seit jeher die Region von Nadj, wo die Lehre zuerst Fuß fasste, beherrscht hatte.

Mit dem Geld des ölhungrigen Westens im Rücken und den heiligen Stätten des Islam unter ihrer unmittelbaren Kontrolle breitete sich die Glaubensrichtung auf dem Weg über Religionsschulen, Zeitungen und Missionsorganisationen schnell in der ganzen Region aus. Als die Westmächte 1947 offiziell den Staat Israel gründeten und sein Staatsgebiet auf das Land der Palästinenser legten, die in ihrer Mehrzahl Muslime waren, verstärkte dies eine gefährliche Mischung aus fundamentalistischem Islamismus und antiwestlichen Stimmungen. Verschärfend kamen alte Feindseligkeiten zwischen den Juden und den anderen Völkern des Nahen Ostens hinzu, die bereits bis in vorchristliche Zeit zurückreichen (siehe Seite 221). Bis heute bildet der ungelöste Nahostkonflikt den Nährboden für ethnische Konflikte, verbitterten Hass und internationalen Terrorismus.

Das Fundament der modernen Weltwirtschaft reicht von den billigen chinesischen Arbeitskräften bis zu den reichen Ölfeldern Saudi-Arabiens. Solche Beispiele belegen, dass der Kapitalismus als solcher keine Demokratie erfordert, auch wenn einige seiner führenden Vertreter etwas anderes behaupten.[4]

Das Streben nach persönlicher Bereicherung durch ständigen, nie endenden Erwerb materieller Güter – Marx sprach vom »Warenfetischismus« – ist für die Menschen seit dem Ende des Zweiten Weltkrieges ein gemeinsamer Anreiz, unabhängig von Hautfarbe, politischen Einstellungen oder religiösen Überzeugungen miteinander Geschäfte zu machen.

Bisher hat sich das System als bemerkenswert widerstandsfähig erwiesen. Trotz einer ganzen Reihe von Krisen wie der Nahost-Ölkrise 1973, der lateinamerikanische Schuldenkrise (1981 bis 1994), dem großen globalen Aktiencrash 1987, der Asienkrise 1997 und der Krise bei der Finanzverwaltung von Hedgefonds 1998 konnten die Zentralbanken mit ihren gemeinsamen Eingriffen, wie sie erstmals 1944 von den Finanzfachleuten in Bretton Woods vorgeschlagen wurden, die Weltwirtschaft immer wieder ins Lot bringen, sodass das Wachstum nicht abbrach. Die Vereinigten Staaten konnten seit 1983 schwere Rezessionen vermeiden – nur 1987 und 2000 gab es zwei kurze Unterbrechungen. Dies brachte einige Fachleute zu der Überzeugung, der traditionelle kapitalistische Kreislauf des Auf und Ab, einer von Marx' wichtigsten Kritikpunkten an dem System, gehöre möglicherweise dank des modernen Wirtschaftsmanagements endgültig der Vergangenheit an.[5]

Aber leider zeigt der Kapitalismus auch seine Kehrseite. Für Millionen Menschen in manchen Regionen der Welt hat sich der Lebensstandard gewaltig verbessert, aber das hat Millionen andere nicht vor der Verarmung bewahrt. Ende 2001 besaßen die reichsten zwei Prozent der Erwachsenen weltweit mehr als die Hälfte des gesamten Haushaltsvermögens, und den Superreichen – ein Prozent der Bevölkerung – gehörten mehr als 40 Prozent. Umgekehrt mussten sich die untersten 40 Prozent weniger als ein Prozent der Vermögenswerte teilen. Nach Schätzungen besitzen die reichsten zehn Prozent der Erwachsenen auf der Welt heute mehr als 85 Prozent des Gesamtvermögens. Nordamerika hat nur einen Anteil von sechs Prozent an der Weltbevölkerung, aber dort konzentrieren sich 34 Prozent des gesamten Privatvermögens.[6]

Die heutige **ungleiche Vermögensverteilung** spiegelt sich auch in den Unterschieden zwischen den reichsten und ärmsten Staaten der Welt wider. Nichts spricht dafür, dass die Armut in der Dritten Welt und insbesondere im postkolonialistischen Afrika zurückgehen wird. Das System des freien Welthandels, das von Befürwortern wie Ronald Reagan (US-Präsident 1981 bis 1989) und Margaret Thatcher (britische Premierministerin 1979 bis 1990) so stolz verkündet wurde, hat sich in der Realität häufig als bei weitem nicht frei erwiesen. Im Falle der gewaltigen Subventionen etwa, die europäische Bauern seit 1958 im Rahmen der »Gemeinsamen Landwirtschaftspolitik« erhielten, herrschten immer ungleiche Voraussetzungen. Die armen Länder Afrikas, deren Volkswirtschaften durch die koloniale Vergangenheit geprägt sind, waren zur Ernährung ihrer Bevölkerung auf Einnahmen aus dem Lebensmittelexport angewiesen. Aber die reichen Länder hielten die Preise durch Subventionen und Einfuhrsteuern künstlich niedrig, um ihren eigenen Bauern den Lebensunterhalt zu sichern, die dann beliebige Mengen zu überhöhten Festpreisen produzieren konnten.

Die europäischen Butterberge, Weinseen, Käse- und Getreideberge, die jeweils weit größer waren als der Eigenbedarf der Europäer, wurden dann in anderen Ländern zu Schleuderpreisen verkauft, was die Bauern der Dritten Welt aus dem Geschäft drängte. Viele Formen dieser Marktverzerrung wurden inzwischen zwar eingestellt, aber sie haben tiefes Misstrauen hinterlassen. Manche Rohstoffexporte aus Amerika (zum Beispiel Baumwolle) und Europa (zum Beispiel Zucker) werden auch heute noch subventioniert, sodass die Drittweltländer sich selbst auf ihren Heimatmärkten in einer schwierigen Konkurrenzsituation befinden. Da viele von ihnen kein industrielles Fundament besitzen, müssen sie Geld von den Banken der Industrieländer leihen, und wenn sie dann später die Darlehen nicht zurückzahlen können, geraten sie in einen Teufelskreis der Abhängigkeit. Ebenso trägt die innenpolitische Lage in vielen Ländern zur wirtschaftlichen Misere bei. Zahlreiche Kolonien gerieten nach Erlangung der politischen Unabhängigkeit unter den Einfluss korrupter, despotischer Machthaber. Diese deckten sich mit westlichen Waffen ein und können sich bis heute an der Macht halten, indem sie die ethnischen Konflikte und Stammesstreitigkeiten fortführen, die in den Jahren der kolonialen Willkürherrschaft ausgebrochen waren.[7]

Das sind einige Gründe, warum es dem Kapitalismus nicht gelungen ist, den Kolonialismus der Vergangenheit wiedergutzumachen. Verzweifelte Menschen greifen zu verzweifelten Mitteln. Flüchtlingsströme verlassen die kargen Wüsten in Staaten wie der Demokratischen Republik Kongo oder Somalia, und Terroristen rekrutieren in den ölreichen Diktaturen des Nahen Ostens ihre Selbstmordbomber. Von den 19 Terroristen, die am 11. September 2001 drei amerikanische Passagierflugzeuge in das New Yorker World Trade Center und das Pentagon in Washington steuerten, kamen 14 aus dem Königreich Saudi-Arabien. Ihre Taten waren ein extremes Beispiel dafür, auf welch verheerend wirksame Weise sich verzweifelte Stimmen Gehör verschaffen können. Angesichts einer dramatisch gewachsenen Gefahr durch internationalen Terrorismus, die durch eine Politik von Neid, Rassendiskriminierung und Ungerechtigkeit verstärkt wird, lebt im »Krieg gegen den Terror« des 21. Jahrhunderts das warnende Gespenst von Karl Marx wieder auf.

Die Hexe Nummer zwei beschwört ein nicht weniger unheimliches Gespenst herauf. Thomas Malthus war wegen des

Am 11. September 2001 zerstörten Terroristen die Symbole der amerikanischen Finanzmacht und des kapitalistischen Reichtums.

Bevölkerungswachstums so beunruhigt, dass er eine Zukunft prophezeite, in der die Natur selbst Rache nehmen würde.

Der steile **Anstieg der Bevölkerungszahl** im 20. Jahrhundert stand in unmittelbarem Zusammenhang mit dem wachsenden wirtschaftlichen Wohlstand. In Großbritannien liegt die Lebenserwartung mit 78,8 Jahren heute 30 Jahre höher als noch 1900 – und mehr als 32 Jahre über der in den Ländern des südlichen Afrika.[8] Den bei weitem größten Bevölkerungszuwachs erlebte Asien. China und Indien sind zusammen heute die Heimat für fast die Hälfte der Weltbevölkerung von insgesamt 6,7 Milliarden Menschen – eine Zahl, die den Voraussagen nach bis 2050 auf mehr als neun Milliarden ansteigen wird.

Durch die vielen Menschen, die sich heute auf unserem Planeten drängen, hat sich das Leben auf der Erde in den letzten 60 Jahren dramatisch verändert. Natürliche Lebensräume, die schon seit langem durch die Siedlungen der Menschen gefährdet waren, wurden durch die schnelle Industrialisierung sowie durch das Städtewachstum verheerend geschädigt. Zu den wichtigsten Ursachen für den steilen **Rückgang der Zahl biologischer Arten** auf der Erde gehören Waldzerstörung, Bergbau, Hochseefischerei und Intensivlandwirtschaft. Ein sechstes Massensterben könnte sich als ebenso umfangreich erweisen wie die fünf großen Phasen des Artensterbens, die sich in vorgeschichtlicher Zeit abgespielt haben (siehe Seite 66). Nach heutiger Kenntnis sind die Tätigkeiten der Menschen während der letzten 100 Jahre dafür verantwortlich, dass die Aussterberate um über 1000 Prozent angestiegen ist; nach Schätzungen mancher Experten sind bereits bis zu zwei Millionen Pflanzen- und Tierarten der Zerstörung ihrer Lebensräume, der Ausweitung der landwirtschaftlichen Produktion, der Umweltverschmutzung und Infrastrukturprojekten wie dem Dammbau zum Opfer gefallen.[9] Heute sterben jedes Jahr schätzungsweise 140 000 biologische Arten aus, das sind hundert- bis tausendmal mehr, als es dem früheren Normalzustand entspricht. Nach der von der Weltnaturschutzunion herausgegebenen Roten Liste der gefährdeten Arten sind bis zu 52 Prozent aller wichtigen heute lebenden Arten bedroht; an der Spitze der Liste stehen die Pflanzen, bei denen für 70 Prozent aller Arten ein Risiko besteht.

Die **Abholzung der Wälder**, die von menschlichen Gesellschaften schon seit alter Zeit betrieben wurde, hat sich im Laufe des 20. Jahrhunderts insbesondere in den Tropen dramatisch verstärkt, weil die Nachfrage nach natürlichen Edelholzprodukten immer neue Höchststände erreichte. Zwischen 1920 und 1995 wurden nahezu 800 Millionen Hektar tropischer Regenwald gerodet, eine Fläche, die fast so groß ist wie die der Vereinigten Staaten von Amerika.[10] Zwischen 1980 und 1990 wurden jedes Jahr etwa 15,4 Millionen Hektar abgeholzt, fast die doppelte Fläche Großbritanniens.[11]

Als Triebkraft standen hinter solchen Zerstörungen meist wirtschaftliche Überlegungen, bei denen auf den Preis für Menschen und Natur keine Rücksicht genommen wurde. Die armen Menschen in den früheren Kolonialgebieten benötigten dringend Nutzpflanzen, die sie leicht und billig zu Geld machen konnten. Der illegale Holzhandel war gleichbedeutend mit organisiertem Verbrechen und gewalttätigen Banden. In der Amazonasregion standen während der letzten 30 Jahre mehr als 800 Morde in Verbindung mit Konflikten um Nutzflächen. Manchmal wurden die Auseinandersetzungen sehr persönlich. Schwester Dorothy Stang, eine Nonne aus den Vereinigten Staaten, hatte ihr Leben der Aufgabe gewidmet, die Menschen im Amazonas-Regenwald so auszubilden, dass sie die natürlichen Produkte ihres Waldes nutzen konnten, ohne Bäume abzuholzen. Nachdem sie illegale Abholzung bei den brasilianischen Behörden angezeigt hatte, erhielt sie Morddrohungen von den Banden, denen nun die Strafverfolgung drohte. Als sie am 12. Februar 2005 in ihrem Dorf zu einer Zusammenkunft ging, wurde sie von zwei Heckenschützen aus nächster Nähe ermordet. Anschließend jagten die Täter noch fünf weitere Kugeln in die Leiche.[12]

Wenn man Bäume abholzt, zerstört man mehr als nur Tiere und Menschen. Man macht auch die Erde selbst unfruchtbar. In baumlosen Regionen ist die Bodenqualität stark beeinträchtigt, weil der Untergrund der witterungsbedingten Erosion schutzlos preisgegeben ist. Auch auf die Niederschlagsmengen hat die Waldzerstörung nach heutiger Kenntnis weitreichende Auswirkungen, denn es ist dem natürlichen Prozess der Transpiration durch Pflanzen zu verdanken, dass ein großer Teil des im Boden gebundenen Wassers letztlich in Form von Wolken in die Luft gelangt (siehe Seite 56).

Eine weitere wichtige Ursache des Artensterbens, für die wir Menschen verantwortlich sind, ist die übermäßige Jagd. Das mussten die Kosaken in Sibirien und die nordamerikanischen Irokesen schmerzlich miterleben. Eines der bekanntesten Beispiele war im 19. Jahrhundert das Schicksal der nordamerikanischen Wandertaube. Diese Vögel waren einst so zahlreich, dass ihre Schwärme sich über mehr als eine Meile am Himmel erstreckten, wenn sie im Frühjahr aus dem Süden in ihre Brutgebiete in Neuengland zogen. Seit den Sechziger- und Siebzigerjahren des 19. Jahrhunderts machte man ernsthaft Jagd auf die Tauben, um die wachsenden Städte an der Ostküste der Vereinigten Staaten mit billigem Fleisch zu versorgen. Im Jahr 1869 schickte allein der Kreis Buren in Michigan mehr als sieben Millionen Wandertauben auf die Märkte im Osten. Die Jagd hatte zur Folge, dass die Wandertaube – eine Spezies, die früher mehr als fünf Milliarden Individuen gezählt hatte – schon 1914 auf die Liste der ausgestorbenen Arten gesetzt werden musste.

Das gleiche Schicksal könnte schon bald Tausende weiterer Arten ereilen, von denen manche einst ebenso weitverbreitet waren wie etwa der Kabeljau. Nach einer Studie aus dem Jahr 2006 ist ein Drittel der weltweiten Fischbestände mittlerweile auf weniger als zehn Prozent der ursprünglichen Größe zurückgegangen, und wenn die Fischerei sich im derzeitigen Umfang fortsetzt, wird es 2050 in den Meeren praktisch keine essbaren Fische mehr geben. Die Schleppnetze, die über den Meeresboden gezogen werden, richten dort so schwere Schäden an, dass die Ökosysteme der Tiefsee weit stärker beeinträchtigt werden als durch alle von Menschen erzeugten Umweltgifte, die in die Meere gelangen. Eine im Februar 2008 veröffentlichte Weltkarte zeigt detailliert, wie sich 17 verschiedene, von

Tödlicher Flug: Das letzte Wandertaubenmännchen starb 1912 in Gefangenschaft.

Menschen ausgehende Bedrohungen auf die Ozeane auswirken. Danach sind nur vier Prozent der Weltmeere bisher noch nicht durch den Menschen geschädigt. Und selbst dieser kleine Anteil blieb im Wesentlichen nur deshalb unberührt, weil er unter schützendem Polareis liegt, das seinerseits durch die globale Erwärmung und das Abschmelzen der Eiskappen gefährdet ist.[13]

Ein weiterer Grund für die starke Abnahme der biologischen Vielfalt ist die Umweltverschmutzung, die ihre Ursache in dem gewaltigen Anstieg der Weltbevölkerung hat. Durch das Verfeuern fossiler Brennstoffe wird die Luft verschmutzt, und das führt dazu, dass das Regenwasser mehr Säure enthält. Metallgießereien und petrochemische Fabriken stoßen Schadstoffe aus, die empfindliche Ökosysteme zerstören. Müllkippen setzen Methan und gefährliche Chemikalien wie Kadmium frei, die in weggeworfenen Elektronikprodukten enthalten sind und den umgebenden Boden vergiften. Was die Nutzung von Müllkippen angeht, schnitt Großbritannien 2007 unter allen europäischen Staaten am schlechtesten ab: Dort wurden rund 27 Millionen Tonnen Abfälle auf Lagerflächen entsorgt, die sich mittlerweile über 227 Quadratkilometer erstrecken.

Welch gewaltigen Preis die Umwelt für den wachsenden Ehrgeiz von Staaten zahlt, die in der Geschichte am wenigsten vom Wirtschaftswachstum profitiert haben, zeigt ein 2007 veröffentlichter Bericht des Blacksmith Institute, einer in New York ansässigen Umweltorganisation. Diese Staaten sind jetzt verzweifelt bemüht, den Lebensstandard der wohlhabenden Länder zu erreichen. Von den 30 am stärksten verschmutzten Orten der Welt, die in dem Blacksmith-Bericht genannt werden (den **»dreckigen Dreißig«**), liegt kein einziger in einem Staat der »Ersten Welt«. Sie befinden sich vielmehr in Russland, China, Sambia, Peru, Aserbaidschan, Indien und der Ukraine.

Wenn die Bewohner aller Staaten sich des gleichen Lebensstandards erfreuen würden wie der Durchschnittsbewohner eines westlichen Landes, wären fünf Planeten wie die Erde erforderlich, um die notwendigen natürlichen Ressourcen in Form von Energie, Lebensmitteln und Wasser zu liefern.[14] Welche Probleme die hektische Industrialisierung der ärmeren Länder aufwirft, zeigt sich beispielhaft in China, das

Kohlekraftwerke wie hier in der chinesischen Provinz Hebei liefern die Energie für die größten Industrienationen der Welt – aber um welchen Preis für die Umwelt?

weltweit die größte Landbevölkerung und die am schnellsten wachsende Wirtschaft besitzt. Seine politische Führung ist vor kurzem auf den kapitalistischen Zug aufgesprungen und glaubt vielleicht, sie könne durch verbesserten Wohlstand verhindern, dass sich Chinas Geschichte der gewalttätigen Bauernaufstände wiederholt.

Heute steigt die Zahl der Haushalte in China doppelt so schnell wie die Bevölkerungszahl, weil die Scheidungsrate steigt und immer mehr Familien auseinandergerissen werden, wenn junge Leute in den Großstädten nach Arbeit suchen. Wenn alle Menschen in China eine ähnliche Lebensweise pflegen würden wie die Bevölkerung Europas und Nordamerikas, wäre dazu nach Schätzungen das Doppelte der Rohstoffmenge erforderlich, die heute von der gesamten Weltbevölkerung verbraucht wird.[15]

Allein zur Deckung des gewaltigen chinesischen Bedarfs an Elektrizität gibt die Regierung derzeit jede Woche zwei neue Kohlekraftwerke in Auftrag.

Das Wirtschaftswachstum führte 2005 zu einer Steigerung der weltweiten Ölproduktion auf fast 83 Millionen Barrel am Tag.[16] Die Welt ist heute süchtig nach einer Lebensweise, die durch Erdöl und Erdgas erst möglich gemacht wird – eine Lebensweise mit Flugreisen, Autos, Kraftwerken und vielem anderen.

Heute weiß man sehr genau, welche Folgen das Verfeuern fossiler Brennstoffe hat. Der Kohlendioxidgehalt der Atmosphäre ist seit dem 19. Jahrhundert, als fossile Brennstoffe den Menschen erstmals in Form der Dampfmaschine eine völlig unabhängige Energiequelle lieferten (siehe Seite 441), dramatisch angestiegen. Die CO_2-Konzentration ist zwischen 1832 und 2007 von 284 auf 383 ppm (Parts per Million) gewachsen. Kohlendioxid gehört wie das Methan zu den Gasen, die Infrarotstrahlung aufnehmen und deshalb große Auswirkungen auf die weltweiten Temperaturen haben. Der wachsende Kohlendioxidgehalt der Erdatmosphäre ist nach heutiger Kenntnis die wichtigste Ursache dafür, dass die globalen Temperaturen in jüngerer Zeit stark angestiegen sind. Das hat bereits dazu geführt, dass viele wichtige Gletscher und die Eiskappen der Pole abschmelzen, was wiederum Veränderungen des Meeresspiegels und der Niederschlagsverteilung nach sich zieht.[17]

Im Jahr 2007 war die sagenumwobene Nordwestpassage, nach der Generationen von Entdeckern gesucht hatten (siehe Seite 365), zum ersten Mal seit Beginn der historischen Aufzeichnungen völlig eisfrei, sodass Schiffe durch die Arktis zwischen Atlantik und Pazifik hin und her fahren konnten. Da die Aufnahme des Kohlendioxids durch Bäume einer der wichtigsten Mechanismen ist, mit denen die Erde die Konzentration dieses Gases reguliert, hat die Waldzerstörung durch den Menschen bereits heute wohl die Fähigkeit unseres Planeten, die globalen Temperaturen in einem lebensfreundlichen Optimalbereich zu halten, beeinträchtigt.

Im Februar 2003 brach in Darfur, einer Region von der Größe Frankreichs im Westen des Sudan, nach jahrzehntelanger Dürre und Bodenerosion ein Krieg aus; ausgelöst wurde er vermutlich durch Veränderungen der Niederschläge, die auf die **globale Erwärmung** zurückzuführen sind.[18] In ihrem verzweifelten Überlebenskampf zogen die arabischen Kamelzüchterstämme der Baggara aus ihren traditionellen Weidegebieten in die landwirtschaftlich genutzten Regionen weiter im Süden, um dort Weideland und Wasser zu finden. Durch ihre Angriffe auf die nichtarabische Bevölkerung sind bis Oktober 2006 vermutlich über 2,5 Millionen Menschen vertrieben worden, annähernd 400 000 von ihnen starben an Krankheiten, Fehlernäherung oder Hunger.

Weiter südlich in Afrika zerstört das Aids-Virus das Immunsystem der Menschen, und das ist für Millionen von Betroffenen, die nun keine Abwehrkräfte gegen allgemein verbreitete Infektionen mehr besitzen, tödlich. Aids wurde 1981 zum ersten Mal diagnostiziert; das HI-Virus übersprang irgendwann die Artenschranke von Affen zum Menschen. Seither sind über 25 Millionen Menschen, die Mehrzahl Afrikaner, daran gestorben, und bis zu 46 Millionen weitere sind infiziert. In Südafrika leben derzeit mehr als eine Million Waisenkinder, die meisten davon selbst infiziert; ihre Eltern sind an der Krankheit gestorben – der Erreger wird durch Muttermilch und andere Körperflüssigkeiten leicht weitergegeben.

Hatte Malthus das gemeint, als er prophezeite, die Weltbevölkerung werde sich eines Tages durch Eingriffe der Natur in Form »schlechter Jahreszeiten, Epidemien, Pestilenz und Pest« sowie durch »eine riesige, unausweichliche Hungersnot« von selbst wieder einpendeln?

* * * * *

Die quälendste Frage von allen jedoch wird von der dritten und letzten Hexe aufgeworfen. Ihre Visionen beschwören den Geist eines Mannes herauf, der vielfach als der einflussreichste Wissenschaftler, Naturforscher und Denker aller Zeiten gilt.

Dass Charles Darwin sich so dagegen sträubte, die in seinen Büchern DIE ENTSTEHUNG DER ARTEN und DIE ABSTAMMUNG DES MENSCHEN beschriebenen Theorien zu veröffentlichen, hatte einen einfachen Grund: Sie warfen zwangsläufig die Frage auf, ob Menschen sich grundlegend von anderen Tieren unterscheiden. Darwins prophetische Warnung, der Mensch trage »mit allen diesen hohen Kräften doch noch in seinem Körper den unauslöschlichen Stempel eines niederen Ursprungs« ist noch heute für viele Menschen schwer verdaulich, entweder aus religiösen Gründen oder einfach, weil alles in unserer Umgebung die Vermutung nahelegt, dass die Menschen nicht den gleichen Gesetzmäßigkeiten für Überleben und Aussterben unterliegen wie andere Lebewesen.

Bisher deutet nichts darauf hin, dass die Fähigkeit der Menschen, sich den Gesetzmäßigkeiten der Natur zu entziehen, geringer würde. Seit dem Zweiten Weltkrieg haben wir mit unserem Erfindungsreichtum immer neue Systeme entwickelt, durch die sich unsere Beziehungen untereinander und zu unserer Umwelt radikal verändert haben. Fernsehen, Computer, Videospiele, Mobiltelefone, SMS und Internet haben viele Menschen in eine Welt entführt, in der ihnen keine wilden Tiere mehr in die Quere kommen können. Die Jahreszeiten, die früher für die Wahlfreiheit der Verbraucher eine Einschränkung darstellten, wurden abgeschafft: Heute liefern klimatisierte Supermärkte 24 Stunden am Tag und 365 Tage im Jahr Zehntausende von tiefgekühlten Produktlinien aus der ganzen Welt.

Die elektronischen Medien, die es als Massenphänomen erst seit den 1950er Jahren gibt, schufen für die Her-

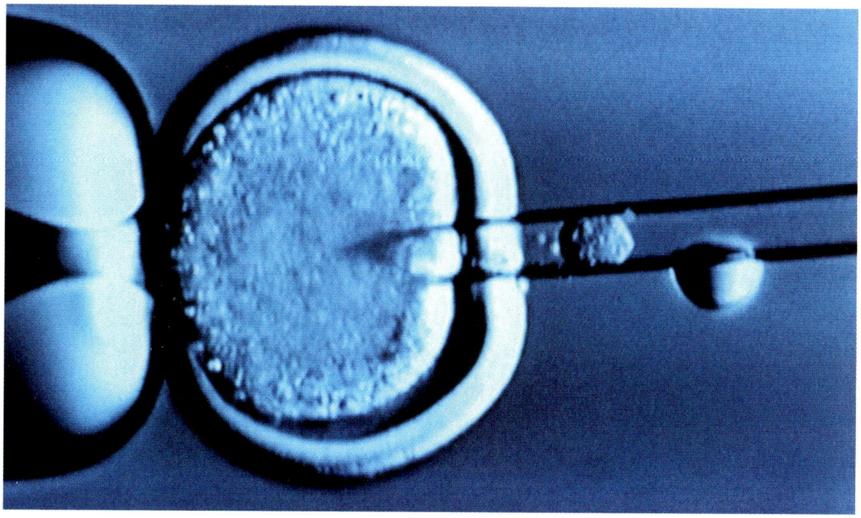

Genetischer Eingriff: Durch Injektion einer Eizelle in einen Schafsembryo entstand Dolly, das erste Klonschaf der Welt.

steller ganz neue Möglichkeiten, ihre Produkte durch Werbung zu verkaufen. Das moderne Wirtschaftswachstum ist abhängig von Marketingagenturen, die immer neue, raffiniertere Strategien entwickeln und damit Millionen von Verbrauchern zum Kauf von Produkten veranlassen, die es in der Natur nicht gibt und die eigentlich niemand braucht. Moden und Trends sind in der **»virtuellen Welt«** des modernen Menschen unverzichtbare Bestandteile, und sie tragen dazu bei, den Abstand zwischen der Welt der Menschen und der Natur mit allen anderen Lebewesen weiter zu vergrößern.

Der selbst ernannte Beschützer dieser künstlichen Welt ist die abendländische Wissenschaft. Synthetische Medikamente sorgen für eine längere Lebensdauer, Paare, die auf natürlichem Weg keine Kinder bekommen können, erhalten diese Gelegenheit durch künstliche Befruchtung, und schmalhüftige Frauen, die früher vermutlich bei einer Entbindung gestorben wären, minimieren heute durch Kaiserschnitte die Gefahr für ihre eigene Gesundheit. Solche Neuerungen greifen in das grundlegende Gewebe der Natur ein, beeinflussen den Gang der natürlichen Evolution, durch den biologische Arten je nach der natürlichen Anpassung jeder Generation an ihre Umgebung überleben oder untergehen. Seit vor über 10 000 Jahren die gezielte Züchtung und die Landwirtschaft begannen, wenden Menschen die künstliche Selektion auf Tiere und Pflanzen an. Aber in jüngster Zeit strebt die moderne Wissenschaft mit ihren Erkenntnissen über den genetischen Code der DNA nach neuen Höhen. Zunächst verfolgt sie das Ziel, mit gentechnischen Eingriffen natürliche, lebensbedrohliche Krankheiten zu beseitigen oder dürreresistente Nutzpflanzen zu schaffen. Auf lange Sicht verschärfen solche »Lösungen« das Problem des ständigen Bevölkerungswachstums, und die Anforderungen an unseren Planeten mit seiner geschädigten Umwelt und seinen erschöpften Ressourcen werden immer größer.

Sind wir Menschen bei allen modernen Äußerlichkeiten tatsächlich so anders, tatsächlich so weit entfernt von der Natur? Was geschieht, wenn das Erdöl zu Ende geht? Wenn nicht dramatische neue Investitionen in alternative Energiekonzepte gesteckt werden, könnten globale Konflikte um die zunehmend knappen Energieressourcen der virtuellen Realität der Menschen sehr schnell den Stecker herausziehen. Wenn die Nachfrage nach Nahrung und Energie das Angebot bei weitem übersteigt, könnten die Finanzmärkte unter dem Druck der Inflation zusammenbrechen.[19] Neueren Schätzungen nach wird die Ölförderung in den nächsten Jahren ihren Höhepunkt erreichen (nach Ansicht mancher Autoren ist er sogar schon überschritten), und bis 2038 werden die bekannten Vorkommen erschöpft sein. Sich der globalen Sucht nach fossilen Brennstoffen hinzugeben, wird sich im 21. Jahrhundert voraussichtlich als noch problematischer erweisen als die Sucht des chinesischen Kaiserreichs nach Opium im 19. Jahrhundert.

Wie steht es mit der **Entwicklung alternativer Lebensformen**, die langfristig eine größere Nachhaltigkeit versprechen? Wie wäre es, wenn wir der Natur zuhören und von ihr lernen, wenn wir sie nicht als eine passive Ressource, sondern als einen aktiven Lehrer sehen? Darwin gelangte zu der Erkenntnis, dass der Mensch sich zwangsläufig als Teil der Natur entwickelt hat. Vielleicht ist es jetzt an der Zeit, neu zu erlernen, was ein Leben innerhalb der Natur bedeutet; einige Menschen, beispielsweise Gandhi und seine Nachfolger, haben es uns bereits vorgemacht. Drehen wir den Strom ab, schalten wir das Licht aus, verkaufen wir das Auto, bauen wir unser Gemüse selbst an, gehen wir zu Fuß zur Arbeit, führen wir die kleine Dorfschule wieder ein, lernen wir ein Handwerk, kaufen wir nur, was wir brauchen, freunden wir uns mit unseren Nachbarn an und freuen wir uns über einfache, traditionelle Beschäftigungen wie Kartenspielen, Geschichtenerzählen, Theateraufführungen, Tanz und dem Bau von Baumhäusern.

Aber Darwins Erkenntnis, dass die Menschen sich nach den gleichen Prinzipien entwickelt haben wie alle anderen Lebensformen, führt auch zu einer anderen Schlussfolgerung: Die Menschen eignen sich von Natur aus nicht gut für langfristige Planungen, weil immer der »blinde Uhrmacher« – die Natur – mehr oder weniger zufällig darüber bestimmt hat, wie das Leben langfristig auf der Erde verläuft. Nur im Hier und Jetzt konnten einzelne Arten zusammenarbeiten oder sich gegenseitig bekämpfen.[20] Die Evolution beruht darauf, dass die stärksten Überlebenden nützliche Merkmale an ihre Nachkommen weitergeben, während die Schwächsten in Vergessenheit geraten und irgendwann aussterben.

Die heutigen Menschen folgen ihren natürlichen Instinkten offensichtlich in jeder Hinsicht ebenso wie ihre Vorfahren. Moderne Demokratien planen wie die Manager von Hedgefonds für die Gegenwart und gerade noch die allernächste Zukunft. Ihre Sache ist es nicht, in der Gegenwart Opfer zu bringen, um damit mögliche Risiken in einer ungewissen Zukunft zu verringern. Ein Präsident der Vereinigten Staaten bezeichnete die moderne westliche Lebensweise vor einigen Jahren als »gesegnet«.[21] Was zählt, sind ein angenehmes Leben, Freiheit und Glück im Hier und Heute.

Nach Ansicht derer, die so denken, sollten die Menschen so weit wie möglich den Status quo bewahren, abgesehen vielleicht von ein paar kleinen Drehungen an dieser oder jener Stellschraube. Die Folgen sind – jedenfalls solange keine unbeherrschbare Katastrophe eintritt – vorhersehbar: Immer mehr reiche Menschen, immer mehr arme Menschen, immer mehr Menschen dazwischen, und wir haben ja auch noch Großes vor uns. So denken Wissenschaftsskeptiker wie Pyrrho (siehe Seite 248), die allen wissenschaftlichen Belegen misstrauen und meinen, das ganze Getue um endliche Rohstoffe und Überbevölkerung sei ein Papiertiger, aufgebaut von Fanatikern und den neidischen Habenichtsen der Gesellschaft.

Andere glauben, die Menschen besäßen im Gegensatz zu den übrigen Tieren tatsächlich die Fähigkeit, ihren entwicklungsgeschichtlichen Wurzeln mit Vernunft zu entkommen. Große Investitionen in die Suche nach neuen Rohstoffquellen, beispielsweise durch Besiedelung des Mondes, könnten zum Ausgangspunkt für die Erkundung neuer Welten werden. Methoden, mit denen man Kohlendioxidemissionen einfängt und speichert, bevor sie in die Atmosphäre gelangen, könnten weiterentwickelt und auf der ganzen Welt für verbindlich erklärt werden. Ideen zur Begrenzung der Kohlendioxid-Emissionen könnten durch ein Welthandelssystem unterstützt werden, in dem Regierungen, Unternehmen und Einzelpersonen eine festgelegte Zahl von Bezugsrechten kaufen, die zu einer Begrenzung der produzierten Gesamtmenge führen. Den Anfang könnten Verbraucher machen, etwa indem sie Kurzstreckenflüge für moralisch verwerflich erklären.

Solche Bestrebungen müssten auf der ganzen Welt rational und einheitlich durchgesetzt werden. Regierungen müssten sich auch für ihre militärischen Tätigkeiten auf Obergrenzen für die CO_2-Emissionen einigen. Unsere Konflikte, die teilweise in jahrtausendealten Stammeskonflikten wurzeln, müssten im Interesse des globalen Nutzens beigelegt werden, und das auf Generationen hinaus. Die Europäische Union und die Vereinten Nationen sind Beispiele dafür, wie man in moderner Zeit versucht, tief wurzelnde Rivalitäten zu beenden und sich auf den Weg zu einer gemeinsamen, durchdachten, langfristig angelegten Politik zu machen.

Und was geschieht, wenn die Erschöpfung der endlichen natürlichen Ressourcen auf der Erde den globalen Kapitalismus zu Fall bringt? Was ist, wenn die Natur tatsächlich beginnt, mit dem Klimawandel dem exponentiellen Wachstum der menschlichen Bevölkerung Grenzen zu setzen? Was ist, wenn evolutionsbedingte Instinkte verhindern, dass die Menschen kollektiv über die kurzfristige Befriedigung ihrer eigenen materiellen Wünsche hinauswachsen? Sollten die Warnungen von Marx, Malthus und Darwin tatsächlich zum Tragen kommen, werden ihre Prophezeiungen im nächsten Akt des Dramas, das vom Leben auf der Erde handelt, die Bühne beherrschen.

Jetzt schlägt die Uhr unserer 24-Stunden-Geschichte tatsächlich Mitternacht. Was als Nächstes geschieht, wird der lebhafte Beginn der ersten Tausendstelsekunde eines neuen Tages sein.

Epilog und Danksagung

Der unendliche Energieausbruch des Urknalls durchzieht alle Aspekte des Lebens, Belebtes und Unbelebtes, Vergangenes, Gegenwärtiges und Zukünftiges. Wie klein und unbedeutend ist doch die gesamte Menschheitsgeschichte im Vergleich zu den kosmischen Zeitaltern, in denen Sonne, Mond und Sterne entstanden sind – eine Geschichte, die vor 13,7 Millarden Jahren begann. Betrachten wir doch unseren Planeten einmal mit anderen Augen. Blicken wir voller Staunen auf alles um uns herum, ohne dabei zu vergessen, dass 99 Prozent aller biologischen Arten, die seither existiert haben, ausgestorben sind.

Welche Bedeutung hat die Menschheitsgeschichte, die mit gerade einmal zwanzig Sekunden vor Mitternacht auf unserer 24-Stunden-Uhr begann? Was sollen wir von der Entstehung der Hochkulturen halten, die ihrerseits nur ein Pünktchen ganz am Ende der Menschheitsgeschichte darstellen, eine Zehntelsekunde entfernt vom Ende des Tages?

Das ist der Zusammenhang, in den wir, die Spezies Homo sapiens, uns einordnen müssen. Unser Blick auf die Geschichte trennt uns zu sehr von unserem natürlichen Erbe. Wenn die Geschichte die unauflösliche Beziehung zwischen Planet, Leben und Menschen außer Acht lässt, hat das einen hohen Preis: Wir bleiben in dem Glauben verhaftet, die Menschen seien eine derart besondere Spezies, dass alles Nichtmenschliche im Vergleich zu ihr verblasst.

Heute, da die Menschen das natürliche Gleichgewicht in ein chaotisches Durcheinander stürzen, sind wir auf einmal verletzlich wie nie. Der Weg in die Zukunft führt über die Vergangenheit. Wäre es nicht an der Zeit, dass wir unsere Erwartungen an die Geschichte wiederbeleben und immer wieder fragen: Wie sah es in vergangenen Zeiten auf der Erde aus?

Ich hätte unmöglich ein ganzes Jahr auf die Recherchen und das Schreiben dieses Buches verwenden können, wenn meine Frau mich nicht rückhaltlos unterstützt hätte. Sie war nicht nur die beste Gefährtin, die ein Mann sich wünschen kann, sondern mit ihrer nüchternen Art des Korrekturlesens half sie mir auch, erzählerische Sackgassen zu vermeiden. Ebenso wichtig war die ständige Unterstützung durch unsere beiden lieben Töchter. Ein großes Dankeschön schulde ich unserem Hund Flossie.

Ohne unsere vielen Spaziergänge in der freien Natur hätte ich unmöglich herausfinden können, wo ich die einzelnen Kapitel beginnen und enden lasse.

Eine große Hilfe waren meine Eltern, Angehörigen, Freunde und Kollegen mit ihrer Großzügigkeit, Begeisterung und Untersützung. Ihnen allen bin ich ewig dankbar. Einen besonders zu erwähnen, hieße unfair gegen die anderen zu sein. Insbesondere danke ich aber Richard Balkwill, Satish Kumar, Andrew Lownie und Felipe Fernandez-Armesto für ihre Ratschläge und Kommentare. Großen Dank schulde ich auch Mike Jones für seinen Mut und das Vertrauen in das Projekt. Die Arbeit mit der Verlagsmannschaft bei Bloomsbury war in allen Stadien des Projekts ein einziges Vergnügen. Ihre Professionalität und ihre Leidenschaft für das Büchermachen suchen ihresgleichen. Insbesondere danke ich Richard Atkinson, Robert Lacey, Will Webb, Anne-Marie Ehrlich, Andy Forshaw, Polly Napper, Penelope Beech, Anya Rosenberg, Ruth Logan, Katie Mitchell, Sarah Barlow und Vicki Robinson. Weiterhin gilt mein Dank Ludger Ikas, Malte Ritter und Sebastian Vogel beim Berlin Verlag sowie Colin Dickerman bei Bloomsbury USA. Den größten Dank schulde ich jedoch meiner Lektorin Natalie Hunt, die das Projekt mit professioneller Arbeit, Geduld und schierem Fleiß vom ersten Entwurf bis zum letzten Schliff begleitete.

Weiterhin gilt mein Dank den unbekannten Bäumen, die geopfert wurden, damit ich diese außergewöhnliche Geschichte erzählen konnte. Allein in dem Papier zwischen diesen Buchdeckeln stecken 300 Millionen Jahre evolutionsgeschichtlicher Zauberei.

Und schließlich widme ich dieses Buch dem Andenken an zwei ganz besondere Menschen. Dodo, meine Großmutter, hätte sich für das ganze Projekt brennend interessiert. Der zweite ist Christo, mein verstorbener Onkel und Namenspatron: Seine Großherzigkeit und sein leidenschaftliches Interesse für andere Menschen kannten keine Grenzen.

Kommentare und Vorschläge zu diesem Buch können im Diskussionsforum unter www.whatonearthappened.com *veröffentlicht werden. Anregungen und Anmerkungen sind höchst willkommen.*

Anmerkungen

1. DER URKNALL

1 Diese sogenannte Theorie der kosmischen Inflation formulierte der amerikanische Wissenschaftler Alan Guth erstmals 1979. 2 Von der Vorstellung, man könne dieses Echo heute noch nachweisen, sprach der russische Wissenschaftler George Gamow bereits 1948. 3 Gribbin, John R., IN THE BEGINNING. AFTER COBE AND BEFORE THE BIG BANG, Boston 1993, S. 18. (dt. AM ANFANG WAR ... NEUES VOM URKNALL UND DER EVOLUTION DES KOSMOS, Basel 1995). 4 Grundlage dieser Schätzung sind Befunde einer Arbeitsgruppe von Astronomen mit Luca Pasquini, Piercarlo Bonifacio, Sofia Randich, Daniele Galli und Raffaele G. Gratton. 5 Mit dem Fachausdruck heißt das Echo Kosmische Mikrowellen-Hintergrundstrahlung (Cosmic Microwave Background Radiation, CMR). 6 Der russische Wissenschaftler Andrej Linde (geb. 1948), der gemeinsam mit Alan Guth die Theorie der kosmischen Inflation entwickelte (siehe Anm. 1), formulierte auch als Erster die Vorstellung von einem Multiversum mit unendlich vielen kosmischen Blasen. 7 Gribbin, IN THE BEGINNING, S. 149. 8 Brian Swimme/Thomas Berry, THE UNIVERSE STORY. FROM THE PRIMORDIAL FLARING FORTH TO THE ECOZOIC ERA, San Francisco 1994, S. 65 (dt. DIE AUTOBIOGRAPHIE DES UNIVERSUMS, München 1999). 9 Dana Mackenzie, THE BIG SPLAT. OR HOW OUR MOON CAME TO BE, New York 2003, S. 189.

2. ERSTE ZUCKUNGEN

1 In der Photosynthese verbinden sich sechs Wasser- und sechs Kohlendioxidmoleküle zu einem Kohlenhydratmolekül (Zucker, Energielieferant und Nährstoff) und sechs Sauerstoffmolekülen: $6H_2O + 6CO_2 = C_6H_{12}O_6 + 6O_2$. 2 Cyanobakterien sind noch heute in Ozeanen, Seen, Bächen und Flüssen zu Hause. Früher wurden sie auch als »blaugrüne Algen« bezeichnet. Der von ihnen produzierte Sauerstoff hält den Sauerstoffgehalt der Atmosphäre aufrecht. Ohne sie würde der Sauerstoff in der Luft nach Schätzungen innerhalb von 2 000 Jahren völlig verschwinden. Siehe Malcolm Dole, THE NATURAL HISTORY OF OXYGEN, THE JOURNAL OF GENERAL PHYSIOLOGY, Nr. 49, S. 9. 3 Menschen bauten schon frühzeitig Eisenerz ab und gewannen Eisen zur Herstellung von Waffen und Werkzeugen. Heute dient Eisen zu allem möglichen, von Messern aus rostfreiem Stahl über Bratpfannen bis zu Wolkenkratzern. 4 Ozon ist eine besondere Form des Sauerstoffs, bei der drei Atome ein Molekül bilden: O_3. 5 Diese Theorie entwickelte Lynn Margulis in den 1970er Jahren. Siehe ORIGIN OF EUKARYOTIC CELLS, New Haven 1970.

3. TEKTONISCHE TEAMARBEIT

1 Das Gas heißt Dimethylsulfid. 2 Die Bakterien bauen ihre mikroskopisch kleinen Gehäuse mit Kohlenstoff und Calcium aus dem Meerwasser auf. 3 Siehe James Lovelock, AGES OF GAIA. A BIOGRAPHY OF OUR LIVING EARTH, Oxford 1998, S. 105–113 (dt. DAS GAIA-PRINZIP. DIE BIOGRAPHIE UNSERES PLANETEN, Zürich 1991) und Don Anderson, NEW THEORY OF THE EARTH, Cambridge 2007, S. 8. 4 Ein vollständiger Bericht über diese Episode findet sich in Gabrielle Walker, SNOWBALL EARTH. THE STORY OF THE GREAT GLOBAL CATASTROPHE THAT SPAWNED LIFE AS WE KNOW IT, London 2003 (dt. SCHNEEBALL ERDE, Berlin 2003).

4. FOSSILKRAM

1 Manche Lebewesen sind Hermaphroditen oder Zwitter: Sie besitzen sowohl männliche als auch weibliche Körperteile. 2 Der Wurm wurde Dickinsonia genannt, das käferartige Lebewesen erhielt nach Reg Sprigg den Namen Spriggina.

5. WUNDERWELT DER VORZEITLICHEN MEERE

1 Carolus Linnaeus, SYSTEMA NATURAE (1767), S. 29. 2 Richard Dawkins, THE ANCESTOR'S TALE. A PILGRIMAGE TO THE DAWN OF LIFE, London 2004, S. 464. 3 Die Forschungsarbeiten standen unter Leitung von Philip Anderson von der University of Chicago und wurden im November 2006 in der Fachzeitschrift BIOLOGY LETTERS veröffentlicht. 4 Die Spuren in East Lothian fand Martin Whyte, ein Geologe der University of Sheffield.

6. FREUNDE DER ERDE

1 Colin Tudge, THE SECRET LIFE OF TREES, London 2006, S. 73. 2 Roy Watling, FUNGI, London 2003, S. 24. 3 Ebd., S. 21. 4 Nick Lane, OXYGEN. THE MOLECULE THAT CHANGED THE WORLD, Oxford 2002, S. 86. 5 Ebd., S. 98.

7. DER GROSSE EIERTANZ

1 Nach Schätzungen von C. D. Bramwell und P. B. Fellgett aus dem Jahr 1973 würde das Tier ohne Segel 205 Minuten brauchen, um sich von 26 auf 32 Grad aufzuheizen, mit dem Segel sind dafür nur 82 Minuten notwendig. Siehe THERMAL REGULATION IN SAIL LIZARDS, in: NATURE, Bd. 242.

8. DINO-ZEIT

1 Dass ihre Zahl abnahm, wissen wir aus Untersuchungen an Gestein aus der Kreidezeit, wie es in Nordamerika zum Beispiel in der Hell Creek Formation in Montana vorkommt. In solchem Gestein findet man aus der Zeit vor 65 bis 70 Millionen Jahren bereits viel weniger Dinosaurierfossilien. 2 Kürzlich entdeckte man vor der Westküste Indiens einen zweiten Ein-

schlag, den Shiva-Krater. Dies veranlasste manche Fachleute zu der Vermutung, der Einschlag könne die Vulkanausbrüche von Deccan ausgelöst haben. Weitere Krater aus der gleichen Zeit kennt man in der Ukraine, der Nordsee, Kanada und Brasilien; vielleicht zerplatzte der Meteorit also vor dem Einschlag in mehrere Stücke. 3 Siehe Richard Fortey, LIFE. AN UNAUTHORISED BIOGRAPHY. A NATURAL HISTORY OF THE FIRST FOUR THOUSAND MILLION YEARS OF LIFE ON EARTH, London 1999, S. 242–245 (dt. LEBEN. EINE BIOGRAPHIE. DIE ERSTEN VIER MILLIARDEN JAHRE, München 1999).

9. BLUMEN, VÖGEL UND BIENEN

1 Grundlage dieser Theorie sind neue Forschungsarbeiten von J. Michael Moldowan von der Stanford University. Er wies in altem Gestein Substanzen wie Oleanan nach, die manchmal von Blütenpflanzen zur Abwehr von Insekten ausgeschieden werden. Siehe www.stanford.edu. 2 Nach Ansicht der Wissenschaftler des Floral Genome Project an der Pennsylvania State University können »Verdoppelungen ganzer Genome« plötzliche Evolutionsschübe auslösen. 3 Tudge, SECRET LIFE OF TREES, S. 152. 4 Dieses System ähnelt den Umfragen, in denen verschiedene Kandidaten jeweils mit einer Punktzahl (zum Beispiel zwischen 0 und 100) bewertet werden. Am Ende hat der Kandidat mit der höchsten Durchschnittspunktzahl gewonnen.

10. DIE BESTE ZEIT

1 Richard Dawkins, THE ANCESTOR'S TALE, S. 197. 2 Geografische Isolation ist ein Hindernis für den Genfluss. In einem kleineren Genbestand wirken sich einzelne Mutationen schneller und stärker aus. Deshalb passen sich isolierte Arten schneller durch natürliche Selektion an eine neue Umgebung an, und auch neue Arten entstehen schneller. 3 Dawkins, THE ANCESTOR'S TALE, S. 217. 4 Eine der größten und besten Fossilienfundstätten ist die »Grube Messel« bei Darmstadt. Dort wurde eine frühe Fledermaus namens Palaeochiropteryx gefunden. 5 Dawkins, THE ANCESTOR'S TALE, S. 171. 6 Das Verhalten der Orang-Utans wurde kürzlich von einem internationalen Wissenschaftlerteam eingehend untersucht. Siehe SCIENCE, Bd. 229. 7 Diese Theorie formulierten die amerikanischen Wissenschaftler Caro-Beth Stewart und Todd Disotell 1998.

11. DER EISSCHRANK

1 Diese Theorie wird als »Uplift-Weathering«-Hypothese bezeichnet; erstmals formuliert wurde sie 1988 von Maureen Raymo, Flip Froelich und Bill Ruddiman. 2 Siehe NEW SCIENTIST, 3. Juli 1993. 3 Als jedes Jahr Tausende von Kubikkilometern Wasser aus dem Mittelmeer verdunsteten, verschwand ein gewaltiges Gewicht vom Meeresboden: Dies destabilisierte die Region und löste Vulkanausbrüche aus. Neu gebildete Berge schnitten das Mittelmeer vom Atlantik ab. Die Isolation führte zu stärkerer Verdunstung, und die Vulkantätigkeit verstärkte sich. Dieser Kreislauf aus Überflutung und Verdunstung ist unter dem Namen »Messinische Salinitätskrise« bekannt. 4 Die Karoo-Eiszeit kam und ging über rund 100 Millionen Jahre hinweg vor 350 bis 250 Millionen Jahren. 5 Graslandschaften benötigen 500 bis 900 Millimeter Niederschlag im Jahr, ein Regenwald mehr als 2 000. In Wüsten fallen häufig nur 300 Millimeter.

12. NERVENNAHRUNG

1 Die Gene jeder lebenden Zelle enthalten alle Informationen für den Aufbau des gesamten Organismus, zu dem sie gehören. Wenn man die genetischen Informationen zweier Lebewesen vergleicht, kann man grob abschätzen, welche Zeit die Evolution der Gene dieser beiden Arten in Anspruch genommen hat. Siehe NATURE, Bd. 437, 1. September 2005, S. 69–87. 2 Siehe PROCEEDINGS OF THE NATIONAL ACADEMY OF SCIENCES OF THE UNITED STATES OF AMERICA (PNAS), 16. Juli 2007. 3 Siehe NATURE, Bd. 443, S. 296–301. 4 Dawkins, THE ANCESTOR'S TALE, S. 83. 5 David Christian, MAPS OF TIME. AN INTRODUCTION TO BIG HISTORY, Berkely 2005, S. 161 f. 6 Bericht in SMITHSONIAN MAGAZINE, November 2006.

13. MENSCHEN

1 Der venezianische Kaufmann und Entdecker Marco Polo (1254–1324) reiste als einer der ersten Europäer über die Seidenstraße nach China. 2 Die Finger und Daumen der Neandertaler wurden 2003 an Fossilienfunden aus La Ferrassie (Frankreich) analysiert. 3 Solche Gewohnheiten gab es auch bei alten Hochkulturen, beispielsweise bei Ägyptern, Sumerern und Chinesen. 4 Eingehend untersucht wurde die Flöte der Neandertaler von dem kanadischen Musikwissenschaftler Bob Fink. Sein Bericht findet sich unter www.greenwych.ca/fl-compl.htm.

14. DER GROSSE SPRUNG NACH VORN

1 Die Gene für rote Haare, Sommersprossen und helle Haut gehen auf die Zeit vor der Evolution des Menschen zurück. Nach Ansicht von Experten des Oxford Institute of Molecular Medicine können diese Gene nicht von afrikanischen Menschen stammen, denn sie boten vor der Ultraviolettstrahlung der Sonne sehr wenig Schutz. Höchstwahrscheinlich liegt ihr Ursprung also in der Abstammungslinie der Neandertaler. In manchen heutigen Bevölkerungsgruppen gibt es zahlreiche Menschen, die solche Gene tragen: In Schottland beispielsweise sind zehn Prozent der Bevölkerung rothaarig, und 40 Prozent tragen die dafür verantwortlichen Gene. 2 Die Theorie, dass der Toba-Ausbruch zu einem Bevölkerungsengpass bei den Menschen führte, wurde erstmals 1998 von Stanley H. Ambrose vertreten. 3 Eine Studie, die den genetischen Ursprung von 1 042 Personen anhand ihrer DNA nachzeichnete, unternahmen beispielsweise Peter Underhill und seine Arbeitsgruppe 2001 an der Stanford University. 4 Die Formulierung prägte Jared Diamond in seinem Buch THE THIRD CHIMPANZEE. THE EVOLUTION AND FUTURE OF THE HUMAN ANIMAL, New York 1992 (dt. DER DRITTE SCHIMPANSE. EVOLUTION UND ZUKUNFT DES MENSCHEN, Frankfurt am Main 1994). 5 Im Rahmen des Ancient Human Occupations of Britain Project (AHOB) wurde gerade die erste Forschungsphase abgeschlossen; dabei entdeckte man Belege für insgesamt acht menschliche Siedlungen, die bis in die Zeit vor 700 000 Jahren zurückreichten. Siehe www.nhm.ac.uk.

15. JÄGER UND SAMMLER

1 Eine Sorte wird bis heute als »Flaschenkürbis« bezeichnet. 2 Schätzungen nach Michael Kramer, POPULATION GROWTH AND TECHNOLOGICAL CHANGE. 1 MILLION BC TO 1990, in: THE QUARTERLY JOURNAL OF ECONOMICS, 1993, S. 681–716.

16. TÖDLICHES SPIEL

1 Eine zusammenfassende Darstellung der Theorie findet sich in Paul Martin / David Steadman, EXTINCTIONS IN NEAR TIME. CAUSES, CONTEXTS, AND CONSEQUENCES, New York 1999, S. 17–55.

17. DIE NAHRUNG WIRD ANGEBAUT

1 Dieses schnelle Abschmelzen wird in wissenschaftlichen Kreisen als »Schmelzwasserpuls 1A« bezeichnet. Die Eiskappe, die damals zusammenbrach, befand sich entweder in der Antarktis oder zwischen dem Norden Großbritanniens und Irland. 2 Wenn der Schnee zu Boden fällt, werden verschiedene Formen (Isotope) des Sauerstoffs eingefangen. Aus dem Anteil der verschiedenen Sauerstoffisotope im Eis kann man die weltweiten Temperaturen ablesen. 3 Nach Ansicht von Douglas Kennett und John Earlandson von der University of Oregon stürzte ein Meteorit in der Nähe des Lake Agassiz auf die nordamerikanische Eiskappe; das Ereignis ließ das Eis brechen und löste die Jüngere Dryas aus. Diese Vorstellung wird als »YDB Comet Theory« bezeichnet. 4 Siehe Offer Bar-Yosef, THE NATUFIAN CULTURE IN THE LEVANT, in: EVOLUTIONARY ANTHROPOLOGY, 1998, S. 159–177, sowie Peter Bellwood, THE FIRST FARMERS. THE ORIGINS OF AGRICULTURAL SOCIETIES, Malden 2007. Eine andere Erklärung ist die »Oasenhypothese«, die Vera Gordon Childe 1928 formulierte. Danach führte die Klimaerwärmung im Anschluss an die Jüngere Dryas dazu, dass die Menschen sich in Oasen zusammendrängten und dort neue landwirtschaftliche Methoden entwickeln mussten, um zu überleben. Siehe Vera Gordon Childe, MAN MAKES HIMSELF, Oxford 1936. 5 JARED DIAMOND, GUNS, GERMS, AND STEEL. THE FATES OF HUMAN SOCIETIES, New York 1997, S. 158–163 (dt. ARM UND REICH. DIE SCHICKSALE MENSCHLICHER GESELLSCHAFTEN, Frankfurt am Main 1998). 6 Beide befinden sich im Norden Israels, die eine in Ain Mallaha, die andere in Hayonim Terrace. Siehe JOURNAL OF ACHAEOLOGICAL SCIENCE, Bd. 24, Nr. 1, Januar 1997, S. 65–95.

18. SCHRIFTLICHE BELEGE

1 Nach Ansicht des amerikanischen Archäologen Alexander Marshack (1918–2004) unternahm der Homo sapiens schon vor 20 000 Jahren die ersten Schreibversuche und hielt den Mondzyklus oder andere astronomische Ereignisse mit Markierungen oder Kerben auf Knochen fest. Siehe THE ROOTS OF CIVILIZATION. THE COGNITIVE BEGINNINGS OF MAN'S FIRST ART, SYMBOL AND NOTATION, London 1972, S. 81–108. 2 Eine Weltkarte, auf der die Erde als flache Scheibe dargestellt ist, fand man in der Bibliothek von Assurbanipal. 3 Die Tafeln wurden 1901 wiederentdeckt und sind heute im Pariser Louvre ausgestellt.

19. GÖTTLICHE MENSCHHEIT

1 Es gab einige weibliche Pharaonen, sie wurden aber als Männer mit Bart dargestellt. 2 Alan Weisman, THE WORLD WITHOUT US, London 2007, S. 75 f. (dt. DIE WELT OHNE UNS. REISE ÜBER EINE UNBEVÖLKERTE ERDE, München 2007). 3 Im Glauben der alten Ägypter spiegelte sich in der Seele des Einzelnen der Weg des Sonnengottes Ra, der nach ihrer Überzeugung jeden Abend in die Unterwelt hinabtauchte, wo ihm Osiris, der Gott der Toten, neue Energie verlieh. So konnte er am nächsten Tag wieder kraftvoll emporsteigen. 4 Es gab in der 300-jährigen altägyptischen Geschichte mehrere Phasen der Expansion, insbesondere in Form der Eroberung des heutigen Israel, Libanon und Syrien durch Tutmoses III. (Herrschaftszeit 1479–1425 v. Chr.). 5 Siehe Janet Johnson, THE LEGAL STATUS OF WOMEN IN ANCIENT EGYPT, in: WOMEN IN ANCIENT EGYPT, New York 1997, S. 175–186 und 215–218.

20. MUTTERGÖTTINNEN

1 Masson schilderte seine Reisen in dem Buch NARRATIVE OF VARIOUS JOURNEYS IN BALOCHISTAN, AFGHANISTAN AND PUNJAB, 1826–1838. 2 Gefunden in der Stadt Mohenjo-Daro im Industal, 80 Kilometer südwestlich von Sukkur in Pakistan. 3 Neueren genetischen Untersuchungen zufolge wurden Nutzpflanzen erstmals nicht in Europa, sondern im Nahen Osten domestiziert. Wandernde Menschen müssen sie also zwischen 7000 und 3500 v. Chr. über den gesamten Kontinent mitgenommen haben. 4 Für diese Wanderungsroute sprechen neuere Untersuchungen, wonach die Mehrheit der britischen Bevölkerung in einer genetischen Beziehung zu Bewohnern Nordspaniens und Portugals steht. Siehe Stephen Oppenheimer, THE ORIGINS OF THE BRITISH. A GENETIC DETECTIVE STORY, London 2006, S. 375–378. 5 Leonard Cottrell, THE BULL OF MINOS. THE DISCOVERIES OF SCHLIEMANN AND EVANS, London 1984, S. 146 (dt. DER FADEN DER ARIADNE, München 1989).

21. DREIFACHER ÄRGER

1 Der hurritische Mythos DIE LIEDER DES ULLIKUMI ähnelt stark den späteren Arbeiten des griechischen Historikers Hesiod: Dieser erzählt in seiner THEOGONIE, wie Zeus zum Götterkönig wurde. 2 Siehe David Traill, SCHLIEMANN OF TROY. TREASURE AND DECEIT, London 1995, S. 304 f. 3 In der Bibelkunde hat man die »Dokumentenhypothese« entwickelt: Danach wurden diese Bücher um 500 v. Chr. in einer Reihe verschiedener Versionen zum ersten Mal niedergeschrieben. Erstmals formuliert wurde die Hypothese von dem deutschen Gelehrten Julius Wellhausen in seinem 1878 erschienenen Buch PROLEGOMENA ZUR GESCHICHTE ISRAELS.

22. DIE DRACHENHÖHLE

1 In der Naturgeschichte von Plinius heißt es: *Sie* [die Chinesen] *sind bekannt für einen wollenen Stoff, den sie aus ihren Wäldern gewinnen. Nach dem Einweichen in Wasser kämmen sie die weißen Daunen von den Blättern … So zahlreich sind die beteiligten Arbeiten, und so weit entfernt ist die Weltgegend,*

auf welche Bezug genommen wird, dass römische Mägde in den Stand gesetzt werden, in der Öffentlichkeit durchsichtige Kleidungsstücke zu tragen. 2 Siehe John Moorhead, JUSTINIAN, London 1994, S. 167 und PROCOPIUS, GESCHICHTE DER KRIEGE, Buch 8.17, 1–8.

23. SEELENFRIEDEN

1 Die Helligkeit der Sonne hat Schätzungen zufolge seit ihrer Entstehung um 30 Prozent zugenommen, die Temperaturen auf der Erde sind aber seit der Entstehung des Lebens drastisch gesunken. Siehe James Lovelock, AGES OF GAIA, S. 35. 2 Im Einzelnen sind das: bhakti yoga (Liebe und Hingabe), karma yoga (selbstloses Handeln), jnana yoga (lernen, was wirklich ist und was nicht) und dhyana yoga (Beruhigung von Geist und Körper durch Meditation). 3 Ahimsa ist das erste der fünf Gelübde (yamas) im raja yoga. 4 Eine schöne Geschichte darüber, wie Buddha einen Terroristen bekehrte, findet sich in THE BUDDHA AND THE TERRORIST. THE STORY OF ANGULIMALA, nacherzählt von Satish Kumar, Totnes 2006. 5 Nach dem Glauben der Jainisten kreist das Universum in einem unendlichen Zyklus, dem »kalchakra«, zwischen Leben und Tod. Ähnliche Vorstellungen findet man bei manchen modernen Wissenschaftlern, nach deren Ansicht sich das Universum in einem Zyklus zwischen Urknallereignissen und Zusammenbrüchen befindet (siehe Seite 17). 6 Plinius, NATURGESCHICHTE, Buch VI. 7 Dies formulierte er erstmals 1972. Seither hat er seine Ansicht mehrfach wiederholt und einige Tagungen zu dem Thema abgehalten.

24. OST UND WEST

1 Die Stele von Tel Dan wurde 1993 im Norden Israels gefunden. Sie trägt die erste Inschrift zu einer Herrscherdynastie, die als Haus David bekannt ist, und bestätigt damit die Existenz des biblischen Königs David. Der Zylinder des Kyros, den man 1879 unter einer Mauer in Babylon fand, bestätigt die Geschichte im Buch Esra über die Rückkehr der Juden aus der babylonischen Gefangenschaft und den Bau des zweiten Tempels in Jerusalem. Und 1947 fand ein Beduine und Nomadenhirte namens Mohammed Ahmed el-Hamed mehrere unschätzbar wertvolle Schriftrollen, die in Keramikgefäßen in einer Höhle bei Qumran nicht weit vom Toten Meer versteckt waren. Diese »Schriftrollen vom Toten Meer« enthalten Abschriften vieler Bücher aus dem Alten Testament und reichen bis 200 v. Chr. zurück, 800 Jahre weiter als andere noch erhaltene Texte. Nach übereinstimmender Ansicht der Fachleute entstanden diese Schriften rund 500 Jahren nach den in ihnen beschriebenen Ereignissen. Damit haben sie mit größerer Wahrscheinlichkeit einen echten historischen Hintergrund als solche, die 1 500 Jahre später entstanden sind. 2 Die zwölf Stämme heißen: Ruben, Simeon, Levi, Dan, Naftali, Gad, Asher, Issachar, Sebulon, Josef, Juda und Benjamin. 3 Nach Herodots Bericht hatte Astyages einen Traum, den seine Berater so deuteten, dass sein Enkel ihn eines Tages stürzen werde. Daraufhin befahl er Harpagus, seinem Diener, das Kind zu töten. Aber Harpagus brachte es nicht übers Herz, sondern übergab Kyros an einen Hirten, der ihn wie seinen Sohn großziehen sollte. Als Kyros zehn Jahre alt war, begegnete er Astyages, der die Familienähnlichkeit sofort erkannte. Er befahl Harpagus zu sich und ließ sich erklären, warum dieser das Kind nicht getötet hatte. Nachdem der Diener seinen Ungehorsam gestanden hatte, brachte Astyages ihn mit einer List dazu, seinen eigenen Sohn aufzuessen, aber Kyros durfte zu seinen Eltern zurückkehren. Als Rache half Harpagus später Kyros, die Meder zu besiegen. 4 Heute gibt es weltweit nach Schätzungen 200 000 Zoroastriker, es handelt sich also um eine vergleichsweise kleine Glaubensrichtung. 5 Nach der Behistun-Inschrift (siehe Seite 154), die Darius I. in einen Berghang meißeln ließ, wurden die Feinde des Königs geschlagen, weil sie gelogen hatten: *Was diese Provinzen angeht, die sich aufgelehnt haben, so haben Lügen sie zur Auflehnung angestachelt.* 6 Nach Angaben von Herodot hatte Xerxes 1,7 Millionen Fußsoldaten, 80 000 Reiter und über 500 000 Mann Besatzung auf seinen Schiffen. Nach Schätzungen moderner Historiker kann die Zahl seiner Soldaten insgesamt jedoch nicht größer als 250 000 gewesen sein. 7 Ein Historiker, der auf die große Bedeutung des griechischen Sieges bei Salamis hinweist, ist Victor Hanson in CARNAGE AND CULTURE. LANDMARK BATTLES IN THE RISE OF WESTERN POWER, New York 2001, S. 55–59.

25. OLYMPIASIEGER

1 Die Bevölkerung Athens hatte Glück: In der Nähe ihrer Stadt, bei Laurium, befanden sich Silberminen, die das Material für eigenes Münzgeld lieferten. 2 Die ersten Münzen gab es vermutlich im nahe gelegenen Königreich Lydien (der heutigen Westtürkei) zur Zeit des Königs Krösus um 600 v. Chr. Reiche Vorkommen von Edelmetallen wie Gold, Silber und Kupfer fand man am Fluss Pactolus nicht weit von Sardis. Dies führte dazu, dass Münzen leicht herzustellen waren und sich über die ganze Westtürkei, das Perserreich und die griechischen Stadtstaaten verbreiteten. 3 Der berühmte griechische Geschichtsschreiber Plutarch lebte von 47 bis 127 n. Chr. Er schrieb zahlreiche Biografien über griechische und römische Helden. 4 Dieses Phänomen wird retrograde Bewegung genannt. Wenn die Erde ihre Umlaufbahn in kürzerer Zeit durchläuft als die Planeten außerhalb ihrer Umlaufbahn (Mars, Jupiter, Saturn usw.), werden diese immer wieder »überholt« wie langsamere Autos auf der Autobahn. Dann scheint der überholte Planet zunächst stillzustehen und sich anschließend »rückwärts« nach Westen zu bewegen. Passiert die Erde dann den Planeten in seiner Umlaufbahn, scheint er seine normale Bewegung von Westen nach Osten wieder aufzunehmen. 5 Der Philosoph Anaximander (610–546 v. Chr.), der ebenfalls in Milet lebte, war ein Schüler von Thales. Von seinen Arbeiten ist nur ein Bruchteil erhalten, aber vermutlich beschrieb er sehr genau die Mechanik der Planeten, und er zeichnete auch eine der ersten Weltkarten. Der Anaximander-Krater auf dem Mond wurde nach ihm benannt. 6 Nach einer von Thales entwickelten Theorie waren Erdbeben heftige unterirdische Flutwellen. Vermutlich griff er dabei auf die altbabylonische Vorstellung zurück, dass die Erde aus dem Wasser entstanden ist und von allen Seiten sowie möglicherweise auch von unten von Wasser umgeben ist. 7 Platon, DER STAAT, 8. Buch, in: PLATON, SÄMTLICHE WERKE, Bd. 2,

Berlin 1940, S. 320 ff. 8 Platon, DER STAAT, 5. Buch, in: ebd., S. 176. 9 Siehe DICTIONARY OF GREEK AND ROMAN ANTIQUITIES, hg. von William Smith, 1870. 10 Als Buße dafür, dass er in einem Anfall von Wahnsinn seine Frau und seine Kinder umgebracht hatte, wurde Herakles von den Göttern dazu verurteilt, zwölf Arbeiten auszuführen, die sein Erzfeind Eurystheus ihm auferlegte.

26. WELTEROBERER

1 Anaxagoras, ein griechischer Denker, beeinflusste Aristoteles und brachte Thales' Gedanken nach Athen. Er entwickelte Theorien zur Erklärung von Sonnenfinsternissen, Meteoren und Regenbogen; die Sonne beschrieb er als Masse aus glühendem Metall. Er wurde schließlich wegen Ketzerei festgenommen und gezwungen, Athen zu verlassen. Demokrit und Epikur, zwei weitere griechischen Philosophen, entwickelten die Vorstellung von einem mechanistischen Universum weiter und äußerten nach heutiger Kenntnis als Erste die Vermutung, dass alle Materie im Universum aus unteilbaren, nicht weiter reduzierbaren Bausteinen besteht, den Atomen. Dieser Gedanke wurde erst mehr als 2 000 Jahre später wiederentdeckt, als John Dalton 1805 seinen Aufsatz über die Absorption von Gasen veröffentlichte. 2 Aristoteles, ON THE UNIVERSE, Kapitel 6. 3 Nach Pyrrhos Einsicht sollten weise Menschen dafür sorgen, dass man sie nicht mit einer bestimmten Behauptung, einer Ansicht oder einem Glauben identifizieren konnte. Damit legte er den Grundstein für den Agnostizismus, der später von einer ganzen Denkschule weiterentwickelt wurde. Der Skeptizismus hatte großen Einfluss auf die moderne abendländische Naturwissenschaft: Vorstellungen wurden häufig als »Theorien« oder »Hypothesen« bezeichnet, weil viele Fachleute berücksichtigen, dass man auch noch so viele experimentelle Belege nicht als vollkommen unwiderleglichen Beweis betrachten kann.

27. WIE EIN WIRBELSTURM

1 Teile dieser Mauer, die 122 n. Chr. nach einem Besuch des Kaisers Hadrian in Großbritannien gebaut wurde, stehen noch heute. Sie war 120 Kilometer lang und reichte von Wallsend am Tyne bis zum Solway Firth. 2 Die Römer gehörten zu den Ersten, die Vulkanasche und Bimsstein mit gebranntem Kalk mischten und auf diese Weise Beton herstellten. Das Wissen darüber ging in Europa nach dem Niedergang des Römischen Reiches für über 1 300 Jahre verloren und wurde erst 1756 von dem britischen Ingenieur John Smeaton wieder entdeckt. 3 Nach einer Inschrift auf dem Kolosseum wurden die Kosten für das riesige Bauprojekt mit Schätzen finanziert, die man den Juden gestohlen hatte. Die Inschrift lautet: *Der Kaiser Vespasian befahl, dieses neue Theater aus dem Anteil seiner Generäle an der Beute zu errichten.* Die Niederlage der Juden bedeutete das Ende eines brutalen siebenjährigen Krieges, in dessen Verlauf römische Legionen unter Titus (der 80 n. Chr. Kaiser wurde) die Stadt Jerusalem wieder einmal (und zwar 70 n. Chr.) zerstörten – einschließlich des heiligen Zweiten Tempels, den der tolerante persische Kaiser Kyros der Große finanziert hatte (siehe Seite 255). Nach Angaben des Historikers Josephus kamen in diesem Krieg mehr als eine Million Juden ums Leben. Fast 100 000 weitere wurden in die Sklaverei verkauft und verteilten sich über das gesamte Imperium. 4 Siehe LEAD EXPOSURE IN ITALY. 800 BC TO 700 AD, in: INTERNATIONAL JOURNAL OF ANTHROPOLOGY, Bd. 7, Nr. 2. 5 Simon Bar Kokhba, der sich ebenfalls als Sohn Gottes bezeichnete, konnte die jüdische Gemeinschaft in Judäa davon überzeugen, sich gegen die römische Tyrannei aufzulehnen. Der zweijährige Krieg, der 135 n. Chr. begann, wurde von Kaiser Hadrian angeordnet. 6 Galerius erließ dieses Dekret, das allgemeine Toleranz anordnete, erst auf dem Sterbebett. Zuvor war er ein Vorreiter der Christenverfolgung gewesen und hatte auch die Dekrete Diokletians erdacht. 7 Siehe Origen, CONTRA CELSUM, übersetzt von Henry Chadwick, Cambridge 1980, S. 199. 8 Siehe Eusebius von Caesarea, THE CHURCH HISTORY AND LIFE OF CONSTANTINE. 275–339 AD, Oxford 1999.

28. TRAUMZEIT

1 William Ruddiman, PLOWS, PLAGUES AND PETROLEUM. HOW HUMANS TOOK CONTROL OF CLIMATE, Princeton 2005, S. 93. 2 Zum Vergleich: Heute hat Australien insgesamt ungefähr 20 Millionen Einwohner. Die Zahl der Aborigines ist nach Angaben des australischen Statistikbüros seit 1996 doppelt so schnell gewachsen wie die Gesamtbevölkerung und lag 2001 bei 458 000 (2,4 Prozent). 3 Der Begriff »Traumzeit« wurde 1899 von den beiden viktorianischen Anthropologen Walter Spencer und Francis Gillen geprägt. Siehe THE NATIVE TRIBES OF CENTRAL AUSTRALIA, 1899. 4 Interessant ist, dass die 40 000 Jahre alte Kultur der australischen Ureinwohner viel länger überlebt hat als jede andere Hochkultur – selbst die chinesische Kultur blieb nicht länger als 3 500 Jahre erhalten. 5 Spencer Wells, THE JOURNEY OF MAN. A GENETIC ODYSSEY, London 2002, S. 56 f. (dt. DIE WEGE DER MENSCHHEIT. EINE REISE AUF DEN SPUREN DER GENETISCHEN EVOLUTION, Frankfurt am Main 2003). 6 Laurens van der Post, DIE VERLORENE WELT DER KALAHARI, Zürich 1994, S. 23. In jüngerer Zeit haben einige Autoren die Authentizität mancher Schriften von van der Post infrage gestellt. Siehe J. D. F. Jones, STORYTELLER. THE MANY LIVES OF LAURENS VAN DER POST, London 2001. Andere, unter ihnen Christopher Booker, verteidigen ihn. Siehe SMALL LIES AND THE GREATER TRUTH, erschienen am 20. Oktober 2001 in THE SPECTATOR. 7 Siehe Felipe Fernández-Armesto, CIVILIZATIONS. CULTURE, AMBITION, AND THE TRANSFORMATION OF NATURE, New York 2001, S. 47. 8 Die Insel, die der Osterinsel am nächsten liegt, ist das 2 000 Kilometer entfernte Pictairn Island; das nächste Festland ist Chile in 3 600 Kilometern Entfernung. 9 Siehe Laurens van der Post, DIE VERLORENE WELT DER KALAHARI, Kapitel 1. 10 Nach Angaben von Survival International leben noch heute rund 10 000 Penan in Borneo, die meisten von ihnen wurden aber von der Regierung gezwungen, ihre traditionelle Lebensweise als Nomaden aufzugehen und sich in Ortschaften niederzulassen. Vermutlich leben nur ungefähr 350 von ihnen noch im Wald. 11 Siehe Wade Davis, A WORLD MADE OF STORIES, in: NATURE'S OPERATING INSTRUCTIONS, Berkely 2004.

29. »MAIS«TERHAFTES AMERIKA

1 Die ersten Versuche, Teosinte zu domestizieren und zu Mais zu machen, entdeckten Archäologen in der Höhle Guila Naquitz im Oaxaca-Tal in Zentralmexiko; die Funde sind 6250 Jahre alt. In jüngerer Zeit weisen genetische Analysen jedoch daraufhin, dass die ersten genetischen Abwandlungen, die durch künstliche Selektion entstanden, noch älteren Datums sind. 2 Diese Nutzpflanzen ernähren nicht nur Milliarden Menschen auf der ganzen Welt, sondern haben auch eine ungeheure wirtschaftliche Bedeutung. Im Jahr 2004 wurde weltweit auf über 33 Millionen Hektar Mais angebaut, das ist mehr als Reis oder Weizen; der Marktwert lag nach Schätzungen bei 23 Milliarden US-Dollar. Siehe www.commodityonline.com. 3 Auf dem Cascajal-Block, wie er genannt wird, mischen sich solche Symbole mit abstrakten Ecken und Kreisen. Siehe SCIENCE, 15. September 2006. 4 Siehe Diego de Landa, YUCATAN BEFORE AND AFTER THE CONQUEST übersetzt von William Gates, New York 1978, S. 82. 5 Heute in der Newberry Library in Chicago. 6 Diese Tafel befindet sich heute im Peabody Museum an der Harvard University. 7 Die Knochen analysierte Ernest Hooton im Jahr 1940. Siehe Alfred Tozzer, CHICHEN ITZA AND ITS CENOTE OF SACRIFICE, Peabody Museum, 1957, S. 205. 8 Diese Geschichte stammt von dem Franziskanermissionar Bernardino de Sahagún (1499–1590), der den Florentiner Kodex zusammenstellte, zwölf Bücher über das Leben der Azteken, verfasst nach Gesprächen mit Einheimischen. Siehe Christian Duverger, LA FLOR LETAL. Economía del Sacrificio Azteca (Fondo de Cultura Económica), 2005, S. 128 f. 9 JARED DIAMOND, COLLAPSE. HOW SOCIETIES CHOOSE TO FAIL OR SUCCEED, New York 2007, S. 170–177 (dt. KOLLAPS. WARUM GESELLSCHAFTEN ÜBERLEBEN ODER UNTERGEHEN, Frankfurt am Main 2006). 10 Andere Kulturen der amerikanischen Ureinwohner, beispielsweise die Pueblovölker im Chaco Canyon in New Mexico, hatten seit 1130 unter schwerer Dürre zu leiden. Dies führte dazu, dass sie in dem verzweifelten Bestreben, Wasser zu finden, weiter nach Süden wanderten. Siehe JARED DIAMOND, COLLAPSE, S. 152. 11 Schätzungen über die Zahl der Opfer reichen von 3000 bis zu 84000, die letztgenannte Zahl ist allerdings mit ziemlicher Sicherheit übertrieben. 12 Siehe C. A. Burland, PEOPLES OF THE SUN. THE CIVILIZATIONS OF PRE-COLUMBIAN AMERICA, 1986, S. 225–228.

30. WELCHE OFFENBARUNG!

1 Siehe Ronald Segal, ISLAM'S BLACK SLAVES. THE HISTORY OF AFRICA'S OTHER BLACK DIASPORA, London 2001, S. 86. 2 Die Abbasiden führten ihre Abstammung unmittelbar auf Mohammeds Familie der Hashim zurück und sicherten sich so die Unterstützung der schiitischen Muslime in Persien. Nachdem sie aber an der Macht waren, änderten sie ihre Geschichte und wurden Sunniten. 3 Die Steigbügel kamen wahrscheinlich von den persischen Berufsrittern (Azatan) zu den Arabern. Die Azatan wurden von den Sassaniden (226 bis 652 n. Chr.) begründet und übernahmen die Idee von den aus Zentral- und Ostasien eindringenden Awaren, mit denen sie sich 626 gegen die Byzantiner verbündet hatten. 4 Im Osten befanden sich die persischen Sassaniden und im Westen der Überrest des Römischen Reiches, das Reich von Byzanz, das seinen Sitz in Konstantinopel hatte. 5 SAHIH BUKHARI, eine Sammlung prophetischer Überlieferungen, gesammelt von dem muslimischen Gelehrten Muhammad ibn al-Bukhari (810–870), Bd. 6, Buch 60, Nr. 201, übersetzt von M. Muhsin Khan, mit freundlicher Genehmigung der University of Southern California. Onlinetext unter www.usc.edu. 6 Einer der berühmtesten Sufi-Dichter war Afghan, genannt Rumi (1207 bis 1273). Er gründete den Orden der Mevlevi, besser bekannt als »Tanzende Derwische«, der seine Anbetung in Form eines Tanzes namens Sema praktizierte. 7 Erst im 12. Jahrhundert tauchte eine lateinische Fassung dieses Meisterwerks im Westen auf. Sie war die Übersetzung eines arabischen Exemplars, das Christen in Spanien gefunden hatten. 8 Jonathan Bloom / Sheila Blair, ISLAM. EMPIRE OF FAITH, London 2001, S. 106 f. 9 Der englische Philosoph Roger Bacon (1214–1294) erwähnt die lateinische Übersetzung des KITAB AL-MANAZIR, al-Haythams Werk über Optik. Siehe David C. Lindberg, ROGER BACON AND THE ORIGINS OF PERSPECTIVA IN THE MIDDLE AGES, Oxford 1996, S. 11. 10 Die älteste bekannte Darstellung eines Steigbügels findet sich am Modell eines Reiters, das in einem chinesischen Grab aus dem Jahr 322 n. Chr. gefunden wurde.

31. PAPIER, PRESSE UND PULVERDAMPF

1 Bloom / Blair, ISLAM, S. 228. 2 Es ist paradox: Hätte es nicht die erfindungsreiche chinesische Hochkultur gegeben, hätte Kolumbus vermutlich nie das Buch von Marco Polo gelesen, denn das Papier, auf dem es gedruckt war, war eine ausschließlich chinesische Erfindung. Siehe Björn Landström, COLUMBUS. THE STORY OF CRISTÓBAL CÓLÓN, ADMIRAL OF THE OCEAN, AND HIS FOUR VOYAGES WESTWARD TO THE INDIES, London 1967, S. 27. 3 In Europa war die Papierherstellung zuerst 1268 im italienischen Fabriano bekannt. In Troyes in Frankreich kannte man sie 1348, in Nürnberg um 1390, in Basel 1433, in Hertfordshire in England 1495 und in Dordrecht in den Niederlanden 1586. Siehe J. Needham, SCIENCE AND CIVILIZATION IN CHINA, Bd. 1, Cambridge 1986, S. 299–302. 4 Needham, SCIENCE AND CIVILIZATION, Bd. 5, S. 123. 5 Die Abwandlung des alten Shinto setzte sich nie ganz durch. Heute sind in Japan noch schätzungsweise 100000 traditionelle Shinto-Schreine in Gebrauch. Die Anhänger dieser Religion beten Geister an, die Kami, die nach ihrer Überzeugung allen belebten und unbelebten natürlichen Formen von den Tieren bis zu Steinen und Teichen innewohnen. 6 Im Jahr 988 besaß die chinesische Nationale Akademie ein Archiv mit 4000 geschnitzten Holzblöcken zum Druck verschiedener konfuzianischen Klassiker. Bis 1005 war diese Zahl auf 400000 gestiegen – ein Wachstum um das Hundertfache in nur 22 Jahren. Siehe Needham, SCIENCE AND CIVILIZATION, Bd. 5, S. 370. 7 Patricia Ebrey, Anne Walthall und James Palais, EAST ASIA. A CULTURAL, SOCIAL, AND POLITICAL HISTORY, Boston 2006, S. 156. 8 Aus CLASSIFIED ESSENTIALS OF THE MYSTERIOUS TAO OF THE TRUE ORIGIN OF THINGS, ein Buch aus der Mitte des 9. Jahrhunderts über chinesische Alchemie, zitiert in Needham, SCIENCE AND CIVI-

LIZATION, Bd. 5, S. 11. Rubinschwefel ist ein natürlich vorkommendes mineralisches Erz aus Arsensulfid. **9** Ebd., S. 223. **10** Shiba Yoshinobu, COMMERCE AND SOCIETY IN SUNG CHINA, übersetzt von Mark Elvin, Ann Arbor 1970, S. 33. **11** Die Methode wird im LOUEN-HENG erwähnt, einem chinesischen Werk, das zwischen 20 und 100 n. Chr. verfasst wurde. Siehe Li Shu-hua, ORIGINE DE LA BOUSSOLE II. AIMANT ET BOUSSOLE, in: ISIS, Bd. 45, Nr. 2, Juli 1954, S. 176. **12** Beschrieben in seinem Buch DREAM POOL ESSAYS, verfasst ungefähr 1088 n. Chr. **13** Der Beamte Zhu Yu, der auch die Provinz mit dem Hafen Guangzhou verwaltete, erwähnt ihn in seiner Schifffahrtsgeschichte: *Nach den staatlichen Vorschriften über seetüchtige Schiffe können die größeren mehrere Hundert Mann aufnehmen, und auch die kleineren haben mehr als 100 Mann an Bord. Die Steuerleute der Schiffe sind mit der Form der Küsten vertraut; nachts steuern sie nach den Sternen, am Tag nach der Sonne. Bei düsterem Wetter blicken sie auf die nach Süden weisende Nadel.* Siehe Needham, SCIENCE AND CIVILIZATION, Bd. 4, S. 279. **14** Die erste Erwähnung des Kompasses in Europa findet sich in Alexander Neckams ÜBER DIE NATUR DER DINGE, verfasst 1190 in Paris; das erste Rezept für Schießpulver erschien 1267 in Roger Bacons OPUS MAIUS. **15** Archäologische Anhaltspunkte ergeben sich aus dem höheren Wasserspiegel im Kaspischen Meer, siehe H. H. Lamb, CLIMATE HISTORY AND THE MODERN WORLD, London 1995, S. 175 f. (dt. KLIMA UND KULTURGESCHICHTE. DER EINFLUSS DES WETTERS AUF DEN GANG DER GESCHICHTE, Reinbek 1995). **16** Robert Claiborne, CLIMATE, MAN AND HISTORY, Sydney 1973, S. 346 (dt. ENTSCHEIDUNGSFAKTOR KLIMA. DER EINFLUSS DES WETTERS AUF ENTWICKLUNG UND GESCHICHTE DER MENSCHHEIT, Wien 1973). **17** Siehe Paul Chevedden, THE INVENTION OF THE COUNTERWEIGHT TREBUCHET, Dumbarton Oak Papers, Nr. 54, 2000. **18** Diese Imperien wurden anfangs als Blaue Horde und Weiße Horde bezeichnet. Im Jahre 1266 wurden sie von Berke (gestorben 1255), einem anderen Sohn von Dschingis, zu einem einzigen Reich namens Goldene Horde zusammengefasst, das dann zu einem islamischen Staat wurde und schließlich 1502 im Osmanischen Reich aufging. **19** Die Mongolen benutzten bekanntermaßen schon 1241 bei der Schlacht von Muhi in Ungarn Schießpulver und Feuerwaffen. Siehe Jacques Gernet, A HISTORY OF CHINESE CIVILISATION, Cambridge 1982, S. 379. **20** Nach der GESCHICHTE DER SONG (1345). Der gesamte Text ist unter www.gutenberg.org/etext/24183 nachzulesen (auf Englisch).

32. MITTELALTERLICHE MISERE

1 Aus Jordanes' URSPRUNG UND TATEN DER GOTEN, übersetzt von Charles Mierow, Princeton 1908, S. 57 (verfasst ca. 551 n. Chr.). **2** Siehe Alessandro Barbero und John Cullen, THE DAY OF THE BARBARIANS. THE BATTLE THAT LED TO THE FALL OF THE ROMAN EMPIRE, New York 2007. **3** DIE CHRONIK VON MICHAEL VON SYRIEN (gest. 1199) erzählt die gesamte Geschichte von der Schöpfung bis zu seiner Zeit. Das Original ist nur in einem einzigen Exemplar erhalten, das in einer verschlossenen Kiste in einer Kirche in Aleppo aufbewahrt wird. Eine französische Übersetzung stammt von J. B. Chabot: CHRONIQUE DE MICHEL LE SYRIEN, PATRIARCHE JACOBITE D'ANTIOCHE (1166–1199), (fünf Bände: 1899, 1901, 1905, 1910, 1924). **4** Historiker von Edward Gibbon in DECLINE AND FALL OF THE ROMAN EMPIRE (1781–1789) bis zu Paul K. Davis in 100 BATTLES FROM ANCIENT TIMES TO THE PRESENT DAY (1999) nennen bestimmte Schlachten als entscheidende Wendepunkte der Menschheitsgeschichte. **5** Josiah C. Russell, POPULATION IN EUROPE, in: THE FONTANA ECONOMIC HISTORY OF EUROPE, Bd. 1: THE MIDDLE AGES, 1976, S. 36. **6** Eine Epidemie gab es zuvor schon in Athen zwischen 430 und 427 v. Chr., als es noch so aussah, die Athener könnten den Peloponnesischen Krieg gewinnen. Siehe den Bericht von Thukydides in THE GREEK HISTORIANS, hg. von M. I. Finley, London 1980, S. 274 f. **7** Der Arianismus war die allgemein anerkannte Spielart des Christentums bei vielen germanischen Stämmen, so bei Goten, Westgoten, Ostgoten, Vandalen und Langobarden, die während des Niedergangs des Römischen Reiches in Europa einwanderten. **8** David Keys, CATASTROPHE. AN INVESTIGATION INTO THE ORIGINS OF THE MODERN WORLD, London 1999 (dt. ALS DIE SONNE ERLOSCH. 535 N. CHR. – EINE NATURKATASTROPHE VERÄNDERT DIE WELT, München 1999). **9** Lynn White, MEDIEVAL TECHNOLOGY AND SOCIAL CHANGE, Oxford 1966, S. 2. **10** Berichte finden sich im geografischen Kompendium des persischen Entdeckers Ibn Rustah, der im 10. Jahrhundert seine Erlebnisse mit den Rus von Nowgorod beschrieb. **11** Das Ritual wird beschrieben in THE ORKNEYINGA SAGA. THE HISTORY OF THE EARLS OF ORKNEY, übersetzt von Hermann Pálsson und Paul Edwards, London 1978, S. 33. **12** Michael Williams, DEFORESTING THE EARTH. FROM PREHISTORY TO GLOBAL CRISIS, Chicago 2003, S. 106 und 118. **13** Needham, SCIENCE AND CIVILISATION, Bd. 2, S. 326. **14** Williams, DEFORESTING THE EARTH, S. 104. **15** Ebd., S. 113. **16** Ebd., S. 116. **17** Russell, POPULATION IN EUROPE, S. 34 ff. **18** TRANSLATIONS AND REPRINTS FROM THE ORIGINAL SOURCES OF EUROPEAN HISTORY, Series 1, Bd. 3:1, University of Pennsylvania, 1896, S. 15 f. **19** Die Methoden der modernen Landwirtschaft, die sich durch Düngemittel, Maschinen und Massenproduktion verändert haben, sind 300-mal effizienter, aber die heutige Bevölkerung Europas ist nur viermal so groß wie 1315, als der Kontinent zum ersten Mal von einer großen Hungersnot heimgesucht wurde. **20** M. A. Jonker, ESTIMATION OF LIFE EXPECTANCY IN THE MIDDLE AGES, Royal Statistical Society, 2003, S. 105–117. **21** Diese Theorie wurde erstmals 2001 von Susan Scott und Christopher Duncan vertreten, zwei Wissenschaftler der Universität Liverpool. Seither behaupten sie, dank der Pest seien ungefähr zehn Prozent aller Europäer aus genetischen Gründen resistent gegen HIV/AIDS. Siehe JOURNAL OF MEDICAL GENETICS, Nr. 42, 2005, S. 205–208. **22** Ruddiman, PLOWS, PLAGUES AND PETROLEUM, S. 120–123. **23** THE OPUS MAJUS OF ROGER BACON, übersetzt von Robert Belle Burke, Bd. 2, Philadelphia 1928, S. 629 f. **24** Juan Marian, HISTORIA GENERAL DE ESPANA (1608), Bd. 2, S. 27. Englische Übersetzung von John Stephens, THE GENERAL HISTORY OF SPAIN (1699), Bd. 1, S. 264. **25** Jack Kelly, GUN-

POWDER ALCHEMY, BOMBARDS, AND PYROTECHNICS, New York 2004, S. 49–53.

33. SCHATZSUCHE

1 Ross Dunn, THE ADVENTURES OF IBN BATTUTA. A MUSLIM TRAVELER OF THE 14TH CENTURY, Berkely 1998, S. 45 f. 2 Elikia M'Bokolo, AFRIQUE NOIRE. HISTOIRE ET CIVILISATIONS, Bd. 1, Paris 1995, S. 264. Siehe auch Weisman, THE WORLD WITHOUT US, S. 83. 3 Dunn, THE ADVENTURES OF IBN BATTUTA, S. 290. 4 Bloom / Blair, ISLAM, S. 228. 5 Siehe die Schriften von Ruy Gonzáles de Clavijo. Siehe EMBASSY TO TAMERLANE, übersetzt von Guy Le Strange, London 1928. 6 In jüngster Zeit gab es Spekulationen über eine sechste Reise: Danach segelte Zheng He 1421 um die ganze Welt und auch am Kap der Guten Hoffnung vorüber. Dann entdeckte er Grönland, Island, Australien, die Antarktis und Amerika. Diese Theorie, die von Gavin Menzies in seinem Buch 1421. THE YEAR THE CHINESE DISCOVERED THE WORLD, London 2003, vertreten wurde, ist unter Historikern nicht allgemein anerkannt. 7 Siehe LA ESCATOLOGIA MUSALMANA EN LA DIVINE COMEDIA (1919), verfasst von dem katholischen Gelehrten Miguel Asin. Er benennt darin die Ähnlichkeiten zwischen Dantes Dichtung und der Hadith, der mündlich überlieferten Lehre des Propheten Mohammed. Die Frage, inwieweit Dante in seiner Darstellung von Himmel, Fegefeuer und Hölle Anleihen beim islamischen Gedankengut machte, ist bis heute nicht abschließend geklärt. 8 Diamond, COLLAPSE, S. 266–276. 9 Das Recht der Päpste, Bischöfe unabhängig von den Wünschen der weltlichen Herrscher zu ernennen, war im 11. Jahrhundert Gegenstand heftiger Kontroversen zwischen Heinrich IV., dem Kaiser des Heiligen Römischen Reiches, und Papst Gregor VII. Der Investiturstreit, wie die Auseinandersetzung heute genannt wird, zerstörte die Einheit von Papstum und Kaisertum. 10 Siehe Johann Burchard, POPE ALEXANDER VI AND HIS COURT. EXTRACTS FROM THE LATIN DIARY OF THE PAPAL MASTER OF CEREMONIES, 1484–1506, New York 1921, S. 194 (dt. KIRCHENFÜRSTEN UND INTRIGANTEN. UNGEWÖHNLICHE HOFNACHRICHTEN AUS DEM TAGEBUCH DES PÄPSTLICHEN ZEREMONIENMEISTERS BEI ALEXANDER VI., Zürch 1985). 11 Patrick Macey, BONFIRE SONGS SAVONAROLA'S MUSICAL LEGACY, Oxford 1998, S. 30 f.

34. »EINE SEEFAHRT, DIE IST …«

1 Sklaven wurden sogar auf der abgelegenen Osterinsel gefangen genommen, die 1722 von Europäern entdeckt wurde. Manche Autoren äußerten die Vermutung, der Untergang der Inselbevölkerung sei auf Waldzerstörung und die nachfolgende Umweltkatastrophe zurückzuführen (siehe Diamond, COLLAPSE), die aufgezwungene Sklaverei ist aber eine ebenso plausible Erklärung. Viele Einheimische, unter ihnen der König Kamakoi und sein Sohn, wurden seit Anfang des 19. Jahrhunderts entführt und zur Arbeit in peruanischen Bergwerken gezwungen. Siehe Benny Peiser, FROM GENOCIDE TO ECOCIDE. THE RAPE OF RAPA NUI, in: ENERGY AND ENVIRONMENT, Bd. 16, Nr. 3 und 4, 2005. 2 Die Schätzung stammt von den Amigos de Potosí, einer gemeinnützigen niederländischen Organisation, die den überlebenden Bergarbeiterfamilien von Potosí hilft. Siehe www.amigosdepotosi.com. 3 Clive Ponting, A GREEN HISTORY OF THE WORLD, London 1991, S. 131. 4 Kolumbus studierte die Werke von Marinus von Tyros (70–130 n. Chr.) und Alfraganus, der im 9. Jahrhundert n. Chr. lebte. Sein Irrtum war unter anderem darauf zurückzuführen, dass Alfraganus in seinen Berechnungen arabische Meilen (1 800 Meter) zu Grunde gelegt hatte und nicht, wie Kolumbus annahm, italienische Meilen (1 238 Meter). Landström, COLUMBUS, S. 30. 5 Ebd., S. 131. 6 Ebd., S. 93. 7 Ein Kupferstich in einem angeblich von Vespucci 1505 veröffentlichten Reisebericht zeigt nackte Frauen mit Federhaarschmuck, die menschliche Gliedmaßen verteilen. Eine von ihnen nagt an einem Arm. Felipe Fernández-Armesto, AMERIGO. THE MAN WHO GAVE HIS NAME TO AMERICA, London 2006, S. 162. 8 Ebd., S. 52. 9 Ponting, A GREEN HISTORY OF THE WORLD, S. 196 f. 10 Ebd., S. 130. 11 Die Pocken erschienen in Westeuropa spätestens im 6. Jahrhundert n. Chr. auf der Bildfläche. Siehe D. R. Hopkins, THE GREATEST KILLER. SMALLPOX IN HISTORY, Chicago 2002. 12 Stuart Stirling, THE LAST CONQUISTADOR, Phoenix Mill 1999, S. 44. 13 Ebd., S. 140 f. 14 Die Frage, wer als Erster den Globus umrundete, ist ein wenig umstritten. Magellan hatte auf einer früheren Reise zu den Gewürzinseln (bei der er in westlicher Richtung fuhr) als Dolmetscher einen Sklaven namens Enrique aus Malakka bei sich, der auch als Heinrich der Schwarze bekannt war. Enrique begleitete Magellan auf seiner Reise nach Osten, verließ aber die Expedition auf rätselhafte Weise kurz nach Magellans Tod auf den Philippinen. Falls er wieder nach Malakka gelangte – wofür einiges spricht –, wäre er genau genommen der Erste gewesen, der – wenn auch auf zwei Reisen – um die ganze Erde gesegelt war.

35. GIBT ES HIER EIN BIER?

1 Geoffrey Parker, THE MILITARY REVOLUTION. MILITARY INNOVATION AND THE RISE OF THE WEST. 1500–1800, Cambridge 1996, S. 90 f. 2 Ebd., S. 94. 3 Troy Beckham, EATING THE EMPIRE, in: PAST AND PRESENT, Nr. 198, Februar 2008. 4 David Christian, MAPS OF TIME. AN INTRODUCTION TO BIG HISTORY, Berkely 2004, S. 344 f. 5 Ponting, A GREEN HISTORY OF THE WORLD, S. 145. 6 Francis Bacon, DA SAPIENTA VETERUM, in: THE WORKS OF FRANCIS BACON, 1858, S. 270 f. 7 Ponting, A GREEN HISTORY OF THE WORLD, S. 147. 8 Der Blenheim Palace, der in England zwischen 1705 und 1722 errichtet wurde, orientierte sich am Vorbild von Versailles; das Gleiche gilt für viele andere Schlösser in Spanien, Italien, Schweden und Deutschland.

36. NEU-PANGÄA

1 Williams, DEFORESTING THE EARTH, S. 180. 2 Navy Records Society, NAVAL TRACTS OF SIR WILLIAM MONSON, V, S. 268. 3 Um 1760 bestanden 84 Prozent aller europäischen Schiffsmasten aus baltischer Fichte. Siehe Williams, DEFORESTING THE EARTH, S. 200. 4 Ponting, A GREEN HISTORY OF THE WORLD, S. 279. 5 Ebd., S. 278. 6 Pferde waren in Amerika bereits 12 000 Jahre früher am Ende der letzten Eiszeit ausgestorben. 7 Ponting, A GREEN HISTORY OF THE WORLD, S. 231. 8

Ebd., S. 173. **9** Das Zuckerrohr, das muslimische Kaufleute erstmals aus Südasien nach Europe gebracht hatten, entzog dem Boden so viel Energie, dass eine Plantage in der Regel nach zwölf bis fünfzehn Jahren unfruchtbar wurde. Dann musste man neue Flächen roden, weitere Waldflächen zerstören und die Küstensiedlungen immer weiter ins Landesinnere verlegen. Wegen der Sklavenarbeit war die Rodung von Wald in der Regel einfacher als wenn man Mist herantransportiert und die Flächen regeneriert hätte. Siehe Williams, DEFORESTING THE EARTH, S. 217. **10** Schon 1671 musste man Brennholz für die Zuckerindustrie vom amerikanischen Festland aus nach Barbados bringen. Ein Besucher berichtete sogar: *Alle Bäume sind zerstört, und wenn sie Holz zum Kochen des Zuckers brauchen, müssen sie wegen Kohle nach England schicken.* **11** Siehe Williams, DEFORESTING THE EARTH, S. 233, und Ping-ti Ho, STUDIES ON THE POPULATION OF CHINA, Cambridge, Mass. 1959, S. 183–189. **12** Siehe Cha'ao-Ting Chi, KEY ECONOMIC AREAS IN CHINESE HISTORY AS REVEALED IN THE DEVELOPMENT OF PUBLIC WORKS FOR WATER CONTROL, London 1936, S. 22. **13** Siehe J. S. und W. S. Hampl, PELLAGRA AND THE ORIGIN OF A MYTH. EVIDENCE FROM EUROPEAN LITERATURE AND FOLKLORE, in: JOURNAL OF THE ROYAL SOCIETY OF MEDICINE, Bd. 90, 1997, S. 636–639. **14** Brian Fagan, THE LITTLE ICE AGE. HOW CLIMATE MADE HISTORY 1300–1850, New York 2000, S. 189. **15** Zitiert in Christine Kinealy, A DEATH DEALING FAMINE, London 1997, S. 52. **16** Siehe Ponting, A GREEN HISTORY OF THE WORLD, S. 181.

37. GEMISCHTE GEFÜHLE

1 Siehe Robert Davis, CHRISTIAN SLAVES, MUSLIM MASTERS, Basingstoke 2003, S. 23. **2** Für den Schia-Tempel von Ardabil stiftete Abbas Schmuck, Waffen, Pferde, Schafe und Ziegen, aber auch edle Manuskripte und 1 162 Keramikgegenstände, viele davon aus seltenem, blau-weißem chinesischem Porzellan. Siehe Bloom / Blair, ISLAM, S. 203. **3** Ebd., S. 216. **4** Der auf 1617 datierte Brief ist abgedruckt in OUTLINES OF EUROPEAN HISTORY, Bd. 2, hg. von James Harvey Robinson, Boston 1914 bis 1927, S. 333 ff. **5** Der Pfauenthron war das höchste Symbol für den Reichtum der Moguln. Er hatte Füße aus massivem Gold und war mit 108 Rubinen, 116 Smaragden sowie unzähligen Diamanten und Perlen besetzt. Dieses Meisterwerk der Eitelkeit wurde 1747 zerstört, als Nadir Schah während eines Putsches von Offizieren seiner eigenen Leibwache ermordet wurde. **6** Diamond, GUNS, GERMS AND STEEL, S. 257. **7** Ein zeitgenössischer Bericht über eine Begegnung aus amerikanischer Sicht findet sich in John S. Sewall, THE INVINCIBLE ARMADA IN JAPAN, in: NEW ENGLANDER AND YALE REVIEW, 1890, S. 201–212.

38. ES LEBE DIE FREIHEIT!

1 Diese Formulierung wurde erstmals benutzt in dem Schauspiel RICHELIEU. ON THE CONSPIRACY VON EDWARD BULWER-LYTTON (1839): *Beneath the rule of men truly great, the pen is mightier than the sword.* **2** Newtons 1687 erschienener Klassiker PHILOSOPHIAE NATURALIS PRINCIPIA MATHEMATICA, in dem er die drei allgemeinen Bewegungsgesetze formuliert, konnte mehr als 200 Jahre lang von Wissenschaftlern nicht verbessert werden. **3** In dieser wichtigen Einschränkung staatlicher Macht spiegelt sich die deistische Überzeugung der Gründerväter wider: Danach war Religion Privatsache und nicht Gegenstand staatlicher Gewalt. **4** Hier besteht ein wichtiger Unterschied zur englischen Bill of Rights, die den Gebrauch von Feuerwaffen nur zur Selbstverteidigung gestattete (siehe Seite 425). **5** Vermutlich handelte es sich um Auswirkungen des Klimaereignisses El Niño vor der Westküste Perus. Siehe Fagan, THE LITTLE ICE AGE, S. 165 f. und Richard H. Grove, GLOBAL IMPACT OF THE 1789–1793 EL NIÑO, in: NATURE, Nr. 393, 1998, S. 318 f. **6** Tatsächlich griff der königliche Leibarzt Dr. Antoine Louis (1723–1792) Guillotins Gedanken auf und entwickelte den ersten Apparat. **7** Kelly, Gunpowder, S. 164 ff. **8** Nelson und Wellington wurden in der Londoner St. Paul's Cathedral beigesetzt. **9** Diamond, COLLAPSE, S. 388. **10** Siehe Chasing Freedom Information Sheet unter www.royalnavalmuseum.org.

39. AFFENKRAM

1 Bemerkenswerte Ausnahmen waren Franz von Assisi (1181–1226), der Gründer des Franziskanerordens, und der jüdische Rabbiner und Philosoph Maimonides (1135–1204): Beide setzten sich für einen gleichrangigen Respekt gegenüber allen Lebewesen ein. **2** Die Qing kamen nach einem Bauernaufstand gegen den letzten Ming-Kaiser an die Macht. Führer der Revolte war der frühere Schafhirte Li Zicheng. **3** Die jährliche Kohleproduktion in England lag 1550 bei rund 210000 Tonnen. Sie war bis 1650 auf 1,5 Millionen Tonnen und bis 1790 auf über sechs Millionen gestiegen. Die größte Steigerung erlebte sie nach 1790: 1815 wurden bereits 16 Millionen Tonnen gefördert. In den USA, wo noch viel Holz zur Verfügung stand, trat die Kohle erst ab 1850 als Brennstoff an die Stelle des Holzes. Siehe Ponting, A GREEN HISTORY OF THE WORLD, S. 281. **4** Die ersten Patente wurden schon 1474 in Venedig erteilt. Großbritannien war aber das erste größere Land, in dem das System angewandt wurde. Wenig später setzte es sich auch in den gerade unabhängig gewordenen USA durch, wo 1790 der Patent Act verabschiedet wurde. **5** Ponting, A GREEN HISTORY OF THE WORLD, S. 277. **6** In einer Welt, in der überall unabhängige Energiequellen zur Verfügung stehen, wie es seit ungefähr 1850 mit der Einführung der Dampfmaschine der Fall war, wird Smith' kapitalistische Grundvoraussetzung, dass manche Regionen sich besser für die Produktion eignen als andere, fragwürdig. **7** Niederdruck-Dampfmaschinen treiben den Kolben aus dem Zylinder, und zurück bleibt ein Vakuum, sodass der Atmosphärendruck den Kolben wieder zurück bewegen muss. **8** Eines der Schiffe, die zur Verlegung des Kabels verwendet wurden, war die 1852 gebaute HMS Agamemnon, das erste britische Kriegsschiff, das von vornherein zum Betrieb mit Dampfkraft konzipiert wurde. **9** Siehe www.worldmapper.org. **10** Streng genommen handelte es sich um den ersten Motorflug einer Maschine, die schwerer war als Luft. Mit Wasserstoff gefüllte Zeppeline waren auch früher schon gefahren. **11** Siehe ARMY AIRFORCE STATISTIC DIGEST für den Zweiten

Weltkrieg, Tabelle 70, unter http://afhra.maxwell.af.mil. **12** Bei der Destillation von Rohöl in einer modernen Raffinerie fließen rund 86 Prozent in die Herstellung energiereicher Brennstoffe wie Benzin oder Kerosin. Die restlichen 14 Prozent bestehen aus Polymeren, die man unter anderem zur Herstellung von Kunststoffen verwenden kann. **13** Siehe John Postgate, FIXING THE NITROGEN FIXERS, in: NEW SCIENTIST, 3. Februar 1990, und Vaclav Smil, ENRICHING THE EARTH. FRITZ HABER, CARL BOSCH, AND THE TRANSFORMATION OF WORLD FOOD PRODUCTION, Cambridge, Mass. 2004, S. 204. **14** Das allgemeine DDT-Verbot ist nach wie vor umstritten. Manchmal wird die Ansicht vertreten, seine Abschaffung habe in Afrika zu mehr Todesfällen durch die von Mücken übertragene Malaria geführt. Dass DDT nicht auf der ganzen Welt verboten ist, liegt unter anderem an dem lukrativen Exportmarkt für Schnittblumen, die nur mit DDT gut aussehende Blüten billig hervorbringen. Siehe Weisman, THE WORLD WITHOUT US, S. 74. **15** LEADED GASOLINE, SAFE REFRIGERATION, AND THOMAS MIDGLEY, JR, in: S. BERTSCH MCGRAYNE, PROMETHEANS IN THE LAB. CHEMISTRY AND THE MAKING OF THE MODERN WORLD, New York 2002. **16** Derzeit schwächt sich das jährliche Wachstum der Weltbevölkerung ab: Waren es in den 1980er Jahren noch 87 Millionen Menschen zusätzlich pro Jahr, so lag die Zahl 2006 nur noch bei 75 Millionen. Trotz dieses geringeren Wachstums wird die Weltbevölkerung aber bis 2050 den Berechnungen zufolge die Zahl von neun Milliarden erreichen. Siehe WORLD POPULATION PROSPECTS (2006) veröffentlicht von den Vereinten Nationen unter http://esa.un.org/unpp. **17** Siehe THE WORLD FACTBOOK (CIA), 2007.

40. DIE RASSE DES WEISSEN MANNES

1 Die Südafrikanische Union erhielt am 31. Mai 1910 einen halb unabhängigen Status als Dominion des britischen Empire. Zur vollständig unabhängigen Republik wurde das Land 1961. **2** Siehe Paul Broca, SUR LES CRANES DE LA CAVERNE DE L'HOMME MORT (LOERE), in: REVUE D'ANTHROPOLOGIE, 1873, S. 1–53. In diesem Artikel behauptet Broca, er habe mit seinen Experimenten gezeigt, dass Weiße im Durchschnitt ein schwereres Gehirn mit mehr Windungen und einem größeren Stirnlappen besitzen als Schwarze. Ähnliche Unterschiede glaubten später auch andere Wissenschaftler festgestellt zu haben. Siehe J. Phillipe Rushton, BRAIN SIZE, IQ, AND RACIAL GROUP DIFFERENCES. EVIDENCE FROM MUSCULOSKELETAL TRAITS, in: INTELLIGENCE, 2003, S. 139–155. Mit dem Thema beschäftigte sich auch der amerikanische Paläontologe, Evolutionsbiologe und Wissenschaftshistoriker Stephen Jay Gould (1941–2002) in seinem Buch THE MISMEASURE OF MAN, New York 1981(dt. DER FALSCH VERMESSENE MENSCH, Basel 1983). Nach seiner Ansicht hatte Morton Daten gefälscht und Schädel mit Füllmaterial überfrachtet, um seine Ansichten zu rechtfertigen. **3** Siehe Madison Grant, PASSING OF THE GREAT RACE, New York 1917, S. 46. **4** Siehe James McPherson, BATTLE CRY OF FREEDOM. THE CIVIL WAR ERA, Oxford 1988, S. 244. **5** Ernest William Winkler (Hg.), JOURNAL OF THE SECESSION CONVENTION OF TEXAS 1861, EDITED FROM THE ORIGINAL IN THE DEPARTMENT OF STATE, TEXAS LIBRARY AND HISTORICAL COMMISSION, 1912, S. 61–65. Manche Bewohner der Südstaaten glaubten, Gottes Fluch über Noahs Sohn Ham und seine afrikanischen Nachfahren seien eine Rechtfertigung für die Sklaverei. **6** Siehe Alexander Stephens' CORNERSTONE SPEECH, Savannah, Georgia, 21. März 1861. **7** Siehe CIVIL RIGHTS CASES, 109 US 3, 1883. Im Jahr 1879 flüchteten vermutlich bis zu 40 000 schwarze Afrikaner mit dem Boot oder zu Fuß nach Kansas, das als toleranterer Staat galt. Die Wanderungsbewegungen setzten sich in den 1890er Jahren auch nach Nebraska, Colorado und Oklahoma fort. **8** BRINGING THEM HOME. REPORT OF THE NATIONAL INQUIRY INTO THE SEPARATION OF ABORIGINAL AND TORRES STRAIT ISLANDER CHILDREN FROM THEIR FAMILIES. Nach Erscheinen des Berichts entschuldigten sich alle australischen Bundesstaaten offiziell für die Episode. Die offizielle Entschuldigung der australischen Bundesregierung folgte nach der Wahl des Premierministers Kevin Rudd am 13. Februar 2008. **9** AUSTRALIAN BUREAU OF STATISTICS, POPULATION DISTRIBUTION, ABORIGINAL AND TORRES STRAIT ISLANDER AUSTRALIANS, 15. August 2007. **10** Brief mit Datum 15. März 1843, von Lieutenant-Colonel de Montagnac, in LETTRES D'UN SOLDAT, Wiederveröffentlichung von Christian Destremeau, Vernon 1998, S. 153. **11** Peter Forbath, THE RIVER CONGO. THE DISCOVERY, EXPLORATION AND EXPLOITATION OF THE WORLD'S MOST DRAMATIC RIVER, London 1978, S. 370. **12** Ebd., S. 375. **13** Die Episode wurde in einem Bericht der Vereinten Nationen als einer der ersten Fälle von versuchtem Völkermord im 20. Jahrhundert bezeichnet. Siehe WHITAKER REPORT (1985). **14** Der Schifffahrtsweg war so wichtig, dass britische Streitkräfte 1842 ganz Ägypten besetzten, um ihn zu schützen. Sie blieben dort bis 1954 und unternahmen zwei Jahre später mit Unterstützung israelischer und französischer Streitkräfte noch einmal eine Invasion, die unter dem Namen Suezkrise bekannt wurde. **15** Der von Rhodes gegründete Diamantenkonzern de Beers kontrolliert noch heute ungefähr die Hälfte des Welthandels mit Rohdiamanten. **16** Zitiert in R. Dumont / N. Cohen, THE GROWTH OF HUNGER. A NEW POLITICS OF AGRICULTURE, London 1980. **17** Dies ist der erste Vers von THE WHITE MAN'S BURDEN, das Kipling 1899 nach der Invasion der Vereinigten Staaten auf den Philippinen schrieb (deutsche Übersetzung DIE BÜRDE DES WEISSEN MANNES von Gisbert Haefs, in R. Kipling, DIE BALLADE VON OST UND WEST. SELECTED POEMS. AUSGEWÄHLTE GEDICHTE, Zürich 1992).

41. ZURÜCK IN DIE ZUKUNFT

1 Im Juli 2005 wurde Marx von Hörern von BBC Radio 4 zum größten Philosophen aller Zeiten gewählt. **2** E. Backhouse / J. O. P. Bland, ANNALS AND THE MEMOIRS OF THE COURT OF PEKING, London 1914, S. 325–334. **3** Siehe Fu, Lo-shu, A DOCUMENTARY CHRONICLE OF SINO-WESTERN RELATIONS, Bd. 1, Tucson 1966, S. 380. **4** Bernd Sösemann, DIE SOG. HUNNENREDE WILHELMS II., in: HISTORISCHE ZEITSCHRIFT, Bd. 222, 1976, S. 349. **5** Weiter verschärft wurde die Lage, weil der Zar sein Versprechen, ein demokratisches Parlament einzusetzen, nicht einlöste. Zuvor hatten seine Soldaten 1905 bei den

Aufständen am »Blutsonntag« mehrere Hundert unbewaffnete Fabrikarbeiter getötet. **6** Lenin, COLLECTED WORKS, Moskau, Bd. 30, 1960–1980, S. 335. **7** Das Sykes-Picot-Abkommen wurde im November 1915 von französischen und britischen Diplomaten ausgehandelt, obwohl T. E. Lawrence und andere offizielle britische Stellen den Arabern versprochen hatten, man werde ihnen als Gegenleistung für ihre Unterstützung gegen die Osmanen die Unabhängigkeit von westlicher Herrschaft gewährleisten. **8** Adolf Hitler, MEIN KAMPF, München 1933, S. 222–225; die nachfolgenden Zitate auf S. 69, 233 und 29. **9** Das Wort »arisch« kommt aus dem Sanskrit und bedeutet »edel«. Nationalsozialistische Wissenschaftler und Historiker behaupteten, alle indoeuropäischen Völker würden von einer europäischen Herrenrasse abstammen, die sie als arisch bezeichneten.

42. HEXENTANZ

1 Der algerische Unabhängigkeitskrieg fand zwischen 1954 und 1962 statt. Am Ende wurde der Frieden mit dem Abkommen von Evian wieder hergestellt. Darin erhielt Algerien die Unabhängigkeit, und Frankreich wurde das Recht zum Betrieb von Militärstützpunkten zugestanden, die bis 1966 als Testgelände für Atomwaffen dienten. **2** Saudi Aramco ist noch heute der größte Ölkonzern der Welt, er befindet sich heute allerdings vollständig im Besitz der saudischen Regierung. **3** Siehe zum Beispiel Milton Friedman, CAPITALISM AND FREEDOM, Chicago 1982. **4** Wie sich die Kreditkrise, die seit Sommer 2007 die Finanzmärkte heimsuchte, und die koordinierte Tätigkeit der Zentralbanken zur Stabilisierung des Finanzsystems langfristig auswirken, bleibt abzuwarten. **5** Siehe World Institute for Development Economics Research, WORLD DISTRIBUTION OF HOUSEHOLD WEALTH, Dezember 2006. Die Studie vergleicht die heutige globale Ungleichheit mit einer Gruppe von zehn Personen, in der eine davon sich 99 Prozent eines Kuchens nimmt, während die neun anderen sich den Rest teilen müssen. **6** Beispiele sind Simbabwe, Somalia, die Demokratische Republik Kongo, Nigeria, der Tschad, Angola, Algerien, Sudan, Kongo, Liberia, Sambia and Sierra Leone. Siehe The World Bank, THE WORLDWIDE GOVERNANCE INDICATORS PROJECT 2006. **7** Die Lebenserwartung in Afrika südlich der Sahara lag 2005 bei 46,1 Jahren, so ein Bericht der Global Commission of the Societal Determinants of Health. **8** Siehe den UN-Bericht GLOBAL BIODIVERSITY OUTLOOK 2, 20. März 2006. Siehe auch die Rote Liste INTERNATIONAL UNION FOR CONSERVATION OF NATURE AND NATURAL RESOURCES 2007. **9** 800 Millionen Hektar sind 8 Millionen Quadratkilometer. Die Fläche der gesamten Vereinigten Staaten beträgt 9,6 Millionen Quadratkilometer. Siehe Williams, DEFORESTING THE EARTH, S. 396. **10** Ebd., S. 456. **11** Am 10. Dezember 2005 wurden die beiden Brasilianer Rayfran das Neves Sales und Clodoaldo Carlos Batista wegen des Mordes an Schwester Stang verurteilt. Im Mai 2007 wurde der Holzbauer Vitalmiro Bastos Moura verurteilt, weil er die beiden für den Mord bezahlt hatte, nachdem er wegen ihrer Briefe an die Behörden eine beträchtliche Strafe zahlen musste. Die Strafe lautete auf 30 Jahre Haft. Siehe BRAZIL. RANCHER GUILTY IN KILLING OF US NUN, in: NEW YORK TIMES, 16. Mai 2007. **12** Siehe A GLOBAL MAP OF HUMAN IMPACT ON MARINE ECOSYSTEMS, in: SCIENCE, 15. Februar 2008. **13** Siehe W. Rees / M. Wackernagel, ECOLOGICAL FOOTPRINTS AND APPROPRIATED CARRYING CAPACITY. MEASURING THE NATURAL CAPITAL REQUIREMENTS OF THE HUMAN ECONOMY, in: A.-M. Jansson / M. Hammer (Hg.), INVESTING IN NATURAL CAPITAL. THE ECOLOGICAL ECONOMICS APPROACH TO SUSTAINABILITY, Washington 1994. **14** Siehe Diamond, COLLAPSE, S. 360. **15** Nach Angaben der US Energy Information Administration. Siehe www.eia.doe.gov/neic/quickfacts/quickoil.html. **16** Im BERICHT DES INTERGOVERNMENTAL PANEL ON CLIMATE CHANGE, erschienen am 16. November 2007, heißt es: *Die Erwärmung des Klimasystems ist eindeutig, denn sie zeigt sich an Beobachtungen der weltweiten durchschnittlichen Luft- und Meerwassertemperaturen, an dem verbreiteten Abschmelzen von Schnee und Eis sowie am Anstieg des weltweiten durchschnittlichen Meeresspiegels.* Der gleiche Bericht schätzt, dass die von Menschen verursachten Emmissionen an Treibhausgasen zwischen 1970 und 2004 weltweit um 70 Prozent angestiegen sind und dass der Kohlendioxidgehalt der Atmosphäre mit 379 Parts per Million *weit über das natürliche Spektrum während der letzten 650 000 Jahre hinausgeht.* Der Bericht gelangt zu dem Schluss: *Man kann mit großer Sicherheit sagen, dass die Wirkung der Tätigkeit des Menschen seit 1750 insgesamt auf eine Erwärmung hinauslief.* **17** In einem Artikel der Washington Post vom 15. Juni 2007 erklärte der UN-Generalsekretär Ban Ki-moon, der Konflikt in Darfur habe als *ökologische Krise begonnen, die zumindest teilweise aus dem Klimawandel erwuchs.* **18** Es bestehen nur geringe Aussichten, dass erneuerbare Energiequellen wie Sonne, Wind und Gezeitenkräfte bis 2038, wenn das Öl den Voraussagen zufolge zu Ende geht, den weltweiten Energiebedarf decken können. Die Uranmenge, die notwendig wäre, um mit Kernkraftwerken die gesamte Energieerzeugung abzudecken, wäre weit größer als das weltweite Angebot. Nach heutigen Schätzungen wird dieses Angebot nur ungefähr 85 Jahre reichen. Siehe OECD Nuclear Energy Agency and the International Atomic Energy Agency, URANIUM 2005. RESOURCES, PRODUCTION AND DEMAND. **19** Die Formulierung wurde erstmals von dem Evolutionsbiologen Richard Dawkins in seinem 1986 erschienenen Buch THE BLIND WATCHMAKER (dt. DER BLINDE UHRMACHER, München 1987) verwendet. **20** Auf die Frage, ob die Amerikaner wegen der Energieprobleme ihre Lebensweise ändern sollten, antwortete Ari Fleisher, der Pressesprecher des amerikanischen Präsidenten George W. Bush, 2001 auf einer Pressekonferenz: *Die Antwort lautet eindeutig nein. Der Präsident ist überzeugt, dass es sich um eine amerikanische Lebensweise handelt und dass es das Ziel der Politik sein sollte, diesen American Way of Life zu schützen. Die amerikanische Lebensweise ist eine gesegnete Lebensweise.* Siehe die Webseite des Weißen Hauses unter www.whitehouse.gov.

Register

C

Christopher Lloyd studierte Geschichte in Cambridge und arbeitete anschließend als Redakteur und mehrfach ausgezeichneter Wissenschaftsjournalist für die englische Wochenzeitung THE SUNDAY TIMES. Nachdem er einige Jahre in den Bereichen neue Medien und Bildungssoftware tätig war, brach er 2006 mit seiner Frau und seinen beiden Kindern zu ausgedehnten Reisen durch ganz Europa auf. Diese Reisen inspirierten ihn zu UM ALLES IN DER WELT.

Bildnachweis

The Advertising Archives S. 448 *The Art Archive* S. 44, 128, 136, 142, 147, 151, 157, 159, 160, 161, 163, 165, 167–169, 171, 175–181, 186, 188, 191, 197, 204, 205, 228, 233, 239, 243, 252, 257, 261, 263, 280, 283, 285, 286, 290, 291, 299, 306, 309, 310, 312, 313, 324, 335, 339, 342, 348, 352, 357, 359, 360, 363, 366, 368, 369, 371, 372, 379, 381, 384, 387, 390, 392, 401, 405, 407, 409, 410, 413, 416, 417, 423, 426, 428–430, 441, 443, 451, 455, 456, 461, 465, 469, 473, 476, 477, 480 *The Bridgeman Art Library* S. 241, 240, 268, 270 *Corbis* S. 23, 24, 31, 57, 85, 88, 96, 98, 111, 113, 128, 147, 155, 201, 207, 211, 213, 216, 225, 254, 258, 276, 287, 295, 347, 454, 466, 489, 491, 492 *Department of Anthropology, Universität Auckland* S. 273 *Field Museum, Chicago* S. 73 *Griffiths Institute, Universität Oxford* S. 170 *Koko.org* S. 101 *Mary Evans Picture Library* S. 248, 272, 332, 340, 402, 403, 437 *NASA* S. 24 *Natural History Museum* S. 65, 70, 72, 75, 92, 97, 116, 119, 121 *NHPA* S. 83 *The National Maritime Museum* S. 419 *Réunion des Musées Nationaux/Musée Guimet* S. 321 *Science Photo Library* S. 15, 16, 19, 36, 39, 41, 47, 49, 53-55, 59, 77, 84, 95, 100, 109, 110, 118, 126, 495.

Die Originalausgabe erscheint 2008 unter dem Titel WHAT ON EARTH HAPPEND? THE COMPLETE STORY OF THE PLANET, LIFE AND PEOPLE FROM THE BIG BANG TO THE PRESENT DAY bei Bloomsbury Publishing Plc, London

Umschlaggestaltung: Nina Rothfos &
Patrick Gabler, Hamburg
Illustrationen: © 2008 Andy Forshaw
Tyografie und Gestaltung: Manja Hellpap, Berlin
Gesetzt aus der Stempel Garamond
und der Futura von Manja Hellpap, Berlin
Druck und Bindung: Tlačiarne bb, spol. s r. o.
Printed in Slovak Republic 2008
ISBN 978-3-8270-0802-2

www.berlinverlage.de